알리스터 맥그래스의
역사신학
기독교 사상사 개론

HISTORICAL THEOLOGY
by Alister E. McGrath

ⓒ 2013 by John Wiley & Sons, Ltd.
This second edition originally published in English as *HISTORICAL THEOLOGY*
by John Wiley & Sons, Ltd, Chichester, West Sussex, UK

All rights reserved. Authorised translation from the English language edition published by John Wiley & Sons Limited. Responsibility for the accuracy of the translation rests solely with Word of Life Press and is not the responsibility of John Wiley & Sons Limited. No part of this book may be reproduced in any form without the written permission of the original copyright holder, John Wiley & Sons Limited. License arranged through rMaeng2, Seoul, Republic of Korea.

This Korean Translation edition ⓒ 2022 by Word of Life Press, Seoul, Korea

이 한국어판의 저작권은 알맹2를 통하여 John Wiley & Sons Limited와 독점 계약한 생명의말씀사에 있습니다. 신저작권법에 의하여 한국 내에서 보호 받는 저작물이므로 무단 전재와 무단 복제를 금합니다.

알리스터 맥그래스의
역사신학
ⓒ 생명의말씀사 2022

2022년 2월 28일 1판 1쇄 발행

펴낸이 | 김창영
펴낸곳 | 생명의말씀사

등록 | 1962. 1. 10. No.300-1962-1
주소 | 서울시 종로구 경희궁1길 6 (03176)
전화 | 02)738-6555(본사) · 02)3159-7979(영업)
팩스 | 02)739-3824(본사) · 080-022-8585(영업)

기획편집 | 김민주, 구자섭
디자인 | 조현진
인쇄 | 영진문원
제본 | 보경문화사

ISBN 978-89-04-03180-1 (03230)

저작권자의 허락없이 이 책의 일부 또는 전체를
무단 복제, 전재, 발췌하면 저작권법에 의해 처벌을 받습니다.

본서는 『Historical Theology 2nd edition』을 완전히 새롭게 번역 · 출간한 책입니다.

알리스터 맥그래스의
역사신학

기독교 사상사 개론

알리스터 맥그래스 지음
조계광 옮김

생명의말씀사

추천사

"참으로 만족스럽다. 신학교육과 신앙교양을 위하여 이 책을 읽는 것은 이제 필수가 될 것이다. 여지껏 이만한 자료 정보의 풍성함과 교리 발전의 흐름을 개괄적으로 제시한 책이 별로 없기 때문이다. 기독교 사상을 개관하는 입문서로도 훌륭할 뿐 아니라 시험을 위한 종합적 정리로서도 아주 유용하다. 독자는 이 책을 통해서 관심 주제에 대한 기초적 이해를 구축하고 학술적 연구를 심화해 나가는 길잡이를 얻게 될 것이다. 교회와 신학의 역사에 대해 눈이 밝아지는 기쁨은 독자 모두에게 주어지는 커다란 혜택이다. 기독교 사상에 대한 최고 수준의 교양을 마련해준다는 점에서 계속해서 펼쳐서 살피게 될 사전과 같은 책이 될 것이다."

_ 김병훈 교수(합동신학대학원대학교 조직신학)

"신학의 여러 분야에 걸친 자료를 광범위하게 정리하고 이를 자신의 관점에 따라 분석하는 뛰어난 역량을 가진 맥그라스의 가장 탁월한 분야는 무엇보다도 역사신학 분야이다. 본서는 기독교 사상사의 개론으로서 기독교 역사의 주요 장면들과 그 가운데 나타난 신학적 요점들을 명료하게 제시하며 그 가운데 저자의 고유한 역사신학적 관점을 곳곳에서 잘 드러낸다. 독자들은 이 책에 나타난 저자의 역사신학적 관점과 대화함으로써 기독교 역사와 사상에 대한 풍성한 이해를 누릴 수 있다. 전문적인 신학적 지식을 가진 독자들뿐 아니라 일반 독자들에게도 추천할 수 있는 명료하고 용이한 저서이다."

_ 김요섭 교수(총신대학교 신학대학원, 역사신학)

"내가 알리스터 맥그래스를 알게 된 것은 거의 30년이 넘은 것 같다. 그의 글을 대할 때마다 느끼는 것은 긴 역사를 헤아리는 그의 통시적(通時的) 안목, 예리한 통찰력, 복잡한 역사를 단순하게 정리하는 기술적(記述的) 능력, 그리고 교과서적인 체계이다. 이번의 역사신학에도 이런 특징이 그대로 드러나 있다. 그동안 기독교 사상사에 대한 여러 책이 출간 되었지만 이 책만큼 초대교회 사도교부에서부터 현대에 이르기까지 복음주의적 관점에서 일관되게 기술하되 이처럼 평이하게 기술하지는 못했다. 이 책은 기독교역사, 기독교사상사 혹은 기독교신학사에 대한 간명한 해설이자 유용한 교과서라고 생각한다."

_ 이상규 교수(백석대학교 석좌교수, 전 고신대학교 교수)

"이제는 너무 유명해진 다작의 작가인 알리스터 맥그래스의 『역사 신학』은 기독교의 역사적 과정을 돌아보면서, 특히 현저하게 기독교 사상 형성에 기여했거나 문제가 된 점들만을 중심으로 2,000년 기독교 역사를 전체적으로 검토하면서 교리의 역사를 검토하는데 아주 유용한 입문서이다. 강의 때나 책에서나 좋은 이야기꾼인 맥그래스의 특성이 잘 드러나는 이 책을 읽고, 흥미를 가지고 본격적인 교리사 탐구로 나아가는 사람들이 더욱 많아지기를 바란다. 그런 토대 위에서 기독교 신학이 가장 정확하게 진술될 수 있다."

_ 이승구 교수(합동신학대학원대학교, 조직신학)

"기독교 사상사는 교회사라는 더 큰 범주 안에서 교회와 신학자들의 가르침이 어떻게 변화하고 발전해 왔는지에 집중한다. 맥그래스의 『역사신학』은, 저자가 결론대신에 '앞으로 나아가야 할 방향'을 제시한 대로, 교회사 가운데 연구 가치가 있는 신학 사상을 중점적으로 소개하고 평가하므로 역사신학을 더 공부하려는 신학생들에게 훌륭한 개론서가 될 것이다."

_ 임원택 교수(백석평생교육신학원 학장, 역사신학)

"신학교의 개론서나 학부 과정에 유익하게 사용할 수 있는 책이다. 저자의 문체는 명쾌하고, 간결하다. 그는 개념들의 차이를 명확하게 설명하는 데 능숙하다. 이 책은 소장할 가치가 있는 훌륭한 참고서다. 이미 역사신학에 매료된 독자의 경우는 이 책을 통해 자신의 관심이 더욱 배가되고, 새로워지는 것을 느낄 수 있을 것이다."

_ 〈종교 저널〉(the Journal of Religion)

"확실한 의도를 가진 독자, 특히 스스로 배우기를 원하는 독자에게 매우 적합하게 꾸며진 책이다. 이 책은 교사와 학생 모두에게 유익한 훌륭한 자료집이다."

_ '옥스퍼드 세인트존스 칼리지'의 모웬나 러드로우

"범교회적 차원에서 기독교 신학을 방대하게 다루고 있을 뿐 아니라 진지하면서도 흥미로운 소설처럼 용이하게 읽을 수 있도록 고안된 책은 아마도 이것이 처음일 것이다. 신학적 혁신과 논쟁을 구체적인 상황 속에서 다루고 있는 이 책은 기독교 사상을 이해하는 데 유용한 도구로 쓰이기에 매우 적합하다."

_ '런던 바이블 칼리지'의 맥팔레인

목차

추천사　04
이 책의 사용법　14

서론

'신학'의 개념: 간단한 정의　/ 20
신학의 구조　/ 26
　　성경 연구 · 조직신학 · 철학적 신학 · 목회신학 · 교회사
역사신학의 목적과 위치　/ 33
　　역사신학의 발전 과정 · 교육적인 수단으로서의 역사신학 · 비평적인 도구로서의 역사신학 · 조직신학을 위한 자료로서의 역사신학

1장 교부 시대(100–451)

용어 해설 / 48

교부 신학을 다루는 데 뒤따르는 어려움 / 50

교부 신학의 역사적 배경 / 51

    로마의 역사적 중요성・박해의 문제・콘스탄티누스의 회심・공적인 신학적 논쟁의 발전

신학 연구의 중심지 / 57

대표적인 신학자 / 60

    순교자 유스티누스(100-165)・리옹의 이레나에우스(130-200)・오리게누스(185-254)・테르툴리아누스(160 -225)・아타나시우스(296-373)・히포의 아우구스티누스(354-430)

중요한 신학적 발전 / 64

    기독교 신앙과 고전 문화의 관계・신약 정경의 범위・전통의 역할・범교회적인 신조의 확립・예수 그리스도의 두 본성・삼위일체론・교회론・은혜의 교리

중요한 명칭, 용어, 문구 / 80

질문 / 81

사례 연구 / 81

    사례 연구 1.1 성경과 전통・사례 연구 1.2 아리우스 논쟁: 그리스도의 신성・사례 연구 1.3 알렉산드리아 학파의 기독론: 아폴리나리우스 논쟁・사례 연구 1.4. 안디옥 학파의 기독론: 네스토리우스 논쟁・사례 연구 1.5 삼위일체: 초기의 발전과 논쟁들・사례 연구 1.6 교회: 도나투스 논쟁・사례 연구 1.7 은혜: 펠라기우스 논쟁・사례 연구 1.8 믿음과 철학

2장 중세 시대와 르네상스(500-1500)

'중세 시대'의 정의 / 158

서유럽의 중세 신학 / 162

    카롤링거 왕조의 문예 부흥 · 성당 학교와 수도원 학교의 발흥 · 여러 수도회와 그들의 '신학교' · 대학의 설립 · 피에르 롬바르드의 『네 권의 명제집』

스콜라주의의 발흥 / 169

이탈리아 르네상스 / 170

인문주의의 발흥 / 172

동유럽의 중세 신학 / 173

    비잔틴 신학의 발생 · 성상 파괴 논쟁 · 정적주의 논쟁 · 콘스탄티노플의 함락(1453)

대표적인 신학자 / 177

    다마스쿠스의 요한네스 · 신신학자 시메온 · 캔터베리의 안셀무스 · 토마스 아퀴나스 · 둔스 스코투스 · 오캄의 윌리엄 · 로테르담의 에라스무스

중요한 신학적 발전 / 186

    교부적 유산의 강화 · 이성이 신학에서 차지하는 역할에 관한 해설 · 신학 체계의 발전 · 성례 신학의 발전 · 은혜 신학의 발전 · 구원의 계획과 마리아의 역할 · 기독교 신학의 원천으로 직접 되돌아가려는 경향 · 『불가타 성경』에 대한 비판

중요한 명칭, 용어, 문구 / 194

질문 / 195

사례 연구 / 195

    사례 연구 2.1 신 존재 증명 · 사례 연구 2.2 속죄에 관한 이해 · 사례 연구 2.3 성례 신학 · 사례 연구 2.4 성경 해석 · 사례 연구 2.5 르네상스 인문주의와 성경 · 사례 연구 2.6 중세 후기 신학에 나타난 아우구스티누스주의와 펠라기우스주의

3장 종교개혁과 그 이후의 시대(1500-1750)

종교개혁인가 종교개혁들인가? / 246

용어 설명 / 247

독일 종교개혁-루터교・스위스 종교개혁-개혁주의 교회・급진적 종교개혁-재세례파・영국 종교개혁-성공회・가톨릭 종교개혁・개신교 정통주의

종교개혁 이후의 운동들 / 258

가톨릭주의의 강화・청교도주의・경건주의

대표적인 신학자 / 263

마르틴 루터・훌드리히 츠빙글리・존 칼빈・아빌라의 테레사・데오도르 베자・요한 게하르트・로베르토 벨라르미노・조나단 에드워즈

중요한 신학적 발전 / 270

신학의 원천・은혜론・성례론・교회론

신학적 문헌의 발전 / 274

교리문답・신앙고백・조직신학 문헌

중요한 명칭, 용어, 문구 / 281

질문 / 282

사례 연구 / 282

사례 연구 3.1 종교개혁 논쟁에서 다루어진 성경과 전통의 문제・사례 연구 3.2 이신칭의: 개신교와 트리엔트 공의회・사례 연구 3.3 성체 임재설: 루터, 츠빙글리, 트리엔트 공의회・사례 연구 3.4 유아 세례 논쟁・사례 연구 3.5 교회론: 개신교 내에서의 다양한 경향들・사례 연구 3.6 신학과 천문학: 코페르니쿠스와 갈릴레오 논쟁

4장 현대(1750년부터 현재까지)

문화적 분수령: 계몽주의 / 350

기독교 신학에 대한 계몽주의의 비판 / 351

계시의 개념 · 성경의 지위와 해석 · 예수 그리스도의 신분과 의미 · 삼위일체 교리 · 기적에 대한 비판 · 원죄의 거부 · 악의 문제

낭만주의의 출현과 계몽주의에 대한 비판 / 357

빅토리아 시대와 신앙의 위기 / 359

포스트모더니즘과 새로운 신학적 경향 / 362

대표적인 신학자 / 366

슐라이어마허 · 존 헨리 뉴먼 · 칼 바르트 · 폴 틸리히 · 칼 라너 · 한스 우르스 폰 발타살 · 위르겐 몰트만 · 볼프하르트 판넨베르크

최근의 서구 신학과 그 동향 / 372

개신교 자유주의 · 현대주의 · 신정통주의 · '원천으로 돌아가기(Ressourcement)' 또는 '새로운 신학(la nouvelle theologie)' · 페미니즘 · 해방 신학 · 흑인 신학 · 후기 자유주의 · 급진적 정통주의

중요한 명칭, 용어, 문구 / 397

질문 / 397

사례 연구 / 398

사례 연구 4.1 역사적 예수에 관한 탐구 · 사례 연구 4.2 구원의 근거와 본질 · 사례 연구 4.3 부활에 관한 논쟁 · 사례 연구 4.4 20세기에 논의된 삼위일체 교리 · 사례 연구 4.5 20세기의 교회론 논의 · 사례 연구 4.6 자연 신학과 믿음의 합리성 · 사례 연구 4.7 전통적인 기독교 신학에 대한 페미니즘의 비판 · 사례 연구 4.8 다른 종교에 관한 기독교의 입장

앞으로 나아가야 할 방향　504
주요 신학자 소개　508
간단한 용어 해설　515
더 읽을만한 책들　533

이 책의 사용법

이 책의 목적은 중요하면서도 흥미로운 주제인 역사신학을 소개하는 데 있다. 역사신학은 매우 방대한 주제라서 이를 공정하게 다루려면 상당한 부피의 책이 최소한 다섯 권이 필요할 것이다. 이 책은 역사신학의 목적과 소재들을 다룬 개론서로, 유럽과 북미와 호주와 뉴질랜드 등지의 강의실에서 확실하게 검증된 접근 방식을 토대로 현실적으로 가능한 만큼의 정보를 한 권의 분량 안에 최대한 많이 담아내는 것을 목표로 했다. 저자의 베스트셀러 『신학이란 무엇인가』의 일부 내용을 포함하고 있는 이 책은 특별히 학생들에게 역사신학을 소개할 목적으로 재구성되었다. 새로운 내용이 많이 추가되고 기존의 내용 가운데 일부를 다시 고쳐 썼지만, 앞선 책의 기본적인 접근 방식과 일부 내용은 그대로 유지되었다.

이 책은 '선택적 집중'(selective attention)의 원리를 따른다. 이 원리는 전체적인 형세를 보여주면서도 상세한 정보를 충분히 제공함으로써 상황을 잘 이해하도록 돕고, 여러 가지 특징 가운데 하나를 더욱 자세하게 파악하는 일을 좀 더 수월하게 만들어준다는 점에서 일종의 지도와 같은 기능을 한다. 이는 기독교 사상사의 모든 측면을 일일이 다 파악할 시간은 없지만, 그 가운데서 가장 중요한 측면을 알고 싶어 하는 사람들의 입장을 고려한 것이다. 바꾸어 말해, 그림을 그릴 때 붓을 굵직굵직하게 놀려 전체 장면을 스케치하고 나서 세부 그림을 섬세하게 그려 넣는 것처럼, 전체를 개괄하면서 특별히 선택한 중요 부분을 상세하게 다루는 방식을 채택했다. 따라서 이 책을 다 읽을 무렵이면 기독교 신학의 발전 과정을 개괄적으로 잘 이해할 수 있게 될 것이다. 그러나 이 책은 그 간결성에도 불구하고 이런 종류의 개론서들이 다루는 내용보다 훨씬 더 많은 내용을 포함하고 있다.

이 책은 역사신학이 무엇이고, 그것이 신학 전반의 연구와 어떻게 연관되며, 왜 연구해야 할 가치가 있는 주제인지를 밝히는 서론에서부터 시작한다. 서론은 어떤 방향에서 이 주제에 접근해야 할지를 알려주는 역할을 한다. 따라서 본론에 들어가기 전에 먼저 서론을 주의 깊게 읽어 주기를 당부한다.

기독교 사상사는 지금까지 크게 네 시기로 분류되었다. 전체 내용을 시대별로 나눈 이유는 내용을 다루기 쉽게 구분하기 위해서다. 따라서 어떤 점에서는 약간 인위적일 수밖에 없다. 우리는 이 문제와 관련해, "날짜와는 달리 시대는 사실이 아니다. 시대란 사람들이 과거의 사건들을 반추하면서 논의의 초점을 분명하게 할 목적으로 만들어낸 개념에 해당한다. 이것은 역사적 사고를 그릇된 방향으로 인도할 때가 많다."라고 경고한 케임브리지 역사가 트리블리안의 말에 주의를 기울여야 할 필요가 있다. 그 네 시기를 열거하면 다음과 같다.

1장: 교부 시대(100-451년)

2장: 중세 시대와 르네상스(500-1500년)

3장: 종교개혁과 종교개혁 이후 시대(1500-1750년)

4장: 현대(1750년 이후부터 현재까지)

이런 구분은 약간 인위적이긴 하지만, 교육 현장에서 그 유익성이 입증되었기 때문에 지금까지 유지되고 있다. 각 장은 크게 두 개의 항목으로 구성되어 있다.

1) **그 시대의 전체적인 개관.** 이 항목은 그 시대의 역사적 배경, 주요한 신학적 발전, 개개의 신학자들, 사상 학파나 신학 운동을 다룰 뿐 아니라 다양한 신학 서적을 이해하는 데 필요한 기본적인 신학 용어들을 소개한다. 개별적인 사례 연구를 살펴보기에 앞서 먼저 전체적인 개관을 훑는 것이 중요하다. 만일 기독교 사상사를 간단하게 개괄한 내용을 원한다면 네 시기를 개관한 내용만 먼저 읽고, 개별적인 사례 연구는 나중에 공부하면 된다.

2) **개별적인 사례 연구.** 이 항목은 그 시대의 주제들 가운데 일부를 상세하게 다룬다. 이 항목을 읽으면 중요한 주제들에 관한 상세한 지식을 통해 그 시대에 관한 일반적인 이해를 심도 있게 확장할 수 있다. 때로는 원문을 집중적으로 다루는 사례 연구가 이루어질 것이기 때문에 중요한 원문을 직접 살펴볼 기회를 가질 수도 있을 것이다. 아울러 원문을 읽고, 그 안에서 최대한 많은 것을 얻어낼 수 있는 방법을 알려주기 위한 지침도 함께 제시해 두었다. 일반적인 개요의 형식을 띤 그 밖의 사례 연구는 한정된 지면 안에 가능한 한 많은 정보를 제공하는 것을 목표로 삼았다.

이 책으로 역사신학을 배울 생각이라면 각 장을 순서대로 읽어나가라고 권하고 싶다. 또한 각 시대를 개괄적으로만 살펴보기를 원한다면 주제들을 구체적으로 상세하게 다룬 사례 연구는 나중으로 미루고, 시대적인 개관만 읽으면 된다.

아울러, 이 책은 '체계적 설명의 원칙'을 따른다. 구체적으로 말하면, 중세 시대에 관한 내용은 교부 시대에 관한 내용을 토대로 하고, 16세기에 관한 내용은 중세 시대에 관한 내용을 토대로 하는 식이다. 이 책을 교육 과정과 연계해서 사용할 때는 이 책의 어떤 항목이 교사가 사용하는 자료의 순서와 관련이 있는지 쉽게 찾아낼 수 있을 것이다. 만일 잘 모르겠거든 도움을 구하라. 마지막 항목에 '추가 참고 도서'를 소개했으니 흥미를 끄는 것이나 좀 더 자세히 알고 싶은 것이 있을 때는 도움이 될 만한 책이나 논문을 발견할 수 있을 것이다.

이해하기 어려운 용어를 만났을 때는 두 가지 방법을 사용할 수 있다. 첫째는 이 책의 끝부분에 첨부한 '신학 용어 해설'을 참조하는 것이다. 그곳을 보면 용어를 간략하게 정의한 내용과 이 책의 본문 안에서 논의된 관련 내용을 찾아볼 수 있을 것이다. 둘째는 이 책 안에서 전개된 핵심 논점의 위치를 자세하게 표기하고 있는 색인을 활용하는 것이다.

마지막으로, 각 장의 목차와 내용의 배열을 비롯해 이 책에 포함된 모든 것은 호주, 캐나다, 영국, 미국의 독자들과 학생들을 대상으로 직접 확인을 거친 것이라는 사실을 알려둔다. 그런 점에서 이 책은 사용자의 편의성을 극대화했다고 할 수 있다. 그러나 저자와 출판사는 더 나은 발전을 위한 교사들과 학생들의 제안을 언제라도 환영한다. 그런 제안이 있다면 나중에 재판을 발행할 때 포함될 것이다.

서론

'신학'의 개념: 간단한 정의

신학의 구조

역사신학의 목적과 위치

이 책은 역사신학 개론이다. 역사신학의 주제들을 상세하게 살펴보기 전에 이 학문이 전체 신학에서 차지하는 위치와 중요성을 이해하는 것이 필요하다. 따라서 우리는 먼저 학술적 주제인 기독교 신학의 역사적 발전 과정을 살펴보면서 '역사신학'이라는 특정한 학문이 신학의 전체적인 맥락과 어떻게 연결되는지를 이해하고자 한다.

'신학'의 개념: 간단한 정의

'신학'(theology)이라는 용어는 '데오스'(하나님)와 '로고스'(말, 또는 담화)라는 두 개의 헬라어로 쉽게 분리된다. 따라서 신학은 '하나님에 관한 담화'다. 이는 '생물학'(biology)이 생명(헬라어로 '비오스')에 관한 담화인 것과 똑같다. 한 분 하나님이 존재하고, 그분이 (3세기 저술가 테르툴리아누스의 표현대로) '그리스도인의 하나님'이시라면 신학의 본질과 범위가 비교적 잘 정의되었다고 말할 수 있다. 간단히 말해, 신학이란 그리스도인들이 경배하고, 숭앙하는 하나님에 대한 사색이다.

'신학'이라는 용어 자체는 성경과는 무관하지만 초기 교부 시대에 기독교 신앙의 측면들을 언급할 목적으로 이따금 사용되었다. 2세기 후반에 활동했던 알렉산드리아의 클레멘트는 기독교 신학(theologia)을 이교도의 '신화'(mythologia)와 대조함으로써 '신학'을 '하나님에 관한 진리 주장'으로 명확하게 이해했다. 이것은 이교 신화의 거짓 주장과 극명하게 대조된다. 가이사랴의 유세비우스와 같은 다른 교부 시대 저술가들도 이 용어를 '하나님에 관한 기독교적 이해'를 뜻하는 의미로 사용했다. 그러나 이 용어는 기독교 사상 전체가 아닌 하나님과 직접 관련이 있는 측면만을 가리키는 의미로 사용된 것으로 보인다.

기독교는 많은 신을 믿는 다신교가 만연했던 세상에서 시작되었다. 초기 기독교 저술가들의 과제 가운데 하나는 각양각색의 종교들이 난무하는 상황에서 기독교의 하나님을 다른 우상들과 구별하는 것이었다. 때로는 그리스도인들이 어떤 신을 말하고 있는지, 또 그 신이 구약성경에 분명하게 언급된 '아브라함과 이삭과 야곱의 하나님'과 어떤 관련이 있는지를 밝히라는 질문이 제기되었을 것이 틀림없다. 그런 점에 생각하면, 삼위일체 교리도 부분적으로는 기독교 신학자들이 말하는 신의 정체를 분명하게 밝히라는 요구에 대한 반응에서 비롯한 결과였던 것 같다.

세월이 흐르면서 다신교는 원시적인 구습으로 간주되었다. 세련된 지성과 문화를 갖춘 국제도시 알렉산드리아와 같은 곳에서는 특히 더 그랬다. 신은 오직 하나이며 그 신이 곧 기독교의 신이라는 개념이 널리 퍼졌고, 중세 초기로 접어들 무렵의 유럽에서는 그것이 자명한 진리로 자리 잡았다. 따라서 토마스 아퀴나스는 13세기에 신 존재 증명을 위한 논증을 펼치면서 자기가 존재를 입증하려고 시도하는 신이 '그리스도인들의 신'이라는 사실을 굳이 밝히려고 애쓰지 않았다. 다른 신이 또 어디에 있을 수 있겠는가? 신의 존재를 입증한다는 것은 당연히 기독교 신의 존재를 입증하는 것이었다.

이처럼 신학은 하나님의 본질과 뜻과 행위를 체계적으로 분석하는 학문으로 이해되었다. '신학'은 처음에는 '하나님에 관한 교리'를 뜻하는 제한된 의미로 이해되었지만, 파리대학이 발달하기 시작했던 12, 13세기에서는 좀 더 넓은 의미를 지니기에 이르렀다. 대학의 수준에서 기독교 신앙에 관한 체계적인 연구를 가리키는 명칭을 찾아내야 할 필요성이 대두되었다. 피에르 아벨라르와 푸아티에의 질베르와 같은 파리 저술가들의 영향 아래 라틴어 '테올로기아'(theologia)는 기독교 교리의 한 가지 측면인 '하나님에 관한 교리'만이 아니라 그 전체를 가리키는 '신성한 배움의 학문'이라는 의미를 띠게 되었다.

12, 13세기에 신학이 대학에 도입되면서 더욱 체계적으로 발전할 새로운 기틀이 마련되었다. 파리, 볼로냐, 옥스퍼드와 같은 중세 대학들은 대개 인문학, 의학, 법학, 신학이라는 네 개의 분과를 갖추었다. 인문학은 나머지 세 개의 '고등 학문'을 통해 좀 더 수준 높은 공부를 할 자격을 갖추기 위한 기초 과정으로 간주되었다. 이런 일반적인 체제는 16세기까지 계속되었다. 당시의 대표적인 신학자 두 명이 거친 교육 과정을 살펴보면 그런 사실이 분명하게 드러난다. 마르틴 루터는 처음에 에르푸르트대학에서 인문학을 공부하고 나서 같은 대학에서 고등 학문인 신학을 공부했고, 칼빈은 파리대학에서 인문학을 공부하고 나서 오를레앙대학에서 법학을 공부했다. 이런 발전으로 인해 신학은 유럽 대학들에서 고등 학문의 중요한 요소로 굳게 확립되었고, 서

유럽에 대학들이 점점 더 많이 설립되면서 더욱 광범위하게 확대되었다.

처음에 서유럽에서는 대성당이나 수도원과 연관된 학교에서 신학 연구가 집중적으로 이루어졌다. 신학은 일반적으로 이론적인 학문이라기보다는 기도와 영성과 같은 실천적인 문제를 다루는 학문으로 이해되었다. 그러나 대학들이 설립되면서 기독교 신앙에 관한 연구가 차츰 대성당과 수도원에서 공적인 영역으로 옮겨가게 되었다. 13세기를 지나는 동안 파리대학에서는 '신학'이라는 용어가 단지 하나님에 관한 신앙만이 아니라 기독교 신앙 전반에 관한 체계적인 논의를 가리키는 의미로 널리 사용되었다. 이 용어를 이런 의미로 사용한 사례가 피에르 아벨라르의 저서와 같은 초창기 책들에서 제한적으로 발견된다. 널리 인정되고 있는 대로, 13세기에 이 용어의 포괄적인 용법을 확립하는 데 결정적인 영향을 미친 책은 다름 아닌 토마스 아퀴나스의 『신학대전』이다. 결국, 이런 추이를 걱정하는 시각도 없지 않았지만, 신학은 시간이 흐를수록 실천적인 학문이 아닌 이론적인 학문으로 간주되기에 이르렀다.

보나벤투라와 알렉산더 헬렌시스를 비롯해 13세기 초의 많은 신학자들이 신학의 실천적인 측면을 무시하는 데서 비롯하는 결과에 대해 우려를 표명했다. 그러나 신학은 사변적이며 이론적인 학문이라는 토마스 아퀴나스의 주장이 신학자들 사이에서 차츰 더 많은 호응을 불러일으켰다. 14세기 수도사 토마스 아켐피스와 같이 경건한 영성을 추구했던 많은 중세 저술가들이 그런 현상에 큰 경각심을 느꼈다. 아켐피스는 그것이 하나님께 대한 복종이 아닌 그분에 대한 사변을 부추길 것이라며 우려했다. 종교개혁 시대에 이르러 마르틴 루터와 같은 저술가들은 신학의 실천적인 측면을 재발견하려고 시도했다. 칼빈이 1559년에 설립한 '제네바 아카데미'는 처음부터 교회 사역의 실천적인 필요를 충족시킬 목적으로 목회자를 위한 신학 교육에 초점을 맞추었다. 신학을 기독교 사역의 실천적인 필요를 다루는 것으로 이해하는 이런 전통은 많은 개신교 신학교와 대학들을 통해 면면히 계승되었다. 그러나 대학에서 활동했던 후대의 개신교 저술가들은 영성과 윤리 분야에서 신학이 실천적인 의미를 지닌다는 것을 분명히 하면서도 그것을 이론적인 학문으로 이해했던 중세 시대의 사고 경향을 그대로 따랐다.

18세기에 계몽주의의 발흥으로 인해 대학 내에서의 신학의 위치가 의문시되기 시작했다. 그런 현상은 특히 독일에서 더욱 두드러졌다. 계몽주의 저술가들은 학문적인 탐구는 어떤 형태의 외적 권위로부터도 자유로워야 한다고 주장했다. 신학은 신앙고백이나 성경에 포함된 '신조'에 근거한다는 점에서 의심스러운 것으로 간주되었다. 그 결과, 신학은 차츰 구닥다리 취급을 받기 시작했다. 칸트는 대학에서 진리 추구는 철학이 담당하고, 윤리나 건강과 같은 실천적인 문제는 신학과 의학과 법학과 같은 학문이 담당해야 한다고 주장했다. 철학은 차츰 진리의 문제를 다루는 학문으로 부상했고, 대학에서의 신학 교육은 다른 근거를 통해 그 존치의 정당성을 찾아야 했다.

대학 내에서의 신학 교육의 필요성을 입증하는 가장 강력한 근거 가운데 하나를 제시한 사람은 19세기 초 개신교 신학자였던 슐라이어마허였다. 그는 교육을 잘 받은 성직자들을 배출하는 것이 교회나 국가에 모두 유익하다고 주장했다. 슐라이어마허는 『신학 개요』(1811)에서 신학이 크게 세 가지로 구성되어 있다고 말했다. 그 세 가지는 '기독교의 핵심'을 다루는 철학적 신학, 현재의 상황과 필요를 파악하기 위해 교회의 역사를 다루는 역사신학, 교회의 지도력과 실천의 '기술'을 다루는 실천신학이다. 신학에 대한 이런 접근 방식은 학문으로서의 신학의 지위도 인정하고, 교육을 잘 받은 성직자를 사회에 공급하는 것이 중요하다는 대중적인 생각도 적절하게 반영하는 결과를 낳았다. 그런 입장은 슐라이어마허가 활동했던 19세기 초 베를린의 상황에 잘 부합했다. 그러나 세속주의와 다원주의가 서구 사회 안에 싹트기 시작하면서 그 타당성마저도 차츰 의문시되기에 이르렀다.

강력한 세속주의적 접근 방식을 채택한 나라들의 경우에는 사실상 기독교 신학을 대학의 교육 과정에서 배제해 버렸다. 1789년 프랑스 혁명으로 인해 모든 수준의 공공 교육 과정에서 기독교 신학을 배제하는 일련의 조처가 이루어졌다. 시드니 대학교와 멜버른 대학교와 같은 호주의 오래된 대학교들 가운데 대다수가 신학을 원칙적으로 배제하는 강력한 세속주의 노선을 따라 설립되었다.

그러나 지금은 특히 북아메리카를 중심으로 서구 사회 안에 세속주의적 접근 방식보다는 다원주의적 접근 방식이 더 크게 유행하고 있다. 하나의 종교가 다른 종교들보다 더 큰 특권을 주장한다는 이유에서 기독교 신학이 공공 교육 과정 안에서 특별한 지위를 차지하는 것이 문제시되었다. 그 결과로 주립 대학교들 내에 다양한 종교적인 입장을 허용하는 '종교학과'가 설립되었다. 따라서 기독교 신학은 그런 상황 속에서 전체적인 종교 연구의 한 측면으로서만 교육될 수 있게 되었다. 이런 이유로 지금은 신학교들이 기독교 신학 교육과 연구의 가장 중요한 근거지가 되었고, 그곳에서는 좀 더 헌신적인 태도로 신학을 다룰 수 있게 되었다.

지난 몇십 년 동안, 북아메리카를 비롯해 여러 곳에서 신학의 고유한 기능에 대한 논쟁이 새롭게 시작되었다. 에드워드 팔리가 1983년에 펴낸 『신학: 신학 교육의 분열과 통합』이 논쟁을 처음 촉발시켰다. 팔리는 '신성한 것들을 숭모하는 지식'이라는 신학의 고전적인 의미가 퇴색하고, 서로 무관한 이질적인 기술을 습득하는 것이라는 의미가 새롭게 등장했다고 주장했다. 신학은 서로 관련이 없는 이론적이고, 실천적인 학문들로 갈래갈래 나누어져 응집력을 잃고 말았다. 신학은 통합적인 학문이 아닌 서로 무관한 전문 지식으로 구성된 혼합체가 되었다. 지금은 이 논쟁의 범위가 더 넓게 확대되어 '신학의 구조'에 관한 질문들(예를 들면, 성경 연구와 조직신학, 또는 조직신학과 목회신학의 관계에 관한 질문)까지 제기된 상태다.

이 점을 염두에 두고 이번에는 신학의 구조에 대해 잠시 생각해 보자. 역사신학이라는 학문을 본격적으로 다루기에 앞서 신학의 다양한 구성 요소들을 살펴봐야 할 필요가 있다.

신학의 구조

위대한 중세 사상 연구가 에티엔느 질송(1884-1978)은 스콜라 신학이라는 거대한 체계를 종종 '생각의 대성당'에 비유했다. 그것은 영구성, 견고성, 조직, 체계와 같은 당시의 저술가들이 크게 중시했던 특성들을 암시하는 강력하고, 인상적인 표현이 아닐 수 없다. 카메라를 든 관광객들의 찬탄을 자아내는 중세의 거대한 대성당의 모습은 오늘날에는 부적절해 보일 수 있다. 요즘에 대학에서 신학을 가르치는 교수들이 가장 크게 기대할 수 있는 것은 인내심 있는 관용인 듯하다. 그러나 신학이 구조를 지니고 있다는 개념은 지금도 여전히 중요하다. 그 이유는 신학이 다수의 관련 분야를 얼기설기 엮어 놓은 복합적인 학문이기 때문이다. 우리는 이 책에서 역사신학에 관심의 초점을 맞출 생각이다. 그것이 우리가 앞으로 탐구하게 될 주제다. 그러나 그러기에 앞서 이곳 서론에서 신학의 다른 구성 요소들 가운데 몇 가지를 먼저 살펴보는 것이 유익할 듯싶다.

성경 연구

기독교 신학의 궁극적인 자료는 성경이다. 성경은 이스라엘의 역사 및 예수 그리스도의 삶과 죽음과 부활과 관련된 기독교의 역사적 배경을 보여준다. 종종 지적하는 대로 기독교는 문서(성경)에 대한 믿음이 아닌 인격체(예수 그리스도)에 대한 믿음을 가리킨다. 그럼에도 불구하고 이 둘은 서로 밀접하게 연관된다. 역사적으로 신약성경의 기록 외에 예수 그리스도에 관해 알 수 있는 자료는 아무것도 없다. 기독교 신학을 통해 예수 그리스도의 정체와 의미를 이해하려면 그분에 관한 지식을 전하는 문서를 이해하려고 노력해야 한다. 따라서 기독교 신학은 성경 비평학과 해석학(성경의 독특한 문학적, 역사적 본질을 파헤쳐 이해하려는 시도)과 밀접한 관계가 있다.

성경 연구가 신학에서 차지하는 중요성은 입증하기가 그리 어렵지 않다. 1500년대 초에 등장한 인문주의 성경 연구를 통해 기존의 라틴어 성경에 적지 않은 번역상의 오류가 있는 것으로 드러났다. 그 결과로 기존의 기독교 교리 가운데 일부를 개정해야 할 필요성이 대두되었다. 전에 그런 교리들을 지지하는 것으로 보였던 성경 본문들의 의미가 그와는 상당히 다른 의미를 지닌 것으로 나타났다. 신학이 성경에서 상당히 많이 벗어나 있던 시기가 지나고 난 후에 일어난 16세기 종교개혁은 신학을 다시 성경에 일치시키려는 시도였다고 말할 수 있다.

잠시 뒤에 살펴볼 예정인 조직신학은 성경 연구에 의존한다. 물론, 그 의존의 정도에 대해서는 논란의 여지가 있을 수 있다. 따라서 이 책을 읽을 때는 성경의 역사적, 신학적 역할에 관한 현대의 학문적 논쟁을 다룬 내용이 나올 것을 예상해야 한다. 예를 들어, 지난 두 세기에 걸쳐 발전된 성경 연구의 결과를 알지 못하면 현대 기독론의 발전 과정을 이해하기가 불가능하다. 루돌프 불트만의 케리그마(예수 그리스도의 의미에 관한 신약성경의 핵심 메시지, 또는 핵심적 선포) 신학은 현대의 신약학, 조직신학, 철학적 신학(구체적으로 말하면 실존주의)을 하나로 결합한 것으로 이해할 수 있다. 이 점은 조직신학이 다른 지성적인 발전과 무관한 상태로 독자적인 발전 과정을 거치지 않는다는 매우 중요한 사실을 보여준다. 조직신학은 다른 학문의 발전(특히 신약학과 철학)에 민감하게 반응한다.

조직신학

'조직신학'(systematic theology)이란 용어는 '신학의 체계적 구성'이라는 의미로 이해되어왔다. 그렇다면 '체계적'(systematic)은 무슨 의미일까? 이 표현의 의미를 이해하는 방식은 크게 두 가지다. 첫째, 이 용어는 '교육적, 또는 설명적 관심을 토대로 체계화하는 것'이라는 의미로 이해될 수 있다. 조직신학은 기독교 신앙의 주요 주제들을 명료하고, 체계적인 방식으로 개괄하는 데 우선적인 관심이 있으며, 종종 사도신경의 순서를 따른다. 둘째, 이 용어는 '방법에 관한 전제들을 토대로 체계화하는 것'이라는 의미로 이해될 수 있다. 다시 말해, 지식을 얻는 방법에 관한 철학적 개념들이 내용을 배열하는 방식을 결정한다. 이런 식의 접근은 신학적 방법에 관한 관심이 가일층 고조되고 있는 현대에 들어서 더욱 특별한 중요성을 띠게 되었다.

고전 시기의 신학은 일반적으로 사도신경이나 니케아 신조의 경우처럼 신론에서 시작해서 종말론(말세에 있을 일들, 특히 부활과 지옥과 영생을 다루는 기독교 신학의 하나)으로 끝나는 순서에 따라 신학적 주제들을 체계화했다. 신학의 체계화와 관련된 고전적인 본보기들이 여러 책에서 발견된다. 서구 신학의 첫 번째 주요 신학 저서는 12세기에 파리대학에서 편찬된 피에르 롬바르드의 『네 권의 명제집』이다. 1155-1158년경에 저술된 것으로 추정되는 이 책은 교부 시대의 저술가들(특히 아우구스티누스)의 글을 인용한 것이다. 인용된 내용이 주제별로 배열되어 있다. 네 권의 책 가운데 첫 번째 책은 삼위일체를, 두 번째 책은 창조와 죄를, 세 번째 책은 성육신과 기독교적 삶을, 마지막 네 번째 책은 성례와 최후의 사건들을 각각 다룬다. 인용한 내용을 해설하는 것이 토마스 아퀴나스, 보나벤투라, 둔스 스코투스와 같은 중세 신학자들의 표준적인 관습이었다. 물론, 한 세기 뒤에 편찬된 토마스 아퀴나스의 『신학대전』은 피에르 롬바르드가 채택한 것과 비슷한 원리들을 적용해 기독교 신학 전체를 세 부분으로 나눠 개괄했지만, 철학적인 문제들(특히 아리스토텔레스가 제기한 문제들)과 교부 시대(신약성경이 완성된 이후의 교회사 초기 몇 세기를 가리키는 말) 저술가들의 이견들을 조화시킬 필요성을 좀 더 크게 강조했다는 점에서 약간의 차이를 드러냈다.

종교개혁 시대에는 서로 다른 두 가지 본보기가 등장했다. 루터파에서는 필립 멜란히톤이 1521년에 『신학 개론』(Loci Communes)을 펴냈다. 이 책은 기독교 신학의 주요 내용을 주제별로 배열해 다루었다.

존 칼빈의 『기독교 강요』는 개신교 신학을 다룬 가장 영향력 있는 책으로 널리 알려져 있다. 이 책의 초판은 1536년에, 결정판은 1559년에 각각 출판되었다. 『기독교 강요』는 모두 네 권으로 이루어져 있다. 첫 번째 책은 신론을, 두 번째 책은 하나님과 인간 사이의 중보자이신 그리스도를, 세 번째 책은 구원론을, 마지막 책은 교회의 삶을 각각 다룬다. 그와 비슷한 성격의 개신교 조직신학 중에서 좀 더 최근에 나온 주요 저서들 가운데는 칼 바르트의 『교회 교의학』이 있다.

현대에 들어서는 방법론이 더욱 중요해졌고, 그 결과로 '서론'이 많은 비중을 차지하게 되었다. 그런 관심에 크게 영향을 받은 현대의 조직신학 가운데 대표적인 저서는 1821-1822년경에 초판이 출판된 슐라이어마허의 『기독교 신앙』이다. 이 책은 인간의 경험을 분석하는 것이 곧 신학이라는 전제를 바탕으로 내용을 체계적으로 진술한다. 슐라이어마허는 삼위일체론을 맨 앞에서 다룬 아퀴나스와는 달리 그것을 조직신학의 맨 마지막에서 다룬 것으로 유명하다.

현대 가톨릭 신학은 다양한 방향을 따라 발전해 왔다. 예수회 신학자 칼 라너는 일련의 논문을 발표해 기독교 신학의 주요 주제들을 개괄했다. 지금 그 논문들은 스물세 권으로 이루어진 『신학적 탐구』에 모두 합쳐져 있다. 한스 우르스 폰 발타살도 주제별 접근 방식을 발전시켰다. 일곱 권으로 이루어진 그의 『주님의 영광』은 '신학적 미학'의 문제를 다루며, 진선미를 관조하는 데 초점을 맞춘다.

철학적 신학

신학은 엄연한 지성적 학문으로서 역사가 처음 시작할 때부터 인류의 관심을 불러일으킨 많은 문제를 다룬다. 신은 존재하는가? 그 신의 특성은 무엇인가? 우리는 왜 여기에 있는가? 그런 질문들이 기독교 공동체 안팎에서 제기된다.

그런 대화들은 서로 어떤 관계를 맺고 있을까? 하나님의 본질에 관한 기독교적 논의는 서구의 철학적 전통 안에서 논의되는 것들과 어떻게 관련되는가? 둘 사이에 공통된 근거가 있는가? 철학적 신학은 기독교 신앙과 다른 분야에서 이루어지는 지성적 활동들 사이에서 '공통된 근거를 찾는 것'에 관심을 기울인다. 토마스 아퀴나스의 다섯 가지 신 존재 증명은 철학적 신학의 사례로 종종 인용된다. 이것은 비종교적인 논증이나 사색을 통해 종교적인 결론에 도달하는 방식이다.

그러나 기독교 신학 안에는 세속 철학을 이용해 신학의 문제를 다루려는 시도를 강도 높게 비판하는 경향이 존재한다는 사실에 유념해야 할 필요가 있다.

테르툴리아누스는 2세기에 "아테네가 예루살렘과 무슨 관계가 있으며, 아카데미가 교회와 무슨 상관이 있는가?"라는 질문을 제기했다. 11세기에 투르의 베렝가가 제시한 성찬 신학의 철학적 기조에 대해서도 사람들의 우려가 뒤따랐다. 어떤 사람들에게는 그의 성찬 신학이 그리스도의 '실제적인 임재'를 일종의 논리적인 추리로 축소하려는 것처럼 보였다.

좀 더 최근에는 칼 바르트의 저서에서도 그와 비슷한 우려가 제기되었다.

그는 철학을 그런 식으로 이용하는 것은 궁극적으로 하나님의 자기 계시를 특정한 철학에 의존하게 만들어 그분의 자유를 훼손하는 결과를 낳는다고 주장했다. 그러나 아퀴나스주의자인 자크 마리탱과 같은 사람들은 철학의 신학적 역할에 대해 훨씬 더 긍정적인 반응을 보였다. 철학이 신학에서 차지하는 역할과 한계에 관한 논쟁은 과거는 물론, 현재까지도 계속되고 있다.

목회신학

기독교가 대학 내의 신학과나 종교학과 덕분에 세계적인 종교라는 현재의 지위를 획득하게 된 것은 아니라는 사실은 아무리 강조해도 지나치지 않다. 기독교는 목회적 특성이 매우 강한데도 신학에 관한 학문적인 논의 안에서 그 점이 충분히 다루어지지 않고 있다. 사실, 라틴 아메리카의 해방 신학이 사회적 적용이라는 건전한 방향을 지향하면서 뒤늦게나마 서구 신학의 과도한 학문적 편향성을 옳게 수정했다고 주장하는 학자들이 많다. 이 경우, 신학은 순수한 이론적 사색이 아닌 변화를 일으키는 행동을 이끄는 본보기를 제시하는 기능을 한다.

그러나 그런 학술적 편향성은 나중에 나타난 것이다. 청교도주의는 목회적 적용과 신학적 순수성을 동시에 추구했던 신앙 운동의 대표적인 사례였다. 그들은 둘 중에 어느 하나만 없어도 완전할 수 없다고 믿었다. 리처드 백스터와 조나단 에드워즈와 같은 청교도 신학자들의 글에는 목회적 돌봄과 영혼의 양육을 통해 신학을 참되게 표현할 수 있다는 신념이 역력하게 드러나 있다. 목회적 돌봄을 통해 신학을 표현하려는 노력은 최근 들어 목회신학에 관한 관심을 새롭게 부활시켰다. 결국, 요점은 설교와 예배와 기도와 목회적 돌봄에 신학을 적용해야만 그 기능이 가장 참되고, 가장 온전하게 발휘될 수 있다는 것이다.

교회사

기독교 역사의 발전 과정, 특히 그 제도적인 요소들을 이해하는 것은 신학 연구에 꼭 필요한 것으로 널리 인정된다. 특정한 기독교 전통 안에서 사역자로 일할 생각이 있거나 스스로의 신앙적 전통을 좀 더 깊이 인식하고, 이해하는 데 관심이 있는 학생들은 자신이 속한 전통의 역사가 특별히 중요하다는 것을 알게 될 것이 분명하다. 교회사 교육 과정에는 대부분 역사신학의 요소들이 포함되어 있다. 도나투스 논쟁을 둘러싸고 일어난 문제들을 알지 못하면 4세기 북아프리카 교회의 역사를 이해하기가 어려운 것처럼, 루터의 이신칭의 교리를 알지 못하면 유럽 종교개혁의 기원과 발전 과정을 이해하기가 매우 힘들다.

교회사가 역사신학과 관심사가 중복되는 것은 분명하다. 그러나 교회사는 그 자체로 하나의 독립된 학문으로 간주해야 마땅하다. 콘스탄티누스 황제의 관용 칙령(311년 4월)은 기독교를 로마 제국의 합법적인 종교로 인정함으로써 수적인 성장과 제도적인 발전을 위한 길을 열어주었다는 점에서 교회사와 관련해서는 엄청난 중요성을 지니지만 역사신학과 관련해서는 그 중요성이 그렇게 크지 않다. 그 이유는 신학적 사고에 직접 기여한 것이 거의 없기 때문이다. 교회사를 다룬다는 것은 교회의 발전에 역사적으로 영향을 미친 문화적, 사회적, 정치적, 제도적 요인들을 연구하는 것을 의미한다. 교회사는 교황제, 감독제, 형제단과 같은 제도들 및 감리파, 오순절파, 카타리파와 같은 신앙 운동의 발생을 다룬다. 기독교는 역사적 현장 안에 존재한다. 교회사의 목표는 기독교 사상과 개개의 인물들과 제도들이 그런 역사적 현장 안에서 차지하는 특별한 위치를 탐구하는 데 있다. 그것은 쌍방 간의 영향으로 기독교는 문화에, 문화는 기독교에 서로 영향을 미친다. 교회사를 공부하면 신학은 물론, 일반 역사에 관해서도 많은 지식을 얻을 수 있다.

역사신학의 목적과 위치

역사신학은 기독교 교리의 역사적 발전 과정을 탐구하고, 교리들이 형성되거나 채택되는 데 영향을 미친 요인들을 찾아내는 것을 목적으로 하는 학문이다. 따라서 역사신학은 교회사나 조직신학과는 엄연히 구별되면서도 그 둘과 밀접하면서도 직접적인 연관성을 갖는다. 그 관계를 간단하게 밝히면 다음과 같다.

1) 교회사는 교회의 역사 안에 존재했던 요인들을, 곧 기독교 신학의 발전을 이해하는 데 중요한 역할을 하는 요인들을 식별하는 기능을 한다는 점에서 역사신학에 매우 중요하다. 역사신학은 사상의 발전이 이루어지거나 구체적으로 형성하는 데 영향을 미친 역사적 배경을 탐구하는 것을 목표로 하는 학문이다. 간단히 말해, 역사신학의 목적은 상황과 신학의 관계를 밝히는 데 있다. 예를 들어, 역사신학은 이신칭의 교리가 르네상스 말기에 처음 근본적인 의미를 지니게 된 것이 결코 우연이 아니라는 것을 입증해 보이거나 라틴 아메리카의 해방 신학 안에서 발견되는 구원의 개념이 그 지역의 사회경제적인 상황과 밀접하게 연관되어 있다는 것을 보여주며, 자유주의나 보수주의와 같은 세속적인 문화 풍조가 신학을 통해 어떻게 표현되는지를 밝힌다. 이처럼 교회사와 역사신학은 긍정적이고 공생적인 방식으로 서로 관계를 맺는다.

2) 조직신학은 현대의 언어로 기독교 신앙의 주요 주제들을 진술하는 데 그 목적이 있다. 교리의 역사적 발전 과정을 온전하게 이해해야만 현대의 언어로 그것을 다시 진술할 수 있다. 그러나 역사신학은 현대의 신학적 진술의 배경이 되는 자료를 제공하는 데 그치지 않고, 신학적인 교리들이 형성될 때 주변의 환경이 어느 정도까지 영향을 미쳤는지를 밝히

는 데까지 나아간다. 현대의 신학적 진술도 이 규칙에서 벗어날 수 없다. 한 세대가 적극적으로 받아들였던 사상이 다른 세대에서는 터무니없는 것으로 간주되어 폐기되는 경우가 종종 있는데, 역사신학은 그런 일이 어떻게 일어나는지를 보여준다. 이처럼 역사신학은 교육적인 역할과 비평적인 역할을 동시에 수행하면서 조직신학자들에게 과거에 무엇을, 왜 생각했는지, 또 어떤 요인들 때문에 새로운 진술이 필요하게 되었는지를 일깨워주는 역할을 한다.

신학은 역사성을 지닌다. 이 사실이 너무 쉽게 간과될 때가 많다. 철학적 성향이 비교적 강한 사람들의 경우는 특히 더 그렇다. 기독교 신학은 각각의 시대와 세대 사이에서 가장 훌륭한 방법으로 여겨지는 것을 토대로 믿음의 근본 요소들을 이해하려는 시도로 간주될 수 있다. 이것은 지역적인 상황이 신학의 형성에 심대한 영향을 미친다는 것을 의미한다. 기독교 신학은 하나님의 구원 행위를 역사의 모든 시대에 적용하는 것을 목표로 한다는 점에서는 보편적인 학문으로 간주될 수 있지만, 하나님의 구원 사역에 대한 경험이 특정한 문화 속에서 이루어지고, 구체적인 상황 속에서 복음에 따라 살려고 노력했던 사람들의 통찰력과 한계에 의해 영향을 받는다는 점에서는 특수성을 띨 수밖에 없다. 이처럼, 기독교의 보편성은 구체적인 적용과 모순을 일으키는 것이 아니라 오히려 보완된다.

역사신학의 발전 과정

역사신학은 16세기에 처음 시작되었다는 것이 일반적인 견해다. 종교개혁 당시 기독교의 진정성을 둘러싸고 열띤 논쟁이 벌어졌다. 개신교와 가톨릭교회 내에서 일어난 개혁과 초기 교회 사이의 영속성을 확인하는 것이 가장 중요한 문제로 대두되었다. 그 결과, 논쟁을 벌인 양측의 저술가들은 교부 시대의 신학과 그것이 중세에 이르러 다르게 변형되었다는 사실을 알게 되었다. 이 연구는 주로 논쟁적인 이유로 시작되었지만, 교부 시대 저술가들의 저서들을 비롯해 이 분야에서 지침이 될 만한 자료들이 많이 생산되는 결과를 낳았다.

그러던 중, 18세기에 접어들어 이른바 '교리사'(dogmengeschichte)로 알려진 학문 운동의 시작으로 좀 더 중요한 발전이 이루어졌다. 이 운동은 교회의 교의, 곧 교리적 진술이 특히 교부 시대에 그 시대의 사회-문화적 상황에 큰 영향을 받았다는 것을 기본 전제로 삼았다. 역사적 방법을 통해 그런 상황적 영향을 밝혀 비평적으로 고찰하고 평가한 결과, 그런 교리적 진술이 현대 교회에 부적절한 것으로 드러났기 때문에 교회는 그것들을 현대에 맞에 새롭게 진술해야 할 책임이 있었다. 이처럼, 역사적 탐구는 그런 교리들을 해체하고, 현대에 좀 더 적합하게 다시 진술하는 결과를 낳았다.

이런 시도가 슈타인바르트(1738-1809)의 저서에서 확인된다. 그는 세례와 그리스도의 사역에 대한 전통적인 이해의 근간이 되었던 아우구스티누스의 원죄 교리가 그가 한때 믿었던 마니교(선한 신과 악한 신이 각각 따로 존재한다고 믿었던 종교)의 잔재일 뿐이라고 주장했다. 한 마디로 본래의 기독교 신학에는 존재하지 않았던 이교 사상이 기독교에 침투한 것이라는 주장이었다. 캔터베리의 안셀무스가 제시했던 '만족설'에까지 적용된 슈타인바르트의 분석은 교리의 기원을 비평적으로 연구함으로써 교리 비평의 고전적인 선례를 남겼다.

이런 시도는 바우어(1792-1860)와 리출(1822-1889)을 통해 더욱 확대되다가 아돌프 폰 하르낙(1851-1930)에 이르러 절정에 달했다. 하르낙은 『교리사』(영어 번역본은 모두 일곱 권으로 구성되어 있다)에서 교리가 본래 기독교적 개념이 아니라고 주장했다.

그에 따르면, 그 개념은 기독교가 본고장인 팔레스타인에서부터 헬라적 상황, 특히 헬라어를 말하는 알렉산드리아로 확장되면서 생겨난 것이다. 기독교 저술가들은 형이상학적인 틀을 이용해 복음을 명확하게 밝히고, 개념화하려는 헬라적 경향을 따르게 되었다.

하르낙은 성육신의 교리가 헬라주의가 기독교에 영향을 미친 가장 뚜렷한 사례일 것이라고 지적하면서 역사적 분석을 통해 그 교리를 폐지할 수 있는 길이 열렸다고 주장했다. 그는 복음은 예수님 자신과 그분이 사람들에게 미쳤던 영향을 다루는 것이라고 생각했다. 하르낙은 구원론에서 기독론이라는 추상적이고, 형이상학적인 사변으로 옮겨간 것은 음험한 일이지만 옳게 되돌릴 수 있는 신학적 발전이라고 믿었다. 그는 마르틴 루터를 신학에서 형이상학을 배제하려고 시도했던 인물로 손꼽으며 그를 후대의 본보기로 제시했다.

복음의 '헬라화'라는 하르낙의 주장은 지금은 다소 과장된 것으로 간주되지만, 그가 발전시킨 일반 원리들은 여전히 타당성을 인정받고 있다. 교리 역사가들은 헬라의 형이상학에서 파생된 것으로 보이는 여러 가지 핵심적인 전제들이 함유된 기독교 신학의 영역을 식별해 낼 수 있다. 예를 들어, 하나님이 고통을 느낄 수 있으신지에 관한 현대의 논쟁(이 문제는 나중에 자세히 살펴볼 예정이다)은 하나님의 '무감정'(apatheia)이라는 고전적 개념이 역사에 나타난 하나님의 행위에 대한 신구약 성경의 증언이 아닌 헬라의 형이상학에 근거한 것처럼 보인다는 것에 초점을 맞춘다.

하르낙이 역사신학에 특별한 관심을 기울인 이유는 역사가 교리의 배제나 교정을 위한 수단을 제공한다는 신념을 지녔기 때문이다. 역사신학의 '비평적인' 기능은 지금도 여전히 중요하다. 우리는 이 책을 통해 그것을 상세하게 살펴볼 것이다. 하르낙이 이 분야에서 방대한 글을 남긴 덕분에 역사신학은 연구할 가치가 충분한 학문이라는 지위를 확보했고, 그에 관한 관심도 갈수록 더 높아지게 되었다.

교육적인 수단으로서의 역사신학

교회사를 배우는 학생들 가운데는 이 흥미로운 학문의 사회적, 경제적, 제도적 측면에만 관심을 집중하고, 사상의 역할은 등한시하는 사람들이 많다. 그러나 교회사의 과정에 큰 영향을 미친 사상들을 알지 못하면 그 역사 속에 나타난 가장 중요한 사건들을 이해하기가 매우 어렵다.

러시아 혁명을 연구하는 역사가가 칼 마르크스, 프리드리히 엥겔스, 레닌, 레온 트로츠키의 사상을 무시할 수 없는 것처럼 교회사를 연구하는 역사가도 아타나시우스, 아우구스티누스, 루터와 같은 인물들의 사상을 이해해야 할 필요가 있다. 역사신학은 교회사를 연구하는 사람들의 주요한 자료로서 역사의 중요한 시점에서 교회에 영향을 미친 사상들의 독특한 특성을 이해하게끔 도와준다.

그러나 역사신학은 단지 과거를 이해하도록 돕는 역할에 그치지 않는다. 역사신학은 현재의 신학을 위한 자료를 제공한다. 많은 비평가가 지적하는 대로, 현대신학은 마치 스스로가 어떤 주제를 최초로 다루는 것처럼 행동하거나 그 문제를 파헤치고자 했던 이전의 모든 시도를 깡그리 무시하는 듯한 태도를 보이는 경향이 있다. 전에 한 번도 다루어지지 않은 문제를 다룬다는 식으로 신학을 하는 것은 사실상 불가능하다. 어깨너머로 뒤를 돌아보는 것처럼 과거에 어떤 일들이 있었고, 또 어떤 대답이 주어졌는지를 항상 살펴봐야 할 필요가 있다. '전통'이라는 개념에는 기꺼운 마음으로 과거의 신학적 유산을 진지하게 받아들이겠다는 의미가 담겨 있다. 스위스 개신교 신학자 칼 바르트(1886-1968)는 신학은 필연적으로 과거와의 대화를 내포할 수밖에 없다고 주장했다.

우리가 교회 안에 몸담고 있다면 현재의 신학에 대해서 만큼이나 과거의 신학에 대해서도 똑같이 책임을 져야 한다. 아우구스티누스, 토마스 아퀴나스, 루터, 슐라이어마허를 비롯한 모든 사상가는 죽지 않고 살아 있다. 우리가 아는 대로, 그들과 우리는 함께 교회에 속해 있다. 그리고 그들은 그 사실만큼이나 분명하게 여전히 살아서 말하고 있고, 또 듣기를 요구하고 있다.

따라서 기독교의 과거 역사가 남겨준 풍부한 유산을 잘 아는 것이 중요하다. 그런 유산은 현대적인 논쟁을 위한 중요한 지침을 제시한다.

역사신학은 신학의 현대적 진술에 필요한 중요한 교육적 자료를 제공한다. 이 점에서 아래의 요점들은 특별히 중요하다.

1) 역사신학은 중요한 신학적 주제들과 관련된 문제들이 어떤 상태에 이르렀는지를 파악하도록 도와줌으로써 이미 무엇이 논의되었는지를 알 수 있게 해준다.
2) 과거에 이루어진 신학적 주제들에 관한 논의를 살펴보면 문제에 대한 기존의 접근 방식의 장단점을 파악할 수 있다.
3) 역사신학은 기독교 사상의 발전 과정에서 '이정표'가 될 만한 것들을 식별하게 도와준다. 그런 것들은 오늘날에도 여전히 중요하고, 적절하다. 그런 '이정표' 가운데는 아타나시우스, 아우구스티누스, 아퀴나스와 같은 저술가들과 도나투스 논쟁, 아리우스 논쟁과 같은 다양한 논쟁과 니케아 신조와 같은 문서가 포함된다.

이런 맥락에서 역사신학은 조직신학을 위한 중요한 교육학적 도구로 활용될 수 있다.

비평적인 도구로서의 역사신학

기독교 역사 연구는 신학에 관한 고정된 견해를 바로잡을 수 있는 강력한 수단이 된다. 역사신학의 이점은 다음과 같다.

- 특정한 교리가 기독교 역사의 여러 시점에서 특별한 중요성을 띠게 되었다는 사실을 알게 해준다(예를 들어 16세기의 이신칭의 교리).
- 특정한 사상이 매우 한정된 상황 속에서 생겨났고, 또 이따금 오류가 발생했다는 사실을 알게 해준다.
- 신학적인 발전 과정은 되돌릴 수 없는 것이 아니라는 사실, 곧 과거의 오류를 바로잡을 수 있다는 사실을 알게 해준다.

한 가지 구체적인 사례를 들면 이런 말의 중요성을 알 수 있을 뿐 아니라 신학의 발전에 영향을 준 일부 요인들을 식별하는 데도 유익할 것이다. 그것은 하나님이 고통을 느끼시느냐 하는 문제다. 기독교 역사의 첫 번째 주요 시기(즉 교부 시대)에 속하는 저술가들은 이 문제에 대해 부정적인 대답을 제시하는 경향이 있었다. 그러나 1945년경 이후에 등장한 '새로운 정통주의'는 긍정적인 대답을 제시하는 경향이 있다. 그렇다면 이 차이를 어떻게 설명할 수 있을까?

신학의 역사를 연구해 보면, 기독교가 주변 문화에서 비롯한 사상들과 가치관을 무의식적으로 흡수할 가능성이 있다는 것을 알 수 있다. 기독교 고유의 사상으로 종종 간주되어 온 것이 이따금 세속 문화에서 빌려온 것으로 드러난다. 하나님이 고통을 느끼실 수 없다는 개념은 헬라의 철학 사상 안에 굳게 확립되어 있던 것이었다. 초기 기독교 신학자들은 그런 철학적 진영 안에서 존경과 신뢰를 얻을 요량으로 그 개념에 아무런 이의를 제기하지 않았다.

그 결과, 이 개념은 기독교의 신학적 전통 안에 깊숙이 뿌리를 내리기에 이르렀다.

이 문제에 관한 교부 시대의 논쟁은 하나님은 완전하시다는 개념에 크게 영향을 받았다. 당대의 고전 철학에 따르면 완전하다는 것은 불변하며, 자기 충족적이라는 의미를 지닌다. 따라서 완전한 존재가 외부 요인에 의해 영향을 받거나 변화를 일으키는 일은 절대로 있을 수 없다. 더욱이 완전은 고전 철학 안에서 매우 정체적인 의미로 이해되었다. 하나님이 완전하시다면 어떤 식의 변화도 있을 수 없다. 만일 하나님이 변하신다면 완전으로부터 멀어지거나(하나님이 완전의 속성을 잃게 되거나) 완전을 향해 나아가거나(하나님이 과거에 완전하지 못했거나) 둘 중 하나다. 아리스토텔레스도 "변화는 더 나쁜 쪽으로 바뀌는 것이다."라고 선언함으로써 이런 개념을 되풀이했고, 자기가 창안한 신적 존재에게서 모든 변화와 고통을 배제했다.

이런 사상이 초창기부터 기독교 신학에 유입되었다. 초기 기독교 저술가들의 찬탄을 자아낸 글을 많이 남긴 헬라파 유대인 필로는 『하나님은 변하실 수 없다』(Quod Deus immutabilis sit)라는 제목의 소책자를 저술했다. 그는 그 책에서 하나님이 고통을 느끼지 않으신다는 개념을 적극적으로 옹호했다. 그는 하나님의 고통을 언급하는 듯 보이는 성경 구절들은 문자적인 의미가 아닌 비유적 의미로 이해해야 한다고 주장했다. 하나님이 변하신다는 말은 곧 그분의 신적 완전성을 부인하는 의미로 간주되었다. 필로는 "불변하는 존재가 변할 수 있다고 생각하는 것보다 더 큰 불경이 어디에 있겠는가?"라고 힘써 역설했다. 그는 하나님은 고통을 느끼시거나 '고난'으로 일컬을 수 있는 그 어떤 일도 겪지 않으신다고 믿었다. 캔터베리의 안셀무스도 이런 개념에 영향을 받은 까닭에 우리의 경험적 관점에서 보면 하나님이 긍휼을 느끼신다고 말할 수 있지만, 신적 존재 자체의 관점에서 보면 그럴 수 없으시다고 주장했다. 사랑과 긍휼의 언어가 하나님에게 적용되었을 때는 순전히 비유적인 의미로 다루어졌다.

　그러나 현대에 접어들자 이런 사상에 대해 도전이 제기되었다. 그렇게 된 이유는 이 문제에 관한 교부들의 사상이 헬라의 철학적 개념들에 영향을 받았고, 또 구약성경이 과거에 생각했던 것보다 하나님의 고난에 대해 더 많이 말하고 있는 것처럼 보인다는 깨달음 때문이었다. 하나님도 고난을 받으실 수 있다고 주장하는 이런 사상적 경향을 뒷받침하는 견고한 신학적 토대도 존재하지만, 그 외에도 기독교 신학자들이 "하나님은 고난받으시는가?"라는 질문에 긍정적인 대답을 하도록 이끄는 또 다른 요인들도 아울러 존재하는 것처럼 보인다.

　하나는 문화적인 요인이다. 이것은 세상의 고난에 대한 새로운 문화적 의식과 직접 연관된다. 1차 세계대전의 끔찍한 공포는 서구의 신학적 사고에 깊은 영향을 미쳤다. 당시의 고난으로 인해 자유주의 개신교가 인간의 본성을 지나치게 낙관했던 치명적인 실수를 저질렀다는 인식이 광범위하게 싹트게 되었다. 그런 충격적인 사건 이후에 자유주의 개신교를 강도 높게 비판했던 변증 신학이 생겨난 것은 결코 우연이 아니었다. 또 다른 하나의 중요한 반응은 '항변적 무신론'으로 알려진 사상운동이었다. 이 운동은 하나님을 믿는 믿음에 대해 "어떻게 세상의 고난과 고통에 냉담한 신을 믿을 수 있느냐?"라는 심각한 도덕적 항변을 제기했다.

　그런 사상의 흔적이 표도르 도스토옙스키가 쓴 19세기의 소설『카라마조프가의 형제들』에서 발견된다. 이 사상은 20세기에 들어 도스토옙스키의 소설에 등장하는 이반 카라마조프를 종종 본보기로 내세우며 더욱 온전하게 발전했다. 신(좀 더 정확하게 말하면 신이라는 개념)에 대한 카라마조프의 반발은 무고한 어린아이의 고통이 정당화될 수 있다는 생각을 거부하는 데서부터 시작되었다. 알베르 카뮈도『반항하는 인간』에서 카라마조프의 항변을 '형이상학적 반항'의 관점에서 새롭게 표현함으로써 그런 사상을 발전시켰다. 이런 강력한 도덕적 형태를 띤 무신론은 많은 신학자들에게 신뢰할 수 있는 신학적 반응(곧 고난받는 하나님에 관한 신학)을 요구하는 것처럼 보였다.

두 번째 요인은 핵심 개념(이 경우에는 '사랑'의 개념)에 대한 이해가 새롭게 바뀐 것이었다. 안셀무스와 아퀴나스와 같이 고전적인 전통에 근거했던 신학자들은 타인에 대한 배려와 선의를 나타내거나 표현하는 관점에서 사랑을 정의했다. 따라서 하나님이 '아무런 감정 없이 사랑을 베푸신다'라고 말하는 것, 곧 누군가가 처한 상황에 감정적으로 영향을 받지 않고 그 사람을 사랑할 수 있다고 말하는 것이 얼마든지 가능했다. 그러나 인간의 감정을 다루는 심리학에 대해 새로운 관심이 일면서부터 그런 식의 사랑의 개념이 의문시되기 시작했다. 그것은 "서로의 고통과 감정을 공유하지 않고 어떻게 '사랑'을 말할 수 있겠는가? '사랑'은 사랑하는 자가 사랑받는 자의 고통을 강렬하게 의식하는 것이기 때문에 어떤 형태로든 그 고통을 함께 나누어져야 하지 않겠는가?"라는 문제였다. 그런 생각을 하게 되자 무감정한 하나님이라는 개념의 직관적인 타당성이 흔들리게 되었다(흥미롭게도 그런 개념의 지성적인 신빙성은 아직 의심되지 않았다).

이런 간단한 분석만으로도 신학이 철학적인 동향, 문화적인 변천, 심리학의 변화 따위에 영향을 받는다는 것을 알 수 있다. 신학적 사색은 항상 복합적인 배경과 함께 이루어지며, 의식하든 의식하지 못하든 사색의 과정에는 그런 배경적 요인들이 포함되기 마련이다. 하나님이 고통을 느끼실 수 있는지에 관한 교부 시대의 신학적 사고는 완전한 존재는 변하지도 않고, 외부 요인에 영향을 받지도 않는다는 당시의 유력한 철학적 견해에 의해 크게 영향을 받았고, 같은 문제에 대한 현대의 논의는 하나님을 '고통의 동반자'로 생각하는 철학적 개념(알프레드 노스 화이트)에 대한 관심의 고조와 인간이 경험하는 고통에 대해 반응을 요구하는 문화적 압력에 의해 영향을 받았다. 이 문제에 대한 '올바른' 대답이 무엇이든 간에(이 논쟁은 현대신학에서도 여전히 계속되고 있다),

신학에 중대한 영향을 미치는 요인들을 식별하는 것이 중요하다(때로는 그런 영향이 인정되지 않을 때도 더러 있다).

역사신학은 기독교 신학의 중요한 문제들에 대한 답변들을 소개하고, 그런 답변들이 형성되는 과정에 중대한 영향을 미친 요인들을 설명한다. 이 작업은 그 답변들을 제시한 사람들이 그런 요인을 인지했거나 어떻게 평가했는지와 상관없이 이루어진다. 역사신학은 신학자들이 '그 시대의 자화상'(앨러스데어 매킨타이어)에 의해 얼마나 쉽게 미혹되는지를 보여준다는 점에서 체제 전복적인 성격을 띠고 있다고 하겠다. 이것은 비단 과거에만 국한되지 않는다. 현대신학의 추세도 단기적인 문화적 유행에 조건반사적으로 반응할 때가 많다. 역사 연구는 과거의 실수를 일깨우고, 그것이 현재에 다시 되풀이되지 않도록 경고한다. 우디 앨런은 "역사는 반복한다. 당연히 그래야 한다. 처음 한 번만으로는 아무도 듣지 않으니까."라고 말했다.

이것이 이 책이 지면이 허락하는 한도 내에서 신학적 논쟁의 역사적 배경을 최대한 많이 제시하는 것을 목표로 삼는 이유다. 신학적인 문제는 그와 관련된 논쟁이 마치 어제 시작된 것처럼 다루어질 때가 많다. 따라서 충분한 지식을 가지고 그런 문제를 논의하려면 어떻게 우리가 현재의 상태에 이르게 되었는지를 이해하는 것이 중요하다.

조직신학을 위한 자료로서의 역사신학

마지막으로, 조직신학은 기독교적 전통의 역사와 긴밀한 관계를 맺음으로써 많은 이득을 얻을 수 있다. 칼 바르트와 칼 라너와 같은 학자들의 저서에서 분명하게 알 수 있는 대로, 가장 훌륭한 현대신학 가운데는 비평적인 재사용, 곧 현재의 논쟁에 과거의 지혜를 이용하는 방법을 취하는 것들이 많다. 최근 몇십 년 동안 히포의 아우구스티누스와 토마스 아퀴나스의 저서에 새롭게 관심이 고조되는 것은 기독교적 전통의 신학적 풍요로움을 새롭게 의식하고 있다는 것을 보여주는 강력한 증거가 아닐 수 없다.

역사신학은 상황을 새로운 방식으로 볼 수 있게끔 도와준다. 역사신학은 논쟁과 문제를 다른 관점에서 볼 수 있게 도와줌으로써 우리 자신의 접근 방식을 형성하는 데 영향을 미친다. 영국의 문학 평론가 C. S. 루이스(1898-1963)는 그런 과정을 통해 우리의 눈이 어떻게 열어 새로운 관점으로 평가와 사색에 임하게 만드는지를 이해할 수 있게 도와준다.

> 나의 눈만으로는 내게 충분하지 않다. 다른 사람들의 눈을 통해 보는 것이 필요하다…위대한 문학을 읽으면 나는 나 자신으로 머물면서도 천 명의 사람이 될 수 있다. 헬라 시에 나오는 밤하늘처럼 나는 무수히 많은 눈으로 보지만 보는 사람은 여전히 나 자신이다.

루이스는 위대한 문학을 읽음으로써 '자신의 눈과 상상력과 마음은 물론, 다른 눈과 다른 상상력과 다른 마음으로 보고, 상상하고, 느낄 수' 있었다. 이 점은 아타나시우스의 『성육신에 관해』, 아우구스티누스의 『고백록』, 아퀴나스의 『대이교도대전』, 칼빈의 『기독교 강요』와 같은 신학 고전들도 마찬가지다. 그런 저서들은 신학적인 작업과 그 성과를 평가할 수 있는 눈을 열어주어 우리 자신의 접근 방식을 발전시킬 수 있도록 도와준다.

물론, 때로는 이런 과정이 잘못된 결과를 낳을 수도 있다. 과거를 심각하게 잘못 이해하면 특히 더 그렇게 된다. 예를 들어, 영국 신학자 콜린 건턴(1941-2003)은 아우구스티누스의 접근 방식을 강하게 비판하며 창조 교리와 구원 교리의 상호 관계에 초점을 맞춰 자기 나름의 삼위일체 이론을 발전시켰다. 그는 다른 접근 방식을 개발함으로써 아우구스티누스의 실수를 피할 수 있다고 믿었다. 그러나 아우구스티누스에 대한 건턴의 역사적인 분석은 심각한 문제를 안고 있다. 그는 아우구스티누스의 글을 무리하게 해석해 그의 사상 가운데 일부를 곡해했다. 그런 오해가 최근의 연구를 통해 옳게 교정되었다. 건턴이 아우구스티누스를 잘못 읽은 사례는 역사신학을 옳게 이해해야만 건전한 조직신학을 수립할 수 있다는 사실을 분명하게 일깨워준다.

우리의 주제인 역사신학에 관한 서론은 이것으로 충분할 듯하다. 이제는 교부 신학이라는 복잡한 세계로 직접 뛰어들어 기독교적 신학의 전통이 처음 싹트기 시작했던 시기를 살펴보기로 하자.

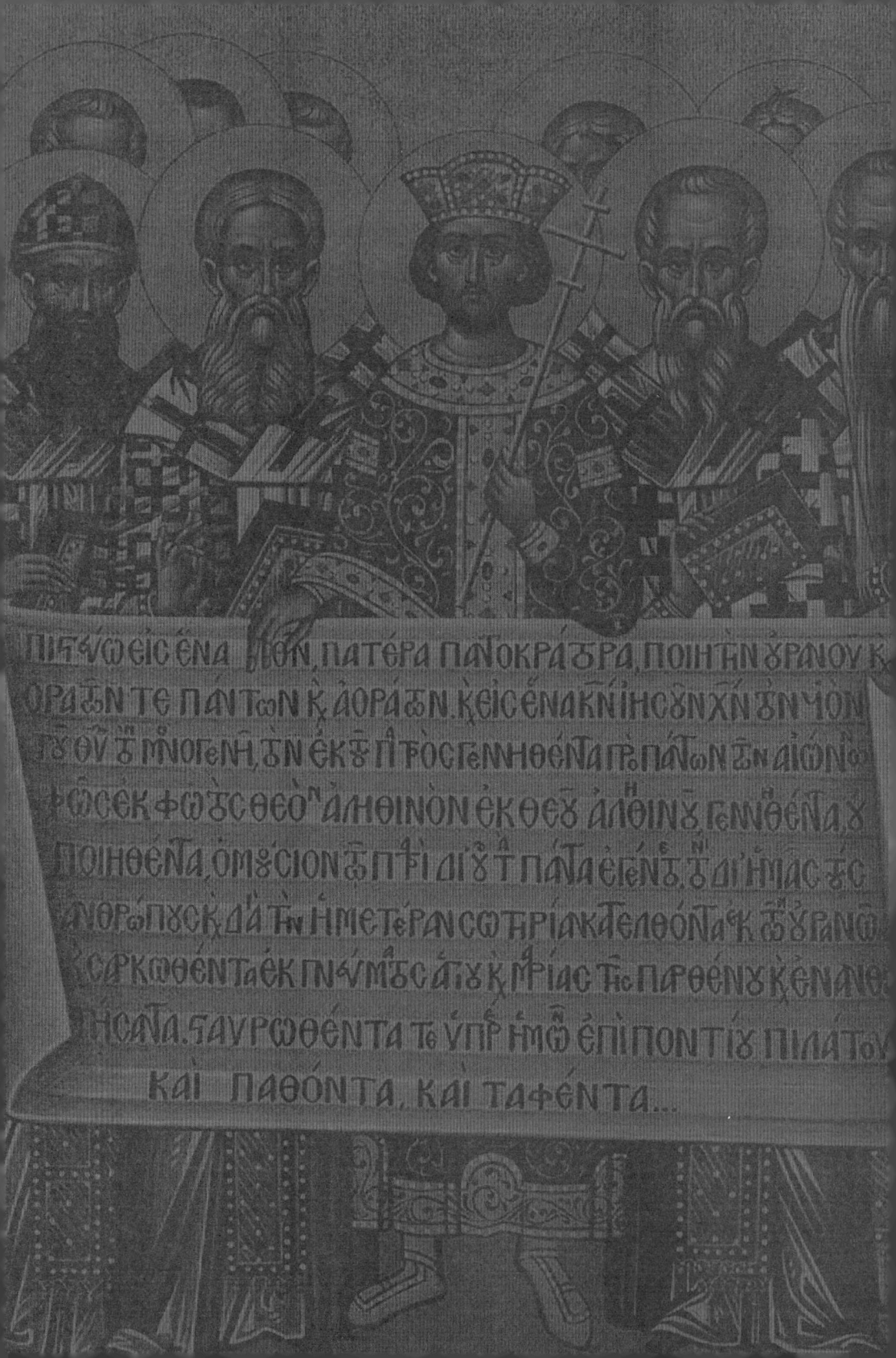

1장

교부 시대
(100-451)

용어 해설
교부 신학을 다루는 데 뒤따르는 어려움
교부 신학의 역사적인 배경
신학 연구의 중심지
대표적인 신학자
중요한 신학적 발전
중요한 명칭, 용어, 문구
질문
사례 연구

교부 시대는 기독교 사상의 역사 중에서 가장 창의적이고, 흥미진진한 시기였다. 이런 특징 하나만으로도 앞으로도 계속해서 연구의 과제가 되기에 충분하다. 이 시기는 특히 신학적인 이유 때문에 중요하다. 성공회, 동방 정교회, 루터교회, 개혁교회, 로마 가톨릭교회를 비롯해 기독교의 주류 교파들이 한결같이 교부 시대를 기독교 교리의 발전 과정에 결정적인 이정표를 세운 시기로 간주한다. 이런 신학적 전통들은 각자 나름대로 초기 교회 저술가들의 견해를 계승하고, 확장하며, 필요한 경우에는 비판하기도 하며 발전해 왔다. 예를 들어, 17세기의 대표적인 성공회 저술가 랜슬롯 앤드류스(1555-1626)는 정통 기독교는 구약성경과 신약성경, 세 개의 신조, 사복음서, 기독교 역사의 처음 다섯 세기에 근거한다고 선언했다. 우리는 지금부터 기독교 사상의 역사 가운데 하나인 이 중요한 시대의 기본적인 특징을 자세하게 살펴볼 예정이다.

용어 해설

'교부'(patristic)는 '아버지'를 뜻하는 라틴어 '파테르'(pater)에서 유래했다. 이 용어는 교부 시대와 그 시기에 발전한 독특한 사상을 가리킨다. 이것은 포괄적인 용어는 아니다. 일반적으로 인정될 수 있는 용어는 아직 어떤 문헌에서도 나타나지 않았다. 아래의 관련 용어들은 자주 등장하기 때문에 알고 있어야 한다.

교부 시대(the patristic period): 이 용어는 분명하게 한정할 수 있는 시기를 가리키지 않는다. 교부 시대는 종종 신약성경이 완성된 이후(100년)부터 칼케돈 공의회(451년)에 이르는 시기를 가리키는 의미로 사용된다.

교부 문헌학(patristics): 이 용어는 대개 '교부들'을 연구하는 신학의 한 부문을 가리키는 의미로 사용된다.

교부학(patrology): 이 용어는 '신학'이 '하나님에 관한 연구'를 의미하는 것처럼 한때는 말 그대로 '교부들에 관한 연구'를 의미했다. 그러나 최근에는 그 의미가 달라졌다. 이 용어는 현재는 저명한 독일 학자 요한네스 쾨스텐이 저술한 것과 같은 교부 문헌에 관한 편람을 가리키는 의미로 사용된다. 그런 자료들은 교부 시대 저술가들의 주요 사상들과 그와 관련된 해석의 문제들을 쉽게 파악할 수 있도록 도와준다.

교부 신학을 다루는 데 뒤따르는 어려움

교부 시대는 기독교 신학에 상당히 중요하다. 그러나 요즘에 신학을 공부하는 학생들 가운데는 교부들의 사상을 이해하기 힘들어하는 이들이 많다. 그 이유는 크게 네 가지다.

1) 교부 시대의 논쟁 가운데는 오늘날의 시대에 적절하지 못한 것들이 더러 있다. 그것들은 당시에는 매우 중요한 논쟁으로 여겨졌지만, 현대의 독자들은 공감을 느끼기가 어렵고, 또 그토록 큰 관심이 야기된 이유를 이해하기가 어려울 때가 많다. 교부 시대를 현대 교회에 지속적인 의미를 지니는 종교개혁 시대와 대조하는 일은 매우 흥미롭다. 그런 방법을 사용하면 학생들이 과거의 사상을 오늘날의 관심사와 좀 더 쉽게 연관시킬 수 있다고 생각하는 신학 교사들이 많다.

2) 교부 시대의 논쟁 가운데는 철학적인 문제를 다룬 것이 많다. 따라서 그 의미를 이해하려면 당시의 철학적 논쟁을 어느 정도 알고 있어야 한다. 특히 지중해를 둘러싼 당시의 세상에는 다양한 플라톤주의 학파들이 널리 퍼져있었다. 기독교 신학을 배우는 학생들이 플라톤의 대화편에서 발견되는 사상들을 어느 정도 알고 있다고 해도, 그런 사상들이 교부 시대에 이르러서는 지중해를 둘러싼 당시의 세상에서 상당한 발전을 거쳤거나 비판을 받는 상황이었다는 사실을 기억해야 한다. 중세 플라톤주의와 신플라톤주의는 서로 큰 차이가 날 뿐 아니라 플라톤의 본래 사상과도 다르다. 당시의 철학적 사상들 가운데 익숙하지 않은 것이 많다면 교부들의 사상을 연구하기가 쉽지 않을 것이다. 따라서 신학을 처음 배우기 시작한 학생들은 교부 시대의 논쟁을 온전히 파악하기가 어렵다.

3) 교부 시대의 특징은 방대한 교리적 다양성에 있다. 당시는 유동적인 시

기, 곧 니케아 신조와 같은 문서들과 그리스도의 두 본성과 같이 신학의 이정표와 기준이 될 만한 것들이 서서히 형성되기 시작했던 시기였다. 이런 이유로 기독교 교리의 역사 가운데 상대적으로 안정적인 기조를 유지했던 시기(예를 들면, 그리스도의 인격이 주된 논쟁거리가 되지 않았던 종교개혁 시대와 같은 시기)에 익숙한 학생들은 교부 시대의 이런 특징에 당혹감을 느낄 때가 많다.

4) 교부 시대는 정치적, 언어적 이유로 인해 헬라어를 말하는 동방 세계와 라틴어를 말하는 서방 세계가 둘로 갈라지는 분열의 시기였다. 많은 학자가 동방과 서방의 신학자들의 신학적인 기질이 뚜렷한 차이를 보인다는 점을 인정한다. 전자는 철학적인 성향을 드러낼 때가 많아 신학적인 사변을 좋아했던 데 비해 후자는 철학을 신학에 적용하는 것을 반대했고, 성경에 명시된 교리들만을 탐구하는 데 열중했다. 서방 신학자 테르툴리아누스(160-225)가 제기한 "아테네가 예루살렘과 무슨 관계가 있으며, 아카데미가 교회와 무슨 상관이 있는가?"라는 유명한 수사학적인 질문이 이런 사실을 분명하게 보여준다. 교부 신학을 공부하는 학생들은 이런 차이를 구별하는 것을 어렵게 생각하고, 헬라어를 말하는 동방 교회의 사상이나 라틴어를 말하는 서방 교회의 사상 가운데 한 가지에만 초점을 맞추려는 경향이 있다.

교부 신학의 역사적 배경

교부 시대는 많은 문제를 해결하는 데 크게 기여했다. 그 첫 번째 기여는 기독교와 유대교의 관계를 정리하는 것이었다. 신약성경에 포함된 바울 서신은 교리와 실천에 관한 일련의 문제들이 표면화되기 시작했던 1세기경에 이 문제가 얼마나 중요한 것이었는지를 여실히 보여준다. 유대인이 아닌 이방인들이 할례를 받아야 할 의무가 있는가? 구약성경을 옳게 해석하려면 어떻게 해야 할까?

그러나 곧 다른 문제들도 나타나기 시작했다. 2세기에 특별히 중요했던 한 가지는 변증학(비판자들을 상대로 기독교 신앙을 합리적으로 옹호하고, 정당화하는 것)이었다. 기독교 역사의 첫 번째 시기를 거치는 동안, 교회는 국가로부터 종종 박해를 당했다. 생존이 당면한 문제였다. 교회의 존재가 인정받지 못하는 상황에서 신학적 논쟁을 벌이는 것은 극히 제한적일 수밖에 없었다. 이런 사실을 고려하면, 초기 교회가 변증학을 그토록 중요시했던 이유를 이해하는 데 도움이 된다.

순교자 유스티누스(100-165)와 같은 저술가들은 적대적인 이방인들에게 기독교의 믿음과 실천을 설명하고, 옹호하려고 노력했다. 이 시기에 서방에서는 리용의 이레나에우스(130-200), 동방에서는 오리게누스(185-254)와 같은 걸출한 신학자들이 배출되었지만, 신학적인 논쟁은 교회에 대한 박해가 중단되고 나서야 비로소 본격적으로 시작되었다.

우리는 교부 시대에 로마 제국 내에서 기독교의 위상이 다르게 바뀌었던 상황들을 염두에 두고 이 문제를 좀 더 자세히 살펴볼 생각이다. 기독교는 팔레스타인, 좀 더 구체적으로 말하면 유대 지역(그 가운데서도 특히 예루살렘을 중심으로)에서 시작되었다. 기독교는 스스로를 유대교를 계승해 발전시키는 종교로 인식하고, 처음에는 유대교와 직접 관련된 지역, 즉 팔레스타인에서 번성했지만, 곧 다소의 바울과 같은 초기 기독교 복음전도자들의 노력을 통해 유대교가 영향을 미치는 인접 지역으로까지 급속하게 퍼져나갔다. 1세기 말경, 기독교는 지중해 동쪽 지역 전역에 전파되었고, 심지어는 로마 제국의 수도였던 로마에까지 상당한 교세를 확보했다.

로마의 역사적 중요성

로마는 지중해 전 지역을 장악했던 로마 제국의 행정 중심지였다. 로마인들은 지중해를 '마레 노스트룸(우리의 바다)'으로 일컬었다.

기독교가 발원했던 유대 지역은 이 거대한 제국의 일부, 그것도 별로 중요하지 않은 한 부분에 지나지 않았다. 유대 지역에서는 아람어(히브리어와 밀접한 관계를 맺고 있던 언어)와 헬라어가 사용되었지만, 공식적인 행정 언어는 라틴어였다. 요한복음은 예수님이 '유대인의 왕'이라고 주장했다는 죄목을 알리기 위해 그 명칭을 그 세 가지 언어로 모두 기록해 놓았다고 전한다(요 19:19, 20). 십자가에 못 박히신 예수님의 형상을 묘사한 글이나 그림 가운데는 'INRI'('나사렛 예수, 유대인의 왕'을 뜻하는 라틴어 'Iesus Nazarenus Rex Iudaeorum'의 머리글자)라는 문구가 종종 발견된다.

기독교가 언제부터 로마에 존재했는지는 확실하지 않다. 대략 40년대부터 시작되었다는 것이 일반적인 생각이다. 57년경에 저술된 바울의 로마서에는 우르바노, 아길라, 루포, 율리아와 같은 라틴어 이름을 가진 몇몇 개인이 등장한다. 이것은 그즈음에 기독교로 개종한 로마인들이 더러 있었다는 것을 보여준다. 아울러, 대부분의 이름이 헬라어라는 사실은 기독교가 초기에는 헬라어를 말하는 소수자의 종교였다는 증거다. 마가복음이 네로의 박해가 시작되기 직전인 64년경에 로마에서 기록되었을 가능성을 보여주는 증거가 있다. 예를 들어, 마가복음 12장 42절은 헬라의 구리 동전 두 개가 한 '고드란트'의 가치를 지녔다고 말씀한다. '고드란트'는 로마 제국의 동쪽 지역에서는 통용되지 않았던 로마 동전 가운데 하나였다. 또한 마가복음 15장 16절은 헬라어 단어 하나가 라틴어 '브라이도리온(프라에토리움)'을 뜻한다고 부연 설명하고 있다. 이런 사실은 마가가 로마인 청중에게 익숙하지 않은 개념이나 용어를 설명하려고 했다는 것을 보여준다.

박해의 문제

기독교는 40년대에 로마에 터를 잡았지만, 그 법적 지위가 분명하지 않았다. 기독교는 법적으로 인정받지 못했기 때문에 특별한 권리를 누리지 못했지만 금지되지는 않았다. 그러나 수적인 증가로 세력이 차츰 커지자 이따금 힘으로 억누르려는 현상이 나타났다. 그런 박해는 때로는 북아프리카와 같은 지역에만 국한된 지엽적인 현상에 그치기도 했고, 때로는 로마 제국 전역에서 공식적으로 이루어지기도 했다. 특별히 중대한 박해의 시기는 249년에 데시우스 황제가 즉위하면서부터 시작되었다. 그가 기독교에 가한 최초의 중요한 박해 행위는 250년 1월에 로마의 주교 파비아누스를 처형한 것이었다. 데시우스의 박해는 250년 6월에 공표된 '데시우스 칙령'의 결과였다. 그 칙령은 지방의 총독들과 행정장관들에게 로마의 신들과 황제에게 희생 제사를 바쳐야 하는 의무를 보편적으로 준수하게 하라고 명령했다. 희생 제사를 바치는 사람들에게는 '증명서'(libellus pacis)가 발급되었다. 그 칙령은 무시될 때가 많았지만 일부 지역에서는 집행되기도 했다. 그 어려운 시기에 수천 명의 그리스도인이 순교를 당했다. 증명서를 발급받기 위해 신들에게 희생 제사를 바친 사람들도 있었고, 실제로 제사를 바치지 않고서 증명서를 발급받을 수 있는 사람들도 있었다.

데시우스의 박해는 그가 251년 6월에 군사 원정 도중에 목숨을 잃게 되자 저절로 끝이 났다. 박해로 인해 죄를 짓거나 믿음을 저버린 그리스도인들이 많았다. 그런 사람들을 처리하는 문제를 둘러싸고 교회 안에서 즉시 분쟁이 일어났다. 배교가 곧 믿음의 종말을 뜻하는 것인가, 아니면 회개를 통해 다시 교회로 회복될 수 있는 것인가? 의견들이 날카롭게 대립하면서 심각한 이견과 다툼이 일어났다. 노바티아누스와 카르타고의 키푸리아누스의 견해는 서로 크게 달랐다. 이 두 저술가는 257-58년에 일어난 발레리아누스 황제의 박해 때 모두 순교했다.

가장 혹독한 박해 가운데 하나가 디오클레티아누스 황제의 통치 기간인 303년 2월에 일어났다. 기독교의 예배 장소를 모두 파괴하고, 그리스도인들의 책을 모두 없애고, 기독교적 예배 행위를 일체 중단시키라는 칙령이 공표되었다. 그리스도인 공직자들은 신분이나 지위에 뒤따르는 특권을 모두 상실한 채 노예로 전락했다. 저명한 그리스도인들은 로마의 전통적인 관습에 따라 희생 제사를 바치도록 강요받았다. 디오클레티아누스가 그리스도인으로 알려진 자신의 아내와 딸까지도 강제로 명령에 따르게 했다는 사실은 당시에 기독교의 영향력이 얼마나 컸는지를 단적으로 보여준다. 박해는 로마 제국의 동쪽 지역을 지배했던 갈레리우스를 비롯해 왕위를 계승한 황제들을 통해 줄곧 지속되었다.

311년, 갈레리우스는 갑자기 박해를 금지하라고 명령했다. 박해는 아무런 효과가 없었고, 오히려 로마의 이교 숭배를 부활시키려는 정책에 대한 그리스도인들의 저항 의지를 더욱 강화하는 결과를 낳았다. 갈레리우스는 그리스도인들이 다시금 정상 생활을 하며, '공공질서를 해치지 않는 한 종교적인 집회를 개최해도 좋다'는 칙령을 공표했다. 이 칙령은 기독교를 종교로 분명하게 인정함으로써 온전한 법률적 보호를 부여했다. 이때까지 불분명했던 기독교의 법적 지위가 명확하게 규정되었다. 교회는 더 이상 사회적 적대감을 의식할 필요가 없어졌다.

콘스탄티누스의 회심

이제 기독교는 합법적인 종교였지만 많은 종교 가운데 하나의 종교일 뿐이었다. 콘스탄티누스 황제의 회심이 이런 상황을 결정적으로 반전시켰고, 그로써 로마 제국 내에서 기독교가 처한 상황이 완전히 변화되었다. 콘스탄티누스는 285년에 이교도 부모 밑에서 태어났다(그의 어머니는 나중에 아들의 영향을 받아 그리스도인이 되었다). 그는 초기에는 기독교에 특별한 매력을 느끼지는 못한 것으로 보이지만 관용을 극히 중요한 덕성으로 생각했던 것은 분명한 듯하다. 막센티우스가 이탈리아와 북아프리카에서 권력을 장악하자 콘스탄티누스는 그 지역의 지배권을 확보하기 위해 서유럽에서 군대를 이끌고 진격했다. 312년 10월 28일, 로마 북쪽에 있는 밀비오 다리에서 결정적인 전투가 벌어졌다. 콘스탄티누스는 막센티우스를 제압하고, 황제로 등극했다. 그러고 나서 그는 곧바로 자신이 그리스도인이라고 선언했다.

기독교 저술가와 이교도 저술가 모두가 이 일을 사실로 인정한다. 단지 그가 언제, 왜 회심했는지가 불분명할 뿐이다. 락탄티우스와 유세비우스와 같은 기독교 저술가들은 그 결정적인 전투가 있기 전에 콘스탄티누스가 십자가의 형상을 군인들의 방패에 표시하라고 명령하는 하늘의 환상을 보고 회심했다고 말한다. 회심의 이유가 무엇이고, 또 그것이 밀비오 다리의 전투 이전이든 이후든 간에 회심의 현실과 결과는 의심할 여지가 없이 분명하다. 로마 제국은 차츰 기독교화되었다. 콘스탄티누스의 지시에 따라 공회용 광장에 세워진 황제의 조각상은 십자가를 붙잡고 있는 그의 모습을 보여주고 있다. 거기에 그는 자신이 직접 쓴 '구원을 가져다주는 고난의 상징'이라는 문구를 적어 넣게 했다. 그는 321년에 일요일을 공휴일로 지정했고, 로마 동전에도 기독교의 상징들이 새겨지기 시작했다. 이제 기독교는 합법적인 종교의 수준을 넘어서서 로마 제국의 공인 종교로 부상되었다.

공적인 신학적 논쟁의 발전

그 결과, 건설적인 신학적 논쟁이 공개적으로 원활하게 이루어졌다. 배교자 율리아누스(361-363)의 통치 기간에 잠시 불확실했던 때를 제외하면, 교회는 국가의 지원에 의존할 수 있었다. 신학은 비밀스러운 교회 모임이라는 감추어진 세계에서 빠져나와 로마 제국 전역에서 공적 관심을 불러일으키는 대상이 되었다. 교리적인 논쟁이 차츰 정치적, 신학적 중요성을 띠게 되었다. 콘스탄티누스는 제국 내에 통합된 교회가 존재하기를 원했기 때문에 다른 무엇보다도 교리적 차이가 논의를 통해 해결될 수 있기를 바랐다. 로마 교회가 차츰 강력해지면서 로마와 콘스탄티노플의 기독교 지도자들 사이에서 알력이 생겨나기 시작했다. 이것은 세력의 중심지였던 두 지역을 둘러싸고 벌어진 동서 교회의 분열을 알리는 전조였다.

기독교가 지중해 지역의 세계에서 확고하게 뿌리를 내리자 진지한 신학적 사색에 필요한 안정된 조건이 형성되었다. 그 결과, 후기 교부 시대(310-451)는 기독교 역사상 절정에 이른 시기가 될 수 있었다. 신학자들은 박해의 위협이 없는 상태에서 자유롭게 활동하면서 교회 안에서 이루어지기 시작한 신학적 합의를 공고히 다지는 데 필요한 사안들을 다룰 수 있었다. 그런 합의가 이루어지려면 광범위한 논의와 힘겨운 학습 과정이 필요했고, 교회는 갖가지 이견들과 지속적인 갈등을 받아들이는 법을 배워야 했다. 그럼에도 불구하고, 신학의 형성기인 당시에 상당한 정도의 합의가 이루어지기 시작했고, 그것은 훗날 범교회적인 신조에 정식으로 기술되기에 이르렀다.

신학 연구의 중심지

교부 시대에는 로마와 콘스탄티노플 외에도 신학 연구의 중심지가 많이 생겨났다. 특별히 중요성을 지니는 곳은 모두 세 곳인데 처음 두 곳은 헬라어를 사용했고, 마지막 한 곳은 라틴어를 사용했다.

1) **현대 이집트의 알렉산드리아.** 이곳이 당시에 신학 교육의 중심지로 부상했다. 플라톤주의의 전통과 오랫동안 관계를 맺어온 이 도시는 독특한 형태의 신학을 발전시켰다. 역사 신학도들은 기독론과 성경 해석과 같은 분야에서 종종 '알렉산드리아 방식'을 언급하는 내용을 발견하게 될 것이다. 이 방식은 그 지역과 관련된 기독교 유파의 중요성과 특징을 드러낸다.

2) **고대 시리아의 안디옥과 현대 터키의 갑바도기아 지역.** 지중해 동부의 북쪽 지역에 일찍부터 강력한 기독교가 확립되었다. 바울의 선교 사역 가운데 일부가 이 지역에서 이루어졌다. 사도행전에 기록된 대로, 안디옥은 초기 기독교의 역사에서 몇 차례 주도적인 역할을 담당했고 이내 기독교 사상의 유력한 중심지로 자리 잡았다. 안디옥도 알렉산드리아처럼 기독론과 성경 해석과 관련해 독특한 접근 방식을 발전시켰다. 이런 독특한 신학의 형태를 지칭하기 위해 종종 '안디옥 방식'이라는 표현이 사용된다. 갑바도기아 교부들도 4세기에 이 지역에서 중요한 신학적 기능을 담당했다. 그들은 특히 삼위일체 교리에 기여한 것으로 유명하다.

3) **아프리카 북서 지역, 특히 현대 알제리아 지역.** 후기 고전 시대에는 지중해 지역의 주요 도시 가운데 하나이자 한때 지역 패권을 놓고 로마와 정치적으로 경쟁했던 카르타고가 이 지역에 존재했다. 그러나 기독교가 이 지역에까지 확장되었을 당시에는 로마의 식민지였다. 이 지역의 중요한 저술가들로는 테르툴리아누스, 카르타고의 키프리아누스, 히포의 아우구스티누스가 있다.

물론, 지중해 지역의 다른 도시들은 중요하지 않았다는 말은 결코 아니다. 밀라노와 예루살렘도 다른 경쟁 도시들의 중요성에는 미치지 못했지만 나름대로 기독교 신학의 중심지로 불리기에 충분했다.

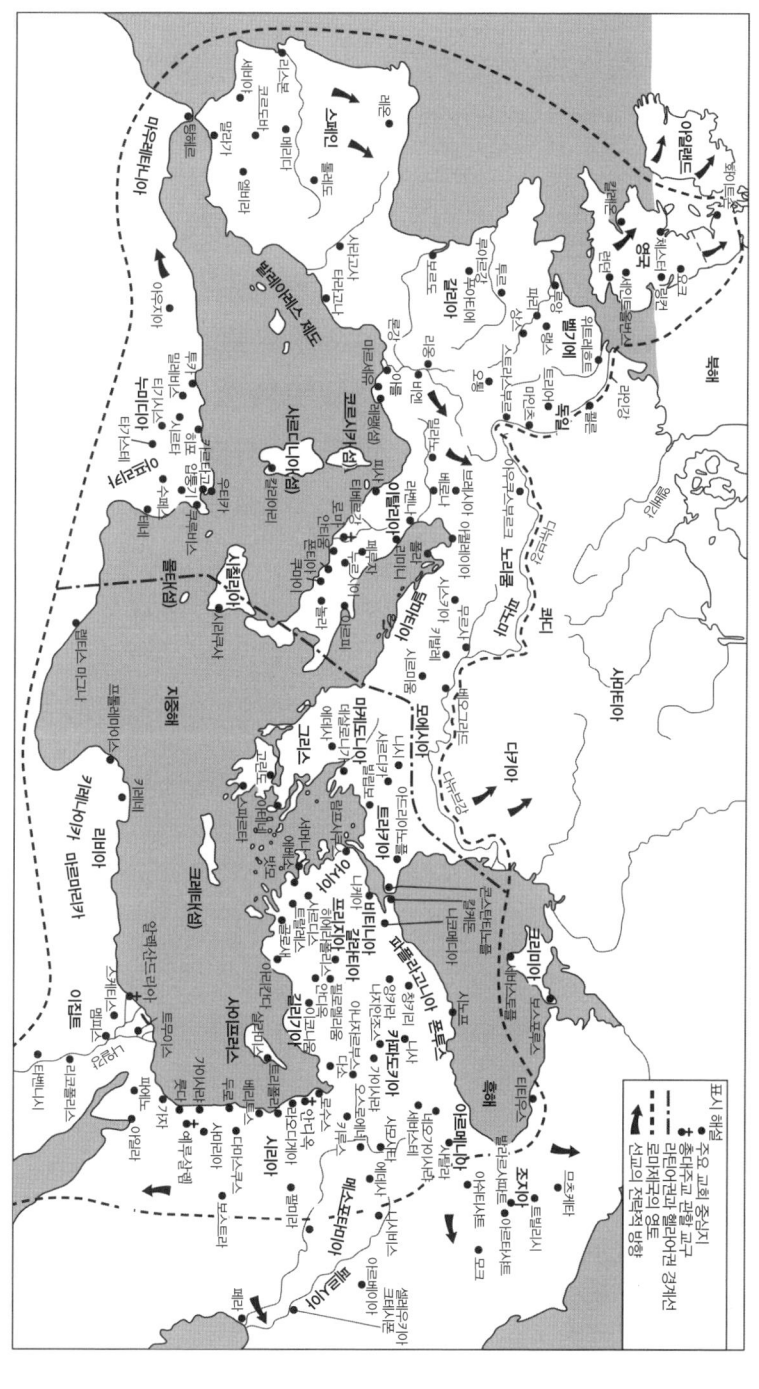

지도 1.1 4세기의 로마제국과 교회의 형황(고대에 지명이 이닌 현대의 지명을 사용했다)

대표적인 신학자

이 책은 교부 시대부터 시작해서 상당한 숫자의 신학자들을 소개하고 있다. 그 가운데 아래에 소개한 여섯 명의 저술가들은 특별히 중요하다. 그들은 따로 언급할 만한 가치가 있다.

순교자 유스티누스(100-165)

아마도 유스티누스는 변증가들, 즉 이교도 저술가들의 격렬한 비판으로부터 기독교를 옹호하려고 노력했던 2세기 기독교 저술가들 가운데 가장 위대한 인물일 것이다. 그는 『첫 번째 변증서』에서 기독교 진리의 흔적이 위대한 이교도 저술가들의 글에서 발견된다고 주장했다. 그는 '로고스의 씨앗'(logos spermatikos, '씨앗을 맺는 말씀'이라는 의미)이라는 이론을 내세워 하나님이 고전 철학을 통해 진리를 암시함으로써 그리스도를 통한 완전한 계시를 준비하셨다고 강조했다. 유스티누스는 헬라 철학의 견해와 복음을 연관시키려는 신학자의 모습을 보여준 대표적인 사례라고 할 수 있다. 이것은 동방 교회의 특징 가운데 하나다.

리용의 이레나에우스(130-200)

이레나에우스는 나중에 로마에 정착했지만 출생지는 오늘날의 터키에 속한 서머나로 알려져 있다. 그는 178년에 리용의 주교가 되어 세상을 떠날 때까지 20년 동안 그 직위를 유지했다. 이레나에우스는 특히 영지주의의 도전에 직면해 기독교의 정통성을 적극적으로 옹호한 것으로 유명하다. 그의 대표작 『이단 논박』(Adversus omnes haereses)은 비기독교적인 해석에 맞서 사도적 증언에 충실하도록 돕는 전통의 역할과 구원에 관한 기독교적 이해를 옹호하는 데 초점을 맞추었다.

오리게누스(185-254)

3세기에 기독교를 옹호했던 가장 중요한 인물 가운데 하나인 오리게누스는 동방 교회의 사상적 발전을 위한 중요한 기반을 닦았다. 그는 두 가지 분야에서 기독교 신학의 발전에 크게 기여했다. 오리게누스는 성경 해석의 분야에서 풍유적 해석 방법을 발전시켜 성경의 표면적 의미와 깊이 숨어 있는 영적 의미를 구별해야 한다고 주장했다. 그는 또한 기독론의 분야에서 성부의 완전한 신성과 성부보다 열등한 성자의 신성을 구별하는 전통을 만들었다. 어떤 학자들은 '아리우스주의'(예수 그리스도의 신성을 부인하고, 그분이 하나님의 피조물 가운데 가장 탁월한 존재였다고 주장했던 초기 이단)를 그런 사상의 자연스러운 결과물로 간주한다. 이밖에도 오리게누스는 인간과 사탄을 비롯해 모든 피조물이 구원받을 것이라는 '만유 구원론'(apocatastasis, 우주적인 회복)의 개념을 강력히 주장했다.

테르툴리아누스(160-225)

테르툴리아누스는 본래 북아프리카 카르타고 출신의 이교도였는데 30대에 기독교로 개종했다. 그는 서방 교회에 큰 영향을 미친 까닭에 라틴 신학의 교부로 종종 일컬어진다. 그는 구약과 신약의 신이 서로 다르다고 주장했던 마르키온에 맞서 신구약 성경의 통일성을 옹호했다. 그로써 그는 삼위일체 교리(하나님에 관한 독특한 기독교의 교리, 대개 "한 분 하나님 안에 세 위격이 존재한다."와 같은 명제로 간결하게 요약된다)의 기초를 놓았다. 테르툴리아누스는 성경 이외의 자료에 근거해 기독교 신학이나 변증학을 전개하려는 시도를 강력하게 반대했다. 그는 성경의 충족성이라는 원리를 가장 강력하게 주창했던 인물 가운데 하나로 하나님에 관한 참된 지식을 주장하기 위해 (아테네의 아카데미에서 논의되는 철학과 같은) 세속 철학에 호소하는 자들을 강도 높게 비판했다.

아타나시우스(296-373)

아타나시우스의 중요성은 주로 4세기에 중요하게 부각된 기독론적인 문제와 연관된다. 그는 약관의 나이인 이십 대에 『성육신에 관해』(De incarnatione)라는 소책자를 저술해 하나님이 예수 그리스도의 인격을 통해 인성을 취하셨다는 사상을 강력하게 옹호했다. 이 문제는 아타나시우스가 크게 기여했던 아리우스 논쟁의 핵심 쟁점이 되었다. 그는 아리우스가 주장한 대로 그리스도께서 온전한 하나님이 아니시라면 일련의 파괴적인 결과가 뒤따를 것이라고 지적했다. 첫째는 하나님이 인간을 구원하시는 것이 불가능해진다. 왜냐하면 다른 피조물을 구원할 수 있는 피조물은 존재하지 않기 때문이다. 둘째는 기독교 교회가 우상 숭배의 죄를 저지르게 된다. 왜냐하면 그리스도인들이 정기적으로 그리스도를 예배하고, 그분께 기도를 드리기 때문이다. 우상 숭배는 '인간이 만든 것이나 피조물을 숭배하는 것'으로 정의될 수 있기 때문에 그런 예배는 우상 숭배가 틀림없었다. 이런 논증은 결국 승리를 거두었고, 아리우스주의를 배격하는 결과를 낳았다.

히포의 아우구스티누스(354-430)

대개 "히포의 아우구스티누스"나 간단히 "아우구스티누스"로 알려진 아우렐리우스 아우구스티누스를 다루는 순간, 우리는 기독교 교회의 오랜 역사상 가장 위대하고, 영향력이 큰 지성과 마주하게 된다. 밀라노의 암브로시우스 주교의 설교를 듣고 기독교 신앙에 흥미를 느낀 아우구스티누스는 극적인 회심을 경험했다. 진리를 알고 싶은 불타는 욕구를 충족시키지 못한 채 서른두 살이 된 그는 밀라노의 한 정원에서 인간의 본성과 운명이라는 큰 문제를 생각하며 깊은 고민에 잠겼다. 그러던 중, 그는 근처에서 어린아이들이 라틴어로 "집어 들어 읽어라"(tolle lege)라고 노래하는 소리를 듣게 되었다. 그것이 하나님의 인도라고 느낀 그는 가장 가까이에 있는 신약성경을 집어 들어 '주 예수 그리스도로 옷 입고'(롬 13:14)라는 운명의 말씀을 펼쳐 읽었다. 당시 아우구스티누스는 마지막 한계에 도달한 상태였다. 그는 자신의 이교 신앙을 유지하기가 갈수록 더 힘들어졌다. 그는 훗날 "확신의 빛이 나의 마음에 비쳤고, 모든 의심의 그림자가 사라졌다."라고 회상했다. 그 순간부터 아우구스티누스는 자신의 탁월한 지성적 능력을 기독교 신앙을 옹호하고, 공고히 하는 일에 쏟아부었고, 마음과 생각에 호소하는 열정과 지성을 갖춘 글을 쏟아내기 시작했다.

그는 천식이 심했던 까닭에 이탈리아를 떠나 북아프리카로 돌아가 395년에 히포(오늘날의 알제리아)의 주교가 되었다. 그는 남은 35년을 사는 동안 서방 교회의 미래에 크게 중요한 많은 논쟁을 접했고, 그런 논쟁들을 해결하는 데 결정적으로 기여했다. 그는 신약성경, 특히 바울 서신을 신중하게 주석했고, 그 때문에 오늘날까지도 '기독교 신앙의 두 번째 설립자'(히에로니무스)로 인정받고 있다. 서유럽에서 암흑의 시대가 끝나자 내용이 풍부한 그의 신학 저서들이 신학의 회복과 발전의 밑거름이 됨으로써 서방 교회에 대한 그의 영향력이 강화되는 결과를 낳았다.

아우구스티누스의 주된 공헌은 신학을 학문으로 발전시킨 것이었다. 초기 교회는 '체계적인 신학'을 발전시키지 못했다. 초기 교회의 우선적인 관심은 (순교자 유스티누스의 변증서처럼) 외부의 비판에 맞서 기독교를 옹호하고, (영지주의를 논박한 이레나에우스의 저서처럼) 이단에 맞서 기독교 신학의 핵심적인 측면을 명확하게 해명하는 데 있었다. 그럼에도 불구하고 처음 4세기 동안 중요한 교리들, 특히 그리스도의 인격과 삼위일체와 관련된 교리들의 발전이 이루어졌다.

아우구스티누스의 공헌은 『하나님의 도성』(De civitate Dei)과 같은 그의 대표작을 통해 기독교 사상을 종합한 데 있었다. 찰스 디킨슨의 유명한 소설처럼, 아우구스티누스의 『하나님의 도성』도 두 도시(세상의 도성과 하나님의 도성)에 관한 이야기이다. 이 책은 변증적인 어조로 이루어져 있다. 아우구스티누스는 로마가 몰락한 원인이 옛 이교를 버리고 기독교를 선택했기 때문이라는 비판을 민감하게 받아들였다. 그는 그런 비난에 맞서 기독교를 옹호하기 위해 기독교 신앙의 주된 원리들을 체계적으로 제시하고, 해설해야 했다.

아울러, 그는 기독교 신학의 중요한 세 분야(도나투스 논쟁을 통해 확립된 교회론과 성례론, 펠라기우스 논쟁을 통해 확립된 은혜의 교리, 삼위일체 교리)에서도 기여한 바가 매우 컸다. 흥미롭게도 아우구스티누스는 기독론(예수 그리스도의 인격에 관한 교리)은 연구하지 않았다. 만일 그랬더라면 그 분야에서도 그의 뛰어난 지혜와 통찰력을 통해 많은 기여가 이루어졌을 것이 틀림없다.

중요한 신학적 발전

교부 시대에 특별히 활발하게 탐구했던 신학의 분야는 다음과 같다.

기독교 신앙과 고전 문화의 관계

후기 교부 시대에는 기독교 신학에 크게 중요했던 한 가지 문제에 상당한 관심이 집중되었다. 당시의 기독교 저술가들은 기독교 문학을 발전시키기 위해 수사학, 문학, 시에 대한 기존의 세속적인 접근 방식을 활용할 수 있었다. 처음에는 그런 방식을 활용하는 것에 대해 적지 않은 반감이 있었다. 세속적인 체제는 기독교를 근절하려고 혈안이 된 듯 보였다. 그런데 어떻게 기독교 저술가들은 당시의 문화적 규범을 진실 되게 활용할 수가 있었을까? 압제자의 문화적 가치를 활용하는 것은 기독교를 대적하는 자들에게 굴복하는 것과 다르지 않아 보였다.

그러나 콘스탄티누스의 회심으로 인해 분위기가 급반전되어 빠르게 달라지기 시작했던 듯하다. 로마의 고전 문화는 더 이상 압제자의 가치를 내포하는 것으로 간주되지 않았다. 당시의 고전 문화는 최악의 경우에도 중립적인 것으로 받아들여졌다. 많은 사람이 그것을 적이 아닌 친구처럼 여겼다. 기독교와 고전 문화의 상호 관계는 새로운 의미를 획득하게 되었다. 로마가 복음의 종이 되었다면 문화도 마찬가지가 아니겠는가? 그리스도인들이 로마 제국을 긍정적으로 생각한다면 그 문화적 유산을 적대시할 필요가 무엇인가? 마치 매우 흥미로운 새로운 가능성의 문이 열린 것처럼 보였다. 313년 이전만 해도 이런 가능성은 꿈에서나 생각할 수 있는 것이었지만, 그 이후부터는 세속 문화의 탐구가 유력한 기독교 사상가들의 긴급한 과제로 바뀌었다.

로마 제국 말기에 히포의 아우구스티누스가 발전시킨 접근 방식은 널리 호응을 받았다. 이 방식은 '고전 문화의 비평적 활용'으로 일컬을 수 있다. 이런 상황은 이스라엘 백성이 애굽에서 탈출한 사건에 비견할 만한 것이었다. 그들은 애굽의 우상들은 버렸지만, 이전보다 더 고귀한 목적에 사용하기 위해 그곳의 금은보화는 챙겨서 나왔다.

그와 비슷하게 그리스도인들도 고대의 철학과 문화를 활용했다. 그런 일은 옳은 것처럼 보였기 때문에 기독교 신앙의 대의에 이바지하도록 허용되었다. 여기에서 활용이란 좋은 것은 취하고, 무익한 것이나 적절하지 않은 것은 버리는 여과의 과정을 의미한다. 세속 문헌을 광범위하게 활용하려는 경향을 갈수록 더 강해졌고, 그런 과정을 통해 그 정당성을 확보했다. 참여와 활용의 과정은 더욱 활발해졌고, 중요한 기독교 문헌의 출현을 뒷받침했다.

신약 정경의 범위

기독교 신학자들은 처음부터 신학이 성경에 근거해야 한다는 것을 알았다. 그러나 '성경'이 실제로 무엇을 가리키는지는 약간 불분명했다. 신약성경의 범위를 제한하는 결정의 과정이 교부 시대에 이루어졌다. 이것은 '정경 결정'으로 알려진 과정이었다. '정경'이라는 용어를 잠시 설명하면 다음과 같다. 이 말은 '규칙' 또는 '정해진 기준점'을 뜻하는 헬라어 '카논'에서 유래했다. 따라서 '정경'이란 교회 안에서 권위를 지닌 것으로 받아들여진 한정된 숫자의 책들을 가리킨다. 즉, '정경적'이라는 말은 교회 안에서 인정되는 성경책들을 가리킨다. 예를 들어, 누가복음은 '정경'으로 불리고, 도마 복음서는 '외경'(정경 밖에 존재하는 책)으로 불린다.

신약성경의 저자들에게 '성경'은 본래 구약성경을 의미했다. 그러나 이내 (순교자 유스티누스와 같은) 기독교 저술가들은 ('구약성경'과 대조하기 위해) '신약성경' 이라는 용어를 사용하면서 둘 다 동등한 권위를 지닌 것으로 다루어야 한다고 주장했다. 이레나에우스의 시대에는 사복음서를 받아들였고, 2세기 말경에는 사복음서와 사도행전과 서신서들이 하나님의 영감으로 기록된 성경의 지위를 지닌다는 합의가 이루어졌다. 알렉산드리아의 클레멘트는 사복음서와 사도행전과 열네 편의 바울 서신(히브리서도 바울의 서신으로 간주되었다)과 요한계시록을 성경으로 인정했고, 테르툴리아누스는 '율법과 선지자' 외에 '복음서와 사도들의 서신'(evangelicae et apostolica litterae)이 존재한다고 선언했다. 이는 그 두 가지가 모두 교회 안에서 권위를 지닌 것으로 인정되었다는 뜻이다. 시간이 지나면서 하나님의 영감으로 기록된 성경으로 인정받은 책들의 목록과 그 배열 순서에 대한 합의가 이루어졌다. 367년, 아타나시우스는 서른아홉 번째 '축일 서신'을 배포해 지금 우리가 알고 있는 스물일곱 권의 신약성경을 정경으로 선언했다.

논쟁은 특히 성경의 권수를 둘러싸고 전개되었다. 서방 교회는 히브리서를 사도의 서신으로 인정해 기꺼이 정경에 포함시켰고, 동방 교회는 요한계시록을 정경으로 받아들이기를 주저했다. 부피가 적은 네 권의 책(베드로후서, 요한이서와 삼서, 유다서)은 초기 신약성경 목록에서 종종 제외되었다. 지금은 정경에서 제외된 몇 권의 책들이 당시에는 일부 교회에서 인정을 받기도 했다. 물론, 그런 책들은 궁극적으로는 정경의 지위를 인정받지 못했다. 그런 책들 가운데는 초기 로마 주교인 클레멘트가 96년경에 집필한 『클레멘트 1서』와 2세기 초에 저술된 『12사도 교훈집』(교회의 전례와 도덕을 다룬 초기 기독교 지침서)이 포함된다.

정경의 순서도 서로 상당한 차이를 드러냈다. 사복음서가 정경 안에서 가장 먼저라는 영예의 자리를 차지해야 하고, 그 바로 뒤에 사도행전을 위치시켜야 한다는 것은 초창기부터 합의가 이루어졌다. 동방 교회는 일곱 편의 '공동 서신'(야고보서, 베드로전후서, 요한일, 이, 삼서, 유다서)을 열네 편의 바울 서신(히브리서도 바울 서신에 포함되었다) 앞에 위치시키는 경향이 있었고, 서방 교회는 바울 서신을 사도행전 바로 다음에 두고, 그 뒤에 공동 서신을 위치시키는 순서를 택했다. 요한계시록은 동서 교회가 모두 맨 뒤에 포함시켰지만 동방 교회 내에서는 그 정경적 지위를 놓고 한동안 논쟁이 벌어졌다.

정경을 결정하는 판단 기준은 무엇이었을까? 기본 원리는 권위의 부여가 아닌 권위의 인정이었던 것으로 보인다. 다시 말해, 권위를 임의로 부여하는 것이 아니라 이미 소유하고 있는 권위를 그대로 인정하는 것이었다.

이레나에우스는 교회가 정경을 만드는 것이 아니라고 믿었다. 교회는 이미 본질적으로 내재되어 있는 권위에 근거해 정경을 인정하고, 보존하고, 수용할 뿐이다. 초기 그리스도인들 가운데는 사도적 권위가 결정적인 중요성을 지닌다고 생각했던 이들도 있었고, 사도적 인증과는 무관한 듯 보이는 책들까지 받아들이려고 했던 이들도 있었다. 그런 선택이 어떻게 이루어졌는지를 자세하게 알 길은 없지만 분명한 것은 서방 교회가 5세기 초에 정경을 완결한 것은 분명하다. 그 후, 정경의 문제는 종교개혁이 일어날 때까지 다시 제기되지 않았다.

전통의 역할

초기 교회는 영지주의로 알려진 사상운동의 도전에 직면했다. 현대의 뉴에이지 현상과 흡사한 이 복잡하고도 다양한 사상운동은 로마 제국 말기에 상당한 영향력을 행사했다. 영지주의의 기본 개념들은 이 시점에서 다룰 문제가 아니다. 여기에서 적절히 다룰 수 있는 것은 영지주의가 많은 점에서 기독교와 매우 비슷했다는 것이다.

이런 점에서 초기 기독교 저술가들(특히 이레나에우스)은 영지주의를 중요한 도전으로 간주했다. 더욱이 영지주의 저술가들은 기독교 지도자들을 당혹스럽게 하는 방식으로 신약성경을 해석하는 경향이 있었다. 그들은 성경 해석의 정확한 방법에 관한 문제들을 촉발시켰다.

그런 상황에서 전통에 호소하는 것이 큰 중요성을 지니게 되었다. '전통'이란 '물려받은 것, 또는 넘겨받은 것'이라는 의미를 지닌다. 이 말은 또한 '물려주거나 넘겨주는 행위'를 뜻하기도 한다. 이레나에우스는 '믿음의 규칙'(regula fidei)이 사도적 교회 안에 충실하게 보존되어 있고, 정경 안에 잘 드러나 있다고 주장했다. 교회는 사도 시대부터 지금까지 동일한 복음을 충실하게 전파해 왔다. 영지주의자들은 그런 식으로 초대 교회와의 영속성을 주장할 수 없다. 그들은 새로운 사상을 만들어냈을 뿐이고, 온당하지 못하게도 그것들이 '기독교적인' 사상이라고 주장했다. 이레나에우스는 성경을 가르치고, 전하는 교회와 직분자들(특히 주교들)의 직임의 영속성을 강조했다. 이런 점에서 전통은 '성경의 전통적인 해석', 또는 '기독교 신앙의 전통적인 제시'라는 의미를 지니게 된다. 그것들은 교회의 신조와 공개적인 교리적 선언을 통해 표현된다. 신조를 교회의 가르침을 공개적으로 표현한 것으로 확립하는 일은 매우 중요했다. 이 점은 다음 항에서 좀 더 자세히 다룰 예정이다.

테르툴리아누스도 그와 비슷한 접근 방식을 취했다. 그는 성경은 전체를 다 읽으면 분명하게 이해할 수 있다고 주장했다. 그러나 그는 특정한 성경 본문에 관한 해석을 둘러싸고 논쟁이 일어나는 것은 불가피한 일이라고 인정했다. 그는 이단들이 성경을 이용해 자기들이 말하고 싶은 것을 말하는 것을 매우 못마땅하게 생각했다. 그런 점에서 교회의 전통, 곧 교회 안에서 성경을 받아들이고, 해석해온 방식은 매우 큰 중요성을 지닌다. 참된 기독교적 신앙과 훈련이 유지되어 온 곳에서만 성경에 대한 올바른 해석을 발견할 수 있다. 아타나시우스도 이와 비슷한 견해를 취했다. 그는 아리우스가 교회의 성경 해석에 충실했더라면 기독론적인 오류를 범하지 않았을 것이라고 주장했다.

전통은 사도들의 유산으로 간주되었다. 전통은 성경을 올바로 해석하도록 교회를 이끌고, 인도하는 기능을 했다. 그것은 성경 외에 또 다른 '계시의 은밀한 원천'이 아니었다. 이레나에우스는 그런 생각을 '영지주의'로 여겨 무시했다. 전통은 교회가 성경의 색다른 해석을 채택하지 않고, 사도들의 가르침에 충실하도록 도와주는 수단으로 간주되었다.

범교회적인 신조의 확립

'신조'를 뜻하는 영어 단어 'creed'는 '나는 믿는다'를 뜻하는 라틴어 'credo'

에서 유래했다. 모든 신조 가운데 가장 익숙한 신조인 '사도신경'도 "하나님을 내가 믿사오며"라는 말로 시작한다. 신조는 신앙의 진술, 곧 모든 그리스도인이 공통적으로 믿는 기독교 신앙의 핵심 진리를 요약한 것이다.

이런 점에서 특정 교파와 관련된 신앙 진술문은 '신조'로 일컫지 않는다. 그런 경우에는 '신앙고백'이라는 용어를 사용한다(예를 들면, 루터교회의 아우크스부르크 신앙고백, 개혁교회의 웨스트민스터 신앙고백). 이처럼 '신앙고백'은 교파에 적용되는 것으로 그 교파의 특정한 신앙과 강조점을 담고 있으며, '신조'는 기독교 교회 전체에 적용되는 것으로 모든 그리스도인이 받아들여 지켜야 할 믿음의 진술을 담고 있다. '신조'는 기독교의 주요 교리를 공식적이고 보편적인 차원에서 간결하고, 권위 있게 진술한 것으로 간주되었다.

교부 시대에는 두 개의 신조가 특별한 권위를 지닌 것으로 간주되어 모든 교회 안에서 존중되었다. 이 신조들은 기독교 신앙을 편리하게 요약해 공적 의식(아마도 가장 중요한 의식은 세례였을 것이다)에 적합하게 사용해야 할 필요성 때문에 만들어졌다.

초기 교회는 회심자들에게 부활절에 세례를 베푸는 경향이 있었다. 그들은 사순절을 믿음과 헌신을 공적으로 고백하는 순간을 위해 회심자들을 가르치고, 준비시키는 기간으로 활용했다. 세례를 받기 원하는 회심자는 누구나 믿음을 공적으로 고백해야 한다는 것이 필수 조건이었다. 신조는 회심자들이 그런 의식을 치를 때 사용할 수 있는 표준적인 믿음의 고백으로 발전되었던 것으로 보인다.

사도신경

'사도신경'으로 알려진 문서는 기독교 신앙의 핵심 교리들을 간결하게 요약한 것으로 서방 교회 안에서 널리 사용되고 있다. 이 신조의 역사적 발전 과정은 복잡하지만 세례받기를 원하는 사람들의 신앙고백을 이끌기 위해 처음 시작된 것으로 보인다. 8세기에 최종적인 형태를 띠게 된 이 신조의 열두 가지 고백은 전통적으로 열두 사도와 관련된 것으로 이해되지만 그것을 뒷받침할 확실한 역사적 증거는 어디에도 없다. 12세기에는 동서 교회의 대다수 교회가 사도신경을 기독교 신앙의 구속력 있는 진술로 널리 받아들였다. 다만 동방 교회가 사용하는 사도신경에는 '지옥에 내려가셨다가'와 '성도의 교제'라는 문구가 포함되어 있지 않다(여기에서는 이 부분을 괄호로 처리했다).

1. 전능하사 천지를 만드신 하나님 아버지를 내가 믿사오며.
2. 그 외아들 우리 주 예수 그리스도를 믿사오니,
3. 이는 성령으로 잉태하사 동정녀 마리아에게 나시고,
4. 본디오 빌라도에게 고난을 받으사 십자가에 못 박혀 죽으시고, 장사되어 (지옥에 내려가셨다가)
5. 사흘 만에 죽은 자 가운데서 다시 살아나시며,
6. 하늘에 오르사 전능하신 하나님의 우편에 앉아 계시다가
7. 저리로서 산 자와 죽은 자를 심판하러 오시리라.
8. 성령을 믿사오며,
9. 거룩한 공회와 (성도가 서로 교통하는 것과)
10. 죄를 사하여 주시는 것과,
11. 몸이 다시 사는 것과
12. 영원히 사는 것을 믿사옵나이다.

아마도 '사도신경'은 서구의 그리스도인들에게 알려진 가장 익숙한 형태의 신조일 것이다. 이 신조는 크게 세 부분으로 나뉘어 성부 하나님과 예수 그리스도와 성령을 각각 다룬다. 거기에는 교회와 심판과 부활과 관련된 내용도 있다.

'니케아 신조'(정확하게 말하면, 니케아–콘스탄티노플 신조)는 분량이 좀 더 많다. 왜냐하면 그리스도의 인격과 성령의 사역과 관련된 내용이 더 많이 포함되어

있기 때문이다. 이 신조는 그리스도의 신성에 관한 논쟁을 고려해 '하나님에게서 나오신 하나님'과 '성부와 본질이 하나이신'과 같은 문구를 비롯해 하나님과 그리스도의 일체를 강하게 확증한다.

신조의 발전은 초기 교회 안에서 교리적 합의를 이루는 과정에서 매우 중요한 역할을 했다. 그리스도의 인격에 관한 논쟁과 관련해 상당한 발전을 이룬 교리가 하나 있다. 다음 항에서는 이 교리를 좀 더 자세히 살펴볼 생각이다.

예수 그리스도의 두 본성

교부 시대의 결정적인 기여로 평가되는 두 가지 교리는 그리스도의 인격(앞서 말한 대로 '기독론'으로 일컬어지는 신학의 한 분야)과 신성의 본질과 관련된다. 이 두 교리의 발전은 서로 유기적으로 관련되어 있다. 325년경, 초기 교회는 예수님이 하나님과 '본질이 같으시다'(호모우시오스)라는 결론에 도달했다('호모우시오스'는 '본질이 하나인' 또는 '동질의'로 번역된다). 이런 기독론적 진술은 두 가지 기능을 한다. 첫째는 지성적 차원에서 그리스도인들에 대한 예수 그리스도의 영적 중요성을 강화하는 것이고, 둘째는 하나님을 지나치게 단순화한 개념들에 강력한 도전을 제기하는 것이다. 예수님은 하나님과 '본질이 같으신' 분이시기 때문에 하나님에 관한 교리는 이런 믿음의 빛 아래에서 다시금 재고되어야 했다. 이런 이유로 삼위일체 교리의 역사적인 발전은 교회 안에서 기독론적인 합의가 이루어진 후에 시작되어야 했다. 다시 말해, 그리스도의 신성이 확실하면서도 일치된 출발점이 되어야만 비로소 하나님의 본성에 관한 신학적인 사색이 가능했다.

초기 교회의 기독론적 논쟁은 지중해 동부 지역에서 주로 벌어졌고, 종종 헬라 철학 학파들의 전제들에 비추어 헬라어로 진행되었다. 이것은 초기 교회의 기독론적 논쟁의 핵심 용어들이 헬라어였고, 그것들이 주로 헬라의 철학적 전통 안에서 사용되었던 역사를 지니고 있었다는 의미다.

교부 시대 기독론의 주요 특징은 나중에 좀 더 자세히 다루기로 하고, 여기에서는 두 학파, 두 논쟁, 두 공의회를 중심으로 교부 시대 기독론의 주된 핵심을 간단히 살펴보기로 하자.

1) **두 학파.** 알렉산드리아 학파는 그리스도의 신성을 강조하며, 그것을 '육신이 된 말씀'의 관점에서 해석하려는 경향이 있었다. 이 학파가 가장 중요시했던 성경 본문은 "말씀이 육신이 되어 우리 가운데 거하시매"라는 요한복음 1장 14절이었다. 성육신의 개념을 강조한 것은 성탄절을 특별히 중요한 절기로 간주하는 결과를 낳았다. 그러나 안디옥 학파는 그리스도의 인성을 강조하며, 그분이 보여주신 도덕적인 본을 특별히 중요시했다.

2) **두 논쟁.** 4세기에 일어난 아리우스 논쟁은 교회의 역사상 가장 중요한 논쟁 가운데 하나로 간주된다. 아리우스(250-336)는 그리스도가 하나님과 동등한 지위를 지니신 것처럼 보이게 만드는 성경적인 칭호들은 그분을 예우하는 경칭일 뿐이라고 주장했다. 그리스도께서는 피조물 가운데 가장 뛰어난 피조물이시지만 그래도 엄연히 피조물에 지나지 않는다는 것이 그의 신념이었다. 아타나시우스는 그런 주장에 대해 크게 반발하며 그리스도의 신성은 구원에 관한 기독교적 이해('구원론'으로 알려진 신학의 한 분야)의 핵심 진리라고 주장했다. 그는 아리우스의 기독론이 구원론적으로 부적절하다고 선언했다. 아리우스의 그리스도는 타락한 인류를 구원할 수 없다. 결국, 아리우스주의(아리우스와 관련된 사상운동)는 이단으로 단죄되었다. 이 뒤를 이어 라오디게아의 아폴리나리우스(310-390)와 관련된 아폴리나리우스 논쟁이 시작되었다. 아리우스를 격렬하게 반대했던 아폴리나리우스는 그리스도를 인간으로만 간주하는 것은 옳지

않다고 주장했다. 그는 그리스도의 경우에는 인간의 영혼이 신적 로고스로 대체되었다고 생각했다. 그로써 그리스도께서는 온전한 인성을 소유하지 못하는 결과가 나타났다. 나지안주스의 그레고리우스와 같은 저술가들은 그런 생각을 심각한 오류로 간주했다. 그 이유는 그렇게 되면 그리스도께서 인간의 타락한 본성을 온전히 구원하실 수 없게 되기 때문이다.

3) **두 공의회.** 최초의 그리스도인 황제인 콘스탄티누스가 제국 내에서 벌어지는 불안정한 기독론적 논쟁을 해결할 의도로 니케아 공의회(325)를 소집했다. 이것은 최초의 '범교회적 공의회'(기독교 세계 전체에서 온 그리스도인들의 모임으로 공의회의 결정은 교회의 규범으로 간주되었다)였다. 니케아(현대 터키의 이즈니크) 공의회는 예수님이 성부 하나님과 '본질이 하나'(또는 동일한 본질)이심을 확증해 논쟁을 종결지음으로써 아리우스를 단죄하고, 그리스도의 신성을 강력하게 주장했다. 네 번째 범교회적 공의회인 칼케돈 공의회(451)는 니케아의 결정을 재차 확증하고, 나중에 그리스도의 인성을 둘러싸고 새롭게 제기된 논쟁을 다루었다.

삼위일체론

초기 교회의 기독론적 논쟁이 일단락되자 그런 결정이 지니는 결과적 의미를 탐구하는 과정이 시작되었다. 기독교 신학의 역사상 매우 흥미롭고, 창의적인 이 시기에 삼위일체 교리가 인식 가능한 형태를 갖추기 시작했다. 이 교리의 핵심은 하나의 신성 안에 세 위격, 즉 성부와 성자와 성령이 존재하며, 세 분 모두 동등한 지위와 신성을 지니신다는 것이다. 성부와 성자의 동등성은 니케아 공의회에서 종결된 기독론적 논쟁의 과정을 통해, 성령의 신성은 그 이후, 특히 아타나시우스와 가이사랴의 바실리우스를 통해 각각 확립되었다.

삼위일체 논쟁의 초점은 차츰 삼위일체의 타당성이 아닌 그것을 이해하는 방식에 맞춰졌다. 매우 독특한 두 가지 형태의 방식이 형성되었는데, 하나는 동방 교회와 다른 하나는 서방 교회와 관련이 있다.

오늘날의 그리스 정교회와 러시아 정교회 안에서 계속 비중 있게 다루어지는 동방 교회의 입장은 현대의 터키를 활동의 근거지로 삼았던 세 사람의 저술가에 의해 발전되었다. 갑바도기아 교부들로 알려진 가이사랴의 바실리우스(330-379), 나지안주스의 그레고리우스(329-389), 닛사의 그레고리우스(330-395)는 성부와 성자와 성령을 경험하는 방식의 차이를 고려함으로써 삼위일체에 관한 사색을 시작했다. 특히 히포의 아우구스티누스와 관련된 서방 교회의 입장은 하나님의 일체성에서 시작해 신성의 본질에 대한 우리의 이해에 하나님의 사랑이 미치는 의미를 탐구하는 데로 나아갔다. 이 두 입장은 나중에 적당한 때에 좀 더 자세히 살펴볼 예정이다.

동방 교회와 서방 교회의 관심을 동시에 자극했던 신학적 문제는 그리 많지 않았는데 삼위일체 교리가 바로 그런 경우였다. 그러면 이번에는 특별히 서방 교회와 관련된 두 가지 신학적 논쟁으로 초점을 옮겨 그 둘을 히포의 아우구스티누스와 관련지어 잠시 생각해 보기로 하자.

교회론

서방 교회 안에서 벌어진 중요한 논쟁 가운데 하나는 교회의 거룩함에 관한 것이었다. 도나투스파는 현대의 알제리에 기반을 두었던 아프리카 토착 그리스도인들이었다. 그들은 북아프리카 지역에서 로마 교회의 영향력이 커지는 것에 불만을 느꼈다. 그들은 교회는 성도들의 몸이기 때문에 그 안에 죄인들이 설 곳은 없다고 주장했다. 이 문제는 디오클레티아누스 황제가 303년에 가한 박해 때문에 특별한 중요성을 띠게 되었다. 그 박해는 콘스탄티누스의 회심(313)이 이루어질 때까지 계속되었다. 박해 기간에 성경을 소유하는 것은 불법으로 간주되었기 때문에 많은 그리스도인들이 당국자들에게 성경책을 넘겨주었다. 이들은 즉시 압박에 굴복하지 않았던 다른 신자들의 비난을 샀다. 박해가 잦아들고 나자 '성경책을 넘겨 준 자들'(traditores) 가운데 많은 사람이 교회에 다시 합류했다. 도나투스파는 그런 사람들을 축출해야 한다고 주장했다.

그러나 아우구스티누스의 생각은 달랐다. 그는 교회 안에는 성도들과 죄인들이 '섞여 있을 수밖에 없다'고 주장하며 박해나 그 밖의 이유로 믿음을 저버린 자들을 가려내기를 거부했다. 교회의 사역과 가르침의 타당성은 성직자들의 거룩한 성품이 아니라 예수 그리스도의 인격에 의존한다는 것이 그의 생각이었다. 성직자가 개인적으로 자격이 없다고 해서 성례의 타당성이 훼손되는 것이 아니다. 이 견해는 교회 안에 신속하게 표준적인 규범으로 자리 잡았고, 교회의 본질과 사역자들에 관한 기독교적 이해에 깊은 영향을 미쳤다.

나중에 좀 더 자세히 살펴볼 예정인 도나투스 논쟁을 통해 교회론 및 성례의 기능과 같은 여러 가지 문제들이 최초로 다루어졌다. 논쟁을 통해 야기된 문제들은 대부분 교회론이 다시금 전면에 부상했던 종교개혁 시대에 또다시 거론되었다. 이 점은 지금 살펴볼 은혜의 교리도 마찬가지였다.

은혜의 교리

은혜의 교리는 헬라어를 말하는 동방 교회 안에서는 신학의 발전에 영향을 미친 중요한 문제가 아니었다. 그러나 420년대에 이 문제를 둘러싸고 격렬한 논쟁이 벌어졌다. 로마에서 활동했던 영국의 금욕적인 수도사 펠라기우스는 인간의 도덕적 책임의 필요성을 강조했다. 로마 교회의 도덕적 해이에 크게 놀란 그는 구약성경과 그리스도를 본보기로 내세워 지속적인 자기 향상을 요구했다. 그런 그의 주장과 태도는 그를 반대했던 사람들(아우구스티누스가 대표적인 인물이었다)이 보기에는 기독교적인 삶의 첫 시작과 그 과정에서 은혜가 차지하는 역할을 부인하는 것처럼 보였다. 바꾸어 말해, 펠라기우스주의는 인간의 자율성에 근거한 종교, 곧 인간의 힘으로 구원을 받을 수 있다는 신념을 드러냈다.

아우구스티누스는 펠라기우스에게 강하게 반발했고, 기독교적 삶의 전 과정, 곧 시작부터 마지막까지 하나님의 은혜가 항상 우선적인 역할을 한다고 주장했다. 아우구스티누스는 인간은 구원을 위한 첫 단계를 시작할 자유를 지니고 있지 않다고 생각했다. 그는 인간에게 의지의 자유가 존재하지 않으며, 오히려 그 의지가 죄로 인해 부패하고, 오염되어 하나님을 멀리하고, 악을 저지르려는 성향을 지녔다고 믿었다. 죄를 지으려는 이런 성향을 저지할 수 있는 것은 오직 하나님의 은혜뿐이다. 따라서 아우구스티누스는 은혜를 강력하게 옹호했고, 그로 인해 훗날 '은혜의 박사'(doctor gratiae)로 알려지게 되었다.

아우구스티누스 사상의 핵심적인 주제는 인간 본성의 부패였다. 인간의 '타락'은 창세기 3장에 진술되어 있다. 이것은 인간의 본성이 본래의 오염되지 않은 상태를 '잃게 되었다'는 개념을 의미한다. 인간이 지닌 현재의 본성은 하나님이 본래 의도하신 것이 아니다. 창조된 질서는 본래의 온전함과 선함에 부응하지 못한다. 그것은 잘못된 길로 치우쳤고, 파괴되고, 망가졌다. 그러나 구원과 칭의의 교리를 통해 알 수 있는 대로 구속이 불가능한 것은 아니다. '타락'은 피조 세계가 하나님이 본래 의도하셨던 수준보다 훨씬 더 낮은 상태에 이르렀다는 개념을 함축한다.

아우구스티누스에 따르면, 모든 인간은 죄에 오염된 상태로 태어난다. '타락성'(Verfallenheit)은 우리에게 이미 결정된 것이 아니라 우리가 선택할 수 있는 것이라고 주장하는 현대의 실존주의 철학(예를 들면, 마르틴 하이데거의 철학)과는 달리, 아우구스티누스는 죄가 인간의 본성 안에 내재되어 있는 것으로 묘사했다. 죄는 선택적인 것이 아닌 인간의 고유한 속성이다. 아우구스티누스의 원죄 교리를 통해 좀 더 분명하게 표현된 이런 통찰력은 죄와 구원에 관한 그의 교리에 지대한 영향을 미쳤다. 모두가 구속이 필요한 죄인이고, 하나님의 영광에 미치지 못하기 때문에 구원받아야 할 필요가 있다.

아우구스티누스는 인간의 수단과 방책으로는 결코 하나님과 관계를 맺을 수 없다고 믿었다. 인간이 할 수 있는 것 가운데 죄의 속박을 깨뜨리기에 충분한 것은 아무것도 없다. 아우구스티누스 당시에는 다행히도 경험할 수 없었던 일이지만, 이는 마약 중독자가 헤로인이나 코카인을 끊으려고 노력하는 것과 비슷하다. 이런 상황은 인간의 내면으로부터는 변화될 수 없다. 변화가 이루어지려면 인간이 처한 상황 밖에서 무엇인가가 일어나야만 한다. 아우구스티누스에 따르면, 하나님이 인간의 딜레마를 해결하신다. 그분은 굳이 그렇게 하실 필요가 없지만 타락한 인류를 사랑하시기 때문에 구원을 베풀기 위해 예수 그리스도의 인격을 통해 인간의 상황에 개입하셨다.

아우구스티누스는 '은혜'를 인간이 받을 자격이 없는 과분한 하나님의 선물로 간주했다. 하나님은 스스로 원해서 인간에 대한 죄의 속박을 깨뜨리셨다. 구원은 오직 하나님의 선물이어야만 가능하다. 우리 스스로는 구원을 이룰 수 없고, 누군가가 우리를 위해 이루어주는 것이다. 아우구스티누스는 구원의 원천이 인간의 밖, 곧 하나님 안에 존재한다고 강조했다. 구원의 과정을 시작하는 주체는 인간이 아닌 하나님이시다.

그러나 펠라기우스는 상황을 사뭇 다른 각도에서 바라보았다. 그는 구원의 원천이 인간 안에 존재한다고 주장했다. 개개의 인간은 스스로를 구원할 능력을 지닌다. 그들은 죄에 속박되지 않고, 구원을 얻는 데 필요한 모든 것을 할 수 있는 능력이 있다. 구원은 선행을 통해 이루어진다. 인간이 선을 행하는 한, 하나님은 구원을 베풀 의무가 있으시다. 펠라기우스는 은혜의 개념을 과소평가했다. 바꾸어 말해, 그는 은혜를 하나님이 구원을 베풀기 위해 인간에게 요구하시는 행위인 것처럼, 곧 십계명이나 그리스도의 도덕적인 본보기와 비슷한 것처럼 이해했다.

이처럼 이 두 개의 신학적 입장은 인간의 본성에 대한 이해가 사뭇 달랐다. 아우구스티누스는 인간의 본성이 타락으로 인해 연약하고, 무기력해졌다고 믿었고, 펠라기우스는 자율적이고, 자기충족적이라고 생각했다.

아우구스티누스는 구원을 얻으려면 하나님을 의지해야 한다고 생각했고, 펠라기우스는 하나님은 단지 구원을 얻기 위해 우리가 해야 할 일을 가르쳐 주실 뿐이라고 믿었다. 한 마디로, 아우구스티누스는 구원을 우리의 공로와 무관한 하나님의 선물로 생각했고, 펠라기우스는 공로에 대한 정당한 보상으로 여겼다.

아우구스티누스의 은혜 교리 가운데 좀 더 설명이 필요한 것이 하나 더 있다. 인간은 스스로를 구원할 수 없고, 하나님은 모든 사람이 아닌 일부 사람에게만 은혜의 선물을 베푸시기 때문에 구원받을 사람들이 '미리 선택되었다'는 논리적인 추론이 가능하다. 아우구스티누스는 신약성경에서 발견되는 이런 개념을 더욱 발전시켜 예정의 교리를 확립했다. '예정'은 일부 사람을 구원하겠다는 하나님의 최초의, 또는 영원한 결정을 가리킨다. 이것은 그의 동시대인들은 물론, 그의 계승자들까지도 받아들이기를 꺼렸던 아우구스티누스의 사상이었다. 펠라기우스의 사상에서도 그와 상응하는 사상이 전혀 발견되지 않는다는 것은 애써 말할 필요조차 없다.

칼케돈 공의회(418)는 은혜와 죄에 대한 아우구스티누스의 견해를 채택하고, 펠라기우스주의를 단호하게 배격했다. 그러나 펠라기우스주의는 그 후로도 끊임없이 다양한 형태로 논쟁의 초점이 되었다. 교부 시대가 끝나고, 서유럽에서 암흑의 시대가 시작될 무렵, 많은 문제가 해결되지 않은 상태로 남았다. 그런 문제들은 중세 시대에 다시 거론되었고, 특히 종교개혁 시대에 절정에 이르렀다.

중요한 명칭, 용어, 문구

이번 장이 끝날 때까지 아래의 용어들과 마주치게 될 것이다. 이 용어들은 앞으로도 계속 반복될 것이기 때문에 잘 기억해 두어야 할 필요가 있다. 흔히 대문자로 표기되는 용어들의 경우에는 통상적으로도 그렇게 사용될 때가 많기 때문에 일반적인 용례를 그대로 따랐다.

아폴리나리우스주의(Apolnarianism)
아리우스주의(Arianism)
아우구스티누스주의(Augustinianism)
정경(canon)
정경적(canonical)
갑바도기가 교부들(Cappadocian fathers)
기독론적(Christological)
기독론(Christology)
신조(creed)
도나투스주의(Donatism)
도나투스주의자(Donatist)
교회론적인(ecclesiological)

교회론(ecclesiology)
범교회적 공의회(ecumenical council)
외경(extra-canonical)
성육신(incarnation)
교부의(patristic)
교부학(patrology)
펠라기우스적(Pelagian)
펠라기우스주의(Pelagianism)
구원론(soteriology)
삼위일체(Trinity)
삼위일체의(Trinitarian)

질문

1. 지도 1.1에서 다음의 도시나 지역의 위치를 찾아보라. 알렉산드리아, 안디옥, 갑바도기아, 콘스탄티노플, 히포, 예루살렘, 로마.
2. 같은 지도에서 헬라어권과 라틴어권의 경계선을 찾아보라. 그 경계선을 중심으로 서쪽에서는 라틴어가, 동쪽에서는 헬라어가 각각 사용되었다. 질문 1에 언급된 도시들이 어떤 언어를 사용했는지 살펴보라.
3. 아타나시우스, 히포의 아우구스티누스, 테르툴리아누스와 같은 저술가들은 어떤 언어를 사용했는가?
4. 아리우스주의, 도나투스주의, 영지주의, 펠라기우스주의와 같은 사상운동은 교부 시대에 매우 중요했다. 이 사상운동에서 빚어진 논쟁들이 각각 어떤 신학자들(아타나시우스, 히포의 아우구스티누스, 리용의 이레나에우스)과 관련이 있는지 밝혀라(이 중에는 한 가지 이상의 논쟁과 관련이 있는 신학자도 있다).
5. 초기 교회 시대에 교회론에 관한 관심이 상대적으로 적었던 이유는 무엇인가?

사례 연구

사례 연구 1.1 성경과 전통

기독교 역사상 줄곧 신학 논쟁의 주제로 떠올랐던 것은 성경 해석의 방법이었다. 단지 성경을 내세우기만 하면 기독교 교리의 문제를 간단하게 해결할 수 있다고 생각했던 사람들이 항상 있었다. 그러나 교부 시대의 중요한 논쟁들은 그런 접근 방식에 심각한 결함이 있다는 것을 잘 보여준다. 아리우스주의와 펠라기우스주의는 각기 다른 이유에서 이단으로 단죄되었지만 둘 다 자신의 가르침을 뒷받침하기 위해 성경 본문을 인상 깊게 나열하는 방식을 취했다. 그러나 그들을 논박했던 사람들은 그들의 성경 해석이 잘못되었다고 주장했다. 단지 성경 구절을 인용하는 것만으로는 충분하지 않았다. 정통적인 방법으로 성경을 해석하는 것이 필요했다. 그러나 무엇이 정통적인 해석이고, 무엇이 아닌지를 누가 결정할 수 있을까? 무엇을 근거로 삼아야만 성경 구절을 정확하게 해석할 수 있을까?

그런 논쟁은 기독교 사상사에 줄곧 계속되었고, 종교개혁의 시대에는 특히 더 중요하게 부각되었다. 교부 시대는 그런 문제를 해결하는 방법과 관련해 특별히 중요한 실마리를 제공했다. 교부 시대의 많은 저술가들이 전통에 호소함으로써 비정통적인 성경 해석과 가르침에 이의를 제기했다. 이제부터 이 논쟁에 기여했던 세 사람의 저술가를 살펴볼 생각이다. 그들은 이레나에우스(2세기), 테르툴리아누스(3세기), 레랑의 빈센티우스(5세기)이다. 먼저 신약성경에서 '전통'의 개념이 어떤 식으로 사용되었는지를 잠시 설명하면 다음과 같다.

기독교는 초창기에 어느 정도 고정된 형태를 지닌 가르침을 입으로 전하는 방식으로 전파되었다. '전통'(tradition)이라는 용어는 문자적으로 '물려 주다' 또는 '넘겨 주다'를 뜻하는 라틴어 '트라디티오'(traditio)에서 유래했다.

초기 기독교를 연구해 보면, 기독교 신앙이 한 사람으로부터 다른 한 사람에게 '넘겨졌던' 것을 알 수 있다. 바울은 고린도 교회에 보낸 편지에서 다른 사람들에게 핵심적인 가르침을 '전했다'고 말했다(고전 15:1-4). 이것은 기독교의 핵심, 특히 그리스도의 죽음과 부활을 말로 가르쳤다는 것을 분명하게 보여준다.

마태복음, 마가복음, 누가복음도 입으로 전달된 내용을 정리해 오늘날 '공관복음서'로 알려진 복음서를 완성했다. 누가복음은 "처음부터 목격자와 말씀의 일꾼 된 자들이 전하여 준 그대로"라는 말씀으로 시작한다(눅 1:1, 2). 신약성경 학자들은 공관복음서가 다음의 네 가지 자료에 근거한다는 데 일반적으로 동의한다.

1) 마가복음. 마태와 누가가 이것을 자료로 사용한 것으로 보인다. 마태복음에서는 마가복음의 내용 가운데 90퍼센트가, 누가복음에서는 53퍼센트가 각각 발견된다. 동일한 내용을 서로 비교해 보면 마가의 자료가 마태나 누가의 자료보다 더 오래된 것처럼 보이는 문체로 쓰인 것을 알 수 있다. 마태와 누가가 마가복음을 참조해 그의 문체를 '다듬어 정리했다'는 것 외에 다른 가설을 내세울 경우에는 이런 사실을 설명하기가 매우 어렵다.
2) 마태복음과 누가복음에 공통된 자료. 길이가 약 200구절에 달하는 이 자료는 일반적으로 '큐(Q) 문서'로 불린다. '큐 문서'가 그 자체로 완전한 복음서였다거나 성문화된 독립 자료로 존재했다는 증거는 없다.
3) 오직 마태복음에서만 발견되는 자료[대개 '엠(M) 자료'로 불린다].
4) 오직 누가복음서에서만 발견되는 자료[대개 '엘(L) 자료'로 불린다].

가장 널리 인정받는 공관복음서 편찬 방식에 대한 설명이 20세기 초에 옥스퍼드대학교에서 지금과 같은 방식으로 상세하게 이루어졌다. 그 가운데 가장 유명한 내용이 B. H. 스트리터의 『사복음서』(1924)와 W. 샌데이의 『공관복음서 문제에 관한 연구』(1911)에서 발견된다.

스트리터의 저서는 15년에 걸쳐 매년 아홉 차례씩 진행되었던 '옥스퍼드 복음 세미나'에서 발표된 논문들을 소개한 것이다. 이 이론은 때로 '옥스퍼드 가설'로 불리기도 하지만 대개는 '두 자료'설로 지칭된다. 그 기본적인 내용을 간단히 요약하면 다음과 같다.

마가복음은 가장 먼저 기록된 복음서다. 따라서 마태와 누가는 그것을 자료로 활용할 수 있었다. 그들은 문체를 적절하게 바꾸었을 뿐 마가복음에 전개된 내용의 순서는 그대로 유지했다. 마태복음은 마가복음보다는 늦게, 누가복음보다는 먼저 쓰였다. 마태와 누가 모두 '큐 문서'로 알려진 자료를 참조했다. 아울러, 마태는 '엠 자료'로 알려진 또 다른 자료를, 누가는 '엘 자료'로 알려진 또 다른 자료를 각각 참조했다. 이 이론은 네 개의 자료(마가복음, 큐, 엠, 엘)를 인정하고 있지만 마가복음과 '큐 문서'의 중요성이 크기 때문에 "두 자료"설로 알려지게 되었다.

이 이론은 현대의 신약성경 학자들 가운데서 많은 지지를 받았다. 그러나 지지를 요구할 수 있는 이론은 이것 하나만이 아니다. 어떤 학자들은 '큐 문서'의 존재를 인정하지 않고, 누가가 마태복음을 자료로 사용했다고 주장한다. J. J. 그리스바흐는 마태복음이 먼저 쓰였고, 마태복음을 근거로 누가복음이 쓰였고, 마지막으로 마태복음과 누가복음을 이용해 마가복음이 쓰였다는 영향력 있는 가설을 제시했다. 아울러, '공관복음서의 문제'가 예수님에 관한 구전이 우리에게 전달된 방식에 대한 우리의 이해에 영향을 미친다는 점에 유념해야 할 필요가 있다. 물론, 이것은 구전의 역사적 정확성이나 신학적 신빙성을 의문시하지 않는다. 이것은 오히려 복음의 전통이 형성되었던 시기, 곧 예수님의 말씀과 행위가 입으로 전달되고, 넘겨졌던 시기(30-60년)를 더욱 깊이 이해할 수 있도록 도와준다.

그러나 이 사례 연구의 진정한 목표는 '전통'의 개념과 관련해 약간 다른 문제를 다루는 데 있다. 앞서 말한 대로 '전통'의 개념은 2세기에 매우 중요한 의미를 지니게 되었다. '영지주의'로 알려진 사상운동이 그 시기에 기독교를 크게 위협하는 세력으로 등장했다. 그 이유는 영지주의의 가르침이 언뜻 보면 기독교의 가르침과 흡사한 점이 많았기 때문이다. 많은 영지주의 저술가들이 구원은 비밀스러운 가르침을 통해 얻을 수 있다고 주장했다. 그들은 오직 그런 가르침을 통해서만 신자들이 구원받을 수 있다고 역설했다. 영지주의 저술가들에게 '비밀스러운 가르침'이란 일종의 '우주적인 암호'와 같은 것이었다. 누군가가 죽으면 그 사람의 영혼은 육체적인 감옥에서 해방되어 영광스러운 마지막 목적지를 향한 길고, 복잡한 여행을 자유롭게 시작한다. 그곳에 도착하려면 여러 가지 잠재적인 방해 요인들을 극복해야 하는데, 그것이 곧 '비밀스러운 지식'이 필요한 이유다.

어떤 영지주의 저술가들은 이 비밀스러운 가르침이 사도들을 통해 구전으로 전달되었고, '베일에 감추어진' 형태로 성경 안에 간직되어 있다고 주장했다. 오직 특별한 방법으로 성경을 읽을 줄 아는 사람들만이 공개되지 않은 그 지식을 얻을 수 있다. 다시 말해, 영지주의에 입문해 그 비밀을 아는 사람들만이 신약성경이 제공하는 구원의 축복을 누릴 희망이 있다.

교회가 그런 가르침을 논박하는 것은 매우 중요했다. 그 이유는 그렇게 하지 않으면 교회가 성경에 접근할 수는 있지만, 그 진정한 의미를 아는 데 필요한 특별한 성경 해석 방법은 모르고 있다는 것과 더 중요하게는, 신약성경에 약속하는 구원이 영지주의의 비밀스러운 전통을 받아들이는 사람들에게만 주어진다는 것을 자인하는 셈이 되고 말 것이기 때문이다. 따라서 영지주의의 위협에 대응하기 위해 특정한 성경 본문을 해석하는 '전통적인' 방법이 발전하기 시작했다. 리용의 이레나에우스와 같은 2세기 교부 신학자들은 특정한 성경 본문을 해석하는 권위 있는 방법을 발전시켰고, 그것이 사도들에게까지 거슬러 올라간다고 주장했다. 성경을 임의로 아무렇게나 해석하는 것은 허용될 수 없는 일이었다. 성경은 교회의 역사적 영속성을 배경으로 해석해야 했다. 해석의 한계는 역사적으로 확고하게 정해진 것이다. 여기에서 '전통'은 '신앙 공동체 안에서 성경을 해석하는 전통적인 방식'을 의미했다. 이런 입장은 '전통 근원설'로 알려져 있다.

리옹의 이레나에우스(130-200). 소아시아에서 태어난 것으로 추정된다. 178년경에 리옹이라는 프랑스 남부의 도시에서 주교로 선출되었다. 영지주의의 그릇된 성경 해석과 비판에 맞서 기독교 신앙을 옹호하기 위해 『이단 논박』이라는 책을 저술한 것으로 유명하다.

이레나에우스를 이해하려면 그의 대표작인 『이단 논박』에 포함된 내용을 잠시 살펴봐야 할 필요가 있다. 그는 전통에 호소함으로써 영지주의의 위협에 대항했다. 살아 있는 기독교 공동체가 이단들에게는 허락되지 않은 성경 해석의 전통을 소유하고 있다는 것이 그의 신념이었다. 주교들은 사도들을 역사적으로 계승함으로써 교회가 사도들의 가르침과 해석에 충실할 수 있도록 이끄는 역할을 한다.

진리를 알기를 원하는 사람은 누구나 온 세상의 모든 교회 안에 알려진 사도적 전통을 고려해야 한다. 우리는 사도들이 임명한 주교들과 오늘에 이르기까지 그들을 계승한 사람들의 숫자를 알고 있다. 그들은 이런 사람들이 상상하는 것과 같은 일들을 알고 있거나 가르친 적이 없었다. 만일 사도들이 완전한 자들에게 개인적으로 은밀하게 가르친 비밀들을 알고 있었다면 자신들이 교회를 위탁한 자들에게도 그것을 전해주었을 것이다…이런 사실을 입증하는 증거가 너무나도 많기 때문에 교회를 통해 쉽게 얻을 수 있는 진리를 다른 곳에서 찾으려고 공들여 애쓸 필요가 전혀 없다. 사도들은 이 보고(寶庫) 안에 이 진리를 온전하게 간직해 놓았기 때문에 원하는 사람은 누구나 이 생명의 물을 길어 올릴 수 있다. 이것이 생명의 문이고, 다른 모든 것은 도적이요 강도다.

영지주의자들은 자신들이 성경 본문의 참된 의미를 알게 해주는 비밀스러운 구전을 소유하고 있다고 주장했다. 이레나에우스는 이것을 공개적으로 접근할 수 있는 기독교적 전통, 곧 온 세상의 모든 교회 안에 알려진 전통과 대조했다. 그는 사도들의 가르침, 곧 그것을 받아들이는 사람에게 구원을 보장하는 가르침이 교회의 공적인 가르침을 통해 알려진다고 주장했다. 사도적 가르침은 '온전하게 간직되어' 있기 때문에 교회를 통해 언제라도 쉽게 접근할 수 있고, 이용할 수 있다.

이레나에우스가 영지주의의 입장이 지닌 문제를 지적한 방식에 주목하라. 만일 영지주의자들이 사도들에게서 비롯한 '비밀스러운 전통'을 의지하고 있다면 그것이 정확하게 전달되었다는 것을 어떻게 확신할 수 있을까? 그것이 누구에게 위탁되었는가? 그것을 위탁받은 사람들은 나중에 또 누구에게 그것을 전달했는가?

이레나에우스는 기독교 교회의 경우는 사도들의 계승자들이 잘 알려져 있고, 그 이름까지 알 수 있는 상황이라고 강조했다. 그는 주교들을 사도들과 당시의 교회 사이에 제도적, 교리적 영속성이 존재한다는 것을 구체적으로 드러난 증거들로 간주했다. 사도들은 교회 안에 있는 유명한 계승자들에게 자신들의 가르침을 위탁하기로 결정했다.

테르툴리아누스(160-224). 일련의 중요한 논쟁과 변증을 다룬 책들을 저술한 초기 라틴 신학의 대표 인물. 헬라어를 사용하는 동방 교회 안에서 등장하기 시작한 신학 용어들을 번역하는 데 필요한 새로운 라틴 용어들을 만들어낸 것으로 특히 유명하다.

로마의 신학자 테르툴리아누스도 비슷한 주장을 제기했다. 3세기 초에 그는 이단들의 약점을 입증하는 데 초점을 맞춘 신학 자료들을 분석했다. 그는 그 과정에서 전통과 사도적 계승이 기독교 신앙을 규정하는 것에 미치는 역할을 크게 강조했다.

정통주의는 사도들에게 신학적으로 의존할 뿐 아니라 그들과 역사적인 영속성을 지니고 있다. 그러나 이단들은 그런 영속성을 입증할 수 없다.

주 예수 그리스도께서 사도들을 보내 말씀을 전파하게 하셨다면 그분이 임명한 말씀의 사역자들 외에 다른 자들을 용인해서는 안 된다. 왜냐하면 "아들과 또 아들의 소원대로 계시를 받은 자 외에는 아버지를 아는 자가 없기" 때문이다. 성자께서는 자기가 계시한 것을 전하라고 보내신 사도들 외에는 아무에게도 자기를 나타내지 않으셨다. 이러한 원칙 때문에 그들이 전파한 것, 곧 그리스도께서 그들에게 계시하신 것은 오직 그들의 설교와 그들의 직접적인 목소리와 (나중에는) 그들이 쓴 편지를 통해 설립된 교회들에 의해서만 확증되어야 한다. 이것이 사실이라면 믿음의 근원이요 원천인 사도적 교회와 일치하는 교리는 모두 진리로 간주되어야 마땅하다. 그 이유는 하나님이 그리스도께 주시고, 그리스도께서 사도들에게 주시고, 사도들이 교회들에게 준 것이 사도적 교회 안에 보존되어 있는 것이 확실하기 때문이다.

테르툴리아누스의 논증은 역사적 영속성의 중요성을 크게 강조한다. 그가 사도들과 주교들의 상관관계의 중요성을 어떻게 강조했는지에 주목할 필요가 있다. 그는 특히 '사도적' 가르침을 전한다고 주장하는 사람은 누구나 사도들과의 역사적 관계를 입증해 보일 수 있어야 한다고 역설했다.

참된 기독교적 가르침에 관한 논쟁은 5세기가 시작되고 나서도 오랫동안 계속되었다. 교리적 혁신의 문제에 논쟁의 초점이 맞춰졌다. 성경에 근거했다고 주장하면서 새로운 가르침을 전하는 행위에 대해 교회는 어떻게 대처해야 했을까? 초기 교회 안에서의 논쟁은 단지 과거의 가르침을 옹호하는 것으로 끝나지 않고, 새로운 가르침이 도입되는 결과를 가져온 것처럼 보일 때가 많았다.

레랑의 빈센티우스(450년 이전에 사망). 레랑 섬에 거주했던 프랑스 신학자. 교회의 교리적 혁신에 맞서 전통의 역할을 강조한 것으로 특히 유명하다. '빈센티우스 규범'으로 알려진 것을 창안했다.

434년에 프랑스 남부에 있는 레랑의 빈센티우스가 이 문제와 관련해 큰 기여를 했다. 그는 때로 '페레그리누스'라는 가명으로 알려지기도 했다. 펠라기우스 논쟁의 여파 속에서 저술 활동을 시작한 레랑의 빈센티우스는 당시의 논쟁이 특정한 성경 본문을 해석하는 새로운 방법과 같은 신학적 혁신을 가져왔다는 신념을 피력했다. 그는 아우구스티누스의 이중 예정설(은혜에 관한 펠라기우스의 견해를 논박하는 과정에서 제기된 교리)를 좋은 예로 간주했다. 그렇다면 그런 새로운 교리적인 혁신의 진정성을 어떻게 확인할 수 있을까? 그는 이 물음에 대답하기 위해 참된 기독교적 가르침을 확립하는 데 필요한 세 가지 기준을 제시했다. 그것은 보편성(모든 곳에서 믿는 것), 전통성(항상 믿는 것), 일치성(모든 사람이 믿는 것)이다.

이 세 가지 기준은 종종 '빈센티우스 규범(또는 규칙)'으로 불린다.

성경은 심오하기 때문에 보편적인 의미로 받아들여지지 않는다. 동일한 말씀을 한 사람은 이렇게, 다른 사람은 저렇게 해석하는 까닭에 사람들의 숫자만큼 많은 견해가 존재하는 것처럼 보인다.…따라서 오류의 숫자가 많고 다양하기 때문에 누군가가 보편 교회의 규칙에 따르는 방식으로 선지자들과 사도들을 해석하기 위한 규범을 정해야 할 필요가 있다. 이런 이유로 우리가 모든 곳에서, 항상, 모든 사람이 믿는 것(qoud ubique, quod semper, quod ab omnibus creditum est)을 믿고 있다는 원칙이 보편 교회 자체 안에서 신중하게 받아들여져야 한다.

빈센티우스가 해결하고 싶어 했던 문제는 "어떻게 참된 기독교적 가르침을 이단들의 가르침과 구별할 수 있는가?"라는 것이었다. 이 문제에 대한 일반적인 대답은 그런 가르침이 성경에 충실한지를 따지는 것이었다. 그러나 빈센티우스는 성경은 제각기 다른 사람들에 의해 제각기 다르게 해석된다는 점을 지적했다. 따라서 단순히 성경에 호소하는 것만으로는 충분하지 않다. 교회에 성경 본문에 대한 해석 가운데 어떤 것을 선택해야 할 지를 결정할 수 있는 방법을 알려줄 부가적인 무엇인가가 필요하다. 이것이 빈센티우스가 '선지자들과 사도들을 해석하기 위한 규범'의 필요성을 주장했던 이유다. 그는 '충실한 자들의 동의'(cconsensus fidelium)로 알려진 것 안에서 그런 '규범'을 발견했다. 그에 따르면 그 규범은 세 가지다. 성경을 해석하는 방법, 또는 신념은 '모든 곳에서, 항상, 모든 사람이' 인정하는 것이어야 한다. 바꾸어 말해, 특정한 지역이나 특정한 시기나 작은 집단의 사람들에게 국한된 방법이 아니어야 한다.

빈센티우스의 규범은 큰 영향력을 발휘했고, 이 주제와 관련된 후대의 저서들 안에 자주 반영되었다. 교부 시대가 끝날 무렵, 교회의 살아 있는 전통 안에서 성경을 해석해야 한다는 개념은 이단에 대한 필수적인 대처 수단으로 간주되었고, 공인된 신학 연구의 방법 가운데 하나로 정착되었다.

사례 연구 1.2 아리우스 논쟁: 그리스도의 신성

교부 시대에는 그리스도의 인격에 관한 교리에 많은 관심을 기울였다. 논쟁은 동방 교회 안에서 주로 벌어졌다. 흥미롭게도, 히포의 아우구스티누스는 기독론에 영향을 미친 글은 아무것도 쓴 적 없다. 교부 시대는 그리스도의 인격에 관한 논의에 필요한 기본적인 지침들을 제시하는 데 결정적인 역할을 했고, 그 지침들은 계몽주의가 시작되어 믿음과 역사의 관계에 대한 논의가 벌어질 때까지 계속해서 규범적인 역할을 했다(계몽주의에 대해서는 사례 연구 4.1에서 다룰 예정이다).

교부 시대 저술가들의 당면 과제는 신약성경에서 발견되는 다양한 기독론적인 암시와 진술, 개념들과 본보기들을 하나로 묶는 통합된 기독론적 체계를 발전시키는 것이었다. 그것들 가운데 일부는 위에서 이미 다룬 바 있다. 그것은 상당히 복잡한 과제였다. 기독론의 첫 번째 발전 시기는 그리스도의 신성에 관한 문제에 집중되었다. 다시 말해, 예수 그리스도를 '하나님'으로 일컫는 것이 정당한지를 따지는 데 초점이 맞춰졌다. 초기 교부 시대의 저술가들은 대부분 예수 그리스도께서 사람이시라는 것을 의심할 수 없는 명백한 사실로 받아들였다. 그것은 타당성을 증명할 필요가 없는 자명한 사실이었다. 그리스도와 관련해 설명이 필요했던 문제는 그분이 다른 인간들과 흡사하다기보다는 어떻게 다르신지를 밝히는 것이었다.

초기의 두 가지 견해가 즉각 이단으로 규정되었다. 1세기 초에 번성했던 유대 종파 가운데 하나였던 에비온파는 예수님을 평범한 인간, 곧 마리아와 요셉의 생물학적 아들로 간주했다. 그런 축소된 기독론은 비평가들에 의해 허무맹랑한 것으로 간주되어 곧 망각 속으로 사라졌다. 그와는 정반대되는 견해가 좀 더 큰 영향력을 발휘했다. 이 견해를 가리키는 '가현설'(Docetism)이라는 용어는 '-처럼 보이다'를 뜻하는 헬라어 '도케인'에서 유래했다. 이 견해는 분명한 신학적 입장이라기보다는 하나의 신학적 경향으로 간주하는 것이 바람직할 것이다. 이 견해의 요지는 그리스도께서는 순전한 하나님이시고, 그분의 인성은 외관에 불과하다는 것이다. 따라서 그리스도의 고난도 현실이 아닌 환영으로 다루어져야 한다. 가현설은 2세기 영지주의 저술가들의 관심을 특별히 자극했고, 그 기간에 절정에 달했다. 그러나 그 무렵에 다른 견해들이 등장하기 시작하면서 결국에는 그런 신학적 경향이 사라졌다.

순교자 유스티누스가 그런 견해 가운데 하나를 피력했다. 2세기의 가장 중요한 변증학자 가운데 하나인 그는 특히 기독교 신앙이 헬라의 고전 철학과 유대주의의 깨달음을 온전하게 만들었다는 것을 입증하는 데 주력했다. 아돌프 폰 하르낙은 유스티누스가 "그리스도께서는 '로고스'이자 '노모스'이다('노모스'는 '율법'을 뜻하는 헬라어다. 여기에서는 '토라'를 가리킨다)"라는 주장으로 그런 목표를 이루고자 했다고 평가했다. 유스티누스가 제시한 '로고스-기독론'은 매우 흥미롭다. 그는 당시의 스토아주의와 중기 플라톤주의에서 통용되던 '로고스' 개념의 변증적 잠재성을 이용했다. 요한복음 1장 14절의 경우처럼 대개 '말씀'으로 번역되는 헬라어 '로고스'는 모든 지식의 궁극적인 원천으로 간주되었다. 그리스도인들과 이방 철학자들 모두가 하나의 동일한 로고스를 알고 있다. 그러나 후자는 단지 그것의 일부만을 접할 수 있을 뿐이지만 그리스도인들은 로고스가 그리스도를 통해 나타났기 때문에 그것을 온전히 접할 수 있다. 유스티누스는 헤라클레이토스나 소크라테스와 같은 그리스도 이전의 세속 철학자들은 로고스가 세상에 존재하는 방식 때문에 진리를 부분적으로 알 수 밖에 없다고 주장했다.

순교자 유스티누스(100-165). 2세기의 가장 유명한 변증가 가운데 한 사람. 이방 세계 안에서 기독교의 도덕적, 지성적 신뢰성을 입증하는 데 관심을 기울였다. 그의 『첫 번째 변증서』는 기독교가 고전 철학의 깨달음을 어떻게 온전하게 만들었는지를 보여준다.

여기에서 특별히 중요한 것은 중기 플라톤주의에서 유래한 것처럼 보이는 '로고스의 씨앗'이라는 개념이다. 신적 로고스가 인간의 역사 안에 자신의 씨앗을 뿌렸다. 따라서 비기독교인들도 부분적으로나마 '씨앗을 맺는 말씀'을 알 수 있다.

이것이 유스티누스가 기독교가 하나님의 계시를 부분적으로 감지하고, 예상한 것을 토대로 제시된 이방 철학의 개념들을 기반으로 그것들을 온전하게 이룬다고 주장할 수 있었던 이유다. 로고스는 구약 시대에 신현(神顯)을 통해 일시적으로 나타났다. 그리스도께서는 그것을 온전히 드러내셨다. 따라서 헬라 철학의 세계는 기독교를 통해 확고해진다. 헬라 철학은 그리스도의 강림을 알리는 서곡이었다. 그리스도께서는 헬라 철학이 부분적으로 알았던 것을 온전하게 하셨다.

로고스-기독론은 오리게누스의 저서들을 통해 완전한 형태를 갖추었다. 그리스도의 영혼이 성육신을 통해 로고스와 하나로 연합했다. 그런 긴밀한 연합 덕분에 그리스도의 영혼은 로고스의 속성을 공유한다. 그러나 오리게누스는 로고스와 성부 하나님이 똑같이 영원하지만, 로고스가 성부에 종속된다는 주장을 펼쳤다.

오리게누스(185-254). 알렉산드리아 학파를 대표하는 인물. 성경을 풍유적으로 해석한 것과 플라톤의 사상을 신학, 특히 기독론에 적용한 것으로 유명하다. 그가 헬라어로 저술한 저서의 원본들은 대부분 없어졌기 때문에 그의 사상 가운데 일부는 신빙성이 의심스러운 라틴어 번역을 통해서만 알려져 있다.

앞서 말한 대로, 순교자 유스티누스는 로고스가 단편적으로나마 모든 사람에게 알려져 있다고 주장했다. 그것은 오직 그리스도 안에서만 온전히 나타난다.

이와 관련된 개념들이 오리게누스를 비롯해 로고스-기독론을 채택한 다른 저술가들의 저서에서도 발견된다. 오리게누스는 조명론적 방식으로 계시에 접근했다. 바꾸어 말해, 그는 하나님의 계시 행위를 '신적 로고스의 빛'을 통해 나타나 '하나님의 빛줄기'에 의해 깨달음을 얻는 것에 비유했다. 그는 기독교 신앙 밖에서도 진리를 알고, 구원을 받는 것이 가능하다고 믿었다.

지금까지 교부 시대의 가장 중요한 신학적 논쟁 가운데 하나인 4세기의 아리우스 논쟁의 배경을 대충 소개했다. 아리우스 논쟁은 고전 기독론의 발전을 이끈 중요한 사건이기 때문에 광범위한 논의가 필요하다. 논쟁의 역사 가운데는 역사가들이 아무리 명확하게 설명하려고 노력해도 여전히 불분명할 뿐 아니라 또 그렇게 될 가능성이 있는 측면들이 존재할 수밖에 없다. 여기에서 우리의 관심은 논쟁의 신학적 측면을 살피는 데 있다. 그런 측면들은 비교적 잘 이해할 수 있다.

그러나 아리우스의 견해는 그를 비판했던 사람들이 전해준 형태를 띤 것들이 많다. 따라서 그런 것들도 편견에 치우친 것은 아닌지 하는 의문이 제기될 수 있다. 우리가 활용할 수 있는 신빙성 있는 자료는 비교적 적지만, 그래도 지금부터는 그것을 근거로 아리우스의 독특한 기독론적 사상을 가능한 한 공정하게 다루어볼 생각이다.

아리우스는 하나님의 자존성을 강조했다. 하나님은 모든 피조물의 유일한 근원이시다. 궁극적으로 하나님에게서 비롯하지 않은 것은 아무것도 없다. 많은 주석학자들이 지적하는 대로, 기독교 신학보다는 헬라 철학과 더욱 가까운 이런 신관(神觀)은 성부와 성자의 관계에 관한 문제를 제기한다. 아리우스의 비평가인 아타나시우스는 『아리우스주의 논박』에서 아리우스가 다음과 같이 주장했다고 말했다.

> 하나님은 항상 아버지이신 것은 아니었다. 오직 하나님만이 존재할 뿐, 아버지는 존재하지 않은 시기가 있었다. 그분은 단지 나중에 아버지가 되셨다. 성자는 항상 존재하지 않으셨다. 모든 것이 무에서 창조되었다.…따라서 하나님의 로고스도 무에서 창조되었다. 그가 존재하지 않았던 시기가 있었다. 그가 생겨나기 전에는 그가 존재하지 않았다. 그는 창조된 존재로서 시작이 있다.

아리우스(250-336). 그리스도의 온전한 신성을 부인했던 기독론을 주창한 아리우스주의의 창시자. 그의 생애에 대해서는 알려진 것이 거의 없고, 그의 저서들도 남아 있는 것이 거의 없다. 니코메디아의 유세비우스에게 보낸 편지를 제외하면, 그의 견해는 주로 그의 비판자들의 저서들을 통해서만 알 수 있다.

이런 진술은 상당히 중요하며, 아리우스주의의 핵심이 무엇인지를 보여준다. 아래의 요점들은 특히 중요하다.

1) "그가 존재하지 않았던 시기가 있었다."라는 말에서 알 수 있는 대로, 성부께서 성자보다 먼저 존재하신 것으로 간주되었다. 이런 결정적인 진술은 성부와 성자를 서로 다른 위치에 올려놓는다. 이것은 성자가 피조물이라는 아리우스의 확고한 주장과 일맥상통한다. 오직 성부만이 '생겨나지 않으셨다.' 성자도 다른 모든 피조물처럼 오직 하나뿐인 존재의 근원에서 비롯했다. 그러나 아리우스는 성자가 다른 모든 피조물과 같다고 강조할 때 신중한 태도를 보였다. 성자와 인간을 포함한 다른 피조물 사이에는 서열의 차이가 존재한다. 아리우스는 이 차이의 본질을 정확하게 설명하는 데 약간의 어려움을 느꼈던 듯하다. 그는 단지 "성자는 다른 피조물과 같지 않은 완전한 피조물이시다. 그분은 생겨난 존재이지만 다른 생겨난 존재들과 같지 않으시다."라고 주장하는 데 그쳤다. 이 말에는 성자가 다른 피조물보다 월등하지만 본질적으로 창조되어 생겨난 본성을 공유하신다는 의미가 담겨 있다.

2) 아리우스는 피조물이 하나님을 알 수 없다고 강조했다. 이 말은 결국 성자도 피조물이기 때문에 성부를 알 수 없다는 뜻이다. 아리우스는 하나님의 절대적인 초월성과 접근 불가능성을 강조했다. 어떤 피조물도 하나님을 알 수 없다. 앞서 말한 대로 성자도 다른 피조물들에 비해 서열

이 아무리 높아도 피조물로 간주되었다. 아리우스는 성자도 성부를 알 수 없다고 주장함으로써 자신의 논리를 강하게 밀고 나갔다. 그는 "시작이 있는 존재는 시작이 없는 존재를 이해하거나 파악할 수 없다."라고 말했다. 이 중요한 말은 성부와 성자의 근본적인 차이를 드러낸다. 그 둘 사이에는 넘나들 수 없는 간극이 존재하기 때문에 후자는 도움을 받지 않는 한 전자를 알 수 없다. 성자도 다른 피조물들과 마찬가지로 하나님께 의존해야만 비로소 자기에게 주어진 기능을 발휘할 수 있다. 사람들이 아리우스를 비판했던 이유는 성자가 계시와 구원의 차원에서 다른 피조물들과 정확히 똑같은 입장에 서 있다는 그의 주장 때문이었다.

3) 아리우스는 신성의 관점에서 그리스도의 지위를 언급한 성경 본문들은 모두 존중의 의미를 나타내는 표현일 뿐이라고 주장했다(그런 식의 언어 사용법을 전문 용어로 '오어법'(誤語法, catachrestic)이라 일컫는다). 아리우스의 비판자들은 성부와 성자의 근본적인 일체성을 언급한 성경 구절들을 제시했다. 당시의 논쟁적인 문헌을 살펴보면 이 논쟁에 요한복음서가 특별히 중요했던 것을 알 수 있다(요 3:35, 10:30, 12:27, 14:10, 17:3, 11 등이 자주 논의되었다). 아리우스는 그런 본문들에 대해 분명한 입장을 드러냈다. 그는 '아들'이라는 말은 다양한 성격을 띠며, 본질상 비유적 특성을 띤다고 주장했다. 다시 말해, '아들'이라는 말은 정확한 신학적 어법이 아닌 존중의 의미를 지닌다. 성경에서 예수님을 '아들'로 지칭하지만, 그것은 비유적(좀 더 정확하게 말하면 오어법적) 어법에 해당한다. 따라서 그런 말은 하나님이 성자를 비롯해 모든 피조물과 본질적으로 완전하게 구별된다는 대원칙에 따라 평가되어야 한다.

이런 아리우스의 입장은 다음과 같이 간단히 요약할 수 있다.

1) 성자는 다른 모든 피조물과 같이 하나님의 뜻에 따라 생겨난 피조물이다.
2) '아들'이라는 용어는 다른 피조물들 사이에서 성자가 차지하는 위치를 강조하기 위한 존중의 표현이다. 그것은 성부와 성자의 본질이나 지위가 같다는 의미가 아니다.
3) 성자의 지위도 성부의 뜻에서 비롯한 결과다. 그것은 성자의 본질에서 자연스레 비롯한 것이 아니라 하나님의 뜻으로 말미암은 것이다.

아타나시우스는 아리우스가 구별한 미묘한 차이에 시간을 낭비하고픈 생각이 없었다. 성자가 피조물이라면 그분은 인간을 포함한 다른 피조물과 똑같은 피조물이실 뿐이다. 다른 종류의 피조성이 어디에 또 있을 수 있단 말인가? 아타나시우스가 볼 때, 성자의 피조성을 인정하면 결국은 아리우스주의에게 부정적인 영향을 미치게 될 두 가지 결정적인 결과가 나타날 수밖에 없었다.

아타나시우스(296-373). 아리우스 논쟁이 불거졌을 당시에 정통 기독론을 옹호했던 가장 중요한 인물 가운데 한 사람. 328년에 알렉산드리아의 주교로 선출되었지만 아리우스주의를 반대했다는 이유로 면직되었다. 그는 서방 교회 내에서는 광범위한 지지를 받았지만, 그의 견해는 그의 사후에 열린 콘스탄티노플 공의회(381)에서 최종적으로 인정을 받았다.

첫째, 아타나시우스는 오직 하나님만이 구원을 베푸실 수 있다고 강조했다. 하나님, 오직 하나님만이 죄의 권세를 깨뜨려 우리를 영생으로 인도하실 수 있다. 구원의 필요성은 피조물의 본질적인 특성에 해당한다. 어떤 피조물도 다른 피조물을 구원할 수 없다. 오직 창조주만이 피조물을 구원하실 수 있다. 아타나시우스는 오직 하나님만이 구원을 베푸실 수 있다는 점을 강조하고 나서 아리우스주의가 논박하기 어려운 논리를 전개했다. 신약성경과 기독교의 예전적 전통이 예수 그리스도를 구원자로 간주한다. 그런데 아타나시우스가 강조한 대로 오직 하나님만이 구원하실 수 있다. 그렇다면 이 사실을 어떻게 이해해야 할까?

가능한 해결책은 단 하나, 예수님을 성육하신 하나님으로 받아들이는 길뿐이다. 그의 논리를 간단히 요약하면 다음과 같다.

1) 어떤 피조물도 다른 피조물을 구원할 수 없다.
2) 아리우스에 따르면, 예수 그리스도께서는 피조물이시다.
3) 따라서 아리우스에 따르면, 예수 그리스도께서는 인류를 구원하실 수 없다.

때로는 성경과 기독교의 예전적 전통을 근거로 약간 다른 형태의 논증적 방식이 사용되기도 했다.

1) 오직 하나님만이 구원하실 수 있다.
2) 예수 그리스도께서는 구원하신다.
3) 따라서 예수 그리스도께서는 하나님이시다.

아타나시우스는 구원은 하나님의 개입을 필요로 한다고 믿었다. 따라서 그는 '말씀이 육신이 되어'라는 표현에서 요한복음 1장 14절의 의미를 찾았다. 다시 말해, 하나님이 인간의 상황을 바꾸기 위해 그 상황 속으로 들어오셨다.

둘째, 아타나시우스는 그리스도인들이 예수님을 예배하고, 그분께 기도를 드린다는 사실을 지적했다. 이것은 예배와 기도라는 기독교적 관습이 기독교 신학에 미치는 중요성을 보여주는 훌륭한 사례 연구에 해당한다. 4세기경, 그리스도에 대한 경배와 기도는 공적 예배의 표준적인 특징이었다. 아타나시우스는 만일 예수 그리스도께서 피조물이시라면 그리스도인들은 하나님이 아닌 피조물을 예배하는 죄, 곧 우상 숭배의 죄를 짓는 셈이 된다고 주장했다. 그는 그리스도인들이 하나님 외에 다른 어떤 사람이나 사물을 숭배해서는 안 된다는 점을 강조했다. 그는 아리우스가 그리스도인들의 예배와 기도를 터무니없는 것으로 만드는 오류를 저질렀다고 주장했다. 그에 따르면, 그리스도인들이 예수 그리스도를 예배하고, 숭배하는 것은 전적으로 옳은 일이었다. 왜냐하면 그런 행위를 통해 그분의 참된 본질(곧 성육하신 하나님)을 인정하기 때문이다.

교회 안에 평화가 이루어지려면 어떻게든 아리우스 논쟁을 해결해야 했다. 논쟁의 초점은 성부와 성자의 관계를 묘사하는 두 개의 용어에 맞춰졌다. 많은 사람이 '본질이 비슷한' 또는 '존재가 비슷한'을 뜻하는 '호모이우시오스'라는 용어를 현명한 절충안으로 받아들였다. 그렇게 하면 그 관계의 정확한 본질에 대한 더 이상의 사변 없이 성부와 성자의 유사성을 주장할 수 있을 것처럼 보였다.

그러나 결국에는 그것과 경쟁 관계에 있던 또 하나의 용어, 곧 '본질이 동일한', '존재가 동일한'을 뜻하는 "호모우시오스"가 우세를 점했다. 앞의 용어와 단 한 글자 차이지만 성부와 성자의 관계에 관한 이해가 크게 달라졌다. 논쟁의 열기가 얼마나 뜨거웠는지 영국의 역사가 에드워드 기번은 『로마 제국 쇠망사』에서 모음 하나에 그렇게 많은 열정이 집중된 적은 일찍이 없었다고 부연했다. 니케아 신조, 좀 더 정확히 말하면 니케아-콘스탄티노플 신조는 381년에 그리스도께서는 성부와 '본질이 동일하시다'라고 선언했다. 그 이후로 개신교나 가톨릭이나 정교회를 막론하고 모든 주류 교파의 교회들 안에서 이것이 정통적인 기독론의 표준으로 널리 수용되기에 이르렀다.

지금까지 기독론과 관련되어 제기된 한 가지 논쟁을 살펴보았다. 이번에는 라오디게아의 아폴리나리우스의 가르침을 중심으로 알렉산드리아 기독론 학파 안에서 제기된 논쟁을 살펴보기로 하자.

사례 연구 1.3 알렉산드리아 학파의 기독론: 아폴리나리우스 논쟁

앞의 사례 연구에서 아리우스를 논박한 아타나시우스의 견해를 살펴보았다. 그 과정에서 알렉산드리아 학파의 기독론이 지니는 특징 가운데 몇 가지를 슬쩍 언급한 바 있다. 따라서 그것들을 좀 더 자세히 살펴보면서 그 학파 내에 존재했던 갈등을 예시하는 한 가지 논쟁을 다루는 것이 적절할 듯하다.

아타나시우스가 대표했던 알렉산드리아 학파의 견해는 구원론적인 성격이 강했다. 예수 그리스도께서는 인류의 구원자이시다. 여기에서 '구원'은 '하나님의 생명 안으로 끌려 들어감' 또는 '신성하게 됨'을 의미한다. 이것은 전통적으로 신성화(神聖化)의 의미를 지닌 개념이었다. 기독론은 구원론에 내포된 이 개념을 표현한다.

알렉산드리아 학파의 기독론은 다음과 같이 요약할 수 있다. 인성이 신성화되려면 신성과 결합해야 한다. 인성이 하나님의 생명을 공유할 수 있는 방식으로 하나님이 인성과 하나가 되셔야 한다. 알렉산드리아 학파는 이것이 정확하게 성자이신 예수 그리스도의 성육신을 통해 이루어졌다고 주장했다. 성삼위 하나님 가운데 두 번째 위격이신 성자께서 인성을 취하셨고, 그 결과 인성의 신성화가 이루어질 수 있는 길이 열렸다. 하나님이 인간이 되심으로 인간이 신성에 참여할 수 있게 된 것이다.

알렉산드리아 저술가들은 인성을 취한 로고스의 개념을 크게 강조했다. 여기에서 '취한'이라는 용어가 중요하다. 구약 시대의 선지자들의 경우처럼 로고스가 '인성 안에 거하는' 것과 성자의 성육신처럼 로고스가 '인성을 취하는'

것은 서로 구별된다. '말씀이 육신이 되어'라는 요한복음 1장 14절이 특별히 강조되었다. 이 말씀을 통해 알렉산드리아 학파의 근본적인 통찰력과 성탄절의 예전적 의식이 구체화되었다. 그리스도의 탄생을 축하하는 것은 곧 세상에 임한 로고스, 곧 인간을 구원하기 위해 인성을 취한 로고스를 기리는 것이었다.

이것은 그리스도의 인성과 신성의 관계에 관한 문제를 제기했다. 알렉산드리아의 키릴루스는 성육신을 통해 그 두 본성이 하나로 결합되었다고 강조했던 알렉산드리아 학파의 많은 저술가 가운데 한 사람이었다. 로고스는 인성과 연합하기 전에는 '육신 없이' 존재했고, 연합이 이루어진 후에는 로고스가 인성과 결합해 하나의 본성이 되었다. 알렉산드리아 학파는 그리스도의 한 가지 본성을 강조함으로써 안디옥 학파와 구별된다. 후자는 그리스도 안에 두 가지 본성이 존재한다는 개념을 더 좋아했다. 5세기에 활동했던 키릴루스는 이렇게 말했다.

> 우리는 로고스의 본성이 변화를 거쳐 육신이 되었다거나 그것이 살과 육체를 지닌 완전한(또는 온전한) 인간으로 바뀌었다고 주장하지 않는다. 우리는 로고스가…살아 있는 영혼을 지닌 인성과 인격적으로 연합함으로써 인간이 되었고, '인자(人子)'로 불리셨다고 말할 뿐이다.

알렉산드리아의 키릴루스(444년 사망). 412년에 알렉산드리아의 대주교로 임명된 중요한 저술가. 네스토리우스의 기독론적 견해를 둘러싼 논쟁에 참여했고, 그리스도의 두 본성에 관한 정통주의 입장을 옹호하는 중요한 진술을 남겼다.

이것은 "어떤 종류의 인성을 취했는가?"라는 문제를 제기했다. 이 문제를 좀 더 살펴보려면 4세기로 되돌아가야 할 필요가 있다. 라오디게아의 아폴리나리우스는 로고스가 인성을 온전히 취했다는 신념이 차츰 널리 퍼지는 것을 우려했다. 그런 신념은 로고스가 인성의 결함에 오염되는 것처럼 보이게 만들었다. 어떻게 하나님의 아들이 인간적인 원리들에 지배를 받으실 수 있단 말인가?

아폴리나리우스는 그리스도께서 순수한 인간의 정신을 소유하신다면 그분의 무죄성이 훼손될 수 있다고 생각했다. 인간의 정신은 하나님께 대한 반역과 죄의 원천이 아닌가? 오직 인간의 정신이 내적 동기를 부여하는 신성한 지배 원리로 대체되어야만 그리스도의 무죄성이 보존될 수 있다.

이런 이유로 아폴리나리우스는 그리스도 안에서 순수한 인간의 정신과 영혼이 신성한 정신과 영혼으로 대체되었다고 주장했다. 그는 그리스도 안에서 "신성한 힘이 삶의 기운을 일으키는 영혼과 인간의 정신이 수행하는 역할을 이행한다."라고 말했다. 결국, 그리스도의 인성은 불완전하다.

이런 사실은 아폴리나리우스가 디오가이사랴의 주교에게 보낸 편지에 분명하게 드러나 있다. 거기에는 그의 기독론이 지니는 주된 특성이 포함되어 있다.

그는 말씀이 성육신을 통해 '가변적인' 인간의 정신을 취하지 않았다고 분명하게 주장했다. 만일 그랬다면 말씀이 인간의 죄에 빠져들 수밖에 없다. 말씀은 '불변하는, 거룩하고 신성한 정신'을 취했다. 이는 결국 그리스도께서 온전한 인간이 아니시라는 의미를 내포한다.

우리는 하나님의 말씀이 선지자들에게 일어났던 일처럼 어떤 거룩한 사람에게 임했다고 고백하지 않는다. 오히려 말씀은 인간의 정신, 곧 더러운 생각에 예속되는 가변적인 정신이 아니라 불변하는, 거룩하고 신성한 정신을 취함으로써 육신이 되셨다.

> **라오디게아의 아폴리나리우스(310-390).** 아리우스 이단에 맞서 정통주의를 적극적으로 옹호했다. 360년경에 라오디게아의 주교로 임명되었다. 기독론에 관한 견해로 유명하지만, 아리우스주의에 대한 지나친 반응을 보였기 때문에 콘스탄티노플 공의회(381)에서 비판을 받았다.

이런 견해는 아폴리나리우스의 동료들 가운데 많은 사람을 놀라게 했다. 그리스도에 관한 아폴리나리우스의 견해는 일부 사람들의 관심을 끌었지만, 그 외의 사람들은 거기에 함축된 구원론적인 의미에 경각심을 곤두세웠다. 앞서 말한 대로, 알렉산드리아 학파는 구원론을 매우 중요하게 생각했다. 로고스가 인성의 일부만을 취했다면 인간이 어떻게 구원받을 수 있단 말인가? 나지안주스의 그레고리우스가 쓴 『서간집 101』에서 이런 입장을 피력한 가장 유명한 내용이 발견된다. 그는 거기에서 성자께서 성육신을 통해 온전한 인성을 취하셨다는 것이 구원론적으로 얼마나 중요한지를 분명하게 보여주었다.

> **나지안주의의 그레고리우스(329-389).** 380년에 다섯 편의 『신학 강연』을 저술하고, 『필로칼리아』(Philokalia)라는 제목으로 오리게누스의 글에서 발췌한 글들을 펴낸 것으로 유명하다.

그레고리우스는 380년 아니면, 381년에 헬라어로 쓴 그 편지에서 아폴리나리우스주의의 핵심 논제(그리스도께서 온전한 인성을 취하지 않고, 인간의 정신 대신에 '불변하는, 거룩하고 신성한 정신'을 소유하셨다는 것)를 정면으로 공격했다. 그런 주장은 그레고리우스에게 구원의 가능성을 부인하는 것과 같았다. 오직 말씀이 성육신을 통해 취한 것만 구원받을 수 있다. 따라서 만일 그리스도께서 인간의 정신을 취하지 않으셨다면 인간은 구원받을 수 없다.

우리는 인성을 신성과 분리하지 않는다. 우리는 인간이 아닌 하나님, 곧 만세 전부터 유일한 독생자이셨고, 이 마지막 날에 우리를 구원하기 위해 인성을 취하신 분의 일체성과 정체성에 관한 교리를 주장한다.…누구든 그분이 인간의 정신이 결여된 인성을 지녔다고 믿는다면 그 사람은 분별을 잃은 것이요 구원받기에 합당하지 않다.…그런 사람은 우리의 온전한 구원을 시샘해서도 안 되고, 구원자이신 주님에게 단지 뼈와 신경과 인성의 외관만을 뒤집어씌워서도 안 된다.

한 마디로, 그레고리우스는 예수 그리스도께서 완전한 하나님이요 완전한 인간이시라는 점을 강조했다. 비록 죄의 영향으로 인해 인성이 타락했더라도 얼마든지 구원받을 수 있다. 온전한 인성이 구원받으려면 그리스도께서 온전한 인성을 취하셔야 한다.

따라서 그레고리우스는 마리아를 '데오토코스'로 일컫는 것을 인정했다. 이 칭호는 '하나님을 낳은 자'로 번역될 수 있지만, 그보다는 '하나님의 어머니'라는 번역이 좀 더 대중적이다. 이것은 성육신의 논리적인 결론이다. 이 칭호를 부인하는 것은 곧 성육신의 현실을 부인하는 것이다. 이 점은 이 문제에 관한 네스토리우스의 가르침을 둘러싸고 안디옥 학파 안에서 불거진 논쟁과 관련해 특별히 중요한 의미를 지닌다. 이 논쟁에 대해서는 아래의 사례 연구에서 좀 더 자세히 살펴볼 예정이다.

여기에서의 핵심 논제는 "취해지지 않은 것은 치유될 수 없다."라는 말로 간단히 요약된다. 그레고리우스는 오직 성육신을 통해 신성과 하나로 결합한 인성의 측면만이 구원받을 수 있다고 믿었다. 따라서 인간의 인성이 온전히 구원받으려면 신성과 온전하게 결합해야 한다. 그리스도께서 부분적으로나 겉으로만 인성을 취하셨다면 구원은 불가능하다.

지금까지 교부 시대의 대표적인 두 학파 내에서 불거진 기독론 논쟁을 살펴보았다. 이번에는 안디옥 학파 내에서 불거진 매우 중요한 논쟁을 한 가지 살펴보기로 하자.

사례 연구 1.4. 안디옥 학파의 기독론: 네스토리우스 논쟁

앞의 사례 연구에서 알렉산드리아 학파의 기독론이 발전한 과정과 그 안에서 벌어진 중요한 논쟁의 궤적을 추적했다. 이번에는 그와 똑같은 방법으로 그것과 경쟁 관계에 있던 안디옥 학파에 초점을 맞춰 보기로 하자.

고대 시리아(현대의 터키)에서 시작된 기독론 학파는 경쟁 상대인 애굽의 알렉산드리아 학파와는 상당히 달랐다. 그런 차이점 가운데 가장 중요한 것 하나는 기독론적인 사색이 이루어진 상황이었다. 알렉산드리아 저술가들은 구원론에 주로 관심을 기울였다. 그들은 그리스도의 인격에 관한 그릇된 이해가 부적절한 구원의 개념을 낳는다고 판단하고, 헬라의 세속 철학에서 비롯한 개념들을 이용해 그리스도의 인격에 관한 교리가 인성의 온전한 구원과 조화를 이루게 하려고 노력했다. 따라서 '로고스'의 개념이 중요했고, 그것이 성육신의 개념과 관련될 때는 특히 더 중요했다.

안디옥 저술가들은 이 점에서 다른 입장을 표명했다. 그들의 관심은 순수한 구원론이 아니라 도덕적인 것에 있었다. 그들은 헬라 철학의 개념들에 별로 의존하지 않았다. 그리스도의 정체성에 관한 안디옥 학파의 사상적 발전의 기본 궤적은 다음과 같은 과정을 따랐다. 인간은 불순종의 죄를 지은 탓에 부패한 상태에 놓이게 되었다. 인간은 스스로의 힘으로 그런 상태에서 벗어날 수 없다. 구원이 가능하려면 인간의 편에서 새로운 복종이 이루어져야 한다. 인간은 죄의 속박에서 벗어날 수 없기 때문에 하나님이 개입하셔야 한다. 따라서 인성과 신성이 연합된 구원자가 강림해 하나님께 복종하는 백성들을 다시 세우셔야 한다.

그리스도의 두 본성이 강력하게 옹호되었다. 그분은 하나님이자 동시에 인간이시다. 알렉산드리아 학파는 이런 주장이 그리스도의 일체성을 부인하는 것이라고 비판했지만 안디옥 학파는 자신들은 일체성을 고수함과 동시에 한 분이신 구원자가 완전한 인성과 완전한 신성을 둘 다 소유하신다고 믿는다고 맞섰다. 그리스도의 완전한 일체성은 그분이 신성과 인성의 두 본성을 취하신다는 것과 모순되지 않는다. 몹수에스티아의 데오도르는 예수 그리스도의 영광은 "로고스이신 하나님에게서 비롯한다. 로고스이신 하나님이 예수 그리스도를 취해 자기 자신과 하나로 결합하셨다…이 사람이 성자 하나님과 정확하게 결합한 까닭에 온 피조 세계가 그분을 숭앙하며, 경배한다."라고 주장함으로써 이 점을 강조했다.

그렇다면 안디옥 신학자들은 신성과 인성이 그리스도 안에서 어떤 식으로 결합한다고 생각했을까? 앞서 살펴본 대로 알렉산드리아에서는 로고스가 인간의 육신을 취했다는 '취함'의 개념이 우세를 점했다. 안디옥 학파는 이것을 어떻게 표현했을까? 그 대답은 아래와 같이 요약할 수 있다.

알렉산드리아: 로고스가 일반적인 인성을 취했다.
안디옥: 로고스가 구체적인 인간 존재를 취했다.

몹수에스티아의 데오도르는 로고스가 일반적인 인성이 아닌 구체적인 인간 존재를 취했다고 종종 암시했다. 그의 말은 로고스가 일반적이거나 추상적인 인성이 아닌 개인으로서의 구체적인 인간을 취했다는 의미인 것으로 보인다. 『성육신에 대해』라는 그의 저서에 보면 이런 내용이 발견된다. 그는 "로고스는 내재하기 위해 (인간 존재) 전체를 취했고, 그로써 내재하는 자, 곧 하나님의 아들이 본성적으로 소유하고 있는 모든 존엄성을 그와 공유하게 되었다."라고 말했다.

그렇다면 인성과 신성은 어떻게 서로 연관될까? 안디옥 저술가들은 알렉산드리아의 입장이 그리스도의 신성과 인성을 '혼합하거나' '혼동하는' 결과를 낳았다고 확신했다. 그들은 두 본성의 독특한 정체성이 그대로 유지되도록 그 둘의 관계를 개념화하는 방법을 생각해 냈다. '선한 기쁨에 따른 결합'이라는 문구는 그리스도의 인성과 신성을 그분 안에서 서로 분명하게 구별되어 존재하는 것으로 이해한 데서 비롯한 것이다. 그 둘은 서로에게 영향을 주지도 않고, 서로 혼합되지도 않는다. 그 둘은 하나님의 선하신 기쁨에 따라 하나로 결합되었을 뿐, 서로 구별된 상태를 유지한다. '위격적 연합', 곧 그리스도 안에서 이루어진 신성과 인성의 결합은 하나님의 뜻에 따른 것이다.

아마도 몹수에스티아의 데오도르는 신성과 인성의 결합을 마치 부부의 결합처럼 순수한 도덕적 결합으로 이해했던 듯하다. 이것은 로고스가 마치 사람이 겉옷을 입는 것처럼 인성을 덧입는 듯한 의구심을 불러일으킨다. 만일 그렇다면 그 행위는 되돌릴 수 있는 일시적인 것일 뿐 근본적인 변화는 아닌 것이 분명하다. 그러나 안디옥 저술가들은 그런 결론을 의도하지 않았던 것으로 보인다. 아마도 그리스도 안에 있는 두 본성을 혼합하는 것을 어떻게든 막아보려는 생각으로 그 둘이 서로 구별된다고 주장했고, 그런 과정에서 부지중에 위격적 결합의 연결 관계를 약화시키는 결과를 낳았다고 말하는 것이 그들의 입장에 대한 가장 공정한 평가일 것이다.

바로 이 점이 네스토리우스가 기독론적인 견해를 피력한 방식 때문에 논쟁점으로 떠올랐다. 그를 비판한 사람들이 보기에 그의 견해는 '두 아들'의 교리(그리스도께서 한 사람의 개인이 아닌 두 사람, 곧 신적 존재와 인간적 존재라는 것)를 주장하는 것이나 다름없어 보였다. 그러나 네스토리우스와 같은 안디옥의 유력한 저술가들은 그런 생각을 분명하게 배격했다. 네스토리우스는 그리스도를 '두 본성의 공동 이름'으로 간주했다.

그리스도께서는 그리스도라는 점에서는 분할할 수 없고, 하나님이자 인간이라는 점에서는 이중적이시다. 그분은 아들 됨이라는 점에서는 한 분이요, 그것이 선택하는 것이고, 또한 선택되는 것이라는 점에서는 이중적이시다…우리는 두 명의 그리스도나 두 아들, 여러 '독생자'나 여러 주님을 인정하지 않는다. 첫 번째 그리스도나 두 번째 그리스도가 있는 것이 아니고, 오직 동일한 한 분이 계실 뿐이다.

네스토리우스(451년 사망). 안디옥 학파를 대표하는 인물. 428년에 콘스탄티노플 대주교가 되었다. 그리스도의 인성을 강력하게 주장한 까닭에 그의 비판자들에게는 그가 그리스도의 신성을 부인한 것처럼 보였다. "데오토코스"라는 용어를 인정하지 않았기 때문에 이단이라는 비난에 직면했다. 그의 적대자들이 말하는 것보다는 훨씬 더 정통적인 견해를 지녔지만 그가 얼마나 정통적이었는지는 불확실하며, 논란의 여지가 많다.

당시의 글들을 통해 알 수 있는 대로, 네스토리우스의 견해는 상당한 논란을 야기했다. 아래의 인용문은 '스콜라티쿠스'(Scholasticus, 수도원 부속학교 교사들을 가리키는 명칭/역자주)로 알려진 소크라테스라는 사람이 당시에 펴낸 교회사에서 발췌한 것이다. 네스토리우스의 말과 행위를 평가한 글들에는 어느 정도의 편견이 포함되어 있지만, 이 인용문에서 발견되는 내용은 당시의 상황에 관해 알려진 정보와 잘 들어맞는다. 논쟁의 초점은 예수 그리스도의 어머니 마리아를 '데오토코스'(하나님을 낳은 자)로 부르는 것이 옳은지에 있었다. 아래의 글은 그 용어를 사용해야 할지 말아야 할지 혼란스러워하고, 또 그 용어의 사용이 의미하는 것을 인정하기를 주저하면서도 그것을 부인할 때 나타날 결과를 두려워하는 네스토리우스의 모습을 짐작할 수 있게 해준다.

(네스토리우스는) 논쟁적인 태도를 취했고, '데오토코스'라는 용어를 완전히 거부

했다. 그 문제에 대한 논쟁을 다루는 사람들의 방식은 제각기 달랐고, 그로 인해 계속해서 논란이 불거져 교회가 나뉘었으며, 모두가 매우 혼란스럽고, 모순된 주장들을 펼친 탓에 마치 어둠 속에서 서로 치고받는 듯한 양상을 띠기 시작했다. 네스토리우스는 주님이 한갓 인간에 지나지 않는다고 주장하며, 교회에 사모사타의 바울과 포티누스의 가르침을 강요하려 한다는 평판을 받았다.

이 문제의 요점을 이해하려면 '속성의 교류'(communicatio idiomatum)로 알려진 기독론의 한 측면을 살펴봐야 할 필요가 있다. 이것은 아래와 같은 방식으로 살펴볼 수 있다. 4세기가 끝날 무렵, 다음과 같은 명제가 교회 안에서 널리 인정받게 되었다.

1) 예수님은 온전한 인간이시다.
2) 예수님은 온전한 하나님이시다.

두 명제가 동시에 사실이라면 예수님의 인성과 관련해 사실인 것이 그분의 신성과 관련해서도 사실이어야 한다. 이 점은 뒤집어 말해도 마찬가지다. 예를 들면 다음과 같다.

예수 그리스도께서는 하나님이시다.
마리아는 예수님을 낳았다.
그러므로 마리아는 하나님의 어머니이다.

이런 식의 논증이 4세기 말의 교회 안에서 흔하게 제기되었고, 신학자의 정통성을 시험하는 수단으로 종종 활용되었다. 마리아를 '하나님의 어머니'로 인정하지 않는 것은 곧 그리스도의 신성을 부인하는 것이나 다름없는 일로 간주되었다. 사례 연구 1.3에서 다룬 나폴리나리우스를 닛사의 그레고리우스가 논박한 내용에서도 이런 사실을 확인할 수 있다. 그렇다면 이 원칙을 어디까지 적용할 수 있을까? 다음의 논증을 생각해 보자.

예수님은 십자가에서 고난을 받으셨다.
예수님은 하나님이시다.
그러므로 하나님이 십자가에서 고난을 받으셨다.

처음 두 문장은 정통이며, 교회 안에서 널리 인정되었다. 그러나 거기에서 도출한 결론은 받아들일 수 없는 것으로 간주되었다. 하나님은 고난받으실 수 없다는 것은 교부 시대의 대다수 저술가에게는 공리나 다름없었다. 교부 시대에는 이런 접근 방식을 어디까지 용인해야 할 것인지를 고민한 신학자들이 더러 있었다. 예를 들어, 나지안주스의 그레고리우스는 하나님이 고난받으실 수 있다고 생각하지 않으면 성자의 성육신이 의문시될 수밖에 없다고 주장했다. 이 문제의 중요성은 네스토리우스 논쟁을 통해 더욱 분명하게 드러났다.

네스토리우스의 시대에는 '데오토코스'라는 용어가 일반적인 경건 생활은 물론, 학술적인 신학의 영역에서까지 널리 인정되었다. 그러나 네스토리우스는 그 말에 내포된 의미를 경각심을 곤두세웠다. 그것은 그리스도의 인성을 부인하는 것처럼 보였다. 마리아를 '안드로포토코스'(인간을 낳은 자)나 '크리스토토코스'(그리스도를 낳은 자)라고 부르면 안 될까? 그의 제안은 반발과 분노를 불러일으켰다. 왜냐하면 이미 '데오토코스'라는 용어와 관련해 엄청난 신학적 투자가 이루어졌기 때문이다. 네스토리우스의 지적은 전적으로 옳은 것일 수도 있었다. 그러나 그가 자신의 견해를 제시한 방식 때문에 격한 논란이 일어났다.

더욱이 콘스탄티노플 대주교의 직위와 관련해 정치적인 논쟁이 끓어오르면서 논쟁은 더욱 뜨겁게 가열되었다. 기독교 세계 안에서 그 직위의 영향력이 더욱 강해지기 시작하자 그것을 못마땅하게 여긴 적대 세력(특히 알렉산드리아와 연관이 있는 사람들)이 네스토리우스의 견해를 걸고넘어지며, 대주교의 직위에 도전하기 위해 논쟁의 잠재적인 특성을 이용했다.

키릴루스는 430년경에 쓴 『서간집 17』의 중요한 대목에서 안디옥 학파의 기독론과 관련된 열두 가지 명제를 단죄했다. 키릴루스는 이 견해를 이단적인 것으로 간주했지만 알렉산드리아를 안디옥보다 우위에 올려놓는 것이 그의 일차적인 목적이었던 것으로 보이는 내용이 더러 발견된다. 처음 세 개의 진술 내용이 특히 의미심장하다.

1) 임마누엘이 참된 하나님이시고, 거룩한 동정녀가 육신이 되신 하나님의 말씀을 육신으로 낳았기 때문에 '데오토코스'일 수밖에 없다는 사실을 인정하지 않는 사람들은 모두 파문하라.
2) 성부 하나님의 말씀이 실재적으로 육신과 연합했고, 육신을 지닌 한 분 그리스도가 계신다는 것, 곧 하나님과 인간이 동일하게 하나로 계신다는 것을 인정하지 않는 사람들은 모두 파문하라.
3) 두 인격의 결합이 이루어진 후에 그것들을 본성의 연합에 따른 결합으로 간주하지 않고, 서열에 따른 단순한 결합으로 생각하거나 그 결합이 권위나 능력에 영향을 받았다고 주장함으로써 한 분이신 그리스도 안에 존재하는 인격을 따로 분리하는 사람들은 모두 파문하라.

요점을 간단히 설명하면 다음과 같다.

1) 첫 번째 요점은 '데오토코스'라는 용어의 사용에 초점을 맞춘다. 이것은 이 용어를 성육신의 교리와 관련해 정통성을 가리는 시금석으로 삼겠다는 의미를 지닌다. 키실루스는 이 용어를 사용하기를 거부하는 사람은 결국 그리스도의 신성을 부인하는 것이기 때문에 이단으로 간주해야 한다고 주장했다.

2) 두 번째 요점은 그리스도 안에서 인성과 신성의 물리적인 연합이 이루어졌다고 주장한다. 키릴루스는 인성과 신성이 서로 영향을 주지 않은 형태로 그리스도 안에 온전히 존재한다고 생각했던 안디옥 학파의 기독론을 비판했다. 그는 신성이 인성을 취했다는 '취함'의 교리만이 정통적인 가르침에 해당한다고 믿었다.

3) 따라서 키릴루스는 세 번째 요점을 통해 안디옥 학파의 특징이었던 '선한 뜻에 따른 결합'의 개념을 단죄했다. 그는 그것을 참된 결합이 아닌 단순한 '결합'으로 간주하며, 성육신의 교리와 관련된 중요한 영적, 신학적 원리들을 안전하게 보호하는 데 전혀 효과적이지 못하다고 주장했다.

기독론은 교부 시대에 매우 중요한 문제였던 것이 분명하다. 그 기간의 논쟁을 통해 그 문제에 대한 기독교적 합의의 기반이 마련되었고, 신학적인 논쟁이 가일층 촉진되었다. 대다수가 동의하는 대로, 기독론 논쟁이 일단락되자 다음의 논쟁은 하나님에 관한 교리에 집중되었다. 따라서 우리의 관심은 이제 다음 사례 연구의 주제인 삼위일체 교리로 자연스레 옮아간다.

사례 연구 1.5 삼위일체: 초기의 발전과 논쟁들

삼위일체 교리의 발전은 기독론의 발전과 유기적인 관계를 맺고 있다. 예수님이 하나님과 '비슷한 본질'(호모이우시오스)이 아닌 '동일한 본질'(호모우시오스)

을 소유하고 계신다는 것에 대한 합의가 이루어졌다는 사실이 차츰 분명해졌다. 그러나 예수님이 하나님이시고, 그것이 참된 현실이라면 과연 하나님과 관련해 어떤 의미를 내포하는 것일까? 예수님이 하나님이시라면 하나님이 두 분이시라는 것일까? 하나님의 본성을 새롭게 고쳐 이해하는 것이 적절한 일일까? 역사적으로 보면, 삼위일체 교리는 그리스도의 신성에 관한 교리의 발전과 밀접하게 관련된다. 교회가 그리스도께서 하나님이시라는 것을 강조할수록 그분과 하나님의 관계를 명확하게 밝혀야 한다는 압박감이 더욱 증폭되었다.

삼위일체에 대한 기독교적 사색의 출발점은 그리스도 안에서와 성령을 통한 하나님의 임재와 활동에 관한 신약성경의 증언이다. 이레나에우스는 시작부터 끝까지 구원의 전 과정이 성부와 성자와 성령의 행위를 증언한다고 확신했다. 그는 후대의 삼위일체 논의에서 크게 부각되었던 용어를 사용했다. 그것은 '구원의 경륜'이다. '경륜'(economy)이라는 용어는 약간의 설명이 필요하다. 헬라어 '오이코노미아'는 '일을 조정해 나가는 방식'을 의미한다(이 용어의 현대적 의미를 생각하면 그 뜻이 분명해질 것이다). 이레나에우스에게 '구원의 경륜'은 '하나님이 역사 속에서 인류의 구원을 조정해 나가시는 방식'을 의미했다.

당시에 이레나에우스는 창조의 신은 구원의 신과 매우 다르며 열등하다고 주장하는 영지주의 비평가들 때문에 상당한 압박감을 느꼈다. 그 개념은 마르키온이 좋아했던 형태를 띠었다. 즉, 그들은 구약성경의 신은 신약성경의 신인 구원의 신과는 전적으로 다른 창조의 신이기 때문에 그리스도인들은 구약성경을 멀리하고, 신약성경에 관심을 집중해야 한다고 주장했다. 이레나에우스는 그런 주장을 강력하게 반박했다. 그는 창조의 첫 순간부터 역사의 마지막 순간까지 구원의 전 과정이 동일하신 한 분 하나님의 사역이라고 주장했다. 구원의 경륜은 하나뿐이고, 그 안에서 창조주요 구원자이신 하나님이 피조 세계를 구원하기 위해 일하신다.

이레나에우스는 『사도적 설교의 실증』에서 구원의 경륜 안에서 이루어지는 성부와 성자와 성령의 역할이 서로 구별되면서도 긴밀하게 연관되어 있다고 주장했다. 그는 자신의 믿음을 이렇게 고백했다.

> 성부 하나님은 창조되지 않았고, 제한받지 않으며, 보이지 않는 유일하신 하나님으로 우주의 창조주이시다. 하나님의 말씀, 곧 우리 주 예수 그리스도이신 성자께서는 만물을 자기와 화목하게 하기 위해 때가 차매 사람들 가운데 하나가 되어…죽음을 정복하고, 생명을 주고, 하나님과 인간의 교제를 회복하셨다.…성령께서는 새로운 방식으로 우리에게 임하시어 세상 곳곳에서 하나님 앞에서 우리를 새롭게 하신다.

이 인용문은 '경륜적 삼위일체'(각 위격이 제각각 구원의 경륜의 한 측면을 담당하고 계신다는 것에 초점을 맞춰 신성의 본질을 이해하려는 시도)의 개념을 분명하게 보여준다. 삼위일체 교리는 무의미한 신학적 사변이 아니라 그리스도 안에서 이루어진 구원에 대한 인간의 다양한 경험에 근거할 뿐 아니라 그 경험을 설명하는 역할을 한다.

테르툴리아누스도 특이한 표현을 사용해 독특한 형태의 삼위일체 신학을 구축했다. 하나님은 유일하시다. 그러나 그분은 창조된 질서와 전혀 무관한 존재로 간주될 수 없다. 구원의 경륜은 그분이 피조 세계 안에서 역사하고 계신다는 것을 분명하게 보여준다. 그분의 역사는 복합적이다. 이를 분석해 보면 독특성과 일체성을 지니는 것을 알 수 있다. 테르툴리아누스는 구원의 경륜의 세 측면을 통합하는 것이 실재이며, 그것들을 구별하는 것이 위격이라고 말했다. 삼위일체의 세 위격은 독특하지만 서로 나뉘거나 다르지 않고, 서로 분리되거나 독립되어 존재하지 않는다. 인간의 구원 경험이 다양한 이유는 신성의 세 위격이 독특하지만 신성의 일체성을 잃지 않은 상태로 서로 협력하는 방식으로 인간의 역사 속에서 활동하시기 때문이다.

4세기 후반이 되자 성부와 성자의 관계에 관한 논쟁이 해결된 징후가 뚜렷하게 나타났다. 성부와 성자께서 '본질이 동일하시다'것을 인정함으로써 아리우스 논쟁은 일단락되었고, 성자의 신성에 관해서도 교회 안에서 온전한 합의가 이루어졌다. 그러나 신학적 체계를 좀 더 확립해야 할 필요가 있었다. 성령은 성부와 어떤 관계를 맺고 계시는가? 또 성자와는 어떤 관계가 있으신가? 성령도 신성에서 배제할 수 없다는 합의가 차츰 이루어졌다. 갑바도기아 교부들, 특히 가이사랴의 바실리우스는 설득력 있는 용어로 성령의 신성을 옹호했고, 그 결과 삼위일체 신학의 마지막 요소를 위한 기반이 마련되었다. 성부와 성자와 성령의 신성과 동등성에 대한 의견의 일치가 이루어졌다. 이제는 신성에 대한 이해를 도와줄 삼위일체 교리를 확실하게 명시화하는 일만 남았다.

가이사랴의 바실리우스(330-379). '위대한 성인 바실리우스'로 알려져 있다. 갑바도기아(현대의 터키) 지역에서 활동했던 4세기 저술가. 삼위일체와 성령의 독특한 역할을 다룬 저서들을 펴낸 것으로 유명하다. 370년에 가이사랴의 주교로 선출되었다.

동방 교회의 신학은 일반적으로 세 위격의 독특한 개성을 강조하며 성자와 성령께서 성부로부터 나온다는 사실을 강조함으로써 그 일체성을 보존하려는 경향이 있었다. 위격 간의 관계는 각 위격의 본질에 근거한다는 존재론적인 특성을 지닌다. 성부와 성자의 관계는 '나셨다'와 '아들 됨'이라는 표현으로 정의된다. 아우구스티누스는 이런 접근 방식을 피하고, 세 위격을 관계적 관점에서 다루기를 좋아했다. 그 점은 잠시 뒤에 살펴보기로 하고, 우선은 '필리오케'(filioque) 논쟁을 중심으로 방금 다루었던 요점들을 좀 더 깊이 생각해 보기로 하자.

서방 교회의 접근 방식은 특히 계시와 구속의 사역과 관련해 하나님의 일체성에서부터 시작해서 상호적 교제의 관점에서 세 위격의 관계를 해석하려는 경향을 띠었다. 그것이 아우구스티누스의 특징이었다. 이것도 이번 사례 연구에서 함께 다루게 될 것이다.

동방 교회의 접근 방식은 삼위일체 하나님이 각기 서로 전혀 다른 일을 하는 독립된 세 위격으로 구성되어 있다고 말하는 것처럼 보인다. 이것은 나중에 발전된 두 가지 개념을 통해 배제되었다. 이 개념은 '상호 침투'(perichoresis)와 '전유'(appropriation)라는 말로 표현된다. 이런 개념들은 나중에 교리의 발전이 이루어지면서 좀 더 분명해지지만 이미 이레나에우스와 테르툴리아누스를 통해 나타나기 시작했고, 닛사의 그레고리우스의 글을 통해 좀 더 분명하게 드러났다. 여기에서 이 두 개념을 잠시 생각해 보는 것이 유익할 듯하다.

> **닛사의 그레고리우스(330-395).** 갑바도기아 교부 가운데 하나로 4세기에 삼위일체 교리와 성육신을 적극적으로 옹호한 것으로 유명하다.

'펠리코레시스'라는 헬라어가 6세기에 널리 사용되기에 이르렀다(라틴어로는 'circumincessio'라고 하고, 영어로는 'mutual interpenetration'이라고 한다). 이 용어는 삼위일체의 세 위격이 서로 관계를 맺는 방식을 가리킨다. '페리코레시스'의 개념은 세 위격의 개성을 그대로 보존하면서 각 위격이 다른 위격의 삶을 공유한다는 의미를 담고 있다. 이 개념을 표현할 때 종종 사용되는 문구는 '존재의 공유'다. 이 말은 각 위격이 자신의 독특한 개성을 그대로 유지하면서 다른 위격들을 침투하고, 또 침투를 받는다는 뜻이다.

한편, '전유'의 개념은 '페리코레시스'와 관련되며, 거기에서 유래한 것이다. 양태론을 주장한 이단은 하나님이 구원의 역사를 구성하는 각각의 시점에 제각각 다른 '존재의 양태'로 존재하신다고 주장했다. 전유의 교리는 삼위일체 하나님의 사역이 일체성을 지니며, 각 위격이 신성의 외적 행동에 모두 동참한다고 가르친다. 성부와 성자와 성령께서 창조 사역에 모두 동참하셨다. 따라서 창조 사역은 성부 하나님 혼자만의 사역으로 간주될 수 없다. 예를 들어, 히포의 아우구스티누스는 창세기의 창조 기사가 하나님과 말씀과 성령을 언급하고 있다고 지적했다(창 1:1-3). 이것은 삼위일체의 세 위격이 구원사의 결정적인 순간에 모두 함께 활동하셨다는 것을 암시한다. 그러나 창조 사역을 성부의 사역으로 생각해도 전혀 부적절하지 않다. 삼위일체의 세 위격이 모두 창조 사역에 참여하셨지만, 그것을 성부의 독특한 사역으로 이해해도 아무런 무리가 없다. 그와 마찬가지로 성삼위 하나님이 모두 구원 사역에 참여하시지만, 그것을 성자의 독특한 사역으로 간주해도 아무런 문제가 되지 않는다.

히포의 아우구스티누스(354-430). 교부 시대의 라틴 저술가 가운데 가장 영향력 있는 인물로 널리 인정된다. 386년 여름에 북이탈리아의 밀라노에서 기독교로 개종했다. 그는 북아프리카로 돌아가서 395년에 히포의 주교가 되었다. 두 개의 중요한 논쟁에 참여했는데 하나는 교회와 성례의 문제와 관련된 도나투스 논쟁이고, 다른 하나는 은혜와 죄의 문제와 관련된 펠라기우스 논쟁이다. 그는 또한 삼위일체 교리와 기독교적인 역사의식의 발전에도 상당한 공헌을 했다.

'페리코레시스'와 '전유'의 개념을 합쳐 생각하면 신성을 '존재의 공유'로 간주할 수 있다. 성삼위 하나님은 일체를 이루어 모든 것을 공유하고, 서로 주고받으신다. 성부와 성자와 성령께서는 국제적인 협력에 참여해 서로 보조 역할을 하는 세 나라처럼 신성 안에서 제각기 따로 동떨어져 자신의 영역에 머무시는 것이 아니다. 오히려 구원의 경륜과 구원과 은혜에 대한 인간의 경험을 통해 분명하게 드러난 대로, 성삼위 하나님은 신성 안에서 서로 구별되어 존재하실 뿐이다. 이렇듯 삼위일체 교리는 복합한 양상을 띠고 나타나는 구원의 역사와 하나님에 대한 우리의 경험의 표면 아래 유일하신 한 분 하나님이 존재하신다고 가르친다.

양태론

독일의 교리 역사가 아돌프 폰 하르낙은 '양태론'이라는 용어를 사용해 2세기 말의 노에투스와 프락세아스 및 3세기의 사벨리우스와 연관된 사람들이 주장했던 이단적인 삼위일체론을 지칭했다. 이 저술가들은 삼위일체 교리가 삼신론으로 전락할 것을 우려해 신성의 일체성을 옹호하는 데 큰 관심을 기울였다(나중에 분명하게 밝혀질 테지만 이런 우려는 매우 타당한 것이었다). 이들은 하나님의 절대적인 일체성[이것은 종종 '단일신론'(monarchianism)으로 불린다. 이 말은 '유일한 권위의 원리'를 뜻하는 헬라어에서 유래했다]을 옹호하기 위해 유일하신 한 분 하나님이 시대에 따라 다른 모습으로 자기를 계시하셨다고 주장했다. 그리스도와 성령의 신성은 신적 계시의 세 가지 양식, 또는 양태의 관점에서 설명되었다(여기에서 '양태론'을 뜻하는 'modalism'이라는 말이 유래했다. 그렇게 제안된 삼위일체론을 간단히 정리하면 다음과 같다.

1) 한 분 하나님이 창조주요 율법 수여자로 자기를 계시하셨다. 하나님의 이런 측면이 '성부'로 지칭된다.
2) 동일하신 하나님이 예수 그리스도의 인격을 통해 구원자로 자기를 계시하셨다. 하나님의 이런 측면이 '성자'로 지칭된다.
3) 동일하신 하나님이 거룩하게 하고, 영생을 주시는 분으로 자기를 계시하셨다. 하나님의 이런 측면이 '성령'으로 지칭된다.

외관과 시대적 차이 외에는 세 존재의 차이는 아무것도 없다.

갑바도기아 교부들의 삼위일체론

갑바도기아 교부들은 성령의 온전한 신성을 확립하는 데 핵심적인 역할을 했다. 이것은 381년에 콘스탄티노플 공의회에서 공식적으로 인정되었다. 일단 이런 결정적인 신학적 체계가 확립되자 삼위일체 교리를 온전히 진술할 수 있는 길이 열렸다. 성부와 성자와 성령의 본질이 동일하다는 사실이 인정되자 성삼위 하나님의 상호 관계를 규명하는 것이 가능해졌다. 갑바도기아 교부들은 이런 중요한 신학적 발전이 이루어지는 과정에서 결정적인 역할을 했다.

삼위일체에 대한 갑바도기아 교부들의 접근 방식은 신성의 일체성을 옹호하면서 한 분 하나님이 서로 다른 세 가지 '존재의 양식'으로 존재하신다는 것을 인정하는 것이었다. 이런 접근 방식은 '세 위격으로 존재하는 하나의 실재'라는 말로 잘 표현된다. 삼위일체의 세 위격이 나눌 수 없는 하나의 신성을 공유하고, 이 하나의 신성이 서로 다른 세 '존재의 양식', 즉 성부와 성자와 성령으로 존재한다.

이 삼위일체론의 가장 독특한 특징 가운데 하나는 성부께 우선적인 지위를 부여한 것이다. 갑바도기아 교부들은 성자와 성령이 성부께 종속된다는 주장을 용인하지 않는다고 강조하면서도 성부를 삼위일체의 원천이자 근원으로 간주해야 한다고 말했다. 성부의 존재가 제각기 다른 방식으로 성자와 성령에게 부여된다. 즉, 성자는 성부에게서 '나시고', 성령은 성부에게서 '나오신다.' 닛사의 그레고리우스는 "성부의 한 인격에서 성자가 나시고, 성령이 나오신다."라고 말했다.

그렇다면 어떻게 하나의 실재가 세 위격 안에 존재할 수 있을까? 갑바도기아 교부들은 보편자와 개별자의 관계에 빗대어 이 질문에 대답했다(인간을 예로 들면, 인간성과 개인으로서의 인간). 가이사랴의 바실리우스는 삼위일체 안에 존재하는 하나의 실재는 보편자와, 세 위격은 개별자와 유사한 것으로 생각할 수 있다고 주장했다. 만민이 공통된 인간의 본성을 공유한다고 해서 모든 인간이 동일하다는 의미는 아니다. 사람들은 공통된 본성을 공유하면서도 제각각 자신의 개성을 유지한다. 닛사의 그레고리우스는 이렇게 말했다.

> 베드로, 야고보, 요한은 하나의 공통된 인성을 소유하고 있지만 세 사람으로 불린다.…따라서 한편으로는 성부와 성자와 성령께서 하나의 신성을 공유한다고 주장하고, 다른 한편으로는 세 분 하나님에 관해 말하는 것을 부인한다면 우리의 믿음을 훼손하는 것이 과연 온당한 일일까?

삼위일체의 세 위격은 각기 독특한 특성을 띤다. 가이사랴의 바실리우스에 따르면, 세 위격의 특성은 다음과 같다. 성부는 '부성(父性)'으로, 성자는 '아들됨'으로, 성령은 '거룩하게 하는 능력'으로 각각 구별된다. 나지안주스의 그레고리우스는 성부는 '자생적'(헬라어 '아겐네시스.' '나지 않은' 또는 '다른 근원에서 파생되지 않은'이라는 개념을 지닌 어려운 단어)이시고, 성자는 '발생되시고'(헬라어 '겐네시스.' '낳은 바 됨' 또는 '다른 존재로부터 유래한'이라는 의미), 성령은 '보내심을 받거나 나오신다'라고 말했다. 이런 비유적 표현은 삼신론을 암시하는 것처럼 보이기 때문에 현대의 독자들이 이해하기가 어렵다. 그레고리우스가 '베드로, 야고보, 요한'을 동일한 인간의 본성을 소유한 개별자로 간주한 것은 플라톤주의를 적용했기 때문이다. 오늘날에는 이런 표현을 서로 구별되면서 상호 의존적인 세 사람의 개인들이라는 관점에서 이해하는 것이 좀 더 자연스러울 것이다.

아우구스티누스의 삼위일체론

아우구스티누스는 삼위일체론에 관한 합의가 이루어지면서 나타나게 된 요소들 가운데 많은 것을 받아들였다. 이 점은 그가 종속설(성자와 성령께서 신성 안에서 성부보다 열등하시다는 주장)은 어떤 형태의 것도 모두 강력하게 거부했다는 사실을 통해 분명하게 확인된다. 아우구스티누스는 각 위격의 행위의 배후에서 삼위일체 전체의 행위를 확인할 수 있다고 주장했다. 예를 들어, 인성은 단지 하나님의 형상이 아닌 삼위일체의 형상으로 창조되었다. 그는 성자와 성령의 영원한 신성은 물론, 구원의 경륜 속에서 그분들이 차지하는 위치를 구별했다. 성부와 성령께서 성부보다 나중인 것처럼 보여도 그것은 단지 구원의 과정에서 차지하는 그분들의 역할에만 적용될 뿐이다. 또한 성자와 성령께서 역사 속에서는 하나님께 종속된 것처럼 보여도 영원 안에서는 세 분이 모두 동등하시다. 이것은 나중에 하나님의 영원한 본성에 근거한 '본질적 삼위일체'와 역사 안에 나타난 하나님의 자기 계시에 근거한 '경륜적 삼위일체'를 구별하는 중요한 단초가 되었다.

아마도 아우구스티누스의 삼위일체론 가운데서 발견되는 가장 독특한 특징은 성령의 인격과 역할에 관한 이해일 것이다. 이 문제는 나중에 '필리오케 논쟁'을 다룰 때 좀 더 자세히 살펴볼 생각이다. 그러나 성령을 성부와 성자를 하나로 통합하는 사랑으로 이해한 아우구스티누스의 개념은 여기에서 먼저 다루는 것이 좋을 듯하다.

아우구스티누스는 성자를 '지혜'와 동일시하고 나서 곧바로 성령을 '사랑'과 동일시했다. 그는 그런 식의 이해가 성경에 확실한 근거가 없다는 것을 기꺼이 인정하면서도 그것을 성경을 토대로 한 합리적인 추론으로 간주했다. 성령께서는 "우리가 하나님 안에 거하고, 하나님이 우리 안에 거하시게 만든다." 성령을 하나님과 신자들의 결합을 위한 토대로 제시한 것은 매우 중요하다. 아우구스티누스는 성령을 교제의 원인자로 이해했다. 성령께서는 우리를 하나님과 결합시키는 그분의 선물이다. 그는 삼위일체 안에도 이와 상응하는 관계가 존재한다고 주장했다. 하나님은 자신이 우리에게 원하시는 관계 안에 이미 존재하고 계신다. 하나님과 신자를 하나로 연합하시는 성령께서는 삼위일체 안에서도 그와 비견할 수 있는 역할을 담당해 위격들을 하나로 결합하신다. "성령께서는 우리가 하나님 안에, 하나님이 우리 안에 거하시게 만드신다. 그것은 사랑의 결과다. 따라서 성령께서는 사랑이신 하나님이시다."

이런 논증은 기독교적 삶 속에서 사랑이 차지하는 중요성을 분석한 것으로 더욱 강화된다. 아우구스티누스는 고린도전서 13장 13절("믿음, 소망, 사랑, 이 세 가지는 항상 있을 것인데 그 중의 제일은 사랑이라")을 근거로, 다음과 같은 논리를 펼쳤다.

1) 하나님의 가장 위대한 선물은 사랑이다.
2) 하나님의 가장 위대한 선물은 성령이다.
3) 그러므로 성령께서는 사랑이시다.

아우구스티누스는 위의 두 논증을 다음과 같이 하나로 통합했다.

사랑은 하나님께 속한다. 사랑은 우리가 하나님 안에, 하나님이 우리 안에 거하시게 만든다. 이 사실을 알 수 있는 이유는 그분이 우리에게 성령을 주셨기 때문이다. 성령께서는 사랑이신 하나님이시다. 만일 하나님의 선물 가운데 사랑보다 더 위대한 것이 없고, 성령보다 더 위대한 선물이 없다면 하나님이자 하나님께 속하신 분은 곧 사랑이시라는 자연스러운 결론에 도달할 수 있다.

이런 식의 분석은 최소한 성령을 비인격적인 개념으로 전락시켰다는 점에서 분명한 약점을 지니고 있다는 비판을 피하기 어려웠다. 마치 성령께서 성부와 성자를 하나로 결합하고, 그 두 분을 신자와 연합시키는, 일종의 접착제와 같은 역할을 하시는 것처럼 보인다. "하나님과 결합한다"라는 개념은 아우구스티누스의 영성이 지닌 핵심적인 특성 가운데 하나다. 따라서 그런 관심이 그의 삼위일체론에서 두드러져 나타난 것은 당연한 일일 것이다.

아우구스티누스의 삼위일체론에서 발견되는 가장 독특한 특징 가운데 하나는 '심리적인 유추'다. 인간의 정신에 빗댄 그의 논증은 다음과 같은 추론에 근거한다. 하나님이 세상을 창조하면서 피조 세계에 특징적인 흔적을 남겨놓으셨을 것이라는 추측은 불합리하지 않다. 그렇다면 과연 그 흔적(vestigium)을 어디에서 발견할 수 있을까? 하나님이 그런 특별한 특징을 가장 뛰어난 피조물에게 허락하셨을 것이라는 추측도 지극히 합리적이다. 창세기의 창조 기사를 읽어보면 인간이 가장 뛰어난 피조물이라는 결론에 도달할 수 있다. 따라서 아우구스티누스는 하나님의 형상을 발견하려면 인간성을 살펴봐야 한다고 주장했다.

그러나 아우구스티누스는 사람들이 탐탁하지 않게 생각하는 논리를 펼치고 말았다. 그는 신플라톤주의의 세계관에 근거해 인간의 정신을 인간성의 정점으로 간주해야 한다고 주장했다. 따라서 신학자들은 피조 세계 안에서 '삼위일체의 흔적'을 찾기 위해 개별적인 인간의 정신을 살펴봐야 한다. 그가 지성주의와 짝을 이룬 이런 급진적인 개인주의를 채택했다는 것은 인격적인 관계(성 빅토르의 리차드와 같은 중세 저술가들이 선호했던 접근 방식)가 아닌 개인들의 내적인 정신세계를 토대로 삼위일체론을 구축하기로 결정했다는 의미였다. 더욱이, 아우구스티누스의 『삼위일체론』을 읽어보면, 그가 인간 정신의 내적 작용을 이해하면 구원의 경륜만큼이나 하나님에 관해 많은 것을 알 수 있는 것처럼 생각했다는 인상을 받게 된다. 그는 그런 유추가 지니는 제한된 가치를 인정했지만, 그것을 이런 비평적인 평가가 허용하는 한도보다 더 많이 활용했던 것으로 보인다.

아우구스티누스는 인간 정신의 삼중 구조를 발견했고, 그런 생각의 구조가 하나님의 존재 안에 근거한다고 주장했다. 그는 기억과 이해와 의지라는 삼중 요소에도 상당한 중요성을 부여했지만, 마음과 지식과 사랑을 가장 중요한 삼중 요소로 간주했다. 인간의 정신은 비록 부적절하지만 여전히 하나님의 '형상'임에 틀림없다. 인간의 정신 안에 서로 완전히 분리되지 않고, 상호 의존적인 관계를 맺는 세 가지 기능이 존재하는 것처럼 하나님 안에서 세 '위격'이 존재한다.

이런 추론은 몇 가지 분명한 약점을 지닌다. 종종 지적되는 대로, 인간의 정신은 그런 식으로 단순하고, 깔끔하게 세 가지 요소로 축소될 수 없다. 그러나 아우구스티누스가 전개한 '심리적 유추'는 실질적이라기보다는 예시적인 의미를 지닌다는 점을 지적하지 않을 수 없다. 그것은 비록 창조 교리에 근거한 것일지라도 성경과 구원의 경륜을 살핌으로써 얻을 수 있는 통찰력을 예시하는 시각적인 보조 수단일 뿐이었다. 아우구스티누스의 삼위일체론은 궁극적으로 인간의 정신에 대한 분석이 아닌 성경, 특히 네 번째 복음서(요한복음을 가리키는 명칭. 이 명칭은 처음 세 복음서의 공통된 구조와는 다른 요한복음 특유의 문학적, 신학적 특성을 강조한다)에 대한 이해에 근거한다.

필리오케 논쟁

초기 교회사에서 발견되는 가장 중요한 사건 가운데 하나는 동방과 서방을 막론하고 로마 제국 전체 내에서 니케아 신조에 대한 합의가 이루어졌다는 것이다. 니케아 신조는 역사상 매우 중요한 시기에 교회에 교리적인 안정성을 가져다주는 역할을 했다. 합의된 내용 가운데 성령께서 '성부에게서 나오신다'라는 문구가 포함되었다. 그러나 9세기경에 서방 교회는 성령에 관한 이 문구를 '성부와 성자에게서 나오신다'로 고쳐 사용하는 것이 보통이었다. 그때부터 '아들에게서'를 뜻하는 라틴어 '필리오케'가 첨가되어 서방 교회 안에서 규범으로 자리 잡았고, 그것을 표현한 신학이 수립되었다. 성령의 '이중 발출'이라는 개념은 헬라 저술가들의 심기를 크게 자극하는 요인이 되었다. 그것은 그들에게 심각한 신학적 어려움을 야기했을 뿐 아니라 침범할 수 없는 신조의 진술 내용을 고치는 행위에 해당했다. 이 불편한 감정이 원인이 되어 1054년에 동서 교회가 분리되었다고 생각하는 학자들이 많다. 이런 발전과 그로 인한 논쟁은 451년 이후에 시작되었고, 그것은 이 사례 연구에서 다룬 개념들의 필연적 결과였다. 따라서 여기에서 이 논쟁을 다루는 것은 매우 적절하지 않을 수 없다.

'필리오케 논쟁'은 신학적인 논제 자체로서도 중요했고, 또 당시의 동서 교회의 관계와 관련해서도 큰 의미를 지닌 문제였다. 따라서 이 문제는 좀 더 자세히 살펴볼 필요가 있다. 문제의 핵심은 성령께서 성부에게서만 나오시느냐, 아니면 성부와 성자에게서 나오시느냐 하는 것이었다. 전자는 동방 교회의 입장이었고, 갑바도기아 교부들(헬라어를 사용했던 가장 중요한 세 사람의 저술가는 가이사랴의 바실리우스, 나지안주스의 그레고리우스, 닛사의 그레고리우스였다)의 저서를 통해 설득력 있게 해명되었다. 후자는 서방 교회의 입장이었고, 아우구스티누스의 『삼위일체론』을 통해 명료하게 진술되었다.

교부 시대의 헬라 저술가들은 삼위일체 안에 존재의 근원은 오직 하나뿐이라고 주장했다. 삼위일체 안에는 성자와 성령도 포함되지만, 오직 성부만이 만물의 유일하고, 궁극적인 근원이시다. 성자와 성령께서는 서로 다른 방식으로 모두 성부에게서 나오신다. 신학자들은 이런 관계를 표현할 수 있는 적절한 용어를 찾았고, 결국 두 개의 독특한 용어를 발견했다. 그것은 성자께서는 성부에게서 나셨고, 성령께서는 성부에게서 나오신다는 것이었다. 이 두 용어는 성자와 성령께서 서로 다른 방식으로 성부에게서 비롯하셨다는 개념을 표현한다. 이 용어는 좀 어설프다. 따라서 본래의 헬라어를 영어로 번역하기는 그렇게 쉽지 않다.

헬라 교부들은 이 복잡한 과정에 대한 이해를 돕기 위해 두 가지 표현을 사용했다. 성부께서는 말씀을 하신다. 그분은 말씀을 하실 때 그와 동시에 그 말씀을 듣고, 받아들일 수 있게 하기 위해 숨을 내쉬신다. 여기에서 사용된 표현은 성경적인 전통에 근거한다. 즉, 성자께서는 하나님의 말씀이시고, 성령께서는 하나님의 숨결이시다. 여기에서 "왜 갑바도기아 교부들과 다른 헬라 저술가들은 성자와 성령을 그런 식으로 구별하려고 그토록 많은 노력을 기울였던 것일까?"라는 질문이 제기된다. 이 질문에 대한 대답은 중요하다. 성자와 성령께서 동일하신 성부에게서 비롯하신 방식을 구별하지 못하면 하나님의 아들이 둘이 되는 셈이 되고, 도저히 해결할 수 없는 문제가 발생할 수밖에 없다.

비슷한 맥락에서 성령께서 성부와 성자에게서 나오신다는 것도 생각조차 할 수 없는 일이기는 마찬가지다. 그 이유는 그렇게 되면 성부가 신성의 유일한 근원이자 원천이시라는 원리가 완전히 훼손되기 때문이다. 삼위일체 안에 신성의 근원이 둘이 되면 온갖 형태의 내적 갈등과 모순이 발생할 수밖에 없다. 만일 성자께서 신성의 근원이라는 성부의 독점적인 능력을 공유하신다면 그 능력은 더 이상 독점적일 수 없다. 그런 이유로 헬라 교회는 성령의 '이중 발출'이라는 서방 교회의 개념을 노골적인 불신앙과 다름없는 것으로 간주했다. 그러나 헬라 전통은 이 점에 대해 전적인 합의에 이르지 못했다. 알렉산드리아의 키릴루스는 성령이 '성자에게 속한다'고 말하기를 주저하지 않았다. 그와 관련된 개념들은 서방 교회 안에서 비교적 신속한 발전을 이루었다.

성령께서 성부와 성자에게서 나오신다는 개념을 조심스레 언급하며 고전적으로 진술한 내용이 아우구스티누스에게서 발견된다. 그는 푸아티에의 힐라리우스(315-367)가 암시한 내용을 토대로 성령께서 성자에게서 나오시는 것으로 생각해야 한다고 주장했다. 그가 제시한 증거 구절 가운데 하나는 요한복음 20장 22절이었다. 거기에 보면 부활하신 그리스도께서 제자들에게 숨을 내쉬며 '성령을 받으라'라고 말씀하셨던 것을 알 수 있다. 아우구스티누스는 이 점을 이렇게 설명했다.

성령께서 성자에게서 나오시지 않는다고 말할 수 없다. 성경은 성령께서 성부와 성자의 영이라고 말씀한다(그러고 나서 그는 요한복음 20장 22절을 인용했다).… 성령께서는 성부만이 아니라 성자에게서도 똑같이 나오신다.

아우구스티누스는 이 말을 하면서 자기가 동방 교회와 서방 교회 안에서 일반적으로 이루어진 합의를 요약했다고 생각했다. 안타깝게도, 그의 헬라어 지식은 헬라어를 사용하는 갑바도기아 교부들이 그와 다른 입장을 채택했다는 사실을 이해할 수 있을 만큼 충분하지가 못했던 것으로 보인다. 물론, 그렇다고 해서 그가 신성 안에서 성부께서 차지하시는 독특한 역할을 옹호하는 일에 관심을 기울이지 않은 것은 결코 아니다.

오직 성부 하나님에게서 말씀이 나셨고, 그분에게서 성령이 주로 나오신다. 내가 '주로'라는 말을 덧붙인 이유는 성령께서 아들에게서도 나오시기 때문이다. 그럼에도 불구하고 성부께서는 성자에게 성령을 주신다. 이것은 성자께서 먼저 존재하셨고, 나중에 성령을 소유하셨다는 의미가 아니다. 성부께서 독생하신 말씀에게 주신 것은 무엇이든 그분을 나셨을 때 주신 것이다. 다시 말해, 성부께서는 성령이 자기와 아들이 함께 공유하는 선물이 될 수 있는 방식으로 성자를 낳으셨다.

아우구스티누스는 무엇을 하기 위해 그런 식으로 성령의 역할을 이해했을까? 그 대답은 성령을 '성부와 성자 사이에 존재하는 사랑의 결합'으로 이해한 그의 독특한 사상에서 발견된다. 아우구스티누스는 삼위일체 하나님의 관계에 관한 개념을 발전시켰고, 세 위격이 상호적 관계로 규정된다고 주장했다. 이처럼, 성령께서는 성부와 성자께서 나누는 사랑과 교제의 관계로 간주되셨다. 아우구스티누스는 이 관계가 성부와 성자의 뜻과 목적의 일체성을 진술한 '네 번째 복음서'의 근거였다고 믿었다.

이 두 접근 방식의 근본적인 차이를 간단히 요약하면 다음과 같다.

1) 헬라 저술가들의 의도는 신성의 유일한 근원이신 성부의 독특한 지위를 보호하는 것이었다. 성자와 성령께서는 서로 다르지만, 똑같이 타당한 방식으로 성부에게서 나오신다. 그로써 그분들의 신성도 차례로 보호되었다. 헬라 저술가들이 보기에 라틴 저술가들의 접근 방식은 삼위일체 안에 두 개의 서로 다른 신성의 근원을 도입시켜 성자와 성령의 중요한 차이를 모호하게 만드는 것처럼 보였다. 그들은 성자와 성령께서 서로 구별되면서도 상호보완적인 역할을 하신다고 믿었고, 서방 교회의 전통은 성령을 그리스도의 영으로 간주했다.

2) 라틴 저술가들의 의도는 성자와 성령께서 서로 적절히 구별되면서도 상호적 관계를 맺고 계신다는 점을 분명하게 밝히는 것이었다. '위격'의 개념에 강력한 관계적 접근 방식을 적용했기 때문에 성령도 그런 방식으로 이해되어야 했다. 라틴 저술가들은 나중에 동방 교회의 입장을 의식하고, 자신들의 접근 방식이 신성의 두 근원을 전제로 하는 것이 아니라고 강조했다. 리용 공의회는 "성령께서는 성부와 성자에게서 나오시지만 두 근원이 아닌 하나의 근원에서 나오신다."라고 진술했다. 그러나 이 교리는 논쟁의 불씨로 남았고, 그것을 둘러싼 다툼은 오늘날까지도 계속되고 있다.

사례 연구 1.6 교회: 도나투스 논쟁

도나투스 논쟁의 명칭은 315년에 카르타고의 주교로 선출된 북아프리카 저술가 도나투스의 이름에서 유래했다. 그는 교인들과 교회 지도자들의 자격에 대해 엄격한 입장을 취한 것으로 유명하다. 로마 황제 디오클레티아누스(284-313)를 언급하면서 교부 시대를 역사적으로 개괄했을 때 지적한 대로, 당시의 교회는 크고 작은 박해에 시달렸다. 박해는 303년에 시작해서 콘스탄티누스의 승리와 함께 '밀라노 칙령'(313)이 공표됨으로써 종식되었다. 303년 2월에 공표된 칙령은 기독교 서적들을 불사르고, 교회들을 부수라고 명령했다. 책을 불사르라고 넘겨준 기독교 지도자들은 '트라디토레스'(traditores)로 알려졌다. '(책을) 넘겨준 자들'을 뜻하는 이 라틴어는 '변절자'를 뜻하는 영어 단어 'traitor'와 동일한 어근에서 유래했다. 311년에 카이키리아누스를 카르타고의 주교로 임명했던 압퉁가의 펠릭스도 그런 '변절자'에 속했다.

지역의 많은 그리스도인이 그런 사람이 성직 수여식에 참여하도록 허용된 것에 크게 분노하며 카이키리아누스의 권위를 인정할 수 없다고 선언했다. 그로 인해 가톨릭교회의 위계 체계가 훼손되는 결과가 나타났다. 교회는 순수해야 하고, 그런 사람들을 용인해서는 안 되었다. 아우구스티누스가 388년에 아프리카로 되돌아왔을 즈음, 교회에서 이탈한 파당이 그 지역에서 유력한 기독교적 세력을 형성하고, 아프리카 지역 주민들의 강력한 지지를 받고 있었다. 신학적인 논쟁이 사회적인 문제로 비화했다. 도나투스주의자들은 주로 토착민의 지지를 얻었고, 교회는 이주한 로마인들의 지지를 얻었다.

당시의 신학적 문제는 상당히 중요했을 뿐 아니라 3세기에 아프리카 교회의 선도적인 지도자로서 활약했던 인물(카르타고의 키프리아누스)의 신학과 직접적인 관련이 있었다. 키프리아누스는 『가톨릭교회의 일치』(251)라는 책에서 중요한 신념 두 가지를 피력했다.

1) 교회 분열(의도적으로 교회를 이탈하는 행위)은 절대로 정당화될 수 없다. 교회의 일치는 어떤 이유로든 파괴될 수 없다. 교회 밖으로 나가면 구원의 가능성이 상실된다.
2) 따라서 타락했거나 분열을 초래한 주교는 성례를 집행하거나 기독교 교

회의 성직자로서 일할 수 있는 모든 권한을 박탈당해야 마땅하다. 교회의 영역 밖으로 나가면 영적 은사와 권위를 모두 상실한다. 따라서 그런 자들이 성직자나 주교를 임명하도록 허용되어서는 안 된다. 그들이 임명한 성직자는 부당하게 임명된 것으로 간주해야 하고, 그들이 세례를 준 사람들은 부당하게 세례를 받은 자로 간주해야 한다.

카르타고의 키프리아누스(258년 사망). 재능이 뛰어났던 로마의 수사학자로 246년에 기독교로 개종했고, 248년에 북아프리카 카르타고의 주교로 선출되었다. 258년에 순교했다. 그의 저서들은 특히 교회의 일치 및 정통주의와 질서 유지를 위한 주교의 역할을 다루는 데 집중했다.

교회 분열을 반대하는 키프리아누스의 논증은 매우 분명했다. 그의 논증은 좀 더 세부적으로 살펴봐야 할 가치가 있다. 아래의 글은 그의 대표작 『가톨릭교회의 일치』에서 발췌한 것이다.

교회를 이탈해 음녀와 결합한 사람은 교회의 약속에서 멀어졌고, 그리스도의 교회를 저버린 사람은 그리스도의 상급을 얻을 수 없다. 그런 사람들은 이방인이요 부랑자요 원수들이다. 교회를 어머니로 섬기지 않으면 하나님을 아버지로 섬길 수 없다.…이 일치의 성례, 이 분리할 수 없는 평화의 결속이 주 예수 그리스도께서 나뉘거나 찢어지지 않으시고, 사람들이 그분의 겉옷을 제비뽑았다는 사실을 통해 복음 안에 밝히 드러났다.…그 옷은 온전하게 받아들여졌고, 그 겉옷은 훼손되거나 나뉘지 않았다.…그 옷은 '위로부터', 곧 하늘과 성부에게서 오는 일치를 상징한다. 이 일치는 그것을 받아 소유한 사람들에 의해 훼손될 수 없고, 부서뜨릴 수 없는 온전함으로 나뉨이 없이 취해져야 한다. 누구든 그리스도의 교회를 부수거나 나눈다면 그리스도의 옷을 소유할 수 없다.

키프리아누스는 오직 하나의 교회가 존재한다고 주장했다. 분열을 통해 교회를 떠나는 사람은 누구나 교회의 영역 밖으로 나가는 것이며, 그로써 교회와의 모든 관계가 단절된다. 교회의 일원이 되지 않으면 그리스도의 구원을 받을 수 없다. 이런 신념이 "교회를 어머니로 섬기지 않으면 하나님을 아버지로 섬길 수 없다."라는 유명한 문장에 잘 요약되어 있다. 키프리아누스는 교회의 불가분성을 강조하기 위해 흥미로운 비유를 사용했다. 그는 교회가 그리스도께서 십자가에 못 박히실 때 입으셨던, 통째로 짠 겉옷과 같다고 말했다. 키프리아누스는 복음서에 언급된 사건, 곧 예수님을 십자가에 못 박은 자들이 그분의 겉옷을 찢고 싶지 않아서 제비를 뽑았던 일을 암시했다(요 19:23, 24 참조). 그는 교회가 찢거나 나눌 수 없는 그 겉옷과 유사하다고 주장했다.

키프리아누스는 교회 분열을 강력히 반대했다. 그렇다면 박해의 시기에 믿음을 저버렸다가 나중에 회개한 주교들은 어떻게 되는 것일까? 키프리아누스의 가르침은 해석이 애매한 면이 있다. 그 때문에 그에 대한 해석이 두 가지로 나뉜다.

1) 신앙을 저버린 주교들은 배교의 죄를 저질렀다. 따라서 그는 교회의 영역을 벗어난 것이며, 더 이상 성례를 집행할 자격이 없다.
2) 회개한 주교는 은혜를 회복한다. 따라서 그는 성례를 계속해서 집행할 자격이 있다.

도나투스주의자들은 첫 번째 입장을, (그들의 적대자로 알려진) 가톨릭주의자들은 두 번째 입장을 각각 취했다.

그 결과, 도나투스주의자들은 가톨릭교회의 성례 체계 전체가 부패했다고 생각했다. 따라서 배교자들을 박해의 기간에 믿음을 굳게 지켰던 사람들로 대체하는 것과 배교자들에게 세례를 받고 성직자로 임명된 사람들을 재임명하는 것이 필요했다. 결국, 교회를 이탈해 파당을 형성하는 것이 불가피했다. 아우구스티누스 시대에 교회를 이탈한 파당은 그들이 떨어져 나온 본래의 교회보다 세력이 더 컸다.

그러나 키프리아누스는 어떤 형태의 분열도 용납하지 않았다. 도나투스주의자들의 분열에서 발견되는 가장 큰 역설 가운데 하나는 분열이 키프리아누스가 제시한 원리의 결과이면서 그와 동일한 원리를 거스르는 것이었다는 사실이다. 도나투스주의자들과 가톨릭주의자들 모두가 키프리아누스를 권위자로 내세웠지만 그의 가르침에 호소하는 측면은 서로 달랐다. 바꾸어 말해, 전자는 배교의 사악한 속성을, 후자는 분열의 불가능성을 서로 강조했다. 그런 교착 상태는 아우구스티누스가 그 지역에 등장에 히포의 주교가 되면서 마침내 종결되었다. 아우구스티누스는 키프리아누스의 가르침 안에서 갈등을 해소했을 뿐 아니라 그 후로 엄청난 영향력을 행사했던 '아우구스티누스적 교회관'을 정립하는 데까지 나아갔다. 그런 독특한 접근 방식의 주된 특징들을 몇 가지 살펴보면 다음과 같다.

첫째, 아우구스티누스는 그리스도인들의 부패함을 강조했다. 교회는 성도들의 공동체가 아니라 성도들과 죄인들이 '섞여 있는 곳'이다. 아우구스티누스는 이 개념을 성경에 나오는 두 가지 비유, 곧 많은 물고기를 잡은 그물의 비유와 알곡과 가라지의 비유에서 발견했다('가라지'는 '잡초'를 뜻한다. 아래의 논의에서 이 두 용어를 교차적으로 사용할 것이다). 두 번째 비유(마 13:24-31)는 특히 중요하기 때문에 좀 더 자세한 설명이 필요하다.

이 비유는 농부가 씨앗을 뿌렸는데 나중에 알곡과 가라지, 즉 알곡과 잡초가 함께 자라난 것을 알게 되었다고 한다. 어떻게 해야 할까? 함께 자라고 있는 알곡과 가라지를 분리하려고 하면 잡초를 제거하려다가 알곡까지 훼손하는 피해가 발생할 수 있다. 그러나 추수 때에 알곡과 가라지를 모두 자르면 알곡을 훼손하지 않고서도 잘 분리할 수 있다. 선한 자들과 악한 자들을 분리하는 것도 역사 안에서가 아닌 마지막 때에 일어날 것이다.

아우구스티누스는 이 비유가 세상에 있는 교회를 가리키는 것으로 이해했다. 세상의 교회 안에는 성도들과 죄인들이 섞여 있다. 그러나 세상에서 분리를 시도하는 것은 시기상조이며 부적절하다. 분리는 하나님이 정하신 때, 곧 역사의 마지막 때에 일어날 것이다. 인간은 하나님을 대신해 그런 심판이나 분리를 시도할 수 없다. 그렇다면 교회가 거룩하다는 것은 무슨 의미일까? 아우구스티누스는 교회의 거룩함을 교인들이 아닌 그리스도의 거룩함으로 이해했다. 교회는 교인들이 원죄에 오염된 상태라는 점에서 성도들의 모임이 될 수 없다. 그러나 교회는 그리스도를 통해 정결하게 되고, 거룩하게 된다. 교회가 온전히 거룩해지는 것은 마지막 심판의 때에 일어날 것이다. 아우구스티누스는 이런 신학적인 분석 외에도 도나투스주의자들이 그들 스스로가 표방하는 높은 도덕적 수준에 미치지 못한다는 사실을 발견했다. 그는 도나투스주의자들도 가톨릭주의자들처럼 술에 취하거나 폭력을 행사할 수 있다고 말했다.

둘째, 아우구스티누스는 분열과 '기독교 서적을 넘겨주는 일'을 비롯해 신앙을 저버리는 행위는 무엇이든 모두 죄라고 주장했다. 물론, 키프리아누스에게는 분열이 훨씬 더 심각한 죄였다. 따라서 도나투스주의자들은 위대한 순교자요 북아프리카의 주교였던 그의 가르침을 그릇 이해한 잘못을 저지른 셈이었다.

아우구스티누스는 그런 점들을 고려해 도나투스주의가 심각한 결함을 안고 있다고 강조했다. 교회는 혼합된 구성체다. 현세의 교회에서 죄는 불가피한 현실이다. 그것이 분열을 정당화하는 근거나 기회가 될 수는 없다.

그러나 도나투스 논쟁은 교회의 본질에 대한 이론적인 이해의 차원을 넘어섰다. 그것은 일상적인 기독교 사역 전체에 영향을 미쳤다. 그 이유는 도나투스가 오직 부패하지 않은 사람들만이 성례를 올바로 집행할 수 있다고 주장했기 때문이다. 도나투스주의자들은 '책을 넘겨준 사람들'이 성례를 올바로 집행할 수 있다고 믿지 않았다. 그들은 그런 성직자들이 집행하는 유카리스트(eucharist, 이 말은 '성찬', '미사', '성체 성사' 등 다양한 명칭으로 불리는 성례를 가리킨다), 세례, 성직 임명 등은 타당하지 않다고 주장했다.

이런 입장은 부분적으로는 카르타고의 키프리아누스의 권위에 근거한다. 키푸리아누스는 교회 밖에는 참된 성례가 존재하지 않는다고 주장했다. 따라서 교회의 신앙을 받아들이지 않고, 그 밖에 머물렀던 이단의 세례는 타당하지 않다. 키프리아누스의 견해는 논리적으로 논박할 수 없는 것처럼 보였지만 도나투스 논쟁이 벌어지는 동안에 야기된 상황(정통 신앙을 소유했지만 소명에 부합하지 않은 행위를 저지른 성직자들의 출현)은 미처 고려하지 못했던 것으로 드러났다. 교리적으로는 정통이지만 도덕적으로는 저급한 성직자들이 성례를 집행할 자격이 있을까? 또 그런 성례가 과연 타당할까?

도나투스주의자들은 키프리아누스의 견해를 명백하게 의도되었던 한계를 넘어서까지 끌고 나가 교회적인 행위가 그것을 집행하는 사람의 주관적인 결함 때문에 타당하지 못한 것이 될 수 있다는 주장을 제기했다. 그들은 도나투스 운동에 가담하지 않은 가톨릭 성직자나 주교들에게 세례를 받거나 성직자로 임명된 사람들은 도나투스주의 성직자들에게 다시 세례를 받거나 성직 임명을 받아야 할 필요가 있다고 주장했다. 성례의 타당성은 그것을 집행하는 사람의 인격적인 자질에서 비롯한다는 것이 그들의 신념이었다.

아우구스티누스는 이에 맞서 도나투스주의가 예수 그리스도의 은혜를 충분히 중요시하지 않고, 인간 대행자의 자질을 지나치게 강조하는 잘못을 저질렀다고 주장했다. 그는 타락한 인간이 누가 순결하고, 불결한지, 누가 자격이 있고, 자격이 없는지를 구별하는 것은 불가능하다고 강조했다. 이 견해는 교회가 성도들과 죄인들이 한데 섞인 구성체라는 개념과 온전히 일치할 뿐 아니라 성례의 효력이 그것을 집행하는 개인의 공로가 아닌 그것을 처음에 제정하신 예수 그리스도의 공로에 의존한다는 것을 분명히 한다. 성례의 타당성은 그것을 집행하는 사람의 공로와는 아무런 상관이 없다.

아우구스티누스는 그렇게 말하고 나서 한 가지 중요한 단서를 덧붙였다. 그는 '세례'와 '세례를 베푸는 권한'을 구별해야 한다고 주장했다. 비록 이단이나 분리주의자들이 베푸는 세례가 타당하다고 하더라도 세례를 베푸는 권한이 모든 사람에게 무차별적으로 분배될 수 있다는 의미는 아니다. 세례를 베푸는 권한은 오직 교회 안에만 존재하며, 그것을 베풀 책임은 교회가 선택해 성례 집행의 권위를 부여한 성직자들에게만 있다. 그리스도께서는 자신의 성례를 집행할 수 있는 권한을 사도들에게 위탁하셨고, 그 권한은 사도들과 그들의 계승자인 주교들을 통해 가톨릭교회 성직자들에게 전달된다.

이런 신학적 문제는 성례의 효력을 뒷받침하는 근거를 각기 다르게 나타낸 두 개의 라틴어 문구로 표현되었다.

1) 성례는 '인효적'(ex opere operantis), 곧 사역자의 사역을 통해 효력을 발생한다. 이것은 성례의 효력이 사역자의 인격적인 자질에 달려 있다는 견해다.
2) 성례는 '사효적(ex opere operato), 즉 집행된 사역 자체를 통해 효력을 발생한다. 이것은 성례의 효력이 성례를 통해 전달되고, 나타나는 그리스도의 은혜의 의존한다는 견해다.

성례의 인과관계와 관련해 도나투스주의의 견해는 '인효적' 입장과, 아우구스티누스의 견해는 '사효적' 입장과 각각 일치한다. 후자의 견해는 서방 교회 안에서 규범으로 자리 잡았으며, 16세기의 대표적인 종교개혁자들도 그대로 받아들여 유지했다. 한편, 좀 더 급진적인 종교개혁자들은 전자의 견해를 지지했고, 일부 개신교, 특히 성결이나 영적 은사를 강조하는 파당 내에서 여전히 중요하게 취급받고 있다.

아우구스티누스는 그의 『세례론』에서 발췌한 아래의 인용문에서 자신의 입장을 분명하게 개진했다. 앞서 말한 대로 그의 교회관은 교인들과 성직자들이 성도와 죄인으로 이루어졌다고 강조한다. 그렇다면 그런 사실 때문에 성례가 무효화되는 것일까? 아우구스티누스는 의로운 사람만이 성례를 집행할 수 있고, 또 그것을 유효하게 받아들일 수 있다는 도나투스주의의 견해(성례의 효력에 관한 '인효적' 견해)에 맞서 성례의 효력은 그것을 집행하거나 받아들이는 사람들의 공로가 아닌 그리스도의 은혜에 의존한다고 주장했다(성례의 효력에 관한 '사효적' 견해).

> 세례를 베풀 때는 그것을 베푸는 사람이나 그것을 받아들이는 사람의 성품이 아니라 그 사람이 베풀거나 받아들이는 것의 본질을 고려해야 한다.…복음의 말씀으로 세례가 집행되면 사역자나 수세자의 악이 아무리 크더라도 성례 자체는 거룩하다. 그 이유는 성례가 주님께 속한 것이기 때문이다. 악한 사람에게 세례를 받더라도 그 시역자의 그릇됨이 아닌 성례의 신비에서 비롯하는 거룩함을 받아들여 선한 믿음과 소망과 사랑으로 교회와 연합한다면 죄의 용서를 받게 될 것이다.

이처럼 아우구스티누스는 은혜를 베푸는 사람과 베풀어지는 은혜를 구별했다. '베푸는 자'(성례를 집행하는 사역자)의 인격적인 자질은 베풀어진 것(성례 자체)의 성질과 아무런 관계가 없다. 성례의 효력은 그 소유주이신 주님에게서 비롯한다. 다시 말해, 성례를 통해 이루어지는 것은 무엇이나 사역자의 경건함이나 불경건함이 아닌 하나님의 거룩하심에서 비롯하는 결과다.

이것은 5세기 초에 활동했던 유명한 도나투스주의 저술가 페틸리아누스의 견해와 분명하게 대조된다. 북아프리카의 도시 키르타의 주교였던 페틸리아누스는 자기 관구의 성직자들에게 가톨릭교회의 도덕적인 불순함과 교리적인 오류를 경고하는 서신을 회람시켰다. 페틸리아누스는 아우구스티누스가 401년에 자신에게 대답하자 그를 더욱 상세하게 논박했다. 그는 402년에 쓴 편지에서 성례의 타당성은 그것을 집행하는 자들의 도덕적 자질에 온전히 의존한다는 도나투스주의의 주장을 드러냈다(이 내용은 아우구스티누스가 그의 글을 인용한 대목에서 발견된다). 페틸리아누스의 주장은 아우구스티누스의 글 안에 인용 부호로 표기되어 있다.

(페틸리아누스는) "성례를 받는 사람의 양심이 깨끗하게 되려면 그것을 베푸는 사람의 양심이 거룩해야 한다. 어떤 사람이 불충실한 줄 알면서도 그에게서 '믿음'을 받아들이는 사람은 믿음이 아닌 죄악을 받아들이는 것이다."라고 말했다. 그는 또한 "그렇다면 이것을 어떻게 확인할 수 있을까? 모든 것은 기원과 근원이 있기 마련이다. 이것은 어떤 것이 머리가 없으면 아무것도 아닌 이치와 같다. 만일 선한 씨앗으로부터 나지 않으면 그 무엇도 거듭날 수 없다."라고 덧붙였다.

이처럼 페틸리아누스는 사역자의 거룩함이나 죄악이 그를 통해 성례를 받는 사람에게 영향을 미친다고 주장했다. 따라서 사역자의 사역이 죄의 부패한 영향을 받지 않으려면 사역자가 거룩하고 흠이 없어야 한다.

도나투스 논쟁은 4세기에 이루어진 서방 교회의 발전에 중대한 영향을 미쳤다. 그 후에도 서방 교회 안에서 하나님의 은혜와 인간의 자유가 서로 어떤 관계를 맺고 있는지를 둘러싸고 또 다른 논쟁이 불거졌는데 그 중심에도 역시 히포의 아우구스티누스가 있었다. 이번에 살펴볼 주제는 펠라기우스 논쟁이다.

사례 연구 1.7 은혜: 펠라기우스 논쟁

5세기 초에 발생한 펠라기우스 논쟁은 인간의 본성과 죄와 은혜에 관한 다양한 질문을 예리하게 부각시켰다. 그 전까지 교회 안에서 인간의 본성과 관련해 일어났던 논쟁들은 비교적 사소했다. 그러나 펠라기우스 논쟁은 그런 상황을 바꾸어 놓았고, 인간의 본성과 연관된 문제들을 서방 교회의 전면에 가져다 놓았다. 논쟁은 아우구스티누스와 펠라기우스 두 사람을 중심으로 전개되었다. 이 논쟁은 역사적 차원에서나 신학적 차원에서나 다루기가 복잡할 뿐 아니라 서구 기독교 신학에 큰 영향을 미쳤기 때문에 조금 길게 논의해야 할 필요가 있다. 이 논쟁의 주요 쟁점을 네 가지로 제목으로 나눠 설명하면 다음과 같다.

의지의 자유

아우구스티누스는 이 문제에 대한 성경의 복잡하고, 풍부한 가르침을 옳게 이해하려면 하나님의 절대적인 주권과 인간의 참된 책임과 자유를 동시에 강조해야 한다고 믿었다. 문제를 단순화하기 위해 하나님의 주권이나 인간의 자유를 부인하는 것은 하나님이 인간을 의롭게 하시는 방식에 대한 기독교적 이해를 심각하게 훼손하는 결과를 낳는다. 아우구스티누스는 생전에 그런 식으로 복음을 축소하고, 훼손했던 두 이단을 상대해야 했다. (아우구스티누스가 한때 심취했던) 마니교는 하나님의 절대적인 주권을 주장하고, 인간의 자유를 부인했던 일종의 운명론을 믿었고, 펠라기우스주의는 인간의 절대적인 자유를 주장하고, 하나님의 주권을 부인했다. 이런 주장들을 좀 더 자세히 다루기 전에 먼저 '자유 의지'라는 용어에 관해 몇 가지를 언급하면 다음과 같다.

'자유 의지'(liberim arbitrium)라는 용어는 성경이 아닌 헬라 철학, 특히 스토아주의에서 유래했다. 이 용어는 2세기 신학자 테르툴리아누스를 통해 서구 기독교 안에 도입되었다. 아우구스티누스는 이 용어를 그대로 사용했지만, 죄로 인해 인간의 자유 의지에 부과된 한계를 강조함으로써 바울의 가르침과 관련된 의미를 되살리려고 노력했다. 아우구스티누스의 기본 개념은 다음과 같이 요약할 수 있다. 첫째, 인간은 자유롭게 태어났다. 우리는 필연에 의해서가 아니라 자유롭게 행동한다. 둘째, 인간의 자유는 파괴되거나 제거된 것이 아니라 연약해지고, 무능력해졌다. 자유 의지가 치유되어 회복하려면 하나님의 은혜가 역사해야 한다. 자유 의지는 실제로 존재하지만 죄로 인해 왜곡되었다.

아우구스티누스는 이 점을 설명하기 위해 중요한 비유를 들었다. 두 개의 접시가 달린 접시저울을 생각해 보자. 한쪽 접시는 선을, 다른 쪽 접시는 악을 각각 나타낸다. 두 접시가 평형을 이룬다면 인간이 선을 행할 수 있다거나 악을 행할 수 있다는 논증들을 견주어 적절한 결론을 내릴 수 있고, 인간의 자유 의지도 거기에 따라 작용할 것이 분명하다. 바꾸어 말해, 선과 악을 행할 수 있다는 논증들을 비교해 보고 거기에 맞게 행동할 수 있을 것이다. 그러나 아우구스티누스는 "접시들 위에 무엇인가가 올려져 있다면 어떻게 될 것인가?"라고 묻는다. 누군가가 악한 쪽의 접시에 무거운 무게추를 몇 개 올려놓았다면 어떻게 될까? 그때도 저울은 여전히 작동할 테지만 악한 결정을 내리는 쪽으로 심하게 기울어져 있을 것이 분명하다. 아우구스티누스는 그런 일이 정확히 죄로 인해 인간에게 일어났다고 주장했다. 인간의 자유 의지는 악을 향해 기울어져 있다. 무게추들이 올려져 있는 저울이 여전히 작동하는 것처럼 자유 의지도 여전히 존재하며, 결정을 내릴 수 있다. 그러나 악을 향해 기울어져 있기 때문에 균형 있는 판단을 내릴 수 없다. 아우구스티누스는 이 비유를 비롯해 다른 유사한 비유들을 사용해 자유 의지가 죄인 안에 존재하는 것은 사실이지만 죄로 인해 심각하게 왜곡된 상태라고 강조했다.

그러나 펠라기우스와 (에클라눔의 율리아누스와 같은) 그의 추종자들은 인간이 온전한 자유 의지를 소유하고 있으며, 자신의 죄에 대해 전적인 책임이 있다고 생각했다. 인간의 본성은 본질적으로 자유롭고, 더할 나위 없이 훌륭하게 창조되었으며, 어떤 신비로운 결함에 의해 손상되거나 무능력해지지 않았다. 펠라기우스에 따르면, 인간의 결함은 하나님의 선하심을 부정적으로 반영한 것일 따름이다. 하나님이 인간의 결정에 영향을 주기 위해 직접 관여하시는 것은 인간의 온전함을 훼손하는 것이다.

펠라기우스주의자들은 저울의 비유를 거론하며 인간의 자유 의지는 어느 한쪽으로 조금도 치우치지 않은 채 온전한 평형 상태를 이루고 있는 접시저울과 같다고 주장했다. 따라서 아우구스티누스가 생각했던 하나님의 은혜는 필요하지 않았다(펠라기우스는 매우 독특한 은혜의 개념을 지니고 있었다. 이점에 대해서는 나중에 살펴볼 생각이다).

펠라기우스. 4세기 말과 5세기 초에 로마에서 활동했던 영국의 신학자. 그의 출생이나 사망 일자에 관한 신빙성 있는 정보는 존재하지 않는다. 펠라기우스는 도덕적인 개혁자였다. 은혜와 죄에 관한 그의 신학은 아우구스티누스와 날카롭게 대립했고, 결국에는 펠라기우스 논쟁으로 비화되었다. 펠라기우스의 사상은 주로 그의 비판자들, 특히 아우구스티누스의 글을 통해 알려져 있다.

펠라기우스는 413년에 수녀가 되기 위해 부를 포기했던 데메트리아스에게 장문의 편지를 써 보냈다. 그는 그 편지에서 거침없는 논리로 인간의 자유 의지에 관한 자신의 견해가 가져올 결과들을 명료하게 설명했다. 하나님은 인간을 창조하셨기 때문에 그 능력을 정확히 알고 계신다. 따라서 인간에게 주어진 모든 명령은 복종을 위해 주어졌고, 또 능히 복종할 수 있는 것이다. 따라서 인간의 연약함 때문에 그런 명령에 복종할 수 없다고 주장하는 것은 변명이 될 수 없다. 하나님은 인간의 본성을 창조하셨기 때문에 그것이 감당할 수 있는 것만을 요구하신다. 이처럼 펠라기우스는 인간은 완전해질 수 있기 때문에 완전해져야 할 의무가 있다고 단호하게 주장했다.

> 우리는 (하나님의 명령을 특권으로 받아들이지 않고)…그분을 향해 "이것은 너무 어렵습니다. 너무나도 힘듭니다. 저희는 할 수 없습니다. 저희는 육신의 연약함으로 인해 제한을 받는 한갓 인간에 지나지 않습니다."라고 부르짖는다. 참으로 무지몽매하고, 주제를 모르는 뻔뻔함이 아닐 수 없다. 우리는 그런 태도를 보임으로써 하나님이 두 가지 사실을 모르고 계신다고, 곧 그분이 만드신 피조물과 그분이 말씀하신 명령을 모르신다고 비난한다. 우리는 마치 하나님이 자신의 피조물인 인간의 약점을 깡그리 잊고 우리가 감당할 수 없는 명령을 내리시는 것처럼 행동한다. 그와 동시에 우리는 의로우신 하나님을 불의하게 여기고, 거룩하신 그분을 잔인하다고 탓한다. 그저 하나님이 우리를 용서해 주시기를 간절히 바랄 뿐이다. 우리는 하나님이 불가능한 것을 요구하신다고 불평하고, 감당할 능력이 없는 일 때문에 하나님으로부터 정죄를 받게 될 사람들이 있을 것이라고 상상한다. 하나님이 우리를 구원하기보다 징벌하기를 원하시는 것처럼 생각하는 것은 진정 크나큰 신성모독이 아닐 수 없다.…우리에게 능력을 주신 하나님보다 우리가 가진 능력의 한도를 더 잘 아는 사람은 아무도 없다.…하나님은 의로우시기 때문에 불가능한 것을 명령할 의도가 전혀 없으시다. 그분은 거룩하시기 때문에 감당할 능력이 없는 일로 인해 누군가를 정죄하지 않으신다.

하나님이 우리의 약점을 알고 계시기 때문에 우리가 할 수 없는 일은 아무것도 요구하지 않으신다는 주장에 주목하라. 하나님 편에서의 요구는 그 명령을 이행할 수 있는 인간의 능력과 상응한다.

죄의 본질

아우구스티누스는 타락의 결과로 죄가 인간의 본성에 보편적으로 영향을 미쳤다고 믿었다. 인간의 마음은 죄로 인해 어두워지고, 연약해졌다. 죄는 명확하게 생각하는 능력, 특히 고귀한 영적 진리와 개념들을 이해하는 능력을 앗아갔다. 앞서 말한 대로 인간의 의지도 죄로 인해 (제거되지는 않았지만) 심하게 무기력해졌다.

아우구스티누스에게 우리가 죄인이라는 단순한 사실은 우리가 심각한 질병을 앓고 있고, 그것을 치유하기는커녕 정확하게 진단할 수 있는 능력마저 잃고 말았다는 의미를 지녔다. 오직 하나님의 은혜를 통해서만 우리의 질병(죄)을 진단할 수 있고, 그 치유책(은혜)을 발견할 수 있다.

아우구스티누스가 말하려는 핵심은 우리가 우리의 부패한 본성을 통제할 수 없다는 것이다. 우리는 태어날 때부터 그것에 오염되고, 사는 동안에도 줄곧 그것에 지배된다. 우리는 그런 상태를 결정적으로 통제할 능력이 없다. 아우구스티누스는 인간이 본성적으로 죄의 성향, 곧 죄를 지으려는 내재적 성벽을 지니고 태어난다고 이해했다. 다시 말해, 죄가 죄의 원인이다. 부패한 본성의 상태에서 죄의 행위가 비롯한다. 아우구스티누스는 세 가지 중요한 비유를 들어 이 점을 분명하게 밝혔다. 즉, 그는 원죄를 '질병'과 '권세'와 '죄책'에 빗대었다.

1) 첫 번째 비유는 죄를 한 세대에서 다음 세대로 전해지는 유전적인 질병으로 다룬다. 조금 전에 말한 대로, 이 질병은 인간성을 약화시킨다. 인간적인 수단으로는 이것을 치유할 수 없다. 그리스도께서는 거룩한 의원이시요, 우리는 그분을 통해 '나음을 받는다'(사 53:5). 구원이 의학적인 치유의 용어로 이해되었다. 우리가 하나님의 은혜로 치유되면 우리의 생각은 하나님을 의식하고, 우리의 의지는 그분이 주시는 은혜에 반응

한다.

2) 두 번째 비유는 죄를 우리를 사로잡은 권세로 다룬다. 우리 스스로는 그 권세에서 벗어날 수 없다. 인간의 자유 의지는 죄의 권세에 속박된 상태다. 오직 은혜만이 우리의 의지를 자유롭게 할 수 있다. 그리스도께서 해방자, 곧 죄의 권세를 깨뜨리는 은혜의 원천으로 이해되었다.

3) 세 번째 비유는 죄를 법률적이고 법정적인 개념으로 다룬다. 죄책이 한 세대에서 다음 세대로 전해진다. 아우구스티누스가 살았던 로마 제국 말기와 같이 법에 큰 가치를 둔 사회에서 이것은 죄를 이해하는 데 특별히 유익한 개념이었다. 그리스도가 용서와 사면을 가져다주시는 분으로 이해되었다.

그러나 펠라기우스는 그와는 매우 다른 각도에서 죄를 이해했다. 펠라기우스의 사상에는 인간의 죄의 성향이 전혀 고려되지 않았다. 그에게 인간의 자기 향상 능력은 타협을 불허하는 개념이었다. 인간이 하나님과 이웃에 대한 의무를 이행하는 것은 항상 가능하다. 그런 의무를 저버리는 것은 어떤 이유로도 변명할 수 없다. 죄는 의도적으로 하나님을 거스르는 행위로 이해되었다. 펠라기우스주의는 엄격한 형태의 도덕적 권위주의, 곧 인간은 죄를 짓지 않아야 할 의무가 있으며, 그런 의무를 이행하지 못한 것에 대한 변명은 그 무엇도 용납할 수 없다는 신념을 드러냈다. 인간은 무죄한 상태로 태어나며, 고의적인 행위를 통해서 죄를 짓는다. 펠라기우스는 구약의 인물들 가운데 실제로 죄를 짓지 않고 살았던 사람들이 많았다고 주장했다. 도덕적으로 올바른 사람들만이 교회 안에 들어올 수 있다. 그러나 인간의 본성이 부패했다고 믿었던 아우구스티누스는 교회를 일종의 병원으로, 곧 타락한 인간성이 은혜를 통해 회복되어 차츰 거룩해져 가는 장소로 간주했다.

은혜의 본질

아우구스티누스가 좋아했던 성경 구절 가운데 하나는 요한복음 15장 5절("나를 떠나서는 너희가 아무것도 할 수 없음이라")이었다. 그는 우리의 구원이 처음부터 끝까지 하나님께 의존해 있다고 믿었다. 아우구스티누스는 인간의 자연적 기능(인간에게 선천적으로 주어진 것)과 부가적인 특별한 은혜의 선물을 구별했다. 하나님은 우리를 자연 상태(죄에 의해 무기력해진 탓에 우리 자신을 구원할 수 없는 상태) 그대로 놔두지 않으시고, 은혜를 주어 치유와 용서와 회복을 경험하게 하신다. 아우구스티누스는 인간의 본성이 연약하고, 무력하고, 부패한 상태라서 새롭게 회복되려면 하나님의 도우심과 보살핌이 필요하다고 확신했다. 하나님은 아무런 대가 없이 관대하게 인간에게 관심을 기울여 치유의 과정이 시작되게 하신다. 이것이 아우구스티누스가 말한 은혜다. 인간의 본성은 관대하게 베풀어진 하나님의 은혜를 통해 새롭게 변화되어야 할 필요가 있다.

그러나 펠라기우스는 '은혜'라는 용어를 그와는 사뭇 다른 방식으로 사용했다. 첫째, 그는 은혜를 인간의 타고난 기능으로 이해했다. 펠라기우스는 인간의 기능들이 부패했거나 무력해졌거나 손상되지 않았다고 생각했다. 그것들은 하나님이 인간에게 주신 것이며, 활용하도록 계획된 것이다. 펠라기우스는 인간이 은혜를 통해 죄 없는 상태를 선택할 수 있다고 주장했다. 이 말은 인간이 이성과 의지라는 타고난 기능을 활용해 죄를 피하기로 결정할 수 있다는 뜻이다. 그러나 아우구스티누스가 지적한 대로, 이런 주장은 은혜에 대한 신약성경의 가르침과는 거리가 멀어 보인다.

둘째, 펠라기우스는 은혜를 하나님이 인간에게 허락하시는 정신적 깨달음으로 이해했다. 그는 그런 깨달음을 설명하기 위해 여러 가지 예를 들었다. 그 가운데는 십계명과 예수 그리스도께서 본을 보여주신 도덕적인 행위가 포함된다. 은혜는 우리의 도덕적 의무가 무엇인지를 알려주지만(은혜가 없다면 그것이 무엇인지 알 수 없다), 의무를 이행하도록 도와주지는 않는다. 우리는 그리스도의 가르침과 본을 통해 죄를 피할 수 있다. 그러나 아우구스티누스는 그것은 곧 '하나님의 은혜를 율법과 교훈으로 전락시키는 것'이라고 주장했다. 아우구스티누스에 따르면, 신약성경은 은혜가 단지 도덕적인 안내자가 아닌 인간을 돕는 신성한 조력자라고 가르친다. 펠라기우스에게 은혜는 외적이고, 수동적이며, 우리의 밖에 존재하는 것이지만 아우구스티누스는 은혜를 그리스도를 통해 우리 안에서 우리를 실제로 변화시키는 하나님의 구원적 임재로 이해했다. 그에게 은혜는 내적이고, 적극적인 원리였다.

구원(칭의)의 근거

아우구스티누스는 인간이 은혜의 역사로 인해 의롭다 하심을 받는다고 믿었다. 인간의 선행조차도 인간의 타락한 본성 안에서 하나님의 역사가 이루어진 결과다. 구원에 이르게 하는 모든 것이 죄인에 대한 사랑의 발로, 곧 값없이 주어지는 과분한 하나님의 선물이다. 하나님은 예수님의 죽음과 부활 덕분에 그처럼 놀랍고도, 관대한 태도로 타락한 인간을 대하실 수 있게 되셨다. 그분은 우리에게 우리가 받을 자격이 없는 것(구원)을 허락하시고, 우리가 받아야 할 것(정죄)을 우리에게서 없애주신다.

이 점에서 포도원 일꾼의 비유(마 20:1-10)에 대한 아우구스티누스의 설명은 상당히 중요한 역할을 한다. 앞으로 살펴보겠지만 펠라기우스는 하나님이 공로에 근거해 개개인에게 엄격하게 보상하신다고 주장했다. 그러나 아우구스티누스는 이 비유가 개인에게 주어진 약속이 곧 그에게 주어지는 보상의 근거라고 가르친다고 지적했다. 그는 일꾼들이 포도원에서 똑같은 시간 동안 일하지 않았지만 모두 같은 품삯을 받았다고 강조했다. 포도원 주인은 온종일 일했든 한 시간을 일했든 간에 일을 시작한 때부터 해질 때까지 일하면 한 데나리온을 주겠다고 약속했다.

아우구스티누스는 여기에서 칭의의 근거가 하나님이 우리에게 하신 은혜의 약속에 있다는 중요한 신학적 결론을 끌어냈다. 하나님은 그 약속을 충실히 지켜 죄인들을 의롭게 하신다. 오후 늦게 포도원에서 일을 시작한 일꾼들이 주인의 관대한 약속 외에는 하루의 품삯을 요구할 권리가 전혀 없는 것처럼, 죄인들도 믿음을 통해 받는 하나님의 은혜로운 약속 외에는 칭의와 영생을 요구할 권리가 전혀 없다.

그러나 펠라기우스는 인간이 자신의 공로로 의롭다 하심을 받는다고 주장했다. 인간의 선행은 전적으로 자율적인 인간의 자유 의지를 활용해 하나님이 요구하시는 의무를 이행한 결과다. 이 의무를 이행하지 못하면 영원한 형벌의 위협에 직면할 수밖에 없다. 예수님은 행위와 가르침으로 하나님이 우리에게 요구하시는 것이 무엇인지를 보여주시는 정도까지만 구원에 관여하신다. 펠라기우스가 말하는 '그리스도 안에서의 구원'이란 '그리스도를 본받고, 모방함으로써 얻는 구원'을 의미한다.

이처럼, 펠라기우스주의와 아우구스티누스주의는 전혀 상반되는 견해를 지니고 있고, 하나님과 인간이 서로 관계를 맺는 방식을 이해하는 관점이 크게 다르다. 서방의 신학적 전통 안에서 우세를 점한 쪽은 아우구스티누스주의였지만 펠리기우스주의도 은혜의 교리를 지나치게 강조하면 인간의 자유와 도덕적 책임을 훼손하는 결과를 낳을 수 있다고 생각하는 사람들을 비롯해 적지 않은 기독교 저술가들에게 지속적인 영향력을 발휘했다.

415년에 저술된 『본성과 은혜』라는 소책자에서 발췌한 다음의 내용을 보면 아우구스티누스의 기본적인 입장을 짐작할 수 있다. 아우구스티누스는 타락이 인간의 본성에 미친 결과를 언급했다. 인간의 본성은 본래는 아무런 결함 없이 창조되었지만 지금은 죄에 오염되었고, 오직 은혜를 통해서만 구원받을 수 있다.

인간의 본성은 본래는 아무런 결함도 없고, 흠도 없이 창조된 것이 분명하다.

그러나 우리 각자가 태어나면서 아담에게 물려받은 본성은 건강하지 못하기 때문에 의원을 필요로 한다. 생각과 생명과 감각과 정신을 통해 인간의 본성 안에 생겨난 선한 것들은 모두 그것을 만들고, 창조하신 하나님에게서 비롯한다. 그러나 그런 선한 본성적 요소들을 어둡고, 무능력하게 만드는 연약함(그 결과로 인간의 본성은 각성과 치유가 필요하게 되었다)은 흠 없으신 창조주가 아닌 인간의 자유 의지(liberum arbitrium)를 통해 저지른 원죄에서 비롯한 것이다.…그러나 긍휼이 풍성하신 하나님은 우리를 사랑하신 그 큰 사랑으로 죄 가운데 죽어 있는 우리를 그리스도와 함께 다시 살리셨다. 우리는 그분의 은혜로 구원받는다. 그리스도의 은혜가 없으면 유아든 성인이든 그 누구도 구원받을 수 없다. 그 은혜는 공로에 대한 보상이 아니라 거저(gratis) 주어진다. 이것이 은혜가 은혜(gratia)로 불리는 이유다.

인용문의 첫 단락에 나오는 '의원', '건강한', '치유'와 같은 용어들을 통해 알 수 있는 대로, 아우구스티누스는 의학적인 비유를 사용해 인간의 본성에 미친 죄의 영향을 묘사했다. 그는 창조가 본래는 완전하게 이루어졌다고 강조했다. 그의 관심은 하나님이 세상의 죄나 악에 책임이 있으시다는 주장에 맞서 그분을 옹호하는 데 있었다. 세상의 현재적 결함은 하나님의 창조 사역이 아닌 원죄와 자유 의지의 남용에서 비롯했다. 아우구스티누스는 라틴어 '그라티스'(gratis, '값없이, 대가 없이'라는 의미)와 '그라티아'(gratia)를 서로 연관시켰다. 그렇게 한 이유는 구원이 인간의 공로나 지위나 성취를 통해 얻는 보상이 아닌 선물이라는 자신의 논증을 뒷받침하기 위해서였다.

사례 연구 1.8 믿음과 철학

기독교는 팔레스타인에서 기원했지만, 곧 지중해 지역의 경계를 넘어 확대되기 시작했다. 기독교가 애굽, 소아시아, 그리스와 같은 지역으로 확장되면서 기독교 저술가들이 다루어야 할 중요한 문제들이 많이 발생했다. 가장 중요한 문제 가운데 하나는 기독교와 고전 철학의 관계였다. 이 지역의 문명사회에서는 대부분 헬라어를 사용했고, 최소한 어느 정도는 헬라의 고전 철학의 사상들에 익숙했다. 그런 사상들은 고전적인 플라톤주의이거나 중기 플라톤주의 또는 고전적인 이교주의를 새롭게 부활시킨 형태를 띠었다. 따라서 "기독교 복음이 그런 사상들과 어떤 관계가 있을까? 그것들과 완전히 상반될까? 아니면 그런 고전적인 사상들이 어떤 형식으로든 기독교 복음의 토대를 예비하는 역할을 한 것일까?"라는 의문이 제기되었다. 이는 나중에 테르툴리아누스가 제기한 "예루살렘이 아덴과 무슨 상관이 있는가?"라는 질문과도 연관이 있다.

기독교와 고전적인 이교주의 사이에서 일어난 마찰을 처음 묘사한 내용이 아덴에서 이루어진 바울의 아레오바고 설교에서 발견된다(행 17장). 바울은 기독교 복음이 스토아 철학의 핵심적인 신념과 통할 수 있고, 그 토대가 될 수 있다고 주장한 것처럼 보인다. 그는 헬라인들에게 알려지지 않은 것, 즉 그들이 알 수 없었던 것이 그리스도를 통해 밝히 드러났다고 강조했다. 헬라 철학이 암묵적으로나 직관적으로 의식하는 신이 그들에게 이름까지 밝혀져 온전하게 알려졌다. 피조 세계를 통해 간접적으로 알려진 신이 구원을 통해 직접적으로, 더욱 온전하게 드러난다.

이런 식의 접근 방식이 교부 시대 신학자들이 헬라의 고전 철학이 다양한 형태로 비중 있는 위치를 차지하고 있던 문화적 상황 속에서 쓴 글들 안에서 발견된다. 지금부터 순교자 유스티누스와 알렉산드리아의 클레멘트와 관련된 접근 방식을 잠시 살펴볼 생각이다. 그들은 기독교가 특정한 형태의 플라톤주의와 일치한다는 것을 입증해 보이려고 노력했다.

유스티누스는 148-61년에 로마에서 헬라어로 기독교 신앙을 변증하는 책을 두 권 저술했다. 그는 기독교를 적극적으로 옹호하면서 세속적인 지혜와 복음을 연관시키려고 시도했다. '로고스'의 개념은 유스티누스에게 매우 중요했다. 이 점은 자세히 들여다봐야 할 필요가 있다. 중기 플라톤주의의 경우는 ('말씀'으로 번역되는) 헬라어 '로고스'를 관념의 세계와 일상의 세계를 연결해주는 중재적 원리를 가리키는 의미로 사용했다. 이 용어가 요한복음에서 예수 그리스도에게 적용되었다. "말씀(로고스)이 육신이 되어 우리 가운데 거하시매"(요 1:14). 유스티누스는 이 말씀을 근거로 로고스가 예수 그리스도에게만 국한되는 것은 아니지만 그분을 통해 가장 온전하게 드러났고, 거기에서부터 모든 지혜가 비롯한다고 주장했다.

> 그리스도께서는 하나님의 맏아들이시다. 우리는 그분이 모든 종족이 함께 공유하는 로고스이시라고 선포해 왔다. 로고스를 따라 사는 사람들은 소크라테스와 헤라클레이토스를 비롯해 그들과 비슷한 다른 모든 사람들의 경우처럼 헬라인들 사이에서 무신론자로 간주된다고 하더라도 그리스도인들이라고 말할 수 있다.…법률가들이나 철학자들이 잘 말한 것은 무엇이든 로고스의 측면들을 발견해 관조함으로써 밝혀진 것이었다. 그러나 그들은 로고스이신 그리스도를 알지 못했기 때문에 종종 자가당착에 빠졌다.…모든 사람이 잘 말한 것들도 모두 우리 그리스도인들에게 속한 것이다. 그 이유는 우리가 기원이 없으시고, 말로 형용하기 어려운 하나님에게서 나오신 로고스를 그분과 나란히 숭배하고, 사랑하기 때문이다. 로고스가 인간이 되신 이유는 우리를 위해서, 곧 우리의 고난에 동참해 우리를 치유하시기 위해서다. 모든 저술가들은 자기들에게 심어져 이식된 로고스의 씨앗 덕분에 어렴풋하게나마 진리를 알 수 있다.

유스티누스가 펼친 논증의 핵심은 하나님이 '로고스의 씨앗들'(스테르마타)을 그리스도의 강림 이전에 온 세상에 흩뿌리셨기 때문에 세속적인 지혜와 진리도 비록 불완전하지만 그리스도를 가리킬 수 있다는 것이다. 따라서 그리스도의 강림 이전에 '로고스'를 따라 살려고 노력했던 사람들은 비록 스스로를 그리스도인으로 생각하지 않더라도 그렇게 간주해야 마땅하다. 교부 시대의 다른 저술가들은 대부분 유스티누스의 이런 주장을 탐탁하지 않게 여겼다. 그들은 믿음과 철학을 연관시키려는 그의 시도가 너무 지나치다고 생각했다. 특히 주의를 기울여야 할 요점들을 간추리면 다음과 같다.

1) 유스티누스는 예수 그리스도께서 로고스이시라고 주장했다. 인간의 참된 지혜는 분명하게 인정하든 그렇지 않든 모두 로고스에서 비롯했다. 철학적 갈등과 모순은 로고스를 불완전하게 아는 탓에 발생한다. 로고스를 온전히 아는 것은 오직 예수 그리스도를 통해서만 가능하다.
2) 소크라테스를 비롯해 로고스에 따라 살려고 애쓰는 사람은 누구나 그리스도인으로 간주할 수 있다. 유스티누스의 이런 가르침은 논란의 원인이 되었다.
3) 세속 철학을 통해 드러난 참되고, 선한 것은 모두 로고스로부터 비롯한 것이기 때문에 그리스도인들도 그것을 모두 받아들여야 한다.

알렉산드리아의 클레멘트(150-215). 기독교 사상과 헬라 철학의 관계를 탐구하는 데 특별한 관심을 기울였던 알렉산드리아의 유력한 저술가.

알렉산드리아의 클레멘트도 그와 비슷한 접근 방식을 채택했다. 그는 고전 철학이 복음을 예비하는 역할을 했다는 것을 보여주려고 노력했다. 클레멘트는 하나님이 유대인들에게 모세의 율법을 허락하신 것과 비슷한 방식으로 그리스도의 강림을 예비하도록 헬라인들에게 철학을 허락하셨다고 주장했다.

그는 철학을 계시와 동등한 것으로 취급하지는 않았지만 로고스의 씨앗을 헬라 철학 안에서 발견할 수 있다는 순교자 유스티누스의 생각을 뛰어넘었다.

그리스도의 강림이 있기 전까지 헬라인들에게는 의를 위해 철학이 필요했다. 철학은 참된 종교를 받아들이기 위한 일종의 예비 훈련과 같은 것으로 논증의 방식을 통해 믿음에 이르는 사람들을 돕는 역할을 한다. 헬라인에게 속한 것이든 우리에게 속한 것이든, 선한 것은 무엇이든 섭리에 의한 것으로 간주한다면 '네 발이 거치지 않을' 것이다(잠 3:23). 왜냐하면 하나님은 (신구약 성경처럼) 직접적인 것이든 (철학처럼) 간접적인 것이든 선한 모든 것의 원천이시기 때문이다. 주님이 헬라인들을 부르시기 전까지 그들에게는 철학이 주어졌다. 율법이 히브리인들을 그리스도께로 인도하는 '초등교사'였던 것처럼 헬라인들의 경우는 철학이 그런 역할을 했다. 이처럼 철학은 그리스도 안에서 완전하게 되는 길을 준비하는 예비 수단이었다.

특히 주의를 기울여야 할 요점들을 간추리면 다음과 같다.

1) 고전 철학은 '구원의 경륜' 안에서 확실한 역할을 한다. 클레멘트는 하나님의 섭리를 통해 철학이 그리스도의 강림을 예비하는 기능을 했다고 주장했다.
2) 그리스도의 강림 이후에도 철학은 '예비 훈련'이라는 중요한 기능을 그대로 유지한다. 클레멘트는 철학을 긍정적인 관점에서 바라보았고, 그것을 경쟁적인 세계관이 아닌 기독교에 이르는 길로 간주했다.
3) 철학과 구약성경을 비유한 것에 주목하라. 클레멘트는 하나님이 그리스도의 강림을 위해 이스라엘 백성을 준비시키는 수단으로 구약 율법을 허락하신 것처럼 헬라인들에게 철학을 허락해 그분의 강림을 예비하게

하셨다고 주장했다.

4) 그리스도께서 철학의 완성이요 성취로 간주되었다.

그러나 초기 기독교 저술가들이 모두 고전 철학에 대해 긍정적인 태도를 보인 것은 아니었다. 3세기의 로마 저술가 테르툴리아누스는 기독교 사상 안에 철학을 포함시키는 것에 대해 깊은 우려를 표명했던 대표적인 교부 시대 저술가였다. 그는 그것이 심각한 오류를 일으킬 수 있다고 주장했다. 그는 이교 사상을 전하는 철학을 신학에 도입하면 교회 내에 이단 사상이 발생할 뿐이라고 말했다. 그는 3세기 초에 라틴어로 쓴 『이단의 규칙』에서 아덴과 예루살렘을 대조하면서 그것이 이교 철학과 기독교의 계시 사이의 갈등을 상징한다고 역설했다. '아카데미'가 학문의 세계를 통칭하는 의미가 아니라 아덴이 있는 플라톤의 아카데미를 가리키는 의미라는 점에 주의하라. 테르툴리아누스는 '아카데미'의 이교 사상을 기독교 안에 용인해서는 안 된다고 믿었다.

> 철학은 세속적인 지혜를 위한 자료를 제공하며, 스스로가 신적 본질과 섭리의 해석자라는 대담한 주장을 펼친다. 이단들은 철학으로부터 무기를 얻는다. 플라톤의 제자 발렌티누스도 '에온'과 '인간성의 삼위일체'라는 개념을 철학에서 발견했다.…아덴과 예루살렘, 아카데미와 교회의 공통점이 무엇인가? 우리의 신앙 체계는 솔로몬의 행각에서 단순한 마음으로 하나님을 찾는 것이 필요하다고 가르치신 분에게서 비롯한다.

테르툴리아누스는 이단들이 그들의 주요 사상을 세속적인 헬라 철학에서 끄집어낸 것은 틀림없는 역사적 사실이라고 주장했다. 그가 보기에는 그런 사실만으로도 철학을 신학에 이용하는 것을 심각하게 생각해야 할 이유가 되기에 충분했다. 철학이 세속적인 사상을 지향하는 데 기독교가 그것에 관심을 기울여야 할 이유가 무엇인가? 아덴과 예루살렘이 무슨 상관이 있는가? 플라톤의 아카데미가 기독교 교회와 무슨 관계가 있는가?

물론, 테르툴리아누스의 주장은 철학의 개념들을 비판적으로 수용해야 할 필요성이 있다는 주장과 충돌할 수 있다. 유스티누스와 클레멘트가 세속 철학에 대해 지나치게 긍정적인 태도를 취했다면 테르툴리아누스는 너무 부정적인 태도를 드러냈다고 말할 수 있다. 헬라 철학에서 발견되는 사상들이 다 옳지는 않지만 그렇다고 해서 모든 것이 다 그릇된 것도 아니다. 아우구스티누스는 초기 저서에서 그런 균형적인 접근 방식을 취했다. 그 점을 잠시 살펴보면 다음과 같다.

아우구스티누스는 397년에 라틴어로 저술한 『기독교 교리』에서 기독교와 이방 철학의 관계를 상당히 길게 논의했다. 그는 출애굽을 예로 들어 그리스도인들이 철학에서 좋은 것들을 뽑아내 복음 전파를 돕는 일에 사용하지 않아야 할 이유가 없다고 주장했다. 그가 이런 접근 방식의 타당성을 입증하기 위해 사용한 비유가 구약성경 출애굽기에서 발견된다. 그것은 이스라엘 백성이 애굽을 떠났을 당시의 상황을 기록한 것으로 '출애굽' 사건으로 널리 알려져 있다. 이스라엘 백성은 애굽에서 한동안 압제를 받았다. 그들은 그런 고통을 남겨놓고 떠나면서 자기들을 압제하던 애굽인들의 보화를 챙겨서 갔다. 아우구스티누스는 이스라엘 백성이 애굽에서의 고통은 뒤에 남겨두고, 보화는 가지고 떠난 것처럼 신학도 무익한 철학 사상은 버리고 유익하고, 선한 것은 탐구해야 한다고 주장했다.

> 철학자로 불리는 사람들, 특히 플라톤주의자들이 우리의 믿음에 일치하는 참된 것을 말했다면 그것을 거부하지 말고, 우리 자신을 위해 사용해야 한다.… 이방 학문이 전적으로 그릇된 가르침과 미신으로만 이루어진 것은 아니다. 거기에는 진리로 사용하기에 매우 적합한, 뛰어난 가르침과 탁월한 도덕적 가치

가 포함되어 있다. 그 안에서는 심지어 유일하신 하나님을 예배하는 것과 관련된 진리들이 더러 발견되기도 한다. 말하자면 이것들이 그들이 가지고 있는 금이요 은이다. 그것은 그들이 스스로 창안한 것이 아니라 하나님의 섭리라는 광산에서 캐낸 것이다.…따라서 그리스도인들은 그릇된 것들은 버리고 진리만을 골라내 복음 선포를 위해 적절하게 활용할 수 있다.

아우구스티누스의 논증은 설득력이 있고, 생산적인 것으로 드러났다. 그는 사실상 세속 철학의 개념과 방법을 '비평적으로 활용하는 법'을 옹호했다. 그런 개념과 방법이 옳고, 유익할 때는 채택하면 되고, 그릇되거나 무익할 때는 무시하면 된다. 그리스도인들은 세속 철학에서 참되고, 선한 것을 골라내 기독교 복음을 위해 활용할 수 있다.

기독교 안에서 기독교 신앙과 철학의 관계를 탐구하려는 시도는 중세 시대에 꽃을 활짝 피웠던 '스콜라주의'로 발전했다. 이 풍성한 지적 전통에 대해서는 사례 연구 2.1에서 자세히 살펴볼 예정이다. 그러나 그 전에 먼저 기독교 사상사에서 큰 비중을 차지하는 이 시기를 전체적으로 조망해 보는 것이 좋을 듯하다.

2장

중세 시대와 르네상스
(500–1500)

'중세 시대'의 정의
서유럽의 중세 신학
스콜라주의의 발흥
이탈리아 르네상스
인문주의의 발흥
동유럽의 중세 신학
대표적인 신학자
중요한 신학적 발전
중요한 명칭, 용어, 문구
질문
사례 연구

중세는 기독교 신학의 역사상 대단히 창의적이고, 혁신적인 시대였다. 궁궐과 수도원, 나중에는 유럽의 대학들이 신학적 사색의 탁월한 중심지이자 기독교 사상과 삶의 관계를 새로운 방식으로 탐구하는 온상이 되었다. 더군다나 이 시기는 르네상스의 발흥으로 더욱 활기를 띠게 되었다. 이런 역동적인 문화 풍조는 과거의 고전을 창의적으로 재활용함으로써 교회와 사회 전체의 삶과 사상에 새로운 활력을 가져다주었다. 이 시기에 많은 신학적 발전이 이루어졌기 때문에 그로 인한 성취와 신학에 대한 기여의 정도를 면밀하게 고찰하는 것이 중요하다.

'중세 시대'의 정의

언제 한 시대가 끝나고, 또 다른 시대가 시작되었는지를 정확히 말하기는 매우 어렵다. 칼케돈 공의회(451)를 끝으로 교부 시대가 마감하고, 중세 시대가 시작되어 서유럽에서 위대한 신학적 르네상스가 시작되었다는 것이 전통적인 설명이다. 그러나 이것은 여러 가지 이유에서 불만족스러운 설명이다. 가장 명백한 이유는 '중세 시대'가 서유럽에서만 이루어진 문화적 발전의 결과였다는 점이다. 이 설명은 동로마제국이 로마의 멸망(410)에 비교적 크게 영향을 받지 않았다는 사실을 간과한다. 비잔틴 신학의 발전은 서유럽 역사의 범주에 잘 들어맞지 않는다. 또한 이 설명은 신성로마제국의 초대 황제인 샤를마뉴의 통치 기간에 이루어진 중요한 발전과 같이 서유럽에서 일어난 기독교 신학의 부흥을 고려하지 않는다. 8세기에 시작되어 9세기 중반까지 지속되었던 '카롤링거 왕조의 문예 부흥'을 통해 성례(예수 그리스도께서 제정하신 기독교 의식)의 신학과 관련해 특별히 중요한 신학적 발전이 이루어졌다.

'중세'와 '중세 시대'는 찬란한 지성을 꽃피웠던 고대와 현대 사이에 있는 과도기를 지칭하는 현대적 용어다. 중세 시대에도 '중세'와 비슷한 의미를 지닌 용어들이 발견되지만, 그 의미는 오늘날의 의미와 크게 달랐다. 톨레도의 율리아누스(685년 사망)는 그리스도의 성육신과 재림 사이의 기간을 지칭하기 위해 '중간기' 또는 '중간 시기'(tempus medium)라는 문구를 사용했다. 이 용어는 르네상스 이후부터 찬란한 지성을 꽃피웠던 고대와 그 회복을 이룬 르네상스 사이에 존재하는 무미건조한 시대를 지칭하는, 약간 경멸적인 의미로 사용되었다.

7세기에 이슬람 세력이 확장하면서 그 지역의 정치적 판도가 크게 불안정해지면서 구조적인 변화가 일어났다. 11세기가 되어 그 지역에 어느 정도 안정이 찾아오자 전에 로마 제국이 차지했던 자리에 세 개의 중요한 세력이 등장했다.

1) 콘스탄티노플(현대 터키의 이스탄불)을 중심으로 건설된 비잔틴제국. 이곳에서 우세를 점했던 기독교는 헬라어를 사용했으며, 지중해 지역 동쪽의 교부 시대 학자들(아타나시우스, 갑바도기아 교부들, 다마스커스의 요한네스 등)의 사상에 깊이 뿌리를 두고 있었다. 비잔틴 신학의 특징적인 주제들은 뒤에서 자세히 논의할 생각이다.

2) 프랑스, 독일, 저지대 국가들, 북이탈리아와 같은 지역으로 이루어진 서유럽. 이 지역을 지배했던 기독교는 로마와 '교황'으로 알려진 그곳의 주교를 중심으로 했다(그러나 '대분열'로 알려진 시기에는 교황권을 주장하는 세력이 둘로 나뉜 탓에 약간의 혼란이 발생했다. 하나는 로마에, 다른 하나는 아비뇽이라는 프랑스 남부 도시에 각각 근거지를 두었다). 이곳의 신학은 파리와 다른 도시에 있는 대학들과 대성당에서 집중적으로 논의되었고, 주로 아우구스티누스, 암브로시우스, 푸아티에의 힐라리우스와 같은 라틴 저술가들의 사상에 근거했다).

3) 지중해 동쪽 끝과 남부 지역의 대부분을 다스렸던 칼리프 왕조. 이슬람은 1453년에 콘스탄티노플을 함락하면서 유럽의 대부분 지역에 큰 충격을 안겨주며 계속 세력을 확장했다. 이슬람은 15세기 말에 유럽 대륙의 두 지역, 즉 스페인과 발칸 지역에서 확고한 세력을 구축했다. 이슬람의 이런 약진은 15세기 말에 스페인에서 무어족이 축출되고, 1523년에 이슬람 군대가 빈 외곽지역에서 패배함으로써 일단락되었다.

이 시기에 교회의 역사상 매우 중요한 사건이 하나 일어났다. 다양한 이유로 인해 콘스탄티노플을 근거지로 하는 동방 교회와 로마를 근거지로 하는 서방 교회의 갈등이 9세기와 10세기를 거치면서 갈수록 증폭되었다. 니케아 신조에 포함된 "필리오케"라는 문구를 둘러싼 논쟁도 그런 냉랭한 분위기의 발전에 적지 않은 영향을 미쳤다. 그밖에도 라틴어를 사용하는 로마와 헬라어를 사용하는 콘스탄티노플의 정치적 경쟁 관계와 로마 교황의 권위를 더욱 강화하려는 움직임을 비롯해 여러 가지 요인들도 한몫을 담당했다. 서방의 가톨릭교회와 동방의 정교회가 결정적으로 서로 등을 돌리게 된 시기는 약간 억지스러운 추정이긴 해도 대개 1054년으로 간주된다.

이 갈등의 중요한 결과 가운데 하나는 동방 교회와 서방 교회 사이에서 신학적인 교류가 거의 이루어지지 않게 되었다는 점이다. 토마스 아퀴나스와 같은 서방 신학자들은 헬라 교부들의 저서들을 자유롭게 활용했지만 그것들은 거의 다 이 시기 이전에 저술된 것들이었다. 저명한 저술가 그레고리우스 팔라마스와 같은 후대의 정교회 신학자들의 저서들은 서방에서 별다른 관심을 불러일으키지 못했다. 서구 신학이 정교회의 풍요로운 전통을 재발견하기 시작한 것은 20세기에 접어 들고나서야 비로소 이루어졌다.

'중세 신학'은 이 시기에 이루어진 서구 신학을 가리키는 용어로 종종 사용되고, '비잔틴 신학'은 대략 이와 비슷한 시기, 곧 콘스탄티노플의 함락 이전에 이루어진 동방 교회의 신학을 가리키는 용어로 사용된다. 서구 유럽의 역사가 이 시기를 거치는 동안, 기독교 신학의 중심지는 차츰 북쪽으로 올라가 프랑스 중부와 독일로 이동했다. 로마가 여전히 그 지역에서 교회 권력의 중심지로 남았지만, 지성적인 활동은 샤르뜨르, 랭스, 벡과 같은 프랑스의 수도원들로 서서히 옮겨갔다. 중세 대학들의 설립과 더불어 신학은 학술적 연구의 중심 분야로 신속히 자리를 굳혔다. 전형적인 중세 대학은 네 개의 학과, 즉 기초 학문 한 가지(인문학)와 고등 학문 세 가지(신학, 의학, 법학)를 갖추었다. 그러면 비잔틴 세계 안에서 이루어진 발전을 살펴보기 전에 먼저 서유럽에서 이루어진 발전을 잠시 생각해 보기로 하자.

서유럽의 중세 신학

역사가들은 '중세 시대'가 언제 시작되었느냐는 문제로 한동안 논쟁을 벌였다. 익히 짐작할 수 있는 대로, 이 질문에 주어진 대답들은 그 시대를 어떻게 정의하느냐에 달려 있다.

아덴의 플라톤 아카데미의 쇠퇴와 몬테카시노 수도원의 설립(529)이 그 자체로 확실한 원인은 아니었지만, 고대에서 중세로 넘어가는 과도기적인 역할을 했다고 생각하는 사람들이 많다. 어떤 사람들은 알라리크가 410년에 로마를 정복한 때부터 시작해서 그 결과로 지성적인 활동의 중심지가 지중해 세계에서 데오도리크와 샤를마뉴가 다스리던 유럽 북부지역으로 옮겨갔다가 나중에는 프랑스의 수도원과 성당 학교를 거쳐 파리와 옥스퍼드의 대학으로 이동한 것을 중세 시대로 간주하기도 한다.

따라서 신성로마제국의 초대 황제 샤를마뉴(742-814)의 치세를 통해 이룩된 새로운 번영을 고찰함으로써 서구 중세 신학의 발전 과정을 추적해 나가는 것이 좋을 듯하다.

카롤링거 왕조의 문예 부흥

샤를마뉴의 통치 아래 교회 안에서의 지성적 활동을 새롭게 부흥시키는 데 일치된 노력이 집중되었다. 아마도 당시의 신학적 부흥을 이끌었던 가장 중요한 인물은 알쿠인(735-804)일 것이다. 그는 요크의 성당 학교에서 수학했고, 나중에 그곳의 교장이 되었다. 알쿠인은 샤를마뉴의 초청으로 투르의 성 마르티노 수도원 원장으로 취임했고, 그곳을 학문의 중심지로 발전시켰다. 잇따른 제국의 칙령을 통해 유럽 북부지역에 두 종류의 신학교가 설립되었다. 하나는 주로 수도사의 길을 걷고자 하는 사람들을 교육할 목적으로 설립한 수도원 학교였고, 다른 하나는 주교가 설립하고, 학사관(magister scholarum 또는 scholasticus)이 운영했던 성당 학교였다. 카롤링거 왕조의 문예 부흥을 통해 이루어진 결과 가운데 하나는 수도원과 성당을 중요한 교육 장소로 인지한 것이었다. 744년에 독일에 설립된 풀다 수도원은 그 지역에서 신학과 일반 학문을 위한 가장 중요한 교육의 중심지 가운데 하나가 되었다. 라바누스 마우루스, 발라프리드 스타라보,, 세르바투스 루푸스가 8세기와 9세기에 그곳에서 수학했다.

카롤링거 왕조의 문예 부흥은 정치적 불안정과 경제적 불확실성 때문에 결국 큰 난관에 봉착했지만, 샤를마뉴가 신학 교육의 중심지로 여겼던 기관들은 여전히 남아서 12세기 신학의 부흥을 일으키는 데 중요한 역할을 했다. 다음 항에서는 이런 발전을 잠시 살펴볼 생각이다.

성당 학교와 수도원 학교의 발흥

일반적으로 수도원 운동은 교부 시대에 시리아 동부 지역과 애굽의 한적한 산지에서 시작된 것으로 인정된다. 상당수의 그리스도인들이 인구가 많은 지역의 산만한 분위기를 피하기 위해 그런 지역으로 이동해 거주하기 시작했다. 그런 공동체들은 복잡하고, 부패한 세상에서 벗어나는 것을 가장 중요한 일로 생각했다. 일부 고독을 좋아하는 사람들은 혼자 고립되어 사는 삶의 필요성을 강조했지만, 그보다는 세상과 동떨어져 공동체를 이루어 사는 삶이 더 낫다는 생각이 더 우세했다.

6세기에 수도원의 숫자는 크게 증가했다. 이 시기에 가장 포괄적인 수도원 규칙 가운데 하나인 '베네딕트회 규칙'이 만들어졌다. 누르시아의 베네딕트(480-550)는 525년경에 몬테카시노에 자신의 수도원을 설립했다. 베네딕트 공동체는 그리스도께 대한 무조건적인 복종을 추구하며, 정기적인 집단 기도, 개인기도, 성경 읽기로 유지되는 규칙을 준수했다. 베네딕트회 수녀 스콜라스티카도 수두원 운동에 적극적으로 동참했다.

수도원의 기원은 교부 시대에까지 거슬러 올라가지만 그것이 신학의 발전에 중요한 역할을 한 것은 중세에 들어서부터였다. 중세의 훌륭한 신학교들은 대부분 프랑스와 연관이 있었다. 그 가운데 가장 중요한 신학교는 샤르뜨르 대성당과 관련되었다. 샤르뜨르 성당은 1006년부터 사망할 때까지 샤르뜨르의 주교로 활동했던 풀베르트(960-1028)의 인도 아래 11세기의 가장 중요한 신학 교육의 장소가 되었다. 노르망디의 벡(르 벡)의 베네딕트회 수도원에서는 11세기의 가장 중요한 신학자 두 사람이 배출되었다. 그들은 다름 아닌 랜프랭크(1010-1089)와 안셀무스(1033-1109)였다.

또한 중세 시대의 훌륭한 수녀원은 교회의 사고에 중요한 영향을 미친 여성 저술가들을 배출하는 터전이 되었다. 예를 들어, 빙겐 근처에 있는 루퍼츠베르크의 여수도원장이었던 빙겐의 힐데가르트(1098-1179)는 상당히 창의적인 영적, 신학적 저술가라는 평판을 얻었다. 그녀는 1163-1173년에 저술한 『하나님의 사역에 관한 책』(Liber divinorum operum)으로 유명하다. 종종 대화의 형태로 일련의 신학 저서들을 저술한 것으로 기억되는 시에나의 카타리나(1347-1380)는 도미니크회 제3회원(약간 완화된 도미니크회 규칙을 준수하는 평신도)이었다.

그러나 중세 시대의 여성 신학자들이 모두 수녀원 출신은 아니었다. 『신적 사랑의 계시』로 기억되는 영국의 은둔자 노리치의 줄리언(1342-1415)은 홀로 고독한 삶을 살았다. 마그덴부르크의 메히트필드(1210-1282)는 13세기의 가장 중요한 여성 영적 저술가 가운데 하나로 널리 알려져 있다. 그녀는 자신의 환상 체험담과 조언과 비판이 담긴 편지들을 비롯해 비유와 사색과 기도로 구성된 『신성의 흐르는 빛』이라는 책을 저술한 것으로 유명하다. 메히트필드는 베긴회 수녀(서약에 구속되지도 않고, 폐쇄적인 공동체 안에서 살지도 않고, 결혼의 가능성을 완전히 포기하지도 않은 상태에서 종교적인 소명을 이행했던 여성)였다.

파리 북서쪽에 위치한 라온의 대성당은 라온의 안셀무스(1117년 사망)가 활동할 시기에 매우 중요한 신학 교육의 중심지가 되었고, 전성기를 구가할 때는 피에르 아벨라르와 같은 위대한 신학자들의 관심을 끌었다. 12세기에 파리에 설립된 성 빅토 왕립 수도원도 중요한 신학 교육의 중심지가 되었고, 이제 막 걸음마를 시작한 파리대학의 신학 교육 과정을 결정하는 데 큰 영향을 미쳤다. 12세기에 배출된 걸출한 신학자들 가운데는 성 빅토르의 휴, 성 빅토르의 앤드류, 성 빅토르의 리처드가 포함된다.

이런 학교들의 중요성이 커진 이유는 또 다른 발전과 관련이 있다. 그것은 특정한 수도회와 연관된 독특한 형태의 신학의 등장이었다. 이번에는 이 점을 잠시 살펴보기로 하자.

여러 수도회와 그들의 '신학교'

중세 시대에는 여러 개의 중요한 수도회들이 새로 설립되었다. 1097년, 손 강 근처의 인적 없는 시골 지역 한복판에 있는 시토에 시토회가 설립되었다. 위대한 영적 저술가요 설교자인 클레르보의 베르나르두스(1090-1153)는 가장 유명한 기독교 지도자들 가운데 한 사람이었다. 14세기 초에 이르러서는 약 600개의 시토회 수도원과 수녀원이 존재했던 것으로 추정된다.

그로부터 1세기 후에는 또 다른 두 개의 중요한 수도회가 설립되었다. 그것은 프란치스코회와 도미니크회였다. 프란치스코회의 설립자는 부유한 삶을 버리고 청빈과 기도의 삶을 추구했던 아시시의 프란치스코(1181-1226)였다. 전에 귀족이었던 아시시의 클라라가 그에게 동조해 '클라라 수녀회'를 설립했다. 프란체스코 수도사들은 짙은 회색 수도복을 입었기 때문에 종종 '회색 수사'로 불렸다. 이 수도회는 개인적이고, 집단적인 청빈을 강조한 것으로 유명했다.

(흰색 수도복에 검은색 망토를 걸치고 다녔기 때문에 종종 '검은 수사'로 불렸던) 도미니크회는 교육을 특별히 강조했던 스페인 성직자 구주만의 도미니쿠스(1170-1221)가 설립했다. 중세 시대가 끝나갈 무렵, 도미니크회는 대다수의 중요한 유럽의 도시들에 근거지를 마련하고, 교회의 지성적 활동에 크게 기여했다.

신학의 발전이라는 관점에서 보면, 특정한 신학교들이 특정한 수도회와 관계를 맺고 있다는 사실을 알 수 있다.

이 점을 이해하는 것은 매우 중요하다. 물론, 모든 수도회가 학문적인 신학을 중요하게 생각했던 것은 아니었다. 예를 들어, 시토회는 학문적인 형태의 신학보다는 영성을 특별히 강조했다. 중세 신학의 발전에 중요한 영향을 미친 수도회는 세 곳이었다. 그 수도회들은 제각기 다른 수도회들과 구별되는 독특한 형태의 신학을 발전시켰다.

1) **도미니크회.** 이 수도회의 독특한 신학적 입장은 대 알베르투스, 토마스 아퀴나스, 타랑테의 피에르와 같은 중요한 저술가들을 통해 발전되었다.
2) **프란치스코회.** 세 명의 중요한 중세 신학자들이 이 수도회와 관련이 있다. 그들은 보나벤투라, 둔스 스코투스, 오캄의 윌리엄이다.
3) **아우구스티누스회.** 이 수도회의 독특한 신학적 입장은 처음에는 로마의 에기디우스(1244-1316), 나중에는 스트라스부르의 토마스(1275-1357)와 같은 저술가들에 의해 각각 발전되었다.

이 세 곳의 독특한 신학교의 중요성은 중세 시대는 물론, 16세기까지 계속되었다. 이 학교들에 대해 어느 정도의 지식이 있어야만 마르틴 루터(본래 아우구스티누스회 수사였다)의 사상이나 트리엔트 공의회에서 벌어진 신학적 논쟁을 이해할 수 있다.

대학의 설립

11세기 말에 프랑스에서 정치적 안정이 어느 정도 회복되자 파리대학이 다시 기능을 발휘하기 시작했고, 빠르게 유럽의 지성적인 중심지로 인정을 받기에 이르렀다. 여러 개의 신학교가 센강 왼쪽 강변과 새로 건설된 노트르담 성당 근처에 있는 시테섬에 세워졌다.

소르본대학은 그런 학교 가운데 하나였다. 그 대학은 곧 '소르본'이 파리대학 전체를 가리키는 약칭으로 사용될 정도로 유명해졌다. 심지어 16세기에도 파리는 신학과 철학 교육을 이끄는 중심지가 되었다. 그곳의 학생들 가운데는 로테르담의 에라스무스와 존 칼빈과 같은 뛰어난 인물들이 포함되어 있었다. 그런 학문의 중심지가 유럽의 다른 곳에도 곧 설립되었다. 그로써 교회의 삶과 관련해 지성적, 법률적, 영적 측면을 강화하는 신학적 발전을 이끌 새로운 과정이 시작되었다.

파리대학은 피에르 아벨라르(1079-1142), 대 알베르투스(1200-1280), 토마스 아퀴나스(1225-1274), 보나벤투라(1217-1274)와 같은 인물들과 더불어 곧 신학적 사색의 선도적인 중심지로서의 입지를 굳혔다. 처음에는 잉글랜드의 옥스퍼드대학이 파리대학의 가장 중요한 경쟁 상대였지만 14, 15세기를 지나면서 독일과 다른 곳에 새로 유수한 대학들이 설립되면서 서유럽 전역에 상당수의 대학이 속속 등장했다.

피에르 롬바르드의 『네 권의 명제집』

중세 시대의 특성은 특정한 신학적 해석에 적절하다고 판단되는 성경적 자료와 교부 시대의 자료를 축적해 그 과정에서 발견되는 명백한 모순을 해결하기 위한 해석학적(하나의 본문, 특히 성경을 해석하기 위한 기본 원리) 방법을 개발하려고 시도한 것에 있다. 교회법 학자들은 교부들의 '문장들'을 모아놓은 것을 본보기로 삼아 처음에는 연대순에 따라, 나중에는 주제별로 교령집(논쟁이 되는 교회법의 문제를 해결하는 기준으로 간주되었던 교황들의 서신)을 편찬했다. 아키텐의 『아우구스티누스의 저서에서 발췌한 문장들을 모은 책』(Liber sententiarum ex operibus Augustini)이 큰 인기를 누린 것이 그런 현상을 보여주는 초창기의 사례였다. 교부 시대의 '문장들'을 모아놓은 이 책은 아우구스티누스의 글을 주로 인용해 실었다. 그것 가운데 가장 유명한 것이 중세의 신학 교본이 되었다.

중세 시대에 신학에 대한 새로운 관심이 고조된 원인도 파리대학과 관련이 있었다. 1140년 직전에 피에르 롬바르드가 가르치기 위해 파리대학에 왔다. 그의 가장 우선적인 관심사 가운데 하나는 학생들이 신학의 어려운 문제들을 고민하도록 만드는 것이었다. 그가 공헌한 것은 『네 권의 명제집』(Sententiarum libri quattuor)이라는 교본이었다. 그것은 성경과 교부 시대 저술가들로부터 인용한 것을 주제별로 배열한 책이었다. 이 책은 아우구스티누스에게서 발췌한 천 개의 인용문이 책의 80퍼센트를 차지했기 때문에 '아우구스티누스 성무일과서'로 종종 일컬어졌다. 피에르가 학생들에게 요구한 것은 간단했다. 즉, 그것은 자기가 모아놓은 다양한 인용문들을 조화시킬 수 있는 신학을 구축하라는 것이었다. 이 책은 아우구스티누스의 유산을 발전시키는 데 중요한 역할을 한 것으로 드러났다. 왜냐하면 학생들이 억지로라도 아우구스티누스의 사상을 고민하면서 모순을 해결할 적당한 신학적 설명을 고안함으로써 겉으로 모순된 듯 보이는 본문들을 조화시켜야 했기 때문이다.

어떤 저술가들은 그 책에서 그리스도께서 인격으로 존재하지 않으셨다는 견해, 곧 '기독론적 허무주의'로 알려지게 된 견해를 피력한 부주의한 내용이 간간이 발견되었기 때문에 그것을 금서로 규정하려고 시도했다. 그러나 1215년이 되자 그 책은 당대의 가장 중요한 교본으로 확고히 자리를 굳혔다. 신학자들이 롬바르드의 책을 연구하고, 해설하는 것이 의무처럼 되었다. 그 결과, 『명제집 해설』로 알려진 글들이 중세 시대의 가장 익숙한 신학적 장르 가운데 하나가 되었다. 그런 사례들 가운데 가장 대표적인 것으로는 토마스 아퀴나스와 보나벤투라와 둔스 스코투스의 저서들이 있다. 그 책은 16세기에도 여전히 사용되었을 뿐 아니라 마르틴 루터는 주석을 달기까지 했다.

스콜라주의의 발흥

스콜라주의라는 용어는 철학과 신학에 대한 고전적인 문제들을 논의했던 중세의 훌륭한 '학교들'(scholae)에서 유래했다. 스콜라주의는 종종 부정적으로 취급되지만, 그보다는 훨씬 더 긍정적인 관점에서 바라봐야 할 필요가 있다. 다시 말해, 스콜라주의는 삶의 모든 측면을 뒷받침할 수 있는 기독교적 개념들을 탁월하면서도 대담하게 종합하려고 했던 시도로 간주해야 한다. 그것은 중세의 훌륭한 석공들이 돌로 역사상 가장 많은 사람의 방문과 찬탄을 끌어낸 건축물을 지은 것처럼 개념들로 '생각의 대성당(에티엔느 질송)'을 지으려고 시도했다. 스콜라 신학과 개념들의 세계와의 관계는 그런 대성당들과 건축의 세계와의 관계와 같다.

그렇다면 스콜라주의를 어떻게 정의할 수 있을까? 중세 시대의 주요한 학파들의 독특한 입장을 모두 공평하게 평가할 수 있는 정확한 정의를 내리기는 어렵다. 아마도 "스콜라주의는 1200-1500년에 발전했던 중세의 신학 운동으로 종교적인 신념들의 합리적인 타당성을 입증하고, 그런 신념들을 체계적으로 제시하는 것에 중점을 두었다."라고 정의하는 것이 유익할 듯하다. 이처럼 '스콜라주의'는 '특정한 신념의 체계'가 아니라 '신학을 연구하고, 체계화하는 특별한 방식'(자료들을 제시하고, 세밀하게 구별해 포괄적인 신학적 관점을 구축하려고 했던 시도)을 가리킨다.

스콜라주의는 기독교 신학의 다양한 분야에서, 그 가운데서도 특히 이성과 논리가 신학에서 차지하는 역할에 관한 논의와 관련해서 큰 공헌을 했다. 토마스 아퀴나스, 둔스 스코투스, 오캄의 윌리엄은 스콜라 저술가들 가운데 가장 탁월한 세 사람으로 손꼽힌다. 그들은 그런 분야에서 대대로 신학의 이정표가 되어준 큰 업적을 남겼다.

이탈리아 르네상스

'르네상스'라는 프랑스어는 14, 15세기에 이탈리아에서 이루어진 문학과 예술의 부흥을 지칭하는 의미로 널리 사용된다. 1546년, 파올로 조비오는 14세기를 '라틴 문자가 재탄생(renatae)했던 행복한 세기'로 일컬음으로써 이 전문 용어의 등장을 알렸다.

일부 역사가들, 특히 야콥 부르크하르트는 르네상스로 인해 현대가 시작되었다고 주장했다. 그는 그 시기에 인간이 처음으로 자기 자신을 개인으로 생각하기 시작했다고 말했다. 르네상스를 순전히 개인주의적인 용어로 정의한 부르크하르트의 주장은 많은 점에서 문제가 있지만 한 가지 점에서는 확실하고, 정확했다. 그것은 새롭고, 흥미로운 것이 르네상스 이탈리아에서 발전되어 대대에 걸쳐 사상가들을 크게 매료시켰다는 것이다.

이탈리아가 사상의 역사 안에서 일어난 이 새롭고, 탁월한 운동의 요람이 된 것은 분명한 사실이다. 이 점과 관련된 여러 가지 요인들을 간추려 정리하면 다음과 같다.

1) 중세 시대의 지성적 주축이었던 스콜라 신학은 이탈리아에서는 특별한 영향력을 발휘하지 못했다. (토마스 아퀴나스와 리미니의 그레고리우스와 같은) 많

은 이탈리아인이 신학자로서 이름을 날렸지만 그들은 대개 유럽의 북부에 거하면서 활동했다. 그런 이유로 14세기의 이탈리아는 지성적 공백이 존재했다. 공백은 채워지려는 경향이 있다. 따라서 르네상스 인문주의가 그 공백을 채웠다.

2) 이탈리아에는 고대의 위대함을 직접 보고, 만지며 상기할 수 있는 것들이 가득했다. 고대 로마 건축물과 기념비의 잔해가 전국 곳곳에 흩어져 있었고, 르네상스 당시에 고대 로마 문명에 관한 관심을 일깨웠으며, 문화적으로 황폐하고, 메마른 시대에 로마의 고전 문화의 활력을 재발견하도록 당시의 사상가들을 자극했다.

3) 비잔틴제국이 무너지기 시작하면서(콘스탄티노플은 마침내 1453년에 이슬람 침략자들에 의해 함락되었다) 헬라어를 말하는 지성인들이 서쪽으로 피신했다. 이탈리아는 콘스탄티노플과 가까이에 있었기 때문에 그런 이주민들 가운데 많은 사람이 이탈리아의 도시들에 거주하게 되었다. 헬라어가 부활하는 것은 불가피한 결과였고, 그로 인해 헬라 고전에 관한 관심도 함께 부활했다.

이탈리아 르네상스의 세계관을 구성하는 핵심 요소는 중세의 지성적인 업적을 평가절하고, 고대의 문화적 영광으로 복귀하는 것이었다. 르네상스 저술가들은 전자를 무시했고, 고대의 업적이 그보다 훨씬 더 월등하다고 믿었다. 일반 문화에 대한 평가는 신학에도 그대로 적용되었다. 그들은 중세 시대의 신학 저서들은 내용이든 형식이든 후기 고전주의에 비견할 바가 못 된다고 생각했다. 르네상스는 부분적으로 유럽 북부지역의 대학들의 인문학 및 신학에 대한 기존의 접근 방식이 갈수록 심화되는 것에 대한 반발로 촉발되었다고 할 수 있다. 르네상스 저술가들은 스콜라주의자들의 언어와 논의의 전문적인 특성에 싫증을 느낀 탓에 그것들을 완전히 무시해버렸다. 기독교 신학의 경우에는 성경 본문과 교부들의 저서를 직접 연구하는 데서 미래를 향한 돌파구를 찾을 수 있다고 생각되었다. 이 점에 대해서는 뒤에서 좀 더 살펴볼 생각이다.

인문주의의 발흥

'휴머니즘'(humanism)이라는 용어는 오늘날에는 하나님의 존재나 타당성을 부인하거나 세속적인 사고방식만을 따르는 세계관을 가리키는 의미로 흔히 사용되지만 르네상스 시대에는 그렇지 않았다(이를 구별하기 위해 전자의 경우는 '인본주의'로, 후자의 경우는 '인문주의'로 다르게 번역한다/역자주). 르네상스 시대의 인문주의자들은 대부분 종교적이었고, 기독교를 없애기보다 정화하고, 새롭게 하는 데 관심을 기울였다. 그렇다면 그런 혁신의 과정은 과연 어떻게 일어났을까? 그 방법은 바로 서구 사상의 원천으로 되돌아가는 것이었다.

인문주의자들의 계획은 '근원으로 돌아가라'를 뜻하는 '아드 폰테스'(ad fontes)라는 라틴어 표어와 함께 시작되었다. 이것은 현대 서구 문화의 근원이자 원천인 고대 세계로 되돌아가서 그 사상과 가치를 통해 문화를 새롭게 갱신하고, 혁신하자는 의미였다. 고전 시대는 르네상스의 규범이자 원천이었다. 고대는 글이나 말은 물론, 예술과 건축에서도 르네상스의 수단이 될 문화적 원천으로 간주되었다. 따라서 기독교적 인문주의의 경우는 중세 시대의 복잡한 신학적 논의를 건너뛰고, 곧장 신약성경의 단순한 진리를 파헤치는 것으로 이해되었다. 그것은 중세 신학자들이 주로 사용했던 라틴어 『불가타 성경』(Latin Vulgate)이 아닌 헬라어 원문으로 된 신약성경을 탐구하는 것을 의미했다.

인문주의의 발흥과 관련된 가장 중요한 신학적 발전 가운데 하나는 『불가타 성경』의 신뢰성을 의문시한 것이었다. 헬라어와 히브리어에 대한 이해가 증진되어 원문 성경에 대한 지식이 늘어남으로써 『불가타 성경』이 신뢰할 수 없는 것으로 드러난다면, 그런 잘못된 번역 성경에 근거한 신학적 개념들이 위기를 맞이할 것이 분명했다. 이 점에 대해서도 나중에 좀 더 자세히 살펴볼 생각이다.

지금까지 서유럽을 중점적으로 다루었다. 이번에는 이 시기에 동유럽에서 이루어진 중요한 발전을 몇 가지 살펴보기로 하자.

동유럽의 중세 신학

비잔틴 신학이라는 명칭은 '비잔티움'이라는 헬라 도시의 이름에서 비롯했다. 이 도시는 콘스탄티누스 대제가 330년에 새 도읍지로 선택한 뒤부터는 '콘스탄티노플'(콘스탄티누스의 도시)로 개칭되었다. 그러나 옛 도시의 이름은 그대로 사용되었고, 1453년에 이슬람 군대의 침략으로 도시가 함락되기 전까지 그곳에서 번영했던 독특한 유형의 신학을 일컫는 명칭이 되었다. 콘스탄티노플은 지중해 동부 지역에서 발전한 기독교 사상의 유일한 중심지는 아니었다. 애굽과 시리아도 한동안 신학적 사색의 중심지 역할을 했다. 그러나 제국의 수도로서 정치적 권력이 콘스탄티노플에 집중되었기 때문에 그와 더불어 신학적 중심지라는 위상도 한층 더 견고해졌.

유스티아누스 황제(527-56)의 시대에 비잔틴 신학은 상당한 중요성을 지닌 지성적인 세력으로 부상하기 시작했다. 동서 교회의 관계가 갈수록 더 소원해지면서(이 과정은 1054년에 최종적인 분열이 일어나기 오래전부터 시작되었다) 비잔틴 사상가들은 서방 신학과 다른 신학 사상을 강조했고(예를 들면, '필리오케' 논쟁), 논쟁적인 글들을 통해 자신들의 독특한 접근 방식을 강화했다. 예를 들어, 비잔

2장 중세 시대와 르네상스 173

틴 저술가들은 구원을 법적 관점이나 관계적 관점에서 이해하려는 서방 신학과는 달리 '신성화'의 관점에서 이해하려는 경향을 보였다. 아울러 그들은 서방 가톨릭교회 내에서 확산되고 있던 연옥의 교리를 의문시했다. 중세 시대에 동방 교회와 서방 교회를 재통합하려는 시도는 정치적, 역사적, 신학적 요인들 때문에 번번이 좌절에 부딪혔다. 콘스탄티노플이 함락될 즈음에도 동방 교회와 서방 교회의 사이는 여느 때와 똑같이 크게 벌어진 상태였다.

비잔틴 신학의 발생

비잔틴 신학의 독특한 특성을 이해하려면 그 배후에 놓여 있는 기본적인 성향을 파악해야 한다. 비잔틴 신학은 기독교 신앙을 체계적으로 구성하는 것에 특별한 관심을 기울이지 않았다. 그들은 기독교 신학을 '주어진' 것으로 이해했기 때문에 반대자들 앞에서는 그것을 옹호하고, 신봉자들 앞에서는 그것을 설명하는 것으로 만족했다. '체계적 신학'이라는 개념은 비잔틴 신학의 기본적인 성향에는 잘 어울리지 않았다. 심지어 『정통 신앙에 관해』(De fide orthodoxa)를 저술해 동방 교회의 독특한 기독론을 정립하는 데 중대한 영향을 미친 다마스쿠스의 요한네스조차도 사변적이거나 독창적인 사상가라기보다 신앙의 해설자로 간주해야 한다.

비잔틴 신학은 신학을 성인들의 생각을 표현한 것으로 이해한 아타나시우스의 『성육신에 관해』에서 처음 제시한 원리를 충실히 따랐다고 말할 수 있다. 이처럼 비잔틴 신학은 '전통'(paradosis), 특히 헬라 교부들의 사상을 따르려는 성향이 강하다(이 점은 오늘날의 그리스와 러시아 정교회 내에 존재하는 비잔틴 후예들의 경우도 마찬가지다). 닛사의 그레고리우스와 고백자 막시무스를 비롯해 '아레오파고스의 디오니시우스'라는 가명을 사용한 저술가들도 이런 점에서 특별한 중요성을 지닌다.

성상 파괴 논쟁

두 가지 논쟁이 특별히 중요하다. 752-842년에 일어난 첫 번째 논쟁은 흔히 '성상 파괴 논쟁'으로 불린다. 이 논쟁은 레오 3세 황제(717-42)가 성상들이 유대인과 무슬림의 개종을 방해한다는 이유로 그것들을 없애기로 결정한 데서부터 시작되었다. 이 논쟁이 불거진 이유는 몇 가지 중요한 신학적 문제들(가장 두드러진 것은 성육신의 교리가 하나님을 형상의 형태로 어느 정도까지 나타낼 수 있느냐 하는 문제)과도 어느 정도 관련이 있지만 주로 정치적인 것이었다.

다마스쿠스의 요한네스는 이 논쟁에서 중요한 역할을 했다. 성상 사용을 지지했던 그의 근본적인 주장 가운데 하나는 물질세계가 영적 세계를 나타내고, 중재하는 능력을 소유하고 있다는 신념이었다.

> 지극히 거룩한 복음을 전하는 잉크도 물질이 아닌가? 생명을 주는 제단, 곧 우리가 생명의 떡을 받아먹는 제단도 물질로 만들어지지 않았는가? 금과 은도 물질이 아닌가? 우리는 그것으로 십자가, 성반, 성배를 만든다. 그런 것들보다 더 중요한 것은 우리 주님의 살과 피도 물질이라는 것이다. 따라서 그런 것들에 합당한 공경심과 숭배심을 포기하든지, 아니면 교회의 전통을 받아들여 성상들을 공경하든지 둘 중 하나를 선택해야 한다.

정적주의 논쟁

14세기에 불거진 두 번째 논쟁은 '정적주의'(hesychasm, '침묵'을 뜻하는 헬라어 '헤수키아'에서 유래했다) 논쟁이었다. 이것은 신자들이 자신의 눈으로 '신성한 빛'을 볼 수 있도록 도와주는 육체적 훈련을 통한 명상 방법을 가리킨다. 정적주의는 하나님을 내적으로 직접 볼 수 있는 수단으로서의 '내적 정적'의 개념을 크게 강조했다. 신신학자 시메온과 1347년에 데살로니가의 대주교로 선출된 그레고리 팔라마스(1296-1359)와 같은 저술가들이 이 방법을 독려했다. 이 방법을 반대하는 사람들은 그것이 창조주와 피조물의 차이를 최소화하는 경향이 있을 뿐 아니라 특별히 하나님을 '볼 수 있다'는 생각에 큰 우려를 표명했다.

팔라마스는 이런 비판에 대해 신적 에너지와 신적 본질을 구별한 '팔라미즘'이라는 교리를 창안했다. 팔라마스는 그런 구별을 통해 말로 형용할 수 없는 보이지 않는 신적 본질이 아니라 신적 에너지를 경험할 뿐이라는 논리를 펼쳐 정적주의를 옹호했다. 신자는 신적 본질에는 직접 참여할 수 없지만, 하나님과 신자들의 연합을 가능하게 하는 '창조되지 않은 에너지'에는 직접 참여할 수 있다.

팔라마스의 신학은 평신도 신학자인 니콜라스 카바실리스(1320-1390)를 통해 옹호되고, 발전되었다. 그의 『그리스도 안에서의 삶』은 비잔틴 영성의 고전으로 남아 있다. 그의 저서는 최근에 블라디미르 로스키와 존 메이엔도르프와 같은 '신(新)팔라미즘' 저술가들에 의해 새롭게 개진되었다.

콘스탄티노플의 함락(1453)

비잔틴 신학의 황금기는 1453년에 콘스탄티노플이 터키족에게 함락되면서 끝이 났다. 그것은 한 시대의 종말이었다. 비잔티움의 함락과 더불어 동방 정교회의 지성적, 정치적 주도권이 러시아로 넘어갔다. 러시아는 비잔틴의 선교 활동을 통해 10세기에 기독교화되었고, 1054년에 동서 교회가 분열되었을 때 헬라인들의 편에 섰다. 15세기 말에는 모스크바와 키예프가 총대주교좌 도시로 굳게 확립되었고, 각기 그 나름의 독특한 유형의 정교회 신학을 발전시켰다. 그리스에서 정교회 신학이 새롭게 부흥하기 시작한 것은

1829년에 그리스가 마침내 터키족의 통치로부터 해방되고 나서야 비로소 이루어졌다.

이번 장에서 논의한 내용은 서방 교회와 동방 교회의 신학이 중세 시대와 르네상스를 거치면서 상당한 발전을 이루었다는 사실을 분명하게 보여준다. 후대의 신학자들은 그 기간을 신학적 사색과 관련해 중요한 이정표를 세운 시기로 간주한다. 당시의 저술가들 가운데는 역사 대대로 중요성을 인정받아 온 사람들이 많다. 비잔티움의 부흥과 쇠락은 나중에 러시아와 그리스에서 이루어진 동방 정교회의 발전을 온전히 이해하는 데 특별히 중요한 역할을 한다. 이는 스콜라주의와 인문주의의 발흥이 서방 신학의 형성에 상당한 영향을 미친 것과 같다.

대표적인 신학자

엄청난 창의성이 발휘된 이 시기에 활동했던 중요한 신학자들이 많다. 그 가운데서 특별한 관심을 기울여 살펴봐야 할 중요한 신학자들을 몇 사람 소개하면 다음과 같다.

다마스쿠스의 요한네스

'다마스쿠스의 요한네스'(675-749)로 알려진 이 시리아 신학자는 동방 교회의 가장 영향력이 큰 사상가들 가운데 하나였다. 그는 종종 마지막 헬라 교부로 간주된다. 당시 이슬람 세력이 북아프리카와 레반트 지역을 장악하고 있었고, 시리아도 이슬람의 지배를 받았다. 요한네스는 다마스쿠스의 칼리프였던 압둘 말렉의 가정에서 성장해 자기 아버지의 뒤를 이어 칼리프의 재정 담당관으로 일했다. 지금까지 전해오는 것은 단편적인 정보뿐이라서 그에 대해 확실하게 알 수 있는 것은 거의 없고, 대부분 신뢰성이 떨어지는 후대의 자료에 근거한 것이다. 그는 735년경에 관직을 사임하고 칼리프의 궁궐에서 나와 예루살렘 남동쪽에 있던 성 사바의 수도원에 들어간 것으로 추정된다.

그는 신학자로 활동하기 시작한 초기에 성상 파괴 논쟁에 뛰어들어 성상을 파괴하기를 원하는 사람들을 강력히 반대했다. 그는 이슬람 가정에서 성장한 덕분에 비잔티움 내에서 그를 해하려는 많은 적들로부터 안전할 수 있었다. 그는 성육신의 교리를 근거로 성상 사용을 옹호했다. 그에 따르면, 성육신은 하나님이 기꺼이 자신을 가시적인 모습으로 드러내기를 원하셨다는 것을 입증하는 근거이자 하나님의 형상이나 그분의 진리를 나타내기 위해 물질적인 형상을 사용하는 것을 허용하는 증거였다.

요한네스는 3부로 구성된 『지혜의 원천』(Pege gnoseos)을 저술한 것으로 유명하다. 이 책의 1부는 아리스토텔레스의 존재론을 다룬다. 아마도 그것이 기독교 교리를 이해하는 데 도움이 된다고 생각했던 것이 분명하다. 2부는 이단을 논박한 에피파니우스의 저서를 새롭게 개정한 내용을 싣고 있고, 3부는 '정통 신학의 정확한 분석'이라는 표제 아래 가장 중요하고도 흥미로운 내용을 다루고 있다.

요한네스는 3부에서 이전의 저술가들을 통해 배운 기독교 신앙의 근본 원리들을 상세하게 논의했다. 이것은 종종 그 자체로 하나의 독보적인 저서로 다루어지며 일반적으로 '정통 신앙'으로 간단하게 일컬어진다. 라틴어와 헬라어를 사용하는 그리스도인들 모두가 이것을 가치 있게 생각했다. 피사의 부르군디우스는 1150년에 이것을 라틴어로 번역했다. 피에르 롬바르드는 『네 권의 명제집』에서, 토마스 아퀴나스 『신학 대전』에서 이 번역서를 각각 인용했다.

신신학자(New Theologian) 시메온

시메온(949-1022)은 949년에 소아시아 파플라고니아의 부유한 가정에서 태어났다. 그의 본래 이름은 '게오르게'였는데 나중에 '시메온'으로 개명했다. 그는 열한 살에 콘스탄티노플로 유학을 떠났다. 그의 부모는 그가 정치적인 경력을 쌓기를 바랐지만 그는 스무 살에 회심을 경험하고, 하나님과 직접적인 만남의 중요성을 확신했다.

그는 즉시 정치인의 길을 포기하지는 않았지만, 황홀경 속에서 생명의 빛을 발하는 하나님의 생생한 임재를 경험한 것은 그에게 지울 수 없는 인상을 남겼다. 그는 스물일곱 살에 스투디오스의 수도원에 들어가서 '경건한 시메온'에게 영적 지도를 받고, 스승을 존중하는 표시로 자신의 이름을 똑같게 바꾸었다.

그는 나중에 콘스탄티노플에 있던 성 마마스 수도원에 들어가서 그곳에서 사제로 임명되었으며, 나중에 그 수도원의 원장이 되었다. 그는 수도원의 기도와 명상의 생활을 개혁하기 시작했고, 명상적 기도와 묵상의 능력을 강조하는 다수의 영적 저서를 저술했다.

시메온은 현대 동방 정교회에 가장 중요한 신학적 영향을 미친 인물 가운데 하나로 많은 존경을 받고 있다. 그의 신학은 비잔틴 신학의 전통적인 주제들을 많이 다루었고, 특히 성육신의 교리를 강조하며 '신성화'의 개념으로서의 구원에 중점을 두었다.

그가 정교회 내에서 '신신학자 시메온'으로 일컬어지는 이유는 그를 '복음 전도자 요한(신학자 요한)'과 '나지안주스의 그레고리우스'(동방 정교회의 전통 안에서는 '신학자 그레고리우스'로 알려져 있다)와 구별하기 위해서다.

캔터베리의 안셀무스

안셀무스(1033-1109)는 이탈리아 북부에서 태어났지만 당시에 학문의 중심지라는 평판을 굳혔던 프랑스로 이주했다. 그는 논리학과 문법을 신속하게 습득하고, 노르만의 벡 수도원에서 교사로서 상당한 명성을 쌓았다. 안셀무스는 12세기에 신학적 르네상스가 막 시작될 무렵, 두 가지 논의에서 결정적인 기여를 했다. 하나는 신 존재 증명에 관한 논의였고, 다른 하나는 그리스도의 십자가의 죽음에 관한 합리적인 해석이었다.

『프로슬로기온』(Proslogion, 이 용어는 번역하기가 거의 불가능하다)은 1079년경에 저술되었다. 안셀무스는 이 놀라운 책에서 최고선으로서의 하나님의 존재와 성품을 믿는 믿음을 굳게 확립하게 될 논증을 펼쳤다. 종종 '존재론적 논증'으로 일컬어지는 그런 분석의 결과는 '그보다 더 위대한 것을 생각할 수 없다'라는 명제를 통해 하나님의 존재를 확증하는 논리를 펼친다. 이 논증은 처음부터 많은 논란을 일으켰지만 오늘날까지도 여전히 가장 흥미로운 철학적 신학의 요소 가운데 하나로 남아 있다. 아울러 『프로슬로기온』은 논리의 역할을 인정하고, 이성에 호소해 신학의 문제를 다루었다는 점에서도 매우 중요한 가치를 지닌다. 이 책은 많은 점에서 스콜라 신학의 가장 훌륭한 측면을 미리 보여주고 있다. '이해하기 위해 믿는다'(fides quaerens intellectum)라는 안셀무스의 말은 지금까지 널리 사용되어왔다.

노르만이 영국을 침공한 후에(1066) 안셀무스는 캔터베리 대주교로 초청되어 영국 교회에 대한 노르만의 영향력을 공고히 하는 데 일익을 담당했다(1079). 그 기간이 그의 삶에서 전적으로 행복했던 시기인 것은 아니었다. 왜냐하면 토지에 관한 권한을 둘러싸고 교회와 왕권 사이에서 격렬한 논쟁이 여러 차례 발생했기 때문이다. 그는 영국을 떠나 이탈리아에 한동안 머물면서 그의 가장 중요한 저서인 『하나님은 왜 인간이 되셨는가』(Cur Deus homo)를 저술했다. 그는 이 책에서 하나님이 인간이 되셔야 했던 필요성을 합리적으로 논증했고, 성자께서 성부의 뜻에 복종해 인간이 되신 것으로 인해 인류에게 주어진 다양한 혜택을 분석했다. 뒤에서 좀 더 자세히 살펴보겠지만, 이 논증은 '속죄론(그리스도의 죽음과 부활의 의미와 그것이 인류에게 미치는 영향을 논하는 교리)'과 관련된 그 어떤 논의에서도 빠지지 않을 만큼 중요하다. 다시 말하지만, 이 책은 가장 훌륭한 스콜라주의의 전형적인 특징(이성에 호소하는 것, 논증을 논리정연하게 전개하는 것, 개념들을 철저하게 분석하는 것, 기독교 복음이 합리적이기 때문에 합리적으로 드러내 보일 수 있다는 근본적인 확신)을 잘 보여준다.

토마스 아퀴나스

아퀴나스(1225-74)는 이탈리아의 로카세가 성에서 아퀴노의 란둘프 백작의 막내아들로 태어났다. '우둔한 황소'라는 그의 별명으로 미루어 볼 때 몸집이 약간 뚱뚱했던 것으로 보인다. 그는 10대 후반이었던 1244년에 '설교자들의 수도회'로 알려진 도미니크회에 들어가기로 결정했다. 그의 부모는 그의 그런 생각에 반대했다. 그들은 차라리 베네딕트회에 들어가서 중세 교회에서 가장 존경받는 직위 가운데 하나였던 몬테카시노 수도원장이 되기를 바랐다. 그의 형제들은 그의 생각을 고쳐먹게 하려고 가문 소유의 성들 가운데 한 곳에 일 년 동안 그를 가두기까지 했다. 아퀴나스는 가족들의 격렬한 반대에도 불구하고 결국 자신의 길을 선택했고, 중세 시대의 가장 중요한 신학자 가운데 한 사람이 되었다. 전해지는 말에 따르면, 그의 스승 가운데 한 사람은 "그 황소의 울음소리가 온 세상에 울려 퍼질 것이다."라고 말했다고 한다.

아퀴나스는 파리에서 공부를 시작했고, 1248년에는 콜로뉴로 거처를 옮겼다가 1252년에 다시 신학을 공부하기 위해 파리로 돌아왔다. 그로부터 4년 뒤에 그는 그 대학에서 신학을 가르칠 자격을 얻었고, 3년 동안 마태복음을 가르치면서 『대이교도대전』(Summa contra Gentiles)을 저술했다. 그는 이 책에서 기독교 신앙을 옹호하는 중요한 논증을 제시함으로써 무슬림과 유대인들 사이에서 일하는 선교사들에게 도움을 주었다. 그는 1266년에 『신학 대전』(Summa Theologia)으로 알려진 자신의 가장 유명한 저서를 저술하기 시작했다. 그는 이 책에서 (이성이 신앙에서 차지하는 역할과 같은) 기독교 신학의 핵심적인 측면들을 상세하게 다루었고, (그리스도의 신성과 같은) 교리적인 문제들을 심도 있게 분석했다. 이 책은 3부로 구성되어 있고, 그 가운데 2부는 다시 둘로 나뉜다. 1부는 주로 창조주 하나님을, '첫째 항'(prima secundae)과 '둘째 항'(secunda secundae)으로 나뉘어 있는 2부는 하나님께 대한 인간의 회복을, 3부는 그리스도의 인격과 사역이 인간의 구원을 이루는 방식을 각각 논의한다.

아퀴나스는 1273년 12월 6일에 더 이상 글을 쓰지 않겠다고 선언했다. 그는 "내가 쓴 모든 글이 내게 지푸라기와 같아 보인다."라고 말했다. 그가 과로로 인해 신경이 쇠약해졌을 가능성이 있다.

그는 1274년 7월 3일에 세상을 떴다. 아퀴나스는 신학에 많은 기여를 했는데 그 가운데 특별히 주목할 만한 것은 '다섯 가지 신 존재 증명', 피조 세계를 통해 하나님을 알 수 있는 신학적 근거를 제공하기 위한 '유비의 원리', '믿음과 이성의 관계에 관한 논의'다.

둔스 스코투스

스코투스(1265-1308)가 중세 시대의 가장 뛰어난 지성인 가운데 한 사람이라는 것은 의심의 여지가 없다. 그는 짧은 인생을 사는 동안 케임브리지, 옥스퍼드, 파리에서 가르쳤으며, 『명제 해설』을 세 차례나 판을 거듭해 펴냈다. 용어들의 가능한 의미를 매우 세밀하게 구별해 낸 능력 때문에 '정밀 박사'로 알려진 그는 기독교 신학에 상당히 중요한 많은 발전을 이루어냈다.

스코투스는 아리스토텔레스와 연관된 인식론을 주창했다. 중세 초기에는 히포의 아우구스티누스에게로 거슬러 올라가는 '조명주의'(하나님이 인간의 지성에 빛을 비출 때 지식이 생겨난다는 이론)라는 인식론이 지배적인 역할을 했다. 이 이론을 주창한 겐트의 헨리와 같은 저술가들은 둔스 스코투스의 격렬한 비판을 받았다.

스코투스는 또한 '주의주의'(신적 의지가 신적 지성을 앞선다는 이론)를 주창했다. 토마스 아퀴나스는 신적 지성의 우위성을 주장했지만 스코투스는 신적 의지의 우위성을 근거로 신학에 대한 새로운 접근 방식을 모색했다. 한 가지 예를 생각해 보면 이 점을 쉽게 이해할 수 있다. 공로의 개념, 곧 인간의 도덕적 행위가 하나님의 보상을 받을 가치를 지닌다는 개념을 생각해 보자. 이 개념의 근거는 무엇인가? 아퀴나스는 신적 지성이 인간의 도덕적 행위의 고유한 가치를 인지하고, 의지를 움직여 적절한 보상을 내리게 한다고 주장했다. 스코투스는 이와는 다른 주장을 제기했다. 그에 따르면, 도덕적 행위를 보상하는 신적 의지가 그것의 고유한 가치를 평가하는 행위에 앞선다. 이런 주장은 칭의 및 예정 교리와 관련해 상당한 중요성을 지닌다. 이 점에 대해서는 나중에 좀 더 자세히 살펴볼 생각이다.

스코투스의 신학적 관심사 가운데 하나는 '마리아 무원죄 수태설'과 관련이 있다. 토마스 아퀴나스는 마리아가 죄에 오염된 인간의 공통된 조건을 공유하고 있다고 가르쳤다. 그리스도 외에 다른 모든 사람은 다 죄(macula)에 오염되었고, 마리아도 예외가 아니다. 그러나 스코투스는 그리스도께서 완전한 구원 사역을 통해 마리아를 원죄에 오염되지 않도록 보호하셨다고 주장했다. 중세 시대 말에 '무원죄 수태설'이 유력한 교리로 자리 잡게 된 것은 스코투스의 영향 때문이다('무원죄'를 뜻하는 영어 단어 'immaculate'는 '죄로부터 자유로운'을 뜻하는 라틴어 'immacula'에서 유래했다).

오캄의 윌리엄

오캄(1285-1347)은 많은 점에서 스코투스와 관련된 논증 가운데 몇 가지를 발전시켰다고 말할 수 있다. 주의주의를 일관되게 옹호하며 신적 의지를 신적 지성의 우위에 올려놓은 것은 특별히 중요하다. 그러나 그가 기독교 신학의 역사 안에 항구적인 위치를 차지한 채 세인의 이목을 사로잡게 된 이유는 그의 독특한 철학적 입장 때문일 것이다.

오캄은 '오캄의 면도날'로 알려진 방법론으로 가장 유명하다. 이것은 종종 '절약의 원리'로 일컬어진다. 오캄은 단순성을 신학적이자 철학적 덕목으로 내세웠다. 그의 '면도날'은 절대적으로 본질적이지 않은 가설들은 모조리 잘라낸다. 아울러 오캄은 유명론을 적극적으로 옹호했다. 이것은 부분적으로 그의 면도날 이론(보편자라는 개념은 전적으로 불필요한 가설이라는 것)의 자연스러운 결과였다. 서유럽에서 '근대적 방식'이 차츰 우세를 점유하게 된 것은 그의 영향에 힘입은 바 크다. 특별한 중요성을 지닌 것으로 드러난 그의 사상적 측면 가운데 하나는 '하나님의 두 가지 능력 사이의 변증법'으로 일컬어지는 것이다. 오캄은 이 개념에 근거해 일들의 현재 상태와 일들이 일어날 수 있는 가능성을 대조했다. 이 점에 대해서는 나중에 좀 더 자세히 살펴보기로 하고, 여기에서는 오캄이 오늘날에도 계속해서 중요하게 취급되는 하나님의 전능한 속성을 논의하는 데 결정적인 기여를 했다는 사실을 언급하는 것으로 만족하고자 한다.

로테르담의 에라스무스

데시데리우스 에라스무스(1469-1536)는 일반적으로 가장 중요한 르네상스 인문주의자로 간주된다. 그는 16세기 전반기에 기독교 신학에 지대한 영향을 미쳤다. 그는 개신교 신자가 아니었지만, 특히 헬라어 신약성경을 최초로 출판한 것을 비롯해 광범위한 편집 작업을 통해 종교개혁의 지성적 토대를 놓는 데 톡톡히 일익을 담당했다. 그의 『그리스도의 군사를 위한 안내서』(Enchiridion militis Christiani)는 종교적 출판물의 새로운 이정표를 세웠다.

이 책은 교부들의 저서와 성경으로 되돌아가면 교회를 개혁할 수 있다는 혁신적이고, 매혹적인 논제를 다루었다. 성경을 규칙적으로 읽는 것이 평신도의 경건을 새롭게 진작시키는 열쇠이며, 그것을 기초로 교회를 혁신하고, 개혁할 수 있다는 것이 그의 논지였다. 에라스무스는 자신의 책을 평신도를 위한 성경 안내서로 간주하고, '그리스도의 철학'을 간단하면서도 깊이 있게 해설했다. 이 '철학'은 학문적인 철학이라기보다는 실천적인 도덕을 가르친다. 신약성경은 선과 악에 관한 지식을 가르쳐 독자가 후자를 피하고, 전자를 사랑하도록 이끈다. 신약성경은 그리스도인들이 복종해야 할 '그리스도의 법'(lex Christi)이다. 그리스도께서는 그리스도인들이 본받아야 할 본보기이시다. 에라스무스는 기독교 신앙을 단지 도덕법을 외형적으로 지키는 것으로 이해하지 않았다. 그는 내적 종교를 강조하는 독특한 인문주의를 추구했기 때문에 성경 읽기가 독자를 변화시켜 하나님과 이웃을 사랑할 수 있는 새로운 동기를 부여한다고 확신했다.

이밖에도 에라스무스는 광범위한 학문적 작업에 착수했다. 그 가운데 두 가지가 기독교 신학의 발전에 특별히 중요한 영향을 미쳤다. 첫째, 에라스무스는 최초로 헬라어 신약성경을 출간했다. 그 덕분에 신학자들이 신약성경의 원문을 직접 대할 수 있었고, 그로 인해 폭발적인 결과가 나타났다. 둘째, 에라스무스는 광범위한 편집 작업을 통해 아우구스티누스의 저서를 비롯해 신빙성 있는 교부들의 저서를 편찬했다.

그 결과, 신학자들은 종종 문맥과 상관없이 인용된 이차적인 '명제들'이 아닌 주요 저서들의 온전한 본문을 직접 접할 수 있었다. 아우구스티누스의 신학을 새롭게 이해하게 됨으로써 당시의 신학적 발전에 중대한 영향을 미치는 결과가 나타나기 시작했다.

중요한 신학적 발전

논의 중인 시기에 다양한 주제들을 중심으로 중요한 신학적 발전이 많이 이루어졌다. 그 가운데 특별히 중요한 것을 몇 가지 소개하고자 한다. 이것들은 여기에서는 간단히 살펴보고 나중에 좀 더 자세하게 다룰 생각이다. 처음 여섯 가지 발전은 스콜라주의와, 나머지 두 가지 발전은 인문주의와 각각 관련이 있다.

교부적 유산의 강화

기독교 신학자들은 12세기 이후의 신학적 르네상스의 시기에 교부 시대로부터 전해져 온 신학적 자료들의 풍성한 유산을 강화하고, 확대하는 데 힘을 기울였다. 서방 교회는 라틴어를 사용했기 때문에 그곳의 신학자들은 자연스레 히포의 아우구스티누스의 저서들을 한데 모아서 그것을 신학적 사색의 출발점으로 삼았다. 피에르 롬바르드의 『네 권의 명제집』은 아우구스티누스의 저서에서 주로 인용한 '명제들'을 모아 비평적으로 정리해 편찬한 것이다. 중세 신학자들은 이런 명제들을 해설하는 데 주력했다.

이성이 신학에서 차지하는 역할에 관한 해설

기독교 신학을 온전히 신뢰할 수 있는 토대 위에 세우려는 관심이 새롭게 고조됨으로써 이성이 신학에서 차지하는 역할을 설명하는 일이 중요해졌다. 이것은 스콜라주의의 가장 뚜렷한 핵심적인 특징이었다. 중세 시대 초기에 신학적 르네상스가 진행되면서 두 가지 주제가 신학적 논쟁을 지배하기 시작했다. 하나는 기독교 신학을 체계화시켜 확대해야 할 필요성이었고, 다른 하나는 신학의 고유한 합리성을 입증해야 할 필요성이었다. 초기 중세 신학은 대부분 아우구스티누스의 견해를 되풀이하는 것에 지나지 않았지만, 그의 사상을 체계화해 좀 더 발전시켜야 한다는 생각이 차츰 강해졌다. 어떻게 그 일을 할 수 있을까? '방법론'이 긴급히 필요했다. 어떤 철학 체계에 근거해 기독교 신학의 합리성을 입증할 수 있을까?

11세기의 저술가 캔터베리의 안셀무스는 '이해를 요구하는 믿음'(fides quaerens intellectum)과 '이해하기 위해 믿는다'(credo ut intellegam)라는 두 개의 문구를 통해 기독교 신앙의 합리성에 관한 기본적인 신념을 피력했다(이제는 이 두 개의 문구를 말하면 곧장 그의 이름이 떠오르기 마련이다). 이해보다 믿음이 앞서지만 그럼에도 불구하고 믿음의 내용은 합리적이어야 한다는 것이 그의 기본 신념이었다. 이런 확정적인 명제는 이성에 대한 믿음의 우위성을 확립함과 동시에 믿음의 전적인 합리성을 주장하는 결과를 낳았다. 안셀무스는 『독백론』(Monologium)의 머리글에서 성경의 가르침을 성경 자체만을 근거로 확립하려고 하지 않고, '합리적인 증거와 자연적인 진리의 빛'에 근거해 모든 것을 확립하겠다고 분명하게 말했다. 그러나 안셀무스는 결코 합리주의자가 아니었다. 이성은 뚜렷한 한계를 지닌다.

11세기와 12세기 초를 거치면서 철학이 두 가지 차원에서 신학의 귀중한 자산이 될 수 있다는 확신이 차츰 증대되었다. 첫째, 철학은 신앙의 합리성을 입증해 불신자들의 비판으로부터 신앙을 옹호할 수 있다. 둘째, 철학은 신앙의 규칙들을 체계적으로 탐구해 정연하게 진술할 수 있는 방법을 제공함으로써 그것들을 더 잘 이해할 수 있도록 돕는다. 그렇다면 어떤 철학을 활용해야 할까? 이 질문에 대한 대답은 12세기 후반과 13세기 초에 아리스토텔레스의 저서들에 대한 재발견을 통해 주어졌다. 1270년경이 되자 아리스토텔레스는 '그 철학자'(the Philosopher)라는 지위를 획득했다. 보수적인 진영의 격렬한 반대에도 불구하고 그의 사상은 신학적 사고를 지배하기에 이르렀다.

아리스토텔레스의 사상은 토마스 아퀴나스와 둔스 스코투스와 같은 저술가들의 영향을 통해 기독교 신학을 강화하고, 발전시킬 수 있는 가장 훌륭한 수단으로 확립되었다. 기독교 신학의 개념들이 아리스토텔레스의 가설들을 토대로 체계적인 연관성을 갖추어 정연하게 진술되었다. 아울러 기독교 신앙의 합리성도 아리스토텔레스의 사상을 근거로 입증되었다. 토마스 아퀴나스의 유명한 '신 존재 증명' 역시 독특한 기독교적 통찰력이 아닌 아리스토텔레스가 가르친 물리학의 원리에 의존했다.

처음에는 많은 사람이 이런 발전을 환영하며 그것을 기독교 신앙의 합리성을 옹호하기 위한 중요한 방법론으로 받아들였다. 이것은 그 후로 '변증학'(apologetics)으로 불리는 학문으로 자리 잡았다. '변증학'은 '옹호'를 뜻하는 헬라어 '아폴로기아'에서 유래했다. 토마스 아퀴나스의 『대이교도대전』은 아리스토텔레스주의, 곧 당시에 그리스도인들과 무슬림들이 공유했던 철학을 근거로 한 대표적인 신학 저서에 해당했다. 그런 시도는 이슬람 세계 내에서 기독교 신학의 매력을 드러내는 기능을 했다. 아퀴나스의 논증은 "만일 이 책에 제시된 아리스토텔레스의 사상에 동의한다면 기독교인이 되어야 마땅하다."라는 식이었던 것으로 보인다. 당시에 많은 모슬렘 학자들이 아리스토텔레스를 높이 존경했기 때문에 토마스는 그 철학자의 변증적 잠재력을 활용했던 것으로 보인다.

오르비에토의 위골리노와 같은 중세 후기의 저술가들은 이런 발전을 관심있게 다루었다. 그런 비평가들에 따르면, 이방 철학자 한 사람의 사상과 방법론에 의존한 결과로 기독교의 핵심적인 통찰력 가운데 많은 것이 사라진 것으로 보인다. 아리스토텔레스의 윤리 사상이 중요한 역할을 했던 칭의의 교리에 특별한 관심이 집중되었다. '하나님의 의'라는 개념이 아리스토텔레스의 '분배적 정의'라는 개념의 관점에서 논의되었다. '의'(iustitia)의 개념이 '어떤 사람에게 그가 받을 자격이 있는 것을 제공하는 것'이라는 관점에서 정의되었다. 이것은 공로에 의한 칭의의 교리로 귀결되었다. 다시 말해, 칭의가 은혜가 아닌 당연한 권리로서 주어지는 것으로 간주되었다. 마르틴 루터가 아리스토텔레스를 차츰 싫어하게 된 데에는 이런 이유가 작용했을 것이 분명하다. 그는 결국 스콜라주의의 칭의 교리를 배격했다.

신학 체계의 발전

교부들, 특히 아우구스티누스의 유산을 강화해야 할 필요성이 대두되었다는 사실에 대해서는 이미 언급한 바 있다. 스콜라주의의 필수 요소인 체계화의 필요성은 정교한 신학 체계의 발전으로 귀결되었다. 저명한 중세 사상 연구가 에티엔트 질송은 이것을 '생각의 대성당'으로 일컬었다. 이런 특성은 토마스 아퀴나스의 『신학 대전』에 가장 잘 드러나 있다. 그 책은 기독교 신앙에 대한 이런 접근 방식이 지니는 포괄적이고, 광범위한 특성을 가장 강력하게 보여주고 있는 저서 가운데 하나다.

성례 신학의 발전

초기 교회는 성례의 논의와 관련해 다소 부정확한 태도를 보였다. '성례'라는 용어를 어떻게 정의해야 할지, 또 무엇을 성례에 포함시킬 것인지에 대해 일반적인 합의가 거의 이루어지지 않았다. 세례와 성찬은 일반적으로 성례로 인정되었지만 다른 것들에 대해서는 상대적으로 아무런 합의가 도출되지 않았다. 그러나 중세 시대의 신학적 르네상스와 더불어 교회가 사회 안에서 갈수록 더 중요한 역할을 하기에 이르렀고, 그로 인해 예배의 행위를 견고한 지적 토대 위에 굳게 확립하고, 예배의 신학적 측면을 공고하게 다져야 할 필요성이 대두되었다. 그 결과로 그 시기에 성례 신학이 상당한 발전을 이루게 되어 성례의 정의와 성례의 가짓수와 성례의 정확한 본질에 대한 합의가 이루어졌다.

은혜 신학의 발전

아우구스티누스가 남긴 중요한 유산 가운데 하나는 은혜 신학이었다. 아우구스티누스의 은혜 신학은 본래 논쟁적 상황에서 제시되었다. 다시 말해, 아우구스티누스는 논쟁의 열기 속에서 종종 대적자들의 도전과 도발에 대한 반응으로 자신의 은혜 신학을 진술해야 했다. 따라서 그 주제에 대한 그의 논의는 체계적이지 못할 때가 많았다. 그는 이따금 당장의 필요에 따라 독특한 논의를 전개했지만 그런 논의 가운데 일부에 대해서는 적절한 신학적 토대를 확립하지 못했다. 아우구스티누스의 은혜 교리를 공고히 다져 좀 더 신빙성 있는 토대 위에 올려놓고, 그 결과를 탐구하는 것은 중세 시대 신학자들의 몫이었다. 그 결과, 은혜와 칭의의 교리가 중세 시대에 상당한 발전을 이루었고, 종교개혁 시대에 이 핵심 주제를 둘러싸고 벌어진 논쟁의 토대가 형성되었다.

구원의 계획과 마리아의 역할

은혜와 칭의에 관한 새로운 관심은 예수 그리스도의 모친 마리아가 구원에서 차지하는 역할에 관한 관심으로 이어졌다. 원죄와 구원의 본질에 관한 진지한 신학적 사색과 마리아를 경모하려는 경향이 서서히 증폭되었던 상황이 함께 맞물리면서 그녀와 관련된 일련의 발전이 이루어졌다. 그 가운데는 둔스 스코투스와 관련된 것이 많았다. 그는 '마리아론'(마리아를 다루는 신학 이론)을 과거 그 어느 때보다 훨씬 더 발전된 토대 위에 올려놓았다. '오염론자'(마리아가 원죄에 오염되었다고 주장하는 사람들)과 '무염론자'(마리아가 원죄 없이 태어났다고 주장하는 사람들) 사이에서 격렬한 논쟁이 일어났다. 아울러 마리아를 '공동 구세주'로 일컬을 수 있느냐는 문제, 곧 그녀가 예수 그리스도와 비슷한 방식으로 구원자 역할을 하는 것으로 생각할 수 있느냐는 문제에 관해서도 상당한 논의가 이루어졌다.

기독교 신학의 원천으로 직접 되돌아가려는 경향

인문주의 운동의 핵심 요소는 서유럽 문명의 원천인 고대 로마와 헬라로 돌아가는 것이었다. 이런 경향은 신학의 영역에서는 기독교 신학의 근본적인 원천, 특히 신약성경으로 직접 되돌아가는 것으로 나타났다. 이것은 나중에 자세히 살펴보겠지만 매우 중요한 의미를 지니는 것으로 드러났다. 그 가장 중요한 결과 가운데 하나는 성경이 신학적 자료로서 근본적인 중요성을 지닌다는 사실을 새롭게 인식한 것이었다. 성경에 관한 관심이 고조되면서 기존의 라틴어역 성경들이 부적절하다는 사실이 차츰 분명해졌다. 그 가운데서 가장 뛰어난 것은 『불가타 성경』이었다. 이것은 중세 시대에 광범위한 영향을 미쳤던 라틴어역 성경이었다. 라틴어역 성경들, 특히 『불가타』(Vulgate)에 대한 개정 작업이 이루어지면서 신학적인 개정 작업이 불가피하다는 사실도 확연하게 드러났다. 일부 가르침은 잘못된 번역에 근거한 것처럼 보였다.

인문주의를 통해 본문과 문헌을 다루는 기술이 발전한 덕분에 『불가타 성경』과 원문 성경 사이에 존재하는 모순이 드러났고, 그 결과로 교리 개혁의 길이 열렸다. 인문주의가 중세 신학의 발전에 결정적인 영향을 미친 것은 바로 이런 이유 때문이다. 인문주의 때문에 『불가타 성경』의 신뢰성이 깨어졌고, 그것을 근거로 한 신학까지 의심을 받게 되었다. 인문주의를 통해 『불가타 성경』의 오류가 잇따라 발견되면서 스콜라주의의 성경적 근거가 무너지는 것처럼 보였다. 이 점에 대해서는 나중에 좀 더 자세히 살펴볼 생각이다. 이것이 당시의 기독교 신학의 역사 안에서 이루어진 가장 중요한 발전의 하나라는 것은 의심의 여지가 없다.

『불가타 성경』에 대한 비판

문예와 문화에 관한 인문주의의 기본 방침은 '근원으로 돌아가라'를 뜻하는 '아드 폰테스'(ad fontes)라는 표어 안에 간단히 요약되어 있다. 인문주의자들은 성경이든 법률 문서든 중세의 해석이라는 '여과기'를 거치지 않고, 직접 원문을 탐구했다. '아드 폰테스'라는 표어를 기독교 교회에 적용하면 그것은 곧 기독교의 권리증서라고 할 수 있는 교부들의 저서와 성경을 원문 그대로 탐구하는 것을 의미했다. 바꾸어 말해, 헬라어 신약성경을 직접 다루는 것이 필요했다.

최초의 헬라어 신약성경이 1516년에 에라스무스를 통해 인쇄되어 출판되었다. 그러나 에라스무스의 신약성경은 마땅한 신빙성을 갖추지 못했다. 그는 단지 네 개의 사본에 근거해 신약성경의 대부분을 편집했고, 그 마지막 책인 요한계시록의 경우에는 오직 하나의 사본만을 사용하는 데 그쳤다. 그 사본에는 다섯 구절이 빠져 있었기 때문에 에라스무스는 『불가타 성경』의 라틴어를 헬라어로 번역해 집어넣어야 했다. 그럼에도 불구하고 그의 신약성경은 문학적인 이정표를 세운 것으로 드러났다. 신학자들은 처음으로 헬라어 원문으로 된 신약성경과 라틴어로 번역된 『불가타 성경』을 비교할 수 있는 기회를 가졌다.

에라스무스는 그 이전의 이탈리아 인문주의자 로렌조 발라가 수행한 작업에 근거해 신약성경에 포함된 몇 가지 중요한 성경 본문에 관한 『불가타』의 번역이 정당화될 수 없다고 주장했다. 중세 교회의 관습과 신앙이 이 본문들에 근거하고 있었기 때문에 보수적인 가톨릭주의자들(그런 관습과 신앙을 보유하기를 원했던 사람들)은 에라스무스의 주장에 놀라움을 금하지 못했고, 개혁자들(그런 것들을 없애고 싶어 했던 사람들)은 반대로 기뻐 반기지 않을 수 없었다. 아래에 제시한 번역 오류의 세 가지 사례를 살펴보면 에라스무스의 성경 연구가 타당성을 지닌다는 것을 알 수 있다.

1) 중세 신학은 대부분 하나의 신약성경 본문을 근거로 결혼을 성례에 포함시켰다. 『불가타 성경』은 에베소서 5장 31, 32절에서 결혼을 '성례'(sacramentum)의 의미로 번역했다. 에라스무스는 '성례'로 번역한 헬라어 '무스테리온'이 단지 '비밀'을 의미한다고 지적했다. 중세 신학자들이 결혼을 성례에 포함하는 것을 정당화하기 위한 근거로 사용된 증거 구절 가운데 하나가 사실상 아무런 쓸모가 없는 것으로 드러났다.

2) 『불가타 성경』은 예수님이 사역을 본격적으로 시작하면서 처음 하신 말씀을 "고해하라 천국이 가까이 왔느니라"로 번역했다(마 4:17). 이런 번역은 하나님 나라의 도래가 고해 성사와 직접적인 연관이 있는 듯한 인상을 풍겼다. 에라스무스는 다시금 발라를 근거로 그 헬라어는 "회개하라 천국이 가까이 왔느니라"라고 번역해야 한다고 지적했다. 『불가타 성경』은 외적인 관습(고해 성사)을 가리키는 의미처럼 이해했지만 에라스무스는 '회개의 상태'라는 내적인 심리적 태도를 가리킨다고 주장했다. 그 결과, 중세 교회의 성례 체계를 정당화하는 중요한 근거가 도전을 받게 되었다.

3) 『불가타 성경』에 따르면, 가브리엘 천사가 마리아에게 '은혜가 충만한

자여'(gratia plena)라고 인사말을 건넸던 것으로 나타난다(눅 1:28). 이것은 마리아가 어려울 때 의지할 수 있는 '은혜의 저장고'와 같은 존재라는 인상을 풍긴다. 그러나 에라스무스가 지적한 대로 이 헬라어는 단순히 '은혜를 받은 자' 또는 '은혜를 얻은 자'를 의미한다. 마리아는 은혜를 다른 사람들에게 베풀 수 있는 자가 아니라 하나님의 은혜를 받은 자였을 뿐이다. 여기에서도 중세 신학의 중요한 측면 가운데 하나가 인문주의 신약성경 연구를 통해 모순을 지니는 것으로 드러났다.

이런 발전은 『불가타 성경』의 신뢰성을 약화시켰고, 성경 본문에 대한 더 나은 이해를 토대로 신학을 개정할 수 있는 길을 열어주었다. 잘못된 번역에 근거한 신학을 용납할 수는 없었다.

이처럼 1520년대부터 기독교 신학에서 성경 연구가 중요한 역할을 차지한다는 인식이 싹트기 시작했다. 이런 인식은 다음 장에서 살펴보게 될 종교개혁 시대의 신학적 논쟁으로까지 이어졌다.

중요한 명칭, 용어, 문구

이번 장이 끝날 때까지 아래의 용어들과 마주치게 될 것이다. 이 용어들은 앞으로도 계속 반복될 것이기 때문에 잘 기억해 두어야 할 필요가 있다. 흔히 대문자로 표기되는 용어들의 경우에는 통상적으로도 그렇게 사용될 때가 많기 때문에 일반적인 용례를 그대로 따랐다.

아드 폰테스(ad fontes) 중세 시대(Middle Ages)
변증학(apologetics) 존재론적 증명(ontological argument)

비잔틴(Byzantine)
다섯 가지 신 존재 증명(Five Ways)
인문주의(humanism)
무염 잉태설(immaculate conception)
중세적(medieval)

르네상스(Renaissance)
스콜라주의(scholasticism)
속죄설(theories of the atonement)
주의주의(voluntarism)
불가타 성경(Vulgate)

질문

1. 중세 시대에 대다수 서구 신학자들이 사용한 언어는 무엇이었는가?
2. "인문주의자들은 고대 로마를 연구하는 데 관심을 기울였던 사람들이었다." '인문주의자'를 이렇게 정의한 것이 얼마나 유익하다고 생각하는가?
3. 스콜라 신학의 주요 주제는 무엇이었는가?
4. 중세 시대에 성례 신학에 그토록 많은 관심을 기울였던 이유는 무엇인가?
5. '근원으로 돌아가라'(ad fontes)라는 표어는 무슨 의미인가?

사례 연구

사례 연구 2.1 신 존재 증명

중세 시대에는 기독교 신학의 합리성을 크게 강조했다. 이런 특징은 파리 대학을 비롯해 서유럽의 여러 곳에서 이슬람과 기독교의 접촉이 이루어졌던

13세기에 특히 두드러졌다. 기독교와 이슬람교는 공통점이 거의 없었기 때문에 양자 간의 논쟁은 종종 이성을 근거로 이루어졌다.

하나님의 존재를 입증할 수 있느냐는 문제가 종종 논쟁의 주제로 등장한 것은 별로 놀랍지 않다. '제1원리들'을 토대로 하나님의 존재를 입증할 수 있다고 생각했던 스콜라 신학자들은 거의 없었다. 하나님에 대한 기독교적 이해를 토대로 그것이 인간의 합리성이나 자연 세계에서 관찰된 사실에 부합한다는 것을 보여주는 방식이 주로 사용되었다.

아래에서 중세 시대에 나타난 두 종류의 신 존재 증명을 살펴볼 생각이다. 하나는 켄터베리의 안셀무스가 13세기에 제시한 논증이고, 다른 하나는 토마스 아퀴나스가 13세기에 발전시킨 다섯 가지 논증이다.

캔터베리의 안셀무스가 제시한 '존재론적' 증명

'존재론적 증명'은 『프로슬로기온』이라는 안셀무스의 저서에 처음 등장한다(이 헬라어는 번역하기가 쉽지 않다. '서문' 정도로 이해하면 무난할 듯하다). 이것은 1079년에 저술된 일종의 경건 서적이다('존재론'이라는 용어는 '존재'의 개념을 다루는 철학의 한 분야를 가리킨다).

안셀무스는 자신의 논의를 '존재론적' 논증으로 일컫지 않았다. 그의 동시대인들이 그의 접근 방식을 일컬을 때는 '안셀무스의 논증'이라는 표현을 사용했다. 사실, 안셀무스가 제시한 대로라면 그의 논증에는 '존재론적인' 특징이 전혀 나타나지 않는다.

안셀무스는 자신의 사색을 하나님의 존재를 입증하는 '논증'으로 제시할 생각이 전혀 없었다. 『프로슬로기온』은 논증이 아닌 묵상을 위한 책이다. 안셀무스는 그 책에서 하나님의 개념이 어떻게 자신에게 자명하게 느껴졌는지, 또 그것이 어떤 의미를 지니고 있는지를 묵상했다.

캔터베리의 안셀무스(1033-1109). 이탈리아에서 태어나 1059년에 노르망디로 이주했고, 유명한 벡 수도원에 들어가서 1063년에 그곳의 부원장이 되었고, 1078년에는 원장의 직위에 올랐다. 그는 1093년에 캔터베리 대주교에 임명되었다. 기독교의 지성적 근거를 강력하게 옹호했고, 특히 '존재론적 논증'을 펼쳐 하나님의 존재를 증명한 것으로 유명하다.

안셀무스는 『프로슬로기온』에서 하나님을 '그보다 더 위대한 것을 생각할 수 없는 존재'(aliquid quo maius cogitari non potest)로 정의했다. 그는 하나님에 대한 이런 정의가 옳다면 그분은 반드시 존재할 수밖에 없다고 주장했다. 그 이유는 다음과 같다. 하나님이 존재하지 않는다면 하나님에 관한 개념만 남아 있을 뿐 하나님의 실재는 존재하지 않는 셈이 된다. 그러나 하나님의 실재는 하나님에 관한 개념보다 더 위대하다.

따라서 하나님이 '그보다 더 위대한 것을 생각할 수 없는 존재'라면 하나님에 관한 개념은 하나님의 실재를 전제할 수밖에 없다. 그렇지 않으면 한갓 하나님에 관한 개념이 '그보다 더 위대한 것을 생각할 수 없는 존재'가 되고 만다. 이것은 이 논증이 근거로 삼은 하나님에 관한 정의와 모순된다. 하나님에 관한 개념이 존재하고, '그보다 더 위대한 것을 생각할 수 없는 존재'라는 하나님에 관한 정의를 받아들인다면 하나님은 필연적으로 존재하실 수밖에 없다. 라틴어 동사 '코기타레'(cogitare)는 '상상하다'라는 뜻으로도 번역된다. 따라서 하나님을 '그보다 더 위대한 것을 상상할 수 없는 존재'라고 정의할 수 있다. 두 가지 번역 모두 괜찮다.

이것은 이해하기 쉬운 논증이 아니기 때문에 한 번 더 살펴보는 것이 좋을 듯하다. 하나님은 '그보다 더 위대한 것을 생각할 수 없는 존재'로 정의된다. 그런 존재에 관한 개념과 그 실재는 서로 별개다. 100달러 지폐를 머릿속으로 생각하는 것과 그것을 실제로 손에 들고 있는 것은 전혀 다르다. 단순한 생각은 실재보다 훨씬 덜 만족스럽다. 안셀무스의 요점은 개념이 실재보다 못하다는 것이다. 따라서 하나님의 실재는 개념보다 우월하기 때문에 '그보다 더 위대한 것을 생각할 수 없는 존재'라는 하나님에 관한 정의가 단순히 개념으로만 존재한다면 모순을 내포할 수밖에 없다. 바꾸어 말해, 하나님에 관한 그런 정의가 옳고, 그 개념이 인간의 생각 속에 존재한다면 그에 상응하는 현실이 반드시 존재해야 한다.

하나님에 관한 이런 정의는 너무나도 참되기 때문에 사실이 아닌 것으로 생각할 수 없다. 그 이유는 존재하지 않는다고 생각할 수 없는 무엇인가를 생각하는 일이 얼마든지 가능하기 때문이다. 그런 것은 존재하지 않는다고 생각할 수 있는 어떤 것보다 더 위대할 수밖에 없다. 따라서 이것(더 위대한 것을 생각할 수 없는 존재)을 존재하지 않는 것으로 생각할 수 있다면 더 위대한 것을 생각할 수 없는 존재는 사실상 더 이상 더 위대한 것을 생각할 수 없는 존재가 될 수 없다. 그렇게 되면 모순이 발생한다. 따라서 그보다 더 위대한 것을 생각할 수 없는 존재, 곧 존재하지 않는다고 생각할 수 없는 존재가 존재하는 것이 틀림없다. 오, 주님, 우리의 하나님이시여. 주님이 바로 그런 존재이십니다. 오 주님, 나의 하나님이시여. 주님은 진실로 존재하십니다. 주님이 존재하지 않으신다고 생각할 수 없습니다. 그 이유는 분명합니다. 만일 인간의 마음이 주님보다 더 위대한 것을 생각할 수 있다면 피조물이 창조주보다 더 뛰어나 주님을 판단할 텐데 그것은 명백한 모순일 수밖에 없습니다. 존재하지 않는다고 생각할 수 있는 것이 있다면 그것은 주님 외에 다른 무엇일 것입니다. 오직 주님만이 그 어떤 것보다도 가장 참되게 존재하십니다. 왜냐하면 존재하는 다른 것들은 주님만큼 참되게 존재하지 않고, 존재의 정도가 덜하기 때문입니다.

이것은 많은 논의가 이루어진 중요한 논증이다. 따라서 그 핵심을 간추려 다시 살펴볼 가치가 있다.

1) 안셀무스가 제시한 하나님에 관한 정의에 주목하라. '그보다 더 위대한 것을 생각할 수 없는 존재'라는 하나님의 개념을 뒷받침하는 근거가 전혀 눈에 띄지 않는다. 이것은 자명한 사실로 인정되었다.
2) 안셀무스는 현실적인 실재가 단순한 개념보다 더 위대하다고 주장했다. 논증의 첫 번째 단계는 앞에서 주어진 하나님에 관한 정의이고, 이것은 논증의 두 번째 단계에 해당한다. 이 단계는 독자들이 보기에 명백한 것으로 전제되었다.
3) 논증의 결론은 하나님에 관한 개념이 실재보다 못하기 때문에 하나님이 당연히 존재하실 수밖에 없다는 것이다. 그렇지 않으면 앞에서 진술한 하나님에 관한 정의가 모순을 일으킨다.

이 논증은 안셀무스에 대한 초창기 비평가들 가운데 하나인 베네딕트회 수도사 가우닐로를 설득하지 못했다. 가우닐로는 (안셀무스가 인용한 시편 14편 1절, 곧 "어리석은 자는 그 마음에 이르기를 하나님이 없다 하는도다"라는 말씀을 염두에 두고) 『어리석은 자들을 대신한 응답』이라는 제목의 책을 펴내 안셀무스를 비판했다. 그는 안셀무스의 '논증'에 허점이 있다고 지적했다(사실, 안셀무스는 처음에 그것을 논증으로 간주하지 않았다). 가우닐로는 더 완전한 섬을 생각할 수 없을 만큼 사랑스러운 섬을 생각해 보라고 말했다. 그는 안셀무스와 똑같은 논리를 펼쳐 섬의 실재가 단순한 개념보다 반드시 더 완전해야 하기 때문에 그 섬은 반드시 존재해야 한다고 설명했다. 우리도 그와 똑같은 방식으로 안셀무스의 논리를 따라 100달러 지폐에 관한 개념 안에는 그것이 우리의 손에 실제로 들려 있다는 사실이 내포되어 있다고 주장할 수 있다. 가우닐로의 요점은 완전한 섬이든 하나님이든 어떤 것에 대한 단순한 개념만으로는 그것의 실재가 보장되지 않는다는 것이다.

사람들은 존재하지 않는 섬을 찾기가 어려워서인지 아니면 불가능해서인지 몰라도 바다 어딘가에 '잃어버린 섬'이라고 불리는 섬이 존재한다고 말한다. 그 섬은 귀하디귀한 온갖 부와 즐거움이 '행복의 섬'보다 훨씬 더 풍성하게 흘러넘치고, 소유주나 거주자도 없으며, 사람들이 거주하는 그 어떤 섬들보다도 모든 점에서 월등히 더 풍요롭고 뛰어난 섬이라고 한다. 만일 어떤 사람이 내게 그런 섬에 관해 말한다면 나는 그것이 무슨 말인지 쉽게 이해할 것이다. 왜냐하면 그런 말은 얼마든지 할 수 있기 때문이다. 그러나 만일 그런 말이 다음과 같은 직접적인 결과를 내포하는 것인 양, "당신이 그런 섬이 당신의 생각 속에 존재한다는 것을 부인할 수 없다면 그 어떤 섬보다 더 뛰어난 이 섬이 실제로 어딘가에 존재한다는 것도 또한 부인할 수 없을 것이오. 그 이유는 당신의 생각 속에만이 아니라 현실 속에까지 존재하는 것이 더 뛰어나기 때문이오. 만일 그런 섬이 실제로 존재하지 않는다면 현실 속에 존재하는 섬은 어떤 섬이든 그것보다 더 뛰어날 것이 분명하오. 그렇게 되면 당신이 다른 섬들보다 더 뛰어나다고 생각하는 이 섬은 실제로 더 뛰어난 섬이 되지 못할 것이오."라고 말한다면 문제는 달라진다. 누군가가 그런 식으로 이 섬이 의심의 여지 없이 실제로 존재한다고 나를 설득하려고 든다면 나는 그가 농담을 건네고 있다고 생각하거나 우리 둘 중에 누가 더 어리석은 바보인지를 따지자는 말인가 하는 생각이 들 수밖에 없을 것이다. 만일 그의 말에 무작정 동의한다면 내가 바보일 것이고, 만일 그가 먼저 나를 설득해 나의 생각 속에 존재하는 그 뛰어난 섬이 비현실이거나 의심스러운 실제가 아니라 의심의 여지가 조금도 없는 분명한 실제로서 존재하는 것이라는 확신을 심어주지 못한 채로 그 섬의 존재를 확실하게 입증했노라고 자신한다면 그가 바보일 것이다.

가우닐로가 제시한 응답은 안셀무스의 논증이 지니는 심각한 허점을 드러낸 것으로 널리 받아들여진다. 내용 자체는 설명이 필요하지 않을 만큼 분명하다. 그러나 안셀무스는 그렇게 쉽게 논박할 수 없다. 그의 논증 가운데는 하나님이 '그보다 더 위대한 것을 생각할 수 없는 존재'라는 사실 자체가 하나님에 관한 정의의 본질적인 부분을 차지한다는 논리가 내포되어 있다. 하나님은 섬이나 달러 지폐와는 전적으로 다른 범주에 속하신다. 만물을 초월하는 것이 하나님의 본질적 속성 가운데 하나다. 신자가 '하나님'이라는 용어가 의미하는 것을 이해하는 순간, 하나님은 그에게 이미 현실로 존재하신다. 이것이 안셀무스의 묵상의 취지다. 다시 말해, 하나님의 본질에 관한 기독교적인 이해가 어떻게 그분의 실재를 믿는 믿음을 강화시키는지를 성찰하는 것이 목표였다. 그 '논증'은 믿음의 영역 밖에서는 사실상 아무런 효력을 나타내지 못한다. 안셀무스는 자신의 말이 일반적인 철학적 방식을 따라 그런 식으로 다루어지리라고는 전혀 생각하지 않았다.

더욱이 안셀무스는 가우닐로가 자신을 옳게 이해하지 못했다고 주장했다. 그가 『프로슬로기온』에서 제시한 논증은 다른 것보다 더 위대한 존재가 있다는 개념을 내포하지 않는다. 오히려 안셀무스는 너무나도 위대해서 그보다 더 위대한 것을 생각할 수 없는 존재에 관해 말했을 뿐이다. 아무튼, 논쟁은 계속되고 있다. 안셀무스의 논증이 참된 근거를 지니고 있느냐는 문제는 오늘날까지도 여전히 남아 있다.

토마스 아퀴나스의 '다섯 가지 신 존재 증명'

위대한 스콜라주의 저술가 토마스 아퀴나스는 매우 다른 접근 방식을 취했다. 아퀴나스는 세상에 대한 인간의 일반적인 경험을 통해 하나님의 존재를 입증하는 실마리를 찾는 것이 온당하다고 생각했다. 아퀴나스는 과연 어떤 실마리들을 찾아냈을까? 아퀴나스의 기본적인 사고는 세상이 창조주이신 하나님을 반영한다는 것이었다. 그는 '존재의 유비'라는 이론을 통해 이 개념을 좀 더 체계적으로 표현했다. 예술가가 자신의 작품이라는 것을 표시하기 위해 서명을 하는 것처럼 하나님도 피조 세계에 신적 '인장'을 새겨 놓으셨다. 우리가 세상에서 발견하는 사실들(예를 들면 질서)은 창조주이신 하나님의 존재에 근거해 설명될 수 있다. 하나님은 세상의 첫 번째 원인이자 설계자이시다. 하나님은 세상을 창조하셨을 뿐 아니라 그 안에 신적 형상과 모양을 새겨 놓으셨다.

> **토마스 아퀴나스(1225-74).** 중세 시대의 가장 유명하고, 영향력 있는 신학자. 이탈리아에서 태어난 그는 파리대학을 비롯해 북부의 대학들에서 강의와 저술 활동으로 명성을 얻었다. 특히 『신학 대전』을 저술한 것으로 유명한데 그는 이 책을 생애 말년에까지 계속 저술하다가 결국 완성하지 못한 채 세상을 떠났다. 그는 다른 중요한 저서들도 많이 저술했다. 그 가운데는 기독교 신앙의 합리성을 논의한 『대이교도대전』이 있다.

그렇다면 피조 세계의 어느 곳을 들여다보면 하나님의 존재를 입증하는 증거를 찾을 수 있을까? 아퀴나스는 세계의 질서가 하나님의 존재와 지혜를 입증하는 가장 확실한 증거라고 주장했다. 다섯 가지 신 존재 증명의 저변에는 이런 기본적인 전제가 깔려있다. 이것은 특히 '설계론적 증명' 또는 '목적론적 증명'으로 불리는 논증과 관련해 특별히 중요하다. 다섯 가지 증명을 하나씩 차례로 살펴보면 다음과 같다.

첫 번째 증명은 세상에 있는 것들이 움직이거나 변화한다는 사실에서부터 출발한다. 세상은 정적이지 않고, 역동적이다. 그런 사례들을 열거하기는 쉽다. 비는 하늘에서 떨어진다. 돌은 계곡 아래로 굴러내린다. 지구는 태양의 주위를 돈다(아퀴나스는 아직 몰랐던 사실이다). 아퀴나스의 첫 번째 논증은 일반적으로 '운동에 근거한 논증'으로 불린다. 그러나 '운동'은 좀 더 일반적인 용어로 대체할 수 있기 때문에 '변화'로 번역해 이해하는 것이 더 적절할 듯하다. 라틴어 '모투스'(motus)는 '운동'과 '변화'라는 의미를 모두 지니고 있다.

자연이 어떻게 움직이게 되었을까? 자연은 왜 변화하는 것일까? 자연은 왜 정적인 상태로 존재하지 않는 것일까? 아퀴나스는 움직이는 것은 무엇이든 다른 어떤 것에 의해 움직여지는 것이라고 주장했다. 모든 움직임에는 원인이 있고, 그 원인도 또 다른 원인이 있다. 따라서 아퀴나스는 우리가 알고 있는 세상의 배후에는 잇달아 연결된 운동의 원인들이 존재한다고 주장했다. 그는 이런 원인들이 무한히 늘어서 있지 않다면 그 모든 원인의 처음 시작이 되는 하나의 원인이 있어야 한다고 추론했다. 궁극적으로 이 처음 운동의 원인으로부터 다른 모든 운동이 비롯한다. 이것이 세상이 작동하는 방식 안에 반영된 인과율의 거대한 사슬의 기원이다. 이처럼 아퀴나스는 사물들이 움직인다는 사실에 근거해 모든 운동의 첫 시작인 하나의 원인이 존재한다고 주장했고, 그것이 바로 하나님이라고 결론지었다. 나는 아래의 인용문에서 라틴어 '모투스'를 '변화'로 번역했다.

하나님의 존재는 다섯 가지 방식으로 입증될 수 있다. 그 가운데 가장 분명한 첫 번째 증거는 변화에 근거한 논증이다(ex parte motus). 이 세상에는 변화의 과정을 거치고 있는 것들이 분명히 존재한다. 변화의 과정을 거치는 것은 모두 다 다른 것에 의해 변화된다.…어떤 것을 변화시키는 것이 그 자체로 또 변화를 겪는다면 그 변화를 일으키는 다른 무엇이 또 존재해야 하고, 그것도 변화한다면 다른 것이 또 존재해야 한다. 그러나 이 과정은 무한히 이어질 수 없다. 왜냐하면 그런 경우에는 이런 변화의 과정을 처음 일으킨 원인이 존재하지 않을 것이고, 결국 처음부터 변화를 일으킨 요인이 아예 존재하지 않았다는 말이 되기 때문이다. 이것은 막대기를 움직이는 손이 없으면 그것이 움직일 수 없는 이치와 같다. 따라서 우리는 그 무엇에 의해서도 변화하지 않는,

변화의 첫 번째 원인에 도달할 수밖에 없고, 모든 사람이 그것이 바로 하나님이라고 이해한다.

두 번째 증명은 인과율의 개념에서부터 시작한다. 아퀴나스는 세상에 원인과 결과가 존재한다는 사실에 주목했다. 하나의 사건(결과)은 또 다른 사건(원인)의 영향으로 설명된다. 위에서 살펴본 운동의 개념이 원인과 결과의 연쇄 관계를 보여주는 좋은 본보기다. 아퀴나스는 위에서와 비슷한 추론을 통해 모든 결과가 하나의 첫 번째 원인으로 거슬러 올라갈 수 있고, 그것이 곧 하나님이라고 주장했다.

세 번째 증명은 우연적인 존재들을 토대로 한 논증이다. 세상에는 (인간과 같이) 필연적이지 않은 우연적 존재들이 존재하고 있다. 아퀴나스는 이런 유형의 존재들을 필연적으로 존재하는 필연적 존재와 대조했다. 그는 하나님은 필연적 존재이시고, 인간은 우연적 존재라고 주장했다. 우리가 세상에 존재한다는 사실은 설명을 요구한다. 우리는 왜 이곳에 있는 것일까? 우리는 무엇 때문에 존재하게 되었을까? 아퀴나스는 하나의 존재가 존재하게 된 이유는 이미 존재하는 무엇인가가 그것을 존재하게 만들었기 때문이라고 주장했다. 다시 말해, 우리의 존재는 또 다른 존재로부터 발생한 것이다. 우리는 연쇄적인 인과관계의 결과물이다. 아퀴나스는 이 연쇄 관계의 기원으로 거슬러 올라가면 필연적으로 존재하는 존재의 첫 번째 원인에 도달하게 되는 데 그것이 바로 하나님이라고 선언했다.

네 번째 증명은 진리, 선, 고귀함과 같은 인간의 가치에서부터 시작한다. 이런 가치들은 어디에서 비롯했을까? 이것들은 무엇으로부터 발생했을까? 아퀴나스는 그 자체로 참되고, 선하고, 고귀한 무엇인가가 존재해야 하고, 그것에서 진리, 선, 고귀함에 관한 우리의 개념이 비롯했다고 주장했다. 그는 하나님이 그런 개념들의 첫 번째 원인이고, 그 궁극적인 원천이시라고 설명했다.

마지막 다섯 번째 증명은 목적론적인 논증이다. 아퀴나스는 세상이 지성적인 설계의 명백한 증거를 보여주고 있다는 사실에 주목했다. 자연의 과정과 사물들은 어떤 특정한 목적을 염두에 두고 만들어진 것처럼 보인다. 그것들은 목적을 지닌 듯하고, 계획적으로 설계된 것처럼 보인다. 그러나 사물들은 스스로를 설계하지 못한다. 그것들은 누군가나 다른 것에 의해 설계되거나 발생한다. 아퀴나스는 이런 관찰을 토대로 하나님이 이런 자연적 질서의 원천이실 수밖에 없다고 결론지었다.

아퀴나스의 논증은 모두 비슷한 것처럼 보인다. 모두 인과의 사슬을 추적해 하나의 기원에 도달해 그것을 하나님과 동일시하는 방법을 사용한다. 둔스 스코투스와 오캄의 윌리엄을 비롯해 중세 시대의 아퀴나스 비평가들이 '다섯 가지 신 존재 증명'에 대해 많은 비판을 제기했다. 그 가운데 특별히 중요한 것 몇 가지를 소개하면 다음과 같다.

1) 원인들의 무한정한 연쇄 관계라는 개념이 왜 불가능한가? 운동을 통한 증명은 인과관계의 사슬이 어디에선가 멈춘다는 것을 입증해야만 효과를 발휘할 수 있다. 아퀴나스에 따르면 첫 번째 원인으로서의 '부동의 동자'가 존재해야 한다. 그러나 그는 이 점을 입증하지 못했다.

2) 왜 이런 논증이 오직 한 분 하나님을 믿는 신앙으로만 귀결되어야 하는가? 예를 들어, 운동을 토대로 한 논증은 다수의 '부동의 동자'를 믿는 믿음으로 귀결될 수도 있다. 그런 하나님이 오직 한 분뿐이라는 근본적인 기독교적 신념을 제외하면 그런 원인이 단 하나밖에 없다고 주장할 수 있는 특별히 절박한 이유가 존재하지 않은 것으로 보인다.

3) 이 논증들은 하나님이 계속해서 존재하신다는 것을 입증하지 못한다. 하나님은 사건들이 일어나도록 만들고 나서 더 이상 존재하지 않으실

수도 있다. 사건들의 계속적인 존재가 그 원인자의 계속적인 존재를 반드시 전제하는 것은 아니다. 오캄은 아퀴나스의 논증이 하나님이 과거에만 존재했고 지금은 반드시 존재하지 않으실 수도 있다는 신념으로 이어질 수도 있다고 우려했다. 오캄은 이런 어려움을 해결하기 위해 하나님이 계속해서 우주를 유지하신다는 개념에 근거해 다소 복잡한 논증을 발전시켰다.

결국 아퀴나스의 논증은 세상의 창조주나 결과들의 궁극적인 원인이 되는 지성적인 존재를 믿는 것이 합리적이라는 주장을 제기하는 것으로 끝난 셈이다. 그런 창조주나 지성적인 존재가 그리스도인들이 알고, 경배하고, 예배하는 하나님이라는 것을 입증해야 할 과제가 여전히 남아 있다. 아퀴나스의 논증은 헬라 철학자 아리스토텔레스가 옹호했던 신과 같은 신, 곧 세상으로부터 초연한 채 세상사에 관여하지 않는 '부동의 동자'를 믿는 믿음으로 귀결될 수도 있다.

사례 연구 2.2 속죄에 관한 이해

중세 시대에는 학술적인 신학이나 일반적인 신앙의 영역에서나 모두 (종종 '속죄'로 일컬어진) 그리스도의 사역에 관한 교리에 상당한 관심을 기울였다. 캔터베리의 안셀무스와 피에르 아벨라르와 같은 저술가들은 그리스도의 죽음이 지니는 의미에 관해 서로 매우 다른 접근 방식을 취했다. 안셀무스는 속죄의 법적 의미를 강조했고, 아벨라르는 신자에게 미치는 주관적인 변화의 영향에 중점을 두었다.

일반적인 신앙의 영역에서 특별히 중요했던 한 가지 주제는 '지옥의 정복'이라는 개념이었다. 이 개념의 배경은 신약성경 자체에서 발견된다. 신약성경과 초대 교회는 그리스도께서 십자가와 부활을 통해 죄와 죽음과 사탄을 정복하신 것을 크게 강조했다. 이 승리의 주제는 예전을 통해 부활절 축하 행사와 결부되면서 계몽주의 시대에 이르기까지 서구 기독교의 신학적 전통 안에서 매우 중요한 위치를 점유했다. '승리자 그리스도'(Christus Victor)라는 주제는 악과 억압의 세력에 대한 결정적인 승리라는 개념을 중심으로 일련의 주제들을 하나로 통합했다.

그리스도의 죽음을 속전의 의미로 이해한 것은 이레나에우스와 같은 헬라 교부들에게 매우 중요한 개념으로 다가왔다. 그렇다면 이 개념의 의미는 무엇일까? 오리게누스는 그리스도의 죽음이 속전이라면 누군가 지불 대상이 있어야 한다고 주장했다. 그 대상은 누구일까? 하나님은 속전을 받을 생각으로 죄인들을 붙들고 계시는 분이 아니기 때문에 하나님이 그 대상일 수는 없었다. 따라서 속전은 마귀에게 지불하는 것이어야 했다. 그레고리우스 대교황은 이 개념을 좀 더 발전시켰다. 그는 마귀가 자신이 지닌 권위의 한계를 넘어섬으로써 어쩔 수 없이 권리를 잃게 되는 상태에 이르러야만 인간이 비로소 사탄의 지배와 억압에서 해방될 수 있다고 주장했다. 그렇다면 그런 일은 어떻게 일어날 수 있을까? 그레고리우스는 죄 없는 사람이 죄 있는 인간의 모습으로 세상에 온다면 그런 일이 일어날 수 있다고 말했다. 마귀는 뒤늦게서야 이 사실을 알게 되지만 이미 때는 늦고 말았다. 다시 말해, 마귀는 그 죄 없는 사람에 대해 자신의 권위를 주장하다가 그만 권위의 한계를 넘어서고, 결국에는 자신의 권리를 포기할 수밖에 없는 지경에 이른다.

그레고리우스는 미끼가 달린 낚싯바늘을 비유로 들었다. 그리스도의 인성이 미끼고, 그분의 신성이 낚싯바늘에 해당한다. 마귀는 거대한 바다 괴물처럼 미끼를 덥석 물고는 뒤늦게서야 낚싯바늘을 발견한다. "미끼는 낚시바늘에 걸려 상처가 나도록 유도한다. 주님은 인류를 구원하기 위해 오시면서 마귀를 진멸하기 위해 자신을 일종의 낚싯바늘로 만드셨다."

다른 저술가들도 다양한 비유를 사용해 마귀를 함정에 빠뜨린다는 동일 개념을 설명했다. 그리스도의 죽음은 새를 잡는 그물이나 쥐를 잡는 덫과 같다. 십자가의 의미를 이런 식으로 설명한 것은 나중에 큰 논란을 불러일으켰다. 그것은 하나님이 속임수를 사용하시는 것처럼 보이게 만들었다. 캔터베리의 안셀무스는 하나님이 속임수를 사용하신다는 개념에 대해 크게 반발했다. 그런 개념을 한 가지 더 소개하면 다음과 같다.

　마귀에 대한 승리라는 개념은 대중에게 엄청난 영향을 미친 것으로 드러났다. '지옥의 정복'이라는 중세의 개념이 그런 영향력을 분명하게 보여준다. 이 개념에 따르면, 그리스도께서는 십자가에서 운명하고 나서 지옥으로 내려가 문을 부수고 그곳에 갇혀 있는 영혼들을 해방하셨다. 이 개념은 그리스도께서 "옥에 있는 영들에게 선포하시니라"라는 문구가 포함된 베드로전서 3장 18-22절에 근거한다. 샤르트르의 풀베르가 작시한 유명한 중세 찬송가 '너희 새 예루살렘의 성가대여!'에 보면 그리스도를 뱀인(창 3:15) 사탄을 물리치는 유다의 사자로(계 5:5) 묘사한 두 연의 내용을 통해 이 주제를 다루고 있는 것을 알 수 있다.

유다의 사자께서 자신의 사슬을 끊고
뱀의 머리를 으깨신다.
사망의 장소를 뒤흔드는 큰 포효로
옥에 갇힌 죽은 자들을 깨우신다.

먹이가 되어 지옥의 심연에 삼키운 자들이
그분의 명령에 되살아난다.
구속받은 무리가
예수님이 앞장서 가시는 길을 뒤따른다.

14세기 영국의 한 종교극에서도 이와 비슷한 개념이 발견된다. 거기에서는 '지옥의 정복'을 이렇게 묘사했다.

> 그리스도께서 운명하셨을 때 그분의 영은 신속히 지옥으로 향했다. 그분은 자기를 부당하게 가로막고 있는 강력한 문을 부숴뜨리셨다.…그분은 영원한 사슬로 사탄을 결박하셨다. 사탄은 마지막 심판의 날까지 결박된 상태로 머물러 있을 것이다. 그분은 아담과 하와를 비롯해 자신이 소중히 여기는 다른 사람들을…모두 지옥에서 이끌고 나와 낙원에 안착하셨다.

11세기에 접어들어 하나님이 마귀를 속이셨다는 개념이나 마귀가 타락한 인류에 대해 '권리'를 지니고 있다는 개념이나 하나님이 그런 권리를 존중해야 할 의무가 있으시다는 개념을 강하게 거부했던 캔터베리의 안셀무스에 의해 그때까지와는 매우 다른 접근 방식이 시도되었다. 마귀는 기껏해야 인간에 대해 '사실상의'(de facto) 힘, 곧 법적으로 인정된 정당한 힘은 아니지만 실질상으로 존재하는 힘만을 지니는 것으로 인정되었다. 이 힘은 '정당한'(de jure) 권위, 곧 법적이거나 도덕적인 원리에 확고하게 근거하는 권위로 간주될 수 없다. 안셀무스는 이 개념을 논박하면서 "나는 이것이 어떤 힘을 지니고 있는지 모르겠다."라고 말했다. 그는 또한 하나님이 구원의 과정에서 마귀를 속이신다는 그 어떤 개념도 용납하지 않았다. 그는 구원의 전 과정이 하나님의 의를 반영하고, 그것에 근거한다고 확신했다.

안셀무스는 하나님의 의를 강조했다. 하나님은 자신의 거룩한 의의 속성에 온전히 일치하는 방식으로 인류를 구원하신다. 안셀무스의 『하나님은 왜 인간이 되셨는가』는 구원의 가능성에 관한 질문을 대화 형식으로 다루고 있다. 그는 문제를 분석하면서 (비록 얼마나 성공적이었느냐는 논란의 여지가 있지만) 나름대로 성육신의 필요성과 예수님의 죽음과 부활이 지니는 구원의 능력을 논증했다. 그 논증은 복잡하지만 요점을 간추리면 다음과 같다.

1) 하나님은 본래 인간을 영원한 축복을 누리게 할 목적으로 의롭게 창조하셨다.
2) 그런 영원한 축복의 상태는 하나님께 대한 인간의 복종에 달려 있었다. 그러나 인간은 죄를 지은 탓에 그런 복종을 이룰 수 없게 되었고, 그로써 하나님이 인간을 창조하신 본래의 목적이 좌절되는 듯한 결과를 낳았다.
3) 하나님의 목적이 좌절되는 것은 있을 수 없는 일이기 때문에 그런 상황을 개선할 수 있는 수단이 필요했다. 상황이 개선되려면 죄의 보상이 이루어져야 했다. 바꾸어 말해, 인간의 죄로 인해 발생한 불법을 청산할 수 있는 모종의 조처가 필요했다.
4) 그러나 인간은 죄를 보상할 수 없다. 인간은 그럴만한 능력이 없다. 오직 하나님만이 죄를 보상할 수 있는 수단을 가지고 계신다.
5) 따라서 필요한 보상을 제공하기 위해 하나님의 능력과 인간의 책임을 모두 소유하는 '신인'(神人)이 필요했다. 결국, 죄를 보상하고, 인간을 구원하기 위해 성육신이 이루어졌다.

몇 가지를 좀 더 자세히 설명하면 다음과 같다. 첫째, 죄가 하나님을 거스른 불법으로 간주되었다. 불법의 경중은 불법의 대상자가 된 사람의 신분에 비례한다. 안셀무스가 당시의 봉건제도와 관련된 개념에 영향을 받았고, 하나님을 '봉건 영주'와 비슷하게 생각했다고 이해하는 학자들이 많다.

둘째, 지금까지 '보상'의 개념이 어디에서 기원했는지를 둘러싸고 많은 논쟁이 있었다. 이 개념은 적절한 보상을 통해 죄를 청산해야 한다는 당시의 독일법에서 유래되었을 수도 있다. 그러나 대다수 학자는 안셀무스가 기존의 고해 성사 제도를 직접 염두에 두었다고 생각한다. 속죄를 원하는 죄인은 모든 죄를 고백해야 했다. 사제는 용서를 선언하면서 회심자에게 보속의 행위(순례 여행을 떠나거나 자선을 베푸는 일 따위)를 요구했다. 그것은 용서에 감사하는 마음을 공적으로 표시하는 수단이었다. 안셀무스는 이런 관습에 근거해 보상의 개념을 생각해 냈을 가능성이 크다.

안셀무스의 접근 방식은 명백한 문제점을 지니고 있지만 한 가지 중요한 발전을 이룬 것은 분명해 보인다. 하나님이 인간 구원의 시작부터 마지막까지 철저하게 정의의 원리에 따라 행동하신다는 안셀무스의 주장은 '승리자 그리스도'라는 접근 방식이 지니는 불확실한 도덕적 입장과 결정적으로 궤를 달리했다. 후대의 저술가들은 일반적인 법의 원리를 근거로 안셀무스의 접근 방식을 좀 더 안정된 토대 위에 올려놓았다.

그 한 가지 사례가 토마스 아퀴나스의 『신학 대전』에서 발견된다. 그는 이 책을 1265년부터 저술하기 시작했고, 죽을 때까지 완성하지 못했다. 이 책은 중세 신학의 가장 위대한 작품으로 널리 인정받고 있다. 아퀴나스는 이 중요하고도 영향력 있는 분석을 통해 다양한 반론들을 다루면서 안셀무스가 제시한 '보상'의 개념을 더욱 발전시켰다. 그리스도의 권위가 인간의 죄에 대한 하나님의 용서를 얻어내기에 충분하지 않다는 비판을 논박한 아퀴나스의 주장은 특별히 흥미롭다. 아래의 내용은 흥미로우면서도 중요하기 때문에 주된 요점들을 올바로 이해할 수 있도록 다소 상세하게 인용했다.

1) 그리스도의 고난이 보상의 방법을 통해 우리의 구원에 영향을 미친다고 생각하기 어렵다. 왜냐하면 고해 성사의 다른 측면들을 통해 분명하게 알 수 있는 대로 보상은 죄를 지은 사람의 책임이기 때문이다. 죄를 지은 사람이 마땅히 회개하고, 고백해야 한다. 그러나 "그는 죄를 범하지 아니하시고"(벧전 2:22)라는 말씀대로 그리스도께서는 죄를 짓지 않으셨

다. 따라서 그분은 자신의 고난으로 죄를 보상하지 않으셨다.

2) 더욱이 보상은 더 큰 범죄를 통해 이루어질 수 없다. 그리스도의 고난과 관련해 가장 큰 범죄가 자행되었다. 그분을 죽인 사람들은 가장 극악한 죄를 저질렀다. 따라서 그리스도의 고난을 통해 하나님을 상대로 죄의 보상이 이루어졌다고 말할 수 없다.

3) 죄의 보상은 범죄의 정도와 동등해야 한다. 왜냐하면 그것이 정의의 원칙이기 때문이다. 그러나 그리스도의 고난은 인류의 모든 죄와 동등한 것처럼 보이지 않는다. 그 이유는 "그리스도께서 이미 육체의 고난을 받으셨으니"(벧전 4:11)라는 말씀대로 신성이 아닌 육체를 따라 고난을 받으셨기 때문이다.…따라서 그리스도께서는 자신의 고난으로 우리의 죄를 보상하지 않으셨다.

나는 어떤 사람이 범죄의 대상자에게 범죄에 대한 증오심을 뛰어넘는 큰 즐거움을 안겨주는 일을 행했다면 적절한 보상이 이루어졌다고 대답하고 싶다. 그리스도께서는 사랑과 복종의 행위를 통해 고난을 받으심으로써 하나님께 인류의 모든 범죄를 보상하는 데 필요한 것보다 더 큰 무엇인가를 드리셨다. 첫째, 그분은 고난을 달게 받으심으로써 사랑의 위대성을 보여주셨다. 둘째, 그분은 죄를 보상하기 위해 자신의 생명을 내놓으셨다. 그것은 하나님이자 인간이신 그분의 생명으로 무한한 가치를 지닌다. 셋째, 그분이 친히 짊어지신 고난과 슬픔은 지극히 크고, 포괄적이었다.…따라서 "그는 우리 죄를 위한 화목제물이니 우리만 위할 뿐 아니요 온 세상의 죄를 위하심이라"(요일 2:2)라는 말씀대로, 그리스도의 고난은 인류의 죄를 보상하기에 충분할 뿐 아니라 그 정도를 훨씬 더 넘어선다.

위의 인용문에서 아퀴나스는 여러 가지 중요한 요점을 다루었다. 아래의 내용은 특별히 흥미롭기 때문에 주의 깊게 살펴봐야 할 필요가 있다.

1) 아퀴나스는 그리스도께서 십자가에서 제공한 보상이 인류가 저지른 불법보다 더 크다고 강조했다. 제공된 보상의 가치는 세 가지 요인에 의해 결정된다. 구체적으로 말해, 그리스도께서 베푸신 사랑의 위대성과 신성과 인성이 결합된 그분의 생명이 지닌 본질적인 가치와 그분이 감당하신 고난의 위대성이다. 안셀무스는 이 세 가지 중 두 번째 요인만을 강조했다. 아퀴나스는 그리스도께서 이루신 보상을 분석하면서 부가적인 요인들을 제시함으로써 속죄를 위한 신학적 토대를 강화했다.
2) 아퀴나스는 그리스도의 인성이 지니는 가치를 순전히 겉으로 취해진 인성의 관점에서만이 아니라 그것을 취한 신성의 관점에서 이해해야 한다고 강조함으로써 이 점을 더욱 발전시켰다.
3) 아퀴나스가 『신학 대전』에서 전개한 독특한 논증 방법에 주목해야 한다. 그는 다양한 반론과 난제들을 다루었고, 대개 '나는 이렇게 대답한다.'라는 말로 시작해 개개의 요점을 하나씩 다루는 방식으로 자신의 견해를 피력했다.

피에르 아벨라르(1079-1142). 파리대학에서 교수로서 상당한 명성을 얻었던 프랑스 신학자이다. 중세 신학의 발전을 이끈 그의 공헌 가운데 가장 주목할 만한 것은 속죄의 주관적 측면을 강조한 것이다.

아퀴나스의 분석은 '보상설'(또는 만족설)이라는 속죄론의 신학적 기반을 마련했다. 그러나 다른 중세 저술가들은 여러 가지 이유에서 안셀무스의 접근 방식을 탐탁지 않게 생각했다. 그것이 개인적인 차원에서의 믿음의 활용을 비롯해 구원의 주관적인 측면을 적절히 다루지 못했다고 생각하는 사람들도 있었고, '하나님의 사랑'이라는 주제가 적절하게 다루어졌는지를 궁금해하며 그리스도의 죽음이 하나님의 사랑을 드러낸 방식을 좀 더 많이 강조하기를 원했던 사람들도 있었다. 그런 점을 강조하려고 했던 중세의 가장 중요한 견해가 피에르 아벨라르의 저서에서 발견된다. 물론, 일부 해석자들의 주장과는 달리 아벨라르는 십자가의 의미를 하나님의 사랑을 입증하는 증거로 축소하지 않았다. 이것은 아벨라르의 구원론을 구성하는 여러 가지 요소 가운데 하나일 뿐이다. 그의 구원론은 그리스도의 죽음을 인류의 죄를 속량하기 위한 희생 제물로 간주하는 전통적인 견해를 포함하고 있다. 그의 독특성은 십자가가 미치는 주관적인 영향을 강조한 것에 있다.

아벨라르는 "그리스도께서 자신의 지혜로 세상을 밝혀 자기를 사랑하게 하려고 했던 것이 곧 성육신의 목적이지 이유였다."라고 생각했다. 이것은 그리스도의 성육신을 인류로부터 사랑의 반응을 끌어내기 위해 하나님의 사랑의 크기를 공적으로 드러낸 증거로 간주했던 아우구스티누스의 견해를 되풀이한 것이다. "성자께서는 인간의 본성을 취하셨다. 그분은 심지어 목숨을 내놓으실 정도로 말과 행위를 통해 우리에게 본을 보여주셨고, 사랑으로 우리를 자기와 하나가 되게 하셨다." 이런 통찰력은 그리스도 안에서 하나님의 사랑이 미치는 주관적인 영향을 더욱 깊이 파헤침으로써 한층 더 강력한 설득력을 발휘했다.

> 그리스도에 대한 우리의 믿음을 통해 사랑이 더욱 증대되는 이유는 하나님이 그리스도 안에서 인간의 본성을 취하시고, 그 본성으로 고난을 받음으로써 우리에게 지극한 사랑을 보여주셨기 때문이다.…따라서 그리스도의 고난을 통해 이루어진 우리의 구원은 우리 안에서 더 깊은 사랑을 자극함으로써 죄에 속박된 상태로부터 우리를 자유롭게 할 뿐 아니라 하나님의 자녀들의 참된 자유를 안전하게 지켜주어 두려움이 아닌 사랑으로 모든 일을 하도록 이끈다.

아벨라르는 그리스도의 죽음을 하나님의 사랑을 입증하는 증거로 이해해야 할 이유를 정확하게 설명해 줄 적절한 신학적 근거를 제시하지는 못했지만, 그리스도의 죽음이 지니는 의미에 관한 그의 설명은 그 죽음이 미치는 강력한 주관적인 영향(캔터베리의 안셀무스와 같은 동시대 저술가들이 무시하거나 경시했던 속죄의 측면)을 새롭게 부각시켰다.

이처럼 중세 시대에는 그리스도의 사역에 관한 교리에 상당한 관심이 기울여졌고, 그 교리의 발전을 진작시킨 중요한 공헌이 많이 이루어졌다. 다음에 살펴볼 성례의 본질과 기능에 관한 문제에 대한 중세의 접근 방식에 대해서도 이와 비슷한 평가를 내릴 수 있을 듯하다.

사례 연구 2.3 성례 신학

기독교 역사 초기에는 성례 신학에 관한 관심이 상대적으로 적었다. 2세기 중에는 『12사도 교훈집』(Didache)과 이레나에우스의 저서와 같은 자료들에서 성례의 일반적인 본질을 논한 논의가 약간 발견된다. 성례의 정의를 비롯해 이 문제에 대한 논의가 본격적으로 이루어지기 시작한 것은 아우구스티누스의 저서를 통해서다. 아우구스티누스는 성례의 정의와 관련된 두 가지의 일반 원리를 제시했다.

1) 성례는 표징이다. "표징이 신성한 것에 적용되면 성례로 일컬어진다."
2) 표징은 표시되는 것과 관계가 있어야 한다. "성례가 자신이 나타내는 것과 유사성이 없으면 성례가 될 수 없다."

그러나 이런 정의도 여전히 부정확하고, 부적절하기는 마찬가지다. 예를 들어, '신성한 것의 표징'은 무엇이든 다 성례로 간주하는 것이 온당할까? 사실, 아우구스티누스는 신조나 주기도와 같이 성격상 더는 성례로 간주되지 않는 많은 것을 '성례'로 이해했다. 시간이 흐르면서 성례를 단순히 '신성한 것의 표징'으로 정의하는 것이 부적절하다는 사실이 더욱 분명해졌다.

> **성 빅토르의 휴(1142년 사망).** 플랑드르 출신의 신학자. 1115년에 파리에 있는 성 빅토르 아우구스티누스파 수도원에 들어갔다. 그의 가장 중요한 저서는 당시에 발전하기 시작한 새로운 신학적 논쟁을 다루고 있는 『기독교의 성례에 관해』(De sacramentis Christianae fide)이다.

좀 더 명확한 정의가 이루어진 것은 성례 신학이 크게 발전했던 중세 시대를 지나면서부터였다. 이번 사례 연구는 성례의 정의라는 일반적인 문제를 다루는 데 그 초점이 있다. 12세기 전반기에 파리에서 활동하던 성 빅토르의 휴는 아우구스티누스가 제시한 부정확한 정의를 새롭게 고쳤다. 그는 성례 신학에 관한 포괄적인 설명을 통해 성례의 정의를 제시했는데, 그 안에는 성례가 나타내는 은혜와 유사성을 지닌 물리적인 요소의 필요성도 아울러 포함되었다. 이것은 의도하지 않은 상태에서 고해 성사가 성례의 목록에서 배제되는 중요한 결과를 낳았다.

> 신성한 것의 표징이라고 해서 무엇이든 다 성례로 일컫는 것은 적절하지 않다.…더 낫고, 온전한 성례의 정의를 원하는 사람은 누구나 "성례란 보이지 않는 영적 은혜를 외적 감각으로 감지할 수 있는 물리적, 또는 물질적 요소로 나타내는 것으로서 그것을 유사성을 통해 표현하고, 제도를 통해 상징하고, 축성(祝聖)을 통해 함유하는 것을 의미한다."라고 정의할 것이 틀림없다. 이런 정의는 매우 적절하고, 완벽한 것으로 간주되기 때문에 모든 형태의 성례, 특히 참 성례의 경우에만 적절히 적용될 수 있다. 이 세 가지 요소를 갖춘 것은 모

두 성례이고, 이 세 가지 요소를 갖추지 못한 것은 모두 성례가 아니다. 모든 성례는 성례로서 표현하고자 하는 대상과 유사성을 지님으로써 그것을 대표할 수 있어야 하고, 그것을 상징할 수 있는 방식으로 제도화되어야 하며, 그것을 함유할 수 있는 방식으로 축성되어, 거룩하게 봉헌되어야 할 사람들에게 그와 동일한 것을 전할 수 있는 효력을 지녀야 한다.

휴는 성례의 본질을 이해하는 데 필요한 네 가지 필수 요소를 제시했다.

1) 세례의 물, 성찬의 떡과 포도주, 병자 성사의 기름과 같이 '물리적이거나 물질적인' 요소가 있어야 한다('병자 성사'란 말기의 병자들에게 봉헌된 올리브유를 바르는 예식을 가리킨다).
2) 표현하려는 대상과 '유사성'을 지님으로써 그것을 나타낼 수 있어야 한다. 예를 들어, 성찬의 포도주는 그리스도의 피와 '유사성'을 지님으로써 성례적인 상황에서 그것을 나타낸다.
3) 표현하려는 대상을 나타낼 목적으로 제정된 일정한 형태의 '제도'가 있어야 한다. 다시 말해, 사용된 표징이 그것이 가리키는 영적 현실을 나타낼 수 있는 권위를 지닌다고 믿을 만한 충분한 이유가 있어야 한다. 예수 그리스도께서 친히 제정하신 제도라는 것이 '권위 부여'의 본보기, 곧 그 가장 중요한 본보기에 해당한다.
4) 성례가 나타내고자 하는 은혜가 그것에 참여하는 자들에게 전달될 수 있는 효력이 있어야 한다.

이 가운데서 세 번째 요소가 특별히 흥미롭다. 중세 신학은 (할례와 같은) '옛 언약의 성례'와 '새 언약의 성례'를 신중하게 구별했다. 옛 언약의 성례는 단지 영적 현실을 상징하는 데 그쳤지만 새 언약의 성례는 그것이 상징하는 것을 실제로 구현한다는 것에 그 둘의 본질적인 차이가 있다.

성화의 본질을 논한 13세기의 논의는 대부분 이 점을 강조했다. 예를 들어, 토마스 아퀴나스는 성례가 거룩함을 상징하고, 또한 실현하는 효력을 지닌 표징이라고 주장했다.

> 표징이 인간에게 주어진 이유는 아는 것을 통해 알지 못하는 것을 발견할 수 있게 하기 위해서다. 인간과 관련된 거룩한 것의 표징이라는 것이 성례라는 용어의 진정한 의미이다. 따라서 정확하게 말해, 성례는 지금 우리가 생각하는 것과 같이 '인간을 거룩하게 만드는 거룩한 것에 관한 표징'으로 정의될 수 있다.

13세기 프란체스코회 저술가 보나벤투라는 의학적인 비유를 사용해 다음과 같이 말했다.

> 옛 율법의 시대에도 바르는 기름이 있었지만 그것은 단지 상징이었을 뿐 치료의 효력을 발휘하지 못했다. 질병은 치명적이었지만 기름을 바르는 것은 피상적이었다.…진정으로 치유의 효력을 발휘하는 기름은 영적 기름 부음과 생명을 주는 효력을 일으켜야 한다. 오직 우리 주 예수 그리스도만이 그렇게 하셨다.…성례는 그분의 죽음을 통해 생명을 주는 효력을 지닌다.

그러나 성례에 관한 휴의 정의는 여전히 만족스럽지 않았다. 휴에 따르면 성육신, 교회, 죽음과 같은 것도 '성례'에 해당했다. 무엇인가 빠진 것이 있었다. 그즈음 성례가 모두 일곱 가지(세례, 견진, 성체, 고해, 혼인, 신품, 병자)라는 것에 대해 일반적인 합의가 이루어진 상태였다. 그러나 휴의 정의에 따르면 고해 성사는 성례가 될 수 없었다. 왜냐하면 물질적인 요소가 포함되지 않았기 때문이다. 이론과 실제가 서로 모순되는 결과가 나타났다.

상황은 피에르 롬바르드의 공헌을 통해 해결되었다. 그는 1155-8년에 파리에서 편찬한 『네 권의 명제집』에서 (떡, 포도주, 물과 같은) 물질적인 요소를 더 이상 언급하지 않음으로써 성 빅토르의 휴와는 다른 성례의 정의를 제시했다. 그는 이런 정의를 이용해 일곱 성례의 목록을 확정했고, 이것은 중세 가톨릭 신학에 결정적인 영향을 미쳤다.

성례는 자신이 상징하는 것과 유사성을 지닌다. 왜냐하면 "성례가 자신이 나타내는 것과 유사성이 없으면 성례가 될 수 없기" 때문이다(아우구스티누스).… 어떤 것이 성례로 온당하게 일컬어지려면 하나님의 은혜를 나타내는 상징이자 보이지 않는 은혜를 보여주는 형태가 됨으로써 그것의 형상을 지니고, 그것을 일으키는 원인으로 존재해야 한다. 이처럼 성례가 제정된 목적은 상징할 뿐 아니라 거룩하게 하기 위해서다.…오직 상징의 목적으로만 제정된 것들은 옛 율법을 의식적으로 준수하는 행위와 물리적인 희생 제사가 그것들을 바치는 사람들을 실제로 의롭게 할 수 없었던 것처럼 한갓 표징에 불과할 뿐 성례로 일컬어질 수 없다.…이번에는 세례, 견진, 축복의 떡(즉 성찬), 고해, 종부, 신품, 혼인과 같은 새 언약의 성례들을 생각해 보자. 그 가운데 세례와 같은 성례는 죄를 치유하고, 은혜의 도움을 제공하며, 혼인과 같은 성례는 치유를 제공하고, 성찬과 신품과 같은 성례들은 은혜와 능력으로 우리를 굳세게 한다.

요점을 간단히 간추리면 다음과 같다.

1) "하나님의 은혜를 나타내는 상징이자 보이지 않는 은혜를 보여주는 형태가 됨으로써 그것의 형상을 지니고, 그것을 일으키는 원인으로 존재해야 한다."라는 말로 성례가 정의되었다. 이것을 "성례란 보이지 않

는 영적 은혜를 외적 감각으로 느낄 수 있는 물리적, 또는 물질적 요소로 나타내는 것으로서 유사성을 통해 그것을 표현하고, 제도를 통해 상징하고, 축성(祝聖)을 통해 함유하는 것을 의미한다."라는 휴의 정의와 비교해 보라. 휴는 '물리적이거나 물질적인 요소'의 필요성을 강조하는 데서부터 시작했지만, 롬바르드는 그런 요소를 전혀 언급하지 않았다.
2) 롬바르드가 제시한 일곱 성례의 목록에 주목하라. '세례, 견진, 축복의 떡(성찬), 고해, 종부, 신품, 혼인.' 이 목록은 중세의 기독교 사상과 실천 규범으로 자리 잡았다.

사례 연구 2.4 성경 해석

"성경을 어떻게 해석해야 하는가?"라는 것은 신학적으로 항상 중요했고, 중세 시대에도 상당히 긴 논의가 이루어진 문제였다. 특히 성경 읽기는 수도원적 영성에서 매우 중요한 역할을 차지했다. 이른바 '성경의 사중 의미'로 알려진 해석 방법이 최종적인 형태를 갖추게 된 것은 바로 이 시기였다. 이 방법의 중요성과 그것이 당시의 신학에 미친 영향을 좀 더 상세하게 살펴보면 다음과 같다.

교부 시대에 이런 방법이 발전하기 시작한 배경을 먼저 살펴보는 것이 유익할 듯하다. 당시에 특히 알렉산드리아 학파 내에서 주된 영향을 미친 것은 오랫동안 영향력을 발휘해 온 알렉산드리아의 필로(BC 30-AD 45)라는 유대인 저술가의 사상이었다. 필로는 성경의 피상적인 의미를 깊이 파헤쳐 본문 안에 감추어진 깊은 의미를 찾아내야 한다고 주장했다. 그는 본문의 '문자적' 의미 외에 더 깊은 '영적' 의미가 존재하기 때문에 그것을 찾아내려면 본문의 내용을 더 깊은 진리를 가리키는 풍유로 다루어야 한다고 생각했다.

오리게누스를 비롯해 알렉산드리아를 활동의 근거지로 삼았던 한 무리의 신학자들이 이 개념을 채택했다. 풍유적 방법이 구체적으로 어떻게 이루어졌는지는 구약성경의 상징들을 오리게누스가 해석한 내용을 보면 잘 알 수 있다. 예를 들어, 여호수아가 약속의 땅을 정복한 것은 그리스도께서 십자가에서 죄를 정복하신 것을 가리키는 의미로, 희생 제사에 관한 레위기의 율법은 그리스도인들의 영적 희생을 예고하는 의미로 각각 해석되었다. 언뜻 생각하면 이것은 일종의 '자기 해석'(eisegesis), 곧 해석자가 자기가 좋아하는 의미를 성경에 부여하는 해석처럼 보인다. 그러나 맹인 디디무스의 저서에서 분명하게 알 수 있는 대로, 꼭 그런 것만은 아니다. 풍유적으로 해석할 수 있는 구약성경의 상징들과 본문들에 관한 합의가 이루어졌던 것으로 추정된다. 예를 들어 예루살렘은 항상 교회를 가리키는 의미로 이해되었다.

그와는 대조적으로 안디옥 학파는 역사적 상황을 고려한 성경 해석을 강조했다. 다소의 디오도레, 요하네스 크리소스토무스, 몹수에스티아의 데오도레 등이 관여되어 있었던 이 학파는 구약성경 예언의 역사적 정황을 강조했다. 이런 특징은 오리게누스를 비롯해 알렉산드리아 전통을 대표하는 다른 저술가들의 글에서는 전혀 발견되지 않는다. 데오도레는 구약의 예언을 다루면서 예언의 메시지는 그리스도인 독자들에게 적용될 수 있는 발전적 의미를 지닐지라도 본래는 그것을 직접 전달받은 사람들에게 적절한 것이었다고 역설했다. 그는 모든 예언을 하나의 역사적, 또는 문자적 의미를 지니는 것으로 해석해야 한다고 믿었다. 그 결과, 데오도레의 경우는 구약성경의 본문을 그리스도를 직접 가리키는 의미로 해석하는 일이 거의 없었다. 그와는 달리 알렉산드리아 학파는 역사적인 본문이든 예언적인 본문이든 상관없이 구약성경의 많은 본문 안에 그리스도께서 감추어져 계신다고 믿었다.

서방 교회 내에서는 나중에 '콰드리가'(Quadriga)라는 표현으로 알려지게 된 약간 독특한 해석 방법이 발전했다. '네 필의 말이 끄는 이륜 전차'라는 의미를 지닌 이 라틴어는 성경의 네 가지 의미를 교회의 성경 해석을 위한 규칙으로 제시한다. 이 개념은 교부 시대에서부터 시작되었다. 밀라노의 암브로시우스(337-97)는 자신의 저서 중 많은 곳에서 성경의 의미를 세 가지로 이해하는 방식을 발전시켰다. 해석자는 자연적 의미 외에 도덕적인 의미와 합리적(또는 신학적) 의미를 찾아낼 수 있다. 아우구스티누스는 이 방법을 채택했지만 이중 의미, 곧 문자적이고, 역사적인 의미와 풍유적이고, 신비적이고, 영적인 의미만을 주장했다. 그는 어떤 성경 본문은 그 두 가지 의미를 모두 지니는 것으로 이해하기도 했다. "예언의 말씀을 둘러싸고 어떤 사람은 그것이 지상의 예루살렘을, 어떤 사람은 하늘의 도성을, 어떤 사람은 그 둘을 다 가리킨다고 생각할 수 있기 때문에 삼중 의미를 지닌 것처럼 보이기도 한다."

구약성경을 순전히 역사적 차원에서 이해하는 것은 용인될 수 없다. 그것을 이해하는 열쇠는 정확한 해석에 달려 있다. '영적' 해석의 대표적인 사례 가운데 주목해야 할 것은 다음과 같다. 아담은 그리스도를 나타내고, 하와는 교회를 나타내며, 노아의 방주는 십자가를 나타낸다. 또한 방주의 문은 창에 찔린 그리스도의 옆구리를, 예루살렘은 하늘의 예루살렘을 각각 나타낸다.

아우구스티누스는 그런 분석을 통해 신구약 성경의 통일성을 강조할 수 있었다. 그 둘은 표현 양식은 다를지라도 동일한 신앙을 증언한다. 아우구스티누스는 신구약 성경의 관계를 다룸으로써 나중에 성경 해석에 큰 영향을 미치게 된 한 글에서 이 개념을 명확하게 표현했다. 그는 "신약성경은 구약성경 안에 감추어져 있고, 구약성경은 신약성경을 통해 접근할 수 있다"(In Vetere Novum latet et in Novo Vetus pater)라고 말했다.

성경의 문자적, 역사적 의미와 영적, 풍유적 의미의 구별은 중세 초기의 교회 내에서 일반적으로 용인되었다. 중세 시대에 사용된 표준적인 성경 해석법은 '성경의 사중 의미'(Quadriga)로 알려져 있다. 이 방법은 문자적 의미와 영적 의미를 구별한 데서부터 시작되었다. 성경은 네 가지 의미를 지니고 있다. 문자적 의미 외에 세 가지의 비문자적 의미, 곧 그리스도인들이 믿어야 할 것을 가르치는 풍유적 의미와 그리스도인들이 실천해야 할 것을 가르치는 교훈적(또는 도덕적) 의미와 그리스도인들이 바라야 할 것을 가르치는 신비적 의미를 찾아낼 수 있다. 이런 성경의 네 가지 의미를 간단히 정리하면 다음과 같다.

1) 문자적 의미란 역사적 사건을 가리키는 본문을 액면 그대로 이해하는 것을 말한다.
2) 풍유적 의미란 특정한 성경 본문을 해석해 교리에 관한 진술을 도출하는 것을 말한다. 그런 본문들은 모호하거나 신학적인 이유 때문에 독자들이 받아들이기 어려워하는 문자적 의미를 담고 있는 경향이 있다.
3) 교훈적, 또는 도덕적 의미란 성경 본문을 해석해 기독교적 행위를 위한 윤리적 지침을 도출하는 것을 말한다.
4) 신비적 의미란 성경 본문을 해석해 기독교적 희망의 근거를 제시함으로써 장래에 새 예루살렘에서 하나님의 약속이 성취될 것을 보여주는 것을 말한다.

이런 해석 방법은 덴마크의 아우구스티누스를 비롯해 중세 초기의 다른 많은 저술가들의 글에서 발견되는 '라틴어 연상 문구'를 통해 종종 요약되었다.

리테라 게스타 도세트, 퀴드 크레다스 알레고리아

(Littera gesta docet, quid credas allegoria)

모랄리스 퀴드 아가스, 퀴드 스페레스 아나고기아

(Moralis quid agas, quid speres anagogia)

이를 대충 번역하면 다음과 같다. "문자적 (의미)는 행위를, 풍유적 (의미)는 무엇을 믿을 것인가를, 도덕적 (의미)는 무엇을 해야 할지를, 신비적 (의미)는 무엇을 바라야 할지를 가르친다."

이 해석 방법의 잠재적인 약점은 먼저 문자적인 의미에 근거하지 않고 비문자적인 의미만을 토대로 삼는 해석은 아무것도 믿어서는 안 된다는 주장으로 어느 정도 피할 수 있었다. 성경의 문자적 의미를 우선적으로 강조한 것은 오리게누스가 채택한 풍유적 해석 방법을 비판하는 의미를 담고 있는 것으로 이해할 수 있다.

풍유적 해석 방법은 사실상 성경 해석자가 자기가 좋아하는 '영적' 의미를 어떤 성경 본문에나 제멋대로 적용할 수 있도록 허용한 셈이었다.

그렇다면 이 성경 해석 방법은 어떻게 적용되었을까? 한 가지 예를 살펴보면 '콰드리가'의 범위와 그 잠재적인 한계를 이해하는 데 도움이 될 것이다. 클레르보의 베르나르두스는 12세기 전반기에 라틴어로 쓰인 아가서 1장 17절을 해석하면서 "우리 집은 백향목 들보, 잣나무 서까래로다"라는 말씀을 풍유적으로 해석했다.

'집'은 그리스도인들의 큰 무리를 가리키는 의미로 이해해야 한다. 그들은 권세와 위엄을 갖춘 사람들, 곧 '들보'와 같은 국가와 교회의 지도자들과 하나로 연합되어 있다. 지도자들은 지혜롭고, 확고한 법률로 그들을 결속시킨다. 만일 그들이 제각기 자기가 좋은 대로 행동한다면 벽들은 기울어 무너지게 되고, 집 전체가 주저앉아 폐허가 되고 말 것이다. '들보'에 단단하게 부착되어 있을 뿐 아니라 집을 멋들어지게 장식하고 있는 '서까래'는 올바른 교육을 받은 성직자들의 친절하고, 절도 있는 삶과 교회 의식의 올바른 집행을 가리키는 의미로 이해할 수 있다. 그러나 군주들이 강하고, 견고한 들보처럼 선의와 관대함으로 성직자들을 지원하고, 권력으로 보호해주지 않는다면 어떻게 그들이 자기의 일을 할 수 있고, 교회가 자신의 의무를 이행할 수 있겠는가?

위의 인용문은 아무런 의미도 없어 보이는 듯한 성경 본문에 교리적 의미나 영적 의미를 '부여하는' 방식을 보여주는 대표적인 사례가 아닐 수 없다. 본문과 아무런 상관도 없는 의미를 그 내용 가운데서 끄집어내 발전시킨 방식에 주목하라. 그러면 이 해석 방법의 장단점이 즉시 분명하게 드러날 것이다. 한편으로는 겉으로 볼 때 별로 중요하지 않은 성경 본문에 중요한 의미를 부여할 수 있다는 긍정적인 측면도 있고, 다른 한편으로는 엉성할 뿐 아니라 독단적이기까지 한 의미를 제멋대로 날조하는 경향이 있다는 부정적인 측면도 있다.

중세 시대 후기에 원문으로 된 원자료로 돌아갈 것을 강조한 르네상스 인문주의의 발흥으로 인해 성경 해석과 관련해 또 다른 중요한 발전이 이루어졌다. 이 점은 아래의 사례 연구를 통해 좀 더 자세히 살펴볼 생각이다.

사례 연구 2.5 르네상스 인문주의와 성경

앞에서 중세 시대와 르네상스를 개괄하면서 15, 16세기의 성경 연구와 관련해 인문주의가 차지하는 중요성을 잠시 논하는 가운데 성경 번역의 차이가 신학의 갱신에 미친 영향을 살펴본 바 있다. 이것은 역사신학에 매우 중요한 주제이기 때문에 좀 더 길고, 상세하게 살펴봐야 할 필요가 있다. 이번의 사례 연구의 목적은 르네상스와 관련된 방법과 목표가 기독교 신학에 어떤 영향을 미쳤는지를 살펴보는 데 있다. 그러면 먼저 중세 시대의 전형적인 신학자가 '성경'이라는 용어를 어떻게 이해하고 있었는지를 파악하는 데서부터 시작해 보기로 하자.

중세 신학자들이 '성경'을 언급할 때는 거의 항상 문자적으로 '공동 본문'을 뜻하는 '텍스투스 불가투스'(textus vulgatus)로 널리 지칭되었던 라틴어 성경을 가리킨다. 이것은 위대한 교부 시대 성경 학자인 히에로니무스가 4세기 말부터 5세기 초에 걸쳐 편찬한 성경이다. '불가타'라는 용어는 16세기에 일반적으로 사용되지 않았지만, 이 용어를 히에로니무스가 편찬한 라틴어 성경을 가리키는 의미로 사용하는 것에는 아무런 이의가 없었다. 이 성경은 다양한 형태로 중세 시대에 전달되었는데 내용상의 차이가 상당히 컸다. 예를 들어, 암흑시대의 저명한 학자였던 데오둘프와 알킨은 상당히 달랐던 『불가타 성경』을 사용했다. 11세기에 암흑시대가 지나고, 지성적인 활동의 새 시대가 열렸다. 이런 지성적 르네상스의 일환으로 발전했던 신학에 대한 새로운 관심에 부응하기 위해 『불가타 성경』의 표준역이 필요하게 되었다. 만일 신학자들이 다양한 『불가타 성경』에 근거해 자신의 신학을 확립한다면 그들의 결론에서도 최소한 더 크지는 않더라도 그와 똑같은 정도의 차이가 발생할 것이 분명했다.

마침내 표준역의 필요성은 파리의 일부 신학자들과 출판업자들이 1226년에 서로 협력해 모험적인 일을 해냄으로써 해결되었다. 그 결과로 '파리판' 『불가타 성경』이 탄생했다. 그즈음 파리는 유럽에서 유력한 신학의 중심지로 인정되었기 때문에 명백한 많은 결함에도 불구하고 '파리판' 『불가타 성경』이 표준역으로 자리 잡는 결과를 낳았다. '파리판'은 그 어떤 교회 관계자의 위촉을 받거나 지원을 받아 이루어진 것이 아니었다. 그것은 순전히 상업적인 의도로 감행된 모험이었다. 그러나 역사에는 우발적으로 보이는 일들이 일어나는 법이다. 성경에 근거해 자신의 신학을 확립하려고 했던 중세의 신학자들은 이미 오류가 많은 라틴어 번역 성경을 상업적 목적으로 어설프게 펴낸 것을 성경과 동일시하기에 이르렀다. 결국은 인문주의의 발흥으로 본문 비평과 언어학적 기술이 발전하면서 『불가타 성경』과 원문 성경 사이에 존재하는 모순들이 분명하게 밝혀졌고, 그 결과로 교리 개혁의 길이 열리게 되었다.

성경의 권위와 해석과 적용에 관한 많은 신학적 문제들과 관련해서 인문주의가 차지하는 중요성은 무엇이었을까? 이 중요한 문제와 관련해 인문주의

자들이 이룬 업적을 간단히 요약하면 다음과 같다.

1) 원자료로 돌아가야 할 필요성(ad fontes)을 강조한 인문주의의 영향으로 성경을 성경 주석가들, 특히 중세의 주석가들보다 더 우선시해야 한다는 원칙이 확립되었다. 복잡한 해설과 주석의 체계를 통해서가 아니라 성경 본문을 직접 다루어야 했다.

2) 라틴어 번역이 아닌 원문으로 성경을 직접 읽어야 했다. 즉 구약성경은 (아람어로 쓰인 부분을 제외하고는 모두) 히브리어로 읽고, 신약성경은 헬라어로 읽어야 했다. 헬라어에 대한 인문주의자들의 관심이 높아지면서(헬라어가 철학적 개념을 전달하는 데 가장 적합한 기능을 갖추고 있다고 생각하는 인문주의자들이 많았다) 원문 신약성경에 부여된 중요성이 한층 더 강화되었다. 르네상스 말기의 학문적인 이상은 '세 가지 언어(히브리어, 헬라어, 라틴어)에 정통한 전문가'(trium linguarum gnarus)가 되는 것이었다. 스페인의 알칼라와 파리와 비텐베르크에 이 세 가지 언어를 가르치는 대학이 설립되었다. 원문 성경에 관한 관심이 새롭게 일어났고, 그것을 쉽게 접할 수 있게 되자 곧 『불가타 성경』의 심각한 번역 오류가 많이 드러났다. 개중에는 상당히 중요한 것들도 적지 않았다.

3) 인문주의 운동은 새로운 성경 연구 방법에 필요한 핵심적인 도구 두 가지를 이용할 수 있게 해주었다. 첫째, 인쇄된 원문 성경을 이용하는 것이 가능해졌다. 예를 들어, 1516년에 출판된 에라스무스의 『신약성경』은 학자들에게 인쇄된 헬라어 신약성경을 직접 다룰 수 있는 기회를 부여했다. 자크 르페브르 데타플은 1509년에 중요한 시편들의 히브리어 본문을 제공했다. 둘째, 고전어 교본을 이용하는 것이 가능해졌다. 그 덕분에 학자들은 습득할 기회가 없었던 언어들을 배울 수 있게 되었다. 로이힐린의 『기초 히브리어』(De rudimentis hebraicis)는 그런 유형의 대표

적인 교본 가운데 하나다. 헬라어 교본은 더 흔했다. '알디네 출판사'는 1495년에 라스카리스의 헬라어 문법책을 출판했고, 1516년에는 가자의 데오도로스가 지은 유명한 헬라어 문법책을 에라스무스가 번역한 것이 등장했으며, 멜란히톤은 1518년에 매우 뛰어난 기초 헬라어 문법책을 펴냈다.

4) 인문주의 운동은 최상의 성경 본문을 정확하게 가려낼 수 있는 본문 비평의 기술을 발전시켰다. 로렌조 발라는 이런 기술을 이용해 유명한 '콘스탄티누스의 기증장'이 허위 문서라는 것을 입증했다. 그런 기술 덕분에 '파리판'『불가타 성경』에 포함된 본문 상의 많은 오류를 제거할 수 있게 되었다. 에라스무스는 성경 구절의 중요한 한 구절(요일 5:7)을 배제함으로써 동시대인들을 놀라게 했다. 그는 그 구절을 어떤 헬라어 사본에서도 발견할 수 없었기 때문에 후대에 첨가된 것으로 판단했다. 『불가타 성경』은 그 대목을 "왜냐하면 증거하는 이가 셋 있는데(하늘에는 성부와 말씀과 성령이 계시고 이 셋은 하나이다. 그리고 땅에는 증언하는 이가 셋 있는데), 성령과 물과 피다."라고 번역했다. 『불가타 성경』에는 괄호 안의 내용이 분명히 명시되어 있지만 에라스무스는 그것을 생략했다. 그 내용은 원문 성경인 헬라어 본문에는 존재하지 않는다. 이 본문은 삼위일체 교리의 중요한 증거 구절로 이용되었기 때문에 많은 사람이 에라스무스의 행위에 분노했다. 종종 그렇듯이 여기에서도 신학적인 보수주의가 학문적인 발전을 저해한 것을 알 수 있다. 심지어 1611년에 발행된 『흠정역』으로 알려진 『킹 제임스 성경』조차도 중요한 신약성경 사본에서 발견되지 않는 위조된 이 문구를 포함시켰다.

5) 인문주의자들은 고대의 본문이 적절한 문학적 방법을 사용하면 새롭게 포착할 수 있는 경험을 중재하는 기능을 하는 것으로 이해했다. '근원으로 돌아가라'라는 표어에는 본문을 통해 중재된 경험을 새롭게 포착한다

는 개념이 포함되어 있었다. 이 경험은 신약성경과 관련해서 말하면 부활하신 그리스도의 임재와 능력에 대한 경험을 의미했다. 따라서 성경은 기대감을 가지고 읽어야 했다. 16세기에도 올바른 방식으로 성경을 읽고, 연구하면 사도 시대[예수 그리스도의 부활(35)과 마지막 사도인 요한의 죽음(90) 사이의 교회사 시기를 가리키는 용어]의 활력과 열기를 되찾을 수 있다고 믿었다.

6) 에라스무스는 1515년에 엄청난 영향력을 발휘했던 『그리스도의 군사를 위한 안내서』에서 성경을 이해하는 평신도가 교회 갱신의 열쇠를 쥐고 있다고 주장했다. 성직자와 교회는 주변으로 밀려났고, 성경을 읽는 평신도가 기독교적 신념과 실천의 핵심 원리들을 더 적절하게 보여줄 수 있는 안내자로 부상했다. 이 견해는 유럽의 평신도 지식인들 사이에서 널리 받아들여졌고, 1519-25년에 일어났던 루터와 츠빙글리의 성경적 개혁 운동을 위한 길을 마련했다.

그러면 이제부터는 인문주의자들이 번역 오류를 발견한 두 개의 핵심 구절을 살펴보면서 인문주의의 학문적 성과를 통해 이루어진 번역의 변화가 어떤 신학적 의미를 지닌 것이었는지를 잠시 생각해 보기로 하자.

마태복음 4장 17절

이 구절은 예수님의 사역이 처음 시작된 상황과 그 당시에 그분이 전하신 말씀의 기본 내용을 다룬다. 마태복음은 중세 시대에 교구 설교를 통해 기독교의 가르침을 전하는 자료로 널리 사용되었기 때문에 아마도 이 구절은 기독교의 본질에 관한 일반 대중의 이해에 상당히 큰 영향을 미쳤을 것이 분명하다. 『불가타 성경』은 이 구절을 다음과 같이 번역했다.

"엑신데 코에피트 에수스 프라에디카레 에트 디세레 파에니텐티암 아기테 아드프로핀콰비트 에님 레그눔 카에로룸(Exinde coepit Iesus prardicare et dicere paenitentiam agite adpropinquavit enim regnum caelorum)."

이 라틴어 본문을 문자대로 옮기면 "예수께서 비로소 전파하여 이르시되 고해하라(paenitentiam agite) 천국이 가까이 왔느니라"로 번역된다. 이 말씀을 자연스럽게 읽으면 예수님이 천국의 도래를 알리는 자신의 가르침에 '고해를 함으로써', 즉 교회의 고해 제도를 이용함으로써 반응하기를 원하셨다는 의미가 될 것이다. 은연중에 예수님의 가르침과 교회의 제도를 연관시키고 있는 것을 알 수 있다. 그러나 헬라어 원문은 그런 의미를 지니고 있지 않다. 이 마태복음 구절의 헬라어는 '고해하라'가 아닌 '회개하라'로 번역하는 것이 가장 자연스럽다. 다시 말해, 이 헬라어는 개인의 인격적인 변화를 의미할 뿐, 교회의 제도나 성례와는 아무런 관계가 없다. 이런 번역의 변화는 상당한 신학적 의미를 지닌 것이었다.

누가복음 1장 28절

이 구절은 일반적으로 '수태고지'(가브리엘 천사가 마리아에게 아이를 낳게 될 것을 알려준 것)로 알려진 사건을 묘사한다. 『불가타 성경』은 이 구절을 아래와 같이 번역했다.

"에트 인그레수스 안겔루스 아트 에암 딕시트: 아베 그라티아 플레나 도미누스 테쿰 베네딕타 투 인 물리에리부스(Et ingressus angelus at eam dixit: ave gratia plena Dominus tecum benedicta tu in mulieribus)."

이 말씀을 대충 번역하면 "천사가 들어가서 이르되 '은혜가 충만한 자여

(ave gratia plena)' 주께서 너와 함께 하시도다 너는 여자들 가운데서 복받은 자로다."라는 뜻이다. 이 인사말에는 상당한 의미가 함축되어 있다. 즉 이 말은 마리아를 '은혜가 충만한' 사람으로 간주하는 의미를 지닌다.

중세 신학에서 은혜는 하나님이 나타내시는 은혜로운 태도가 아니라 신성한 속성(또는 신성에 준하는 속성)과 동일시 되었다. 따라서 이 구절은 마리아가 어려움을 겪는 사람들이 필요로 하는 은혜를 가득 담고 있는 그릇과 같은 존재라는 의미로 이해되었다.

이런 주제들은 중세 후기의 '마리아 영성'의 중요한 요소로 자리 잡았다. 그러나 에라스무스와 같은 인문주의 학자들은 누가복음의 헬라어 본문을 그런 식으로 번역할 수 없다고 주장했다. 이 구절은 마리아를 '은혜를 받은 자'로 번역하는 것이 자연스럽다. 이 개념은 '그라티아 플레나'보다는 '그라티피카타(gratificata)'라는 라틴어로 표현할 수 있다. 이런 번역의 변화가 신학과 영성에 미치게 될 영향은 상당히 큰 것이었다.

사례 연구 2.6 중세 후기 신학에 나타난 아우구스티누스주의와 펠라기우스주의

중세 후기에 접어들어 몇 가지 흥미로운 신학적 발전이 이루어졌다. 이런 발전들은 중세 말의 스콜라 신학 안에서 불거진 '유명론'과 '아우구스티누스주의'의 대립이라는 관점에서 종종 해석된다. 그러나 최근에 중세 후기의 스콜라주의의 본질에 관한 이해가 상당한 진척을 이루면서 종교개혁 초기의 지성적 역사를 다시 고쳐 써야 했다. 아래의 내용은 중세 후기의 스콜라주의의 경향을 새롭게 설명하고, 그 의미를 평가한 것이다.

1920-65년에 저술 활동을 했던 초기 세대의 학자들은 '유명론'을 중세 후기에 유럽 북쪽의 대다수 대학에서 가르쳤던 신학 교수들의 관심을 사로잡았

던 종교적 학설로 이해했다. 그러나 이 신학 이론의 정확한 특징을 식별하기가 상당히 어려운 것으로 드러났다. 오캄의 윌리엄이나 가브리엘 비엘과 같은 일부 '유명론' 신학자들은 인간의 능력을 낙관적으로 생각하며 인간이 하나님과의 관계를 맺는 데 필요한 모든 것을 할 수 있다고 믿었다. 그와는 달리 리미니의 그레고리우스와 오르비에토의 위골리노와 같은 '유명론' 신학자들은 인간의 능력에 대해 매우 비관적인 입장을 드러내며 하나님의 은혜가 없이 인간이 그런 관계를 맺기는 전혀 불가능하다고 믿었다. 학자들은 혼란스러워하며 '유명론의 다양성'을 말하기 시작했다. 그러나 결국에는 문제의 해결책이 나타났다. 즉 '반(反)실재론'이라는 하나의 특징을 공유하는 서로 다른 두 가지 학설이 존재했던 것으로 드러났다. 양측은 논리학과 인식론과 관련해서는 유명론적 입장을 채택했지만 신학적 입장은 서로 판이했다.

오늘날에는 한때 '유명론'으로 알려진 운동을 가리킬 때 주로 '근대적 방법'(via moderna)이라는 용어를 사용한다(이 운동의 대표적인 인물로는 오캄의 윌리엄, 피에르 다일리, 로버트 홀코트, 가브리엘 비엘과 같은 14, 15세기의 사상가들이 있다). 15세기를 지나면서 '근대적 방식'이 유럽 북쪽의 대학들(예를 들면 파리, 하이델베르크, 에르푸르트)에 깊숙이 침투하기 시작했다. 이 운동은 철학적 유명론 외에도 많은 비평가가 '펠라기우스주의'로 일컫는 칭의 교리를 채택했다. 이런 형태의 스콜라주의가 루터의 신학적 혁신에 미친 영향을 생각하면, 칭의에 대한 그들의 견해를 좀 더 자세히 살펴봐야 할 필요가 있다.

'근대적 방식'이 말하는 구원론의 핵심적인 특징은 하나님과 인간의 언약이다. 중세 후기에는 언약(왕과 백성 사이의 언약)의 개념에 근거한 정치 이론과 경제 이론이 발전했다. '근대적 방식'을 따르는 신학자들은 이 개념의 신학적 의미를 신속하게 깨달았다. 왕과 백성 사이의 정치적 언약이 왕과 백성의 상호적 책임을 규정하는 것처럼, 하나님과 그분의 백성 사이의 종교적인 언약도 하나님과 그분의 백성의 상호적 책임을 규정한다. 물론, 이 언약은 협상에 의한 것이 아니라 하나님이 일방적으로 부여하신 것이다. '근대적 방식'을 따르는 신학자들은 자신들의 정치적, 경제적 세계에서 빌려온 개념들을 이용해 구약성경을 읽는 사람들에게 이미 친숙해졌던 이 주제를 더욱 발전시킬 수 있었다.

이 신학자들에 따르면, 하나님과 인간 사이의 언약이 칭의에 필요한 조건들을 확정한다. 하나님은 개인이 먼저 일정한 요구를 충족시키는 것을 조건으로 그를 받아들이기로 작정하셨다. 그런 요구들은 '네 안에 있는 것을 행하라'(facere quod in se est)라는 라틴어로 요약할 수 있다. 이 말은 '너의 최선을 다하라'라는 뜻이다. 개인이 이런 전제 조건을 충족하면 하나님은 언약의 규정에 따라 그들을 받아들이셔야 한다. 이 점은 "하나님은 그들 안에 있는 것을 행하는 자들에게 은혜를 베풀기를 거부하지 않으실 것이다"(facienti quod in se est Deus non denegat gratiam)라는 라틴어로 종종 표현되었다. 중세 후기의 유명한 신학자 가브리엘 비엘은 '최선을 다한다는 것'은 악을 버리고, 선을 행하려고 노력하는 것을 의미한다고 설명했다(비엘의 저서는 루터에게 많은 영향을 미친 것으로 알려져 있다).

여기에서 '근대적 방식'의 신학과 펠라기우스주의의 유사성이 명확하게 드러난다. 둘 다 인간의 노력과 공로를 통해 구원을 받으며, 인간의 행위가 하나님께 보상의 의무를 지운다고 주장한다. '근대적 방식'을 따르는 저술가들은 좀 더 정교한 언약의 개념을 활용해 펠라기우스의 사상을 되풀이하고 있는 것처럼 보인다. 그러나 그들은 자기들이 그렇지 않다는 것을 보여주기 위해 당시의 경제 이론에 의존했다. 그들이 중세 후기의 경제 이론을 활용한 것은 흥미롭다. 왜냐하면 중세 신학자들이 자신들이 처한 사회적 상황에서 도출해 낸 개념들을 어느 정도까지 활용했는지를 구체적으로 보여주기 때문이다. 그들의 논증을 좀 더 자세히 살펴보면 다음과 같다.

그들이 선행과 칭의의 관계를 예시하기 위해 종종 거론했던 고전적인 사례는 왕과 작은 납 동전이었다. 중세의 화폐는 대부분 금과 은을 사용해 주조한 동전이었다. 이것은 동전의 측면에서 귀금속을 '깎아내는' 행위를 부추겼지만, 동전의 가치를 보증하는 이점이 있었다. 동전의 가장자리를 깔쭉깔쭉하게 만드는 방식이 도입된 이유는 그런 식으로 금이나 은을 깎아내지 못하게 하기 위해서였다. 그러나 왕들을 때로 전쟁과 같은 이유로 인해 경제적 위기 상황을 맞이했다. 그런 위기 상황을 극복하는 가장 일반적인 방법은 금화와 은화를 회수해 녹이는 것이었다. 그런 식으로 회수된 금과 은은 전쟁 자금으로 사용되었다.

그러나 그러는 동안에도 여전히 화폐는 필요했다. 그런 필요를 충족하기 위해 납 동전이 발행되었다. 이 동전들은 금화와 은화와 동일한 액면 가치를 지녔다. 비록 그것의 고유한 가치는 지극히 하찮았지만 거기에 부여된 가치는 상당했다. 왕은 재정적인 위기가 극복되고 나면 납 동전들을 금화나 은화로 바꿔주겠다고 약속했다. 이렇듯 납 동전의 가치는 나중에 그것에 부여된 가치를 온전히 인정해 주겠다는 왕의 약속에 있었다. 금화의 가치는 금에서 비롯하지만, 납 동전의 가치는 그것을 금처럼 취급하겠다는 왕의 언약에서 비롯한다. 물론, 현대의 경제에서도 이와 유사한 상황이 많이 존재한다. 예를 들어, 지폐의 고유한 가치는 매우 하찮다. 그 가치는 액면가를 그대로 인정한다는 발행 은행의 약속에 근거한다.

'근대적 방식'을 따르는 신학자들은 이런 경제적 비유를 사용해 펠라기우스주의라는 비판을 논박했다. 그들은 인간의 행위가 지닌 가치를 과장한다는 비판(인간의 행위가 구원을 얻는 공로가 될 수 있다고 주장한다는 비판)이 제기될 때마다 자기들은 그런 주장을 제기하지 않는다고 대답했다. 그들은 인간의 행위는 납 동전처럼 고유 가치가 지극히 적다고 말했다. 그러나 하나님은 왕이 납 동전을 금화처럼 다룬 것과 똑같은 방식으로 언약을 통해 그것을 마치 훨씬 큰 가치를 지닌 것으로 받아들이기로 작정하셨다. 그들은 펠라기우스의 경우에는 인간의 행위를 구원을 살 수 있는 금처럼 다루었지만, 자기들은 인간의 행위를 납처럼 받아들인다고 주장했다. 그들에 따르면 인간의 행위가 가치를 지니는 이유는 하나님이 은혜롭게도 그것을 훨씬 더 큰 가치를 지닌 것으로 다루기로 결정하셨기 때문이다. 동전의 고유한 가치와 부여된 가치의 차이를 신학적으로 활용한 것은 마르틴 루터와 같은 좀 더 엄격한 비판자들을 만족시킬 수는 없었지만 '근대적 방식'을 따르는 신학자들을 곤란한 처지에서 건져내는 역할을 했다.

칭의에 관한 이런 '언약적' 이해는 마르틴 루터의 신학적 혁신이 이루어지는 근간이 되었다. 이 점에 대해서는 나중의 사례 연구를 통해 좀 더 자세히 살펴볼 예정이다. 지금 우리가 관심을 기울여야 할 것은 '근대적 방식'을 의도적으로 논박하기 위해 아우구스티누스의 사상을 다시 받아들인 중세 후기의 스콜라 신학이다. 이 운동은 일반적으로 '신(新)아우구스티누스 학파'(schola Augustiniana moderna)로 알려져 있다.

옥스퍼드대학교는 14세기 초에 '근대적 방식'의 본거지 가운데 한 곳이었던 것으로 알려져 있다. 머튼 칼리지에서 주로 활동했던 한 무리의 사상가들이 위에서 논의한 '근대적 방식'의 칭의 개념을 발전시켰다. 이 운동에 대한 최초의 반발이 일어난 곳도 바로 옥스퍼드였다. 이 반발을 일으킨 사람은 나중에 캔터베리 대주교가 된 토머스 브래드워딘이었다. 그는 『펠라기우스에 대한 하나님의 논박』(De causa Dei contra Pelagium)이라는 책을 펴내 '근대적 방식'을 대변하는 옥스퍼드 학자들의 생각을 강하게 비판했다. 그는 이 책에서 머튼 칼리지 동료학자들을 '신펠라기우스주의자들'로 일컬으며, 펠라기우스를 논박한 아우구스티누스의 견해로 되돌아가는 칭의의 교리를 발전시켰다.

옥스퍼드는 신학의 중심지로 중요한 역할을 차지했지만 백년 전쟁으로 인해 유럽 대륙으로부터 갈수록 고립되었다. 브래드워딘의 사상은 영국에서는 위클리프를 통해 발전되었고, 유럽 본토에서는 파리대학에서 활동한 리미니의 그레고리우스를 통해 재개되었다. 그레고리우스는 브래드워딘에 비해 특별히 중요한 한 가지 이점이 있었다. 그것은 그가 수도회(일반적으로 '아우구스티누스회'로 알려진 '성 아우구스티누스 은수자회')의 일원이었다는 것이다. 도미니쿠스회가 토마스 아퀴나스의 사상을, 프란치스코회가 둔스 스코투스의 사상을 각각 전파했던 것처럼 아우구스티누스회는 리미니의 그레고리우스의 사상을 전하려고 노력했다. 다시 말해, 리미니의 그레고리우스를 통해 아우구스티누스회 내에서 아우구스티누스의 전통이 계승된 것이다. 이것은 차츰 '신아우구스티누스주의'(schola Augustiniana moderna)로 알려지게 되었다. 그것이 지니는 일반적인 특징을 간추려 정리하면 다음과 같다.

첫째, 그레고리우스는 보편자 문제와 관련해 유명론의 입장을 채택했다. 그는 당대의 많은 사상가들처럼 토마스 아퀴나스나 둔스 스코스투스의 실재론에 시간을 허비하지 않았다. 그 점에서 그는 로버트 홀코트와 가브리엘 비일과 같은 '근대적 방식'을 따르는 사상가들과 공통점이 많았다. 둘째, 그레고리우스는 아우구스티누스의 입장을 반영하는 구원론을 발전시켰다. 그는 은혜의 필요성, 인간의 타락과 부패, 칭의와 관련된 하나님의 주권적 행위, 하나님의 예정을 강조했다. 구원은 처음부터 끝까지 전적으로 하나님의 사역으로 이해되었다. '근대적 방식'을 따르는 신학자들은 인간이 '최선을 다함으로써' 칭의를 주도할 수 있다고 주장했지만, 그레고리우스는 오직 하나님만이 칭의를 가능하게 하실 수 있다고 역설했다. '근대적 방식'은 구원에 필요한 요소들은 (전부는 아니더라도) 대부분 인간의 본성 안에서 찾을 수 있다고 강조했다. 그리스도의 공로는 인간의 본성 밖에서 발견되는 대표적인 요소에 해당한다. 비엘과 같은 저술가는 죄를 거부하고, 의로 돌아가는 능력을 인간의 본성 안에서 발견할 수 있는 중요한 구원론적 요소 가운데 하나로 간주했다.

그와는 달리 그레고리우스는 그런 요소들은 인간의 본성 밖에 존재한다고 주장했다. 죄를 거부하고, 의로 돌아가는 능력도 인간의 행위가 아닌 하나님의 행위를 통해 주어진다. 이처럼 이들은 칭의와 관련된 인간과 하나님의 역할에 관해 견해가 크게 엇갈렸다.

이런 학술적인 아우구스티누스주의는 아우구스티누스회와 특별한 관련을 맺고 있었지만 모든 아우구스티누스회 수도원이나 대학교가 그 사상을 채택하지는 않았던 것으로 보인다. 그러나 아우구스티누스주의의 성격을 강하게 띤 사상 학파가 종교개혁의 시대가 코앞에 이른 중세 시대 말에 존재했던 것은 분명한 사실인 듯하다. 펠라기우스주의를 논박했던 아우구스티누스의 사상을 특별히 강조했던 비텐베르크의 종교개혁자들은 많은 점에서 이 전통을 재발견해 새롭게 부활시켰다고 평가할 수 있다. 루터나 칼빈과 같은 일부 유력한 종교개혁자들의 견해는 이 학술적인 아우구스티누스주의와 비슷하게 보인다. 따라서 그 두 사람이 이 아우구스티누스주의 전통에 직접적으로 영향을 받았는지, 아니면 간접적으로 영향을 받았는지를 묻는 물음이 제기될 수 있다. 이 물음은 너무 복잡해서 여기에서 상세히 다루기가 어렵지만 두 사람 모두 중세 말의 스콜라주의의 사상 풍조에 영향을 받았다고 판단할 만한 중요한 이유가 한 가지 있다는 점을 기억하는 것이 좋을 듯하다(물론, 그런 영향의 범위와 본질에 관해서는 약간의 논의가 필요하다).

존 칼빈(1509-64)의 경우를 살펴봄으로써, 이 문제를 구체적으로 설명하면 다음과 같다. 칼빈은 1520년대에 파리대학에서 학문 활동을 시작했다. 거듭된 연구를 통해 분명하게 밝혀진 대로 파리대학, 특히 칼빈이 수학했던 몽테규 칼리지는 '근대적 방식'의 요새였다.

칼빈은 파리대학의 인문학과에서 4, 5년 동안 공부하면서 이 운동의 근본적인 개념들을 접하지 않을 수 없었을 것이다. 칼빈과 중세 말의 신학이 지닌 한 가지 특별한 유사성이 있다면 '주의주의'(via moderna, 공로의 궁극적인 근거가 행위의 본질적인 선함이 아닌 하나님의 뜻에 있다는 교리)일 것이다. 인간의 도덕적 행위(예를 들면 자선을 베푸는 것)를 통해 이 교리를 좀 더 자세히 살펴보면 이렇다.

이 행위의 공로적 가치는 무엇인가? 이것은 하나님이 보시기에 어떤 가치를 지니고 있는가? 중세 말의 신학자들은 행위의 도덕적(인간적) 가치와 공로적(신적) 가치의 관계에 깊은 관심을 기울였다. 이 문제를 해결하기 위해 두 가지 방식, 곧 지성주의와 의지주의가 발전되었다.

지성주의는 하나님의 지성이 행위의 본질적인 도덕적 가치를 인정하고, 그에 상응하는 보상을 베푼다고 주장했다. 행위의 도덕적 가치와 공로적 가치는 직접적인 관계가 있다. 주의주의는 하나님을 피조물에 의존하게 만든다는 이유를 들어 그런 주장을 논박했다. 행위의 공로적 가치는 미리 결정될 수 없다. 하나님은 자신이 좋아하는 가치를 자유롭게 선택하실 수 있기 때문에 도덕적 가치와 공로적 가치는 필연적인 관계를 맺지 않는다. 행위의 공로적 가치는 본질적 가치에 의존하지 않고, 하나님이 그것에 부여하기로 선택하신 가치에 전적으로 의존한다. 이 원리는 자선 행위의 가치가 그 본질적인 선함이 아니라 오로지 하나님의 뜻에 의해서만 결정된다는 의미에서 둔스 스코투스의 윤리 원칙에 잘 요약되어 있다(둔스 스코투스는 전적으로 옳지는 않았지만 중세 말의 사상적 흐름이 주의주의로 향하게 만드는 데 주도적 역할을 했던 것으로 알려져 있다). 신적 의지는 인간의 행위에 스스로가 부여하기를 원하는 가치를 부여함으로써 하나님의 자유를 보존한다. 중세 말에 의지론자들은 특별히 급진적인 아우구스티누스파 진영에서 갈수록 더 많은 호응을 받기에 이르렀다. '근대적 방식'과 '신아우구스티누스주의'를 따르는 신학자들이 대부분 이 입장을 채택했다.

칼빈도 『기독교 강요』에서 그리스도의 공로와 관련해 정확히 주의주의적 입장을 채택했다. 초창기 인쇄본에는 암묵적으로 암시되어 있던 것이 1559년, 그러니까 칼빈이 이 주제에 관해 라엘리우스 소시누스와 서로 교신을 나누고 난 이후에 출판된 인쇄본에는 명확하게 명시되었다. 1555년, 칼빈은 소시누스가 그리스도의 공로와 믿음의 확신에 관해 제기한 물음에 대답하면서 1559년에 발행된 『기독교 강요』에 이 입장을 직접 게재했던 것으로 보인다.

그리스도의 십자가의 죽음은 기독교 사상과 예배의 핵심 요소다. 그렇다면 그리스도의 죽음이 그렇게 엄청난 중요성을 지니는 이유는 무엇일까? 어떤 타당성을 지니기에 그것이 핵심 요소가 되는 것일까? 다른 누구의 죽음이 아닌 그리스도의 죽음만이 독특한 의미를 지니는 이유는 무엇일까? 칼빈은 그런 문제들에 관해 교신을 나누면서 '그리스도의 공로의 근거'(ratio meriti Christi)라는 전문 용어로 알려진 문제를 심도 있게 다루었다. 그리스도의 십자가의 죽음이 인류의 죄를 속량하기에 충분한 이유는 무엇인가? 루터가 주장한 대로 그리스도의 인격이 지니는 본질적 가치 때문인가? 루터는 그리스도의 죽음이 독특한 중요성을 지니는 이유는 그분의 신성 때문이라고 주장했다. 그것이 아니면 하나님이 그분의 죽음을 인류의 죄를 속량하기에 충분한 가치를 지닌 것으로 인정하기로 선택하셨기 때문일까? 다시 말해, 그리스도의 죽음이 지니는 고유한 가치 때문일까, 아니면 하나님이 그것에 그런 가치를 부여하셨기 때문일까?

칼빈은 그리스도의 공로의 근거는 그분이 자기 자신을 드린 행위에 있는 것이 아니라('그리스도의 공로의 근거'에 관한 지성주의적 입장) 하나님이 그것을 인류의 죄를 속량하기에 충분한 것으로 인정하기로 결정한 사실에 있다는 견해(주의주의적 입장)를 분명하게 피력했다. 그는 "하나님의 선하신 뜻이 없었다면 그리스도께서는 그 어떤 공로도 세우지 못하셨을 것이다."라고 말했다. 칼빈과 중세 말의 주의주의자들 사이의 영속성이 분명하게 드러나는 대목이 아닐 수 없다.

과거에는 칼빈과 둔스 스코투스의 유사성을 그가 스코투스에게서 직접 영향을 받았다는 의미로 이해했다. 그러나 사실 칼빈은 오캄의 윌리엄과 리미니의 그레고리우스로부터 비롯한 중세 말의 주의주의적 전통을 따르는 것으로 나타난다. 스코투스는 그런 전통을 전달하는 중간 역할을 했을 뿐이다. 그리스도의 희생이 지니는 공로적 가치는 하나님이 그것을 인정하기로 작정하셨기 때문일 뿐, 그 외의 다른 이유는 없다. 칼빈이 그런 후기의 전통과 영속성을 지닌다는 것은 분명해 보인다.

이런 논의의 결과는 다음에 다룰 주제, 즉 종교개혁 시대에 관한 논의와 자연스레 연결된다.

3장.

종교개혁과 그 이후의 시대 (1500-1750)

종교개혁인가 종교개혁들인가?
용어 설명
종교개혁 이후의 운동들
대표적인 신학자
중요한 신학적 발전
신학적 문헌의 발전
중요한 명칭, 용어, 문구
질문
사례 연구

기독교 신학은 중세 시대에 중요한 발전과 변화를 거쳤다. 중세 시대가 절정에 이르렀을 때 기독교 신학에 크게 기여했던 중요한 공헌들이 몇 가지 이루어졌다. 그러나 이 흥미로운 시대를 다루는 많은 학자들은 15세기를 지나는 동안, 피로감이 표출되면서 지성적 활력이 상실되는 현상이 나타나는 것을 발견한다.

　그즈음, 르네상스는 신학 교육과 학문의 많은 중심지에 대한 영향력을 가일층 강화하면서 새로운 신학적 표현과 패러다임을 요구하는 기대감을 자극하기에 이르렀다. 서유럽에서 기독교 신학의 방법론과 개념과 언어적 표현에 중요한 변화를 가져올 상황이 마련되었다. 역사적으로, 그런 패러다임의 전환이 16세기 초에 일어났다. 이 운동은 복잡하지만 종종 '종교개혁'이라는 한마디 문구로 묘사될 때가 많다.

　서구 기독교 신학의 새로운 시대가 16세기에 시작되었다. 중세 시대와 관련된 기독교 신학의 유형이 새로운 형태로 전환되었다. 가장 중요한 발전은 서방 교회 안에서 이루어진 종교개혁이었다. 그것은 서방 교회가 신앙 체계, 도덕성, 구조와 같은 문제들과 관련해 좀 더 성경적인 토대로 복귀하려고 노력했던 운동의 결과물이었다.

　당시만 해도 기독교는 유럽에만 국한되어 있는 상태였지만 그런 발전을 통해 기독교 신학이 세계의 다른 지역으로까지 광범위하게 확장되는 역사가 일어났다.

종교개혁은 처음에는 유럽에서 소규모의 개신교 교회를 형성했고, 나중에는 같은 지역에서 가톨릭교회가 새로운 개혁을 추진함으로써 개신교과 가톨릭교회는 물론, 다양한 개신교 교파들 사이에서 갈등이 불거지는 결과를 낳았다. 역사가들은 이 시기의 중요성이 종교적 신앙고백에 근거한 유럽의 재편성, 개신교 종교개혁과 가톨릭 종교개혁의 정치적, 지성적 심화 과정, 급진적 종교개혁, 세속권과 교권에 의한 종교적, 사회적, 성적 훈련의 강화, 종교전생의 시작과 같은 종교개혁이 몰고 온 사회적, 정치적 결과들에 놓여 있다고 생각한다.

그러나 이번 장을 통해 분명하게 알 수 있는 대로, 이 시기의 가장 큰 중요성은 현대 기독교 신학의 발전이 이루어진 것에 있다. 이 시기의 후반기에 일어난 특별히 중요한 발전 가운데 하나는 서구 기독교가 유럽을 벗어나 다른 지역으로 확장된 것이다. 영국 청교도들이 매사추세츠만에 도착하고, 스페인과 포르투갈 선교사들이 남아메리카로 진출함으로써 기독교가 새롭게 확장할 수 있는 길이 열렸다. 이런 현상은 근대를 지나면서 점차 더 큰 신학적 중요성을 지니게 되었다.

종교개혁인가 종교개혁들인가?

역사가들과 신학자들은 전통적으로 '종교개혁'이라는 용어를 마르틴 루터, 훌드리히 츠빙글리, 존 칼빈과 같은 개인들을 중심으로 서유럽에서 일어난 기독교 교회의 도덕적, 신학적, 제도적 개혁 운동을 지칭하는 의미로 이해한다. 좀 더 최근의 학자들은 당시에 유럽 전역에서 일어난 개혁 운동들을 고려해 '종교개혁들'이라는 용어를 사용하는 것이 옳다고 주장한다. 복수 용어를 사용하는 이유는 주류였던 개신교 종교개혁의 중요성을 인정함과 동시에 동시대에 일어난 가톨릭 종교개혁, 급진적 종교개혁 및 일반적으로 '2차 종교개혁'으로 알려진 운동을 간과하지 않기 위해서다.

종교개혁이 처음 일어난 후 1525년까지는 마르틴 루터와 독일 동북부의 비텐베르크대학교를 중심으로 개혁이 진행된 것처럼 보일 수 있다. 그러나 1520년대 초에 스위스 취리히에서 독자적인 개혁 운동이 일어나 탄력을 받기 시작했다. 취리히 종교개혁은 여러 가지 복잡한 발전 과정을 통해 일련의 정치적, 신학적 변화를 거치면서 마침내 제네바(당시에는 독립된 도시국가였고, 현재는 스위스의 일부)의 존 칼빈과 연계하게 되었다.

종교개혁은 복잡하고, 다양했을 뿐 아니라 그 내용도 교회의 가르침과 관습을 개혁하는 차원을 훨씬 넘어섰다. 근본적인 사회적, 정치적, 경제적 문제들이 다루어졌기 때문에 이 책에서 상세하게 논의하기에는 너무나 복잡하다. 종교개혁의 내용은 독일의 경우처럼 신학적인 문제가 주가 되었던 나라도 있었고, 영국처럼 그런 주제에는 비교적 그다지 큰 관심을 기울이지 않는 나라도 있는 등, 나라마다 제각기 달랐다.

가톨릭교회는 개신교 종교개혁에 대한 반응으로 자체 개혁을 시도했다. 당시의 교황(바오로 3세)은 독일과 프랑스의 갈등에서 비롯한 불안정한 정치 상황 때문에 개혁을 위한 공의회를 일찍 소집하지 못했지만 결국에는 1545년에 트리엔트 공의회를 소집하는 데 성공했다. 트리엔트 공의회는 가톨릭 사상을 명료하게 가다듬고, 복음적인 개신교 세력에 맞서 가톨릭교회를 보호하는 과제를 수행했다.

칼빈주의가 멀리 동쪽으로 헝가리에까지 영향을 미쳤지만 종교개혁 자체는 서유럽의 현상이었다. 그것은 특히 서유럽의 북부와 중앙에서 집중적으로 일어났다. 그러던 중 1600년대부터 차츰 중요해지기 시작했던 북아메리카 지역으로 많은 사람이 이주하면서 그곳에 종교개혁 이후의 개신교와 가톨릭 신학이 전파되는 결과를 낳았다. 하버드대학교는 뉴잉글랜드의 초창기 신학 교육의 중심지 가운데 하나였다. 예수회는 인도, 중국, 일본을 비롯한 극동 지역에서 광범위한 선교 활동을 전개했다. 기독교 신학은 본거지였던 서유럽을 넘어서서 서서히 전 세계로 확산되었다. 이 발전 과정은 현대에 이르러 최종적으로 완료되었다. 이 점에 대해서는 나중에 좀 더 자세히 살펴보기로 하고, 그 전에 먼저 종교개혁과 그 이후 시기와 관련된 용어들을 간단히 설명하면 다음과 같다.

용어 설명

'종교개혁'으로 불리는 운동은 너무나도 복잡하기 때문에 용어 자체도 다양한 의미로 사용된다. 이런 사실은 '종교개혁들'이라는 복수형의 사용으로 적절히 강조된다. 서유럽의 서로 다른 지리적 장소에서 다양한 종교적인 이유로 여러 종류의 개혁 운동이 일어났다는 것은 논의의 여지가 없는 역사적 사실이다. 문헌에서 발견되는 이 용어의 의미는 모두 여섯 가지(루터교를 탄생시킨 독일 종교개혁, 종종 '칼빈주의'로 일컬어지는 개혁주의 기독교를 탄생시킨 스위스 종교개혁, 종종 '재세례파'로 불리는 '급진적 종교개혁', 종종 '성공회'로 불리는 독특한 형태의 기독교를 탄생시킨 영국 종교개혁, 때로 '반동 종교개혁'으로 불리는 '가톨릭 종교개혁', 개신교 내에서 일어난 '2차 종교개혁')다. '종교개혁'이란 용어는 넓은 의미에서 이 모든 운동을 가리키는 의미로 사용된다.

'개신교'(Protetant)라는 용어는 약간의 설명이 필요하다. 이 용어는 독일의 루터교를 더 이상 관용하지 않기로 결정한 '슈파이에르 국회'(1529년 2월) 이후에 생겨났다. 같은 해 4월, 여섯 명의 독일 제후들과 14개 도시가 이 강압적인 조처에 항의하며 양심의 자유와 종교적인 소수파의 권리를 옹호했다. '개신교'라는 용어는 이 항의에서 비롯했다. 따라서 엄밀히 따지면 이 용어를 1529년 4월 이전의 사람들에게 적용하거나 그 이전에 일어난 사건들을 '개신교 종교개혁'으로 지칭하는 것은 정확하지 않다. 문헌에서는 그 이전에 비텐베르크와 그 외의 지역(예를 들면 프랑스와 스위스)에 존재했던 개혁 세력을 가리킬 때는 '복음적'이라는 용어를 종종 사용한다. '개신교'라는 용어가 그 이전의 시기를 가리키는 데 종종 사용되지만 그런 사용은 엄격히 말하면 연대적 오기에 해당한다.

독일 종교개혁—루터교

루터교 개혁은 특별히 독일 지역과 마르틴 루터라는 탁월한 능력을 지닌 한 개인의 광범위한 영향력과 관련이 있다. 루터는 칭의의 교리에 각별한 관심을 기울였다. 그것은 그의 신학 사상의 핵심을 이루었다. 루터교 개혁은 처음에는 비텐베르크대학교의 신학 교육을 개혁하는 데 관심을 둔 학술적인 운동으로 시작되었다. 비텐베르크대학교는 그다지 중요하지 않은 대학교였고, 그곳의 신학부에서 루터와 그의 동료들이 시도한 개혁은 세인의 이목을 끌지 못했다. 상당한 관심을 끌었던 것은 루터의 개인적인 활동(유명한 『95개조 격문』을 붙이고, 로마의 성 베드로 성당을 재건하기 위한 기금을 마련하기 위한 면죄부 판매에 항의한 것 등)이었다. 그로 인해 비텐베르크대학교 내에서만 거론되던 사상이 더 많은 청중의 관심을 자극하기에 이르렀다.

엄밀히 말해, 루터교 개혁은 루터가 바르트부르크에 억지로 숨어 지내다가 비텐베르크로 되돌아온 1522년에 비로소 시작되었다. 그는 1521년에 '보름스 국회'에서 '거짓 교리'를 주장한다는 이유로 단죄되었다. 그의 유력한 지지자들은 그가 목숨을 잃게 될 것을 우려해 은밀히 그를 바르트부르크로 알려진 성으로 데려가 그의 안전을 위협하는 요인이 사라질 때까지 그곳에 거하게 했다. 루터의 동료 교수였던 안드레아스 보덴슈타인 폰 칼슈타트는 루터가 없는 동안 비텐베르크에서 혼란을 부추기는 것처럼 보이는 개혁을 시도했다. 루터는 칼슈타트의 어리석은 행동 때문에 종교개혁이 실패로 돌아갈 것을 우려한 나머지 안전한 장소를 떠나 비텐베르크로 돌아왔다.

그때부터 루터의 학술적인 개혁은 교회와 사회를 개혁하는 데로 발전해 나갔다. 루터의 활동 무대는 더 이상 대학이라는 학문의 세계가 아니었다. 그는 종교적, 사회적, 정치적 개혁 운동의 지도자로 간주되었고, 당시의 사람들의 눈에는 그것을 통해 유럽에서 새로운 사회적, 종교적 질서가 구축될 수 있는 길이 열리는 것처럼 보였다. 사실, 루터의 개혁 운동은 훌드리히 츠빙글리와 같은 그의 동료 개혁자들과 관련된 것보다 훨씬 더 보수적이었다. 더욱이, 그의 운동은 일부 사람들이 기대했던 것보다 훨씬 덜 성공적이었다. 그 운동은 (스칸디나비아를 제외하고는) 독일 지역에만 철저하게 국한되었을 뿐, 다 익어 떨어질 준비가 된 것처럼 보였던 나라들 가운데서 세력의 기반을 확보하지 못했다.

교회에 대한 군주의 지배권을 보장하는 '경건한 군주'의 개념에 관한 루터의 이해는 칼빈과 같은 개혁주의 사상가들이 일반적으로 공화제를 선호했던 상황에서 기대했던 만큼의 호응을 얻지 못했던 것으로 보인다. 영국의 경우가 대표적이다. 그곳에서도 '저지대 국가들'의 경우처럼 루터주의가 아닌 개혁주의 개신교 신학이 주도권을 잡았다.

스위스 종교개혁-개혁주의 교회

장로교와 같은 개혁주의 교회를 탄생시킨 스위스 종교개혁은 16세기 초에 '스위스 연방'(Confederatio Helvetica, 여기에서 스위스를 가리키는 약어 'CH'가 비롯했다) 내에서 이루어진 발전에서부터 시작되었다. 독일 종교개혁이 학술적인 영역에서부터 시작된 것과는 달리 개혁주의 교회는 교회의 도덕성과 예배를 성경적인 원리에 좀 더 부합하도록 개혁하려고 했던 일련의 시도에서부터 출발했다. 이런 형식의 종교개혁에 결정적인 형태를 부여한 것은 칼빈이었지만 그 기원은 훌드리히 츠빙글리와 하인리히 불링거와 같이 스위스의 유력한 도시였던 취리히에 근거지를 둔 초창기 개혁자들에게로 거슬러 올라간다.

츠빙글리와 같은 초창기 개혁주의 신학자들은 대부분 학문적인 배경을 지닌 사람들이었지만 그들의 개혁 운동은 학술적인 성격을 띠지 않았다. 그 운동은 취리히, 베른, 바젤과 같은 스위스 도시에 있는 교회들에 초점이 맞춰졌다. 루터의 경우에는 칭의의 교리가 그의 사회적, 종교적 개혁 운동에서 핵심 역할을 했지만, 초기 개혁주의 사상가들은 하나의 구체적인 교리는 물론, 교리 자체에 그다지 큰 관심을 기울이지 않았다. 그들의 개혁 운동은 제도적, 사회적, 윤리적 성격을 띤 것으로 인문주의 운동에서 비롯한 개혁의 요구와 많은 점에서 비슷했다.

개혁주의 교회의 설립 과정은 츠빙글리가 전사하고 난 이후(1531), 그의 계승자인 하인리히 불링거를 통해 취리히 개혁이 안정화되면서부터 시작되어 1550년대에 제네바가 세력의 근거지로 부상하고, 존 칼빈이 그 유력한 대변자로 등장하면서 완성되었다는 것이 일반적인 견해다. 1520-60년에 걸쳐 개혁주의 교회 내에서 취리히에서 베른을 거쳐 제네바로 점차적인 세력 이

동이 일어났고, 결국에는 제네바(공화정이라는 정치체제)와 그곳의 종교 사상가들(처음에는 칼빈, 그의 사후에는 데오도르 베자)이 개혁주의 교회 내에서 주도권을 잡았다. 이런 발전은 1559년에 '제네바 아카데미'가 설립되어 개혁주의 목회자들을 길러냄으로써 더욱 공고해졌다. 제네바는 나폴레옹 전쟁 이후인 1815년에 스위스의 일부가 되었지만 종교개혁 당시에는 독립 도시였다. 이것은 그 시점과 관련해서는 '스위스 종교개혁'이라는 용어가 약간 부정확한 연대적 오기에 해당한다는 것을 의미한다.

'칼빈주의'라는 용어는 개혁주의 교회의 신학 사상을 가리키는 의미로 종종 사용된다. 이런 현상은 아직도 종교개혁과 관련된 문헌에서 널리 나타나고 있지만, 지금은 그런 사용을 자제하는 것이 일반적인 추세다. 16세기 말의 개혁주의 신학이 칼빈의 사상 외에 다른 곳에서 유래되었다는 증거가 갈수록 더 분명하게 드러나고 있다. 16세기 말과 17세기 개혁주의 사상을 '칼빈주의'로 지칭하는 것은 그것이 본질적으로 칼빈의 사상이라는 의미를 담고 있다. 지금은 칼빈의 사상이 그의 계승자들을 통해 미묘하게 변경되었다는 것이 일반적인 견해다. 오늘날에는 스위스나 저지대 국가들이나 독일의 교회들을 가리킬 때나 데오드로 베자나 윌리엄 퍼킨스나 존 오웬처럼 칼빈의 유명한 저서인 『기독교 강요』와 그것을 근거로 한 (유명한 『하이델베르크 교리문답』과 같은) 교회의 문서를 바탕으로 신학 사상을 전개한 사상가들을 지칭할 때는 '개혁주의'라는 용어를 선호하는 것이 보통이다.

급진적 종교개혁-재세례파

'재세례파'(Anabaptist)는 문자 그대로 '세례를 다시 받는 자'를 뜻한다. 이것은 재세례파의 관습 가운데 가장 특징적인 측면에 해당한다. 이것은 공적으로 자신의 믿음을 고백하는 사람만이 세례를 받을 수 있다는 주장이다. 재세례파 운동은 1520년대 초에 취리히에서 츠빙글리의 개혁이 일어난 후 그 근방에서 처음 시작된 것으로 보인다. 츠빙글리가 자신의 개혁 원리에 충실하지 못했다고 주장하는 사람들이 그 운동을 주도했다(그들 가운데 콘라드 그레벨이 있었다). 그들은 츠빙글리의 설교와 실천이 일치하지 않는다고 생각했다. 그레벨은 츠빙글리가 '오직 성경으로!'(sola acriptura)라는 원리에 충실하겠다고 고백하면서도 유아 세례, 교회와 치안 당국과의 긴밀한 연계, 그리스도인들의 전쟁 참여와 같이 성경이 인정하거나 명령하지 않은 여러 가지 관행을 그대로 유지했다고 비판했다. 그레벨과 같은 사상가들을 통해 '오직 성경으로!'라는 원리가 급진적인 의미를 띠게 되었다. 그들은 개혁주의 신자들은 오직 성경이 분명하게 가르치는 것만을 믿고, 실천해야 한다고 주장했다. 츠빙글리는 그런 주장이 취리히의 개혁주의 교회를 그 역사적인 뿌리와 과거의 기독교 전통과의 영속적인 관계로부터 단절시킬 수 있는 위험성을 지니고 있다고 판단하고 경각심을 돋우었다.

재세례파 운동은 그 형태가 다양하지만 몇 가지 공통 요소를 지니고 있다. 예를 들면, 외적 권위에 대한 일반적인 불신, 유아 세례를 거부하고, 성인 세례만 인정하기, 재산의 공동 소유, 평화주의와 무저항주의를 강조하기 등이다. 취리히와 베른과 상트 갈렌의 시 정부들은 이 가운데 세 번째 요소에 초점을 맞춰 재세례파 신자들이 "참된 그리스도인은 자본에 대한 이자나 수입을 주고받을 수 없으며, 모든 소비재는 무료이고, 공동 소유이며, 모두가 그것들에 대해 온전한 재산권을 행사할 수 있다."라고 믿는다고 비난했다. 재세례파가 종종 '종교개혁 좌파'(롤런드 베이튼)나 '급진적 종교개혁'(조지 헌스턴 윌리엄스)으로 종종 일컬어지는 것은 바로 이런 이유 때문이다. 윌리엄스는 '급진적 종교개혁'을 '주류 종교개혁'과 대비시켰다. 그는 후자를 루터교 개혁 및 일반 종교개혁 운동과 동일시했다. 이런 용어들이 종교개혁 연구가들 사이에서 갈수록 더 많이 사용되고 있다. 종교개혁에 관한 최근의 연구 책자들을 읽다 보면, 이런 용어들을 마주할 가능성이 높다.

영국 종교개혁-성공회

영국 종교개혁은 대륙의 경우와는 다른 양상을 보였다. 교회 개혁을 요구하는 대중의 압력도 없지는 않았지만 개혁을 주도했던 세력은 1509년에 왕위에 오른 헨리 8세에게서 비롯했다. 1527년, 헨리 왕은 왕비였던 아라곤의 캐서린과의 이혼을 추진하기 시작했다. 그가 그런 결정을 내린 이유는 영국의 왕위 계승을 확실하게 하기 위해서였다. 헨리 왕과 캐서린 왕비 사이에는 메리 튜더라는 딸 하나뿐이었다. 헨리는 남자 계승자를 원했다. 그러나 교황은 결혼을 파기하도록 허락하지 않았다.

영국 종교개혁이 교황이 헨리 왕에게 이혼을 허락하지 않은 데서 연유했다고 말하는 것은 매우 부적절하지만 하나의 요인으로 작용했던 것은 분명하다. 헨리 왕은 영국에서 교황의 권위를 자신의 권위로 대체하는 정책을 추구해 나가기 시작했다. 영국 국교회를 설립하는 것이 이 정책의 일환이었다. 헨리 왕은 교리나 신학의 문제에는 특별한 관심을 기울이지 않았고, 종교적인 힘이나 정치적인 힘의 실질적인 측면에만 관심을 집중했다. 토머스 크랜머(1489-1556)를 캔터베리 대주교로 임명했던 그의 결정으로 인해 개신교의 영향이 어느 정도 영국 교회에 미치게 되었다.

헨리 왕은 1547년에 사망했고, 그의 아들 에드워드 6세가 왕위를 계승했다. 에드워드는 왕위에 오를 때 나이가 어렸다. 그런 상황은 측근들이 실질적인 권력을 행사하는 결과를 낳았다. 그들은 대부분 개신교의 신념을 지닌 사람들이었다. 에드워즈의 통치 기간에 대주교의 직위를 계속 유지했던 크랜머는 개신교의 예배 형태를 따르는 공중 예배를 도입하고, 마틴 부처와 피터 마터 버미글리와 같은 유력한 개신교 사상가들을 영국으로 불러들여 개혁을 위한 신학적인 방향을 제시하게끔 했다. 그러나 에드워드는 1553년에 영국을 종교적 과도기의 상태에 남겨놓고 세상을 뜨고 말았다.

가톨릭을 강하게 지지하는 메리 튜더가 에드워드의 뒤를 계승했다. 그녀는 개신교를 탄압하고, 가톨릭교회를 복구하기 위한 일련의 조치를 취했다. 그런 조치 가운데는 바람직하지 않은 것들이 많았는데 가장 두드러진 것은 1556년에 옥스퍼드에서 크랜머를 공개 화형에 처한 것이었다. 온건한 가톨릭주의자였던 레지널드 폴이 크랜머의 뒤를 이어 캔터베리 대주교로 임명되었다. 1558년에 메리가 사망했을 때 가톨릭교회는 아직 완전히 복구되지 않은 상태였다. 엘리자베스 1세가 왕위를 계승했을 때는 어떤 방향으로 종교 정책을 펼쳐 나갈 것인지가 확실하지 않았다. 결국, 그녀는 개신교 신자들과 가톨릭 신자들 모두를 달랠 수 있는 중도 정책을 펼치면서 종교 문제에 대해 왕이 최고의 권위를 행사하는 방책을 확립했다. 흔히 '엘리자베스 타결안'(the Elizabethan Settlement, 1558-9)으로 알려진 정책을 통해 개혁주의 감독 교회의 형태를 갖춘 영국 국교회(예전[공중 예배와 특히 성찬에 사용되는 예식서]은 가톨릭교회를 따르고, 신조는 개신교를 따르는 교회)가 설립되었다. 이 결과에 대해 전적으로 동의하는 사람은 아무도 없었고, 모두 어설픈 타협으로 간주할 뿐이었다. 그러나 영국은 그것을 통해 종교적인 긴장을 완화하는 한편, 당시에 유럽 도처에서 격렬하게 진행되던 심각한 종교적 갈등을 피할 수 있었다.

가톨릭 종교개혁

이 용어는 트리엔트 공의회(1545)가 개최되고 난 이후에 로마 가톨릭교회 내에서 일어난 갱신 운동을 가리키는 의미로 종종 사용된다. 과거의 학술 서적에는 이 운동을 흔히 '반동 종교개혁'으로 지칭했다. 이 용어가 암시하는 대로 로마 가톨릭교회는 개신교 종교개혁의 영향력을 제한할 목적으로 거기에 대항할 방책을 발전시켰다. 그 방책의 일환으로 로마 가톨릭교회는 개신교의 비판 근거를 없애기 위해 자체적인 개혁을 통해 종교개혁에 대응했다. 그런 점에서 이 운동은 개신교 종교개혁에 대한 반동임과 동시에 로마 가톨릭교회의 갱신 운동이었던 셈이다.

가톨릭교회의 갱신 운동은 유럽 북부에서 진행된 개신교 종교개혁과 비슷한 맥락에서 전개되었다. 스페인과 이탈리아에서 특히 그랬다. 가톨릭 종교 개혁의 견인차였던 트리엔트 공의회는 혼란을 야기하는 여러 가지 문제들에 대한 가톨릭교회의 교리적 가르침을 정연하게 가다듬었고, 성직자의 품행, 교회의 규율, 종교 교육, 선교 활동과 관련된 긴급한 개혁을 단행했다. 교회 내부의 개혁 운동은 옛 수도회들의 개혁과 (예수회와 같은) 새 수도회의 설립을 통해 촉진되었다. 가톨릭 종교개혁의 좀 더 구체적인 신학적 측면에 관해서는 나중에 성경과 전통, 이신칭의, 성례에 관한 가톨릭교회의 가르침을 다룰 때 함께 살펴볼 생각이다. 가톨릭 종교개혁의 결과로 인문주의자들이나 개신교 신자들이 개혁을 요구했던 많은 폐단이 제거되었다.

개신교 정통주의

엄청난 창의력이 발휘되던 시기가 지나고 나면 정체기가 뒤따르는 것이 보통 역사의 일반적인 규칙인 것처럼 보인다. 종교개혁도 예외가 아니다. 종교개혁 이후의 시기에는 종교개혁의 통찰력을 보존하려는 생각으로 신학을 학문적으로 접근하려는 강한 시도가 이루어졌다. 기독교 신학을 체계적으로 정리하려는 일련의 노력을 통해 종교개혁의 통찰력이 성문화되어 영구히 보존되었다. '개신교 정통주의'라는 용어는 16세기 후반기에 형성된 루터교 신학과 개혁주의 신학을 고도로 체계화한 진술 내용을 가리키는 의미로 흔히 사용된다.

칼빈의 사후에 새로운 방법론, 곧 사상을 일관되게 추론해 체계적으로 조직화하는 방법이 추진되었다. 개혁주의 신학자들은 루터교와 로마 가톨릭교회에 맞서 자신들의 사상을 옹호하려고 노력했다. 칼빈이 상당한 의심을 품고 바라보았던 아리스토텔레스주의가 유익한 수단으로 간주되기 시작했다. 칼빈주의의 내적 일관성과 통일성을 입증해 보이는 것이 갈수록 중요해지면서 많은 칼빈주의 저술가들이 자신들의 신학을 좀 더 확고한 합리적인 기반 위에 올려놓을 방법에 관한 실마리를 아리스토텔레스의 방법론에서 발견할 수 있기를 희망하며 그에게로 관심을 돌렸다.

종교개혁자들의 통찰력은 기독교 신학을 체계화하려는 일련의 노력을 통해 성문화되고, 굳게 강화되었다. 그 과정은 종종 '고백주의'(confessionalization)로 일컬어진다. 이 용어는 『아우크스부르크 신앙고백』(1530)과 같은 '신앙고백'을 통해 스스로의 정체성을 규정하려는 기독교의 출현을 의미한다. 개신교의 세력이 확장되면서 개신교 교단(특히 루터교회와 개혁주의 교회) 간의 알력이 차츰 심해졌다. 이 갈등은 결국 개신교와 가톨릭교회의 옛 갈등에 못지않을 만큼 심각했다.

이런 일이 발생하게 된 이유를 이해하려면 16세기 말의 유럽, 특히 독일의 정치 상황을 살펴봐야 한다.

1550년대에는 루터교회와 로마 가톨릭교회가 각자 독일의 서로 다른 지역을 차지한 채 공존했다. 종교적인 교착 상태가 유지되면서, 루터교는 로마 가톨릭교회의 지역으로 더 이상 확장하기가 어려웠다. 따라서 루터교 저술가들은 학술적인 차원에서 루터교의 내적 일관성과 성경에 대한 충실성을 토대로 루터주의를 옹호하는 데 집중했다. 그들은 루터주의가 지성적으로 뛰어나다는 것을 보여주면 가톨릭 신자들의 관심을 자극해 자신들의 신앙 체계로 그들의 미몽을 깨우쳐줄 수 있을 것이라고 믿었다.

그러나 현실은 그렇지 않았다. 가톨릭 저술가들도 토마스 아퀴나스의 저서를 토대로 정교한 체계를 갖춘 신학으로 대응했다. 1534년에 설립된 예수회는 로마 가톨릭교회 내에서 선도적인 지성적 세력으로 급속히 자리를 잡았다. 로베르토 벨라르미노와 프란체스코 데 수아레스와 같은 대표적인 저술가들은 로마 가톨릭주의를 지성적으로 옹호하는 데 크게 공헌했다.

독일의 상황은 1560년대와 1570년대에 칼빈주의가 이전의 루터교 지역을 크게 파고 들어가기 시작하면서 훨씬 더 복잡하게 전개되었다. 루터주의, 칼빈주의, 로마 가톨릭주의라는 세 개의 주요 기독교 교파가 동일 지역에 확고하게 자리를 잡은 상태였다. 이 세 교파는 스스로의 정체성을 확립해야 하는 긴박한 상황에 직면했다. 루터주의자들는 자기들이 칼빈주의자들이나 로마 가톨릭주의자들과 어떻게 다른지를 설명해야 했다. "우리는 이것을 믿고, 그들은 저것을 믿는다."라는 식의 교리적 진술이 서로의 차이를 식별하고, 설명할 수 있는 가장 신빙성 있는 방법으로 드러났다. 이런 이유로 1559-1622년에 교리가 새롭게 강조되었고, 이 시기는 흔히 '정통주의 시기'로 일컬어진다. 개신교와 로마 가톨릭교회의 신학 안에서 새로운 형태의 스콜라주의가 발전하기 시작했다. 두 진영 모두 자신들의 신앙 체계가 지닌 일관성과 지적 우수성을 입증하는 데 주력했다.

루터주의와 칼빈주의는 많은 점에서 매우 유사했다. 그들은 둘 다 복음적이라고 주장했고, 중세 가톨릭주의의 핵심 요소들을 거부했다. 그러나 그들은 서로를 구별해야 할 필요가 있었다. 루터주의와 칼빈주의는 대부분의 교리에 대해서는 서로 동의했지만, 한 가지 교리에 대해서는 입장이 크게 엇갈렸다.

그것은 바로 예정 교리였다. 칼빈주의자들이 1559-1622년에 예정 교리를 강조한 사실은 이것이 루터주의자들과 그들을 가장 날카롭게 구분하는 교리였다는 것을 보여주는 증거다.

그 시기에 이루어진 다음 두 가지의 발전은 특히 중요하다.

1) 신학적 방법론에 관한 새로운 관심. 루터와 칼빈과 같은 개혁자들은 방법론의 문제에 별로 관심을 기울이지 않았다. 그들에게 신학은 일차적으로 성경을 주해하는 것이었다. 물론, 칼빈의 『기독교 강요』는 성경의 기본 사상을 조직적으로 체계화한 '성경적 신학'으로 일컬을 수 있다. 그러나 칼빈의 뒤를 이어 제네바 아카데미의 학장이 된 데오도르 베자의 저서에서는 방법론에 관해 새로운 관심을 기울인 흔적이 역력히 드러난다. 원리들에 기초해 내용을 논리적으로 배열하는 것이 크게 중요시되었다. 이런 사실이 베자가 예정 교리를 다루었던 방식을 통해 가장 분명하게 드러난다. 이 점은 나중에 좀 더 자세히 살펴볼 생각이다.
2) 조직신학의 발전. 루터주의와 칼빈주의와 로마 가톨릭주의 내에서 스콜라주의가 발흥함으로써 많은 점에서 토마스 아퀴나스의 『신학 대전』과 유사한 조직신학 서적들이 출현했다. 이 서적들은 기독교 신학을 포괄적으로 정교하게 진술함으로써 자신들의 장점과 상대방의 약점을 입증하는 데 초점을 맞추었다.

종교개혁 이후의 운동들

개신교와 가톨릭의 종교개혁 이후에 양 진영에서 신학을 강화하는 시기가 시작되었다. 개신교(루터교와 '칼빈주의'로 종종 불리는 개혁주의) 내에서는 '정통주의'로 알려진 시기가 시작되었다. 그 시기의 특징은 교리적 정의와 규범을 강조하는 것이었다. 청교도주의는 이런 교리적 추세에 관한 관심이 적지는 않았지만 그보다는 영적, 목회적 적용을 더 크게 강조했다. 그와는 대조적으로 경건주의는 교리를 강조하는 것을 못마땅하게 생각했다. 그들은 교리적인 정통성을 강조하면 신자들의 '실천적인 삶'의 필요성이 모호해진다고 느꼈다. 트리엔트 공의회 이후의 로마 가톨릭교회 안에서는 개신교를 혁신을 추구하는 이단으로 간주하고, 가톨릭 전통의 영속성을 강조하는 추세가 증대되었다.

가톨릭주의의 강화

트리엔트 공의회(1545-63)는 종교개혁에 대한 가톨릭교회의 결정적인 반격이었다. 이 공의회의 주된 업적을 몇 가지 간추리면 다음과 같다. 첫째, 종교개혁을 촉발시킨 교회 내의 문제들을 교정했다. 교회 내의 부패와 권한 남용을 종식시킬 조처들이 마련되었다. 둘째, 종교개혁의 결과로 논란이 불거진 기독교 신앙의 핵심 주제들에 관한 가톨릭교회의 입장을 정리해 확립했다(예를 들면, 성경과 전통의 관계, 칭의 교리, 성례의 본질과 역할 등). 트리엔트 공의회가 기독론이나 삼위일체론과 같은 교리를 다루지 않았던 이유는 그것들이 개신교 측과 다툴 주제가 아니라고 생각했기 때문이었다. 그 결과, 로마 가톨릭주의는 개신교 측의 도전에 맞설 수 있는 채비를 단단히 갖출 수 있게 되었다. 16세기의 마지막 10년 동안, 가톨릭교회 내에서 개신교를 향한 일관되고, 중요하고, 확신에 찬 비판이 이루어졌다.

이런 새로운 확신을 가장 분명하게 보여주는 증거 가운데 하나는 가톨릭교회가 교부들에게 학문적 관심을 기울인 것이었다. 개신교가 교부 시대를 중시했기 때문에 16세기 중반의 가톨릭 저술가들 가운데는 아우구스티누스와 같은 교부 시대 저술가들을 최초의 개신교 신자들로 생각하는 사람들이 더러 있었다. 그러나 16세기 후반부터는 로마 가톨릭 저술가들 사이에서 교부 시대 저술가들과 자신들 사이에 영속성이 존재한다는 확신이 차츰 증대되었다. 이런 영속성을 확립한 가장 중요한 저서는 1575년에 2절 판의 크기로 모두 8권으로 제작되어 출판된 마르그랭 드 라비뉴의 『교부들의 서고』(Bibliotheca Patrum)라는 책이었다. 앙투안 아르노와 피에르 니콜과 같은 저술가들도 그 뒤를 이어 이 분야에서 큰 공헌을 했다.

가톨릭 전통의 영속성에 관한 새로운 확신을 근거로 가톨릭 교리의 불변성이 크게 강조되기 시작했다. 이런 발전을 이끈 가장 유명한 저술가는 자크 베니뉴 보쉬에(1627-1704였다. 그의 『개신교 교회의 변천사』(Histoire des variations des eglises protestantes)는 로마 가톨릭교회가 개신교와 논쟁을 벌일 때 주된 무기로 사용되었다. 보쉬에는 교회의 가르침은 역사 대대로 항상 동일하다고 주장했다. 개신교는 새로운 것을 주장하거나 핵심 요소 가운데 일부를 부인함으로써 이 가르침에서 이탈함으로써 정통으로 간주될 자격을 상실했다. 사도들은 자신의 계승자들에게 확정된 진리를 전달했고, 그것은 대대로 변함없이 유지되어 왔다. 가톨릭교회가 개신교과 논쟁을 벌일 때마다 '항상 동일한'(semper eadem)이라는 문구가 매우 중요한 역할을 했다. 보쉬에는 개신교가 새로운 것을 주장했기 때문에 비정통이라고 주장했다.

청교도주의

16세기 말 영국에서 가장 중요한 형태의 신학 가운데 하나가 생겨났다. 청교도주의는 신앙의 경험적, 목회적 측면을 특별히 강조했던 '개혁 정통주의'의 유파로 이해하는 것이 가장 적합할 듯하다.

윌리엄 퍼킨스(1558-1602), 윌리엄 에임스(1576-1633), 존 오웬(1618-83)과 같은 유력한 청교도 신학자들은 베자에게 큰 영향을 받은 것이 분명하다. 그리스도의 죽음의 효력과 섭리와 선택과 관련된 하나님의 주권에 관한 그들의 가르침을 살펴보면 특히 그렇다.

최근에 청교도의 목회신학에 특별한 학문적 관심이 집중되었다. 16세기 초에 로렌스 채더턴, 존 도드, 아서 힐더샘과 같은 인물들은 신학을 목회적 문제에 적용하려고 노력했다. 청교도의 목회적 전통은 리처드 백스터(1615-

91)의 사역과 저서에서 절정에 달한 것으로 평가된다. 백스터의 명성이 드높아진 이유 가운데 하나는 일상생활 속에서 신학적 진리를 실천하는 데 초점을 맞춘 『기독교 생활 지침』(1673)이라는 4부로 된 책 때문이었다. 물론, 그의 가장 뛰어난 목회신학 저서는 청교도의 관점에서 목회 사역의 문제들을 다루었던 『참 목자상』(1656)이었다.

청교도는 17세기 초에 영국에서 중요한 신학적, 정치적 세력으로 활동했지만, 그 가장 중요한 발전은 신세계에서 이루어졌다. 찰스 1세의 억압적인 종교 정책으로 인해 많은 청교도가 영국을 떠나 북아메리카 동부 해안 지역으로 이주했다. 그 결과, 청교도주의는 북아메리카 기독교를 형성하는 중요한 세력이 되었다. 미국의 가장 중요한 청교도 신학자는 조나단 에드워즈(1703-58)였다. 그는 하나님의 주권을 강조하는 청교도 신학을 바탕으로 합리적인 세계관의 발흥을 통해 제기된 새로운 문제들을 다루려고 애썼다. 특히 18세기의 '대각성 운동'(에드워즈가 중요한 차원을 넘어서서 결정적 역할을 했던 것으로 평가되는 운동) 이후에 에드워즈가 영적 지도자로 활동해야 할 필요성이 크게 대두되었지만, 그는 신학을 윤리적 차원과 결부시켜 실천적으로 표현하는 일에 관심을 기울였다. 고린도전서 13장을 본문으로 한 그의 설교는 1746년에 『사랑과 그 열매』라는 책으로 출판되었다.

어떤 점에서, 특히 기독교적 경험이라는 주제를 놓고 보면 청교도주의는 아래에서 살펴볼 예정인 경건주의와 유사했다.

경건주의

정통주의의 영향력이 개신교 주류 교단 내에서 차츰 강해지면서 그 잠재적인 결함과 약점이 분명하게 드러나기 시작했다. 정통주의는 기독교적 진리 주장을 합리적으로 옹호하며 교리적 정확성에만 치중하는 경향이 있었다. 정통주의는 신학을 일상생활의 문제에 적용하는 것보다는 학문적으로 정연한 논리를 구축하는 것에 집착할 때가 많았다. '경건주의'(Pietism)는 '경건'을 뜻하는 라틴어 '피에타스'(pietas)에서 유래했다. 이 용어는 본래 이 운동을 반대하는 자들이 기독교 교리를 일상생활에 적용하는 것의 중요성을 강조했던 경건주의의 입장을 비판적으로 묘사하기 위해 사용하던 것이었다.

경건주의 운동은 필립 야콥 스페너의 『경건한 소원』(Pia desideria, 1675)의 발행과 함께 시작된 것으로 간주되는 것이 보통이다. 스페너는 그 책에서 30년 전쟁(1618-48) 이후의 독일 루터교회의 상태를 개탄하며 교회 갱신을 위한 제안을 내놓았다. 그 가운데 가장 중요한 것은 개인적인 성경 공부를 강조한 것이었다. 학문적인 신학자들은 그런 제안을 비웃었지만, 독일 교회 내에서 상당한 영향력을 발휘했다. 그런 사실은 사람들이 전쟁 동안에 감내해야 했던 충격적인 사회적 상황 앞에서 정통주의의 무미건조함에 싫증이 났고, 또 그 미몽에서 벗어나기 시작했다는 것을 보여준다. 경건주의자들은 교리의 개혁에는 항상 삶의 개혁이 동반되어야 한다고 믿었다.

경건주의는 특히 영국과 독일에서 다양한 방향으로 발전해 나갔다. 이 운동의 대표자들 가운데 아래의 두 사람에게 특히 주목해야 할 필요가 있다.

1) 니콜라스 루드비히 그라프 폰 진젠도르프(1700-60)는 '헤른후트'라는 독일 마을의 이름을 딴 '헤른후터'라고 불리는 경건주의 공동체를 설립했다. 그는 스스로 무미건조한 합리주의와 무기력한 정통주의라고 생각했던 것을 멀리하고, 그리스도와 신자와의 친밀한 인격적 관계에 근거한 '마음의 종교'의 중요성을 강조했다. (이성이나 교리적 정통주의와 반대되는) '감정'이 신앙생활에서 차지하는 역할을 새롭게 강조한 그의 사상은 이후의 독일 종교 사상에 기여한 낭만주의의 토대를 놓은 것으로 평가될 수 있다. 진젠도르프가 개인적인 믿음의 활용을 강조한 것이 '살아 있는 믿

음'이라는 표어 안에 잘 드러나 있다. 그는 그 표어로 죽은 신조에 대한 동의를 강조하는 개신교 정통주의를 비판했다. 이런 사상은 한쪽으로는 슐라이어마허를 통해, 또 다른 한쪽으로는 영국에 경건주의를 소개했던 존 웨슬리를 통해 각각 발전해 나갔다.

2) 존 웨슬리(1703-91)는 영국 국교회 내에서 '방법론자 운동'(Methodist movement)을 주도했다. 그 결과로 나중에 '감리교'(Methodism)라는 한 교단이 탄생했다. 웨슬리는 자신이 "구원의 유일한 수단인 믿음을 결여하고 있다."라고 확신하고 '살아 있는 믿음'의 필요성을 절감했다. 그는 1738년 5월에 앨더스게이트 스트리트에서 열린 한 집회에서 마음이 '이상하게 뜨거워지는' 것을 느끼며 회심을 경험함으로써 신앙생활에서 경험이 차지하는 역할의 중요성을 깨달았다. 신앙생활의 경험적 측면을 강조한 웨슬리의 사상은 당시의 영국에서 유행하던 '이신론'(하나님이 세상을 창조하셨다는 것은 인정하지만 그분이 계속해서 세상에 개입하신다는 것은 거부하는 사상)의 무미건조한 개념과 날카롭게 대조된다. 그의 사상은 결국 영국에서 중요한 종교적 부흥을 일으키는 결과를 낳았다.

여러 가지 차이점에도 불구하고 다양한 형태의 경건주의가 기독교 신앙을 일반 신자들이 살아가는 경험적인 세상에 적절하게 만드는 데 성공했다. 경건주의는 교리적 정통주의만을 일방적으로 강조하는 것에 반발해 인간 본성의 가장 깊은 측면과 관련된 신앙을 추구했던 운동으로 이해할 수 있다.

대표적인 신학자

종교개혁 시대는 기독교 신학의 역사상 가장 창의적인 시대 가운데 하나로 널리 평가된다. 대개 마르틴 루터, 존 칼빈, 훌드리히 츠빙글리라는 세 사람이 특별히 중요한 신학자로 손꼽힌다. 이들 가운데 가장 중요한 신학자는 처음 두 사람이다. 츠빙글리도 나름대로 매우 중요한 신학자이지만 루터와 칼빈이 지닌 창의적인 재능과 신학적인 영향력 앞에서는 빛을 잃고 만다. 물론, 16세기 후반에는 새로운 과제와 문제들이 발생하면서 다른 신학자들이 중요하게 부상하기 시작했다. 여기에서는 그 가운데서 여덟 명의 신학자들 간추려 살펴볼 생각이다.

마르틴 루터

마르틴 루터(1483-1546)는 에르푸르트대학교에서 수학했다. 그는 처음에는 인문학을 공부했지만, 나중에는 지역의 아우구스티누스파 수도회에서 신학을 공부하기 시작했다. 그는 1512년에 비텐베르크대학교의 성경학 교수로 임명되어 시편(1513-18), 로마서(1515-16), 갈라디아서(1516-17), 히브리서(1517-18)를 차례로 가르쳤다. 이 기간에 루터의 신학은 특히 칭의 교리와 관련해 일련의 발전을 이루었던 것으로 보인다. 그는 또한 성경 본문들을 상세하게 다루면서 칭의 교리에 관한 '근대적 방식'의 입장을 불만족스럽게 여기게 된 듯하다.

루터는 1517년에 면죄부를 비판한 『95개조 격문』을 통해 처음 대중의 이목을 끌게 되었다. 그 뒤를 이어 '라이프치히 논쟁(1519년 6-7월)'이 벌어졌고, 루터는 스콜라주의에 대한 급진적인 비평가라는 평판을 얻게 되었다. 그는 1520년에 세 편의 논문을 발표했고, 그로써 신학적인 개혁자라는 그의 평판은 한층 더 공고해졌다. 루터는 『독일 기독교 귀족에게 고함』에서 교회 개혁의 필요성을 강력하게 주장했다. 16세기 초의 교회는 교리와 실천 면에서 신약성경으로부터 크게 멀어진 상태였다. 그는 간결하고, 재치 있는 독일어로 몇 가지 매우 중요한 신학 사상들을 대중에게 호소했다.

이것이 큰 성공을 거둔 것에 고무된 루터는 이어서 『교회의 바벨론 유수』라는 논문을 발표했다. 그는 이 강력한 논문에서 복음이 제도화된 교회의 포로가 되었다고 역설했다. 그는 중세 교회가 복음을 복잡한 성례와 성직자 제도 안에 가두었다고 주장했다. 복음의 종이 되어야 할 교회가 오히려 복음의 주인이 되었다는 것이 그의 요지였다. 이런 생각은 『그리스도인의 자유』라는 논문을 통해 더욱 발전했다. 루터는 그곳에서 기독교적 삶과 관련된 이신칭의의 의미를 탐구했다.

아마도 루터는 종교개혁자들 가운데서 가장 창의적인 개혁자일 것이다. 그러나 그의 신학적 영향력은 비중 있는 저서를 통해 나타나지 않았다. 그의 글은 논쟁에 대응하기 위해 쓰인 것이 대부분이었다. 기독교 신앙의 기본 개념을 체계적으로 진술한 것으로 평가될 수 있는 것은 그가 1529년에 펴낸 두 권의 교리문답뿐이다. 사실, 이것들마저도 주로 목회적인 기능에 치중되었기 때문에 학문적인 신학 서적으로 인정되기에는 부족할 것이다. 그럼에도 불구하고, 루터의 신학 사상은 서구 기독교 사상에 깊은 영향을 미쳤다. 예를 들어 1518년의 문서, 『하이델베르크 논쟁』에 간단하게 진술된 그의 '십자가 신학'은 위르게 몰트만의 『십자가에 달리신 하나님』과 같은 저서를 통해 알 수 있는 대로 20세기 신학에 상당한 영향을 미쳤다.

훌드리히 츠빙글리

스위스의 종교개혁자 훌드리히 츠빙글리(1484-1531)는 빈대학교와 바젤대학교에서 교육을 받고 나서 스위스 동부의 한 교구를 맡아 사역했다. 그는 기독교 인문주의(고대의 문화적 업적에 새롭게 관심을 기울였던 유럽 르네상스와 관련된 지성 운동), 특히 에라스무스의 글에 깊은 관심을 기울였으며, 교회 개혁의 필요성을 절감했다. 그는 1519년에 취리히에서 목회자로 활동하기 시작했고, 그곳의 '그로스뮌스터(Grossmunster) 교회'에서 개혁을 주도했다. 그의 개혁은 처음에는 교회 내의 도덕성 회복에 초점이 맞춰졌지만, 곧 기존의 신학, 특히 성례 신학에 대한 비판으로 발전했다.

츠빙글리는 그리스도께서 성찬에 임하지 않으신다고 생각했고, 성찬은 단지 그리스도의 죽음을 기념하는 것일 뿐이라고 믿었다. '츠빙글리파'라는 용어는 그런 그의 신념을 따르는 사람들을 가리키는 의미로 사용된다.

전투 중에 사망한 츠빙글리는 종교개혁 초기에 중요한 역할을 했다. 그는 특히 스위스 동부 지역의 개혁을 이끌었다. 그러나 그의 영향력은 루터나 칼빈에 미치지 못했다. 그에게는 전자의 창의성이나 후자의 체계적인 방식과 같은 것이 없었다. 츠빙글리의 이름은 '울리히' 또는 '훌드리히'라고도 불린다. '훌드리히'가 좀 더 자주 사용된다.

존 칼빈

프랑스의 개혁자 장 칼뱅(1509-64)은 영어로는 존 칼빈으로 불린다. 그는 1509년에 프랑스 북동부에 있는 누아용에서 태어났다. 그는 스콜라주의가 지배하던 파리대학에서 교육을 받다가 인문주의의 영향을 받는 오를레앙대학으로 옮겨 민법을 공부했다. 그는 처음에는 학자의 길을 걸으려고 생각했지만 20대 중반에 회심을 경험하고 나서 차츰 파리의 개혁 운동에 관심을 기울이다가 결국에는 바젤로 망명을 떠나야 했다. 그는 나중에 다시 제네바로 가서 그곳에 안착했다. 당시 제네바는 1535년에 독립해 개신교를 받아들인 상태였다. 칼빈은 제네바를 자신의 이름과 관련된 국제적인 운동의 중심지로 만들어 놓고 1564년에 세상을 떠났다. 오늘날에도 칼빈주의는 인류 역사상 가장 강력하고, 의미 있는 지성 운동의 하나로 우뚝 서 있다.

2세대 개혁자들은 1세대 개혁자들보다 체계를 갖춘 신학의 필요성을 더욱 절실히 의식했다. 2기 종교개혁의 중심인물이었던 칼빈도 성경을 토대로 복음적인 신학의 기본 사상의 정당성을 확보하고, 가톨릭교회의 비판에 맞서 그것을 지켜낼 수 있는 논리정연한 신학 서적의 필요성을 의식했다. 그는 1536년에 분량이 여섯 장에 불과한 『기독교 강요』라는 소책자를 펴냈다. 그는 그 후 약 25년 동안 장들을 추가하고, 내용을 재배열하는 등, 계속해서 노력을 기울였다. 1559년에 마지막 인쇄본이 발행되었을 때는 분량은 80장에 달했고, 책의 권수도 네 권으로 나뉘었다. 칼빈의 책은 16세기의 가장 중요한 신학 서적 가운데 하나로 확고히 자리 잡았다.

아빌라의 테레사

이번 장에 언급된 저술가들은 대부분 체계적인 신학자들이다. 그러나 아빌라의 테레사(1515-82)는 신학에 대한 접근 방식이 사뭇 달랐다. 그녀의 신학은 '신비 신학' 또는 '영성 신학'으로 불린다. 테레사에게 신학이란 변화를 통해 하나님과 인격적인 관계를 맺는 것을 의미했다. 이 관계는 인간의 말로는 적절하게 표현하기가 어렵다.

테레사는 16세기 중반에 스페인에서 일어난 위대한 영적 부흥 운동의 하나였던 '카르멜회'에 속해 있었다. 그녀의 가장 유명한 저서는 『영혼의 내면의 성』이다. 그녀는 이 책에서 삼위일체 신학의 틀을 활용해 하나님이 신자의 삶을 어떻게 조명해 변화시키시는지를 탐구했다. 그녀는 가장 바깥쪽에서부터 밝게 빛나는 중심부에 이르기까지 성에 있는 여러 개의 방을 점진적으로 거쳐 가는 비유를 적용해 기도 생활이 깊어지면 하나님과 더욱 친밀한 관계를 맺을 수 있다는 점을 설명했다.

교황 바오로 6세은 1970년에 테레사를 '교회 박사'로 선언했다. 여자로서 그런 영예를 얻는 것은 그녀가 처음이었다.

데오도르 베자

테오도르 드 베즈라는 프랑스 이름으로도 잘 알려진 베자(1519-1605)는 저명한 칼빈주의 저술가로 제네바 아카데미에서 1559년부터 1599년까지 신학 교수로 활동했다. 세 권으로 된 그의 『신학 논집』(Tractationes theologicae)은 아리스토텔레스의 논리학을 활용해 개혁주의 신학의 핵심 요소들을 합리적으로 일관성 있게 설명한다.

이 책은 칼빈의 신학을 논리정연하게 제시하고, 합리적으로 옹호하는 설명을 펼쳐 칼빈 신학의 해결되지 않은 문제점들(특히 예정론과 속죄론과 관련된 문제점들)을 명확하게 처리했다. 베자가 논리적인 명확성을 중시한 까닭에 여러 가지 중요한 문제들과 관련해 칼빈을 그릇 대변했다고 생각하는 학자들도 있고, 그와 반대로 그가 칼빈의 신학의 느슨한 부분들을 깔끔하게 잘 정리했다고 주장하는 학자들도 있다.

요한 게하르트

아마도 게하르트(1582-1637)는 가장 중요한 정통 루터교 신학자일 것이다. 그는 1616년에 예나대학교의 신학 교수로 임명되었다. 그는 그곳에서 마지막까지 교수로 활동했다.

게하르트는 강력한 칼빈주의 세력에 맞서 루터교 신학을 체계적으로 제시해야 할 필요성을 느꼈다. 루터교 조직신학의 기본 형태는 필립 멜란히톤이 『신학 개론』(Loci communes)을 펴냈던 1521년에 이미 제시되었다. 게하르트는 그 전통을 계승했고, 아리스토텔레스의 논리학을 토대로 그것을 더욱 발전시

컸다. 그의 『신학 총론』(Loci communes theologici, 1610-22)은 오랫동안 루터교 신학의 고전으로 간주되었다.

로베르토 벨라르미노

트리엔트 공의회 이후에 찾아온 가톨릭 신학의 황금기에 뛰어난 업적을 이루었던 신학자들 가운데 가장 중요한 신학자가 있다면 바로 로베르토 벨라르미노(1542-1621)일 것이다. 그는 1560년에 예수회에 들어갔고, 1576년부터는 로마에서 논쟁 신학을 다루는 교수로 활동했다. 그는 1599년까지 그 직위를 유지하다가 추기경으로 선출되었다. 그의 가장 중요한 저서는 『기독교 신앙의 논쟁에 관한 논의』(Disputationes de controversiis Christianae fidei, 1586-93)로 알려져 있다. 그는 그 책에서 개신교 비평가들(루터주의자들과 칼빈주의자들)에 맞서 가톨릭 신학의 합리성을 강력하게 주장했다.

조나단 에드워즈

모두가 인정하는 대로 조나단 에드워즈(1703-58)는 미국 최초의 위대한 신학자이다. 몇 가지 중요한 이견이 있기는 하지만 대부분 그를 미국의 가장 위대한 기독교 신학자로 생각한다. 에드워즈는 1703년 10월 5일에 코네티컷 주 이스트 윈저에서 태어났다. 그의 아버지는 목회자였다. 그의 사역을 통해 1720년대에 일련의 부흥 운동이 일어났다. 에드워즈는 1716년 9월에 뉴 헤이번의 예일 칼리지(지금의 예일대학교)에 진학했다. 그는 나중에 1724년부터 1726년까지 그 학교에서 강사로 활동했다. 에드워즈는 17세에 회심을 경험했다. 그는 디모데전서 1장 17절을 읽는 도중에 하나님의 위대하심과 영광에 압도되었다. 그는 나중에 자신의 일기장에 "그 말씀을 읽는데 내 영혼 안에서 신적 존재의 영광이 느껴지면서 확 퍼져나갔다. 전에 경험했던 것들과는 확연하게 다른 새로운 느낌이었다."라고 적었다.

에드워즈는 1734-5년의 겨울철에 시작된 '대각성 운동'에서 주된 역할을 했다. 그것은 당시에 가장 중요한 영적 부흥 운동이었다. 그는 1757년에 프린스턴의 뉴저지대학교(지금의 프린스턴대학교)의 학장으로 초빙되기도 했지만, 천연두 예방접종의 부작용으로 1758년 3월 22일에 프린스턴에서 세상을 뜨고 말았다.

에드워즈는 뛰어난 신학자로 기억된다. 청교도 저술가로 분류될 수 있는 그는 반지성주의와 지나치게 엄격한 도덕주의로 종종 일컬어지는 신앙 운동에 영적, 지성적 활력을 불어넣었다. 에드워즈는 전통적인 기독교 신학에 대한 계몽주의의 비판을 의식했던 신학자였을 뿐 아니라 합리적인 문화 속에서 기독교 신앙을 개념화하고, 적절하게 선포할 수 있는 대안을 제공할 수 있는 선견지명과 신학적 통찰력을 갖춘 인물이었다.

중요한 신학적 발전

종교개혁은 매우 다양한 논제들을 다룬 복잡한 운동이었다. 16세기를 지나 17세기와 그 이후에까지 이어졌던 논의는 기독교 신학의 원천을 되찾고, 그것을 적용한 결과로 나타난 교리들을 다루는 일에 집중되었다. 이 문제들을 하나씩 살펴보면 다음과 같다.

신학의 원천

종교개혁은 새로운 기독교 전통을 세우는 것이 아니라 기존의 전통을 새롭게 교정하는 것에 관심을 기울였다.

루터와 칼빈과 같은 개혁자들은 기독교 신학이 궁극적으로 성경에 근거한다고 주장하면서, 신학의 일차적인 원천인 성경으로 되돌아가야 할 필요성을 역설했다.

'오직 성경으로!'라는 표어가 개신교 종교개혁의 특징이었다. 이 표어는 성경이 기독교 신학의 유일하고, 충분한 원천이라는 종교개혁의 기본 신념을 나타낸다. 물론, 그렇다고 해서 개혁자들이 전통의 중요성을 부인한 것은 아니었다. 이 점에 대해서는 나중에 좀 더 자세히 살펴볼 생각이다.

성경을 새롭게 강조한 것은 다양한 결과를 낳았다. 그 가운데 특별히 중요한 결과는 다음과 같다.

1) 성경에 근거하지 않는 신념은 거부하거나 아무런 구속력이 없다. 예를 들어, 개혁자들은 '마리아의 무원죄 수태설(예수님의 모친 마리아가 죄에 오염되지 않고 그분을 잉태했다는 교리)'에 시간을 낭비할 생각이 없었다. 그들은 이 교리가 성경적 근거가 없다고 판단하고, 그렇게 선언했다.
2) 교회 안에서 성경의 공적 지위를 새롭게 강조했다. 강해 설교, 성경 주석, (칼빈의 『기독교 강요』와 같은) 성경적 신학을 표방한 서적 등이 종교개혁의 특징이었다.

트리엔트 공의회는 이런 발전에 대응해 성경과 전통이 신학적 사고에 똑같이 중요하다고 주장했다. 성경은 신뢰성 있게 해석해야 할 필요가 있다. 벨라르미노는 개신교 신자들이 매우 주관적이고, 개인적인 성경 해석에 치우침으로써 교회의 질서와 교리를 파괴할 가능성이 높다고 생각했다.

은혜론

종교개혁의 첫 시기에는 마르틴 루터라는 한 개인의 개혁 운동이 지배적이었다. 루터는 교회가 부지중에 펠라기우스주의(하나님의 은혜가 아닌 인간의 행위로 공로를 세워 구원을 얻을 수 있다고 가르쳤던 초기의 이단)로 기울었다고 판단하고, 자신의 말에 귀를 기울이는 사람이면 누구에게나 이신칭의의 교리를 선포했다. "어떻게 은혜로우신 하나님을 발견할 수 있을까?"라는 질문과 '오직 믿음으로!'(sola fide)라는 표어가 서유럽의 대부분 지역에서 널리 울려 퍼졌고, 많은 신자들이 그의 말에 귀를 기울였다. 이 교리에 포함된 문제는 복잡하기 때문에 나중에 적당한 때에 상세하게 논의할 생각이다.

이신칭의의 교리는 특히 루터교의 종교개혁과 관련된다. 칼빈은 이 교리를 중시하면서 후대의 개혁주의 신학 안에서 중요한 영향력을 발휘하게 될 신학 사상을 가르쳤다. 그것은 칭의가 아닌 예정론과 관련된 은혜의 교리였다. 개혁주의 신학자들은 하나님이 죄인들을 의롭게 여기신다는 사실보다는 그분이 개인이 세우게 될 공로나 업적을 염두에 두지 않고 인류 가운데 일부를 선택하셨다는 사실에서 '하나님의 은혜'를 확인할 수 있다고 생각했다. 그들은 '무조건적인 선택'의 교리를 통해 값없이 주어지는 은혜의 본질을 간결하게 요약했다.

트리엔트 공의회와 후대의 가톨릭 저술가들은 그런 견해를 아우구스티누스의 가르침을 곡해한 것으로 이해하고, 그의 본래 사상으로 되돌아가야 한다고 강력하게 주장했다. 그들은 이신칭의를 강조하는 개신교의 입장은 기독교적 삶에서 선행이 차지하는 중요성을 강조한 신약성경의 가르침을 옳게 전달하지 못한다고 역설했다. 또한 그들은 개신교가 칭의의 본질에 관한 아우구스티누스의 가르침을 왜곡시켰다고 주장했다. 구체적으로 말해, 그들은 아우구스티누스의 가르침을 '의롭게 여기시고'가 아닌 '의롭게 되고'로 해석해야 옳다고 말했다.

성례론

1520년대가 되자, 성례가 하나님의 보이지 않는 은혜를 나타내는 외적 상징이라는 견해가 개혁 진영 안에서 확고하게 자리 잡았다. 성례와 칭의의 교리가 하나로 결합되면서(루터와 그의 비텐베르크 동료 교수였던 필립 멜란히톤을 통해 이루어진 발전) 성례 신학에 관한 관심이 새롭게 고조되었다. 이 신학은 곧 상당히 논란이 많은 주제로 부상했고, 종교개혁자들은 성례의 숫자와 본질에 관해 가톨릭교회와 입장을 달리했으며, 루터와 츠빙글리는 그리스도께서 성찬에 실제로 임하시는지에 관한 문제를 둘러싸고 격렬한 논쟁을 벌였다.

트리엔트 공의회는 성례의 숫자와 본질에 관한 전통적인 가르침을 재차 확증했고, 개신교 비평가들(루터파와 개혁주의)에 맞서 '화체설'(성찬에 사용된 떡과 포도주가 실제로 그리스도의 살과 피로 변한다는 신념)을 강력히 옹호했다.

교회론

1세대 개혁자들이 은혜에 관한 문제에 관심을 집중한 데 비해 2세대 개혁자들은 교회에 관한 문제에 관심을 기울였다.

그들은 은혜의 교리에 관한 가톨릭교회의 주된 입장을 거부했고, 그런 자신들의 입장을 뒷받침해줄 일관된 교회론을 시급히 확립함으로써 서유럽의 도시들에서 새롭게 생겨나기 시작한 복음적인 교회들을 위한 토대를 마련해야 할 필요성에 직면했다. 루터가 은혜의 교리에 특별한 관심을 기울였다면 마르틴 부처와 존 칼빈은 개신교 교회론의 발전에 결정적으로 기여했다. 이 교회론은 그 이후로 특히 20세기 말에 전 세계 기독교 안에서 갈수록 더욱 중요해졌다.

트리엔트 공의회는 교회의 역사적, 제도적 중요성을 재차 확증하고, 개신교가 그 한계를 벗어났다고 주장함으로써 그런 추세에 대응했다. 교회는 하나님이 정하고, 제정하신 기관이기 때문에 교회 밖에서는 구원을 받을 수 없다는 것이 가톨릭교회의 입장이었다.

신학적 문헌의 발전

16세기 종교개혁의 결과로 신학적 문헌과 관련해 중요한 발전이 이루어졌다. 그런 문헌들은 당시의 신학적 논제들을 선명하게 보여주고 있다. 종교개혁의 가장 흥미로운 측면 가운데 하나는 개신교 사상을 전달하고, 옹호해야 할 필요성을 자각한 것이었다. 그 결과, 당시에 중대한 역할을 했던 몇 가지 중요한 신학의 장르가 형성되는 결과를 낳았다.

1) 교리문답: 종교개혁의 견지에서 특히 어린아이들을 교육할 목적으로 기독교 신앙을 대중적 차원에서 알기 쉽게 설명한 것.
2) 신앙고백: 종교개혁의 여러 유파들(루터교, 개혁주의, 재세례파 등)이 성인 신자들을 목표로 중요한 신학적 진리들을 진술한 것.
3) 조직신학: 멜린히톤의 『신학 개론』과 칼빈의 『기독교 강요』를 비롯해 루터파나 개혁주의 신학을 체계적으로 분석하고, 옹호하기 위해 저술된 신학 서적들.

이런 신학의 장르를 한 가지씩 좀 더 자세히 살펴보면 다음과 같다.

교리문답

중세 교회 내에도 교리문답이 존재한 것은 사실이지만 그것을 폭넓게 사용하기 시작한 것은 종교개혁과 특별히 관련되어 있다는 것이 일반적인 견해다. 1528-9년만 해도 작센의 루터파 교회들에 속한 대다수 목회자와 거의 모든 평신도가 기독교의 기본적인 가르침조차 잘 알지 못했다. 그런 현실에 충격을 받은 루터는 기독교의 기본적인 가르침에 대한 대중의 지식을 증대시키기 위한 방책을 강구하기로 결정했다.

이 분야에 대한 루터의 새로운 관심에서 비롯한 첫 번째 결과는 1529년 4월에 나타났다. 루터가 직접 그것을 『독일 교리문답』으로 일컬었지만, 요즘에는 일반적으로 『대교리문답』(Greater Catechism)으로 알려져 있다. "이 문답서는 십계명, 사도신경, 주기도를 상세하게 분석한 내용과 교회의 두 성례, 곧 세례와 '제단의 성찬'을 논의한 내용을 담고 있다." 물론, 이 책은 루터의 가장 뛰어난 면모를 보여주고 있지는 않다. 그는 단지 이전에 전한 설교들을 활용했을 뿐, 특별히 교리 교육을 목표로 이것을 저술하지 않았다. 그 결과, 이 책은 소기의 목적을 거두지 못했다.

곧이어 1529년 5월에 『소교리문답』(Lesser Catechism)으로 알려진 저서가 출판되었다. 이 책은 구체적으로 교리 교육에 사용할 목적으로 집필되었다. 다루기도 간편하고, 전달하기도 쉽고, 표현도 대체로 단순해서 많은 호응을 불러일으키며 널리 사용되기에 충분했다. 이 책은 실제로 큰 성공을 거두었고, 루터파 교회들 내에서 널리 채택되었다. 문답 형식으로 구성된 책의 내용은 암기식 교육을 하기에 이상적이었기 때문에 지역 내 학교들에서도 널리 채택되었다. 루터가 1529년에 펴낸 두 권의 교리문답이 모두 일반 대중의 언어인 독일어로 저술되었다는 것은 매우 중요한 의미를 지닌다. 루터는 학문적인 언어를 사용하면 책의 가독성과 설득력이 심각한 제약을 받을 수 있다는 것을 알고 일부러 라틴어 사용을 자제했다.

개혁주의 교회들도 이 신학 장르의 중요성과 그것이 가져다주는 교육적인 이점을 이해하는 데 굼뜨지 않았다. 칼빈은 프랑스어(1542)와 라틴어(1545)로 『제네바 교리문답』을 저술했다. 이 교리문답은 1563년에 『하이델베르크 교리문답』이 등장할 때까지 개혁주의 진영 내에서 널리 사용되었다. 이 교리문답의 기원은 독일, 특히 팔츠 지역의 개혁주의 교회의 성장과 밀접하게 관련된다. 선제후 프리드리히 3세는 두 명의 개혁 신학자(카스파르 올레비아누스와 자카리아스 우르시누스)에게 자기 영지 내의 교회들이 사용하기에 적합한 교리문답을 작성하라고 지시했다. 그 결과로 52개 항으로 나뉜 129개 문답으로 이루어진 독일어 교리문답이 완성되어 일 년 동안 정기적으로 교리를 교육하는 일이 가능해졌다.

개신교 내에서 교리문답이 광범위하게 사용되고, 그것을 통해 놀라운 효과가 나타나자 가톨릭교회에서도 교리문답 개발에 관심을 기울이기 시작했다. 가톨릭교회의 이전 교리 교육 방식은 문답의 형식을 피하고, 신학적으로 중요한 요점들을 폭넓게 논의하는 경향이 있었다.

그 대표적인 사례를 요한 디텐베르거가 1537년에 펴낸 교리교육서에서 발견할 수 있다. 이 책은 사도신경, 주기도, 십계명, '성모송', 일곱 성례를 논의하는 형식을 취하고 있다.

그러나 문답 형식의 우수성이 분명하게 드러나면서 페테르 카니시우스를 통해 1554-8년에 세 권의 교리문답이 출판되었다. 이 책도 1566년에 발행된 좀 더 견실한 트리엔트 공의회 교리문답처럼 라틴어로 쓰였다. 트리엔트 공의회 교리문답은 구성 체제가 불편한 탓에 거의 사용되지 않았지만, 공의회 이후에 그런 책이 등장했다는 사실은 가톨릭교회가 이 신학적 장르가 지닌 중요성을 충분히 인식하고 있었다는 명백한 증거다.

신앙고백

앞서 살펴본 대로 종교개혁은 성경의 권위를 크게 강조했다. 그러나 성경은 해석이 필요하다. 주류 종교개혁자들과 급진적 개혁자들 사이에 갈등이 심화되면서 분열을 초래하는 미묘한 해석의 문제들이 불거졌다. 혼란을 피하기 위해 종교개혁의 사상을 확실하게 진술할 수 있는 '공식적인' 수단의 필요성이 대두되었다. '신앙고백'이 그 역할을 담당했다. 이 문서의 중요성을 파악하려면 종교개혁의 사상 안에서 그것이 차지하는 위치를 고려해야 할 필요가 있다.

성경의 권위를 크게 강조했던 주류 종교개혁은 과거의 기독교적 합의의 역할, 곧 흔히 '전통'으로 일컬어지는 사상의 역할을 인정했다. 일반적으로 개신교 신학자들은 세 가지 차원의 권위를 인정한다.

1) **성경.** 주류 종교개혁자들은 성경이 기독교의 신앙과 실천의 문제와 관련해 최상의 권위를 지니고 있다고 믿는다.
2) **다양한 신조들.** 주류 종교개혁자들은 사도신경과 니케아 신조와 같은 문서들이 초기 교회의 합의 사항을 반영하고 있고, 성경을 정확하고, 권위 있게 해석하고 있다고 믿는다. 이 문서들은 권위의 관점에서 '이차적이고, 파생적인' 성격을 지녔지만 급진적 종교개혁(대부분 이 문서들이 권위를 지니고 있다고 인정하지 않는다)의 개인주의를 예방하는 중요한 수단으로 간주되었다. 주류 종교개혁에 속하는 여러 유파들은 물론, 개신교와 가톨릭교회 모두 신조의 권위를 인정했다.
3) **신앙고백.** 종교개혁을 따르는 특정한 유파들이 이 문서의 권위를 인정했다. 초기 루터파 교회들은 『아우크스부르크 신앙고백』(1530)을 권위 있는 문서로 받아들였다. 그러나 종교개혁을 따르는 다른 유파들은 그것을 그렇게 받아들이지 않았다. 그들은 각기 나름대로 특정한 신앙고백

을 작성했다. 그 가운데 일부는 특정한 도시들에서 이루어진 종교개혁과 관련이 있었다. 예를 들면, 『1차 바젤 신앙고백』(1534)과 『제네바 신앙고백』(1536) 등이다.

성경은 일차적인 보편적 권위를 지니고, 신조는 이차적인 보편적 권위를 지니며, 신앙고백은 삼차적인 지엽적 권위를 지닌다는 것이 종교개혁의 기본 신념이었다(신앙고백은 특정 지역에 있는 교파나 교회에만 구속력을 지니는 것으로 간주되었다). 종교개혁에서 개혁주의가 발전해 나온 과정은 복잡하다. 그 결과, 특정 지역과 관련된 다수의 신앙고백이 제정되어 영향력을 발휘했다. 그 가운데 특별히 중요한 것을 몇 가지 열거하면 다음과 같다.

년도	명칭	지역
1559	프랑스 신앙고백	프랑스
1560	스코틀랜드 신앙고백	스코틀랜드
1561	벨기에 신앙고백	저지대 국가들
1563	39개 신조	잉글랜드
1566	2차 스위스 신앙고백	스위스 서부

조직신학 문헌

종교개혁의 신학을 체계적으로 진술해야 할 필요성이 처음부터 분명하게 드러났다. 이 필요성을 충족시킨 최초의 저서가 루터파의 종교개혁을 통해 나타났다. 필립 멜란히톤은 1521년에 『신학 개론』을 펴냄으로써 루터교 조직신학의 결정적인 형식을 구축했다. 이 책의 첫 번째 인쇄본은 처음에는 단순히 이신칭의라는 중요한 주제를 포함해 루터교 종교개혁에 적합한 다양한 주제를 다루었다.

그러나 멜란히톤은 차츰 논쟁적이고, 교육적인 요인을 고려해야 할 필요성을 느끼고 그 책의 부피를 크게 늘렸다. 늘어나는 독자들의 요구를 충족시키기 위해 내용을 더 첨가해야 했고, 새로운 주제들을 다루는 것이 필요했기 때문이다. 그런데 멜란히톤이 이런 문제를 해결하기 위해 적용한 방법은 매우 부적절했다. 그는 전체적으로 통일된 체계를 구축하지 못한 채 단지 부가적인 내용만을 덧붙이는 데 그치고 말았다. 내용을 그렇게 다루는 방식이 어설프고, 무질서하다는 것이 곧 드러났다. 그런 방식은 16세기 말과 17세기에 불거진 신학적 논쟁을 체계적으로 분석하기가 불가능했다. 이런 형식을 띤 가장 훌륭한 저서는 예나대학교의 교수 요한 게르하르트가 아홉 권으로 출판한 『신학 총론』(1610-22)이었다. 조직신학에 대한 멜란히톤의 접근 방식이 그보다 훨씬 더 조직적인 체계를 갖춘 존 칼빈의 방식에 밀려나게 된 것은 바로 그런 이유 때문이었다.

칼빈의 『기독교 강요』는 종교개혁에서 비롯한 개혁주의 진영 안에서 기원했다. 1536년 3월에 출판된 첫 번째 인쇄본은 루터의 『소교리문답』(1529)을 본보기로 삼았다. 책의 내용으로나 구조로나 칼빈이 독일의 초기 종교개혁의 산물인 이 교육 문답서를 기초로 했다는 사실이 분명하게 드러난다. 소형 판본으로 된 516페이지 분량의 책은 모두 여섯 장으로 구성되었고, 그 가운데 처음 네 장은 루터의 교리문답을 본보기로 삼았다. 칼빈이 스트라스부르에서 활동할 때에 펴낸 두 번째 인쇄본은 1539년에 라틴어로 출판되었다.

이 책에서 발견되는 가장 중요하고, 분명한 차이점은 책의 부피였다. 새 책은 1536년의 초판에 비해 분량이 약 세 배나 더 많았다. 장수가 여섯 장에서 열일곱 장으로 늘어났다. 처음 두 장은 하나님과 인간의 본성에 관한 지식을 다루었고, 삼위일체 교리, 신구약 성경의 관계, 회개, 이신칭의, 섭리와 예정의 본질과 관계, 기독교적 삶의 본질과 같은 주제에는 부가적인 내용이 추가되었다. 새 책에는 이전 인쇄본의 내용이 많이 포함되어 있었지만 책의 위상과 성격이 크게 달라졌다. 그것은 더 이상 교리문답이 아니라 기독교 신앙의 본질을 명확하게 진술한 것으로 토마스 아퀴나스의 『신학 대전』에 비견할 만했다.

칼빈의 책은 인쇄를 거듭할 때마다 더 확장되고, 개정되었다. 1559년에 출판된 마지막 인쇄본의 장수는 여든 장이었다. 1536년에 출판된 초판이 여섯 장이었던 것에 비하면 분량이 엄청나게 늘어난 셈이었다. 내용은 모두 네 권으로 나뉘어 실렸고, 아래와 같이 배열되었다.

- 창조주 하나님에 관한 지식
- 구원자 하나님에 관한 지식
- 예수 그리스도의 은혜 안에 참여하는 방법
- 하나님이 우리를 예수 그리스도께로 인도할 때 사용하시는 외적 수단이나 도움

칼빈이 1543년 인쇄본의 사중 구조를 채택해 책의 내용을 새롭게 구분했을 가능성이 있다. 그러나 그가 피에르 롬바르드의 『네 권의 명제집』에 착안해 내용을 사중 구조로 나누는 방법을 채택했을 가능성도 배제할 수 없다. 칼빈은 독창성이 뛰어난 중세 신학자인 그를 종종 언급했다. 그렇다면 칼빈은 자신을 피에르 롬바르드를 계승한 개신교 신자로 생각했고, 자신의 『기독교 강요』를 그의 위대한 신학 저서를 계승한 작품으로 생각했을까? 그 점에 대해서는 아무것도 알 수 없다. 우리가 아는 것은 『기독교 강요』가 개신교 종교개혁을 통해 나타난 신학 저서들 가운데 가장 영향력이 컸다는 것이다. 칼빈의 책은 루터나 멜란히톤이나 츠빙글리가 펴낸 저서들을 무색하게 할 만큼 뛰어났다.

트리엔트 공의회 이후로 가톨릭교회 내에서 신학을 갱신하고, 공고히 하는 작업이 이루어졌다. 그런 노력의 일환으로 많은 조직신학 저서들이 출판

되었다. 그런 저서들은 다양한 형태를 띠었다. 개신교 저술가인 멜란히톤이 처음 도입한 신학을 주제별로 다룬 '개론' 형태의 책이 많은 가톨릭 저술가들의 관심을 끌었다. 스페인의 도미니크회 신학자 멜키오르 카노가 그 형식을 도입했다. 그는 그것이 가톨릭 사상을 제시하기에 편리할 뿐 아니라 개신교 사상을 논박하는 데도 효과적이라고 생각했다. 카노의 『신학적 주제들』(Loci theologici)은 그가 사망하고 나서 3년이 지난 1563년에 출판되었고, 그 후 스페인에서 여덟 번, 이탈리아에서 아홉 번, 독일에서 일곱 번, 프랑스에게 두 번 등, 총 스물여섯 번이나 재인쇄되었다. 그 후로도 세라피무스 락티우스(라지)(1613 사망)와 페트루스 데 로르카(1606년 사망)를 비롯해 많은 저술가들이 비슷한 형태를 띤 저서들을 펴냈다.

사람들은 대부분 가톨릭 신학이 개신교를 논박하는 데 우선적인 관심을 기울였다고 생각하며, 로베르토 벨라르미노가 논쟁 신학을 거의 예술의 경지까지 끌어올렸다고 평가한다. 그의 저서 가운데 가장 유명한 것은 1586년에 출판된 『이 시대의 이단들에 대한 기독교 신앙의 논쟁에 관한 논의』(Disputationes de controversiis Christianae fidei adversus hujus temporis hereticos)이다.

중요한 명칭, 용어, 문구

이번 장이 끝날 때까지 아래의 용어들과 마주치게 될 것이다. 이 용어들은 앞으로도 계속 반복될 것이기 때문에 잘 기억해 두어야 한 필요가 있다. 흔히 대문자로 표기되는 용어들의 경우에는 통상적으로도 그렇게 사용될 때가 많기 때문에 일반적인 용례를 그대로 따랐다.

재세례파(Anabaptism)   감리교(Methodism)

칼빈주의자(Calvinist) 정통주의(orthodoxy)

가톨릭 종교개혁(Catholic Reformation) 경건주의(Pietism)

고백주의(Confessionalism) 개신교(Protetant)

이신론(Deism) 청교도(Puritan)

복음적(evangelical) 개혁주의(Reformed)

루터교(Rutheran)

질문

1. '종교개혁'이라는 용어는 무슨 의미인가?
2. 이신칭의의 교리와 특별히 관련이 있는 종교개혁자는 누구인가?
3. 인문주의가 종교개혁의 시작과 발전에 미친 영향은 얼마나 큰가?
4. 종교개혁자들이 기존의 교회론을 혁신하기 위해 그토록 많은 노력을 기울였던 이유는 무엇인가?
5. 고백주의와 경건주의의 발전을 촉진시킨 요인은 무엇인가?
6. 트리엔트 공의회 이후에 로마 가톨릭 저술가들이 초기 교회와의 영속성을 힘써 강조했던 이유는 무엇인가?

사례 연구

사례 연구 3.1 종교개혁 논쟁에서 다루어진 성경과 전통의 문제

16세기에는 성경의 권위와 해석에 관한 논쟁이 크게 불거졌고, 이 문제는 지금까지도 계속해서 매우 중요하고, 흥미롭게 다루어지고 있다. 종교개혁은 이 문제에 대한 기존의 이해를 의문시하며 그때까지 특별히 중요하게 간주되지 않았던 사안에 대한 논쟁을 촉발시켰다. 이번의 사례 연구는 이 논쟁을 다루면서 주류 종교개혁, 급진적 종교개혁, 가톨릭 종교개혁이라는 세 갈래의 입장을 각각 살펴보는 데 그 초점이 있다.

윌리엄 칠링워스는 "성경, 오직 성경만이 개신교의 종교다."라고 말했다. 17세기 영국의 개신교 신자가 남긴 이 유명한 말에 성경에 대한 종교개혁의 입장이 간략하게 요약되어 있다. 칼빈은 이보다는 기억하기는 좀 어렵지만 좀 더 충실한 내용으로 동일한 원리를 제시했다. 그는 "첫째는 율법과 선지자에, 둘째로는 사도들의 글에 포함된 것을 제외하고는 그 무엇도 교회 안에서 하나님의 말씀으로 인정해서는 안 되며, 말씀의 명령과 규칙에 따르는 것 외에 다른 것을 교회에서 가르침의 수단으로 삼아서는 안 된다는 것을 확실한 원칙으로 삼아야 한다"라고 말했다. 칼빈은 교회든 사회든 그 제도와 규정이 모두 성경에 근거해야 한다고 생각했다. 그는 "나는 오직 하나님의 권위에 근거하고, 성경에서 비롯한 인간의 제도만을 인정한다."라고 강조했다. 츠빙글리는 1522년에 발표한 『하나님의 말씀의 명료성과 확실성에 관해』라는 소책자에서 "우리가 믿는 종교의 근간은 기록된 말씀, 곧 하나님의 성경이다."라고 말했다. 이런 진술들은 종교개혁자들이 일관된 태도로 성경을 높이 존중했다는 것을 보여준다.

한 가지 강조해야 할 점은 이런 견해가 새로운 것이 아니라는 것이다. 이것은 중세 신학과 영속성을 지니는 견해였다. 중세 시대에도 후대의 일부 프란치스코회 저술가들을 제외하고는 대부분 성경을 기독교 교리의 가장 중요한 원천으로 간주했다. 여기에서 개혁자들과 중세 신학자들의 차이점이 있다면 성경의 지위가 아닌 그것을 정의하고, 해석하는 방법에 관한 것뿐이다. 이 점은 아래에서 좀 더 자세히 살펴볼 생각이다.

정경

성경을 규범으로 간주하고자 할 때 가장 중요한 것은 성경의 한계를 정하는 것이다. 바꾸어 말하면, "무엇이 성경인가?"라는 문제다. '정경'(카논, '규칙' 또는 '규범'을 뜻하는 헬라어)이라는 용어는 교회가 확실성을 인정한 성경책들을 가리키는 의미로 사용되었다. 중세 신학자들은 『불가타 성경』에 포함된 책들'을 성경으로 이해했다. 그러나 종교개혁자들은 그런 이해를 의문시했다. 그들은 신약성경은 모두 정경으로 인정했지만(루터는 그 가운데 네 권을 의심했지만 지지를 받지 못했다), 구약성경에 포함된 일부 책들에 관해서는 의문을 품었다. 히브리어 성경에 포함된 구약성경의 내용과 (『불가타』와 같은) 라틴어나 헬라어로 번역된 구약성경의 내용을 비교해 보면 후자에는 전자에서 발견되지 않은 책들이 다수 존재하는 것으로 나타났다.

종교개혁자들은 히에로니무스의 모범을 따라 정경에 속한 것으로 간주할 수 있는 구약성경은 오직 히브리어 성경에 포함된 것뿐이라고 주장했다(히에로니무스는 라틴어역 성경을 히브리어 원어 성경과 대조해서 번역했고, 외경은 부록으로 덧붙였다고 전해진다/역자주). 그런 식으로 '구약성경'과 '외경'이 구별되었다. 전자는 히브리어 성경에 포함된 성경책들로 구성되었고, 후자는 『불가타 성경』과 같은 라틴어 성경과 헬라어 성경들에서 발견되는 책들을 포함하고 있었다. 외경도 믿음의 덕을 세우는 데 도움이 된다고 생각했던 개혁자들도 더러 있었지만 그런 것들을 교리의 근거로 삼을 수는 없다는 것이 일반적인 견해였다. 그러나 중세 신학자들은 '구약성경'을 '헬라어와 라틴어역 성경에 포함된 구약성경책들'로 정의함으로써 '구약성경'과 '외경'의 구별을 인정하지 않았고, 트리엔트 공의회도 1546년에 그런 입장을 그대로 채택했다.

이처럼 '성경'이라는 용어의 의미에 관한 이해를 둘러싸고 로마 가톨릭교회와 개신교의 입장이 근본적으로 엇갈렸다. 이런 차이는 오늘날까지도 계속 이어지고 있다. 개신교가 사용하는 성경[가장 중요한 역본은 『새 개정 표준역 성경』

(NRSV)과 『새 국제역 성경』(NIV)이다]과 『예루살렘 성경』과 같은 가톨릭교회가 사용하는 성경을 비교해 보면, 그 차이점을 분명하게 알 수 있다. '오직 성경으로!'라는 종교개혁자들의 표어는 그들과 가톨릭교회와의 차이점이 한 가지가 아닌 두 가지임을 나타낸다. 즉 그들은 성경의 위상을 다르게 생각했을 뿐 아니라 무엇이 성경인지에 대해서도 견해를 달리했다. 그렇다면 이 논쟁은 적절한 효과를 발휘했을까?

실제로 그런 차이는 실질적 차원에서는 그다지 큰 효과를 발휘하지 못했다. 이 논쟁은 종교개혁자들이 특별히 이의를 제기했던 가톨릭교회의 한 가지 관습과 관련이 있었다. 그것은 바로 죽은 자를 위한 기도였다. 종교개혁자들은 이 관습이 비성경적인 근거(연옥의 교리)에 입각한 것으로 대중적인 미신과 교회의 수탈 행위를 부추길 뿐이라고 생각했다. 그러나 가톨릭주의자들은 죽은 자를 위해 기도하는 관습이 성경, 곧 마카베오하 12장 40-46절에 분명하게 언급되어 있다고 주장함으로써 그런 반론을 논박했다. 종교개혁자들은 그에 맞서 그것이 성경의 일부가 아닌 외경이라는 점을 들어 그 관습이 성경적이 아니라고 주장했다. 가톨릭교회 측은 그런 주장에 대해 개혁자들은 자신들의 신학과 모순되는 성경은 모두 정경에서 배제하고 난 후에야 비로소 성경을 근거로 신학을 세우려고 한다고 반격했다.

이 논쟁에서 비롯한 한 가지 결과는 '성경'으로 간주될 수 있는 권위 있는 목록이 만들어져 유포된 것이다. 트리엔트 공의회 4차 회기(1546)에서 외경을 정경으로 인정한 상세한 목록이 만들어졌고, 스위스와 프랑스를 비롯해 여러 곳의 개신교 교회들은 외경을 의도적으로 배제한 목록을 만들거나 그것들이 교리의 문제와 관련해 아무런 중요성을 지니지 않는다고 주장했다.

성경의 권위

종교개혁자들은 성경의 권위를 뒷받침하는 근거를 하나님의 말씀과의 관계에서 찾았다. 어떤 개혁자들은 그 관계를 절대적으로 확신하며 성경은 곧 하나님의 말씀이라고 역설했다. 그와는 달리 성경은 하나님의 말씀을 포함한다는 식으로 약간의 미묘한 차이를 덧붙이는 개혁자들도 있었다. 그럼에도 불구하고 성경을 하나님이 직접 말씀하시는 것처럼 받아들여야 한다는 것에는 모두 의견이 같았다. 칼빈은 성경 저자들이 '성령의 비서들'이었다는 사실에서 성경의 권위를 위한 근거를 찾았다. 하인리히 불링거는 성경의 권위가 절대적이고, 독립적이라고 주장했다. 그는 "성경은 하나님의 말씀이기 때문에 거룩한 성경은 그 자체로, 또 스스로 적절한 지위와 신빙성을 지닌다."라고 말했다. 이것은 16세기에 복음을 부적절하고, 그릇되게 나타낸 주장들이나 진술들에 대해 복음 자체가 자기 자신을 대변하며 그런 오류들을 교정하고, 이의를 제기할 수 있다는 의미였다. 이처럼 개혁자들은 성경이 중세 후기의 교회를 판단할 수 있고(즉 그것이 부족하다는 사실을 드러낼 수 있고), 또 그 뒤에 새롭게 나타나게 될 개혁된 교회를 위한 본보기를 제시할 수 있는 권위를 지녔다고 확신했다.

그러나 종교개혁을 반대했던 가톨릭 세력은 교회가 성경의 진위를 따져 권위를 지닌 정경을 확립했기 때문에 교회가 성경보다 더 우월하다고 주장했다. 그들은 성경을 해석할 권한이 교회에 있다고 믿었다. 16세기 말과 17세기 초에 종교개혁을 비판했던 많은 가톨릭주의자들이 이런 입장을 분명하게 드러냈다. 대표적인 인물은 로베르토 벨라르미노 추기경(1542-1621)이었다.

개신교 신봉자들도 우리처럼 성경은 성령으로 기록되었기 때문에 성령으로 해석해야 한다는 데 동의한다. 베드로 사도는 베드로후서 1장에서 "먼저 알 것은 성경의 모든 예언은 사사로이 풀 것이 아니니 예언은 언제든지 사람의 뜻으로 낸 것이 아니요 오직 성령의 감동하심을 받은 사람들이 하나님께 받아 말한 것임이라"라고 가르쳤다. 그는 성경이 인간의 생각이 아닌 성령의 감동으로 기록되었기 때문에 개인의 생각이 아닌 성령으로 해석해야 한다고 강조했다. 따라서 모든 것은 "성령을 어디에서 발견할 수 있는가?"라는 문제와 관련된다. 우리는 성령께서 개인의 삶에서는 발견할 수 없을 때가 많지만 교회 안에서, 즉 온 교회를 관장하는 최고의 목자가 이끄는 주교들의 공의회나 다른 모든 목자들의 모임 안에 존재하는 최고의 목자 안에서 가장 확실하게 발견할 수 있다고 믿는다.

그와는 대조적으로 개신교 개혁자들은 교황이나 공의회나 신학자들의 권위는 성경의 권위에 예속된다고 주장했다. 이것은 그들이 권위가 전혀 없다는 뜻은 아니다. 사실, 주류 개혁자들은 특정한 공의회나 교부 시대의 신학자들이 교리의 문제와 관련해 참된 권위를 지닌다고 인정했다. 그러나 주류 개혁자들은 그런 권위는 모두 성경에서 파생한 것이기 때문에 성경에 예속된다고 주장했다. 하나님의 말씀인 성경이 교부나 공의회보다 우월하다. 칼빈이 주장한 대로, 교부와 공의회가 '단지 말씀의 원칙에 부합하는 한에서만' 그 권위를 인정받을 수 있다고 해서 그들이 아무런 권위도 없고, 기독교 신학에 아무런 영향도 미치지 못하는 것은 아니다. 그는 "우리는 여전히 공의회와 교부들이 그리스도 아래에서 누리는 지위와 영예를 적절한 것으로 인정한다."라고 말했다.

종교개혁자들은 또한 교회 안에서의 권위가 직분자의 지위가 아닌 그가 섬기는 하나님의 말씀에서 비롯한다고 주장했다. 전통적인 가톨릭 신학은 직분자의 권위를 위한 근거가 직분 자체에 있다고 생각하는 경향이 있었고(예를 들면, 주교의 권위는 그가 주교라는 사실에서 비롯한다는 것), 주교의 직임이 사도 시대와 역사적인 영속성을 지닌다고 강조했다. 이와는 달리 개혁자들은 주교들(또는 주교와 동등한 개신교의 직분자들)의 권위의 근거가 말씀에 대한 그들의 충실성에 있다고 주장했다. 칼빈이 지적한 대로, 가톨릭주의자들은 "교회가 하나님의 말씀을 관장한다."라고 믿지만, 개신교 신자들은 교회가 "하나님의 말씀에 자신을 겸손하게 복종시켜야 한다."라고 믿는다. 이처럼 칼빈에게는 하나님의 말씀을 충실하게 선포하는 일과 관련해서는 역사적 영속성이 상대적으로 그렇게 중요하지 않은 것처럼 보였다.

종교개혁을 통해 이탈해 나간 교회들은 가톨릭교회와의 직접적인 역사적 영속성을 주장할 수 없었다. 예를 들어, 가톨릭교회의 주교는 그 누구도 개신교의 성직자를 서임하지 않았다. 그러나 개혁자들은 주교의 권위와 기능은 하나님의 말씀에 대한 충실성에서 비롯한다고 주장했다. 그와 비슷하게 주교들이나 공의회나 교황의 결정도 성경에 충실하는 한도에서만 권위와 구속력을 지닌다. 가톨릭교회는 제도적, 역사적 영속성의 중요성을 강조했지만, 개혁자들은 교리적 영속성의 중요성을 강조했다.

개신교 교회들은 주교제도와의 역사적 영속성을 주장할 수는 없었지만(일부 가톨릭 주교들이 이탈했던 영국이나 스웨덴 종교개혁의 경우는 예외였다), 성경에 대한 충실성을 개신교 교회 내의 직분을 합법화하는 근거로 삼았다. 종교개혁자들은 비록 종교개혁의 지도자들과 초기 교회의 주교들과의 역사적 연결고리가 끊어졌을 가능성이 없지는 않지만 (중세 시대의 왜곡된 복음이 아닌) 초기 교회의 주교들이 믿었던 것과 똑같은 믿음을 믿고, 가르치기 때문에 분명한 영속성을 유지하고 있다고 주장했다.

이처럼 '오직 성경으로!'라는 원리에는 교회의 권위가 성경에 대한 충실성에 근거한다는 주장이 포함되었다. 그러나 종교개혁을 반대하는 세력은 "내가 가톨릭교회의 권위에 마음이 동하지 않았다면 복음을 믿지 않았을 것이다."라는 아우구스티누스의 말을 내세웠다. 정경이 존재한다는 사실 자체가 교회가 성경에 대해 권위를 지닌다는 점을 보여주지 않는가? 앞서 살펴본 대로, 결국 '성경'이 무엇인지를 규정한 것은 교회였다. 이런 사실은 교회가 성경에 종속되지 않고, 그것에 대해 권위를 지닌다는 의미로 보였을 것이 분명하다. 유명한 라이프니츠 논쟁(1519)에서 루터의 상대역이었던 에크가 "교회의 권위가 없으면 성경은 믿을 만하지 못하다."라고 주장할 수 있었던 것도 바로 이런 이유 때문이었다.

여기에서 성경과 전통의 관계에 관한 문제가 제기된다. 이번에는 이 문제를 잠시 살펴보기로 하자.

전통의 역할

'오직 성경으로!'라는 종교개혁자들의 원리는 전통이 기독교 교리의 형성에 아무런 중요성도 갖지 않는다는 의미로 들릴 수 있다. 그러나 사실 주류 종교개혁자들은 전통을 매우 긍정적으로 받아들였다. 물론, 급진적 개혁자들의 경우는 그 표어의 의미를 좀 더 엄격하게 받아들여 전통에 대해 부정적인 태도를 보였다. 중세 시대에는 전통의 역할을 어떻게 이해했는지를 살펴봄으로써 논의를 시작하는 것이 유익할 듯하다. 교부 시대에 제기된 문제들을 다룬 사례 연구 1.1을 참조하는 것도 도움이 될 것이다.

중세 신학자들은 대부분 성경을 기독교 교리의 충족한 원천으로 간주했다. 이 말은 기독교 신앙에 본질적인 중요성을 지니는 것은 모두 성경에 포함되어 있다는 뜻이다. 기독교 신학과 관련된 내용을 다른 곳에서 찾을 필요가 없다. 물론, 성경이 밝히지 않는 것들이 있다. 예를 들면, "사도신경의 저자는 누구인가? 성찬에 사용된 떡과 포도주가 정확히 어느 순간에 그리스도의 살과 피로 변하는가? 세례는 오직 성인 신자들만을 위한 것인가?"와 같은 문제들이다. 이런 문제들에 대해서는 교회가 비록 자신의 판단이 성경에 예속되어 있다고 생각하더라도 성경이 함축하고 있는 것을 밝혀낼 수 있는 자유를 가지고 있었다.

중세 시대 말에 성경의 해석과 권위의 문제와 관련해 '전통'의 개념이 크게 중요시되기 시작했다. 헤이코 오버만(1930-2001)과 같은 학자들은 중세 시대 말에 크게 다른 두 가지 전통의 개념이 통용되었던 사실을 밝혀냈다. 이 두 개념은 '전통 1'과 '전통 2'로 일컬을 수 있다. 앞서 살펴본 대로(사례 연구 1.1 참조), 초기 교회 내에서 일어난 다양한 논쟁, 특히 영지주의의 위협에 대응하기 위해 특정한 성경 본문에 관한 '전통적인' 해석 방법이 발전하기 시작했다. 리용의 이레나에우스와 같은 2세기 교부 신학자들은 특정한 성경 본문에 관한 권위 있는 해석 방법이라는 개념을 발전시켰다. 이레나에우스는 그런 개념을 통해 사도 시대에까지 거슬러 올라가야 한다고 주장했다. 성경은 아무렇게나 해석해서는 안 된다. 성경은 기독교 교회의 역사적 영속성이라는 맥락 안에서 해석해야 한다. 해석의 범위는 역사적으로 이미 고착되어 '주어졌다.' 오버만은 이런 전통의 이해를 '전통 1'로 일컬었다. 여기에서 '전통'은 '신앙 공동체 안에서 성경을 해석하는 전통적인 방식'을 의미한다.

그러나 14, 15세기에는 이와는 다른 전통의 개념이 생겨났다. '전통'이 성경 외에 따로 분리된 독특한 계시의 원천으로 간주된 것이다. 성경은 많은 문제에 대해 침묵하지만, 하나님은 그 결함을 보완하기 위해 섭리를 통해 두 번째 계시의 원천, 곧 사도들에게까지 거슬러 올라가는 기록되지 않은 계시의 물줄기를 제공하셨다. 이 전통은 교회를 통해 대대로 전해졌다. 오버만은 이런 형태의 전통을 '전통 2'로 일컬었다.

이 중요한 차이를 간결하게 요약하면 이렇다. '전통 1'은 교리의 원천이 단 하나라는 이론이다. 교리는 성경에 근거한다. '전통'은 '성경을 해석하는 전통적인 방식'을 의미한다. 한편, '전통 2'는 교리의 원천이 두 가지라는 이론이다. 교리는 성경과 기록되지 않은 전통이라는 매우 독특한 두 가지 원천에 근거한다. 성경에서 발견할 수 없는 신념은 이 이중 원천설에 근거해 기록되지 않은 전통을 토대로 정당성을 확보할 수 있다. 종교개혁자들이 비판을 제기한 것은 바로 이 이중 원천설이다.

16세기에 급진적 종교개혁의 주창자들은 전통을 완전히 배제하자는 견해를 강력하게 주장하고 나섰다. 토마스 뮌처와 카스파르 슈벵크펠트와 같은 급진주의자들은 성령의 인도하심에 따라 자기가 원하는 대로 성경을 해석할 권리가 모든 개인에게 있다고 역설했다. 세바스티안 프랑크는 "성경은 다윗의 열쇠, 곧 성령의 조명이 없으면 아무도 열 수 없는 일곱 봉인으로 인봉된 책이다."라고 말했다. 그로써 개인의 사적인 판단을 교회의 집단적인 판단보다 우위에 두는 개인주의의 길이 열렸다. 급진주의자들은 유아 세례의 관습을 비성경적인 것으로 여겨 거부했다(주류 종교개혁자들은 이 관습을 인정했지만 신약 성경에는 그에 대한 명확한 언급이 없다). 그와 마찬가지로 삼위일체나 그리스도의 신성과 같은 교리들도 성경적 근거가 희박하다는 이유로 거부되었다. 이처럼 '전통 0'은 전통을 완전히 거부하고, 성경 해석의 문제와 관련해 개인의 사적 판단이나 현시대 회중의 판단을 기독교 교회의 집단적인 전통적 판단보다 우위에 둔다.

16세기에 존재했던 성경과 전통의 관계에 관한 이 세 가지 개념은 아래와 같이 요약할 수 있다.

전통 0: 급진적 종교개혁
전통 1: 주류 종교개혁
전통 2: 트리엔트 공의회

이런 분석은 언뜻 조금 놀랍게 느껴질 수 있다. "종교개혁자들은 전통을 배격하고 오직 성경의 증언만을 의지하지 않았는가?"라는 생각이 들 수도 있다. 그러나 개혁자들은 성경의 증언에 인간이 보탰거나 왜곡시킨 것만을 제거하려고 노력했을 뿐이다. 그들은 전통적인 해석이 타당성만 지닌다면 '전통 1'의 개념이 말하는 '성경 해석의 전통적인 방식'을 기꺼이 받아들였다.

지금까지 살펴본 대로 주류 종교개혁은 신학적으로 보수적이었다. 예수 그리스도의 신성과 삼위일체와 같은 교회의 가장 전통적인 교리가 그대로 유지되었다. 왜냐하면 개혁자들이 그런 전통적인 성경 해석이 정확하다고 확신했기 때문이다. 그와 마찬가지로 그들은 (유아 세례와 같은) 전통적인 관습들도 성경의 가르침에 부합한다고 확신하고 그대로 유지했다. 주류 종교개혁은 개인주의의 위협을 철저히 의식했고, 교회의 전통적인 성경 해석이 정확하다는 확신이 있는 한, 그것을 강조함으로써 그런 위협을 극복하려고 시도했다. 가톨릭 신학이나 관습이 성경의 한계를 벗어나거나 그 가르침과 모순되는 것으로 드러날 경우에는 철저한 교리 비평이 이루어졌다. 그런 일이 주로 중세 시대에 일어났기 때문에 개혁자들은 1200-1500년을 '부패의 시기'나 '쇠락의 시기'로 일컫지 않을 수 없었다. 종교개혁자들이 초기 교회의 교부들을 대체로 믿을 만한 성경해석자로 간주했던 것은 지극히 당연한 결과였다.

이 점은 특별히 중요한데도 지금까지 마땅히 받아야 할 관심을 제대로 받지 못했다. 개혁자들이 교부들, 특히 아우구스티누스의 저서를 귀중하게 생각했던 이유 가운데 하나는 그들을 성경적 신학의 해설자로 받아들였기 때문이다. 다시 말해, 개혁자들은 교부들이 오직 성경에만 근거한 신학을 발전시키려고 노력했다고 믿었다. 이는 그들 자신이 16세기에 하려고 애썼던 바로 그 일과 정확히 일치했다. 개혁자들은 새로운 언어 문헌학적 방법을 토대로 세부적으로는 교부들의 사상을 옳게 바로 잡기도 했지만, 전체적으로는 '교부들의 증언'을 신뢰할 수 있는 것으로 인정했다. 그들의 증언과 관습에는 삼위일체와 그리스도의 신성에 관한 교리를 비롯해 유아 세례 등이 포함되어 있었다. 개혁자들은 그런 사상과 관습을 성경적인 것으로 인정했다. 주류 종교개혁들은 성경에 대한 전통적 해석('전통 1')을 높이 존중했기 때문에 교리적 보수주의를 지향하는 강한 성향을 띠게 되었다.

가톨릭교회의 입장

1546년에 소집된 트리엔트 공의회는 이중 원천설을 주장함으로써 종교개혁의 위협에 대응했다. '전통 2'를 주장했던 가톨릭 종교개혁은 기독교 신앙이 성경과 전통이라는 두 가지 원천을 통해 대대로 전해져왔다고 선언했다. 전통이 성경과 동등한 권위를 지닌 것으로 취급되었다. 트리엔트 공의회는 그런 입장을 천명함으로써 전통에 관한 중세의 두 가지 주된 개념 가운데 더 큰 영향력을 지닌 것은 종교개혁자들에게 내주고, 영향력이 덜한 것을 선택하는 결과를 낳았다. 최근에는 이 점과 관련해 로마 가톨릭 진영 내에서 약간의 '수정주의적인 입장'이 개진되었다. 구체적으로 말해, 오늘날의 일부 학자들은 트리엔트 공의회가 "복음이 성경과 전통 안에 각각 부분적으로 존재한다."라는 견해를 채택하지 않았다고 주장한다.

1546년 4월 8일에 열린 트리엔트 공의회 4차 회기에서 종교개혁에 대한 대응 방안을 심의한 결과로 아래와 같은 방책이 마련되었다.

1) 성경을 계시의 유일한 원천으로 간주할 수 없다. 전통은 중요한 보완책이다. 개신교는 무책임하게도 이런 사실을 부인한다. "모든 구원의 진리와 행위의 규칙은…그리스도나 사도들의 직접적인 가르침에 근거한 기록된 책들과 기록되지 않은 전통 안에 포함되어 있다."
2) 트리엔트 공의회는 개신교의 정경 목록이 불충분하다고 판결했고, 자신들이 권위 있는 것으로 받아들인 온전한 목록을 제시했다. 그 목록에는 개신교 저술가들이 거부했던 외경들이 포함되었다.
3) 『불가타 성경』이 권위 있고, 신빙성 있는 성경으로 확증되었다. 트리엔트 공의회는 "오랫동안 사용되어왔고, 교회가 인정해 온 라틴어 『불가타 성경』을 공적인 강의나 논의나 설교나 주해를 통해 참된 성경으로 옹호해야 하고, 그 누구도 어떤 상황에서든지 감히 주제넘게 이것을 거부해

서는 안 된다."라고 선언했다.
4) 트리엔트 공의회는 성경 해석에 관한 교회의 권위를 인정하고, 개신교 성경해석자들을 통해 만연되고 있다고 판단한 개인주의를 논박했다. "공의회는 무분별한 정신을 제재하기 위해 그 누구도 자신의 판단을 근거로 기독교 교리와 관련된 믿음과 도덕의 문제에 대해 거룩한 어머니 교회가 인정한 의미와 다르게 성경을 해석하는 무도한 일을 저질러서는 안 된다고 선언하는 바이다."

성경 번역

개신교 종교개혁의 주된 과제 가운데 하나는 종교적인 핵심 문서들을 자국어로 번역해 모든 사람이 그것을 읽을 수 있게 하는 것이었다. 예를 들어, 마르틴 루터는 자신의 개혁 문서들 가운데 일부를 독일어와 라틴어로 발표해 학자들과 일반인들이 모두 읽을 수 있게 배려했다. 특히 종교개혁자들은 성경을 자국어로 번역해 모든 사람이 읽고, 유익을 얻어야 한다고 주장했다.

성경 번역의 이유를 가장 명쾌하게 진술한 내용 가운데 하나가 역사상 가장 유명한 번역 성경 가운데 하나인 『킹 제임스 성경』(1611)의 서문에서 발견된다. 마일스 스미스는 번역자들을 대표해 성경 번역이 하나님의 백성에게 미치는 유익을 설명했다. 성경 번역은 성경에서 발견되는 영적 양식을 얻을 수 있게 도와주고, 빛이 들어오도록 창문을 열어주며, 알맹이를 먹을 수 있도록 껍질을 벗겨주고, 휘장을 걷어 가장 거룩한 곳을 들여다볼 수 있게 해주며, "야곱이 그의 외삼촌 라반의 딸 라헬고 그의 외삼촌의 양을 보고 나아가 우물 아귀에서 돌을 옮기고 외삼촌 라반의 양 떼에게 물을 먹이고"(창 29:10)라는 말씀처럼 우물 뚜껑을 제거해 물을 마실 수 있게 해준다. 이처럼 성경 번역은 하나님의 백성을 섬기기 위한 방편으로 간주되었다.

그러나 트리엔트 공의회의 입장은 달랐다. 그에 따르면 성경 번역은 필요하지 않았다. 성경 말씀을 가르치고, 그것을 삶에 적용하는 법을 사람들에게 전하는 것은 성직자가 해야 할 일이다. 어떤 경우든 라틴어 『불가타 성경』만을 온전히 인정할 수 있는 성경으로 받아들여야 한다.

> 공의회는 오랫동안 사용되어왔고, 교회가 인정해온 라틴어 『불가타 성경』을 공적 강의나 논의나 설교나 주해를 통해 참된 성경으로 옹호해야 하며, 그 누구도 어떤 상황에서든지 감히 주제넘게 이것을 거부해서는 안 된다고 선언하는 바이다.

이런 선언의 저변에는 상황을 이전과 똑같은 방식으로 유지하려는 바람과 평신도는 오직 성경을 전하고, 번역하고, 해석하는 교회의 중재를 통해서만 그것을 접하고, 이해할 수 있다는 견해가 깔려있었다.

사례 연구 3.2 이신칭의: 개신교와 트리엔트 공의회

널리 인정되는 대로 이신칭의의 교리는 종교개혁에서 매우 중요한 비중을 차지했다. 이 교리를 둘러싸고 당시에 신학적 논쟁이 자주 벌어졌다는 사실은 개신교와 가톨릭교회 양측이 이를 매우 중요하게 생각했다는 증거다. 이번의 사례 연구는 종교개혁 당시에 나타난 이 교리에 관한 두 가지 견해(마르틴 루터와 필립 멜란히톤이 채택한 견해와 트리엔트 공의회가 채택한 견해)를 다루는 데 그 목적이 있다.

기독교 신앙의 중심에는 연약하고, 유한한 인간이 살아 계시는 하나님과 관계를 맺을 수 있다는 개념이 놓여 있다. 신약성경은 '구원'과 '구속'과 같은 다양한 비유나 상징어를 통해 이 근본 개념을 설명했다. 이 개념은 처음에는 신약성경(특히 바울 서신)을 통해 나타났고, 나중에는 성경 본문에 근거한 신학적 사색을 통해 깊이 있게 다루어졌다. 중세 말에 한 가지 상징어가 특별히 중요하게 대두되었다. 그것은 바로 '칭의'였다.

'칭의'라는 명사와 '의롭게 하다'라는 동사는 '하나님과 올바른 관계를 맺는 것'을 의미한다. 칭의 교리는 "개인이 구원받으려면 어떻게 해야 하는가?"라는 문제를 다룬다.

그 당시의 자료들이 보여주는 대로, 이 문제는 16세기가 시작되면서부터 갈수록 더 자주 제기되었다. 인문주의의 발흥으로 인해 개인의 의식이 강조되고, 인간의 개별적 특성이 새롭게 의식되었다. 개인의 의식이 싹트면서 칭의 교리("개인이 어떻게 하나님과 관계를 맺을 수 있는가?"라는 문제)에 관한 새로운 관심이 고조되었다. 이 문제는 마르틴 루터의 신학적 관심의 초점이었고, 종교개혁 초기의 중심 과제가 되었다. 당시에 매우 중요했던 이 교리에 관한 루터의 입장과 트리엔트 공의회의 반응을 살펴보면 다음과 같다.

마르틴 루터

루터는 사망하기 한 해 전인 1545년에 자신의 완성된 라틴어 전집 가운데 첫 번째 저서에 머리글을 달아 당시의 교회와 결별하게 된 경위를 설명했다. 그 머리글은 루터의 이름과 관련된 혁신적인 개혁 사상을 어떻게 주장하게 되었는지를 잘 알지 못하는 독자들에게 그를 소개할 목적으로 쓰였다. 루터는 그런 '자서전적인 글'을 통해 자신이 개혁자의 소명을 의식하게 된 배경을 설명하려고 시도했다. 그는 몇 가지 역사적인 예비 단계에서부터 시작해 1519년에 이르게 된 과정을 언급하고 나서 '하나님의 의'라는 문제와 관련해 자신이 느꼈던 개인적인 어려움을 설명했다.

나는 로마서에 나타난 바울의 사상을 이해하고 싶었다. 그러나 그런 나를 방해한 것은 두려움이 아닌 1장에서 발견된 '하나님의 의가 나타나서'(롬 1:17)라는 하나의 문구였다. 내가 '하나님의 의'라는 문구를 싫어했던 이유는 그 의가 하나님은 의로우시고, 불의한 죄인들은 형벌을 받아야 한다는 의미를 함축하고 있다고 배웠기 때문이다.

나는 수도사로서 흠 없는 삶을 살았지만 내가 하나님 앞에서 불안한 양심을 지닌 죄인이라는 느낌을 떨쳐버릴 수가 없었다. 나의 행위로 하나님을 기쁘시게 했다고 생각하기 어려웠다. 나는 죄인들을 벌하는 의로우신 하나님을 도무지 사랑할 수가 없었다. 사실, 나는 그분을 미워했다.…바울이 이 구절에서 무엇을 말하려고 했는지를 알고 싶은 마음이 간절했다. 나는 "복음에는 하나님의 의가 나타나서 믿음으로 믿음에 이르게 하나니 기록된 바 오직 의인은 믿음으로 말미암아 살리라 함과 같으니라"라는 말씀을 밤낮으로 묵상했고, 마침내 '하나님의 의'라는 문구는 의인이 그분의 선물(믿음)을 통해 의지해서 살아가야 할 의를 가리키고, '하나님의 의가 나타나서'라는 문장은 수동적인 의, 곧 '의인은 믿음으로 말미암아 살리라'라는 말씀에서 알 수 있는 대로 은혜로우신 하나님이 믿음을 통해 우리를 의롭게 하시는 의를 가리킨다는 사실을 깨닫기 시작했다. 그 즉시 내가 마치 다시 태어난 듯하고, 열린 문을 통해 낙원에 들어간 듯한 느낌이 들었다. 그 순간부터 성경 전체가 새롭게 보이기 시작했다.…전에는 '하나님의 의'라는 문구를 미워했지만 이제는 사랑하게 되었고, 그것을 가장 은혜로운 문구로 높이 찬양하게 되었다. 바울이 말한 이 구절은 나를 낙원으로 인도하는 문이 되었다.

루터가 이 유명한 글에서 발견의 기쁨에 겨워 감격하며 외친 것은 무엇이었을까? '하나님의 의'라는 문구에 대한 그의 이해가 획기적으로 바뀐 것은 분명하다. 그러나 그런 변화의 본질은 과연 무엇이었을까?

마르틴 루터(1483-1546). 아마도 종교개혁의 역사상 가장 위대한 인물일 것이다. 이신칭의의 교리와 계시를 그리스도 중심적으로 이해한 것으로 특히 유명하다. 그의 '십자가 신학'은 20세기에 큰 관심을 불러일으켰다. 일반적으로 루터가 1517년 10월에 『95개조 격문』을 게재한 것을 종교개혁의 시발점으로 간주한다.

그 변화는 근본적인 성격을 띤다. 루터는 본래 인간의 행위를 칭의의 전제, 곧 죄인이 의롭다 하심을 받기 위해 충족시켜야 할 선행 조건으로 이해했다. 루터는 아우구스티누스의 저서들을 읽으면서 차츰 그런 일이 불가능하다는 확신이 들었기 때문에 '하나님의 의'를 징벌적인 의로만 이해할 수밖에 없었다. 그러나 그는 위에서 말한 대로 이 문구의 '새로운' 의미(곧 하나님이 죄인에게 주시는 의라는 의미)를 발견했다. 다시 말해, 하나님은 이 선행 조건을 스스로 충족하고, 죄인들에게 의롭다 하심을 받는 데 필요한 것을 은혜로 허락하신다. 한 가지 비유를 들면 이 두 접근 방식의 차이를 이해하는 데 유익할 듯하다(이것은 루터가 사용한 비유는 아니다).

어떤 사람이 감옥에 갇혀 있는데 많은 벌금을 물면 석방될 수 있다는 조건이 제시되었다고 가정해 보자. 그 약속은 사실이었다. 조건만 충족시킬 수 있다면 약속이 실현된다. 앞서 살펴본 대로 펠라기우스는 어딘가에 필요한 금액의 돈을 쌓아두었다는 것을 전제로 이 문제를 다루었고, 루터도 초기에는 그런 견해를 공유했다. 그런 거래 조건이 제시된 이유는 자유가 훨씬 더 가치가 있기 때문이다. 따라서 죄수는 벌금을 문다. 필요한 자산만 있다면 그렇게 하는 것은 조금도 어렵지 않다. 그러나 루터는 죄인인 인간이 선행 조건을 충족하는 데 필요한 자산을 가지고 있지 못하다는 아우구스티누스의 견해에 차츰 마음이 기울이 시작했다. 아우구스티누스와 루터는 가진 자산이 없기 때문에 우리의 상황에는 자유의 약속이 아무런 의미가 없다고 전제했다. 따라서 그들에게는 자유를 얻는 데 필요한 자산이 외부로부터 주어졌다는 복음이

야말로 진정 좋은 소식이 아닐 수 없었다. 그 선행 조건은 다른 누군가를 통해 온전히 충족되었다.

루터는 자신의 자서전적인 내용의 글에서 밝힌 대로 복음의 하나님은 개인의 공로에 따라 보응하는 엄격한 재판관이 아니라 죄인들에게 의를 선물로 베푸시는 은혜롭고, 자비로운 하나님이시라는 사실을 깨달았다. 루터 전문가들은 칭의에 관한 그의 신학이 1515년 즈음에 결정적으로 변화되었다는 견해에 일반적으로 동의한다.

루터 사상의 핵심은 '이신칭의 교리'였다. '칭의'의 개념은 이미 익숙하다. 그렇다면 '이신(믿음으로)'은 무슨 의미일까? 의롭게 하는 믿음의 본질은 무엇일까? 루터는 "사람들이 믿음이 왜 의롭게 하는지를 이해하지 못하는 이유는 믿음이 무엇인지 알지 못하기 때문이다."라고 말하면서 '믿음'이라는 단순하면서도 미묘한 용어를 좀 더 깊이 연구해야 할 필요성이 있다고 강조했다. 루터가 생각했던 믿음의 개념 가운데 그의 이신칭의 교리와 관련해 특별히 중요한 요점은 세 가지다. 이 요점들을 존 칼빈과 같은 후대의 저술가들을 통해 더욱 발전했다. 이런 사실은 루터가 종교개혁 사상의 발전에 널리 인정되는 근본적인 공헌을 했다는 증거다. 그 세 가지 요점은 다음과 같다.

1) 믿음은 단순한 역사적 지식이 아닌 인격적인 신뢰를 의미한다.
2) 믿음은 하나님의 약속을 신뢰하는 것이다.
3) 믿음은 신자를 그리스도와 연합시킨다.

이 요점들을 하나씩 좀 더 자세하게 설명하면 다음과 같다.

1) 첫째, 믿음은 단순한 역사적 지식이 아니다. 루터는 복음의 역사적인 신빙성을 믿는 것으로 만족하는 믿음은 의롭게 하는 믿음이 아니라고 주

장했다. 죄인들은 복음의 역사적인 세부 내용을 온전히 믿을 수 있지만 그런 사실 자체만으로는 참된 기독교 신앙이 되기에는 충분하지 않다. 구원 신앙은 그리스도께서 '우리를 위해'(pro nobis) 세상에 와서 구원 사역을 이루셨다는 사실을 인격적으로 믿고, 신뢰하는 것을 의미한다.

2) 둘째, 믿음은 '신뢰'(fiducia)로 이해해야 한다. 루터가 말한 항해의 비유가 암시하는 대로, 신뢰의 개념은 믿음에 관한 종교개혁의 개념에서 매우 중요한 비중을 차지한다. 그는 "모든 것이 믿음에 달려 있다. 믿음이 없는 사람은 바다를 건너야 하지만 배를 신뢰하지 못하고 두려워하는 사람과 같다. 그런 사람은 배를 타고, 바다를 건널 수 없기 때문에 구원을 받지 못하고, 자신이 있는 곳에 그대로 머물러 있을 수밖에 없다."라고 말했다. 믿음은 단순히 어떤 것이 사실이라고 믿는 것에 그치지 않는다. 믿음은 그 믿는 것을 의지하고, 그 믿음대로 행동하는 것을 의미한다. 루터의 비유를 빌려 말하면, 믿음이란 배가 존재한다고 믿는 것에 그치지 않고, 배에 올라타 그것에 자신을 온전히 맡기는 것을 의미한다.

3) 셋째, 믿음은 신자를 그리스도와 연합시킨다. 루터는 1520년에 펴낸 『그리스도인의 자유』에서 이 원리를 분명하게 진술했다. 믿음은 추상적인 교리에 대한 동의가 아니라 그리스도와 신자의 연합이다. 신자가 전 인격으로 하나님께 반응하면 그리스도께서 실제로 신자 안에 인격적으로 임하신다. 루터의 비텐베르크 동료 교수였던 필립 멜란히톤은 "그리스도를 안다는 것은 곧 그분의 은혜를 아는 것이다."라고 말했다. 신자는 믿음을 통해 그리스도와 그분의 은혜(용서, 칭의, 희망)를 받아 누릴 수 있다.

이처럼 '이신칭의'의 교리는 죄인이 단지 믿기 때문에, 곧 그 믿음 때문에 의롭다 하심을 받는다는 의미가 아니다. 그런 생각은 믿음을 인간의 행위나 공로로 간주하는 것이다. 루터는 하나님이 칭의에 필요한 것을 모두 공급하시기 때문에 죄인이 해야 할 일은 그것을 받아들이는 것뿐이라고 주장했다. 간단히 말해, 하나님은 능동적이고, 인간은 수동적이다. '이신칭의'라는 문구가 칭의의 의미를 더욱 분명하게 드러낸다. 죄인에 대한 칭의는 하나님의 은혜에 근거하고, 믿음으로 받는 것이다. 이신칭의의 교리는 하나님이 구원에 필요한 모든 것을 제공하신다고 확증한다. 심지어 믿음도 인간의 행위가 아닌 하나님의 선물이다. 하나님이 칭의의 선행 조건을 충족시키셨다. 앞서 살펴본 대로 '하나님의 의'는 인간이 칭의의 선행 조건을 충족시켰는지를 판단하는 의가 아니라 그 선행 조건을 충족하게 하기 위해 인간에게 주어진 의를 의미한다.

루터의 칭의 교리의 핵심 사상 가운데 하나는 죄인이 스스로를 의롭게 할 능력이 없다는 것이다. 하나님이 먼저 나서서 죄인을 의롭게 하는 데 필요한 것을 모두 제공하신다. 그런 것 가운데 하나가 '하나님의 의'다. 죄인이 의롭다 하심을 받는 데 필요한 의는 그 자신의 의가 아니라 하나님이 그에게 주신 의다. 이 점은 아우구스티누스가 일찍이 언급한 것이지만 루터가 그것을 약간 새롭게 변형시켜 '법정적 의'라는 개념을 발전시켰다.

이 문제는 설명하기가 좀 어렵다. 문제의 관건은 의롭게 하는 의의 장소에 있다. 아우구스티누스와 루터 모두 하나님이 은혜롭게도 죄인에게 그를 의롭게 하는 의를 제공하신다고 믿었다. 그렇다면 그 의는 어디에 있는 것일까? 아우구스티누스는 그것을 신자 안에서 발견할 수 있다고 주장했지만, 루터는 그것이 신자 밖에 있다고 역설했다. 즉 전자는 의를 내적인 것으로 보았고, 후자는 그것을 외적인 것으로 간주했다.

아우구스티누스는 하나님이 죄인에게 의롭게 하는 의를 주어 그것을 그의 인격의 일부가 되게 하신다고 생각했다. 그 의는 죄인의 밖에서 기원한 것이지만 그의 인격의 일부가 된다. 그와는 달리 루터는 그 의가 죄인 밖에 그대로 남아 있다고 믿었다. 그것은 '이질적인 의'(iustitia aliena)다. 하나님은 이 의가 마치 죄인의 일부인 것처럼 '여기신다.' 루터는 로마서 강의(1515-16)를 통해 '그리스도의 이질적인 의'가 믿음을 통해 우리에게 부여되는 것이 아니라 칭의의 근거로서 '전가되는' 것이라는 개념을 발전시켰다. 로마서 4장 7절에 관한 그의 설명은 특히 중요하다.

> 성도는 스스로가 보기에 항상 죄인이기 때문에 외적으로는 항상 의롭다 하심을 받은 상태다. 그러나 위선자는 스스로가 보기에 항상 의롭기 때문에 외적으로는 항상 죄인일 뿐이다. 내가 '내적으로'라는 용어를 사용한 이유는 우리가 우리 자신을 보고, 평가할 때의 우리의 상태가 어떤지를 나타내기 위해서고, '외적으로'라는 용어를 사용한 이유는 하나님 앞에서와 그분의 생각 속에 드러난 우리의 상태가 어떤지를 나타내기 위해서다. 따라서 우리는 우리 자신이나 우리의 공로가 아닌 하나님의 전가를 통해서만 의로울 수 있고, 그로써 외적으로 의로운 상태가 된다.

신자들이 의로운 이유는 그들에게 전가된 그리스도의 이질적인 의 때문이다. 그 의는 믿음을 통해 그들의 것으로 간주된다. 앞에서 믿음에 관한 루터의 핵심 개념 가운데 하나가 그리스도와 신자의 연합이라고 말했다. 신자는 의롭게 하는 믿음 덕분에 그리스도의 의와 연결되어 그것에 근거해 의롭다 하심을 받는다. 이처럼 그리스도인들은 '은혜로우신 하나님이 전가를 통해 의롭게 된다.'

루터가 말한 대로, 신자는 하나님이 자신의 옷으로 벌거벗은 우리를 가려 주시는 것처럼(겔 16:8) 그리스도의 의를 덧입는다. 루터는 믿음으로 하나님과 올바른(의로운) 관계를 맺는다고 믿었다. 죄와 의가 공존한다. 우리는 내적으로는 죄인의 상태이고, 외적으로는 하나님 보시기에 의로운 상태다. 우리는 믿음으로 우리의 죄를 고백함으로써 하나님과 의롭고, 올바른 관계를 맺는다. 우리의 관점에서 보면 우리는 죄인이지만 하나님의 관점에서 보면 우리는 의롭다.

그러나 루터의 말은 죄와 의가 공존하는 상태가 영구적이라는 의미는 아니다. 기독교적 삶은 마치 죄와 의의 상대량이 계속 똑같이 유지되는 것처럼 정체 상태에 있지 않다. 루터는 신자가 의의 성장을 이룬다는 점에서 기독교적 삶이 역동적인 특성을 띤다는 점을 분명하게 의식했다. 그가 말하려는 요점은 죄가 존재한다고 해서 우리가 그리스도인으로서 가지는 지위가 부정되지는 않는다는 것이다.

하나님은 자신의 의로 우리의 죄를 가려주신다. 이 의는 보호막과 같다. 우리는 그 아래에서 우리의 죄와 싸울 수 있다. 죄는 신자 안에 계속 남아 있지만 신자는 그와 동시에 죄가 완전히 사라질 때까지 서서히 변화되어 나간다. 완전히 의로워져야만 그리스도인이 될 수 있는 것은 아니다. 죄는 불신앙이나 하나님 편에서의 실패를 나타내는 증거가 아니라 하나님의 은혜로운 보살핌에 우리 자신을 계속해서 맡겨야 할 필요성을 일깨워줄 뿐이다. 이런 이유로 루터는 신자는 '의인이면서 동시에 죄인이다'(simul iustus et prccator)라는 유명한 말을 외쳤다. 이 말은 의롭기를 바라지만 실상은 죄인이고, 하나님이 보실 때나 그분의 약속을 통해서는 의인이지만 실제로는 아직 죄인이라는 의미를 지닌다.

법정적 칭의: 필립 멜란히톤과 존 칼빈

루터를 따랐던 필립 멜란히톤은 나중에 이 개념을 발전시켜 '법정적 칭의'로 알려진 교리를 제시했다. 아우구스티누스는 죄인이 칭의를 통해 의롭게 된다고 가르쳤지만, 멜란히톤은 죄인이 '의롭게 여김을 받는다' 또는 '의롭다고 선언된다'라고 가르쳤다. 아우구스티누스는 '의롭게 하는 의'가 부여된다고 생각했지만 멜란히톤은 전가된다고 믿었다. 그는 의롭다고 선언되는 것과 의롭게 되어가는 과정을 분명하게 구분해 전자는 '칭의'로, 후자는 '성화' 또는 '중생'으로 일컬었다. 아우구스티누스는 그 둘을 동일한 것의 서로 다른 두 측면으로 생각했다. 멜란히톤에 따르면, 하나님은 하늘의 법정에서 죄인이 의롭다는 신적 판결을 내리신다. 칭의에 관한 이런 법률적 접근 방식을 통해 '법정적 칭의'라는 용어가 탄생했다. 이 용어는 '시장' 또는 '법정'을 뜻하는 라틴어 '포룸'(forum)에서 비롯했다. '포룸'은 고대 로마 사회에서 전통적으로 정의의 집행이 이루어지는 장소를 가리켰다.

필립 멜란히톤(1497-1560). 유명한 초기 루터교 신학자이자 루터의 친밀한 동료. 『신학 개론』(1521)과 『아우크스부르크 신앙고백을 위한 변론』을 통해 루터교 신학을 체계화했다.

이런 발전의 중요성은 기존 교회의 가르침과 완전한 결별을 이루었다는 사실에 있다. 칭의는 아우구스티누스 이후로 줄곧 의롭다는 선언과 의롭게 되어가는 과정을 모두 가리키는 의미로 이해되었다. 멜란히톤의 법정적 칭의 개념은 그런 가르침과 철저하게 궤를 달리했다. 이 견해는 나중에 거의 모든 중요한 개혁자들의 지지를 받았기 때문에 그때부터 개신교와 로마 가톨릭교회의 차이를 나타내는 기준이 되었다. 죄인이 어떻게 의롭다 하심을 받는지에 관한 차이 외에도 '칭의'라는 용어의 본질적 의미가 무엇인지에 관해서도 양측의 의견이 엇갈렸다. 앞으로 살펴보겠지만 종교개혁의 도전에 공식적인 반응을 나타낸 트리엔트 공의회는 칭의의 본질에 관한 아우구스티누스의 견해를 재차 확증하고, 멜란히톤의 견해를 단죄했다.

칭의를 하나님이 죄인을 의롭다고 선언하시는 사건으로 이해했던 멜란히톤의 사상, 곧 성화(하나님이 죄인을 실제로 의롭게 만드시는 과정)와 분명하게 구별되는 칭의의 개념은 개신교 내에서 널리 받아들여졌다. 칭의의 개념에 관한 칼빈의 설명은 이 문제의 결정판으로 널리 인정된다. 그의 설명은 자세히 살펴볼 만한 가치가 있다.

> 하나님이 보시기에 의롭다는 것은 그분의 판단으로 의롭게 여김을 받아 그 의로 인해 인정을 받게 되는 것을 의미한다.…믿음으로 의롭게 된 사람은 행위의 의가 아닌 믿음으로 그리스도의 의를 붙잡아 그것을 덧입음으로써 하나님이 보실 때 죄인이 아닌 의인으로 드러나는 사람을 가리킨다. 따라서 칭의는 하나님이 은혜로 우리를 의인으로 받아주시는 것으로 이해해야 한다. 칭의는 죄의 용서와 그리스도의 의의 전가로 이루어진다.…그리스도의 의의 중재를 통해서만 하나님 앞에서 의롭다 하심을 받을 수 있다는 것은 의심의 여지가 없는 사실이다. 바꾸어 말해, 신자는 스스로 의로운 것이 아니라 전가를 통해 그리스도의 의를 전달받음으로써 의롭게 된다. 이것은 신중하게 생각해야 할 문제다.…우리의 의는 우리가 아닌 그리스도 안에 있다. 우리가 의를 소유하는 이유는 그리스도 안에 참여했기 때문이다. 우리는 그리스도와 함께 그분의 풍성하심을 모두 소유한다.

이처럼 칭의는 하나님의 판단으로 '의롭게 여김을 받는다'라는 법정적 의미로 정의되었다. 칭의를 통해 신자는 하나님과 올바른 관계를 맺음으로써 신앙생활의 첫걸음을 내딛는다. '그리스도의 의의 전가'라는 개념은 이런 칭의론에서 핵심 역할을 한다. 칼빈에게 하나님이 칭의를 통해 요구하시는 의는 인간이 선행을 통해 이루는 내적인 의가 아닌 그리스도의 의가 신자에게 '전가되어' 나타나는 외적인 의를 의미했다. 칭의 이후의 신앙생활은 성화(거룩함을 이루어 나가는 과정)의 관점에서 정의된다. 그와는 대조적으로 아우구스티누스는 칭의를 신앙생활의 시작이자 '의롭게 되어가는 과정'을 모두 포괄하는 의미로 이해했다. 트리엔트 공의회는 이 견해를 계승해 발전시켰다. 이번에는 이 점을 잠시 살펴볼 생각이다.

트리엔트 공의회

로마 가톨릭교회는 루터에 대해 공식적인 입장을 명확하게 피력해야 할 필요가 있었다. 1540년경, 루터는 유럽 전역에서 누구나 아는 인물이 되었다. 사람들은 다양한 열정을 내비치며 그의 글을 읽고, 소화했다. 심지어 이탈리아에서는 교회의 고위 계층까지도 그의 글을 탐독했다. 1545년에 소집된 트리엔트 공의회는 루터에 대한 포괄적인 대응책을 마련하는 긴 장정에 돌입했다. 그 과정에서 칭의의 교리는 매우 큰 비중을 차지했다.

트리엔트 공의회 6차 회기는 1547년 1월 13일에 종료되었다. 6차 회기의 실질적인 결과물로 나타난 칭의에 관한 '트리엔트 교령'은 아마도 이 공의회가 이룩한 가장 중요한 업적일 것이다. 16장으로 구성된 이 교령은 칭의에 관한 로마 가톨릭교회의 가르침을 상당히 명확하게 진술하고 있다. 33개 항의 법규는 루터를 비롯해 로마 가톨릭교회를 반대하는 사람들의 특정한 견해를 단죄하고 있다. 흥미롭게도 공의회는 칼빈이 제기한 위협은 의식하지 못한 채 루터가 주장했다고 알려진 견해들을 비판하는 것에만 중점을 두었다.

루터의 칭의 교리에 관한 트리엔트 공의회의 비판은 크게 네 부분으로 나눌 수 있다.

1) 칭의의 본질
2) 의롭게 하는 의의 본질
3) 의롭게 하는 믿음의 본질
4) 구원의 확신

1) 칭의의 본질. 루터는 초창기였던 1515-19년경에는 칭의를 되어가는 과정, 즉 죄인이 내적 갱신을 통해 점차 그리스도의 형상을 닮아가는 과정으로 이해하는 경향이 있었다. 루터가 효과적인 치료를 받는 병자를 비유로 들어 설명한 내용을 보면 칭의를 그런 식으로 이해했다는 사실을 분명하게 알 수 있다. 그는 1515-6년에 로마서를 강의하면서 "칭의는 되어가는 것이다."라고 선언했다. 그러나 1530년대 이후에 쓴 글에서는 칭의를 의롭게 되어가는 과정이 아닌 의롭다는 선언으로 이해하려는 경향을 드러냈다. 칭의를 좀 더 법정적인 의미로 이해했던 멜란히톤의 영향을 받은 흔적이 엿보이는 대목이다. 그는 갈수록 칭의를 성령의 사역을 통해 이루어지는 중생과 내적 갱신이라는 독특한 과정을 통해 완성에 이르는 단회적 사건으로 이해하게 되었다. 바꾸어 말해, 칭의는 하나님 앞에서 죄인의 외적 지위를 바꾸어 놓고, 중생은 죄인의 본성을 변화시킨다.

트리엔트 공의회. 개신교의 비판에 맞서 교회를 개혁하고, 가톨릭 교리를 명확하게 밝혀 옹호할 목적으로 개최되었던 가톨릭 주교들과 신학자들의 모임. 칭의 교리에 초점을 맞춘 6차 회기는 1547년에 끝났고, 성체 임재설을 다룬 13차 회기는 1551년에 끝났다.

트리엔트 공의회는 이 견해를 강력히 거부하고, 히포의 아우구스티누스와 관련된 개념(칭의는 중생과 인간 본성의 내적 갱신의 과정으로 죄인의 외적 지위와 내적 본질을 모두 변화시킨다는 것)을 적극적으로 옹호했다. 4장의 내용은 칭의를 아래와 같이 분명하게 정의하고 있다.

죄인의 칭의는 인간이 첫째 아담의 후손으로 태어날 때의 상태로부터 은혜의 상태이자 둘째 아담이신 우리 주 예수 그리스도를 통해 하나님의 자녀로 입양된 상태로 바뀌는 것으로 간단히 정의할 수 있다. 복음에 따르면, 이런 변화는

"사람이 물과 성령으로 나지 아니하면 하나님의 나라에 들어갈 수 없느니라"(요 3:5)라는 말씀대로 중생의 씻음이나 그것에 대한 갈망이 없으면 일어날 수 없다.

이처럼 칭의는 중생의 개념을 내포한다. 아울러 7장에서는 이 간단한 정의에 "(칭의는) 죄 사함은 물론, 불의한 사람을 의로운 사람이 되게 하는 은혜와 은사를 자발적으로 받아들임으로써 성화와 속사람의 갱신을 이루는 것을 뜻한다."라고 좀 더 자세한 설명이 추가되었다. 법규 11조는 이런 입장을 더욱 분명하게 강조하면서 "은혜와 사랑을 배제한 채 (칭의가) 단순히 그리스도의 의의 전가나 죄의 용서…또는 단지 하나님의 선의에 의해 우리를 의롭게 하는 은혜일 뿐이라고" 가르치는 사람을 모두 단죄했다.

트리엔트 공의회는 칭의를 세례와 고해 성사와 밀접하게 연관시켰다. 죄인은 처음에 세례를 통해 의롭다 하심을 받는다. 그러나 죄를 지으면 칭의가 상실될 수 있다. 그럴 때는 14장이 명시한 대로 고해 성사를 통해 그것을 다시 회복할 수 있다.

죄를 지어 이전에 받은 칭의의 은혜를 상실한 사람들은 하나님의 감화를 받아 고해 성사를 통해 그리스도의 공로로 잃었던 은혜를 회복하려고 노력하면 다시 의롭게 될 수 있다. 죄에 빠졌던 사람들은 이런 칭의의 방식을 통해 새롭게 회복된다. 거룩한 선조들은 이를 '은혜의 상실이라는 난파 이후에 주어지는 두 번째 갑판'으로 적절하게 일컬었다.

간단히 말해, 트리엔트 공의회는 아우구스티누스에게까지 거슬러 올라가는 중세의 전통을 그대로 유지한 채 칭의를 사건(그리스도의 사역을 통해 의롭다고 선언되는 것)과 과정(성령의 내적 사역을 통해 의롭게 되어가는 것)을 모두 포괄하는 의미로 이해했다. 멜란히톤과 칼빈과 같은 개혁자들은 이 둘을 구별해 '칭의'를 의롭다고 선언되는 사건만을 가리키는 의미로 받아들였다. 그들은 칭의에 수반된 내적 갱신의 과정은 '성화' 또는 '중생'으로 일컬으며 신학적으로 다르게 취급했다.

그 결과, 심각한 혼란이 초래되었다. 로마 가톨릭교회와 개신교가 모두 '칭의'라는 동일한 용어를 사용했지만 그 의미는 사뭇 달랐다. 트리엔트 공의회가 사용한 '칭의'는 개신교가 말하는 칭의와 성화를 모두 포함했다.

2) 의롭게 하는 의의 본질. 루터는 죄인이 스스로 아무런 의를 소유하고 있지 않다는 사실을 강조했다. 죄인 안에는 그를 의롭다고 할만한 하나님의 은혜로운 결정의 근거가 될 수 있는 것이 아무것도 존재하지 않는다. '그리스도의 이질적인 의'라는 루터의 개념은 죄인을 의롭게 하는 것이 그의 외부에 있다는 점을 분명히 했다. 그것은 내적인 것이 아닌 외적인 것, 곧 부여된 것이 아닌 전가된 것이다.

종교개혁의 초기 비판자들은 히포의 아우구스티누스가 가르친 대로 죄인이 하나님에 의해 그의 내면에 은혜롭게 부여되어 주입된 내적 의에 근거해 의롭게 된다고 주장했다. 이 의는 은혜로 주어진 것이며 공로로 얻은 것이 아니다. 그러나 그들은 그러면서도 하나님이 개인을 의롭게 하실 수 있는 무엇인가가 개인 안에 존재해야 한다고 주장했다. 루터는 그런 주장을 일축했다. 만일 하나님이 누군가를 의롭게 하기로 결정하셨다면, 중재적인 의의 은사를 통해서가 아니라 직접 그렇게 하는 편이 더 나을 것이다.

트리엔트 공의회는 내적 의를 근거로 아우구스티누스의 칭의 개념을 강력하게 옹호했다. 7장은 이 점을 분명하게 명시한다.

> (칭의의) 유일한 형상인(形相因, single formal cause)은 하나님의 의다. 이것은 하나님이 의로우시다는 뜻에서의 의가 아니라 그분이 우리를 의롭게 하시는 수단

으로서의 의를 의미한다. 따라서 우리에게 그 의가 부여되면 '심령이 새롭게 되어'(엡 4:23), 의롭다고 여겨질 뿐 아니라 의롭다고 불리며, 실제로 의롭다.… 하나님이 우리 주 예수 그리스도의 고난의 공로를 죄인에게 돌리지 않으면 아무도 의롭게 될 수 없다. 이런 일은 죄인의 칭의를 통해 이루어진다.

'유일한 형상인'(single formal cause)이라는 문구는 약간의 설명이 필요하다. '형상인'은 어떤 것의 직접적인 요인, 곧 가장 즉각적인 요인을 의미한다. 트리엔트 공의회는 칭의의 직접적인 원인은 하나님이 우리에게 은혜롭게 부여하시는 의라고 말했다. 이 의는 '작용인'(하나님)이나 '공로인'(예수 그리스도)과 같이 좀 더 거리가 먼 칭의의 원인과는 반대된다.

여기에 '유일한'이라는 용어를 덧붙인 것에도 주목해야 할 필요가 있다. 가톨릭교회와 개신교의 상호 합의를 끌어낼 수 있는 한 가지 제안이 '라티스본 회의'(1541)에서 특별하게 다루어졌는데, 그것은 곧 칭의의 두 원인(개신교의 입장인 외적 의와 가톨릭의 입장인 내적 의)을 모두 인정하자는 것이었다.

이런 타협은 약간의 잠재력을 지닌 듯보였다. 그러나 트리엔트 공의회는 그런 제안에 시간을 낭비할 생각이 없었다. '유일한'이라는 용어는 그런 원인이 한 가지 이상 있을 수 있다는 개념을 배제하기 위해 의도적으로 삽입된 것이었다. 칭의의 직접적인 원인은 내적인 의뿐이었다.

3) 의롭게 하는 믿음의 본질. 루터의 이신칭의 교리는 심각한 비판의 대상이 되었다. 법규 12조는 "의롭게 하는 믿음은 그리스도를 위해 죄를 용서하시는 하나님의 긍휼하심을 믿는 믿음을 가리킨다."라는 생각을 거부함으로써 의롭게 하는 믿음에 관한 루터의 개념을 단호하게 단죄했다.

루터의 칭의 교리를 이런 식으로 반박한 이유는 위에서 살펴본 대로 '칭의'라는 용어의 의미가 다소 모호한 측면이 있기 때문이다. 트리엔트 공의회는 사람들이 복종이나 영적 갱신은 필요 없고 단지 믿기만 하면 의롭게 될 수 있다고 생각할까 봐 우려했다. 트리엔트 공의회는 '칭의'를 신앙생활의 시작이자 그 계속적인 성장 과정을 가리키는 의미로 이해했기 때문에 루터가 (죄인의 변화와 갱신을 요구하는 것 없이) 단순히 하나님을 믿는 것만을 신앙생활의 근거로 내세웠다고 생각했다.

물론, 루터는 그럴 생각이 조금도 없었다. 그는 신앙생활은 오직 믿음을 통해 시작되며, 선행은 칭의를 일으키는 원인이 아니라 그 이후에 나타나는 것이라고 주장했다. 사실, 트리엔트 공의회는 신앙생활이 믿음을 통해 시작된다고 용인할 준비가 되어 있었다. 그들의 입장은 루터의 입장과 매우 가까웠다. 8장의 내용은 칭의에 관해 "우리가 믿음으로 의롭게 된다고 말하는 이유는 믿음이 인간 구원의 시작이자 모든 칭의의 근간이요 근원이기 때문이다. 믿음이 없으면 하나님을 기쁘시게 할 수 없다."라고 선언했다. 아마도 이것은 중요한 신학적 용어의 의미를 둘러싼 논쟁에서 빚어진 대표적인 신학적 오해에 해당할 것이다.

4) 구원의 확신. 다른 개혁자들처럼 루터도 구원을 확신할 수 있다고 믿었다. 구원은 하나님이 은혜의 약속을 충실히 지키신다는 사실에 근거한다. 따라서 구원을 확신하지 못하는 것은 곧 하나님의 신뢰성과 신실하심을 의심하는 것이다. 그러나 구원의 확신은 의심에 조금도 시달리지 않고, 하나님을 절대적으로 신뢰하는 것을 의미하지는 않는다. 믿음은 확실성과는 다르다. 기독교 신앙의 신학적 토대는 안전하지만, 그것에 대한 인간의 인식과 헌신은 흔들릴 수 있다.

이 점은 칼빈이 누구보다도 분명하게 밝혔다. 그는 믿음의 문제와 관련해서는 모든 개혁자들 가운데서 가장 신념이 확고했던 사람으로 종종 간주된다. 그는 먼저 믿음을 다음과 같이 정의했다.

우리를 향한 하나님의 은혜에 관한 일관되고, 확실한 지식, 곧 그리스도 안에 나타난 하나님의 은혜로운 약속의 진리에 근거할 뿐 아니라 성령을 통해 우리의 생각 속에 나타나고, 우리의 마음속에서 보증된 지식이 곧 믿음이라고 말한다면 믿음에 대해 올바른 정의를 내린 셈이다.

그러나 이런 진술의 신학적 확실성이 반드시 심리적 안정을 보장하는 것은 아니다. 이런 확실성은 신자의 편에서 진행되는 의심과 불안을 상대로 한 지속적인 싸움과 완벽하게 양립한다.

믿음이 확실하고, 견고해야 한다는 것은 의심 없는 확실성이나 불안감 없는 견고함을 전제로 하는 말이 아니다. 오히려 신자들은 자신의 믿음이 부족한 것을 항상 고민한다. 그들은 아무런 동요도 없이 늘 평화로운 양심을 유지하기가 어렵다. 그러나 그들은 아무리 큰 어려움을 느끼더라도 하나님의 긍휼을 믿는 믿음에서 이탈하거나 그것을 저버리지 않는다.

트리엔트 공의회는 개혁자들의 확신 교리를 상당히 회의적인 시각으로 바라보았다. 그들은 칭의에 관한 교령 9장에 '이단들의 헛된 자신감에 대한 논박'이라는 제목을 붙여 개혁자들의 '불경한 자신감'을 비판했다. 누구도 하나님의 선하심과 관대하심을 의심해서는 안 된다. 그러나 개혁자들은 "죄를 용서받고, 의롭다 하심을 받았다는 확실한 믿음이 없으면 아무도 죄를 용서받고 의롭다 하심을 받을 수 없으며, 죄의 용서와 칭의는 오직 믿음으로만 가능하다."라고 가르침으로써 큰 실수를 저질렀다. 트리엔트 공의회는 "하나님의 은혜를 받았는지 아닌지를 오류 없는 확실한 믿음을 가지고 알 수 있는 사람은 아무도 없다."라고 주장했다.

트리엔트 공의회의 요점은 개혁자들이 인간의 확신이나 자신감을 칭의의 근거로 삼음으로써 칭의를 하나님의 은혜가 아닌 오류를 저지를 수 있는 인간의 신념에 의존하게 만들었다는 것이다. 그러나 개혁자들은 칭의가 하나님의 약속에 의존한다고 강조했고, 그런 약속을 담대하게 믿지 못하는 것은 하나님의 신뢰성을 의심하는 것과 같다고 믿었다.

다양한 개신교 교단들과 로마 가톨릭교회 사이에서 최근에 이루어진 범교회적 논의를 통해 분명하게 알 수 있는 대로, 트리엔트 공의회와 종교개혁의 논쟁은 지금도 여전히 중요하다. 이 점은 아래에서 살펴보게 될 성례에 관한 종교개혁의 논쟁도 마찬가지다.

사례 연구 3.3 성체 임재설: 루터, 츠빙글리, 트리엔트 공의회

성찬 석상에서 무슨 일이 일어나는가? 성찬의 의식과 관련되어 사용되는 떡과 포도주는 어떤 식으로 변화하는가? 16세기에 이 문제를 둘러싸고 다양한 견해가 제기되었는데 그 가운데 세 가지 견해가 특별히 중요하다. 먼저 로마 가톨릭교회의 전통적인 개념인 화체설에서부터 시작해서 이 견해들을 하나씩 살펴보기로 하자. 화체설은 성찬에 사용된 떡과 포도주의 내적 현실이 실제로 그리스도의 살과 피로 변한다는 교리다.

화체설: 트리엔트 공의회

4차 라테란 공의회(1215)에서 공식적으로 제정된 화체설은 아리스토텔레스의 철학, 특히 '실체'와 '우연적 속성'을 구별한 그의 사상에 근거한다. 실체는 사물의 본질적인 속성을, 우연적 속성은 사물의 외형(색깔, 형태, 맛 등)을 각각 가리킨다. 화체설은 떡과 포도주의 우연적 속성은 봉헌의 순간에 변하지 않고 그대로 남지만, 그 실체는 떡과 포도주에서 그리스도의 살과 피로 바뀐다고 가르친다.

앞으로 살펴보겠지만, 성체 임재설에 관한 이런 이해는 16세기 초에 많은 논란을 일으켰다. 마르틴 루터는 종종 '공재설'로 불리는 견해를 제시했다. 그의 견해는 화체설과 비슷한 점도 있지만 다른 점도 많다. 훌드리히 츠빙글리는 '상징설' 또는 '기념설'로 불리는 좀 더 급진적인 견해를 채택했다. 트리엔트 공의회는 전통적인 견해를 적극적으로 옹호했다.

트리엔트 공의회는 1551년 10월 11일에 13차 회기를 마치면서 성찬과 관련된 그리스도의 성체 임재설에 관한 견해를 명확하게 진술하면서 '화체설'이라는 용어가 봉헌의 결과로 떡과 포도주의 실체가 변화하는 것을 나타내기에 가장 적합하다고 확증했다. 트리엔트 공의회의 교령은 그리스도의 성체 임재설을 강력하게 주장하는 말로 시작되었다. "떡과 포도주를 봉헌한 후에는 우리 주 예수 그리스도께서 물질적인 형태를 띤 거룩한 성찬의 존귀한 성체 안에 진정으로, 실제로, 실재적으로 내포되신다." 이처럼 트리엔트 공의회는 화체설과 그 용어를 적극적으로 옹호했다.

> 우리의 구원자이신 그리스도께서 그것이 떡의 형태로 바치는 자신의 몸이라고 선언하셨기 때문에 하나님의 교회는 항상 그렇게 믿어왔다. 이 거룩한 공의회도 떡과 포도주의 봉헌을 통해 떡의 실체가 변화되어 우리 주 그리스도의 몸이 되고, 포도주의 실체가 변화되어 그분의 피가 된다고 믿는다. 거룩한 가톨릭교회가 이 변화를 '화체'로 일컬어온 것은 참으로 적절하고, 올바르다.

특히 떡과 포도주의 실체가 이 교리의 진정한 신학적 핵심으로 간주될 수 있는 그리스도의 몸과 피로 변하는 것을 강력하게 변호하는 것에 주목하라.

루터: 공재설

마르틴 루터가 제시한 이 견해는 떡과 그리스도의 몸이 동시에 공존한다고 주장한다. 실체의 변화는 없다. 떡과 그리스도의 몸의 실체가 함께 존재한다.

루터에게 화체설은 신비를 합리화하려는 터무니없는 시도로 보였다. 루터에게 중요했던 것은 그리스도께서 임재하는 방식에 관한 특정한 이론이 아니라 그분이 성찬에 실제로 임하신다는 것이었다. 그는 자신의 요점을 밝히기 위해 오리게누스에게서 빌려온 비유를 개진했다. 쇠를 불 속에 넣어 달구면 벌겋게 달아오른다. 벌겋게 달아오른 쇠 안에는 쇠와 열이 공존한다. "정교한 학술적 이론을 동원해 성찬 시에 이루어지는 그리스도의 임재의 신비를 합리화하려고 하지 말고, 이와 같은 평범한 비유를 사용해 그것을 구체적으로 나타내는 것이 더 낫지 않겠는가?"라는 것이 그의 입장이었다.

> 나는 떡이 어떻게 그리스도의 몸이 되는지를 이해할 수 없더라도 나의 이성을 사로잡아 그리스도께 기꺼이 복종시키고, 오로지 그분의 말씀만을 붙잡고, 그리스도의 몸이 떡 안에 있을 뿐 아니라 떡이 곧 그분의 몸이라고 굳게 믿을 것이다. 이를 위한 나의 근거는 "주 예수께서.…떡을 가지사 축사하시고 떼어 이르시되 이것은 너희를 위하는 내 몸이니"(고전 11:23, 24)라는 말씀이다.

믿어야 할 것은 화체설이 아니라 그리스도께서 실제로 성찬에 임하신다는 것이다. 이런 사실이 그 어떤 이론이나 설명보다 더 중요하다.

이런 요점들이 루터가 1520년에 펴낸 『교회의 바벨론 유수』라는 책에 분명하게 명시되었다. 루터는 그 책에서 성례에 관한 중세 교회의 가르침을 근본적으로 비판하면서 '화체설'의 개념은 아무런 근거가 없다고 주장했다. 루터는 그리스도께서 성찬에 실제로 임하신다고 믿었지만, 아리스토텔레스의 철학을 근거로 성찬을 이해하려고 했던 화체설을 용인하지 않았다.

> 아리스토텔레스의 거짓 철학이 지난 300년 어간에 교회에 침투해 들어오기 전까지만 해도 교회는 1,200년 이상 올바른 믿음을 견지해왔고, 거룩한 조상

들은 언제, 어디에서도 이 '화체설'(과장된 말과 개념)을 단 한 번도 언급하지 않았다. 그 300년 동안, "신적 본질은 발생하거나 발생되지 않는다."라거나 "영혼은 육체의 실체적 형상이다."라는 주장과 같이 올바르게 규정되지 않은 것들이 많았다.…그리스도께서 떡의 우연적 속성은 물론, 떡이라는 실체 안에 자기의 몸을 포함시키지 못하실 이유가 무엇인가? 예를 들어, 벌겋게 달궈진 쇠에는 불과 쇠라는 두 가지 실체가 함께 섞여 있는 관계로 모든 부분이 쇠와 불로 이루어져 있는 것을 알 수 있다. 그리스도의 영광스러운 몸이 떡이라는 실체의 모든 부분에 포함되는 것은 그보다 훨씬 더 가능한 일이 아니겠는가?…그리스도께 관한 사실은 성체에도 똑같이 적용된다. 신성이 육체로 거하기 위해서 인성이 변해야 할 필요도 없고, 또 신성이 인성의 우연적 속성에 내포될 필요도 없다. 두 본성이 온전한 형태로 한 몸으로 존재한다.

츠빙글리: 기념설

그리스도의 성체 임재설에 관한 츠빙글리의 견해는 언뜻 매우 사소해 보이는 1509년의 사건들을 배경으로 한다. 그해 11월에 저지대 국가의 한 작은 도서관에서 직원들이 바뀌는 일이 일어나는 바람에 서고의 책들을 목록화하는 작업이 필요하게 되었다. 그 작업은 코넬리우스 호엔이라는 사람에게 위탁되었다. 그는 서고에서 유명한 인문주의자 베셀 한스포르트(1420-89)의 저서를 모은 중요한 모음집을 발견했다. 그 가운데는 『성찬의 성체에 관해』라는 책이 포함되어 있었다. 한스포르트는 실제로 화체설을 부인하지는 않았지만, 그리스도와 신자의 영적 교통이라는 개념을 발전시켰다. 호엔은 그 개념을 흥미롭게 생각하고, 그것을 토대로 화체설을 급진적으로 비판하는 글을 썼다. 그 글은 편지의 형태로 작성되었다. 그의 편지는 1521년의 어느 즈음에 루터에게 전달된 것으로 보인다(물론 이를 뒷받침하는 결정적인 증거는 없다). 그것은 다시 1523년에 취리히로 전달되어 츠빙글리의 손에 쥐어졌다.

이 편지에서 호엔은 "이것은 나의 몸이니"(hoc est corpus meum)에서 '에스트'(est)를 문자적으로 '-이다'나 '-와 똑같다'라는 의미로 해석하지 말고, '상징한다'(significat)로 해석해야 한다고 말했다. 예를 들어, 예수님이 "나는 생명의 떡이니"(요 6:48)라고 말씀하셨을 때 자신을 떡과 동일시하지 않으신 것이 분명하다. 여기에서 '-이다'라는 말은 문자적 의미가 아닌 비유적 의미로 이해해야 한다. 구약 시대의 선지자들은 그리스도께서 '육신이 되실 것'(incarnatus)이라고 예언했다. 이 일은 단 한 번, 오직 한 번만 일어났다. "그리스도께서 사제가 봉헌하는 미사의 행위를 통해 매일 떡이 된다고(impanatus) 선지자들이 예언한 적이나 사도들이 가르친 적은 단 한 번도 없다."

호엔은 츠빙글리의 성찬설에 포함될 몇 가지 개념들을 발전시켰다. 그 가운데 두 가지를 언급하면 다음과 같다. 첫째, 성찬은 신랑이 자신의 사랑을 확신시키기 위해 신부에게 주는 반지와 같다. 그것은 서약이다. 이것은 이 주제에 관한 츠빙글리의 글에서 줄곧 발견되는 개념이다. 츠빙글리는 사랑의 서약으로서의 반지라는 개념을 여러 곳에서 상당히 능숙하게 개진했다. 호엔이 그런 강력한 개념을 그의 생각 속에 각인시켜 주었을 가능성이 없지 않다. 둘째, 호엔은 그리스도께서 세상을 떠나셨을 때 그분을 기념한다는 개념을 피력했다. "이것은 나의 몸이니"라는 그리스도의 말씀에 이어 곧바로 "이를 행하여 나를 기념하라"라는 말씀이 뒤따른다. 호엔은 두 번째 말씀이 '물리적으로 떠나 있는 사람'을 기념하는 것을 의미한다고 주장했다.

루터는 호엔의 개념에 별로 큰 반응을 보이지 않았지만 츠빙글리는 상당히 적극적인 반응을 나타냈다. 그는 1524년 11월과 12월에 호엔의 개념을 적극 개진했고, 이듬해에는 그 편지의 출판을 주선했다. 1525년 여름에는 학식 높은 바젤의 에콜람파디우스가 그 논의에 가담하면서 한 권의 책을 펴내 교부 시대의 저술가들은 화체설이나 성체 임재설에 관한 루터의 견해를 전혀 알지 못했다고 주장하면서 츠빙글리와 관련된 견해를 지지하는 쪽으로 기울었다.

츠빙글리는 성경은 많은 비유를 사용한다고 주장했다. '-이다'라는 말은 '-와 똑같다'라는 의미를 지닐 때도 있고, '나타내다, 상징하다'라는 의미를 지닐 때도 있다. 예를 들어, 그는 자신의 『성찬론』(1526)에서 이렇게 말했다.

> 헬라어로 '트로포스'로 불리는 비유적 표현들이 성경 곳곳에서 발견된다. 이런 표현들은 비유적으로나 또 다른 의미를 지닌 것으로 이해할 수 있다. 예를 들어, 그리스도께서는 요한복음 15장에서 "나는 포도나무요"라고 말씀하셨다. 이것은 그리스도께서 우리와의 관계에서 포도나무와 같으시다는 뜻이다. 우리는 가지가 포도나무에 붙어서 자라는 것과 똑같은 방식으로 그분 안에서 양육되고, 성장한다.…그와 마찬가지로 요한복음 1장에도 "보라 세상 죄를 지고 가는 하나님의 어린 양이로다"라는 말씀이 발견된다. 이 말씀의 첫 부분은 비유다. 왜냐하면 그리스도께서는 실제로 양이 아니시기 때문이다.

츠빙글리는 적절한 성경 구절들을 상세하게 설명하고 나서 "이처럼 성경에는 '-이다'를 '상징하다'라는 의미로 사용한 구절들이 무수히 많다."라고 결론지었다.

그는 그리스도께서 마태복음 26장에서 하신 "이것은 내 몸이니"라는 말씀에도 이 원리를 똑같이 적용해 비유적인 의미로 이해해야 한다고 주장했다.

츠빙글리가 루터의 견해를 논박하기 위해 제시한 또 하나의 근거는 부활하신 그리스도께서 계시는 장소였다. 루터는 그리스도께서 성찬에 임하신다고 믿고, 떡과 포도주를 받는 것은 곧 그리스도를 받는 것이라고 주장했다. 그러나 츠빙글리는 그리스도께서 지금 '하나님의 오른편에 앉아 계신다'는 것이 성경과 신조의 가르침이라고 지적했다. 츠빙글리는 '오른편'이 어디를 가리키는지 확실히 알 길이 없었고, 또 그 장소를 둘러싸고 헛된 사변을 일삼을 생각도 없었다. 그는 단지 그리스도께서 지금 어디에 계시든지 간에 그 장소가 성찬 석상은 아니라고 주장하는 것으로 족했다. 왜냐하면 그리스도께서 동시에 두 장소에 계실 수는 없기 때문이다.

지금까지 간단히 살펴본 대로 이 중요한 주제를 둘러싸고 16세기에 상당한 이견이 있었다는 사실을 분명하게 알 수 있다. 이런 상황은 지금까지도 달라진 것이 없다. 아래에서 살펴보게 될 유아 세례의 문제도 그러기는 마찬가지다. 이 문제는 특히 개신교 내에서 많은 논란을 초래했고, 1530년대에 분열의 중요한 요인으로 작용했다.

사례 연구 3.4 유아 세례 논쟁

종교개혁 시대에 유아 세례가 합법적인지 아닌지, 만일 합법적이라면 그 신학적 근거는 무엇인지를 둘러싸고 중요한 논쟁이 벌어졌다. 신약성경에는 유아 세례를 특별히 언급한 내용이 전혀 없다. 그러나 그렇다고 해서 그것을 분명하게 금지한 내용도 찾아볼 수 없기는 마찬가지이고, 더구나 사도행전 16장 15, 33절과 고린도전서 1장 16절과 같이 그것을 용인하거나 암시하는 것처럼 보이는 성경 구절들이 존재하기까지 한다. 가족 전체에게 세례를 주었기 때문에 유아들도 포함되었을 가능성이 있다. 바울이 세례를 할례에 대응하는 영적 의식으로 간주했다는 사실은 유아들에게 세례를 줄 수 있다는 추론을 가능하게 한다(골 2:11, 12).

그리스도인 부모의 자녀들에게 세례를 주는 관습(흔히 '유아 세례'로 불리는 관습)이 생겨난 이유는 여러 가지였던 것으로 보인다. 먼저 그리스도인들이 자신들의 자녀들을 위해 유대교의 할례 의식과 대등한 입문 의식의 필요성을 의식했기 때문일 수 있다. 아울러 더욱 일반적으로는 그리스도인들이 믿는 가정에서 아이가 태어난 것을 축하하기 위한 목회적 필요성이 대두되었고, 그런 이유에서 유아 세례의 관습이 생겨났을 수도 있다.

그러나 유아 세례의 역사적 기원이나 사회적, 신학적 이유를 확실하게 알기는 어렵다. 확실한 것은 이 관습이 2, 3세기에 보편적이지는 않더라도 최소한 표준적인 관행으로 고착되었다는 사실이다. 그렇다면 이것은 계속해서 유지해 나가야 할 전통일까?

앞으로 살펴보겠지만, 재세례파는 이 관습이 성경을 왜곡하는 것이라고 주장했다. 신약성경에서 유아 세례를 분명하게 인정하거나 명령한 구절은 어디에도 없다. 만일 교회가 하나님의 말씀에 따라 스스로를 올바로 개혁하기를 원한다면 이 관습을 중단하고, 믿음을 고백한 성인들에게만 세례를 베풀어야 한다. 세례는 개인의 믿음을 전제로 주어지는 것이다. 그런데 어떻게 유아들에게 세례를 줄 수 있는가? 이 관습에 관한 재세례파의 견해는 뒤에서 좀 더 자세히 살펴볼 생각이다.

마르틴 루터

다른 모든 주류 개혁자들과 마찬가지로 루터도 전통적인 유아 세례의 관습을 그대로 유지했다. 그는 유아 세례가 건전한 성경적 근거를 지니고 있기 때문에 초기 교회가 유아들에게 세례를 베푼 것은 정당했다고 주장했다. 유아 세례는 신약성경의 가르침과 일치한다.

그렇다면 세례가 믿음을 요구한다는 주장에 대해서는 어떻게 대답해야 할까? 루터는 세례에서 중요한 것은 수세자의 믿음이나 자격이 아니라 세례를 베풀라고 명령하며 은혜를 베푸시는 하나님의 관대하심과 은혜로우심이라고 주장했다.

모든 것이 하나님의 말씀과 명령에 달려 있다. 약간 민감한 문제일는지 모르지만, 내가 말한 대로 세례는 순전히 물과 하나님의 말씀으로 이루어지는 것이다. 물에 하나님의 말씀이 더해지면 설혹 믿음이 없더라도 그 세례는 타당하다.

루터의 칭의 교리가 세례와 모순되는 것처럼 생각될 수도 있다. 만일 믿음을 하나님의 약속에 대한 의식적이고, 의도적인 반응으로 이해한다면 유아가 믿음을 가졌다고 말하기는 어렵다. 그러나 루터의 이신칭의 교리는 믿음을 가진 개인이 믿음을 가졌다는 이유 때문에 의롭다 하심을 받는다는 것을 의미하지 않는다. 그것은 하나님이 은혜로 믿음의 선물을 베푸셨다는 것을 의미한다. 이신칭의 교리는 믿음을 인간이 스스로 가질 수 있는 것이 아니라 은혜로 주어지는 것이라고 강조하기 때문에 유아 세례와 칭의 교리는 서로 온전히 일치한다.

루터는 성례가 단지 신자의 믿음을 강화하는 데 그치지 않고 믿음을 유발시킨다고 생각했다. 성례는 하나님의 말씀을 중재해 믿음을 발생시키는 기능을 한다.

따라서 그에게 유아 세례의 관습은 아무런 문제가 없었다. "만일 세례를 받을 때 그리스도께서 세례를 주는 사람의 입을 통해 말씀하시면 어린아이가 신자가 된다. 왜냐하면 그 말이 곧 그리스도의 말씀, 곧 그분의 명령이며, 그분의 말씀은 반드시 열매를 맺기 때문이다." 세례는 그것이 상징하는 것을 실제로 구현한다.

세례는 우리를 마귀의 아가리에서 건져내 하나님의 자녀로 만들고, 죄를 억제해 없애주며, 새 사람을 날마다 강건하게 해주고, 이 불행한 상태를 벗어나 영원한 영광에 이를 때까지 항상 효력을 발휘한다는 점에서 참으로 위대하고, 탁월한 것이 아닐 수 없다.

홀드리히 츠빙글리

츠빙글리도 유아 세례를 옹호했지만 그 이유는 사뭇 달랐다. 유아들이 공개적으로 믿음을 고백할 수가 없는데 어떻게 유아 세례의 정당성을 확보할 수 있을까? 이 문제에 관한 전통적인 답변은 원죄와 관련이 있다. 세례는 원죄의 죄책을 없애준다. 그런 주장은 5세기의 아우구스티누스에게까지 거슬러 올라간다. 루터도 그런 주장에 근거해 유아 세례의 관습을 옹호했다.

그러나 츠빙글리는 그런 주장에 선뜻 동의하지 않았다. 그는 에라스무스처럼 원죄의 개념을 쉽게 납득하지 못했고, 유아들은 타고난 악한 본성이 없기 때문에 용서를 받을 필요도 없다는 견해를 지지하는 쪽으로 기울었다. 따라서 유아 세례의 정당성을 입증해 줄 또 다른 근거가 확보되지 않는다면 그 관습은 아무런 목적도 이룰 수 없을 것처럼 보였다. 물론, 츠빙글리는 개인들이 죄를 저지를 수 있다는 개념을 이해하는 데는 아무런 어려움도 느끼지 않았다. 그의 문제는 원죄의 개념과 관련이 있었다. 그는 원죄를 비성경적인 개념으로 간주했다.

츠빙글리는 원죄의 개념을 거부했기 때문에 1510년대와 1520년대에 유아 세례의 관습을 계속 유지해야 할지를 생각하며 고민했던 것으로 보인다. 그러나 그는 1524년경에 그런 고민을 해결해 줄 세례론을 발전시켰다. 그는 구약 시대에 남자 유아들이 난 지 8일 만에 할례(이스라엘 백성의 일원이 되었다는 것을 나타내는 상징적인 의식)를 받았다는 사실을 지적했다. 할례는 할례받은 아이가 언약 공동체 안에 속한다는 것을 나타내는 구약 시대의 의식이었다. 어린아이는 자신이 속한 공동체 안에서 태어났고, 할례는 그 공동체에 속했다는 것을 나타내는 징표였다.

기독교 신학 안에 세례를 할례와 대등한 기독교적 의식으로 간주하는 오랜 전통이 있었다. 츠빙글리는 이 전통적인 개념을 발전시켜 세례가 고통이나 출혈이 없다는 점에서 할례보다 훨씬 간단하고, 남아와 여아를 모두 포함한다는 점에서 더 포괄적이라고 주장했다. 세례도 공동체, 곧 기독교 교회에 속한다는 것을 나타내는 징표다. 아이가 자기가 소속된 사실을 의식하지 못하더라도 아무런 문제가 없다. 아이는 이미 기독교 공동체의 일원이고, 세례는 단지 그 사실을 공적으로 나타내는 표징일 뿐이다. 이 점에서 루터의 견해와 다르다는 점이 분명하게 드러난다.

츠빙글리는 나중에 이 논증을 한 단계 더 발전시켰다. "세례는 그리스도께 우리를 드리겠다는 서약의 표징이다."라고 전제하고, 그리스도인이 된다는 것은 곧 취리히의 충실한 시민이 되는 것을 의미한다고 주장했다. 중세 시대에는 도시들을 유기적인 공동체로 간주했다. 이 개념이 많은 도시가 종교개혁을 받아들일 것인지를 결정할 때 중요한 기능을 했던 것으로 보인다. 그런 개념이 츠빙글리에게서도 똑같이 발견된다. 그는 '국가'와 '교회'를 거의 동등하게 취급했다. 그는 "기독교 도시는 곧 기독교 교회다."라고 말했다. 이처럼 성례는 교회에 대한 충성만이 아니라 도시 공동체(이 경우에는 취리히)에 대한 충성을 상징한다. 따라서 유아 세례를 거부하는 것은 취리히 도시 공동체에 대한 불충실한 행위로 간주되었다. 시 당국자들은 유아 세례를 거부하는 자들을 취리히에서 추방할 권리가 있었다. 세례가 정치적인 수단이 되었다. 유아 세례에 관한 츠빙글리의 견해는 재세례파를 겨냥한 것이었다. 그는 그들을 정치적으로 신뢰할 수 없는 불온 세력으로 묘사하려고 애썼다.

재세례파: 메노 시몬스

앞서 말한 대로, 재세례파는 유아 세례의 정당성을 인정하지 않았다. 급진적 종교개혁의 종교적, 정치적 입장은 1520년대에 취리히의 종교개혁을 크게 위협했기 때문에 세례를 교회와 도시를 위한 의식으로 이해했던 츠빙글리의 입장은 순응을 강제하는 주된 수단으로 작용했다.

츠빙글리에게 세례는 서로 완전히 다른 두 가지 교회관을 구별하는 판단 기준이었다. 교회가 사도 시대의 단순성을 되찾아야 한다고 주장했던 재세례파는 국가(또는 도시) 교회에 관한 츠빙글리의 입장에 큰 도전을 제기했다. 급진적 개혁자들은 4세기 초에 로마 황제 콘스탄티누스의 회심으로 인해 교회와 국가가 긴밀하게 연합하면서 교회의 순수성이 완전히 파괴되었다고 생각했다. 재세례파는 그 유대 관계를 끊고 싶어 했고, 츠빙글리는 취리히에서 이루어진 특별한 형태의 교회를 통해 그 관계를 계속 유지하기를 원했다. 츠빙글리는 "문제의 핵심은 세례가 아닌 폭동과 파당과 이단이다."라고 역설했다. 세례는 개인이 취리히의 충실한 시민인지 반역자인지를 판단하는 기준이었다. 이처럼 종교개혁의 초창기에는 신학과 정치, 도시와 국가가 서로 밀접하게 연결되었다.

이 사례 연구를 통해 알 수 있는 대로 재세례파는 유아 세례의 개념과 관습을 전적으로 거부했던 종교개혁의 급진적 우파에 해당했다. 재세례파 운동의 가장 뚜렷한 신학적 특징 가운데 하나는 유아 세례라는 전통적인 관습을 배격하는 것이었다. 그 주된 이유는 성경적 근거가 없다는 것이었다. 메노 시몬스(1496-1561)는 유아 세례의 관습은 비성경적인 전통이기 때문에 참된 사도적 교회를 회복하기를 원하는 사람들은 모두 그것을 배격해야 한다고 주장했다. 그는 "그리스도나 사도들이 유아 세례를 언급한 말이나 명령은 신약성경에 단 한 구절도 발견되지 않는다."라고 말했다.

재세례파는 단지 성경적 근거가 없다는 이유만으로 유아 세례를 배격한 것은 아니었다. 앞서 말한 대로 재세례파 저술가들은 신약성경이 믿음을 소유한 사람들만이 세례를 받을 수 있다는 것을 전제로 하고 있다고 주장했다. 시몬스는 "(그리스도께서는) 복음을 전파하고, 믿는 사람들에게 세례를 주라고 명령하셨다."라고 말했다. 그는 믿음이나 진리에 관한 지식이나 내적 중생의 표징이 전혀 발견되지 않는 유아들에게 세례를 주는 것은 참 신앙을 왜곡하는 것이라고 강조했다.

대다수의 재세례파 저술가들은 세례가 믿음과 회개와 중생의 확실한 표징이 있는 사람에게만 베풀 수 있는 의식이라고 믿었다. 이런 일반적인 원칙과 그것이 유아 세례에 미치는 결과가 가장 중요한 재세례파 신앙고백 가운데 하나인 『슐라이트하임 신앙고백』(1527)에 분명하게 진술되었다.

> 세례는 회개하고 삶을 변화시킨 사람들, 곧 그리스도께서 자신의 죄를 모두 없애주셨다고 믿고, 예수 그리스도의 부활 안에서 행하며, 그분과 함께 죽어 장사되었다가 그분과 함께 살리심을 받기를 원하는 사람들에게 주어져야 한다.…유아 세례는 교황이 저지른 가장 크고, 중대한 가증스러운 행위이기 때문에 배제해야 마땅하다.

이처럼 재세례파는 세례를 내적인 영적 현실을 보여주는 외적인 물리적 표징으로 간주했다. 세례는 내적인 영적 현실을 일으키는 원인이 아닌 그것의 상징일 뿐이다. 시몬스는 "우리가 세례를 받는 이유는 하나님의 말씀을 믿는 믿음으로 거듭났기 때문이다. 중생이 세례의 결과가 아니라 세례가 중생의 결과다."라고 지적했다. 유아 세례는 이런 세례 신학과 조화를 이룰 수 없었다. 그러나 시몬스는 유아 세례를 배격한 것이 어린아이들을 하나님의 나라에서 배제한다는 의미는 아니라고 밝혔다. 세례는 그 나라의 백성이 되게 하는 원인이 아니라 단지 그 사실을 나타내는 상징일 뿐이었다. 시몬스는 "그리스도께서는 세례를 받지 않은 어린아이들에게 하나님의 나라를 약속하셨다."라고 말했다.

이런 세례 신학은 '도나투스주의'(4세기에 로마 제국에 속했던 북아프리카 지역에서 발생한 운동으로 교회와 성례에 관해 엄격한 입장을 개진했다)의 성격을 띤 재세례파의 교회론과 완전한 조화를 이룬다. 발타자르 후브마이어는 "세례가 없으면 교회도 없고, 제자직도 없다."라고 말했다. 세례는 교회의 일원이 되었다는 징표로서 개인이 교회의 일원이 되는 데 필요한 특징들을 모두 갖추었다는 사실을 공적으로 선언하는 의미를 지녔다.

사례 연구 3.5 교회론: 개신교 내에서의 다양한 경향들

종교개혁은 4세기 말과 5세기 초의 위대한 기독교 저술가였던 아우구스티누스의 중요성을 새롭게 강조한 지성적 분위기 속에서 일어났다. 그런 분위기는 1506년에 출간된 아메르바흐 판 아우구스티누스 저작 전집에 잘 반영되어 있다. 그러나 개혁자들의 교회관은 여러 면에서 그들의 약점을 드러냈다. 그들은 경쟁 관계에 있던 두 가지 교회관, 곧 서로 완전히 다른 논리를 펼쳤던 로마 가톨릭교회와 급진적 종교개혁의 교회관에 맞서야 했다. 로마 가톨릭교회는 교회를 사도적 교회와의 역사적 영속성을 지닌 가시적인 제도로 간주했고, 급진적 종교개혁은 참 교회는 하늘에 있고, 세상에 있는 제도는 무엇이든 '하나님의 교회'로 불릴 자격이 없다고 주장했다. 주류 개혁자들은 경쟁적인 두 가지 견해의 중간 입장을 견지하려고 노력했고, 그 결과로 심각한 모순에 빠져들고 말았다.

이번 사례 연구에서는 개신교 종교개혁 내에서 발견되는 다양한 형태의 교회론을 살펴볼 생각이다. 이 경우는 도나투스 논쟁과 놀라울 정도로 비슷하다(사례 연구 1.6 참조).

루터는 당시의 교회가 기독교 복음의 핵심인 은혜의 교리를 상실했다고 판단했다. 그는 (약간의 주저하면서도) 가톨릭교회가 이 교리를 상실한 탓에 참된 기독교 교회로 간주할 만한 정당성을 잃고 말았다고 결론지었다. 가톨릭교회는 그런 주장을 비웃었다. 그들은 루터가 교회와 아무런 연관성이 없는 파당을 만들고 있다고 생각했다. 그들에 따르면 루터는 분열주의자였다. 아우구스티누스가 분열을 단죄하지 않았던가? 그는 루터가 깨뜨리려고 위협하는 교회의 일치를 크게 강조하지 않았던가? 여기에서 16세기에 불거진 교회론 논쟁에서 중요한 역할을 했던 역사적인 정황이 발견된다. 즉 종교개혁은 어떤 점에서는 4세기의 도나투스 논쟁이 재현된 것으로 볼 수 있다.

루터는 아우구스티누스의 교회론은 배격하고, 그의 은혜의 교리만을 주장하는 것처럼 보였다. "내부에서 바라보면 종교개혁은 아우구스티누스의 은혜의 교리가 아우구스티누스의 교회론에 대해 궁극적인 승리를 거둔 것으로 평가할 수 있다."(벤저민 워필드). 아우구스티누스 사상의 두 측면은 16세기에 서로 양립할 수 없는 것으로 판명되었고, 교회의 본질에 관한 종교개혁의 이해는 바로 그런 갈등 상황 속에서 바라봐야 한다.

루터는 마지못한 태도로 어쩔 수 없이 분열의 길을 걸었다. 그는 학문적인 차원에서 개혁을 시도했을 때만 해도 분열을 극도로 혐오했다. 심지어 1517년 10월 31일에 『95개조 격문』으로 면죄부를 논박했을 때조차도 그는 교회에서 분열할 의도가 전혀 없었다. 20세기를 살아가는 우리는 '교파주의'의 현상에 익숙해졌지만, 중세에는 서방 교회가 작은 부분들로 나뉜다는 것은 전혀 낯선 개념이었다.

루터는 1519년에 이렇게 말했다. "불행히도 개선될 수 없는 상황이 로마에 존재한다고 하더라도 교회에서 분열할 어떤 이유도 없고, 또 있을 수도 없다. 오히려 상황이 더 나빠질수록 교회를 더욱 힘써 돕고, 지지해야 한다. 분열과 경멸을 일삼아서는 아무것도 개선할 수 없다." 유럽의 다른 개혁 세력들도 루터와 생각이 비슷했다. 그들은 교회를 내부로부터 개혁해야 한다고 믿었다.

루터는 비텐베르크 종교개혁으로 가톨릭교회와의 관계가 소원해지는 현상은 일시적일 뿐이라고 생각했던 것으로 보인다. 그런 생각이 1520–41년에 저술한 그의 저서들에 잘 반영되어 나타나는 것으로 보인다. 비텐베르크의 복음적인 세력은 가톨릭교회가 수년 내에 개혁 공의회를 소집해 자체 개혁에 나서면서 루터파에게 새로 개혁된 교회에 동참하도록 이끌 것이라고 믿었다.

루터파 신앙의 핵심을 진술한 『아우크스부르크 신앙고백』(1530)은 가톨릭주의에 대해 놀라우리만큼 타협적인 입장을 취했다. 그러나 1540년대에 재통합의 희망은 산산이 깨졌다. 1541년, 종종 '라티스본 회의'로 일컬어지는 '레겐스부르크 회의'에서 개신교 신학자들과 가톨릭 신학자들이 만나 서로의 차이점을 논의했을 때 화해의 희망이 싹트는 듯했지만 결국에는 실패로 끝나고 말았다.

마침내 1545년에 종교개혁에 대한 가톨릭교회의 입장을 개진하기 위해 트리엔트 공의회가 소집되었다. 레지널드 폴 추기경과 같은 일부 참석자들은 공의회를 통해 개신교와의 타협이 이루어지기를 희망했다. 그러나 공의회는 결국 개신교의 핵심 사상을 들춰내 단죄했다. 화해의 희망이 완전히 좌절되었다. 개신교 교회들은 분리된 현실을 일시적이 아닌 영구적인 것으로 인정할 수밖에 없었다. 그들은 교회라는 칭호를 차지할 권리를 훨씬 더 강력하게 주장하는 로마 가톨릭교회를 상대로 그와 대등한 '기독교 교회'로서의 정당성을 확보해야 할 필요성에 직면했다.

이런 간단한 역사적 배경을 고려하면 교회론에 관한 개혁자들의 관심은 주로 1540년대부터 싹트기 시작했던 것이 분명해 보인다. 그것은 1세대 개혁자들보다는 2세대 개혁자들의 관심을 자극했던 문제였다. 루터가 "어떻게 은혜로우신 하나님을 발견할 수 있을까?"라는 문제에 관심을 기울였다면 그의 계승자들은 "어디에서 참된 교회를 발견할 수 있을까?"라는 문제를 다루어야 했다. 바꾸어 말해, 복음적인 교회의 독립된 실체를 정당화할 수 있는 이론적 근거가 필요했다. 2세대 종교개혁자들 가운데 가장 영향력이 컸던 사람은 존 칼빈이었다. 그의 저서에서 이 논의에 가장 중요한 공헌을 한 내용이 발견된다. 그러면 이제부터 교회론에 관한 16세기의 독창적인 논의를 몇 가지 살펴보기로 하자.

마르틴 루터

앞에서 살펴본 대로, 초기 개혁자들은 중세 교회가 한편으로는 성경에서 이탈했고, 다른 한편으로는 성경에 인위적인 것을 더함으로써 부패의 길로 치달으며 교리를 왜곡시켰다고 확신했다. 교회의 본질에 관한 루터의 초창기 견해는 하나님의 말씀을 강조하는 데 치중했다. 하나님의 말씀은 정복하는 능력이 있고, 정복을 이루어 하나님께 대한 복종을 끌어내는 곳마다 교회가 설립된다.

이 거룩한 그리스도인들은 바울이 말한 대로(고전 3:12-14) 제각각 정도는 다를지라도 모두 하나님의 거룩한 말씀을 소유하고 있다. 그것을 완전하고 순수하게 소유한 사람들도 있고, 그렇게까지 순수하지 않게 소유한 사람들도 있다.…그러나 우리는 우리와 같은 사람들이 입으로 전한 외적 말씀에 관해 말한다. 그 이유는 이것이 그리스도께서 외적 표징으로 남겨두신 것이기 때문이다. 이 세상의 교회나 그리스도인들은 그 표징으로 인식된다.…어디에서든 전파된 말씀을 듣고서 믿고, 고백하고, 실천한다면 비록 매우 적을지라도 참되고, '거룩한 보편 교회'(ecclesia sancta catholica), 곧 '거룩한 그리스도인들'이 존재할 것이 틀림없다.

루터의 견해는 참 교회를 확립하는 일과 관련해 하나님의 말씀이 중심적인 역할을 한다고 강조한다. 따라서 주교제도는 교회의 존립을 옹위하는 데 꼭 필요하지 않지만, 복음의 설교는 교회의 참된 정체성의 확립에 꼭 필요하다. "말씀이 있는 곳에 믿음이 있고, 믿음이 있는 곳에 참 교회가 있다." 보이는 교회는 말씀의 설교로 확립된다. 복음 위에 건설되지 않은 인간의 모임은 그 무엇도 '하나님의 교회'임을 주장할 수 없다. 초대 교회와의 역사적인 영속성만으로는 교회로서의 정당한 자격 요건을 갖추기에 부족하다. 이처럼 교회에 대한 루터의 이해는 역사적이라기보다는 기능적이다. 교회나 교회의 직분자에게 정당성을 부여하는 것은 사도적 교회와의 역사적 영속성이 아닌 신학적 영속성이다. 사도들로부터 역사적으로 파생한 제도의 일원이 되는 것보다 그들이 전했던 것과 똑같은 복음을 전하는 것이 더 중요하다.

급진적 종교개혁

세바스티안 프랑크와 같은 급진적 개혁자들은 사도적 교회가 콘스탄티누스 황제의 회심을 통해 국가와 밀접한 관계를 맺음으로써 타협의 길로 기울었다고 주장했다. 프랑크는 참 교회는 사도 시대 이후로 사라졌다는 급진주의의 특징적인 견해를 피력했다. 그가 자주 거론했던 '외적인 것들'(externa)은 그가 '부패했다고' 간주했던 성례를 비롯한 외적 의식들을 가리킨다. 참 교회는 그리스도께서 영광 중에 재림해 흩어진 백성을 불러모아 자신의 나라로 데려가실 종말에야 비로소 모습을 드러낼 것이다. 그때가 오기까지 참 교회는 감추어져 있다.

> 박학한 학자라는 이들에게 고하건대 사도들의 교회에서 사용되었던 외적인 것들은 다 폐지되었다. 그들이 자신의 권한이나 소명을 넘어서서 이 부패한 성례들을 회복하려고 시도했지만, 그 가운데 어느 것 하나도 회복되거나 재정립될 수 없다. 교회는 세상의 종말이 오기까지 이방 세계에 흩어진 채 존재할 것이다. 장차 그리스도께서 와서 적그리스도와 그의 교회를 물리쳐 없애고, 온 세상 방방곡곡에 흩어져 있는 이스라엘을 자신의 나라로 불러모으실 것이다.…이 사실을 이해한 사람들의 사역은 불경한 이단이자 광언(狂言)으로 억압받았고, 영예의 자리는 어리석은 암브로시우스, 아우구스티누스, 히에로니무스, 그레고리우스 따위에게 주어졌다. 그들 가운데 심지어 단 한 사람도 그리스도를 알지 못했다. 그들은 하나님이 가르치라고 보내신 사람들이 아니었다.

그들은 모두 적그리스도의 사도들이었고, 앞으로도 마찬가지일 것이다.

급진적인 개혁자들은 대부분 '오직 성경으로!'라는 원칙을 철저하게 적용했을 뿐 아니라 제도 교회에 관해서도 일관된 견해를 피력했다. 그들은 참 교회는 하늘에 있고, 땅에는 그것을 제도화한 모조품만 존재한다고 믿었다.

루터는 이런 급진적인 입장에 직면해 두 가지 난제를 해결해야 했다. 교회를 제도가 아닌 복음의 설교로 정의한다면 자신의 견해가 급진주의자들과 다르다는 것을 어떻게 구별할 수 있을지가 문제였다. 그 자신도 "광신자들(루터가 급진주의자들을 가리킬 때 사용했던 용어)이 말씀과 성례를 부인하지만 않는다면 그들이 지배하는 곳에서도 교회는 거룩하다."라고 말했다. 그는 자신의 상황을 둘러싼 정치적 현실을 의식하고, 제도 교회의 필요성을 주장하고 나섰다. 루터는 전통에 호소함으로써 '오직 성경으로!'라는 원리에 함축된 급진적인 의미를 완화시켰던 것처럼(사례 연구 3.1 참조), 교회를 역사적인 제도로 간주해야 한다고 주장함으로써 참 교회의 본질에 관한 자신의 견해에 함축된 급진적인 의미를 완화시켰다. 교회 제도는 하나님이 정하신 은혜의 수단이다. 그러나 루터는 교회가 가시적이고, 제도적이라고 주장함으로써 급진주의자들을 논박했지만 그런 자신의 견해를 가톨릭과 구별하기가 어려운 문제에 봉착했다. 그는 이 문제를 분명하게 의식했다.

우리는 교황 제도 아래에서도 선하고, 기독교적인 것이 많이 있다고 인정한다. 진실로 선하고, 기독교적인 것이 모두 그곳에서 발견되고, 거기로부터 우리에게로 전달되었다. 예를 들어, 교황의 교회 안에는 참된 성경, 참된 세례, 참된 제단의 성찬, 참된 죄 사함의 열쇠, 참된 사역의 직임, 주기도과 십계명과 신조의 형태를 띤 참된 교리문답이 존재한다.

따라서 루터는 "거짓 교회는 기독교적 직임을 보유하고 있더라도 한갓 외관에 지나지 않는다."라고 주장해야 했다. 그 말에는 중세 교회는 참된 교회처럼 보이지만 실제로는 그렇지가 않았다는 의미가 담겨 있었다.

여기에서 도나투스 논쟁과의 유사점을 밝히는 것이 유익할 듯하다(사례 연구 1.6). 도나투스주의자들은 북아프리카 지역의 분열주의자들로서 당시의 가톨릭교회가 박해의 시기에 로마 제국에 대해 올바른 태도를 취하지 못함으로써 부패했다고 주장했다. 그들은 오직 개인적인 종교적 순수성을 더럽히지 않은 사람들만 참 교회의 일원으로 인정해야 한다고 강조했다. 아우구스티누스는 가톨릭의 편에 서서 교회는 성도들과 죄인들이 혼합되어 있는 장소라고 주장했다. 의인들과 악인들이 같은 교회 내에 공존한다. 악인들을 교회에서 골라내 없애는 권한을 지닌 사람은 아무도 없다.

아우구스티누스는 '알곡과 가라지의 비유'(마 13:24-31)를 들어 자신의 주장을 뒷받침했다. 어느 날, 밭 주인은 알곡과 가라지가 함께 자라고 있는 것을 발견했다. 당시에는 선택성 제초제가 없었기 때문에 그는 잡초를 제거하기를 주저했다. 그렇게 하면 작물에도 피해를 줄 수 있었기 때문이다. 그의 해결책은 추수할 때까지 기다렸다가 알곡과 가라지를 분리하는 것이었다. 아우구스티누스에 따르면 이 비유는 교회에 적용된다. 비유의 밭처럼 교회 안에도 알곡과 잡초, 곧 의인과 악인이 심판의 날까지 공존한다. 그 날에 하나님이 그들을 심판하실 것이다. 하나님의 심판을 미리 앞당길 수 있는 사람은 아무도 없다. 교회에는 종말이 올 때까지 선과 악이 상존한다. 아우구스티누스는 교회에 적용된 '가톨릭'(문자적으로 '전체'라는 뜻)이라는 용어는 성도들과 죄인들이 혼합되어 존재한다는 의미를 지닌다고 주장했다.

이처럼 교회에 대한 도나투스주의자들과 아우구스티누스의 견해는 서로 크게 달랐다. 루터는 교회를 '혼합된' 공동체로 간주한 아우구스티누스의 견해를 받아들였고, 급진주의자들은 교회를 의인들의 공동체로 간주한 도나투스주의의 견해를 발전시켰다. 급진주의자들은 도나투스주의자들처럼 신자들의 도덕적인 완전함을 요구했다. 교회와 세상은 빛과 어둠처럼 서로를 거부한다. 그들은 루터와 츠빙글리의 정치적 타협으로 보이는 것에 시간을 허비할 의도가 없었다. 그러나 루터는 '말린 후추 열매 사이에서 쥐똥이 나뒹굴고, 알곡 사이에 가라지가 끼어있는 것처럼' 교회에서도 부패한 성직자들이 발견된다고 말했다. 그것은 아우구스티누스가 인정했던 교회의 현실 가운데 하나였다. 이것이 루터가 지지했던 견해다. 주류 종교개혁은 교회의 설립으로, 급진적 종교개혁은 종파의 형성으로 각각 귀결되었다. 이 두 운동이 사회학적으로 다른 형태를 띠게 된 이유는 교회의 본질에 관한 그들의 이해가 서로 달랐기 때문이다. 여기에서 신학과 사회학이 서로 밀접하게 관련된다(앞에서 아우구스티누스의 은총의 교리가 그의 교회론에 대해 승리를 거둔 것이 종교개혁이라는 유명한 말을 인용한 바 있다. 여기에서 루터와 다른 주류 개혁자들은 아우구스티누스의 교회론 가운데서 최소한 이 점만큼은 그대로 유지했다는 사실에 주목해야 할 필요가 있다). 그렇다면 루터는 무엇을 근거로 가톨릭교회에서 이탈했을까? 그의 교회론에 포함된 이런 주장은 참 교회 안에 부패한 요소가 항상 존재할 수밖에 없다는 의미를 필연적으로 함축하고 있지 않은가? 아우구스티누스의 이론에 근거하면 가톨릭교회가 부패했다고 해서 꼭 그것이 '거짓 교회'라는 의미는 아니다.

존 칼빈

교회론으로 인해 제기된 문제와 씨름했던 개혁자가 있다면 그는 바로 칼빈이었다. 교회론에 관한 중요한 논의가 1539년에 출간된 『기독교 강요』 두 번째 판에서 발견된다. 칼빈은 첫 번째 판에서도(1536) 이 문제를 다루었지만, 그때에는 교회를 운영했거나 책임진 경험이 거의 없는 상태였다. 이것이 이상하게도 그의 논의가 초점이 없는 듯 보이는 이유다. 그러나 『기독교 강요』 두 번째 판이 출간될 무렵, 칼빈은 새로운 복음적 교회들이 직면한 문제들을 좀 더 많이 경험한 상태였다.

칼빈은 하나님의 말씀을 전하는 것과 성례의 올바른 집행을 참 교회의 표징으로 간주했다. 로마 가톨릭교회는 교회에 대한 이 최소한의 정의조차 충족시키지 못했기 때문에 복음주의자들이 떠나는 것은 지극히 온당한 일이었다. 복음적 교회들이 교회에 대한 이런 정의를 따르는 한, 더 이상의 내부 분열을 시도할 만한 정당성을 찾기는 어려울 것이었다. 이 점이 특별히 중요한 이유는 복음적 교회가 더 분열한다면 종교개혁의 대의가 훼손될 것이라는 칼빈의 정치적 판단을 드러내고 있기 때문이다.

1543년, 칼빈은 교회 행정의 경험을 상당히 많이 쌓게 되었다. 그런 일은 특히 그가 스트라스부르에 머무는 동안에 주로 이루어졌다. 스트라스부르 종교개혁의 지성적인 동력원이었던 마르틴 부처는 교회 행정가로서 명성이 자자했는데 그가 개인적으로 미친 영향력이 칼빈이 나중에 확립한 교회론에 반영된 것으로 추정된다. 목사, 교사, 장로, 집사라는 네 가지 직임은 물론, 보이는 교회와 보이지 않는 교회를 구별한 것도 모두 부처에게서 기원한 것으로 보인다. 그렇지만 교회의 권징을 교회의 본질적인 특징(전문 용어로는 '표지' 또는 '표징')으로 제시한 부처의 사상은 칼빈에게서 발견되지 않는다. 칼빈은 1536년 판 『기독교 강요』에서 교회의 '확실하고, 분명한 표징' 가운데 '본이 되는 삶'을 포함시켰지만, 나중에 출간된 인쇄본들에서는 하나님의 말씀을 올바로 전하는 것과 성례의 집행을 강조하는 데 초점을 맞추었다. 권징은 교회의 신경 체계를 강화하지만, 그리스도의 구원 교리는 교회의 심장과 영혼을 굳세게 한다고 생각했던 듯하다.

칼빈은 보이는 교회와 보이지 않는 교회를 신중하게 구별했다. 교회는 한편으로는 신자들의 공동체라는 보이는 집단을 가리키지만, 다른 한편으로는 성도들의 교제와 선택받은 사람들의 총회라는 보이지 않는 실재이기도 하다. 교회는 보이지 않는 측면에서는 오직 하나님만이 알고 계시는 선택받은 사람들의 총회이고, 보이는 측면에서는 세상에 있는 신자들의 공동체이다. 전자는 오직 선택받은 사람들로만 구성되고, 후자는 선과 악, 선택받은 자들과 유기된 자들을 모두 포함한다. 전자는 믿음과 소망의 대상이고, 후자는 현재적 경험의 대상이다. 칼빈은 비록 보이는 교회가 약점을 지니고 있더라도 그리스도의 몸인 보이지 않는 교회를 위해 기꺼이 존중하는 마음으로 헌신하는 것이 모든 신자의 의무라고 강조했다. 물론, 그렇다고 하더라도 예수 그리스도를 머리로 하는 하나의 실재, 곧 하나의 교회만이 존재할 따름이다.

보이는 교회와 보이지 않는 교회를 구별한 것은 두 가지 중요한 결과를 초래한다. 첫째, 보이는 교회에는 선택받은 사람들과 유기된 사람들이 모두 포함된다. 히포의 아우구스티누스는 가라지 비유(마 13:24-31)를 자신의 근거로 내세워 도나투스주의자들을 논박했다. 인간의 품성과 하나님의 은혜를 서로 관련지어 선택받은 사람들과 유기된 사람들을 구별하는 것은 인간의 능력을 넘어서는 일이다(칼빈의 예정론은 어떤 경우든 그런 선택의 인간적 근거를 배제한다). 둘째, 수많은 보이는 교회들 가운데 어느 교회가 보이지 않는 교회와 조화를 이루는지를 묻는 것이 필요하다. 이런 이유로 칼빈은 교회의 진위를 판단할 수 있는 객관적인 기준을 분명하게 밝혀야 할 필요성을 인식했다. 두 가지 판단 기준이 명기되었다. "하나님의 말씀이 순수하게 선포되어 들려지고, 성례가 그리스도께서 제정하신 대로 집행되는 곳이면 어디에나 교회가 존재한다고 확신할 수 있다." 참 교회를 구성하는 것은 교인들의 자질이 아닌 올바른 은혜의 수단의 존재 여부다. 이런 사실이 교회의 표징에 관한 개신교의 주된 입장을 피력한 칼빈의 진술 안에 분명하게 드러나 있다.

> 하나님의 말씀이 순수하게 선포되어 들려지고, 성례가 그리스도께서 제정하신 대로 집행되는 곳이면 어디에나 하나님의 교회가 존재한다고 확신할 수 있다.…하나님의 말씀을 소유하고, 존중할 뿐 아니라 성례를 집행하는 사역이

이루어진다면 그곳은 아무런 의심 없이 교회로 간주할 수 있다.…말씀의 사역이 순수하게 이루어지고, 성례를 순수한 형태로 기념하는 집단이면 어느 곳이든 교회로 인정하기에 충분한 증거와 보증을 갖춘 셈이다. 이 말은 비록 다른 측면에서는 결함이 많더라도 그런 표징만 존재한다면 그곳을 교회가 아니라고 거부할 수 없다는 뜻이다.

칼빈이 말씀의 선포와 성례의 올바른 집행이 핵심적인 역할을 한다는 점을 줄곧 강조한 것에 주목하라. 칼빈이 이 두 가지를 밀접하게 연관시켰던 이유는 그가 하나님의 말씀과 성례를 통한 말씀의 구현(또는 나타남)이 서로 긴밀한 관계를 맺고 있다고 믿었기 때문이다. 한 가지 더 주목해야 할 사실은 칼빈이 교회를 정의할 때 주교들이나 초기 교회와의 영속성을 전혀 언급하지 않았다는 것이다. 칼빈에게 그런 것들은 유익할지는 모르지만 결정적인 요인이 될 수는 없었다. 진정으로 중요한 것은 교회가 신약성경에 기록된 사도들의 가르침을 믿고, 전해야 한다는 것이었다.

사례 연구 3.6 신학과 천문학: 코페르니쿠스와 갈릴레오 논쟁

종교개혁 시대에 이루어진 가장 중요한 발전 가운데 하나는 자연과학의 중요성이 증대됨으로써 그런 새로운 통찰력과 방법론이 기독교 신학에 잠재적으로 미치게 될 영향이었다. 이번 사례 연구에서는 태양계에 관한 니콜라우스 코페르니쿠스와 갈릴레오 갈릴레이의 견해를 둘러싼 논쟁을 살펴볼 생각이다.

1543년 5월, 마침내 니콜라우스 코페르니쿠스의 『천체의 회전에 관해』(De revolutionibus orbium coelestium)가 출간되었다. 오래된 전승에 따르면 이 책은 코페르니쿠스가 사망했던 그해 5월 24일 직전에 출간되어 그가 볼 수 있었다고 한다. 이 책은 태양계의 태양 중심설을 제시했다. 코페르니쿠스는 지구와 다른 행성들은 태양계 중심에 멈추어 있는 태양의 주위를 회전한다고 주장했다(물론, 달이 지구 주위를 돈다는 것에는 모두가 동의했다). 이 견해는 태양과 행성들을 비롯해 모든 천체가 지구 주위를 돈다는 옛 견해와는 사뭇 달랐다.

중세 신학자들은 지구 중심설로 종종 일컬어지는 옛 견해를 널리 받아들였다. 그들은 지구 중심설의 관점에서 성경을 읽는 데 매우 익숙했기 때문에 새로운 이론을 인정하기가 어려웠다. 코페르니쿠스의 이론을 옹호하기 위해 출간된 초창기의 저서들은 두 가지 문제를 다루어야 했다(예를 들면, 레티쿠스의 『성경과 지구의 운동에 관한 논문』은 성경과 코페르니쿠스의 이론의 상관관계를 솔직하게 다룬 것으로 알려진 가장 초기의 저서로 널리 인정된다). 하나는 지구와 다른 행성들이 태양 주위를 돈다고 결론지을 수 있는 확실한 관찰 증거를 제시하는 것이었고, 다른 하나는 그런 견해가 오랫동안 지구 중심설을 지지하는 것으로 간주되어 온 성경에 부합하는지를 입증하는 것이었다.

태양계의 태양 중심설이 제기된 까닭에 신학자들은 특정한 성경 본문들을 해석했던 방법을 재검토해야 했다. 성경 해석의 전통을 살펴보면 크게 세 가지 접근 방식이 시도되었던 것을 알 수 있다.

1) **문자적 접근 방식.** 이 방식은 본문을 액면 그대로 받아들여야 한다는 주장이다. 예를 들어, 창세기 1장을 문자적으로 해석하면 창조 사역은 24시간을 하루로 산정해 총 6일 동안 이루어진 셈이 된다.
2) **비유적 접근 방식.** 이 방식은 성경의 본문 가운데 문자적으로 해석하기가 적절하지 않은 형식으로 쓰인 것들이 있다고 주장한다. 중세 시대에는 성경의 비문자적 의미를 세 가지 형태로 나눠 생각했다. 16세기 저술가들 가운데는 이런 구분이 약간 정교한 측면이 있다고 생각하는 사람들이 많았다. 이 견해는 창세기의 처음 몇 장을 신학적, 윤리적 원리를

도출할 수 있는 시적이거나 비유적인 기사로 이해했다. 다시 말해, 이 방식은 그 본문을 지구의 기원을 밝히는 문자적, 역사적 기사로 다루지 않았다.

3) **조정의 개념에 근거한 접근 방식.** 이것은 성경 해석과 자연과학의 상관관계와 관련해 가장 중요한 접근 방식으로 간주되어 왔다. 이 방식은 계시가 문화적이며, 인류학적으로 조건화된 방법과 형태로 주어지기 때문에 적절하게 해석해야 할 필요가 있다고 주장한다. 이 방식은 유대교 내에서 오랫동안 사용되어 온 전통이 있고, 나중에는 기독교 신학에서도 적절하게 활용되었다. 이 방식이 교부 시대에 영향을 많이 미쳤다는 사실을 쉽게 확인할 수 있다. 그러나 이 방법이 온전히 발전해 무르익은 것은 16세기에 접어들어서였다. 이 방식은 창세기의 처음 몇 장이 본래의 청중이 처한 문화적 상황에 적절한 언어와 표현을 사용하고 있다고 주장한다. 따라서 '문자적으로' 받아들여서는 안 되고, 본래의 청중에게 적합하게끔 구체적으로 '조정된' 형식과 용어들로 표현된 핵심 개념들을 추출함으로써 동시대의 독자들을 위해 적절하게 해석해야 한다.

세 번째 접근 방식은 16, 17세기에 신학과 천문학의 관계를 논의하는 상황에서 특별히 중요한 역할을 한 것으로 드러났다. 저명한 종교개혁자 존 칼빈(1509-64)은 자연과학의 발전과 이해와 관련해 크게 두 가지 측면에서 긍정적인 기여를 한 것으로 간주된다. 첫째, 그는 자연에 대한 과학적 연구를 적극적으로 권장했다. 둘째, 그는 성경을 '조정'의 관점에서 해석하는 방식을 취함으로써 과학 연구의 발전을 가로막는 큰 장애 요인을 제거했다. 그의 첫 번째 기여는 구체적으로 창조의 질서정연함을 강조한 것과 관련이 있다. 물리적인 세계와 인간의 육체는 하나님의 지혜와 성품을 증언한다. 따라서 칼빈은 천문학과 의학에 관한 연구를 독려했다. 이 두 학문은 신학보다 자연 세계를 더 깊이 탐구함으로써 피조 세계의 질서정연함과 창조주의 지혜를 보여주는 증거를 더 많이 찾아낼 수 있다. 결국, 칼빈은 자연에 관한 과학적 탐구에 새로운 종교적 동기를 부여한 셈이었다. 과학은 피조 세계에 드러난 하나님의 지혜로운 손길을 분별하는 수단으로 간주되었다.

저지대 국가들(나중에 식물학자들과 물리학자들로 유명하게 된 지역)에서 특별한 영향력을 행사했던 칼빈주의 신앙고백인 『벨기에 신앙고백』(1561)은 "(자연은) 가장 아름다운 책이 되어 우리 눈앞에 펼쳐져 있고, 크고 작은 모든 피조물은 그 안에 적힌 글자들이 되어 우리에게 하나님의 보이지 않는 것들을 보여준다."라고 선언했다. 이처럼, 자연과학을 통해 피조 세계를 세밀하게 연구하면 하나님을 발견할 수 있다.

칼빈의 두 번째 기여는 자연과학의 발전을 가로막는 큰 장애 요인인 성경적 문자주의를 제거한 것이었다. 칼빈은 성경의 주된 목적은 예수 그리스도에 관한 지식을 전하는 것이라고 말했다.

성경은 천문학이나 지리학이나 생물학 교과서가 아니다. 성경을 해석할 때는 하나님이 인간의 생각과 마음이 지닌 능력에 맞게끔 '조정하셨다'는 사실을 염두에 두어야 한다. 하나님은 계시를 허락하실 때 우리의 수준에 맞추신다. 계시는 하나님이 자기를 낮춰 우리의 유한한 능력에 알맞게 '조정하시는' 것을 의미한다. 어머니가 아이에게 다가가기 위해 허리를 구부리는 것처럼 하나님도 우리의 수준에 맞추기 위해 자기를 낮추신다. 계시는 신적 겸손의 행위다.

칼빈은 성경의 창조 기사(창세기 1장)가 상대적으로 단순하고, 무지한 사람들의 능력과 이해력에 맞게 조절된 설명이라고 주장했다. 따라서 현실을 문자적으로 묘사한 것으로 받아들여서는 곤란하다. 그는 "(창세기의 저자는) 학식 있는 자들은 물론, 무지하고, 원시적인 자들을 가르치는 교사로 세우심을 받았기 때문에 원하는 목표를 이루기 위해서는 그토록 투박한 교육의 방식을 사용하기까지 자신을 낮추어야 했다."라고 말했다. 6일 동안의 창조는 24시간을 하루로 산정한 날로 계산한 것이 아니라 장기간의 시간을 나타내기 위해 인간의 사고방식에 맞게끔 조정해서 말한 것일 따름이다. '궁창 위의 물'도 구름을 가리키기 위해 그런 식으로 조정된 것이다.

이런 개념들이 특히 17세기에 과학적 탐구에 끼친 영향은 그야말로 상당했다. 예를 들어, 영국의 저술가 에드워드 라이트는 성경은 물리학과 관련이 없고, 성경의 진술 방식은 '간호사가 어린아이들을 돌보는 것처럼 평범한 사람들의 이해와 표현 방식에 맞게 조정된 것'이라는 주장을 펼쳐 성경을 문자적으로 해석하는 사람들에 맞서 코페르니쿠스의 태양 중심설을 옹호했다. 그런 논증은 칼빈에게서 연유된 것이다. 그는 그런 점에서 자연과학의 발전에 근본적인 기여를 했다고 평가될 수 있다.

17세기 초반에 태양 중심설을 둘러싼 논쟁이 새롭게 불거지면서 이탈리아에서도 그와 비슷한 주장이 제기되었다. 그 논쟁은 로마 가톨릭교회가 갈릴레오 갈릴레이를 단죄하는 결과를 낳았다. 이 일은 일부 교회 지도자들이 저지른 그릇된 판단으로 널리 알려져 있다. 갈릴레오는 코페르니쿠스의 천체 이론을 열렬히 옹호했다. 갈릴레오의 견해는 그가 교황의 총애를 받던 지오반니 치암폴리의 존경을 받았다는 사실 때문에 처음에는 고위 성직자들의 호응을 얻었다. 그러나 치암폴리가 권력의 자리에서 밀려나자 갈릴레오는 교황의 측근들 사이에서 지지를 잃게 되었고, 그것에 계기가 되어 그의 적들로부터 단죄를 당하는 결과를 맞이했다.

갈릴레오를 중심으로 벌어진 논쟁은 과학과 종교, 또는 자유주의와 권위주의의 대결로 종종 묘사되지만, 문제의 핵심은 정확한 성경 해석과 관련이 있었다.

과거에 이 점에 대한 올바른 평가가 이루어지지 않았던 이유는 역사가들이 이 논쟁과 관련된 신학적(정확히 말하면 해석학적) 문제를 옳게 파악하지 못했기 때문이다. 다시 말해, 이 특별한 논쟁에 관심을 기울였던 학자들 가운데 대다수가 유달리 복잡했던 시대적 상황 속에서 불거진 성경 해석 논쟁의 복잡미묘한 내용에 익숙하지 않은 과학자나 과학역사가였다는 사실에 그 부분적인 이유가 있었다. 아무튼, 이런 사실에도 불구하고 갈릴레오와 그의 비판자들 사이에 오간 논의를 지배했던 문제가 특정한 성경 본문을 어떻게 해석하느냐에 집중되었던 것은 분명하다. 곧 살펴보겠지만 그 논쟁에서 가장 중요했던 것은 '조정'의 문제였다.

이 점을 파헤치려면 1615년 1월에 출간된 한 권의 중요한 저서를 살펴봐야 한다. 카르멜회 수도사 파올로 안토니오 포스카리니는 『피타고라스주의자들과 코페르니쿠스의 견해에 관한 서한』에서 태양 중심설의 천체 이론과 성경이 서로 모순되지 않는다고 주장했다. 그는 자신의 분석을 통해 성경 해석의 새로운 원리를 제시하지 않았다. 오히려 그는 전통적인 해석 원칙을 제시하고, 적용했다.

> 성경이 하나님이나 다른 피조물에 관해 말씀하면서 부적절하거나 불충분해 보이는 무엇인가를 적용하는 경우에는 다음과 같은 방법 가운데 한두 가지를 적용해 해석하고, 설명해야 한다. 첫째, 그런 내용은 은유나 비유 및 직유에 해당할 수 있다. 둘째, 그런 내용은…우리의 사고 양식, 이해 방식, 인지력 및 지식의 정도와 같은 요소를 고려한 것일 수 있다. 셋째, 그런 내용은 당시의 통속적인 견해와 일반적인 화법에 맞춘 것일 수 있다.

포스카리니가 언급한 두 번째와 세 번째 방식은 일반적으로 위에서 말한 성경 해석의 세 번째 원리인 '조정'의 방식으로 간주된다. 앞서 말한 대로 이 성경 해석 방식은 초기 기독교 역사에까지 거슬러 올라가는 것이기 때문에 논란의 여지가 없는 것으로 간주되었다.

포스카리니의 독창성은 그가 채택한 해석 방법이 아니라 그 방법을 적용한 성경 본문에 있었다. 바꾸어 말해, 그는 많은 사람이 그때까지도 문자적으로만 해석했던 성경 본문들을 조정의 방식을 적용해 해석해야 한다고 제안했다. 그가 이 방식을 적용한 성경 본문들은 지구는 고정된 상태로 있고, 태양이 움직이는 것처럼 보이게 만드는 것들이었다.

포스카리니는 이렇게 주장했다.

성경은 우리의 이해 방식과 외적 현상에 따라 우리를 고려해서 말씀하는 듯하다. 왜냐하면 이 천체들이 우리와 관련된 것처럼 보일 뿐 아니라 인간의 통속적이고, 일반적인 사고 양식에 따라 지구가 가만히 멈추어 움직이지 않고, 태양이 그 주위를 회전하는 것처럼 묘사되고 있기 때문이다. 이처럼 성경은 통속적이고, 일반적인 방식으로 말씀함으로써 우리를 유익하게 한다. 우리의 관점에서 보면 지구가 태양을 도는 것이 아니라 지구는 중심에 굳게 고정되어 있고, 태양이 그 주위를 도는 것처럼 보인다.

갈릴레오는 코페르니쿠스의 입장을 지지했고, 그 결과 포스카리니와 비슷한 성경 해석 방식을 채택하게 되었다.

문제의 관건은 성경 해석 방법이었다. 갈릴레오의 비판자들은 일부 성경 본문이 그의 주장과 모순된다고 역설했다. 예를 들어, 그들은 태양이 여호수아의 명령에 따라 움직임을 멈추었다는 여호수아서 10장 12절을 인용하면서 태양이 지구 주위를 돌고 있는 것이 합리적인 의심을 불허하는 명백한 사실이 아니겠느냐고 주장했다.

갈릴레오는 크리스티나 대공 부인에게 보낸 편지에서 그 말씀은 단지 일반적인 화법일 뿐이라고 논박했다. 여호수아는 천체의 복잡한 원리를 알지 못했기 때문에 '조정'의 화법을 사용했을 따름이다.

그의 견해는 다음 두 가지 이유를 근거로 공식적으로 단죄되었다.

1) 성경은 '용어들의 고유한 의미'에 따라 해석되어야 한다. 포스카리니가 채택한 조정의 방식은 거부되었고, 좀 더 문자적인 해석 방식이 선호되었다. 앞서 살펴본 대로, 이 두 가지 해석 방법이 모두 합법적인 것으로 인정되었고, 기독교 신학 안에서 활용된 오랜 역사를 지니고 있었다. 논쟁은 문제의 성경 본문에 어떤 해석 방법이 적절한지를 따지는 데 집중되었다.
2) 성경은 '일반적인 해석과 교황 성하와 학식 있는 신학자들의 이해 방식에 따라' 해석되어야 한다. 이것은 포스카리니의 해석 방법이 과거의 중요한 인물들 가운데 아무도 채택한 적이 없는 새로운 혁신이기 때문에 거부해야 마땅하다는 주장이다.

이처럼 포스카리니와 갈릴레오의 견해는 일찍이 기독교 사상사에 전례가 없는 혁신으로 간주되어 거부되었다.

이 두 번째 이유는 매우 중요할 뿐 아니라 30년 전쟁(1618-48) 동안에 개신교와 가톨릭교회 사이에서 불거졌던 논쟁, 곧 전자가 혁신인지, 아니면 참된 기독교의 발견인지를 둘러싸고 오랫동안 치열하게 지속되었던 논쟁을 배경으로 하기 때문에 좀 더 자세히 살펴봐야 할 필요가 있다. 가톨릭 전통의 불변성이라는 개념은 개신교에 대한 로마 가톨릭교회의 논쟁에서 핵심적인 역할을 차지했다. 로마 가톨릭교회의 가장 막강한 변증학자 가운데 한 사람인 자크 베니뉴 보쉬에(1627-1704)는 1688년에 이렇게 말했다.

> 교회의 가르침은 항상 동일하다.…복음은 이전과 조금도 달라지지 않았다. 따라서 만일 누군가가 언제든 과거에 믿음에 속하는 것이라고 인정하지 않았던

것이 믿음 안에 포함되어 있다고 주장한다면 그것은 정통과는 다른 교리를 전하는 이단에 해당할 것이다. 거짓 교리를 식별하기는 조금도 어렵지 않다. 그것을 둘러싼 논쟁은 필요하지 않다. 거짓 교리는 새로운 것이기 때문에 모습을 드러낼 때마다 즉각 식별할 수 있다.

이런 식의 논증이 17세기 초부터 널리 활용되었고, 포스카리니에 대한 공식적인 비판을 통해 구체적으로 분명하게 드러났다. 그가 제시한 해석은 과거에는 없었던 것이었다. 단지 그런 이유만으로, 그것은 거짓으로 판명되었다.

성경 해석을 둘러싼 이런 중요한 논쟁에는 복잡한 배경이 존재했을 것이 틀림없다. 팽팽한 긴장감이 감도는 당시의 정치화된 분위기 속에서 무엇이든 새로운 것을 인정하게 되면 합법성을 주장하는 개신교의 입장을 간접적으로 용인하는 것처럼 비칠지도 모른다는 우려 때문에 신학적 논쟁이 심각하게 편향되었다. 무엇이든 중요한 문제에 대해 로마 가톨릭교회의 가르침이 '변했다'고 인정하면 개신교의 핵심적인 가르침, 곧 로마 가톨릭교회가 그때까지 '혁신'으로 간주해 거부한 가르침을 정통으로 인정하라는 요구가 물밀 듯 밀어닥칠 수문을 열어놓게 될 소지가 다분했다.

따라서 갈릴레오의 견해는 저항에 부딪힐 수밖에 없었다. 핵심 사안은 신학적 혁신이었다. 특정한 성경 본문에 대한 갈릴레오의 해석을 용인하면 개신교에 대한 가톨릭교회의 비판, 곧 개신교가 특정한 성경 본문에 관한 새로운 해석을 시도해 오류를 범했다는 주장이 심각하게 훼손될 것이 분명했다. 따라서 그의 견해가 거부되는 것은 단지 시간문제였다. 교황의 총신이었던 치암폴리라는 보호막이 사라지자 갈릴레오는 비평가들로부터 '혁신을 도입한 이단'이라는 비난에 직면할 수밖에 없었다.

갈릴레오를 둘러싼 논쟁은 교과서에서 전형적인 '과학과 종교의 대결' 사례로 지나치게 단순화되어 소개될 때가 많다. 이 사례 연구에서 분명하게 알 수 있는 대로, 상황은 그보다 훨씬 더 복잡했다.

이 논쟁의 이면에는 궁중 정치, 인격적 기질의 충돌, 개신교로부터 자신을 보호하려는 가톨릭교회의 사나운 투쟁, 성경을 올바로 이해하려는 참된 시도 등, 다양한 요인이 숨어 있다.

4장

현대
(1750년부터 현재까지)

문화적 분수령: 계몽주의
기독교 신학에 대한 계몽주의의 비판
낭만주의의 출현과 계몽주의에 대한 비판
빅토리아 시대의 영국과 신앙의 위기
포스트모더니즘과 새로운 신학적 경향
대표적인 신학자
최근의 서구 신학과 그 동향
중요한 명칭, 용어, 문구
질문
사례 연구

이 마지막 장에서는 기독교 신학이 현재까지 발전해온 과정을 살펴볼 생각이다. 기독교는 이 시기에 중요한 변화를 거치면서 전통적인 본거지였던 유럽에서 상당한 진통과 갈등을 겪으며 그 경계선을 넘어 세계 전역으로 확장되었다. 기독교 신학은 1700년 이후부터 서유럽에서 벗어나 세계적인 현상으로 발돋움했다.

특히 스칸디나비아 제국과 독일과 영국과 같은 서유럽 국가들 통해 북아메리카의 식민지화가 이루어짐으로써 다양한 개신교 세력(루터파, 개혁주의, 재세례파)이 그곳에 확고하게 뿌리를 내리게 되었다. '대각성 운동'(1726-45)으로 알려진 부흥 운동을 이끌었던 조나단 에드워즈(1703-58)는 당시의 가장 중요한 미국 신학자로 손꼽힌다. 나중에는 아일랜드와 이탈리아 등지에서 이민자들이 몰려들면서 로마 가톨릭교회의 세력도 차츰 증대되었다.

다양한 교파들이 신학교를 설립하면서 미국이 기독교 신학의 교육과 연구의 중심지로 부각되었다(예를 들어, 프린스턴신학교는 장로교가 설립한 학교였다). 물론, 미국이 신학적 논의와 관련해 세계적으로 큰 비중을 차지하게 된 것은 20세기 중엽에 들어서부터였다. 그 전까지는 독일과 영국의 신학이 지배적인 역할을 했다. 그 이유 가운데 하나는 유럽의 신학자들이 이민을 통해 미국으로 유입되었기 때문이다. 유럽의 환경 속에서 훈련을 받은 신학자들의 가르침과 성향은 자연히 유럽적 특성을 띨 수밖에 없었다.

세계 곳곳에서 기독교의 확장세가 계속되었다. 오스트레일리아, 인도, 극동 지역, 사하라 사막 이남의 아프리카에서 엄청난 영향력을 발휘한 기독교의 선교 활동이 이루어지면서 신학교와 고등학교와 대학들이 설립되는 결과가 나타났고, 그 과정에서 신학은 그 근원지인 서유럽의 영향권에서 서서히 벗어나기 시작했다. 현지인 저술가들이 기독교 신학의 '유럽 중심주의적 성향'을 강하게 비판하면서 '토착 신학'의 발전이 그런 지역들에서 갈수록 더 중요해졌다.

그 대표적인 사례를 라틴 아메리카에서 발견할 수 있다. 그곳에서는 스페인과 포르투갈의 정복 행위를 통해 도입된 가톨릭주의에 대한 반발이 강했다. '실천'(praxis, 문자적으로 '행동'을 뜻하는 헬라어다. 칼 마르크스는 생각과 연관된 행위의 중요성을 강조하기 위해 이 용어를 채택했다)의 중요성을 강조하고, 가난한 자들의 상황을 우선시하며, 정치적 해방을 추구하는 신학을 확립하려고 노력했던 해방신학의 출현으로 그런 추세가 다소 완화되었을 수는 있지만, 궁극적으로 완전히 뒤바뀌지는 않았다. 그런 상황의 가장 큰 수혜자는 복음주의와 은사주의(성령의 은사와 연관된 용어로 성령의 직접적인 임재와 체험을 강조하는 신학과 예배를 가리키는 데 종종 사용된다)였다.

1750년 이후로 기독교 신학에 관한 저술 활동과 연구 및 논의가 다양한 각도에서 방대하게 이루어졌기 때문에 이번 장에서는 역사신학과 관련된 중요한 발전과 몇 가지 흐름을 개괄하는 것으로 만족하고자 한다. 지면의 한계 때문에 필요한 것을 모두 상세하게 다루기가 불가능하다. 그러나 필요한 것을 상세하게 다루지는 못하더라도 오늘날의 신학적 지평을 형성하는 데 영향을 미친 역사적 발전들을 전체적으로 조망할 수 있는 시야를 열어주려고 노력할 것이다.

그러면 먼저 최근 몇 세기 동안 기독교 신학이 진행되어 온 환경에 영향을 미친 다양한 문화적 발전들을 몇 가지 살펴보고, 그런 다음에는 최근의 신학적 논의가 지닌 교파적 특성과 이 시기에 중요하게 부각된 사상 학파와 신학 운동을 차례로 고찰해 보기로 하자.

문화적 분수령: 계몽주의

일반적으로 '계몽주의'로 알려진 사상운동으로 인해 유럽과 북아메리카의 기독교는 상당히 불확실한 시대를 맞이해야 했다. 종교개혁과 그로 인한 종교 전쟁의 충격이 유럽 대륙에서 채 가시기도 전에 기독교에 대한 새로운 도전이 좀 더 급진적인 형태로 제기되었다.

계몽주의는 17세기 말에 발전된 영국의 이신론에서 부분적으로 기원했다. 아이작 뉴턴(1643-1727) 경은 우주가 지성적인 창조주를 통해 합리적으로 설계되어 만들어진 거대한 기계와 같다고 주장했다. 이신론은 신앙의 초자연적 차원을 축소하고, 기독교를 인간의 이성과 쉽게 조화를 이루는 합리적이고, 도덕적인 종교로 제시했다. 하나님은 뉴턴 역학을 통해 이해할 수 있는 규칙적이고, 질서 있는 우주를 창조하셨다.

흔히 계몽주의와 동의어로 사용되는 '이성의 시대'라는 표현은 오해의 소지가 있다. 이 표현은 이성이 지금까지 무시되거나 과소평가되었다는 인상을 준다. 앞서 살펴본 대로, 중세 시대도 '이성의 시대'로 불리기에 조금도 손색이 없었다. 계몽주의의 독특한 특징은 인간의 이성이 세상의 비밀을 푸는 열쇠라는 신념이었다. 인간은 하나님의 도움이 없어도 스스로 사유할 수 있다. 인간의 이성은 아무런 도움이 없어도 세상을 이해할 능력이 있다. 거기에는 신학자들이 전통적으로 다루어 온 세상의 측면들까지도 모두 포함된다.

계몽주의가 역사신학에 특별히 중요한 이유는 전통적인 기독교 교리에 대한 역사적 비평을 중시하기 때문이다. 이런 경향은 특히 계몽주의 초기에 시작된 '역사적 예수에 관한 탐구'와 가장 밀접하게 관련된다.

기독교 신학에 대한 계몽주의의 비판

기독교의 전통적인 신념들에 대한 계몽주의의 비판은 인간 이성이 무한한 힘을 지니고 있다는 원리에 근거한다. 이 원리는 여러 단계의 주장을 거쳐 발전했다.

첫째는 기독교의 신념들은 합리적이기 때문에 비판적인 고찰을 능히 통과할 수 있다는 주장이었다. 이런 접근 방식은 존 로크의 『기독교의 합리성』(1695)과 18세기 초의 독일 철학 학파들 내에서 발견된다. 기독교는 자연 종교를 합리적으로 보완하는 것으로 간주되었고, 그로써 신적 계시라는 개념이 그대로 유지되었다.

둘째는 기독교의 기본 개념들은 합리적이기 때문에 이성으로부터 도출할 수 있다는 주장이다. 신적 계시라는 개념을 굳이 도입할 필요가 없었다. 존 톨랜드의 『기독교는 신비롭지 않다』(1969)와 매튜 틴데일의 『창조만큼 오래된 기독교』(1730)에 따르면, 기독교는 본질상 자연 종교의 재현일 뿐이다. 기독교는 자연 종교를 초월하지 않으며, 그 한 가지 사례에 지나지 않는다. 이른바 '계시 종교'는 자연에 대한 합리적인 성찰을 통해 알 수 있는 것을 재확인한 것에 불과하다. '계시'는 계몽된 이성이 이미 알고 있는 도덕적 진리를 단지 합리적으로 재확인해줄 뿐이다.

셋째는 이성이 계시를 판단할 능력이 있다는 주장이다. 비판적 이성은 무한한 힘을 지니고 있기 때문에 불합리하거나 미신적인 요소들을 제거하기 위해 기독교의 신앙과 실천 행위를 판단할 최상의 자격을 갖추었다. 독일의 헤르만 사무엘 라이마루스(1694-1768)와 18세기의 많은 프랑스 합리주의 저술가들(종종 집합적으로 '그 철학자들'[les philosophes]로 일컬어진다.)과 관련이 있는 이 견해는 이성을 계시의 우위에 올려놓았다. 이성에 관한 이런 견해는 프랑스 혁명의 결과로 나타난 중요한 사건들 가운데 하나를 통해 분명하게 상징화되었다. 그것은 바로 1793년에 파리의 노트르담 대성당에 '이성의 여신'을 세운 것이었다.

지금까지 전통적인 기독교 사상에 도전을 제기했던 계몽주의의 원리들을 대충 살펴보았다. 이제부터는 그런 원리들이 특정한 교리들에 어떤 영향을 미쳤는지를 잠시 생각해 보기로 하자. 계몽주의가 지향했던 합리적인 종교는 전통적인 기독교 신학이 주장해 온 몇 가지 중요한 교리들과 충돌을 일으켰다.

계시의 개념

계시의 개념은 전통적인 기독교 신학에서 핵심적인 역할을 했다. 토마스 아퀴나스와 존 칼빈과 같은 많은 기독교 신학자들은 하나님에 관한 자연적인 지식의 가능성을 인정했지만, 성경이 증언하는 초자연적인 신적 계시로 보완되어야 할 필요가 있다고 주장했다. 그러나 초자연적인 계시라는 개념 자체에 대한 계몽주의의 비판적 태도는 갈수록 더 심화되었다. 계몽주의는 초자연적인 계시가 불필요할 뿐 아니라 인간 이성의 보편성을 결여하고 있다고 주장했다. 이성은 모든 사람이 접근할 수 있지만 계시는 선택된 소수만이 접근할 수 있다. 계몽주의는 '특수성의 스캔들'(the scandal of particularity)이라는 표현을 사용해 전통적인 계시의 개념에 대한 우려를 표명했다.

성경의 지위와 해석

개신교든 로마 가톨릭교회든, 정통 기독교는 성경을 하나님의 영감으로 기록된 교리와 도덕의 원천으로 간주했다. 성경은 그 어떤 유형의 문헌과도 다르게 취급되었다. 그러나 계몽주의는 그런 전제를 의문시하며 성경에 대한 비평적 접근 방식을 발전시켰다. 독일의 계몽주의 신학자들은 이미 이신론에서 통용되는 개념들을 더욱 발전시켜 성경의 저자가 여러 명이고, 내적 모순을 종종 드러내기 때문에 다른 문헌들을 다룰 때와 똑같은 방식으로 본문을 비평하고, 해석해야 한다는 주장을 제기했다.

예수 그리스도의 신분과 의미

계몽주의가 정통 기독교 신앙에 중요한 도전을 제기했던 세 번째 문제는 나사렛 예수의 인격에 관한 것이었다. 특별히 주목해야 할 발전은 두 가지인데, 하나는 '역사적 예수에 관한 탐구'이고 다른 하나는 '도덕적 속죄론'의 출현이었다. 이 중요한 역사적 발전은 모두 계몽주의 세계관의 핵심 요소들과 밀접하게 관련된다.

이신론과 독일의 계몽주의는 역사 속의 실제 예수와 그분의 의미에 대한 신약성경의 해석이 심각한 모순을 일으킨다는 신념을 피력했다. 초자연적인 인류의 구원자라는 신약성경의 증언 아래, 또는 그 배후에는 상식을 가르친 한 평범한 인간 교사가 숨어 있다. 계몽주의적 합리주의 안에서는 초자연적인 구원자는 용인될 수 없었지만 계몽된 도덕적 교사라는 개념은 얼마든지 가능했다. 라이마루스를 비롯한 학자들은 예수에 관한 신약성경의 증언 가운데서 새로운 시대 정신이 용납할 수 있는 좀 더 단순하고, 인간적인 예수를 찾아낼 수 있다고 주장했다.

계몽주의가 도전을 제기한 예수님에 관한 전통적인 개념의 두 번째 측면은 그분의 죽음이 지니는 의미였다(이것은 종종 '속죄론'으로 일컬어지는 신학의 분야에 해당한다). 정통 기독교는 예수님의 십자가의 죽음을 부활의 관점에서 해석함으로써(물론, 계몽주의는 부활을 역사적 사건으로 인정하지 않았다) 그것을 하나님이 인류의 죄를 용서하실 수 있는 근거로 제시했다. 계몽주의 시대에 이런 정통적인 '속죄론'은 원죄와 같은 용납할 수 없는 불합리한 가설로 간주되어 강한 비판에 직면했다.

예수님의 십자가의 죽음은 그분을 따르는 자들에게 자기희생과 헌신을 독려하기 위한 목적으로 이루어진 가장 탁월한 도덕적 행위의 본보기로 재해석되었다. 정통 기독교는 예수님의 죽음과 부활을 그분의 종교적인 가르침보다 더 큰 중요성을 지닌 것으로 다루는 경향이 있었지만, 계몽주의는 그분의 죽음을 과소평가하고, 부활을 부인하며 단지 그분의 도덕적인 가르침의 특성만을 강조할 뿐이었다.

삼위일체 교리

계몽주의 사상가들은 삼위일체(성부, 성자, 성령) 교리를 논리적으로 불합리하게 여기며 비웃었다. 이성을 지닌 사람이 어떻게 그런 수학적인 난센스를 용인할 수 있겠는가? 합리주의자들이 제기한 비판의 압박에 못 이겨 그 교리를 등한시했던 정통 기독교 사상가들이 적지 않았다. 그들은 그런 시대 풍조 아래에서는 그 교리를 효과적으로 옹호하기가 불가능하다고 생각했다. 삼위일체 교리는 계몽주의의 영향력이 쇠퇴하기 시작한 20세기에 이르러 새롭게 부활했다.

계몽주의 시대에는 합리주의의 압력으로 인해 이신론과 흡사한 신론을 전개한 기독교 신학자들이 많았다. 하나님은 우주의 최고 통치자이자 만물의 창조주이셨다. 그런 접근 방식은 특히 하나님을 '신성한 시계제작자', '곧 질서 있고, 규칙적인 우주의 창시자'로 간주했던 18세기 영국의 신학에서 두드러져 나타났다. 삼위일체 신학은 계몽주의 시대를 거치는 동안 동면 상태에 들어갔다가 20세기 초에 접어들면서 1차 세계대전으로 인해 계몽주의 세계관에 대한 인류의 자신감이 무너져내리자 다시 깨어났다.

기적에 대한 비판

예수 그리스도의 신분과 의미를 옹호했던 전통적인 기독교 변증학(기독교 신앙을 옹호하는 데 중점을 둔 신학의 한 분야)은 대부분 그리스도의 부활을 통해 절정에 달했던 신약성경의 '기적 사화'에 근거했다. 우주의 기계적인 규칙성과 질서(뉴턴의 사상이 남긴 가장 중요한 지성적 유산)를 새롭게 강조하다 보니 기적에 관한 신약성경의 증언에 대해 의구심이 생겨났다. 데이비드 흄의 『기적에 관한 논고』(1748)는 설득력 있는 증거를 토대로 기적의 불가능성을 입증한 책으로 널리 간주되었다. 흄(1711-76)은 부활과 같은 신약성경의 기적들과 유사한 현상이 그 후로는 전혀 발견되지 않기 때문에 신약성경을 읽는 독자는 기적에 관한 사람들의 증언에만 전적으로 의지할 수밖에 없다고 주장했다. 그는 유사한 현상이 더 이상 나타나지 않는 상황에서 단지 인간의 증언만으로는 기적의 발생을 입증하기에 부적절하다고 확신했다.

그와 비슷하게 프랑스 합리주의 저술가 드니 디드로(1713-84)도 설혹 파리의 시민들이 모두 이구동성으로 죽었던 사람이 이제 막 죽은 자들 가운데서 살아났다고 말하더라도 그 말을 조금도 믿지 않을 것이라고 선언했다. 과거와 현재는 서로 유사하기 때문에 18세기에 부활이 일어나지 않는다는 사실은 곧 1세기에도 부활이 없었다는 확실한 증거일 수밖에 없다는 주장이었다.

원죄의 거부

계몽주의는 인간의 본성이 결함이 있거나 부패되었다는 정통적인 원죄 교리를 강력하게 거부했다. 볼테르(1694-1778)와 장 자크 루소(1712-78)와 같은 유력한 프랑스 계몽주의자들은 이 교리가 인간의 능력에 관한 비관론을 부추겨 사회와 정치의 발전을 저해하고, 자유방임적 태도를 독려한다고 비판했다. 독일 계몽주의 사상가들은 이 교리가 역사적으로 비교적 늦은 시기인 4, 5세기에 히포의 아우구스티누스의 사상에서 비롯되었다는 이유를 들어 그 항구적인 타당성과 적절성을 인정하지 않는 경향이 있었다.

악의 문제

계몽주의 시대에 세상에 존재하는 악의 문제를 대하는 태도가 근본적으로 달라졌다. 중세 시대만 해도 악의 존재는 기독교의 일관성을 위협하는 요인으로 간주되지 않았다. 선하고 전능하신 하나님과 악이 동시에 존재한다는 개념은 상당한 모순을 내포한 것이었지만 신앙을 방해하는 요인으로 간주되지 않았고, 단지 학문적인 신학적 문제로만 취급되었다. 그러나 계몽주의 시대에는 상황이 급변했다. 악의 존재가 기독교 신앙의 신빙성과 일관성에 큰 도전을 제기하는 문제로 바뀌었다. 볼테르의 『캉디드』(1759)는 유명한 리스본 지진(1775)과 같은 자연적인 악의 존재를 통해 기독교적 세계관에 초래된 어려움을 부각시킨 많은 책들 가운데 하나였다. 독일 철학자 라이프니츠가 만들어낸 '신정론'이라는 용어가 이 시기에 처음 등장했다. 이런 사실은 악의 문제가 종교에 대한 계몽주의의 비판 속에서 새로운 의미를 띠게 되었다는 인식이 차츰 확대되고 있었음을 보여주는 증거였다.

낭만주의의 출현과 계몽주의에 대한 비판

18세기 말에 접어들면서 합리주의의 무미건조한 특성에 관한 우려가 차츰 증폭되기 시작했다. 한때 해방자로 인식되었던 이성이 영적 속박을 일삼는 것으로 간주되었다. 이런 불안감은 대학의 철학 교수들이 아닌 문학가와 예술가들을 통해 표출되었다. 특히 프로이센의 주도인 베를린에서 그런 현상이 두드러졌다. 낭만주의 운동은 이성을 중시하는 태도를 지양하고, 인간의 직관과 상상력과 감정을 강조했다.

'낭만주의'는 정의하기가 몹시 어려운 용어다. 이 운동은 계몽주의의 핵심 주제 가운데 몇 가지 특별한 것들, 특히 인간의 이성으로 모든 현실을 알 수 있다는 주장에 대한 반발로 이해하는 것이 최선일 듯하다. 낭만주의는 현실을 몇 가지 합리화한 단순 개념들로 축소하려는 시도를 강력히 거부한다. 낭만주의는 인간의 상상력에 호소했다. 그 이유는 상상력이 자연과 인간의 감정 안에서 관찰되는 복잡한 현상들과 갈등을 종합하는 능력을 지니고 있다고 확신했기 때문이다. 낭만주의 비평가들은 아우구스투스 빌헬름 슐레겔의 저서에서 발견되는 '우주의 신비'라는 표현을 사용해 계몽주의가 그런 신비를 간단한 논리적 공식으로 축소시킴으로써 세상의 복잡성을 공정하게 다루지 못했다고 주장했다.

낭만주의의 발전은 유럽의 기독교에 상당한 영향을 미쳤다. 합리주의가 상징주의를 내세운다거나 감정에 호소한다는 이유로 혐오했던 기독교(특히 가톨릭)의 측면들이 낭만주의자들의 상상력을 사로잡았다. 합리주의는 경험적으로나 감정적으로 심각한 결함을 지니고 있기 때문에 전통적으로 기독교 신앙을 통해 표현되고, 또 충족되어 온 실질적인 인간의 필요를 채워줄 능력이 없는 것으로 평가되었다. 샤토 브리앙(1768-1848)은 19세기 초에 프랑스의 상황에 대해 이렇게 말했다. "믿음의 필요성, 곧 종교적인 위로에 대한 갈망이 존재했다. 왜냐하면 너무나도 오랫동안 그런 위로가 없었기 때문이다." 18세기 말에도 그와 비슷한 견해들이 독일 내에서 주를 이루었다.

합리주의가 종교의 존립을 위협하지 못했다는 사실이 영국과 독일과 북아메리카에서 이루어진 발전들을 통해 분명하게 확인된다. 18세기에 독일의 경건주의와 영국의 복음주의가 새로운 영향력을 발휘하기 시작했다는 사실은 합리주의가 개인의 필요와 의미에 관한 인간의 강렬한 욕구를 충족시킬 설득력 있는 대안을 제시하지 못했다는 명백한 증거였다. 철학도 삶의 외적 현실과 인간 의식의 내면적 삶과 동떨어져 있다는 점에서 메마른 탁상공론에 지나지 않는 것으로 간주되었다.

프리드리히 다니엘 에른스트 슐라이어마허(1768-1834)의 공헌은 바로 이런 배경, 곧 합리주의의 미몽을 일깨우고, 인간의 '감정'의 중요성을 새롭게 의식하게 된 흐름 속에서 이루어졌다. 슐라이어마허는 기독교를 포함한 모든 종교는 감정, 또는 '자의식'의 문제라고 주장했다. 그는 『기독교 신앙』(1821)이라는 조직신학 저서를 통해 기독교 신학이 '절대 의존'의 감정과 어떻게 관련을 맺고 있는지를 보여주려고 시도했다(이 책의 개정판은 1834년에 발행되었다). 『기독교 신앙』의 구조는 죄와 은혜의 변증법을 중심으로 복잡하게 전개된다. 이 책은 세 부분으로 구성되었다. 1부는 창조와 같은 주제를 중심으로 하나님에 대한 의식을 다루고, 2부는 구원의 가능성과 같은 주제를 중심으로 죄와 그로 인한 결과에 관한 의식을 다루며, 마지막 3부는 그리스도의 인격과 사역과 같은 주제를 중심으로 은혜에 대한 의식을 다룬다. 슐라이어마허는 그런 식으로 "모든 것이 나사렛 예수께서 이루신 구속과 관련이 있다."라고 주장했다.

그러나 낭만주의는 전통적인 기독교에 대해 모호한 태도를 보였다. 퍼시 비시 셸리(1792-1822)와 같은 일부 낭만주의 저술가들은 종교적 감정과 삶의 초월적인 차원에 관한 탐구의 중요성은 인정하면서도 그런 탐구가 기독교 신앙과 필연적인 관계를 맺는다고 생각하지 않았다. 이런 사실은 흔히 '빅토리아 시대의 신앙의 위기'로 묘사되는 것, 곧 현대신학의 많은 주제를 촉발시킨 배경으로 종종 간주되는 것에 관한 논의와 자연스레 연결된다.

빅토리아 시대와 신앙의 위기

A. N. 윌슨은 『하나님의 장례식』(2000)이라는 책에서 빅토리아 시대의 영국에서 발생한 무신론을 상세히 설명하고, 분석했다. 이 책과 관련된 가장 흥미로운 사실 가운데 하나는 19세기 말의 영국에서 믿음의 상실을 둘러싸고 애증의 감정이 병존했다는 사실을 주의 깊게 서술한 것이다. 큰 열정으로 시작된 세속적인 시도들은 19세기 말경에 상당한 성공을 거두었다. 기독교는 정치적으로나 사회적으로는 여전히 국가의 삶 속에서 매우 중요한 비중을 차지했다. 그런 상황은 1차 세계대전 이후에도 계속되었다. 그러나 기독교 사상은 소설가들과 시인들과 예술가들의 불신을 받으며, 시시하고, 구태의연한 것으로 취급받기 시작했다. 윌슨은 하나님을 가차 없이 배제함으로써 야기된 혼란과 깊은 감정적인 상실감을 분명하게 보여주었다.

이런 신앙의 위기를 초래했거나 예시하는 인물을 한 사람만 딱 골라 말하기는 어렵다. 그러나 종교적인 믿음에 대한 회의와 적대감이 고조되었던 그런 분위기 속에서 주된 역할을 했던 인물로 종종 손꼽히는 사람이 있는데 바로 소설가 조지 엘리엇(1819-90, 본명은 메리 앤 에번스다)이다. 엘리엇이 기독교에 대해 우려를 표명했던 이유는 기독교의 교리가 도덕성의 문제를 진지하게 다루지 않는다고 생각했기 때문이다. 엘리엇은 "왜 기독교는 하나님을 사랑할 때만 열띤 사랑을 강조하고, 그 외에 다른 인간의 사랑은 그토록 무가치하게 여기는 것인가?"라는 물음을 제기했다. 이처럼 빅토리아 시대에 신앙의 위기가 초래된 가장 주된 이유는 기독교의 중요한 개념들에 대한 도덕적 반발이 일어났기 때문이다. 프루드, 매튜 아놀드, 뉴먼과 같은 저술가들도 원죄, 예정, 대리 속죄(그리스도의 사역에 관한 교리를 진술하는 전통적인 방식)와 같은 교리들이 부도덕하다고 판단하고, 기독교 신앙을 포기했다.

엘리엇도 다른 많은 사람들처럼 하나님에 관한 어둡고, 암울한 개념을 버리고 '인간적 동정심을 중시하는 종교'를 선택했다. 『애덤 비드』(1859)에서부터 『미들마치』(1871-2)에 이르기까지 그녀의 소설 전체에서 기존의 종교를 배격하려는 경향이 발견된다. 그녀는 믿음의 도덕적인 측면은 기독교의 형이상학적인 기본 개념이 없어도 얼마든지 잘 유지될 수 있다고 믿었다. 인간은 하나님 없이도 선하게 살 수 있다. 기독교의 하나님을 믿는 믿음은 '개인과 사회의 행복'을 방해하는 큰 걸림돌일 수 있다. 이런 견해는 그 시대의 통념으로 굳어져 빅토리아 시대 말기에 자신의 운명을 스스로 결정하는 인간성의 능력에 대한 사회적 합의가 이루어지는 데 크게 기여했다. 토머스 하디와 같은 몇몇 사람들은 하나님 없이 도덕성을 구축할 수 있는 인간의 능력에 대해 엘리엇보다 좀 더 비관적인 태도를 드러냈지만, 그들은 그런 논의의 현장에서 소수의 목소리에 지나지 않았다.

빅토리아 시대는 1870년경부터 1900년까지 큰 변화들을 거친 것으로 널리 알려져 있다. 그런 변화들은 궁극적으로 과거의 가치와 신념들을 전복시킨 것으로 간주될 수 있다. 당시의 많은 저술가들이 새 시대의 여명이 밝아오는 것을 의식했다. 그들은 앞으로의 상황이 어떻게 될지는 잘 알지 못했지만, 과거의 사고방식이 사라져가고 있다는 것을 어렴풋이 느꼈다. 매튜 아놀드(1822-88)는 그 즈음에 쓴 『그랑드 샤르트뢰즈에서 쓴 시』에서 이렇게 말했다.

한 세상은 죽었고, 다른 한 세상은 힘없이 태어났네.
내 머리 둘 곳 하나 없는 상태로
그 두 세상 사이에 끼어 있네.

아놀드는 당시의 문화는 물론, 심지어 자기 자신까지도 믿음을 상실하게 된 것을 의식했고, 그것에 특별히 초점을 맞춰 자신의 알프스 여행을 배경으로 머물 곳 없는 유랑민과 같은 심정을 노래했다. 그는 자신이 한때는 약간의 동경심보다는 좀 더 견고한 믿음을 지니고 있었지만, 그 믿음이 이제는 한갓 '죽은 시대의 파열된 꿈'과 같아 보인다고 말했다. 그는 자기 민족이 믿음을 상실한 것에 대한 슬프고, 우울한 심정을 표현했다. 그는 도버 해안의 썰물을 속에 반영된 그런 현실을 애처로운 눈길로 바라보았다.

신앙의 바다도
한때는 만조를 이루어 지구의 해안 둘레를
근사한 거들의 주름처럼 겹겹이 에워싸고 있었네.
그러나 지금 내 귀에는
우울하게 물러가는 기다란 물결 소리,
밤바람의 숨결에 실려
세상의 자갈돌을 드러내며

처량하게 광활한 가장자리로

밀려나는 소리만이 들려올 뿐이네.

그 조수는 썰물이었다. 아놀드는 그것이 다시 밀물이 되어 돌아오리라고 기대하지 않았다. 그의 시『도버 비치』를 읽고 있노라면 그가 자기 민족이 스스로의 종교적인 영혼을 자발적으로 포기한 것을 보고서 느낀 고통과 혼란의 감정이 생생하게 와닿는다.

포스트모더니즘과 새로운 신학적 경향

일반적으로 포스트모더니즘은 절대적 원리나 확고한 확실성이나 견고한 토대 따위를 인정하지 않고, 복수주의와 상이성을 선호하며, 인간의 모든 사상을 개개의 '특수한 상황'과 결부시켜 사고하려는 문화적 감수성으로 이해되는 것이 보통이다. 이런 점들을 고려하면, 포스트모더니즘은 계몽주의의 전체주의적인 속성에 대한 의도적이고, 의식적인 반발로 간주될 수 있다.

포스트모더니즘을 완벽하게 정의하는 것은 사실상 불가능하다. 그 이유 가운데 하나는 포스트모더니즘이 극복하기를 원하는 '현대성'의 본질에 관한 합의가 아직 완전하게 이루어지지 않았기 때문이다. 사실, '포스트모더니즘'이라는 용어 자체만 놓고 보면 '현대성'이 충분히 잘 정의되어 있고, 마침내 종식되어 다른 것으로 대체되었다는 의미처럼 들릴 수 있다. 이 문제는 '모더니즘'을 논란의 여지가 있는 개념으로 다룬 문학에서 특별히 더 민감하게 다루어진다. 그럼에도 불구하고 포스트모더니즘의 주된 특징을 찾아내는 것은 얼마든지 가능하다. 그것은 통제를 일삼는 거대 담론들을 의도적이고, 체계적으로 거부하는 것이다.

케빈 반후저는 최근에 과거의 사고방식에 대한 포스트모더니즘의 비판을 네 가지로 나눠 정리함으로써, 포스트모던의 복잡한 현상을 다음과 같이 간결하게 요약했다.

1) **이성.** 포스트모던 저술가들은 논증을 통한 이성적 추론에 관한 '현대적' 방식을 회의적인 시각으로 바라본다. 현대성은 하나의 보편적 이성을 믿지만, 포스트모던은 다양한 종류의 합리성이 존재한다고 주장한다. "그들은 보편적인 합리성이라는 개념을 거부한다. 이성은 상황적이고, 관계적인 특성을 띤다."
2) **진리.** 포스트모던은 진리의 개념을 의심한다. 그 이유는 진리가 억압을 정당화하거나 기득권을 옹호하는 데 이용되어 왔기 때문이다. 포스트모던에 따르면, 진리는 '권력의 자리에 있는 사람들이 자연과 사회를 바라보는 자신들의 관점을 영속화하기 위해 주장하는 강압적인 이야기'에 지나지 않는다.
3) **역사.** 현대의 저술가들은 역사 속에서 보편적인 유형을 발견하려고 노력하지만, 포스트모던은 '보편적인 역사를 진술하려는 의도를 지닌 이야기들을 믿지 않는다.' 기독교적 변증학의 견지에서 보면, 이것은 나사렛 예수의 이야기 속에서 보편적인 의미를 발견하려는 그 어떤 시도도 오늘날의 문화를 살아가는 일부 사람들의 강한 의심을 살 수밖에 없다는 뜻이다.
4) **자아.** 이런 점에서 포스트모던은 '개인의 역사를 진술하는 하나의 참된 방법'이 존재한다는 개념마저도 거부하며, '개인의 정체성을 진술하는 참된 방법은 존재하지 않는다.'라고 결론짓는다. 개인을 이해하는 방식은 무엇이든 불완전하고, 얼마든지 확장될 수 있다.

포스트모더니즘이 진리의 문제와 관련해서 상대주의나 복수주의를 선호하는 내적 성향을 지닌다는 것은 분명해 보인다. 포스트모던 운동의 특수 용어를 사용해 말하면, 포스트모더니즘은 기표가 올바른 인식 능력과 가치의 초점으로서의 기의를 대체한 상황을 나타낸다고 할 수 있다.

페르디낭 드 소쉬르(1857-1913)가 처음 개발했고, 나중에 로만 야콥슨(1896-1982)을 비롯해 여러 사람이 주창한 구조 언어학의 관점에서 보면, 언어적 기호 및 그것과 다른 기호들과의 상호의존성이 독단적인 속성을 띠고 있다는 것을 인식하는 순간, 확실하게 고정된 절대적인 의미가 존재할 가능성은 모두 사라지고 말았다.

소쉬르에 따르면 '기호'는 세 가지로 구성된다. 즉 기표(메시지를 의도적으로 받아들이는 사람의 귀에 말로 전달되는 청각적 이미지)와 기의(기표의 자극을 통해 메시지를 듣는 사람의 마음속에서 유발된 의미)와 이 둘의 통합이다. 소쉬르에게 기표와 기의의 통합은 문화적 관습을 의미했다. 기표와 기의를 연관시키는 보편적이거나 초월적인 토대는 존재하지 않는다. 그것은 문화적 상황화라는 우발성을 반영하는 임의적 속성을 띤다.

장 보드리야르(1929-2007), 자크 데리다(1930-2004), 미셸 푸코(1926-84)와 같은 저술가들은 이런 통찰력을 더욱 발전시켜 언어는 궁극적으로 임의적이고, 일시적이고, 변화하기 쉽다고 주장했다. 언어는 포괄적인 절대적 언어 법칙에 근거하지 않기 때문에 의미를 밝히기가 불가능하다. 보드리야르는 현대 사회가 무한정 펼쳐져 있는 인위적인 기호 체계의 그물망에 갇혀 있다고 주장하면서 그 그물망은 아무런 의미도 지니고 있지 않고, 단지 그것을 만들어 낸 사람들의 신념 체계를 영속화할 뿐이라고 덧붙였다.

본문과 언어에 대한 강박적 집착을 드러내면서 이런 경향을 구체적으로 예시하는 포스트모더니즘의 측면 가운데 하나는 이른바 해체 이론, 곧 본문을 기술한 저자의 정체성과 의도가 본문 해석과 아무런 관계가 없기 때문에 그 안에서 그 어떤 고정된 의미도 찾을 수 없다고 주장하는 비평적 방법이다. 이런 비평적 방법은 1960년대 후반에 자크 데리다가 마르틴 하이데거의 저서들을 분석한 데서부터 시작되었다. 그런 식의 본문 읽기 방법은 다음 두 가지 원리에 근거한다.

1) 기록된 것은 무엇이든 저자가 의도하지 않았거나 의도할 수 없었던 의미를 전달한다.
2) 저자는 자신이 처음에 의도했던 의미를 글로 적절하게 표현할 수 없다.

따라서 모든 해석은 (독자의 관점에 따라) 똑같이 타당할 수도 있고, 무의미할 수도 있다. 미국에서 이런 접근 방식을 주창한 인물 가운데 하나인 폴 드 만(1919-83)은 '의미'라는 개념 자체가 파시즘적인 인상을 풍긴다고 주장했다. 이런 접근 방식은 폴 드 만, 제프리 하트먼(1929년 사망), 힐리스 밀러(1928년 출생)와 같은 학자들을 통해 지성적인 외관과 격식을 갖춘 상태로 베트남 전쟁 이후의 미국에서 크게 유행했다. '거대 담론', 곧 의미 식별을 위한 보편적인 틀을 제공한다고 주장하는 일반화된 담론들은 권위주의적인 것으로 배척되었다. 그런 담론들은 의미를 식별하도록 이끌기는커녕 파시즘적인 방식으로 자체의 의미를 강요할 뿐이다.

포스트모더니즘의 발흥은 많은 신학적 논의에 지대한 영향을 미쳤다. 다음 두 가지의 신학적 분야를 잠시 살펴보면, 최근 몇십 년 동안 포스트모더니즘이 신학적 성찰에 어떤 영향을 미쳤는지 알 수 있을 것이다.

1) **성경 해석.** 전통적인 학문적 성경 해석을 지배했던 원리는 역사적-비평적 방법이었다. 19세기에 개발된 이 접근 방식은 복음서 본문의 '삶의 상황'(Sitz im Leben)을 확정하는 것과 같은 역사적-비평적 방법의 적용을

중요시한다. 해럴드 불룸(1930년 사망)과 프랭크 커모드(1919-2010)와 같은 다수의 유력한 문학 비평가들이 1980년대에 '제도적으로 합법화되었거나' '학문적 격식을 갖춘' 성경 해석이라는 개념에 의문을 제기했다. 이처럼 포스트모더니즘은 교회의 권위를 통해 주장되었든, 아니면 학술계를 통해 제기되었든 상관없이 성경 본문에 한 가지 의미가 존재한다는 개념을 의심스러운 눈길로 바라본다.

2) **조직신학.** 포스트모더니즘은 '체계화'의 개념이나 '의미'를 찾아냈다는 주장 따위를 거부하는 특성을 띠고 있다. 마크 테일러의 『오류』라는 연구서는 포스트모더니즘이 조직신학에 미친 영향을 구체적으로 예시하는 좋은 사례. 테일러는 '오류'라는 관념을 내세워 신학 체계의 구축과 관련된 전통적 접근 방식을 버리고 반(反)체계적인 방식을 채택함으로써 진리나 의미의 문제를 다원적으로 접근할 것을 제안했다. 테일러의 연구서는 니체가 '신의 죽음'을 선언한 데서 비롯한 결과들을 탐구하는 데 초점을 맞추었다. 그는 자아, 진리, 의미와 같은 개념들을 배제해야 한다고 주장했다. 언어는 아무것도 가리키지 않으며, 진리는 그 어떤 것과도 일치하지 않는다.

대표적인 신학자

지난 200년 동안 발표된 신학 서적들을 면밀하게 살펴보면 신학적 기준을 세운 인물로 거론되는 신학자들이 비교적 적다는 것을 알 수 있다. 그동안 신학이 유럽의 백인 남성들에 의해 지배되어왔다고 생각하는 사람들이 혹시나 이런 사실을 근거로 자신들의 생각이 대부분 옳았다고 판단할까 봐 우려스럽다. 바라건대, 앞으로는 이런 상황이 변화되어 새로운 이름들의 인지도가 시간이 지나면서 갈수록 높아짐으로써 이 책을 나중에 다시 펴낼 때는 그런 상황을 적절하게 다룰 수 있었으면 좋겠다는 생각이 든다.

이번 항에서는 근래에 이루어진 신학적 사색에 상당한 영향을 미친 신학자들과 그들의 활동 내용을 간단히 소개하고 싶다. 이 책의 다른 곳에서 이들 가운데 많은 사람을 좀 더 상세하게 논의할 생각이지만, 일단 아래의 서론을 참조하면 현대신학이라는 복잡한 상황 속에서 방향을 찾아 나가는 데 도움이 될 것이다.

슐라이어마허

프리드리히 다니엘 슐라이어마허(1768-1834)는 19세기의 가장 중요한 개신교 신학자로 널리 간주된다. 그가 유명해진 이유는 기독교를 멸시했던 계몽주의자들에게 기독교의 타당성과 접근성을 설득해야 할 필요성을 의식했기 때문이었다. 그의 『기독교 신앙』(1821-2, 개정판은 1830-1년에 출판되었다)은 '절대 의존의 경험'에 초점을 맞춰 기독교 신학을 체계화시켰다. 슐라이어마허는 칸트에 대한 해석과 비판은 물론, 해석학에도 상당히 많은 기여를 했지만, 19세기와 20세기 초에 개신교 자유주의의 발흥의 지적 토대를 마련한 신학자로 가장 잘 알려져 있다.

존 헨리 뉴먼

영어권 신학자들 가운데 존 헨리 뉴먼(1801-90)만큼 많은 영향력을 행사한 신학자는 찾아보기 어렵다.

뉴먼은 옥스퍼드대학교에서 수학하고 나서 옥스퍼드의 유니버시티 교회의 목사가 되었다. 그는 성공회 안에서 '고교회'의 전통을 혁신하고자 했던 옥스퍼드 운동을 이끈 지도자 가운데 하나였다. 그는 1845년에 로마 가톨릭교회로 개종해 1879년에 추기경이 되었다. 뉴먼은 역사신학을 다룬 책을 몇 권 저술했지만, 그것들을 통해 자신의 기량을 마음껏 발휘하지는 못했다. 사실, 그 책들에서는 미심쩍은 판단에 근거한 내용이 종종 발견된다. 그의 가장 유명한 저서는 교리의 발전을 다룬 『기독교 교리의 발전에 관한 연구』(1845)와 믿음과 이성의 관계를 밝힌 『동의의 문법』(1870)이다.

칼 바르트

스위스 저술가 칼 바르트는 20세기는 물론, 종교개혁 이후로 가장 위대한 신학자로 널리 간주된다. 바르트는 처음에는 개신교 자유주의 안에서 성장했지만, 신적 계시를 강조함으로써 기존의 신학을 재평가하도록 이끌었다. 바르트와 관련된 신학의 유형은 흔히 '변증 신학'이나 '신정통주의'로 일컬어지지만, 둘 다 그의 신학적 목적을 이해하는 데 특별히 유익하지는 못하다. 바르트는 신학을 하나님의 자기 계시 안에서 발견한 것에 반응하는 자율적 학문으로 이해했다. (1919년에 출판된 『로마서 강해』의 경우처럼) 그의 초기 저서들은 건설적이라기보다는 비평적일 때가 많았지만, 『교회 교의학』은 긍정적이고, 건설적인 차원에서 그의 신학적 목표를 제시하고 있다(이 책은 그가 죽기까지 다 완성하지 못했다). 바르트는 많은 신학 분야에 큰 영향을 미쳤는데 계시의 개념과 관련해서는 특히 더 그랬다. 21세기에 삼위일체 신학이 새롭게 부활하게 된 데에는 그의 영향력이 컸다.

폴 틸리히

폴 틸리히(1886-1965)는 본래 독일에서 신학을 연구했지만, 나치주의를 반대한 까닭에 어쩔 수 없이 교수직을 사임해야 했다. 그는 미국으로 건너와서 처음에는 뉴욕의 유니언신학교에서 가르치다가 나중에는 하버드대학교에서 교수로 일했고, 1940년에 미국 시민권을 취득했다. 틸리히는 슐라이어마허의 신학적 목표를 승계해 확장시켰다고 평가할 수 있다. 그의 신학적 목표는 "신앙은 현대 문화가 수용할 수 없는 것이 아니고, 현대 문화는 신앙이 수용할 수 없는 것이 아니다."라는 원칙에 근거해 문화와 신앙의 연관성을 확립하려는 시도로 간단히 요약할 수 있다. 틸리히는 실존주의를 폭넓게 활용함으로써 현대 서구 사회를 상대로 기독교를 제시하고, 해석했으며, 인류의 '궁극적인 문제들'과 기독교 신앙이 제시하는 답변들의 '상관관계'를 강조하는 데 중점을 두었다. 이런 접근 방식은 『흔들리는 터전』(1948)에도 잘 반영되어 있고, 특히 그의 『조직신학』(1951-63)에 더욱 분명하게 드러나 있다.

칼 라너

예수회 회원이자 독일의 저술가인 칼 라너(1904-84)는 20세기에 명성을 날린 많은 로마 가톨릭 신학자들 가운데 가장 뛰어난 인물로 널리 간주된다. 라너가 이룬 가장 인상적인 업적 가운데 하나는 '에세이'를 신학적 탐구의 수단으로 복원시킨 것이다. 라너의 사상을 보여주는 가장 중요한 자료는 비중 있는 교리 신학이 아니라 1954-84년에 출간된, 체계화되지 않은 엉성한 에세이집이다.

이 자료는 『신학적 탐구』로 알려져 있다. 이 에세이집은 비교적 비조직적인 방법으로 신학을 다루어도 일관된 신학적 내용을 진술할 수 있다는 것을 보여주었다. 아마도 라너의 신학적 목표 가운데 가장 중요한 측면이 있다면 '초월적 방법'의 적용일 것이다. 그는 이 방법을 하나님의 초월성을 망각한 세속 문화에 대한 기독교적 반응으로 간주했다. 이전의 세대들은 자유주의나 현대주의적인 '조정 전략'으로 이 문제를 해결하려고 시도했지만, 라너는 기독교 신학의 고전적 자료, 특히 아우구스티누스와 토마스 아퀴나스의 저서들을 다시 활용해야만 초월적인 것에 관한 의식을 새롭게 회복할 수 있다고 주장했다. 그는 아퀴나스주의와 독일의 관념론과 실존주의의 핵심 요소들을 융합하는 특별한 접근 방식을 시도했다.

한스 우르스 폰 발타살

스위스 로마 가톨릭 신학자 한스 우르스 폰 발타살(1905-88)은 특히 아름다움의 문제와 관련해서 현대의 신학적 논쟁에 큰 영향을 미쳤다. 폰 발타살의 대표작인 『주님의 영광』은 1961-9년에 걸쳐 출판되었다. 이 책은 기독교의 사상을 하나님의 자기 계시에 대한 반응으로 서술했으며, 특히 믿음의 개념을 하나님의 아름다우심을 바라보는 데서 비롯한 결과로 정의했다. 진선미에 관한 관조의 관점에서 신학을 분석한 그의 방법론은 많은 사람의 호응을 불러일으켰다.

그의 또 다른 대표작에는 다섯 권으로 이루어진 『신적 드라마: 신학적 드라마 이론』과 예수 그리스도와 현실 자체와의 관계를 다룬 『신적 논리』 등이 포함된다. 그는 앞의 책에서는 자신이 '신적 드라마'로 일컬은 것, 특히 성 금요일, 성 토요일, 부활절과 같은 행사를 통해 나타난 하나님의 행위와 인간의 반응을 다루었다.

위르겐 몰트만

독일의 개신교 신학자 위르겐 몰트만(1926년 출생)은 영국의 노팅엄 근처의 전쟁 포로수용소에서 지낼 때 처음 신학에 관심을 기울였다. 그곳에서 그는 라인홀드 니버의 『인간의 본성과 운명』을 읽었다. 몰트만은 독일로 돌아온 후 신학자의 길을 걷기 시작했다. 그는 『희망의 신학』(1964)과 『십자가에 매달리신 하나님』(1972)과 『성령의 능력 안에 있는 교회』(1975)라는 세 권의 저서를 통해 국제적인 주목을 받기에 이르렀다. 몰트만은 이 가운데 첫 번째 책을 통해서는 마르크스주의 저술가 에른스트 블로흐와의 대화를 통해 희망의 문제를 다루었고, 두 번째 책을 통해서는 고난받은 세상에 대한 그리스도의 적절성을 탐구함으로써 '고난받으시는 하나님'이라는 개념에 대한 선구자적인 접근 방식을 발전시켰다. 몰트만은 나중에 다른 신학 분야(특히 창조 교리, 삼위일체론, 교회론 등)에 크게 기여했지만, 지금도 여전히 이 세 권의 저서를 통해 주로 기억되고 있다.

볼프하르트 판넨베르크

독일의 개신교 신학자 볼프하르트 판넨베르크(1928년 출생)는 1960년대에 '역사로서의 계시'를 다룬 책을 통해 유명해졌다. 이 신학적 접근 방식은 계시를 역사적 과정 안에서 식별해 낼 수 있다고 주장한다. 판넨베르크는 하나님이 이스라엘의 역사와 예수 그리스도의 삶과 죽음과 부활의 역사 속에 드러난 자신의 행위를 통해 자기를 계시하신다고 믿었다.

그는 『예수: 하나님이자 인간』(1968)에서 이 주제를 다루면서, 그리스도의 부활이 역사를 옳게 해석할 수 있는 관점을 제시한다고 주장했다.

이밖에도 판넨베르크는 신학적 방법에 관한 문제에도 많은 관심을 기울였다(그의 초기 저서인 『신학과 과학 철학』을 참조하라). 여기에는 기독교 신학과 자연 과학의 상호관계에 관한 논의가 포함된다. 그는 나중에 『조직신학』(1988-93)을 펴내 원숙한 경지에 도달한 자신의 신학 사상을 유감없이 보여주었다.

최근의 서구 신학과 그 동향

지금까지 현대 기독교 신학에 영향을 끼친 문화적 요인들과 몇몇 대표적인 신학자를 살펴보았다. 이번에는 최근의 중요한 신학 운동 몇 가지와 서구 신학의 동향을 잠시 살펴보기로 하자.

개신교 자유주의

개신교 자유주의가 현대 기독교 사상 안에서 일어난 가장 중요한 신학 운동 가운데 하나라는 것은 의심의 여지가 없다. 자유주의는 슐라이어마허의 신학 사상, 특히 인간의 '감정'과 기독교 신앙을 인간의 상황과 연관시켜야 할 필요성을 강조한 그의 사상에 대한 반응으로 촉발되었다. 19세기 중엽에 기독교 신앙과 신학을 현대의 지식에 비춰 재구성해야 할 필요성이 갈수록 커지자 독일에서 고전적 자유주의가 싹트기 시작했다. 영국에서도 흔히 '다윈주의 진화론'으로 불리는 찰스 다윈의 '자연선택설'을 수용하려는 움직임이 갈수록 커지면서 6일 창조 교리와 같은 전통적인 기독교 신학의 일부 요소들이 더 이상 유지되기가 어려울 것처럼 보였다. 자유주의는 처음부터 기독교 신앙과 현대적 지식의 간극을 메우는 것을 목표로 삼았다.

자유주의는 전통적인 기독교 신학과 관련해 상당한 정도의 유연성이 필요하다고 주장했다. 유력한 자유주의 저술가들은 기독교가 현대 사회에서 중요한 지성적 위상을 계속 유지하려면 신앙을 재구성하는 것이 필수적이라고 역설했다. 그런 이유로 그들은 기독교의 교리적 유산과 전통적인 성경 해석의 방법에 관해 어느 정도의 자유를 요구했다. 인간의 지식이 발전하면서 전통적인 방식의 성경 해석이나 신앙이 더 이상 유효하지 않은 것처럼 보이면, 그것을 아예 폐기하거나 세상에 관해 알려진 사실과 조화를 이루도록 재해석해야 할 필요가 있다.

이런 식의 변화가 신학에 미친 영향은 그야말로 상당했다. 기독교 신앙 가운데 현대의 문화적 규범과 심각한 부조화를 이루는 것들이 많았다. 그런 것들을 처리하는 방식은 두 가지였다.

1) 시대착오적이거나 그릇된 전제에 근거한 것으로 간주해 폐기한다. 원죄 교리가 대표적인 경우다. 원죄 교리는 신약성경을 아우구스티누스의 사상에 비춰 잘못 이해함으로써 발생한 결과였다. 이 문제에 대해 아우구스티누스의 판단이 흐려졌던 이유는 그가 숙명론을 내세웠던 종파(마니교)에 심취했기 때문이다.
2) 시대의 정신에 좀 더 유익한 방식으로 재해석해야 한다. 예수 그리스도의 인격과 관련된 다수의 교리가 이 범주에 해당한다. 예를 들어, 그리스도의 신성은 인간이면 누구나 본받기를 원하는 모범적인 자질을 보여 준 것으로 재해석되어야 한다.

이런 교리적 재해석과 더불어 인간의 세계, 즉 인간의 경험과 현대 문화에서 기독교 신앙의 근거를 찾으려는 새로운 관심이 나타났다. 자유주의는 기독교 신앙의 근거를 전적으로 성경이나 예수 그리스도의 인격에서 찾는 것이 어렵다고 느끼고, 인간의 공통적인 경험을 신앙의 토대로 삼으면서 현대적 세계관 안에서 유의미한 방식으로 그것을 해석하려고 시도했다.

자유주의는 진보와 번영이라는 새로운 영역을 향해 나아가는 인간성의 비전에 고무되었다. 진화론이 이런 신념에 새로운 활력을 부여했고, 그것은 19세기 말 서유럽의 발전과 문화적 안정성을 뒷받침하는 강력한 증거들을 통해 더욱 강화되었다. 종교는 현대적 인간성의 영적 필요를 채워주고, 사회에 윤리적인 지침을 제시하는 기능을 하는 것으로 간주되었다.

유럽의 칼 바르트와 미국의 라인홀드 니버와 같은 자유주의의 비판자들은 개신교 자유주의가 인간의 본성에 관한 근거 없는 낙관론에 빠져 있다고 주장했다. 그들은 1차 세계대전과 같은 사건들이 그런 낙관론이 터무니없는 것을 여실히 보여주기 때문에 자유주의는 더 이상 문화적 신뢰성을 지닐 수 없을 것이라고 생각했다. 이것은 상당한 오판으로 드러났다. 자유주의의 목표는 기독교 신앙을 동시대 문화 속에서 용인될 수 있는 형태로 새롭게 진술하는 것이었다. 자유주의는 용인될 수 없는 두 가지 대안, 곧 전통적인 기독교 신앙을 단순히 되풀이하는 것(자유주의자들은 대개 이를 '전통주의'나 '근본주의'로 일컫는다)과 기독교를 전적으로 배격하는 것을 조정하는 중재자로 자처해 왔다. 자유주의 저술가들은 이 두 가지의 부적절한 대안의 중간 지점을 찾는 데 열정을 기울였다.

개신교 자유주의는 독일인 망명자 폴 틸리히(1886-1965)의 저서들을 통해 가장 잘 발전되어 영향력을 발휘했던 것으로 보인다. 틸리히는 1950년대와 60년대에 미국에서 명성을 날렸고, 그런 그의 위상은 신학자로서의 경력이 다할 때까지 계속 유지되었다. 그는 조나단 에드워즈 이후로 가장 영향력 있는 미국 신학자로 널리 간주된다(그러나 어떤 학자들은 틸리히를 '신자유주의자'로 일컫기를 좋아한다. 그들은 그의 저서가 고전 자유주의의 주제들을 다시 다룬 것이 아니라 새로운 발전을 이루었다고 생각한다). 틸리히의 신학적 목표는 '상관관계'라는 용어로 요약할 수 있다. 그가 말한 '상관관계의 방식'이라는 표현에는 인간의 문화와 기독교 신앙의 대화를 확립하는 것이 현대신학의 과제라는 의미가 함축되어 있다. 틸리히는 칼 바르트가 제시한 신학적 목표에 경각심을 돋우었다. 그는 그것을 신학과 문화를 갈라놓으려는 그릇된 시도로 판단했다.

틸리히는 인간의 문화가 실존적인 문제들(그는 이를 종종 '궁극적인 문제들'로 일컬었다)을 제기한다고 주장했다. 현대 철학을 비롯한 다양한 글들과 창조적 예술이 인간과 관련된 문제들을 제기한다. 신학은 그런 문제들에 대답을 제시함으로써 복음과 현대 문화를 서로 연관시켜야 한다. 복음은 문화에 대해 말해야 한다. 그렇게 하려면 문화가 제기한 실제적인 질문들에 귀를 기울여야 한다. 시카고대학교의 데이비드 트레이시는 복음과 문화의 대화를 상호조절의 의미로 이해했다. 복음과 문화는 대화를 통해 서로를 교정하고, 풍요롭게 한다. 문화적 분석을 통해 드러난 인간의 필요에 대한 기독교적 반응을 해석하는 것을 신학의 과제로 이해했다는 점에서 신학과 변증학이 서로 밀접하게 연관된 것을 알 수 있다.

이런 점에서 '자유주의자'라는 용어는 '슐라이어마허와 틸리히의 전통을 계승하는 한편, 현대 문화에 반응함으로써 신앙을 재구성하는 것을 목표로 삼는 신학자'(데이비드 트레이시)를 가리키는 의미로 이해하는 것이 가장 좋을 듯하다. 이런 범주에 해당하는 현대의 저명한 저술가들이 많다. 그러나 요즘에 사용되는 '자유주의자'라는 용어는 다소 부정확하고, 혼란스러운 측면이 있다는 것을 기억해야 한다.

그동안 개신교 자유주의를 향해 많은 비판이 쏟아졌다. 그 가운데 대표적인 것을 몇 가지 소개하면 다음과 같다.

1) 자유주의는 보편적인 인간의 종교적 경험이라는 개념을 크게 강조하는 경향이 있다. 그러나 이것은 매우 모호하고, 불분명한 개념이기 때문에 공개적으로 검증하거나 평가하기가 불가능하다. 게다가 '경험'은 자유주의가 생각하는 한도보다 훨씬 더 넓은 의미로 해석할 수 있다고 말할 수 있는 확실한 이유가 많다.
2) 비평가들은 자유주의가 일시적인 문화적 발전을 지나치게 강조하는 탓에 세속적인 풍조에 무비판적으로 이끌리는 경우가 많다고 지적한다.
3) 자유주의는 현대 문화에 발맞추기 위해 기독교의 독특한 교리들을 너무 쉽게 포기하려는 경향이 있다.

자유주의는 1970년대와 1980년대 초에 북아메리카에서 절정에 달했다. 자유주의는 신학교나 종교학부 내에서 여전히 비중 있게 다루어지고 있지만, 1990년대에 문화적 상황이 변하면서 현대신학은 물론, 교회의 삶 속에서도 차츰 세력을 잃게 되었다. 곧 살펴보겠지만, 후기자유주의 비평가들은 자유주의의 약점을 적절하게 포착했다. '현대주의'로 대충 알려진 사상운동에 대해서도 이와 비슷한 비판을 가할 수 있다. 이번에는 이 운동을 잠시 살펴보기로 하자.

현대주의

'현대주의'라는 용어는 19세기 말에 활동했던 한 무리의 가톨릭 신학자들을 가리키는 데 처음 사용되었다. 이 운동은 전통적인 기독교 교리, 특히 나사렛 예수의 신분과 의미와 관련된 교리들에 대해서는 비판적인 태도를 취했고, 급진적인 성경 비평에 대해서는 긍정적인 태도를 취하면서 신앙의 신학적 차원보다는 윤리적 차원을 강조했다. 이처럼, 현대주의는 로마 가톨릭교회에 속한 저술가들이 그 당시까지 크게 무시되어 왔던 계몽주의의 관점들을 받아들이려고 시도했던 것으로 이해될 수 있다.

로마 가톨릭 현대주의 저술가들 가운데 특별히 관심을 기울여야 할 사람은 알프레드 르와지(1875-1940)와 조지 티렐(1861-1909)이다. 르와지는 1890년대에 성경의 창조 기사에 관한 전통적인 견해를 비판하면서, 성경 안에서 교리의 참된 발전 과정을 확인할 수 있다고 주장했다. 그의 대표작인 『복음과 교회』가 1902년에 출판되었다.

이 중요한 저서는 그보다 2년 앞서 출판된 『기독교란 무엇인가』라는 책에 실린 기독교의 기원과 본질에 관한 아돌프 폰 하르낙(1851-1930)의 견해에 화답한 것이었다. 루와지는 예수와 교회 사이에 근본적인 단절이 존재한다는 하르낙의 견해는 배격했지만, 기독교의 기원에 관한 개신교 자유주의의 견해는 대폭 수용했을 뿐 아니라 복음서의 해석과 관련된 성경 비평의 역할과 타당성도 기꺼이 인정했다. 이런 이유로, 그의 저서는 1903년에 가톨릭 당국에 의해 금서 목록에 이름을 올렸다.

영국 예수회 저술가 조지 티렐은 르와지의 뒤를 따라 전통적인 가톨릭 교리를 강도 높게 비판했다. 그도 르와지와 마찬가지로『기로에 선 기독교』(1909)에서 기독교의 기원에 관한 하르낙의 견해를 비판했다. 특히 그는 하르낙이 역사적으로 재구성한 예수를 '깊은 우물의 밑바닥에 비친 한 개신교 자유주의자의 얼굴'로 간주해 배격한 것으로 유명하다. 아울러, 티렐은 그 책에서 루와지의 책을 변호하기도 했다. 그는 로마 가톨릭 당국이 르와지와 그의 책을 적대시함으로써 그 책이 로마 가톨릭의 입장을 반대하는 개신교 자유주의를 옹호하고 있고, 또 '현대주의가 단지 개신교화와 합리화를 추구하는 운동일 뿐이라는' 인상을 부추겼다고 주장했다.

이런 인식은 부분적으로는 주류 개신교 교파 내에서 그와 유사한 현대주의적인 태도가 점차 영향력을 확대하고 있던 현상 때문에 생겨난 것일 수 있다. 영국에서는 1898년에 '자유주의 종교 사상을 촉진하기 위한 성직자 연합'이 결성되었다. 이 단체는 1928년에 '현대 성직자 연합'으로 명칭을 바꾸었다. 이 단체와 특별히 관련된 사람 가운데는 헤이스팅스 래쉬달(1858-1924)이 있다. 그의『기독교 신학이 말하는 속죄 개념』(1919)은 영국 현대주의의 일반적인 경향을 구체적으로 예시한다. 래쉬달은 리출과 같은 개신교 자유주의 사상가들의 저서들을 무비판적으로 수용해 중세 저술가 피에르 아벨라르(1079-1142)와 연관된 속죄론이 대리 속죄의 개념에 근거한 전통적인 속죄론보다 현대적 사고에 더 잘 들어맞는다고 주장했다. 그리스도의 죽음을 하나님의 사랑을 나타내는 것으로만 이해하는 도덕적, 또는 모범적 속죄론은 1920년대와 30년대에 영국인들, 특히 성공회 신자들의 사고에 상당한 영향을 미쳤다.

그러나 1차 세계대전이 발발하고, 1930년대에 유럽에서 파시즘이 발흥하면서 현대주의 운동의 신뢰성이 훼손되었다. 그 후 새로워진 현대주의(급진주의)가 영국 기독교의 특징으로 다시 부각된 것은 1960년대 이후부터였다.

미국의 현대주의도 비슷한 유형을 따라 발흥했다. 19세기 말과 20세기에 성장한 개신교 자유주의는 보수적인 복음주의 입장에 직접적인 도전을 제기한 것으로 널리 간주되었다. 뉴먼 스미스의 『사라져가는 신교주의와 도래하는 가톨릭주의』(1908)는 로마 가톨릭 현대주의가 몇 가지 점에서, 특히 교리 비평과 교리 발전에 관한 역사적 이해와 관련해서 미국 신교주의의 정신적 스승이 될 수 있을 것이라고 주장했다. 현대주의의 입장에 대한 반응으로 근본주의가 출현하면서 상황은 차츰 양극화되기 시작했다.

1차 세계대전으로 인해 니버와 같은 저술가들이 주창한 급진적인 사회적 현실주의를 통해 강화된 미국 현대주의 안에서 자성의 시기가 시작되었다. 현대주의는 1930년대 중반에 이르면서 방향을 잃은 것처럼 보였다. 해리 에머슨 포스딕은 1935년 12월 4일 자 『크리스천 센추리』에 게재한 논문에서 '현대주의를 넘어서야 할 필요성'을 역설했다. 월터 마샬 호튼은 『현실적 신학』(1934)에서 미국 신학 내에서 자유주의 세력이 참패했다고 말했다. 그러나 현대주의는 세계대전 이후에 새로운 자신감을 회복했고, 베트남 전쟁 중에 절정에 달했다.

여기에서 자유주의에 맞선 초창기의 신학 사상을 살펴보려면 다시 20세기 초로 돌아가야 한다. 이 신학 사상은 특히 칼 바르트라는 이름이 신학자와 관련이 있는 '신정통주의'다.

신정통주의

1차 세계대전으로 인해 슐라이어마허와 그의 추종자들과 관련된 자유주의 신학이 전면적으로 거부당한 것은 아니었지만 최소한 그것에 대한 환상이 깨지기 시작한 것만은 분명하다. 다수의 저술가들이 슐라이어마허가 사실상 기독교를 한갓 종교적 경험으로 축소시켜 하나님 중심적인 것이 아닌 인간 중심적인 것으로 만들었다고 주장했다. 전쟁은 그런 접근 방식의 신뢰성을 무너뜨렸다. 자유주의는 인간의 가치를 강조하는 것처럼 보였다. 그러나 그런 가치가 대규모의 세계 전쟁을 유발하는 결과를 가져왔다면 어떻게 그것을 진지하게 받아들일 수 있겠는가? 칼 바르트(1886-1968)와 같은 저술가들은 하나님의 '타자성'을 강조함으로써 운이 다한 자유주의의 인간 중심적인 신학을 탈피할 수 있을 것이라고 믿었다.

바르트는 20세기의 가장 중요한 신학적 업적 가운데 하나인 『교회 교의학』(1936-69)에서 이런 사상을 체계적으로 개진했다. 바르트는 이 책을 죽을 때까지 다 끝맺지 못했기 때문에 그의 구원론은 미완성으로 남게 되었다. 『교회 교의학』을 관통하는 가장 중요한 주제는 그리스도 안에 나타난 하나님의 자기 계시를 진지하게 받아들여야 할 필요성을 강조한 것이다. 이것은 이미 칼빈이나 루터가 확실하게 언급한 주제들을 되풀이한 것처럼 보이지만, 바르트는 자기 나름대로 상당한 창의성과 정밀함을 발휘해 자신의 신학적 과업을 완수함으로써 중요한 사상가로서의 위상을 확립했다.

『교회 교의학』은 다섯 권으로 나뉘어 있고, 각 권은 다시 좀 더 세분된다. 1권은 바르트가 기독교 신앙과 신학의 출발점이자 원천으로 생각했던 하나님의 말씀을 다룬다. 2권은 신론을, 3권은 창조론을, 4권은 화해(또는 속죄)의 교리(독일어 'Versohnung'은 두 가지 의미를 다 가지고 있다)를 각각 다루며, 완성하지 못한 마지막 권의 주제는 구원론이다.

쉽게 예상할 수 있는 '바르트주의'라는 용어는 실상은 그다지 많은 정보를 내포하고 있지 않다. 이 용어 외에 바르트와 관련된 접근 방식을 묘사하는 용어가 두 가지 더 있다. 첫 번째 용어는 '변증 신학'이다. 이 용어는 바르트가

1919년에 펴낸 『로마서 강해』에서 '시간과 영원의 변증법'과 '하나님과 인간의 변증법'이라고 말했던 개념에 근거한다. 이 용어는 하나님과 인간 사이에 영속성이 아닌 모순, 또는 변증법적 관계가 존재한다는 바르트의 독특한 주장에 초점을 맞춘다. 두 번째 용어는 '신정통주의'다. 이 용어는 바르트와 개혁 정통주의 시기, 특히 17세기 저술가들과의 유사성에 초점을 맞춘다. 바르트는 많은 점에서 이 시기의 유력한 개혁주의 저술가들과 대화를 나누었던 것으로 평가된다.

바르트의 접근 방식이 지니는 가장 독특한 특징은 '하나님의 말씀의 신학'일 것이다. 바르트는 기독교 교회의 선포가 성경이 계시하는 예수 그리스도 안에 근거를 두고, 그것에 충실하도록 이끄는 것을 신학의 과제로 이해했다. 신학은 인간의 상황이나 인간의 문제가 아닌 하나님의 말씀에 대해 반응한다. 그 반응은 신학의 고유한 본성에서 비롯한다.

신정통주의는 1930년대에 특히 라인홀드 니버를 비롯한 여러 명의 저술가를 통해 북아메리카에서 상당한 입지를 확보했다. 그들은 당시의 개신교 자유주의가 주장했던 사회 복음의 낙관적인 전제들을 강하게 비판했다.

물론, 신정통주의도 많은 점에서 비판을 받았다. 그 가운데 특별히 중요한 것을 몇 가지 언급하면 다음과 같다.

1) 하나님의 초월성과 '타자성'을 강조함으로써 그분을 멀게 느껴지게 했고, 잠재적으로는 부적절한 존재로 보이게 만들었다. 이것 때문에 극단적 회의주의가 나타나게 되었다는 주장이 종종 제기된다.
2) 오직 신적 계시에만 근거해야 한다는 신정통주의의 주장은 동일한 계시에 호소하는 것 외에 다른 것으로는 그런 주장을 점검할 길이 없다는 점에서 순환 논리에 치우칠 수밖에 없다. 바꾸어 말해, 신정통주의의 진리 주장을 검증할 수 있는 공인된 외적 판단 기준이 존재하지 않는다. 이런

이유로 많은 비평가들이 신정통주의를 일종의 '신앙주의', 곧 외부의 비판에 무감각한 신념 체계에 불과할 뿐이라고 지적한다.

3) 신정통주의는 다른 종교들에 이끌리는 사람들에게는 유익한 대응책이 될 수 없다. 왜냐하면 다른 종교들을 왜곡된 것이나 그릇된 것으로 배격할 수밖에 없기 때문이다. 다른 신학적 접근 방식들은 그런 종교들의 존재 이유를 설명할 수 있을 뿐 아니라 기독교 신앙과 관련해 그들의 위치를 적절히 규명할 수 있다.

'원천으로 돌아가기'(Ressourcement) 또는 '새로운 신학'(la nouvelle theologie)

1930-50년 사이에 서유럽의 전통적인 가톨릭 신학은 스스로의 전통적이고, 스콜라적인 접근 방식으로는 대처하기가 어려운 일련의 도전에 직면했다. 독일, 이탈리아, 벨기에, 네덜란드 등지의 많은 저술가들이 이 도전에 대응하기 위해 전통에도 어긋나지 않고, 시대적 문제에도 관여할 수 있는 새로운 신학적 접근 방식을 발전시키려고 시도했다. 그러던 중 특별한 통찰력과 열의를 기울여 이 문제를 해결하려고 노력했던 일이 마침내 프랑스에서 이루어졌다. 당시에 프랑스의 신학적 부흥을 이끌었던 인물들 가운데는 앙리 드 뤼박, 장 다니엘루, 한스 우르스 폰 발타살, 이브 콩가르, 마리-도미니크 세뉘, 루이 부이에와 같은 20세기 가톨릭 학자들이 포함되어 있었다.

왜 프랑스였을까? 그 이유 가운데 하나는 프랑스에서 그 문제가 시급하게 대두되었기 때문이다. 프랑스는 프랑스 혁명에까지 거슬러 올라가는 세속주의의 오랜 전통을 지닌 국가였다. 그러나 이 운동에서 발견되는 신학적 영혼을 찾는 일은 장 고댕이 1943년에 펴낸 『프랑스-선교의 국가인가』라는 책을 통해 촉발되었다. 고댕은 이 책에서 가톨릭주의가 젊은이들과 노동자 계층에 대한 영향력을 잃어가고 있다고 주장했다. 가톨릭교회는 큰 충격을 받았다.

그 결과, 1946-7년 사이에 전례 없는 수준의 제도적인 자기 성찰과 갱신이 이루어졌다.

이 운동의 주창자들이 '원천으로 돌아가기'로 일컬은 운동은 그 갱신 과정의 일부였다. 이 운동의 비판자들은 이것을 '새로운 신학'으로 일컬으며 무비판적인 혁신으로 간주해 배격했다. '원천으로 돌아가기' 운동의 핵심 주제는 초기 교회의 전통과 신조 및 원천으로 복귀하는 것이었다. 많은 사람이 젊은 예수회 저술가인 장 다니엘루가 1946년에 쓴 '종교적 사상의 현재 동향'을 이 운동의 성명서로 간주한다. 다니엘루는 조직신학과 성경 주해(특별히 설교를 통해 성경의 의미를 해설하는 과정을 가리키는 용어) 사이에 큰 간극이 생겨나는 바람에 교회가 한편으로는 성경 연구, 다른 한편으로는 교회의 영성 및 삶과 동떨어진 신학을 발전시킨 결과가 나타났다고 주장했다.

이런 어려움에 대해 다니엘루가 제시한 해결책은 간단했다. 그것은 15, 16세기의 기독교 인문주의자들이 제시했던 것과 흡사했다. 교회가 현대 사회의 도전에 대처할 준비를 갖추려면 기독교 전통의 원천으로 되돌아가서 2,000년의 교회사 안에 간직되어있는 귀한 신학적 진리를 재발견해야 한다. 영어로 적절하게 번역하기가 어려운 프랑스어 '르수르스망'(ressourcement)에 '신학의 원천을 재발견해서 재사용하자'라는 이 운동의 취지가 잘 요약되어 있다.

당시의 신학자들은 이 운동을 과거에 말한 것을 단순히 되풀이하는 것으로 생각하지 않았다. 오히려 이것은 전통을 현재의 문제들과 관련지어 새롭게 살피고, 해석하는 것을 의미했다. 샤를 페기가 말한 대로 현대적인 신앙의 위기는 '고대의 무진장한 공동 자산을 좀 더 깊고, 새롭게 탐사하는 것'을 요구했다. 이 개혁 운동의 주창자들도 르네상스 인문주의자들처럼 '신학의 발전을 이루려면 먼저 뒤로 되돌아가야 한다'라는 역설을 주장했던 셈이다. "때로는 신학적인 발전이 필요하지만, 출발점으로 되돌아가서 처음부터 다시 시작하지 않으면 그런 발전을 이룰 수 없다."(에티엔느 질송).

이 신학자들은 신학적 탐구를 순전히 학술적인 중요성만을 지닌 것으로 생각하지 않았다. 이 저술가들이 주창했던 '르수르스망'은 학술적인 탐구보다는 종교적인 부흥에 역점을 두었다. 많은 사람이 신학의 목회적 특성을 중시했고, 신학을 보통 사람들과 연계시켜야 할 필요성을 강조했다. '목회적인 것의 우위성'(이브 콩가르)이라는 원칙은 하나님의 초월적인 신비에 관한 의식이 합리주의적인 신학 때문에 쇠퇴했다는 광범위한 인식을 고려한 것으로 예배에까지 확대 적용되었다. 신학에서 초월적인 것을 회복하는 것이 '르수르스망'의 필수 요소로 간주되었다. 이런 점들을 고려하면 이 사상운동이 왜 신학과 영성의 관계를 그토록 강조했는지를 쉽게 이해할 수 있다.

페미니즘

페미니즘은 현대 서구 문화의 중요한 구성 요소가 되었다. 페미니즘은 여성 해방을 목표로 하는 범세계적인 운동으로 현대의 신학과 실천 원리를 통해 확증된 남녀의 관계를 옳게 이해하고, 남녀평등의 가치를 추구하도록 이끄는 역할을 한다. 이전에 사용된 '여성 해방'이라는 용어에는 이 운동이 신앙과 가치관과 태도를 비롯해 여성 해방을 가로막는 일체의 장애 요인을 제거함으로써 현대 사회에서 여성의 평등권을 확보하려고 노력했던 해방 운동이라는 사실이 분명하게 함축되어 있다.

페미니즘 신학은 남성 지배적인 전통을 이해해 비판하고, 하나님과 인간을 남성 중심적으로 표현한 것에 대해 도전을 제기하는 것을 목표로 삼는다. 이 사상운동은 최근에는 차츰 다양한 형태를 띠게 되었는데 그 이유는 여성들의 문화와 인종이 제각각 다르기 때문에 접근 방식도 다를 수밖에 없다는 사실이 인정되었기 때문이다. 이런 이유로 북아메리카 흑인 여성들의 종교적인 저서들은 '흑인 여성주의 신학'이라는 명칭으로 일컬어진다.

페미니즘은 종교가 여성들에게 할당한 역할과 하나님을 나타내는 방식에 있어서 여성을 2류 인간으로 취급하는 경향이 있다고 생각하기 때문에 기독교와 갈등을 빚어왔다(이 점은 다른 대다수 종교와의 관계에서도 마찬가지다). 시몬느 드 보봐르(1908-86)의 저서들(예를 들면, 『제2의 성』)은 그런 개념들을 길게 논했다. 『하나님 아버지를 넘어서』(1973)를 쓴 메리 데일리(1928-2010)와 『신학과 페미니즘』(1990)을 쓴 다프네 햄프슨(1944년 출생)을 비롯한 기독교 시대 이후의 페미니스트들은 기독교가 하나님을 남성으로 상징화하고, 구원자를 남성으로 제시할 뿐 아니라 남성 지도자들과 사상가들이 오랜 역사를 주도해 왔기 때문에 여성들에 대해 좋지 않은 편견을 가질 수밖에 없다고 주장했다. 그들은 그런 이유에서 기독교는 구원받을 자격이 없고, 여성들은 압제의 환경을 과감하게 떨쳐버려야 한다고 촉구했다. 『아프로디테의 웃음』(1987)을 쓴 캐롤 크라이스트와 『신들의 변화』(1979)를 쓴 나오미 루스 골든버그와 같은 저술가들은 여성들은 전통적인 기독교를 완전히 내버리고, 고대의 여신 종교를 재발견하거나 새로운 여신 종교를 창안함으로써 종교적 해방을 이루어야 한다고 주장했다.

그러나 기독교에 대한 평가는 이런 저술가들이 말하는 것만큼 기독교에 대해 순전히 적대적인 것만은 아니다. 페미니스트 저술가들은 여성들이 신약시대부터 줄곧 기독교 전통의 형성과 발전에 능동적으로 기여해 왔을 뿐 아니라 기독교 역사 대대로 중요한 지도자의 역할을 담당해 왔다고 강조했다. 많은 페미니스트 저술가들이 기독교의 과거를 재평가함으로써 지금까지 대다수 기독교 교회와 남성 역사가들이 간과하고 지나쳤던 여성들, 곧 믿음을 옹호하고, 실천하고, 전파하는 데 앞장섰던 다수의 여성들을 인정하고, 존중해야 할 필요성을 상기시켰다. 새라 코클리는 그런 논의에서 중요한 목소리를 냈다. 그녀는 『권력과 복종』(2002)에서 페미니즘이 비평적이고, 교정적인 역할을 멈추지 않은 상태에서 일부 초기 교회의 인물들을 새롭게 평가하는 데 건설적으로 기여할 수 있는 방법을 탐구했다.

페미니즘이 기독교 사상에 가장 크게 기여한 것이 있다면 전통적인 신학적 형식에 도전한 것일 것이다. 전통적인 신학적 형식은 가부장적이고(남성의 지배권을 믿는 신념), 성차별적이다(여성에 대한 좋지 않은 편견). 이런 점에서 아래의 신학 분야는 특히 중요하다.

하나님의 남성성

많은 페미니스트 저술가들이 기독교 전통 내에서 하나님을 지칭할 때 남성 대명사를 사용하는 관습을 비판했다. 그들은 여성 대명사를 사용하는 것도 남성 대명사를 사용하는 것만큼이나 논리적이기 때문에 하나님의 남성적 역할을 지나치게 강조하는 것을 바로잡는 효과를 발휘할 수 있다고 주장했다. 로즈메리 래드포드 류터(1936년 출생)는 『성차별과 신학』(1983)에서 말하기가 좀 어색해 호소력이 더 강화될 가능성은 없더라도 하나님을 '여신(God/ess)'으로 일컫는 것이 정치적 공정성에 부합할 것이라고 제안했다.

샐리 맥페그는 『은유적 신학』(1982)에서 '아버지'와 같이 하나님을 남성으로 묘사한 것이 은유적 측면을 지닌다는 개념을 새롭게 기억해야 할 필요가 있다고 주장했다. 유비는 하나님과 인간의 유사성을 강조하는 경향이 있고, 은유는 그런 유사성 가운데에도 하나님과 인간의 중요한 상이성이 존재한다는 것을 보여준다(예를 들면, 성별).

죄의 본질

죄를 지나친 자부심이나 자긍심, 또는 야심으로 간주하는 것이 근본적으로 남성적 성향을 띤 것이라고 지적하는 페미니스트 저술가들이 많다. 그들은 그런 것들은 여성들의 경험과 일치하지 않는다고 주장한다. 여성들은 오히려 자부심이나 자긍심이나 야심이 결여된 상태를 죄로 경험하는 경향이 있다.

여기에서 특별히 중요한 것은 페미니즘이 남성 지배적인 사회에서 여성들의 전통적인 특징으로 굳어졌던 낮은 자긍심과 수동적 태도를 극복하기 위해 비경쟁적 관계라는 개념에 대해 일종의 항의를 제기한다는 점이다. 페미니즘의 관점에서 라인홀드 니버의 신학을 예리하게 비판한 주디스 플래스코(1947년 출생)가 『성, 죄, 그리고 은혜』(1980)라는 책에서 특별히 그런 주장을 펼쳤다(물론, 이런 주제들은 발레리 세이빙이 미리 예견한 것이기도 했다).

목회신학

지난 몇십 년 동안 기독교적 전통을 어떻게 목회적 돌봄에 적용할 수 있을 것인지를 탐구하는 목회신학(실천신학)에 관한 관심이 고조되었다. 페미니스트 저술가들은 이 분야와 관련된 책들이 대부분 남성의 관점에서 쓰였다는 사실에 주목하고, 보완적 접근 방식이나 대안을 제시했다. 엘레인 그레이엄(1959년 출생)은 『변화를 일으키는 실천』(1993)에서 페미니즘에 입각한 목회신학이 전통적인 목회신학을 적절히 교정할 수 있다고 주장했다. 페미니즘의 관점에서 새롭게 구성된 목회신학은 추상적이고, 과학적이고, 의학적인 돌봄의 방식에 의존하지 않고, 성례, 기도, 설교, 공동체 생활을 공동체를 형성하고, 치유를 일으키는 수단으로 활용한다.

그리스도의 인격

다수의 페미니스트 저술가들이 기독론이 기독교 내에서 많은 성차별을 야기하는 궁극적인 근거를 제공하고 있다고 주장한다. 로즈메리 래드포드 류터의 『성차별과 신학』이 가장 대표적인 경우다. 엘리자베스 존슨(1941년 출생)은 『예수를 고찰하다: 기독론 갱신의 물결』(1990)에서 예수님의 남성성이 신학적으로 남용되어 온 방식을 탐구하면서 적절한 개선책을 제안했다. 그 가운데 특별히 중요한 것은 두 가지다.

첫째, 그리스도의 남성성이 오직 남성만이 하나님의 참된 형상이라거나 하나님을 나타내는 비유나 역할 모델로 적절하다는 신념을 뒷받침하는 신학적 근거로 종종 사용되었다. 둘째, 그리스도의 남성성이 인간성의 기준에 관한 신념 체계를 뒷받침하는 근거로 종종 사용되었다. 바꾸어 말해, 그리스도의 남성성을 근거로 남성이 인간성의 기준이며 여성은 2류 인간이거나 이상적인 인간상에 미치지 못하는 존재라는 주장이 유지되어왔다. 여성을 (그릇된 아리스토텔레스의 생물학을 근거로) '잘못 태어난 남성'으로 묘사한 토마스 아퀴나스가 대표적인 경우다. 이런 신념은 교회 내의 지도자 직분과 관련된 문제에 심각한 영향을 미친다.

페미니스트 저술가들은 그리스도의 남성성이 그분이 유대인이라는 사실과 조금도 다르지 않은 우연적 요소일 뿐이라고 주장한다. 그것은 그분의 정체성을 구성하는 본질적인 요소가 아닌 역사적 현실의 우연적 요소에 지나지 않는다. 따라서 그런 사실이 남성이 여성을 지배하는 근거가 될 수는 없다. 이는 그것이 유대인이 이방인을 지배하거나 목수가 배관공을 지배하는 것을 정당화하는 근거가 될 수 없는 이치와 같다.

해방 신학

'해방 신학'은 1960-70년대의 라틴 아메리카의 상황 속에서 발생한 독특한 형태의 신학을 가리키는 용어로 사용된다. 이론상으로는 억압적인 상황을 다루거나 논하는 신학이면 어떤 신학이든 이 용어로 일컬을 수 있다. 이런 점에서 '여성 해방'이라는 옛 용어가 암시하는 대로 페미니즘 신학도 일종의 해방 신학으로 간주될 수 있다. 그와 마찬가지로 흑인 신학은 미국에서 일어난 시민권 운동과 관련된 해방의 문제를 다룬다. 흑인 신학과 여성 해방 신학을 다룬 고전적인 저서들은 사실상 라틴 아메리카의 해방 신학을 최초로 다룬 글과 거의 동시에 출간되었다. 그럼에도 불구하고 '해방 신학'은 일반적으로 인간의 해방에 중점을 둔 라틴 아메리카의 신학을 가리키는 의미로 사용된다.

이 운동의 기원은 라틴 아메리카의 가톨릭 주교들이 콜롬비아 메델린에서 회합을 가졌던 1968년으로 거슬러 올라간다. 흔히 '라틴 아메리카 주교회의'(CELAM II)로 알려진 이 모임은 그동안 교회가 독재 정권을 지지할 때가 많았다고 인정하고, 앞으로는 가난한 자들의 편에 서겠다고 선언함으로써 라틴 아메리카 지역에서 큰 파장을 일으켰다.

이런 목회적, 정치적 입장은 곧 견고한 신학적 기반을 갖추었다. 페루 신학자 구스타보 구티에레스(1928년 출생)가 『해방 신학』(1971)을 펴내 이 운동을 명확하게 규정짓는 독특한 주제들을 다루었다. 다른 저명한 저술가들로는 브라질의 레오나르도 보프(1938년 출생), 우루과이의 후안 루이스 세군도(1925-96), 아르헨티나의 호세 미구에즈 보니노(1924 출생) 등이 있다. 이 가운데 보니노는 로마 가톨릭 저술가들이 논의를 지배하는 상황에서 개신교 신자(정확히 말하면 감리교 신자)로서 목소리를 냈다는 점에서 특이하다.

라틴 아메리카 해방 신학의 기본 주제들을 간단히 요약하면 다음과 같다.

1) 해방 신학은 가난한 자와 압제를 받는 자들에게 초점을 맞춘다. "가난한 자는 기독교의 진리와 실천을 이해하기 위한 진정한 신학적 원천이다."(혼 소브리노). 라틴 아메리카의 상황에서 교회는 가난한 자들의 편에 서 있다. "하나님이 가난한 자들의 편에 서 계신다는 것은 명백하고, 확실한 사실이다."(보니노). 하나님이 가난한 자들의 편에 서 계신다는 사실은 또 다른 통찰력을 일깨운다. 그것은 가난한 자들이 기독교 신앙을 해석하는 것과 관련해 특별히 중요한 위치를 차지한다는 것이다. 기독교 신학과 선교는 모두 '아래로부터의 관점', 곧 가난한 자들의 고통과 불행과

함께 시작해야 한다.

2) 해방 신학은 실천을 비판적으로 반성한다. 구티에레스는 신학을 '기독교적 실천을 하나님의 말씀에 비춰 비판적으로 반성하는 것'으로 정의했다. 신학은 사회적 참여나 정치적 행동을 등한시하거나 멀리해서는 안 된다. 고전적인 서구 신학은 행동을 반성의 결과로 간주했지만 해방 신학은 그 순서를 뒤바꾼다. 즉 행동이 먼저고 비판적 반성은 그 이후다. "신학은 세상을 설명하는 일을 중단하고, 세상을 변화시키는 일에 착수해야 한다."(보니노). 하나님을 아는 참지식은 무관심하거나 초연하지 않고, 가난한 자들의 삶을 개선하는 일에 참여해 헌신한다. 현실 참여가 지식을 방해한다는 계몽주의의 견해가 정면으로 거부된 것을 알 수 있다.

이 가운데 두 번째 요점은 해방 신학이 마르크스의 이론에 의존하고 있다는 명백한 증거이기 때문에 많은 논란을 불러일으키는 원인으로 작용했다. 그러나 해방 신학자들은 두 가지 이유에서 마르크스의 이론을 활용한 것이 정당하다고 주장했다. 첫째, 그들은 마르크스주의를 라틴 아메리카 사회의 현재 상태에 대한 통찰력을 제공하는 '사회 분석의 도구'(구티에레스)이자 가난한 자들의 끔찍한 상황을 개선할 수 있는 수단으로 간주했다. 둘째, 그들은 마르크스주의가 현재의 불의한 사회 체제를 해체하고, 좀 더 공정한 사회를 만들 수 있는 정치적 대안을 제시한다고 믿었다. 실제로 해방 신학은 자본주의를 강력하게 비판하고, 사회주의를 긍정적으로 수용한다. 해방 신학자들은 토마스 아퀴나스가 아리스토텔레스의 철학을 신학적 방법론으로 사용한 사실을 지적하며 자신들도 단지 그와 똑같은 일(세속 철학을 이용해 기독교의 근본 신념들을 강화하는 것)을 하는 것일 뿐이라고 주장했다. 해방 신학자들은 가난한 자들에 대한 하나님의 특별한 사랑과 보살핌이 라틴 아메리카의 상황이나 마르크스의 정치 이론에 근거해 새롭게 추가된 신념이 아니라 복음의 근본적인 측면에 해당한다고 확신한다.

해방 신학이 최근의 신학적 논의에 매우 중요한 의미를 지니는 것은 분명하다. 다음 두 가지 핵심 주제가 이 점을 구체적으로 예시한다.

성경해석학

성경을 해방의 이야기로 읽는다. 이스라엘 백성이 애굽의 속박에서 해방된 사건, 압제자들에 대한 선지자들의 강력한 규탄, 가난한 자들과 소외된 자들에 대한 예수님의 복음 선포 등을 특별히 강조한다. 성경을 복음을 이해하려는 마음으로 읽지 않고, 그 해방의 통찰력을 남아메리카의 상황에 적용할 생각으로 읽는다. 서구의 학문적인 신학은 이런 접근 방식을 못마땅하게 생각하며, 그런 본문들의 해석에 관한 그런 통찰력이 성경적 학문성을 갖추지 못했다고 단정하는 경향이 있다.

구원의 본질

해방 신학은 구원을 해방과 동일시하는 경향이 있으며, 구원의 사회적, 정치적, 경제적 측면을 강조한다. 해방 신학은 구원이 필요한 대상이 개인이 아닌 사회라는 신념을 토대로 '구조적인 죄'를 특별히 강조한다. 비평가들은 해방 신학이 구원의 영원하고, 초월적인 차원을 무시한 채 구원을 순전히 세속적인 문제로 축소시켰다고 비판한다.

흑인 신학

'흑인 신학'은 흑인들이 경험하는 현실을 신학적 차원에서 기술해야 한다는 신념을 지닌 사상운동으로 1960-70년대에 미국에서 특별히 중요하게 부각되었다. 미국의 흑인 공동체 안에서 신학적 해방을 추구했던 최초의 명백한 증거가 조지프 워싱턴의 『흑인 종교』가 출판된 1964년에 나타났다. 이 책은 북아메리카의 상황 속에서 흑인 종교가 차지하는 독특한 면모를 강력하게 시사한다. 워싱턴은 흑인의 신학적 통찰력을 주류 개신교 신학에 통합시켜 수용해야 할 필요성을 강조했다. 그러나 이런 접근 방식은 앨버트 클리지의 『흑인 메시아』(1911)의 출현으로 한쪽으로 지나치게 편중되고 말았다. 디트로이트의 '블랙 마돈나 성전'의 목회자인 클리지(1911-2000)는 흑인들에게 백인들의 신학적 압제에서 벗어나라고 독려했다. 그는 흑인 유대인들이 성경을 기록했으며, 바울이 흑인 메시아의 복음을 유럽인들이 받아들일 수 있는 형태로 왜곡시켰다고 주장했다. 『흑인 메시아』는 과장된 측면이 많았지만 스스로의 독특한 정체성을 발견해 주장하려는 흑인 그리스도인들에게 큰 동력을 제공했다.

1969년에 이 운동의 신학적인 독특성을 결정적으로 보여주는 몇 가지 일들이 일어났다. 미시간주 디트로이트에서 모인 '공동체 조직을 위한 범종교적 협회'에서 공표된 '흑인 성명서'는 흑인들의 경험을 신학적인 문제로 확립했고, '전국 흑인 성직자 위원회'는 해방의 주제를 흑인 신학의 핵심 주제로 제시했다.

> 흑인 신학은 흑인 해방 신학이다. 흑인 신학은 흑인들의 상황을 예수 그리스도 안에 나타난 하나님의 계시에 비춰 이해함으로써 복음이 흑인의 인간성을 이루는 데 적합하다는 사실을 흑인 공동체에 주지시키는 것을 목표로 삼는다. 흑인 신학은 '흑인성'의 신학이다. 흑인 신학은 흑인의 인간성을 확증함으로써 흑인들을 백인의 인종차별로부터 해방시켜 백인과 흑인 모두에게 참된 자유를 가져다준다.

이런 진술 내용은 라틴 아메리카 해방 신학의 요점 및 목적과 매우 유사하지만 두 운동이 서로 공식적으로 의견을 교환한 적은 없었다. 해방 신학은 남아메리카의 로마 가톨릭교회 내에서 일어났고, 흑인 신학은 북아메리카 흑인 개신교 공동체 안에서 발생했다.

제임스 콘(1938년 출생)이 이 운동의 가장 중요한 저술가라는 것에는 별다른 이견이 없다. 그의 『흑인 해방 신학』(1970)은 하나님이 해방을 갈구하는 흑인들에게 관심을 기울이신다는 것을 핵심 개념으로 제시한다. 콘은 예수님이 압제당하는 자들을 특별히 사랑하셨다는 사실에 주목하며 "하나님은 흑인이시다."라고(즉, 압제당하는 자들과 하나이시라고) 주장했다. 그러나 콘은 바르트주의(스위스 신학자 칼 바르트의 신학 사상, 특히 계시의 우위성을 강조하고, 예수 그리스도께 초점을 맞춘 사상을 일컫는 용어)의 범주들을 활용했다는 비판을 받는다. 흑인 신학자가 흑인들의 경험을 진술하면서 백인 신학의 범주들을 활용해야 할 이유가 무엇인가? 왜 흑인들의 역사와 문화를 좀 더 온전하게 활용하지 않은 것인가? 콘은 그런 비판에 대응해 나중에 펴낸 저서들에서는 흑인들의 경험을 흑인 신학의 핵심 자료로 더 많이 활용했다. 그러나 콘은 그리스도를 '흑인 메시아'로 지칭하면서도 그리스도가 하나님의 자기 계시의 핵심이라는 바르트주의의 개념을 계속 유지했다.

후기 자유주의

1980년 이후로 가장 중요한 신학적 발전 가운데 하나는 자유주의 세계관의 타당성에 관한 의심이 증폭되기 시작했다는 것이다. 후기 자유주의의 발흥은 1980년대 이후로 이루어진 서구 신학의 가장 중요한 측면 가운데 하나로 널리 간주된다. 이 운동은 미국에서 시작되었고, 처음에는 예일대학교 신학부와 관련이 있었다. 특히 한스 프라이(1992-88), 폴 홀머(1916-2004), 조지 린드벡(1923 출생)과 같은 신학자들이 주된 역할을 했다. 엄밀히 말해 '예일 신학 학파'라고 말하는 것은 정확하지 않지만, 1970-80년대에 예일에서 나타난 여러 가지 신학적 접근 방식에는 일종의 '가족 유사성'과 같은 것이 존재하는 것이 분명하다. 그 후로 후기 자유주의의 경향이 북아메리카와 영국의 신학 안에서 확고하게 고착되었다.

이를 뒷받침하는 핵심 증거는 한스 프라이의 저서를 비롯해 언어와 문화가 경험과 사상의 발생과 해석에 미치는 영향을 강조한 사회적 해석 학파를 통해 계발된 이야기식 신학적 접근 방식이었다.

후기 자유주의는 알래스데어 맥킨타이어(1929년 출생)와 같은 철학자들의 저서를 근거로 '보편적 합리성'을 강조하는 전통적인 계몽주의와 모든 인류에게 공통된 직접적인 종교적 경험이라는 자유주의의 전제를 배격했다. 후기 자본주의는 모든 사상과 경험은 역사적, 사회적으로 매개된 것이라고 주장하며 내면적으로 전유되는 종교적 전통으로 되돌아가는 것을 신학적 과제로 삼는다. 이처럼 후기 자유주의는 지식의 보편적인 토대라는 개념을 거부한다는 점에서는 '반(反)정초주의'를, 개인을 우선시하기보다 공동체의 가치와 경험과 언어를 중시한다는 점에서는 '공동체주의'를, 경험과 사유를 형성하는 데 전통과 역사적 공동체가 중요한 역할을 했다고 주장한다는 점에서는 '역사주의'를 표방하는 것으로 평가할 수 있다.

이 운동의 철학적 기반은 복합적이다. 이 운동은 특히 위에서 언급한 철학자 알래스데어 맥킨타이어와 관련된 접근 방식(즉 이야기와 공동체와 도덕적 삶의 관계를 강조한 것)에 의존한다. 후기 자유주의는 자유주의의 획일적인 성향에 반발해 기독교 신앙의 특수성을 크게 강조한다. 다시 말해, 후기 자유주의는 자유주의가 모든 종교가 동일한 것을 말한다는 이론과 종교들이 서로 다르다는 관찰된 사실을 적절히 조화시키지 못했다고 주장한다.

이에 맞서 자유주의 비판자들은 후기 자유주의가 가치와 합리성에 관한 보편적 기준을 거부함으로써 '게토(ghetto) 윤리' 또는 일종의 '신앙주의'(기독교 신앙 밖에서 이루어지는 비판이나 평가의 필요성을 인정하지 않는 신학적 태도)나 '종족주의'에 치우치고 말았다고 주장한다. 후기 자유주의자들은 그런 주장에 대해 자유주의자들이 계몽주의의 시대가 지났다는 사실을 인정하지 않고 있다면서 한스 게오르그 가다머의 유명한 비유인 '로빈슨 크루소의 상상의 섬'을 내세워 '보편적 언어'나 '공통된 인간의 경험'은 허구라고 응수했다.

후기 자유주의의 신학적 과제를 명시한 가장 중요한 진술이 조지 린드벡의 『교리의 본질』(1984)에서 발견된다. 린드벡은 교리에 대한 '인식적-명제적' 접근 방식은 전근대적인 것으로 거부하고, 자유주의의 '경험적-표현적' 이론은 인간 경험의 다양성 및 인간의 경험과 사유에 관한 문화의 매개 역할을 옳게 파악하는 데 실패했다고 주장하면서 후기 자유주의의 특징을 구체화한 '문화적-언어적' 접근 방식을 발전시켰다.

문화적-언어적 접근 방식은 인간의 언어나 문화와 동떨어진, 매개되지 않은 보편적 경험의 존재를 부인한다. 이 접근 방식은 특정한 역사적, 종교적 전통 안에서 살아가면서 그 개념들과 가치들을 내면화하는 것에 종교의 핵심이 있다고 강조한다. 이런 전통은 역사적으로 매개된 개념들에 의존하고, 그런 개념들을 전달하는 데 특별히 적합한 수단은 이야기이다.

이런 내용이 후기 자유주의의 발흥에 큰 영향을 미친 초창기 저서 가운데 하나인 폴 홀머의 『믿음의 문법』(1978)에서 발견된다. 홀머는 기독교가 기독교적 '언어 게임'의 구조와 형식을 규정짓는 핵심 문법을 소유하고 있다고 이해했다. 이 언어는 신학을 통해 창안되거나 부여된 것이 아니라 신학이 궁극적으로 의존하는 성경적 패러다임 안에 이미 내재되어 있는 것이다. 따라서 신학의 과제는 성경 외적인 규칙을 부여하는 것이 아니라 하나님을 예배하거나 그분에 관해 말하는 방식과 같은 성경 내적인 규칙들을 식별해 내는 데 있다. 홀머는 성경적 개념들을 '재해석하거나' '재진술하려는' 시도를 자유주의의 가장 근본적인 결함 가운데 하나로 생각했다. 그런 시도는 성경을 시대의 풍조에 억지로 짜 맞추는 잘못을 저지를 수밖에 없다. "성경을 시대에 짜 맞추기 위해 계속해서 고쳐 쓰는 것은 시대를 사로잡아 하나님께 복종하게 하려는 마음의 발로라기보다는 보이지 않는 정교한 속박을 통해 시대에 예속되었다는 증거다." 신학은 성경 내적인 패러다임에 근거한다. 신학은 그것을 최선을 다해 기술하고, 적용해야 할 의무가 있다. 신학이 규정적인 권위를 지닌다는 주장은 성경을 규정할 수 있다는 의미가 아니라 규정의 독특한 유형이 이미 성경 안에 존재한다는 것을 인정하는 의미를 지닌다. 신학은 바로 그것을 찾아내 설명해야 한다.

조직신학

신학은 예수 그리스도에 관한 성경의 이야기를 통해 전달된 기독교 전통의 규범적 토대를 설명하는 데 관여하는 기술적(記述的) 학문으로 이해된다. 진리는 어떤 점에서는 기독교 신앙의 독특한 교리적 전통에 충실하는 것을 의미한다. 이런 사실 때문에 비판자들은 후기 자유주의가 공적 영역에서 물러 나와 일종의 기독교적 게토 속으로 들어갔다고 비판한다. 후기 자유주의가 주장하는 대로 기독교 신학이 체제 내적인 성격을 띤다면(즉 기독교 전통의 내적 관계를 탐구하는 것에만 관심을 기울인다면) 공적으로 합의된 기준이나 보편적인 기준이 아닌 그 자체의 내적 기준에 따라 그 타당성을 판단 받게 될 것이다. 이런 입장은 신학을 외적 판단 기준에 따라 공적으로 그 타당성을 검증해야 한다고 생각하는 사람들의 비판을 불러일으킬 수밖에 없다.

기독교 윤리

스탠리 하우어워스(1940년 출생)는 윤리에 관한 후기 자유주의의 입장을 탐구한 가장 탁월한 저술가로 널리 인정된다. 하우어워스는 보편적인 도덕적 이상과 가치를 강조한 계몽주의의 개념을 거부하고, 기독교 윤리는 역사적 공동체(교회)의 도덕적 비전을 찾아내 그것을 신자들의 삶 속에서 구현하는 것에 초점을 맞춰야 한다고 주장했다. 이처럼 윤리도 공동체 내의 도덕적 가치를 연구한다는 점에서 체제 내적인 성격을 띤다. 윤리란 특정한 역사적 공동체의 도덕적 비전을 찾아내고, 그 도덕적 가치를 받아들여 공동체 안에서 실천에 옮기는 것을 의미한다.

급진적 정통주의

마지막으로 최근에 영어권 신학에서 발생해 상당히 중요한 논의와 논쟁을 촉발시킨 사상운동을 잠시 생각해 보자. '급진적 정통주의'는 1990년대에 발생한 폭넓은 신학적 접근 방식을 지칭하는 용어로 사용된다. 이 운동은 존 밀뱅크(1952년 출생), 캐서린 픽스톡(1952년 출생), 그레이엄 워드(1955년 출생)와 같은 저술가들과 관련이 있다. 이들은 모두 케임브리지대학교를 근거지로 삼아 활동했던 인물들이다. 이 운동의 개념들은 존 밀뱅크가 저술한 『신학과 사회이론: 세속적인 이성을 넘어서』(1993)를 비롯해 특히 그가 편집한 『급진적 정통주의: 새로운 신학』(1999)과 같은 저서들 안에 잘 나타나 있다.

이 운동의 목표는 복잡하고, 정교하지만 기독교가 현대와 포스트모던을 대신할 자체적인 대안을 마련해야 할 필요성을 강조한 것으로 간단히 이해할 수 있다. 밀뱅크, 픽스톡, 워드는 현대와 포스트모던을 막론하고 모든 형태의 세속주의를 대체할 포괄적인 기독교적 관점을 구축하기를 희망한다. 이들은 히포의 아우구스티누스와 같은 저술가들에게서 본받을 만한 가치가 있는 대안들을 찾는다.

이 운동이 얼마나 성공적일지는 아직 판단하기가 이르지만, 앞으로 계속해서 논의의 주제가 될 것은 분명해 보인다.

중요한 명칭, 용어, 문구

흑인 신학(Black theology)　　해방 신학(liberation theology)
은사 운동(charismatic movement)　마르크스주의(Maxism)
변증 신학(dialectical theology)　현대주의(modernism)
계몽주의(Enlightenment)　　신정통주의(neo-orthodoxy)
복음주의(evangelicalism)　　후기 자유주의(postliberalism)
페미니즘(feminism)　　포스트모더니즘(postmodernism)
대각성 운동(Great Awakening)　역사적 예수에 관한 탐구(quest of the historical Jesus)
자유주의(liberalism)　　낭만주의(Romanticism)

질문

1. 계몽주의의 주요 특징은 무엇인가?
2. 계몽주의 사상에 의해 기독교 신학의 어떤 부분이 특별히 영향을 받았는가? 또, 그 이유는 무엇인가?
3. 개신교 자유주의, 신정통주의, 해방 신학의 특징을 간단히 요약하라.
4. 칼 바르트, 레오나르도 보프, 제임스 콘, 스탠리 하우어워스, 이브 콩가르, 로즈메리 래드포드 류터, 슐라이어마허와 같은 인물들과 관련이 있는 신학 운동은 무엇인가?
5. 최근의 신학 운동들은 '복구 신학'의 경향을 띤다. 오늘날 과거의 사상을 복구하는 데 관심이 고조되고 있는 이유는 무엇인가?

사례 연구

사례 연구 4.1 역사적 예수에 관한 탐구

현대에 들어 기독론에 근본적인 영향을 미치는 중요한 발전들이 이루어졌다. 이것은 기독교 역사상 초유의 일이다. 합리주의적인 세계관의 발흥으로 인해 예수님의 신분과 의미에 관한 전통적인 이해와 관련해 일찍이 전례가 없었던 도전들이 제기되었다. 이런 발전들은 매우 중요하기 때문에 여기에서 좀 더 자세하게 살펴봐야 할 필요가 있다. 앞의 사례 연구들을 통해서는 지금까지도 계속해서 교회 내 신학적 사색의 주된 측면으로 취급되고 있는 고전적 기독론의 발전 과정을 살펴보았다. 이번의 사례 연구는 세 종류의 '역사적 예수에 관한 탐구', 곧 '최초의 탐구'와 '새로운 탐구'와 '제3의 탐구'에 초점을 맞춰 이 문제를 좀 더 깊이 살펴보는 데 그 목적이 있다.

'탐구'(quest)라는 용어는 '성배 탐색'(quest for the Holy Grail)에 나선 아서 왕의 이야기와 유사한 느낌을 주는 관계로 낭만적인 뉘앙스가 물씬 풍긴다. 사실, 이 용어는 1906년에 출판된 알베르트 슈바이처의 대표작을 영어로 번역한 역자가 도입한 것이다. 이 책의 영어 번역본은 1911년에 출판되었고, 본래의 제목은 '역사적 예수 문제'라는 단조로운 표현으로 이루어져 있었다. 다시 말해, 독일어로 된 책의 제목을 영어로 대충 옮기면 『라이마루스부터 브레데까지: 역사적 예수 문제에 관한 역사』로 번역해야 했다. 번역자는 잘 알려지지 않은 두 사람의 독일 신학자를 부각시키는 무미건조한 제목을 그대로 사용할 경우에는 책의 판매를 부진하게 만들 소지가 있다고 판단해 그들의 이름을 부제로 옮겨 책의 제목을 『역사적 예수에 관한 탐구: 라이마루스에서 브레데에 이르는 발전 과정에 관한 연구』라고 붙이기로 결정했다. 이것은 슈바이처가 사용하지도, 의도하지도 않은 용어였지만 일반화되어 오늘날까지도 계속 사용되고 있다.

역사적 예수에 관한 최초의 탐구

이신론과 독일 계몽주의는 역사 속의 실제 예수님과 신약성경이 증언하는 예수님이 심각한 모순을 일으킨다는 논의를 발전시켰다. 인류의 초자연적인 구원자에 관한 신약성경의 증언에는 상식을 가르친 단순한 인간 교사가 숨겨져 있다. 초자연적인 구원자는 계몽주의적 합리주의로서는 받아들일 수 없는 개념이었지만, 계몽된 도덕 교사는 충분히 수용할 수 있는 개념이었다. 라이마루스가 특별히 정밀하게 발전시킨 이 개념은 예수님에 관한 신약성경의 배후를 살펴 새로운 시대 정신에 부합하는 좀 더 단순하고, 인간적인 예수님을 찾을 수 있다는 의미를 지녔다. 그 결과, 좀 더 신뢰할 만한 실제적인 '역사적 예수'에 관한 탐구가 시작되었다. 이 탐구는 궁극적으로 실패로 끝났지만, 후기 계몽주의는 합리적인 자연 종교의 상황 속에서 예수님의 신빙성을 발견할 수 있는 열쇠가 이 '탐구' 안에 간직되어 있다고 생각했다. 예수님의 도덕적 권위는 그분이 성육신한 하나님이시라는 수용할 수 없는 정통적인 개념이 아니라 그분의 종교적인 인격과 가르침의 우월성에 놓여 있다. 이것이 이제부터 살펴보게 될 유명한 '역사적 예수에 관한 탐구'의 배경이다.

최초의 '역사적 예수에 관한 탐구'는 역사적 인물로서의 예수님과 기독교 교회가 이해하는 예수님 사이에 큰 괴리가 존재한다는 전제에 근거한다. 신약성경의 배후에 있는 '역사적 예수'는 단순한 종교 교사이다. '신앙의 그리스도'는 초기 교회의 저술가들이 이 단순한 인물을 그릇 나타낸 것이다. 따라서 부활이나 그리스도의 신성과 같은 불필요하고, 부적절하게 첨가된 교리들을 다 제거하고, 역사적 예수에게로 돌아가면 좀 더 신뢰할 만한 기독교가 탄생할 것이다. 이런 개념들은 17세기 영국의 이신론자들을 통해 종종 표출되었지만, 18세기 후반부터는 독일에서 더욱 본격적으로 다루어지기 시작했다,

대표적인 사례로는 헤르만 사무엘 라이마루스(1694-1768)의 유고집을 들 수 있다.

라이마루스는 유대교와 기독교가 그릇된 토대에 의존하고 있다는 확신이 차츰 강해지자 그런 사실을 대중에게 알릴 수 있는 책을 쓰기로 마음먹었다. 그 결과로 나타난 『합리적인 예배자들을 위한 변증』은 성경 전체에 합리주의의 비평적 기준을 적용시켰다. 그러나 라이마루스는 논쟁을 불러일으킬 생각이 없었기 때문에 그 책을 출판하지 않았다. 그 책은 그가 죽을 때까지 원고 상태로 남아 있었다. 그러던 중 고트홀드 에프라임 레싱(1729-81)이 이 원고를 입수하게 되었다. 그는 그 책에서 몇 가지를 발췌해 출판하기로 결정했다. 마침내 1774년에 『무명 저술가의 단편』이 출판되었고, 즉시 큰 파문을 일으켰다. 이 책은 오늘날 『볼펜뷔텔 단편』(Wolfenbutell Fragments)으로 알려져 있으며, 부활의 역사성을 일관되게 공격하는 내용을 담고 있다.

고트홀트 에프라임 레싱(1729-81). 독일 계몽주의를 대표하는 인물로 기독교 신학에 강한 합리주의적 접근 방식을 적용한 것으로 유명하다.

'예수와 그의 제자들의 목적에 관해'라는 제목의 마지막 단편은 예수 그리스도에 관한 지식의 본질을 다루며, 예수님에 관한 복음 기사가 초기 그리스도인들에 의해 적당히 윤색된 것일 수도 있다는 문제를 제기했다. 라이마루스는 예수님 자신과 사도적 교회의 신념과 의도 사이에 큰 괴리가 있다고 주장했다. 그는 하나님에 관한 예수님의 언어와 표현은 유대교의 묵시적 환상에 근거한 것으로 시대적, 정치적 정황과 타당성이 철저하게 제한적인 성격을 띠고 있다고 강조했다. 예수님은 메시아가 로마인의 정복으로부터 자기 백성을 구원할 것이라는 유대교의 메시아 기대 사상을 받아들였고, 하나님이 자신의 사명을 수행하도록 도와주실 것이라고 믿으셨다. 그러나 그분은 결국 십자가에 버려진 상태에서 마침내 자신이 그릇된 환상에 속아 실수를 저질렀다는 것을 깨닫고, 크게 울부짖으셨다.

그러나 제자들은 상황을 그렇게 끝내기를 원하지 않았다. 그들은 '영적 구원'이라는 개념을 창안해 외국의 점령 세력으로부터 이스라엘을 구원하겠다는 예수님의 구체적인 정치적 비전을 대체했다. 그들은 예수님의 죽음으로 야기된 당혹감을 감추기 위해 부활의 개념을 만들어냈다. 그 결과, 제자들은 예수님이 전혀 알지 못하셨던 교리들(예를 들면, 그분의 죽음이 죄를 속량하는 의미를 지닌다는 것)을 발전시켜 성경 본문에 덧붙임으로써 성경을 자신들의 신념에 꿰맞추었다. 결국, 오늘날 우리가 소유하고 있는 신약성경에는 거짓으로 삽입한 내용들이 가득하게 되었다. 역사적인 실제 예수는 사도적 교회를 통해 감추어지게 되었고, 그 대신 허구적인 신앙의 그리스도, 곧 인류를 죄로부터 구원한 구원자가 등장했다.

알베르트 슈바이처는 『역사적 예수에 관한 탐구』라는 대표작에서 나사렛 예수의 신분과 의미에 관한 라이마루스의 급진적인 접근 방식은 현대의 그리스도인들에게 "교리문답을 통해 배운 형이상학적인 성자의 신분이나 삼위일체나 그와 유사한 교리적 개념들을 버리고, 유대적 사고의 세계로 들어가라고" 요구한다고 주장했다.

라이마루스에 따르면, 예수님은 로마를 상대로 결정적인 민중 항쟁을 펼치면 승리를 거둘 것이라고 자신 있게 기대했다가 결국 자신의 실패로 인해 모든 꿈이 물거품으로 변해버린 유대의 한 정치적 인물에 지나지 않는다. '부활'의 개념은 이런 실패를 감추기 위해 창안된 것으로 본질적으로 정치적인 메시지였던 것을 영적인 메시지로 바꾸는 결과를 낳았다.

라이마루스 당시에는 그를 추종했던 사람들이 거의 없었지만 그가 제기한 질문은 나중에 매우 중요한 의미를 지닌 것으로 취급되었다. 구체적으로 말해, 합법적인 역사적 예수와 허구적인 신앙의 그리스도를 분명하게 구별한 그의 사상은 엄청난 영향력을 지닌 것으로 드러났다. 그리스도에 관한 신약 성경의 증언이 교리적으로 창안된 것이라는 합리주의적인 의심이 제기되면서 '역사적 예수에 관한 탐구'가 본격적으로 시작되었다. 사도들이 덧씌운 교리적인 개념들로부터 역사적인 실제 예수를 분리해내 재구성할 수 있다는 신념이 싹텄다.

역사적 예수에 관한 탐구에 대한 비판(1890-1910)

그러나 그런 환상은 오래가지 못했다. 19세기 말에 '예수의 생애' 운동에 대해 여러 각도에서 일관된 도전이 제기되었다. 2차 세계대전이 발발하기 이전의 20년 동안에 개신교 자유주의가 주창한 '종교적 인격성'에 근거한 기독론에 대해 세 가지 비판이 가해졌다. 이 비판들을 하나씩 차례로 살펴보면 다음과 같다.

> **알베르트 슈바이처(1875-1965)**. 유력한 독일의 개신교 신학자로 역사적 예수를 다룬 저서로 특별히 유명하다. 그의 저서는 '역사적 예수에 관한 탐구'라는 주제의 타당성과 전제를 의문시하는 영향력 있는 일련의 책들이 출판되는 결과를 낳았다. 그는 1913년에 신학자로서의 삶을 버리고, 아프리카에서 의료 사역에 헌신했다.

첫째, 요한네스 바이스(1863-1914)와 알베르트 슈바이처(1875-1965)가 제기한 '묵시적 비평'은 하나님의 나라를 전한 예수님의 메시지가 강력한 종말론적 특성을 띠고 있기 때문에 칸트 사상에 근거해 하나님 나라의 개념을 해석한 자유주의의 견해는 의문시될 수밖에 없다고 주장한다. 1892년, 요한네스 바이스는『하나님 나라에 관한 예수의 설교』를 출판했다. 그는 이 책에서 개신교 자유주의가 '하나님 나라'의 개념을 사회에서 도덕적인 삶을 사는 것이나 최상의 윤리적 이상을 뜻하는 의미로 해석했다고 주장했다. 바꾸어 말해,

그 개념은 시공간적인 관점에서가 아니라 주관적이거나 내적이거나 영적인 의미를 지닌 것으로 이해되었다. 바이스는 하나님 나라에 관한 리츨의 개념이 계몽주의의 개념과 일맥상통한다고 생각했다. 그것은 종말론적인 의미가 없는 정체된 도덕적 개념으로 다루어졌다. 예수님의 가르침이 지니는 종말론적 특성을 되살리려면 하나님 나라에 관한 그런 식의 이해는 물론, 그리스도에 관한 자유주의의 설명을 재검토해야 할 필요가 있다. '하나님 나라'는 자유주의가 주장하는 정체된 도덕적 가치가 아닌 인간의 가치를 파괴적으로 뒤집어엎는 종말론적인 순간으로 이해해야 한다.

슈바이처도 예수님이 행하신 사역의 전체적인 성격이 종말론적인 사고에 의해 결정되고, 조건화되었다고 생각했다. 이 개념은 영어권에서는 '철저 종말론'으로 알려져 있다. 바이스는 예수님의 가르침 가운데 (전부가 아닌) 상당한 부분이 철저한 종말론적 기대감에 의해 조건화되었다고 주장했지만, 슈바이처는 예수님의 가르침과 태도의 모든 측면이 종말론적인 사고에 의해 결정되었다고 역설했다. 바이스는 예수님의 가르침 가운데 단지 일부만이 이 사고에 영향을 받았다고 믿었지만, 슈바이처는 예수님이 전한 메시지의 전체적인 내용이 처음부터 끝까지 철저하게 묵시적인 사상에 의해 조건화되었다고 주장했다. 그런 개념은 19세기 말 서구 사회에 매우 낯선 것이었다.

나사렛 예수의 인격과 메시지에 관한 이런 식의 일관된 종말론적 해석은 그리스도를 멀게 느껴지는 낯선 인물, 곧 모든 희망과 기대가 물거품으로 변해버린 묵시적이고, 탈속적인 인물로 묘사하는 결과를 낳았다. 종말론은 예수님의 가르침 가운데서 참된 '알맹이'를 찾아내기 위해 벗겨 내버려야 할 지엽적이고 부수적인 '껍데기'가 아니라 그분의 사고를 온전히 지배했던 본질적인 특성이었다. 결국, 예수님은 1세기의 이질적인 유대의 묵시적 환경에서 나온 낯선 인물로 묘사되었다. 이런 개념이 "예수님은 무명의 존재로 우리에게 다가오신다."라는 슈바이처의 유명한 말에 잘 표현되어 있다.

둘째, 빌리암 브레데(1859-1906)가 제기한 '회의적 비평'은 예수님에 관한 지식의 역사성을 의문시한다. '공관복음서'('요약'을 뜻하는 헬라어 '시놉시스'에서 유래한 용어로 마태복음, 마가복음, 누가복음을 가리킨다)의 기록에는 역사와 신학이 한데 뒤섞여 있기 때문에 분리해내기가 어렵다. 브레데는 마가가 역사를 가장해 신학적인 설명을 제시했으며, 자신이 다루는 내용에 자신의 신학을 덧씌웠다고 생각했다. 따라서 마가복음은 객관적인 역사가 아닌 역사를 신학적으로 재해석한 창작물일 뿐이다. 마가복음의 배후를 파헤쳐 역사적 예수를 재구성하는 일이 불가능한 이유는 그 기록 자체가 더 이상 파헤칠 수 없는 신학적 인공물이기 때문이다. '역사적 예수에 관한 탐구'는 역사적인 '실제' 예수를 입증해 줄 역사적 토대를 확립하기가 불가능하다는 점에서 더 이상 아무런 의미가 없다. 브레데는 개신교 자유주의가 주창하는 기독론의 근본적이면서도 치명적인 오류를 세 가지로 나눠 정리했다.

1) 자유주의 신학자들은 예수님에 관한 공관복음서의 증언 가운데서 달갑지 않은 내용들(예를 들면, 자료상의 명백한 모순이나 기적 사화와 같은 것들)을 발견하면 초기의 전승이 나중에 수정된 것이라고 주장하지만, 그런 원리를 일관되게 적용하지 못했다. 다시 말해, 그들은 신앙 공동체가 나중에 갖게 된 신념들이 복음서 저자가 복음서를 기록하는 과정에 줄곧 규범적인 영향을 미쳤다는 사실을 깨닫지 못했다.
2) 복음서 저자들의 동기를 고려하지 않았다. 자유주의 신학자들은 복음서의 기록 가운데서 자신들이 수용할 수 없다고 판단되는 것은 무작정 배제하고, 남은 것으로만 만족하는 경향이 있다. 그들은 복음서 저자의 긍정적인 진술을 진지하게 받아들이지 않고, 그것을 전혀 다른 것으로 대체했다. 가장 먼저 해야 할 일은 복음서의 기록을 있는 그대로 받아들여 복음서 저자가 독자들에게 전하려고 있던 것을 찾아내는 것이다.

3) 복음서의 기록을 심리적인 관점에서 다루는 것은 상상할 수 있는 것과 실제로 일어난 일을 혼동하는 경향이 있다. 그런 접근 방식은 근거가 부적절하다. 자유주의 신학자들은 '일종의 심리적인 추측'을 통해 복음서에서 정확히 자기들이 원하는 것을 찾으려는 경향이 있다. 그런 추측은 지식의 엄밀한 정확성과 확실성보다는 감정적인 묘사를 더 중시하는 것으로 보인다.

> **마르틴 캘러(1835-1912).** 신약성경에 대한 비평과 해석의 신학적 측면에 특별한 관심을 기울였던 독일의 루터파 신학자. 1867년에 할레대학교의 조직신학 학과장으로 임명되었다. 그의 가장 유명한 저서는 1892년에 발표한 논문이다. 그는 그 논문에서 '예수의 생애 운동'이 내세우는 신학적인 가설들을 통렬하게 비판했다.

셋째, 마르틴 캘러(1835-1912)에게서 기인한 '교리적 비평'은 역사적 예수를 재구성하는 것이 어떤 신학적 의미를 지니는지를 의문시했다. '역사적 예수'는 '신앙의 그리스도'에 근거한 믿음에 적절하지 않다. 캘러는 역사학자가 찾아낸 무감정하고, 일시적인 예수는 신앙의 대상이 될 수 없다고 옳게 지적했다. 그러나 역사학이 역사적 예수에 관해 확실한 지식을 찾아낼 수 없다면 어떻게 예수 그리스도가 기독교 신앙의 참된 근거이자 내용이 될 수 있을까? 어떻게 역사적 상대주의의 공격에 흔들리지 않고, 역사적 사건에 근거한 믿음을 가질 수 있을까? 캘러는 『이른바 역사적 예수로 일컬어지는 예수와 역사적, 성경적 그리스도』라는 책에서 정확히 이런 문제들을 다루었다.

캘러는 이 책에서 자신의 두 가지 목표를 제시했다. 하나는 '예수의 생애 운동'의 오류를 비판해 배격하는 것이고, 다른 하나는 대안적 접근 방식의 타당성을 확립하는 것이다. 캘러는 이렇게 말했다.

현대 저술가들의 역사적 예수는 우리에게 살아 계시는 그리스도를 숨긴다. '예수의 생애 운동'이 말하는 예수는 인간의 상상력이 빚어낸 것을 보여주는 하나의 현대적인 사례에 지나지 않는다. 이것은 과거에 비잔틴 신학의 기독론이 만들어낸 악명 높은 교리적 그리스도에 비해 조금도 낫지 않다. 그것들을 둘 다 참된 그리스도로부터 멀리 벗어나 있다. 이런 점에서 역사주의는 당시에 최신으로 간주되었던 교리주의만큼이나 독단적이고, 사변적이며, 교만하고, '불충실한 영지주의적' 성격을 띠고 있다고 하겠다.

물론, 캘러는 '예수의 생애 운동'이 그리스도에 대한 성경적 증언과 추상적인 교리주의를 대조시켰다는 점에서는 전적으로 옳다고 인정했다. 그러나 그는 그런 노력마저도 무익하다고 주장했다. 이런 견해가 '예수의 생애 운동'은 아무런 가망이 없는 일이라는 그의 유명한 말에 잘 드러나 있다. 그가 그런 주장을 제기한 이유는 다양하다.

첫째, 가장 근본적인 이유는 캘러가 말한 대로 그리스도를 '역사적' 인물이라기보다는 '초역사적' 인물로 간주해야 하기 때문이다. 예수님의 경우에는 비평적, 역사적 방법이 적용될 수 없다. 비평적, 역사적 방법은 예수님의 초역사적인(즉 초인적인) 특성들을 다룰 수 없기 때문에 그것을 무시하거나 거부할 수밖에 없다. 사실, 비평적, 역사적 방법은 아리우스파나 에비온파의 기독론처럼 교리적인 전제가 내재되어 있는 경우에만 적용될 수 있다. 캘러는 논문의 곳곳에서 예수님의 인격성에 관한 심리적인 해석과 역사적, 비평적 방법에서 유비의 원리를 사용하는 것에 관한 문제들을 거론하며 이 점을 자주 언급했다.

캘러는 예수님의 인격성에 관한 심리적인 해석이 예수님과 우리의 차이가 종류가 아닌 정도의 차이라는 근거 없는 가설에 의존한다고 지적하면서 교리에 근거해 비판해야 마땅하다고 주장했다. 더욱이 캘러는 그리스도에 관한 신약성경의 증언을 해석할 때 유비의 원리를 사용하는 것에 대해 도전을 제기했다. 그는 그것이 예수님을 현대인과 유사한 존재로 취급하게 만들어 결국 기독론을 축소하는 결과를 낳을 수밖에 없다고 말했다. 만일 처음부터 예수님을 다른 인간들과 본질이 아닌 정도만 다른 평범한 인간으로 전제하면, 그런 전제적 생각이 성경 본문에 투사되어 결국 나사렛 예수는 우리와 정도만 다른 인간에 지나지 않는다는 결론에 도달할 수밖에 없다.

둘째, 캘러는 "역사가가 적절한 신뢰성을 갖추었다고 인정할 만한 예수님의 생애에 관한 자료는 어디에도 존재하지 않는다."라고 주장했다. 이것은 자료들이 믿음의 목적에도 부적절하고, 신뢰할 수도 없는 것에 불과하다는 의미와는 거리가 멀다. 오히려 캘러는 복음서가 공정하고, 객관적인 관찰자들의 증언이 아닌 신자들이 전하는 믿음의 이야기이기 때문에 내용이든 형식이든 신앙과 분리될 수 없다는 것을 분명히 밝히고자 했다. 복음서의 기사는 "의식이 분명한 객관적인 관찰자들의 보고서가 아니라 그리스도를 믿는 신자들의 증언과 고백을 통해 주어진 것이다." "우리는 오직 그런 기사들을 통해서만 예수님을 알 수 있기" 때문에 '그리스도에 관한 성경의 증언'은 신앙에 결정적인 영향을 미친다.

캘러에게 중요한 것은 그리스도의 신분이 아니라 그분이 지금 신자들을 위해 하고 계시는 일이었다. '역사의 예수'는 '신앙의 그리스도'가 지니는 구원론적인 의미를 결여하고 있다. 따라서 기독론의 난제들에 골몰하지 말고, 캘러 자신이 '구원론'으로 일컬은 것과 '구원자의 인격에 관한 믿음의 지식'으로 정의한 것을 발전시켜야 한다. 캘러는 '예수의 생애 운동'이 과학이라는 허울 아래 실존적인 의미를 갖추지 못한 허구적인 그리스도를 창조해 냈다고 일갈했다. 캘러는 "참된 그리스도는 선포된 그리스도다."라고 말했다. 기독교 신앙은 역사적 예수가 아닌 믿음을 불러일으키는 실존적 의미를 지닌 신앙의 그리스도에 근거한다.

다른 사람들도 이와 비슷한 견해를 피력했다. 예를 들어, 독일의 교리사 학자 프리드리히 루프스(1858-1928)는 나사렛 예수에 관해 신학적 사색은 역사적 탐구를 진지하게 받아들여야 하지만, 나사렛 예수의 의미에는 역사적 탐구를 통해 밝힐 수 있는 것보다 더 많은 것이 내포되어있다는 점을 기억해야 한다고 주장했다.

> 만일 예수님이 역사학이 정한 기준을 초월하신다는 것을 인정하지 않고, 그분을 묘사한 내용 가운데서 인간의 평범한 삶의 한계를 넘어서는 것들을 배제해야 한다고 생각한다면 믿음은 역사학을 거부해야 할 것이다. 그런 경우, 믿음은 역사학이 예수님에 관해 최종적인 판단을 내릴 수 없다는 것을 인정해야 한다고 주장해야 할 것이다. 믿음은 그렇게 주장할 수 있는 권리가 있다.…예수님은 실제 인간이셨지만 다른 사람들과 똑같은 인간은 아니셨다. 그분은 다른 모든 인간의 경험과 비교할 수 없는 인간, 곧 하나님의 모든 자녀들(신약성경의 말씀에 따르면 하나님의 모든 아들들) 가운데서 유일무이한 존재, 곧 독특한 인간이요 독생자이셨다.

역사적 방법에 관한 이런 우려가 차츰 신학의 현장을 지배하기에 이르렀고, 그런 추세는 이제부터 살펴보려고 하는 루돌프 불트만의 저서에서 절정에 달했다.

역사로부터의 후퇴: 루돌프 불트만

불트만은 예수님을 역사적으로 재구성하려는 모든 시도를 무익한 일로 간주했다. 역사는 기독론에 근본적인 영향을 미치지 않는다. 예수님이 존재하셨고, (불트만이 케리그마로 일컬은) 기독교적 선포가 그분의 인격에 근거하고 있다는 것만을 아는 것으로 족하다. 따라서 불트만은 기독론의 역사적 측면을

'그것'이라는 하나의 단어로 축소시켰다. '그것', 곧 복음 선포(케리그마)의 배후에 예수 그리스도께서 계신다는 것을 믿는 믿음만이 필요할 뿐이다.

> **루돌프 불트만(1884-1976).** 독일의 루터교 신학자. 1921년에 마르부르크대학교의 신학과 학과장으로 임명되었다. 신약성경의 '비신화화'를 시도한 것과 실존주의 사상을 이용해 복음의 현대적 의미를 해설한 것으로 유명하다.

불트만은 십자가와 부활이 인류의 역사 속에서 일어났다는 점에서 진정한 역사적 현상이지만 그것이 신적 행위라는 사실은 믿음을 통해서만 인식할 수 있다고 믿었다. 십자가와 부활은 심판과 구원이라는 신적 행위로서 케리그마 안에서 하나로 결합되었다. 전달자의 역할을 하는 역사적 현상이 아닌 그런 신적 행위만이 지속적인 의미를 지닌다. 케리그마는 역사적 사실의 문제가 아닌 청중의 결단의 필요성을 촉구함으로써 종말론적인 순간을 과거로부터 선포가 이루어지는 현재로 옮기는 것에 그 초점이 있다. "예수 그리스도께서는 다른 곳이 아닌 케리그마 안에서 우리와 만나신다." 불트만은 케리그마를 통해 예수님의 초역사적이고, 실존적인 의미가 전달된다고 생각했다.

> 케리그마는 하나님의 개념이든 구원자의 개념이든 그 어떤 영원한 개념이나 보편적 진리가 아닌 역사적 사실을 선포한다.…케리그마는 영원한 개념의 통로도 아니고, 역사적 정보의 매개체도 아니다. 결정적인 중요성을 지니는 것은 케리그마가 그리스도의 '그것', 곧 선포를 통해 현재가 되는 그분의 '지금 이 순간'을 가리킨다는 것이다.

따라서 역사적 예수를 재구성하기 위해 케리그마를 '자료'로 활용해 그분의

'메시아 의식'이나 '내적 삶'이나 '영웅주의' 따위를 내세워 그 배후를 파헤치는 것은 불가능하다. 그것은 더 이상 존재하지 않는 '육신을 따르는 그리스도'일 뿐이다. 주님으로 선포되신 분은 역사적 예수가 아닌 예수 그리스도이시다.

역사를 과격하게 배격한 이런 사상은 많은 사람을 놀라게 했다. 만일 그 말대로라면 어떻게 기독론이 예수 그리스도의 인격과 사역에 근거한다고 확신할 수 있겠는가? 예수님에 관한 역사가 부적절하다면 기독론을 점검할 수 있는 사람이 누가 있겠는가? 신약성경과 교리 연구에 종사하는 많은 학자들에게 불트만은 심각한 역사적 문제를 해결하려고 하지 않고, 마치 고르디우스의 매듭을 그냥 잘라버리듯 손쉬운 해결책을 찾은 것처럼 보였다. 불트만에게 역사적인 예수에 관해 알 수 있고, 또 알도록 요구할 수 있는 것은 단지 그분이 존재했었다는 사실 하나뿐이었다. 신약성경 학자 게르하르트 에벨링(1912-2001)은 역사적 예수의 인격이 기독론의 근간이라고 생각했다. 그는 만일 어떤 기독론이 역사적 예수의 의미를 그릇 해석했다면 그 기독론은 폐기처분될 것이라고 주장했다. 이런 점에서 에벨링은 다음 항의 주제인 '역사적 예수에 관한 새로운 탐구'의 저변에 깔린 우려의 목소리를 대변하고 있다고 할 수 있다.

역사적 예수에 관한 새로운 탐구

에벨링은 불트만의 기독론이 안고 있는 근본적인 결함을 지적했다. 역사학에 비춰보면 그것은 탐구(아마도 '검증'은 너무 강한 의미를 지닌 용어일 것이다)의 길을 원천봉쇄한 것이나 다름없다. 기독론이 오류에 근거할 수도 있지 않을까? 예수님의 설교로부터 예수님에 관한 설교로 전환하는 것이 정당한 일이라고 어떻게 확신할 수 있단 말인가? 에벨링은 에른스트 캐제만과 비슷한 비판을 전개했지만 순수한 역사적 관점보다는 신학적 관심을 더 중시했다.

'역사적 예수에 관한 새로운 탐구'는 일반적으로 에른스트 캐제만(1906-98)이 1953년 10월에 역사적 예수의 문제를 다룬 중요한 강연을 전한 것을 계기로 처음 시작된 것으로 알려져 있다. 이 강연의 진가는 그 당시까지 불트만 학파가 주장해 온 전제들과 방법론과 결부시켜 살펴봐야만 온전하게 드러날 수 있다. 캐제만은 공관복음서가 근본적으로 신학적 문서이며, 그 신학적 진술이 종종 역사적 사실의 형태로 표현되었다는 것을 인정했다. 그런 점에서 그는 캘러와 브레데의 통찰력에 근거해 불트만 학파의 핵심 원리를 되풀이하며 거기에 동의를 표했던 셈이다.

그러나 캐제만은 즉시 의미심장한 방식으로 그런 주장들에 단서를 달기 시작했다. 복음서 저자들은 분명한 신학적 의도에도 불구하고 자신들이 나사렛 예수에 관한 역사적 정보를 다루고 있으며, 그런 역사적 정보를 공관복음서의 본문을 통해 표현하고, 구체화하고 있다고 확신했다. 간단히 말해, 복음서는 케리그마와 역사적 일화를 모두 포함하고 있다.

캐제만은 이런 통찰력을 근거로 예수님의 설교와 예수님에 관한 설교의 영속성을 탐구해야 할 필요성을 지적했다. 세상에서 활동했던 예수님과 높임을 받아 그리스도로 선포된 예수님 사이에는 명백한 간극이 존재하지만, 선포된 그리스도가 어떤 점에서 이미 역사적 예수 안에 존재하고 있었다는 점에서 그 둘을 하나로 연결하는 영속적인 측면을 부인하기 어렵다. 물론, 캐제만의 의도는 케리그마에 역사적 합법성을 부여하기 위해 역사적 예수에 관한 새로운 탐구를 시작해야 한다는 것이 아니었다. 또한 역사적 예수와 선포된 예수의 간극 때문에 전자의 관점에서 후자를 해체해 없애야 한다는 것은 더욱 아니었다. 캐제만은 단지 나사렛 예수의 행위와 설교에 역사적 근거를 두고 있는 높임 받으신 그리스도와 세상에서 활동했던 예수님이 서로 동일하다는 신학적 주장을 제기했을 뿐이다. 그는 그런 신학적 주장이 예수에 관한 케리그마가 예수의 사역이라는 껍데기 안에 배아의 형태로 포함되어 있었다는 역사적 증거에 의존하고 있다고 강조했다. 케리그마가 역사적 요소를 내포하고 있기 때문에 역사의 예수와 신앙의 그리스도 사이의 관계를 탐구하는 것은 매우 적절하고도 필요한 일이다.

'역사적 예수에 관한 새로운 탐구'가 19세기의 신빙성 없는 탐구와 질적으로 다르다는 것은 분명하다. 캐제만의 주장은 역사의 예수와 신앙의 그리스도 사이에 간극이 존재한다고 해서 후자가 전자에 근거하거나 기초하지 않는 전혀 별개의 것으로 생각해서는 안 된다는 인식을 토대로 한다. 오히려 케리그마는 나사렛 예수의 행위와 설교 안에서 발견되기 때문에 예수의 설교와 예수에 관한 설교 사이에는 연속성이 존재한다. 옛 탐구는 역사적 예수와 신앙의 그리스도 사이에는 명백한 간극이 존재하기 때문에 후자는 허구일 가능성이 있다면서 객관적인 역사적 조사를 통한 재구성의 필요성을 강조했지만, 캐제만은 그런 식의 재구성은 필요하지도 가능하지도 않다고 주장했다.

이런 주장의 중요성이 점차 분명하게 인식되기 시작하면서 케리그마의 역사적 근거를 찾기 위한 탐구에 강렬한 관심이 쏠리게 되었다. 특별히 흥미로운 네 가지 입장을 간단히 소개하면 다음과 같다.

1) 이 논쟁과 관련해 극단적 견해를 피력한 것으로 보이는 요아킴 예레미아스(1900-79)는 예수님이 실제로 말씀하고, 행하신 일을 신학을 통해 확실하게 확립할 수만 있다면 그 안에 기독교 신앙의 근거가 놓여 있을 것이라는 주장을 펼쳤다. 그는 자신의 『신약성경 신학』의 첫 부분을 신약성경 신학의 핵심 요소인 '예수의 선포'를 다루는 데 모두 할애했다.
2) 캐제만은 역사적 예수와 케리그마의 그리스도가 똑같이 종말론적인 하나님 나라의 도래를 선언했다는 점에서 그 둘이 연속성을 지닌다고 말했다. 예수의 설교와 초기 기독교의 케리그마 모두 하나님 나라의 도래라는 주제를 크게 중시했다.

3) 게르하르트 에벨링은 '예수의 믿음'이라는 개념 안에서 영속성을 발견했다. 그는 그것이 로마서 4장에 묘사된 '아브라함의 믿음'과 유사하다고 생각했다. 다시 말해, 아브라함의 믿음이라는 원형적 믿음이 나사렛 예수를 통해 역사적으로 예시되어 구현됨으로써 신자들도 그런 믿음을 갖는 것이 가능하다고 선포되었다.

4) 귄터 보른캄(1905-90)은 예수의 사역을 통해 명백히 드러난 권위를 특별히 강조했다. 예수 안에서 하나님의 현실이 나타나 인간을 향해 근본적인 결정을 내리라고 요구한다. 불트만은 예수가 전한 설교의 핵심이 하나님 나라의 미래적 도래에 있다고 생각했지만, 보른캄은 그 강조점을 미래에서 현재로 옮겨 예수의 인격을 통해 하나님과 개인이 마주친다고 생각했다. '하나님과의 만남'이라는 주제가 예수님의 사역과 그분에 관한 선포에서 모두 발견된다. 그로써 세상에서 활동했던 예수와 선포된 그리스도의 신학적, 역사적 연결 고리가 제공된다.

이처럼 '역사적 예수에 관한 새로운 탐구'는 역사적 예수와 신앙의 그리스도가 서로 영속성을 지닌다고 강조한다. '옛 탐구'는 그리스도에 관한 신약성경의 증언을 폄하하려는 목적을 지녔지만 '새 탐구'는 예수의 설교와 예수에 관한 교회의 설교 사이의 영속성을 강조함으로써 그것을 더욱 공고히 했다. 그 후로 이 분야에서 다른 발전들이 이루어졌다. 지난 20년 동안에는 예수님과 그분이 활동했던 1세기의 유대적 환경과의 관계를 탐구하는 데 특별한 관심이 집중되었다. 게자 베르메스와 샌더스와 같은 영미 저술가들과 특별히 관련된 이런 발전은 예수님의 유대적 배경에 관한 관심을 새롭게 불러일으켰고, 기독론과 연관된 역사의 중요성을 강조했다. 최소한 현재로서는 기독론에서 역사가 차지하는 중요성을 평가절하했던 불트만의 접근 방식은 더 이상 신빙성이 없는 것으로 널리 간주되고 있다. 그러면 이번에는 이번 사례 연구의 결론에 해당하는 '제3의 탐구'를 잠시 살펴보기로 하자.

제3의 탐구

1960년대에 '새로운 탐구'가 전반적으로 무너지기 시작하면서 역사적 예수를 재평가하기 위한 일련의 노력이 이루어졌다. '제3의 탐구'라는 용어는 이런 노력들을 가리키는 의미로 종종 사용되었다. 이 용어로 지칭되는 학자들과 저서들이 그런 식으로 함께 뭉뚱그려 일컬어질 만한 공통점이 충분하지 않다며 이 용어 자체를 의문시하는 저술가들이 적지 않다. 예를 들어, 이런 노력을 기울이는 저술가들 가운데는 자신들의 이론을 전개할 때 신약성경 이외의 자료, 특히 콥트어로 기록된 『도마 복음서』를 활용하는 사람들도 있고, 신약성경, 특히 공관복음서만을 자료로 사용하는 사람들도 있다. 이런 차이에도 불구하고 이 용어는 일반적으로 인정을 받고 있기 때문에 여기에서 그대로 사용하는 것이 적절하다고 생각된다.

'최초의 탐구'는 강한 합리주의적 전제들에 근거해 예수님에 관한 이야기를 다루면서 복음서의 기록 가운데서 기적 사화들을 걸러냈고, '새로운 탐구'는 예수님의 말씀에 초점을 맞추는 경향이 있었으며, '제3의 탐구'는 예수님의 치유 사역과 귀신 축출을 그분의 사명이 지니는 독특한 특성을 드러내고, 그분이 추구했던 목표를 그분 스스로 어떻게 이해하고 있었는지를 보여주는 증거로 받아들이는 듯 보였다. '제3의 탐구'에 속하는 일부 학자들은 예수님의 유대적 특성을 강조하지만(샌더스, 게자 베르메스) 다른 학자들은 예수님의 가르침과 사역이 지니는 가장 확실한 특징을 유대주의 밖에서, 즉 그리스-로마 세계의 견유주의적 전통에서 발견할 수 있다고 주장한다(도미닉 크로산, 버튼 맥).

'제3의 탐구'에 기여한 학자들을 몇 사람 소개하면 다음과 같다.

1) 존 도미닉 크로산(1944년 출생)은 예수님이 당시 사회의 권력 구조에 반발

심을 느낀 가난한 유대인 농부이셨다고 주장했다. 크로산은 『역사적 예수』(1991)와 『예수: 혁명적 전기』(1994)에서 예수님이 죄인들과 사회적 소외자들과 식탁의 교제를 나눔으로써 당시 사회의 인습을 깨뜨리셨다고 역설했다.

역사적 예수는 농부 출신의 유대적 견유주의자이셨다. 그분의 시골 마을은 셉포리스와 같은 그리스-로마의 도시에 근접해 있었기 때문에 '견유학파'를 직접 알고, 경험했을 가능성이 충분하다. 그러나 예수님의 사역은 남부 갈릴리의 농장과 마을에서 이루어졌다. 예수님이 암암리에 사용하셨던 전략은 '거저 베푸는 치유와 공동 식사'로 그분의 추종자들은 그것이 무슨 의미인지를 분명하게 의식했다. 다시 말해, 그것은 유대교와 로마 제국의 위계적이고, 보호주의적인 권력 체계를 동시에 부정하는 종교적, 경제적 평등주의를 선언하는 것이었다.

2) 마커스 보그(1942년 출생)는 『예수: 새로운 비전』(1988)과 『예수를 처음으로 다시 만나다』(1994)와 같은 책에서 예수님이 성전 지배층에 강력한 도전을 제기함으로써 유대교를 혁신하는 데 관심을 기울였던 체제 전복적인 현자였다고 주장했다.
3) 최근의 신약성경 학자 가운데서 세속적 성향이 가장 강한 학자로 널리 알려진 버튼 맥은 『순수의 신화』(1988)와 『잃어버린 복음』(1993)에서 예수님이 개인주의를 가르친 견유학파의 계통을 따르는 현자이셨다고 주장했다. 예수님은 '헬라적 견유주의자'로서 (성전의 위치나 율법의 역할과 같은) 유대적 문제들에는 그다지 큰 관심을 기울이지 않고, 당시 사회의 인습을 비웃는 데 초점을 맞추셨다.
4) 샌더스(1937년 출생)는 예수님을 유대 백성을 회복하는 데 관심을 기울였

던 선지자적인 인물로 간주했다. 그는 『예수와 유대교』(1985)와 『예수라는 역사적 인물』(1993)과 같은 저서에서 예수님이 이스라엘의 종말론적 회복을 꿈꾸셨다고 주장했다. 하나님은 현세대를 종식하고, 새 성전을 중심으로 하는 새로운 질서를 구축하셨으며, 예수님을 자신의 대리자로 세우셨다.
5) 톰 라이트(1948년 출생)는 '제3의 탐구'라는 용어를 도입한 학자로 널리 알려져 있다. 라이트는 학문을 통한 합리적인 발견(특히 예수님의 유대적 배경에 관한 사실들)을 받아들이는 것과 초기 기독교 공동체 안에서 이루어진 예수님에 관한 해석과의 영속성을 유지하는 것을 균형 있게 조화시키는 것에 관심을 기울였다.

우리는 예수님이 '신성한' 존재이시라는 것을 이미 알고 있다. ('신성한'이라는 말의 의미가 무엇인지를 이미 알고 있다고 전제하면) 예수님의 삶에 관한 역사적 기록은 그런 사실을 마땅히 '드러낼' 수밖에 없다.…그것이 아니라면 우리는 엄밀한 역사적 탐구에 몰두해야 할 것이고, 내심으로 기쁘든 두렵든 정통 신학을 '논박하거나' 최소한 심각하게 훼손하지 않을 수 없을 것이다.…그러나 엄격한 역사(1세기에 팔레스타인에서 일어난 실제 사건들에 대한 제한 없는 탐구)와 엄격한 신학('신'이라는 용어와 '신성한'이라는 형용사가 실제로 무엇을 가리키는지에 대한 제한 없는 탐구)는 서로 조화를 이룬다. 예수님에 관한 논의에서는 특히 더 그렇다.

'제3의 탐구'의 몇몇 대표자들을 간단히 분석한 지금까지의 논의를 살펴보면, 몇 가지 공통된 주제에도 불구하고 전체적으로 일관된 신학적, 또는 역사적 요점이 존재하지 않는 것이 분명해 보인다. 예수님을 유대적 배경에서 볼 것인지, 헬라적 배경에서 볼 것인지에 관한 문제, 유대의 율법과 종교 제도에 관한 그분의 태도, 이스라엘의 미래에 대한 그분의 견해, 그런 미래와 관련해 예수님이 차지하는 개인적인 의미 등에 관해 상당한 이견이 존재한다. 그러나 이 용어는 그런 분명한 약점에도 불구하고 최소한 어느 정도는 용인되어 사용되었고, 이 중요한 주제에 관한 학문적 논의의 필수 요소로 남게 될 가능성이 높다.

'제3의 탐구'의 결과를 평가하기는 아직 이르지만, 이 최근의 학문 운동이 복음서를 본질적으로 신뢰할 수 있는 역사 문서, 곧 당대의 지성적 상황을 배경으로 나사렛 예수를 부각시킨 역사 자료로 받아들이려는 경향을 대변하고 있는 것은 분명하다. 구체적으로 말해, '제3의 탐구'는 나사렛 예수를 하나님 나라의 선포자로, 곧 스스로를 하나님의 기름 부음을 받아 이스라엘을 다스리는 통치자로 이해했던 인물로 간주하는 경향이 있다. 따라서 이 문제에 관한 이전의 접근 방식들의 가설들과 방법론, 특히 의심의 여지가 많은 역사 실증주의의 신념을 반영하고 있는 것으로 간주되는 '예수 세미나'는 이 범주에 포함되지 않는다.

사례 연구 4.2 구원의 근거와 본질

"어떻게 구원을 받는가?"와 "어떻게 구원을 이해해야 하는가?"라는 문제는 기독교 역사 대대로 중요한 논의의 주제였다. 교부 시대에는 죽음에 대한 그리스도의 승리나 신성화를 통해 인류의 인성을 변화시키는 것에 중점을 둔 다양한 접근 방식이 발전되었고, 중세 시대에는 도덕적이거나 법률적인 속죄론에 새로운 관심이 집중되었다(사례 연구 2.2 참조). 이런 논의는 현대에도 계속된다. 이번 사례 연구의 목적은 그리스도의 인격과 사역에 관한 교리들의 관계(좀 더 전문적인 용어를 사용하면 기독론과 구원론의 관계)를 살펴보는 데서부터 시작해서 이와 관련된 논의를 전체적으로 개괄하는 데 있다.

기독론과 구원론의 관계

스콜라주의와 개신교 정통주의 시대에 등장한 훌륭한 조직신학 저서들은 '그리스도의 인격'과 '그리스도의 사역'을 엄격하게 구별했다. 현대에는 더 이상 그런 식의 구별을 하지 않는다. 왜냐하면 이 두 신학 분야가 서로 떼려야 뗄 수 없는 관계를 맺고 있다는 인식이 싹텄기 때문이다. 이런 발전을 가져온 요인을 몇 가지 살펴보면 다음과 같다.

첫 번째 요인은 칸트의 인식론이 미친 영향이다. 칸트는 '물 자체'(Ding-an-sich)가 우리에게 미치는 효과만을 알 수 있을 뿐이라고 주장했다. 이런 일반적인 접근 방식을 예수님의 신분과 의미에 관한 여러 가지 문제에 적용하면, 그리스도의 본질이나 신분(기독론)을 그분이 우리에게 미친 영향이나 효과(구원론)와 분리해 생각할 수 없다는 결론이 도출된다. 이것은 알베르트 리츨이 『기독교의 칭의와 화목의 교리』(1874)에서 채택한 접근 방식이다. 리츨(1822-89)은 "존재를 결정짓는 본질과 속성은 그것이 우리에게 미치는 효과를 통해서만 인식할 수 있다. 우리는 우리에게 미치는 효과의 속성과 한계를 그것의 본질로 간주한다."라는 논리를 내세워 기독론과 구원론을 분리하는 것은 적절하지 않다고 주장했다.

두 번째 요인은 심지어 신약성경 안에서도 예수님에 관한 기독론적인 칭호들과 그것들의 구원론적 하부구조 사이에 강한 상관관계가 발견된다는 일반적인 인식이다. "기독론과 구원론을 구분하는 것이 불가능한 이유는 구원론적인 관심, 즉 구원(그리스도로 인한 혜택, beneficia Christi)에 관한 관심이 곧 우리가 예수라는 인물을 탐구하는 이유이기 때문이다."(볼프하르트 판넨베르크).

이런 합의에도 불구하고 기독론을 다룰 때 구원론적인 측면을 강조하는 것이 적절한지를 둘러싸고 계속해서 의견이 엇갈리고 있다. 예를 들어, 루돌프 불트만이 채택한 접근 방식은 기독론을 단순한 그것(das Das), 곧 예수라는 역사적 인물이 존재했었다는 사실로 축소했다. 케리그마는 그런 사실에 덧씌워진 것이다. 따라서 케리그마의 기능은 그리스도 사건의 구원론적인 의미를 전달하는 데 있다. 비더만과 폴 틸리히에게서 발견되는 이와 비슷한 접근 방식도 '그리스도의 원리'와 예수의 역사적 인격을 구별한다. 이 때문에 판넨베르크와 같은 일부 저술가들은 예수의 역사성에 근거하지 않고, 단지 구원론의 관점만을 토대로 구축된 기독론은 루드비히 포이어바흐와 같은 비평가들의 비판에 취약할 수밖에 없다는 우려를 표명했다.

그리스도의 사역에 관한 해석

그리스도의 십자가와 부활의 의미에 관한 현대적 논의는 네 가지 핵심 주제로 가장 잘 분류할 수 있다. 물론, 이 주제들은 상호 배타적이지 않다. 한 가지 이상의 주제에서 끌어낸 요소들을 합체해 논리를 전개하는 방식을 채택한 저술가들이 적지 않다. 이 주제에 관한 대다수 저술가의 견해를 하나의 주제로 축소하거나 제한한다면 그들의 사상을 심각하게 훼손하는 결과가 발생할 수 있다.

속죄제. 신약성경은 구약성경의 상징과 대망에 근거해 그리스도의 십자가의 죽음을 속죄제로 제시했다. 특히 히브리서와 관련된 이런 접근 방식은 그리스도의 희생 제사를 구약성경의 희생 제도가 예표했던 것을 온전히 이룬 완벽하고, 효과적인 제사로 간주한다. 이 개념은 기독교 전통 내에서 더욱 발전해 나갔다. 예를 들어, 아우구스티누스는 희생 제사라는 상징을 사용해 "그리스도께서 속죄의 제물이 되어 고난의 십자가 위에서 자신을 번제로 드리셨다."라고 말했다. 중보자가 인류를 회복해 하나님께 드리기 위해 자기를 희생시켰다. 희생이 없으면 그런 회복이 불가능하다. 아우구스티누스는 성찬이 이 희생을 기념하는 의미를 지닌다고 생각했다. 중세 시대는 물론, 현대 초기의 신학에서도 이와 비슷한 개념들이 발견된다.

예수님이 십자가에서 희생 제물이 되신 것은 '그리스도의 삼중 직임'(munus triplex Christi)과 특별히 관련된다. 이 16세기 중엽에 시작된 이 예표론에 따르면, 그리스도의 사역은 선지자(하나님의 뜻을 선포함), 제사장(죄를 속량하는 희생 제사를 드림), 왕(백성들을 권위로 다스림)이라는 세 가지 직임으로 요약될 수 있다. 16세기 말과 17세기에 개신교 내에서 직임을 이렇게 분류하는 방식이 널리 받아들여짐으로써 그리스도의 죽음을 희생의 의미로 이해하는 것이 개신교 구원론에서 핵심적인 중요성을 차지하게 되었다. 존 피어슨은 『사도신경 해설』(1659)에서 구속을 위해 예수님의 희생이 필요했다고 강조하고, 이를 특별히 그리스도의 제사장직과 연관시켰다.

> 메시아가 이루어야 할 구속, 또는 구원은 죄인을 영원한 죽음과 죄의 상태로부터 자유롭게 해 영원한 생명과 의의 상태로 전환하는 것을 의미한다. 죄로부터의 자유는 화목 제물 없이는 이루어질 수 없었기 때문에 제사장이 필요했다.

그러나 계몽주의 이후로는 이 용어의 의미가 미묘하게 변했다. 비유적으로 확장된 의미가 본래의 의미보다 더 우선시되었다. 이 용어는 본래 동물을 죽여 희생 제물로 바쳤던 종교 의식을 가리켰지만, 차츰 초월적인 것을 가리키거나 기대하는 것 없이 단지 자기희생과 같은 개인의 영웅적이고, 희생적인 행위를 가리키는 의미로 바뀌었다.

이런 경향은 존 로크의 『기독교의 합리성』(1695)에서 더욱 발전되었다. 로크는 그리스도인들이 믿어야 할 유일한 신조는 그리스도의 메시아성이라고 주장했다. 그는 신중하게 의도적으로 속죄를 위한 희생의 개념을 한 방향으로만 치우쳐 이해하도록 이끌었다. "요구되는 것은 예수님을 메시아, 곧 하나님이 세상에 보내겠다고 약속하셨던 기름 부음 받은 자로 믿는 믿음뿐이다.…내가 기억하기로는 그리스도께서 자신에게 제사장의 칭호를 적용한 것이나 자신의 제사장직과 관련된 그 어떤 것을 언급하신 적은 한 번도 없었다."

이런 주장은 이신론자인 토머스 처브(1679-1747)의 『예수 그리스도의 참된 복음을 옹호함』(1739)을 통해 또다시 발전을 거듭했다. 처브는 참된 이성의 종교는 영원한 정의의 규칙과 온전히 일치한다고 주장하면서 그리스도의 죽음을 속죄 제물로 간주하는 개념은 초기 기독교 저술가들의 변증적 관심에서 비롯한 것으로 이성의 종교를 유대인의 제사 의식과 조화시키는 결과를 낳았다고 강조했다.

"유대인들이 성전과 제단과 대제사장과 희생 제사와 같은 것들을 갖추고 있었던 것처럼, 사도들도 기독교를 유대교와 유사성을 지닌 것처럼 보이게 하려고 그런 명칭들을 비유적으로 사용해 적용할 수 있는 무엇인가를 기독교 내에서 찾아내야 했다."

처브는 새롭게 등장한 계몽주의 전통에 따라 그런 것들을 불필요한 껍데기로 일축했다. "긍휼을 베푸시기를 좋아하는 하나님의 성향은…예수님의 고난과 죽음이든 그 밖의 다른 무엇이든 하나님 밖에 있는 어떤 것이 아닌 전적으로 그분의 본성적 선함과 자애로우심에서 비롯한다."

심지어 『종교의 유비』(1736)에서 희생의 개념을 다시 복원하려고 시도했던 조지프 버틀러조차도 강력한 합리주의를 표방하는 시대 정신 앞에서 적지 않은 어려움을 겪어야 했다. 그는 그리스도의 죽음이 지니는 희생적 속성을 옹호하면서 처음에 생각했던 것보다 더 많은 것을 용인할 수밖에 없었다.

> 그리스도의 죽음이 어떻게, 어떤 특별한 방식으로 이런 효력을 지니는지를 설명하려고 노력했던 사람들이 있다. 그러나 내가 아는 한 성경은 그 점을 설명하고 있지 않다. 우리는 고대인들이 속죄, 곧 희생을 통해 얻는 용서를 어떤 식으로 이해했는지에 대해 거의 아무것도 알 수가 없다.

호레이스 부쉬넬의 『대리 희생』(1866)은 당시의 영미 신학에 존재했던 이런 경향을 좀 더 건설적인 방식으로 구체적으로 예시한다. 그리스도께서는 자신의 고난을 통해 죄책감을 일깨우신다. 그분의 대리 희생은 하나님이 악으로 인해 고난을 받으신다는 것을 입증하는 증거다. 부쉬넬은 '부드러운 희생의 호소'라는 개념으로 그리스도의 죽음을 순전히 모범적인 차원에서 이해하려는 시도에 동조하는 듯한 태도를 보였다. 그러나 부쉬넬은 속죄에 객관적인 요소들이 존재한다고 강하게 주장했다. 그리스도의 죽음은 하나님께 영향을 미쳤고, 하나님을 드러낸다. 아래에 인용한 부쉬넬의 말은 하나님의 고난을 다룬 후대의 신학적 경향을 강하게 예고한다.

> 그리스도의 대리 희생에 관해 무엇을 말하거나 주장하거나 믿든지 간에 하나님의 방식과 동일한 방식으로 그것을 확증해야 한다. 그 희생 안에, 곧 영원 전에 있었던 그 희생 안에 온전한 신성이 존재한다. 갈보리 언덕에 십자가가 세워지기 전에 하나님 안에 십자가가 있었다.…그것은 마치 만세 전부터 미지의 언덕 위에 보이지 않는 십자가가 서 있는 것과 같았다.

희생의 이미지를 사용하는 경향이 특히 독일어권의 신학에서 1945년 이후부터 현저하게 줄어들었다. 이런 현상은 그 용어가 세속적인 상황, 특히 비상사태에 처한 국가적 상황에서 수사학적으로 다르게 변질되어 사용된 사실과 직접적으로 관련되었을 가능성이 높다. 세속적 차원에서 사용된 희생의 이미지는 표어나 선전 문구로 전락할 때가 많았기 때문에 그 용어와 그 의미가 오염되거나 훼손될 수밖에 없었다. 1차 세계대전 당시 영국에서는 "그는 왕과 국가를 위해 목숨을 희생했다."와 같은 문구가 종종 사용되었고, 아돌프 히틀러도 시민적 자유의 상실과 경제적 시련을 1930년대에 이루어진 독일의 국가적 재건을 위한 대가로 정당화하면서 희생의 이미지를 광범위하게 사용했다. 그런 부정적인 연관성 때문에 많은 사람이 더 이상 기독교의 가르침과 설교에 그 용어를 거의 사용할 수가 없었다. 그럼에도 불구하고, 이 개념은 현대 가톨릭교회의 성례 신학에서 여전히 중요하게 취급된다. 가톨릭교회의 성례 신학은 성찬을 희생으로 간주하며, 희생의 이미지 안에서 계속해서 신학적 이미지의 풍성한 원천을 발견하고 있다.

승리자 그리스도(Christus Victor). 신약성경과 초기 교회는 그리스도께서 십자가와 부활을 통해 죄와 죽음과 사탄에 대해 승리를 거두신 것을 크게 강조했다. 이 승리의 개념은 예전의 차원에서 부활절 축하행사와 종종 밀접하게 연결되어 계몽주의가 시작될 때까지 서구 기독교 신학의 전통 속에서 크게 중요시되었다. 그러나 계몽주의가 도래하자 이 개념은 신학적인 기반을 잃기 시작했고, 차츰 시대에 뒤떨어진 순진한 개념으로 간주되었다. 이런 상황을 유발한 요인을 간단히 소개하면 다음과 같다.

1) 계몽주의의 특징 가운데 하나인 합리주의로 인해 그리스도의 부활을 믿는 믿음이 비판을 받았고, 그런 비판으로 인해 죽음에 대한 '승리'를 논할 수 있는지에 대해서도 의문이 제기되었다.
2) 십자가에 관한 이런 접근 방식은 사탄의 형태를 한 인격적인 악의 존재나 죄와 악이라는 사악하고, 억압적인 세력이 인간을 지배한다는 식의 전통적인 신념들과 밀접한 관련을 맺고 있었다. 그런데 바로 그런 신념들이 전근대적인 미신으로 배격되었다.

현대에 접어들어 이런 접근 방식이 새롭게 복원된 것은 구스타프 아울렌의 『승리자 그리스도』가 등장한 1931년이었다. 처음에는 『조직신학 정기 간행지』(Zeitschrift fur sustematische Theologie, 1930)에 독일어 논문으로 실렸던 이 소책자는 이 주제를 다루었던 영어권 신학에 큰 영향을 미쳤다. 아울렌은 그리스도의 사역을 논한 고전적인 기독교의 개념을 부활하신 그리스도께서 악의 세력에 대한 승리를 통해 인류에게 새로운 삶의 가능성을 부여하셨다는 신앙으로 요약할 수 있다고 주장했다. 그는 속죄론의 역사를 간단히 압축적으로 논하면서 이 인상적인 '고전적' 교리가 중세 시대까지 기독교를 지배했고, 그 이후부터는 법률적 특성을 띤 좀 더 추상적인 교리가 지지를 받기 시작했다고 설명했다. 그러다가 루터가 다시 그 주제를 도입함으로써 상황이 잠시 급반전되었다가 학술적 특성을 띤 개신교 정통주의로 인해 다시금 뒷전으로 밀려났다. 아울렌은 이 접근 방식이 더 이상 역사적 상황의 희생물이 되어서는 안 된다고 주장하며, 여기에 온전하고 진지한 관심을 기울여야 한다고 역설했다.

그러나 아울렌의 주장은 곧 결함을 지닌 것으로 드러났다. 그것을 '고전적인' 속죄론으로 받아들여야 한다는 주장은 지나치게 과장된 것이다. 물론, 그것이 구원의 본질과 획득의 방식에 관한 교부들의 일반적인 견해를 구축했던 중요한 요소인 것은 틀림없지만, '고전적인 속죄론'으로 불리기에 가장 합당한 교리가 있다면 바로 그리스도와의 연합을 통한 구원의 교리일 것이다.

그럼에도 불구하고 아울렌의 견해는 어느 정도 공감을 얻었다. 그 이유는 부분적으로 사람들이 차츰 계몽주의의 세계관에 환멸을 느낀 것에 있었다. 아마도 더욱 중요하게는 1차 세계대전의 공포를 통해 드러난 사실, 곧 세상에 존재하는 악의 현실에 대한 자각이 크게 싹트기 시작했기 때문일 것이다. 인간이 잠재의식에 의해 정신적으로 속박될 수 있다는 이론으로 관심을 끌었던 지그문트 프로이트의 통찰력은 인간 본성의 온전한 합리성을 주장한 계몽주의의 관점에 심각한 의문을 제기했고, 인간이 알려지지 않은 숨겨진 세력들에 속박되어 있다는 개념에 새로운 신빙성을 더해주었다.

아울렌의 접근 방식은 인간 본성의 어두운 측면에 대한 자각과 일맥상통하는 것처럼 보였다. '악의 세력'을 논하는 것이 지성적 차원에서 일리가 있는 것으로 인정되었다.

아울러, 아울렌의 접근 방식은 주류 개신교 자유주의 안에 존재했던 두 가지 대안을 중재해 줄 '제3의 가능성'(tertium quid)을 제공했다. 그 두 대안은 당시에 둘 다 결함을 지닌 것으로 간주되었다. 구체적으로 말해, 고전적인 법률적 속죄론은 속죄의 도덕성에 관한 어려운 신학적 문제를 제기하는 듯했고, 그리스도의 죽음을 한갓 인간의 종교적인 감성을 자극하는 것으로 이해했던 주관적인 속죄론은 종교적으로 매우 부적절한 것처럼 보였다. 아울렌은 그리스도의 죽음이 지니는 의미과 관련해 한편으로는 법률적 접근 방식의 어려움을 피할 수 있고, 다른 한편으로는 속죄의 객관적인 본질을 강력하게 옹호할 수 있는 접근 방식을 제안했다. 그럼에도 불구하고 '승리자 그리스도'라는 아울렌의 접근 방식은 몇 가지 심각한 문제를 제기했다. 그것은 악의 세력이 그리스도의 십자가를 통해 어떻게 정복되었는지를 합리적으로 설명할 수 있는 근거를 제시하지 못했다. 왜 굳이 십자가이어야 했는가? 다른 방법은 왜 가능하지 않았는가?

그 후로도 승리의 이미지는 십자가를 다룬 글들 안에서 계속 발전되었다. 루돌프 불트만은 비신화화 작업을 승리라는 신약성경의 주제에까지 확대 적용해 그것을 비본래적 실존과 불신앙에 대한 승리로 해석했다. 폴 틸리히는 아울렌의 이론을 새롭게 고쳐 그리스도께서 십자가에서 이루신 승리를 본래적 실존을 빼앗아가려고 위협하는 실존적 세력들에 대한 승리로 이해했다. 불트만과 틸리히는 그런 식의 실존적 방식을 채택함으로써 본래 철저히 객관적이었던 속죄론을 인간의 의식 속에서 이루어지는 주관적 승리로 바꾸어 놓았다.

옥스퍼드 신학자 폴 피데스(1947년 출생)는 『과거의 사건과 현재의 구원』(1989)에서 '승리'의 개념이 십자가에 관한 기독교 사상 안에서 중요한 비중을 차지한다고 강조했다. 그리스도의 죽음은 새로운 지식을 제공하거나 옛 개념들을 새로운 방식으로 표현하는 것 이상의 의미를 지닌다. 즉 그것은 새로운 존재의 양식을 가능하게 한다.

> 그리스도의 승리는 실제로 우리 안에서 승리를 이루어낸다.⋯그리스도의 행위는 새로운 '존재의 가능성을 열어준' 역사적 순간들 가운데 하나다. 일단 새로운 가능성이 드러나면 다른 사람들이 그것을 자신의 것으로 만들어 그 경험을 되살려 재현할 수 있다.

법률적 접근 방식. 세 번째 접근 방식은 하나님이 죄를 용서하실 수 있는 근거가 그리스도의 죽음을 통해 마련되었다는 개념에 초점을 맞춘다. 이 개념은 전통적으로 11세기 저술가인 캔터베리의 안셀무스와 관련이 있다. 그는 이 개념을 토대로 성육신의 필요성을 설명하는 논증을 펼쳤다. 이 접근 방식은 정통주의 시대에 고전적인 개신교 교리에 포함되었고, 18세기와 19세기의 많은 찬송가를 통해 표현되었다. 그리스도의 죽음과 죄 사함의 연관성을 논할 때는 주로 다음 세 가지 개념이 사용된다.

1) **대표의 개념.** 그리스도를 인류의 언약적 대표자로 이해한다. 신자들은 믿음을 통해 하나님과 인류가 맺은 언약에 동참한다. 그리스도께서 십자가에서 이루신 것이 유효한 효력을 발휘하는 이유는 언약 때문이다. 하나님은 이스라엘 백성과 언약을 맺으신 것처럼 자기 교회와 언약을 맺으셨다. 그리스도께서는 십자가의 복종을 통해 언약의 백성을 대표하고, 그들의 대표로서 그들에게 필요한 갖가지 은혜를 확보하셨다. 개인은 믿음으로 언약에 동참함으로써 값없이 주어지는 온전한 죄 사함을 비롯해 그리스도께서 십자가와 부활을 통해 확보하신 모든 은혜를 누린다.

2) **참여의 개념.** 신자들은 믿음을 통해 부활하신 그리스도 안에 참여한다. 바울의 유명한 문구에 따르면, 그들은 '그리스도 안에 있다.' 그들은 그리스도 안에 참여해 그분의 부활 생명을 누린다. 그로 인해 그들은 그리스도께서 십자가의 복종을 통해 확보하신 모든 은혜를 누린다. 그런 은혜 가운데 하나가 죄 사함이다. 신자들은 믿음으로 죄 사함을 받는다. 그리스도 안에 참여함으로써 죄 사함을 받고, 그분의 의를 공유한다.

3) **대속의 개념.** 그리스도를 우리를 대신해 십자가를 짊어지신 대리자로 이해한다. 죄를 지은 죄인들이 십자가에 못 박혀야 마땅하지만, 그리스도께서 그들을 대신해 십자가에 못 박히셨다. 하나님은 그리스도께서 우리를 대신해 우리의 죄책을 짊어지게 하셨다. 그로 인해 그리스도께서 십자가의 복종을 통해 이루신 의가 우리의 것이 되었다.

계몽주의의 발흥으로 속죄에 관한 이런 식의 이해가 철저한 비판을 받게 되었다. 비판의 요지를 간단히 정리하면 다음과 같다.

1) 이 접근 방식은 계몽주의 저술가들이 수용하기 어렵다고 생각했던 원죄의 개념에 근거한다. 인간은 각자 자신의 도덕적 범죄에 대한 책임을 스스로 짊어진다. 따라서 죄책이 유전된다는 전통적인 원죄 교리는 배격해야 마땅하다.

2) 계몽주의는 기독교 교리의 합리성과 도덕성을 강조했다. 이 속죄론은 특히 죄책이나 공로가 전가된다는 개념을 근거로 한다는 점에서 도덕적으로 의심스럽다. '대리 만족'이라는 핵심 개념도 의심스럽기는 마찬가지다. 한 사람이 다른 사람이 받아야 할 죄책을 대신 짊어지는 것이 어떻게 도덕적으로 타당하단 말인가?

이런 비판은 '교리사'(Dogmengeschichte)라는 학문의 발전으로 인해 더욱 힘이 실렸다. 슈타인바르트에서부터 아돌프 폰 하르낙에 이르기까지 이 운동을 지지하는 대표자들은 안셀무스의 형벌적 대리 속죄에 큰 영향을 미친 일련의 가설들이 역사적 우연에 지나지 않는 것을 통해 기독교 신학 안에 유입되었다고 주장했다. 슈타인바르트는『순수 철학의 체계』(1778)에서 역사적 탐구를 통해 구원에 관한 기독교 사상 안에 세 가지의 '독단적인 가설'이 유입되었다는 사실이 밝혀졌다고 주장했다.

1) 아우구스티누스의 원죄 교리
2) 만족의 개념
3) 그리스도의 의의 전가 교리

슈타인바르트는 이런 이유들을 내세워 속죄에 관한 정통 개신교 교리의 근거가 지나간 시대의 유물에 지나지 않는다고 선언했다.

좀 더 최근에는 구원론에 관한 법률적 접근 방식의 핵심 요소인 죄책의 개념이 많은 논의의 주제로 다루어지고 있는데, 특히 이런 논의에 죄책의 기원을 어린 시절의 경험에서 찾으려는 프로이트의 견해가 적지 않은 영향을 미치고 있다. 일부 20세기 저술가들은 '죄책'을 심리적 투영의 결과물, 곧 하나님의 거룩하심이 아닌 인간 본성의 연약함과 불안감에서 비롯한 것으로 이해한다. 그런 심리적 체계가 '외부적 현실'이라는 상상의 스크린에 투영되어 마치 객관적인 사실인 양 다루어진다. 이런 주장은 상당히 과장된 것이지만 명확하다는 장점이 있을 뿐 아니라 위에서 말한 속죄론이 오늘날 상당한 압력에 직면해 있다는 사실을 일깨워준다.

그럼에도 불구하고, 이런 속죄론을 주장하는 영향력 있는 학자들이 계속 등장하고 있다. 1차 세계대전 이후에 개신교 자유주의의 진화론적인 도덕적 낙관주의가 붕괴하면서 인간의 죄책과 인간의 상황 밖에서 주어지는 구원의 필요성에 관한 문제가 다시 제기되었다. 당시에 개신교 자유주의가 직면한 신빙성의 위기를 통해 촉진된 두 가지 이론은 특별히 이런 논의에 중요한 기여를 했다.

P. T. 포사이스는 1차 세계대전 당시에 저술한 『하나님의 칭의』(1916)에서 '하나님의 의'라는 개념을 재발견해야 할 필요성을 강력하게 주장했다. 포사이스는 십자가의 법률적, 사법적 측면에 관한 안셀무스의 견해에는 많은 관심을 기울이지 않았다. 그의 관심은 십자가가 '우주의 전체적인 도덕적 활동과 구조'와 어떤 식으로 불가분의 관계를 맺고 있는지를 탐구하는 데 있었다. 속죄의 교리는 '상황을 바로잡는 것'과 밀접하게 관련된다. 하나님은 '상황을 바로잡기' 위해 일하신다. 그분은 십자가를 통해 도덕적 갱신의 수단, 곧 1차 세계대전을 통해 인류에게 필요한 것으로 드러났지만 인류 스스로 제공할 수 없었던 것을 허락하셨다.

> 십자가는 단순한 신학적 주제나 법정적 수단이 아니라 세상의 전쟁보다 규모가 훨씬 더 큰 도덕적 우주의 위기를 나타낸다. 그것은 거룩한 사랑과 의로운 심판과 구원의 은혜로 온 세상의 모든 영혼을 다루시는 하나님의 신정론적 발로다.

십자가라는 올바른 수단을 통해 세상의 정의를 회복하는 것이 하나님의 목적이다. 이것은 안셀무스가 가르친 속죄론의 핵심 주제를 창의적으로 새롭게 진술한 것이다.

더욱 중요한 논의가 '속죄' 또는 '화목'(독일어 'Versohnung'는 이 두 가지 의미를 모두 지닌다)의 주제를 상세하게 다룬 칼 바르트의 『교회 교의학』에서 발견된다. 이 주제를 논의한 핵심 항목(IV/I §59, 2)에는 의미심장하게도 '우리를 대신해 심판받으신 재판관'이라는 제목이 붙여졌다. 이 제목은 그리스도를 '하나님의 심판대 앞에서 나를 대신해 나서고, 나로부터 모든 정죄함을 없애주는' 재판관으로 묘사한 『하이델베르크 교리문답』에서 비롯한 것이다. 이 항목은 하나님의 심판이 처음에 나타나 실행된 방식과 그 심판을 하나님 자신이 직접 받으셨다는 개혁주의의 전통적인 신앙을 표현한 고전적인 내용을 상세하게 설명하고 있다(이것은 안셀무스의 핵심 주제였다. 그는 단지 이것을 삼위일체 교리와 결합시켜 진술하지 못했을 뿐이다).

그 항목 전체가 죄책, 심판, 용서를 뜻하는 표현과 언어로 뒤덮여 있다. 하나님은 십자가를 통해 부패한 인류를 정의롭게 심판하셨다[바르트는 '죄인-인간'(Sundermensch)이라는 복합어를 사용해 '죄'가 인간의 본성과 따로 분리될 수 있는 측면이나 특징이 아니라는 점을 강조했다]. 바르트는 창세기 3장의 이야기 속에 나타난 인간의 자기만족과 자율적 판단이 십자가를 통해 헛된 망상에 지나지 않는 것으로 드러났다고 말했다. "인간은 스스로 재판관이 되려고 했다."

그러나 상황은 변했고, 인간은 그런 생각이 근본적으로 잘못되었다는 것을 인정하지 않을 수 없게 되었다. 바르트는 의로우신 재판관이 그리스도의 십자가를 통해 부패한 인간에 대한 자신의 심판을 나타내셨고, 그와 동시에 그 심판을 스스로 직접 감당하셨다고 말했다.

> 하나님의 아들이 하나의 인간으로서 우리를 대신해 우리가 받아야 할 심판을 스스로 짊어짐으로써 인류에 대한 의로운 심판을 감당하셨다.…하나님이 자신의 아들을 통해 심판하기를 원하셨기 때문에 아들의 인격 안에서 그분의 기소와 단죄와 징벌이 모두 이루어졌다. 하나님은 심판하셨다. 그리고 심판받은 자는 바로 재판관 자신이었다. 그분은 자신이 심판받도록 허락하셨다.

대리적 특성이 매우 강하게 드러나는 대목이 아닐 수 없다. 하나님은 우리의 죄를 드러내고, 그것을 직접 짊어져 죄의 권세를 무력화시킴으로써 의로운 심판을 베푸셨다. 이처럼 십자가는 '우리를 위함'과 동시에 '우리를 정죄한다.' 십자가를 통해 우리의 죄가 온전히 드러나지 않으면 그 죄를 우리에게서 제거할 수 없다.

그분이 '우리를 위해' 감당하신 십자가의 죽음에는 '우리에 대한' 이 끔찍한 정죄가 포함되어 있다. '우리에 대한' 이 끔찍한 정죄가 없으면 '우리를 위한' 신성하고, 거룩하고, 효과적이고, 유익한 구원이 이루어질 수 없다. 그것을 통해 인류와 세상이 하나님께로 돌이키는 사건이 일어났다.

도덕적 접근 방식. 십자가의 의미에 관한 신약성경의 핵심적 측면은 인류를 향한 하나님의 사랑과 관련이 있다. 계몽주의 세계관의 발흥과 더불어 죄에 합당한 속전이나 배상의 성격을 띤 희생을 제공하기 위해 그리스도께서 죽으셨다거나 하나님이 영향을 받으셨다는 개념과 같은 초월적 요소들이 포함된 속죄론을 비판적인 시각으로 바라보는 경향이 차츰 강해지기 시작했다. 부활을 회의적으로 바라보는 시각이 만연해지자 신학자들은 이전 세대들의 열정에 버금가는 태도로 그것을 자신의 속죄론에 결부시키기를 꺼리게 되었다. 그 결과, 계몽주의에 동조하는 신학자들은 주로 십자가만을 강조하는 데로 기울었다.

아울러, 계몽주의 시대의 신학자들 가운데는 그리스도의 '두 본성'에 관한 교리를 인정하기를 어려워하는 사람들이 많았다. 아마도 계몽주의의 정신을 가장 충실하게 반영한 기독론이 있다면 이른바 '정도의 기독론', 곧 그리스도와 다른 인간들 사이에 본성이 아닌 정도의 차이만이 존재한다고 가르친 기독론일 것이다. 예수 그리스도께서는 모든 인간 안에 실제로나 잠재적으로 존재하는 특정한 자질들을 구현한 존재이시다. 그리스도께서 그런 자질들을 가장 뛰어난 정도로 구현하셨다는 것이 그분과 다른 인간들의 차이다.

이런 생각을 속죄론에 적용하면 일관된 형식이 나타나기 시작한다. 이 점은 슈타인바르트, 퇼너, 사일러, 브레트슈나이더와 같은 독일 계몽주의를 대표하는 유력한 저술가들의 저서에서 확인할 수 있다. 그 기본적인 특성을 간단히 요약하면 다음과 같다.

1) 십자가는 초월적 의미나 가치를 지니지 않는다. 십자가의 가치는 인류에 미치는 영향과 직접 관련된다. 십자가는 그리스도께서 자신의 생명을 내놓으셨다는 점에서 '희생'을 보여주는 대표적인 사례다.
2) 십자가에서 죽은 사람은 하나의 인간이고, 그의 죽음은 인류에게 영향을 미쳤다. 우리에게 미친 그 영향은 예수님이 보여주신 도덕적인 본을 본받으라는 영감과 격려의 형태를 띤다.
3) 십자가의 가장 중요한 측면은 우리를 향한 하나님의 사랑을 나타낸 것에 있다.

이런 접근 방식이 19세기 유럽의 합리주의 진영 안에서 큰 영향력을 행사했다. 그로써 십자가의 명백한 부조리성과 신비가 제거되고, 인류의 도덕적 발전을 촉구하는 강력하고, 극적인 메시지, 곧 예수 그리스도의 삶의 방식과 태도를 본받는 것만 남게 되었다. 이처럼, 이 시기의 신학은 예수님을 구원자가 아닌 순교자의 본보기로 보는 시각이 강했다.

십자가에 관한 이런 18세기의 합리주의적인 접근 방식에 가장 큰 도전을 제기했던 인물은 슐라이어마허였다. 그는 그리스도의 죽음이 지니는 종교적 가치를 강조했다. 그리스도께서는 도덕적인 체계를 세우거나 지지하기 위해 죽지 않으셨다. 그분이 세상에 오신 이유는 지극히 뛰어난 신 의식을 인류에게 심어주기 위해서였다. 그러나 슐라이어마허는 (구스타프 아울렌의 견해처럼) 속죄를 '삶의 개선'(Lebenerhohung), 즉 삶의 도덕적 향상의 의미로 종종 가르쳤다. 그의 독특한 사상은 도덕적 접근 방식과 충돌을 일으키기보다는 오히려 그것과 잘 조화를 이룰 수 있는 것으로 드러났다.

속죄에 관한 도덕적 접근 방식을 논한 진술 가운데 가장 중요한 내용이 현대주의자였던 헤이스팅스 라쉬달이 1915년에 '뱀턴 강좌'에서 전한 강의에서 발견된다. 라쉬달은 이 강연에서 속죄에 대한 전통적인 접근 장식을 강하게 비판했다. 현대의 필요에 걸맞은 십자가의 해석은 중세 시대의 저술가 피에르 아벨라르와 관련된 견해뿐이다.

"천하 사람에게 구원을 받을 만한 다른 이름을 우리에게 주신 일이 없음이라"라는 교회의 초기 신조는 "그리스도께서 말씀으로 가르치고, 사랑의 삶과 죽음으로 친히 본을 보여주신 도덕적인 이상 외에 다른 이상을 우리에게 주신 일이 없음이라"라는 의미로 번역할 수 있다.

이와 관련되었거나 유사한 접근 방식을 채택한 영국 저술가들로는 램프와 존 힉과 같은 학자들이 있다. 램프는 『사운딩스』에 게재한 "속죄: 율법과 사랑"이라는 논문에서 속죄에 관한 법률적 접근 방식을 신랄하게 비판하고, '사랑의 역설과 기적'에 근거한 도덕적 접근 방식을 적극적으로 주장했다.

존 힉의 입장은 그리스도의 사역을 종교 간의 대화라는 틀 안에서 이해하려고 했다는 점에서 특별히 흥미롭다. 종교 다원주의는 특별히 중요한 신학적 영향을 미쳤다. 전통적인 기독교 신학은 종교 다원주의가 추구하는 종교적 균일화에 가담하지 않는다. 모든 종교가 어렴풋하게 같은 것을 말하고 있다는 견해는 기독교의 근본 개념, 특히 성육신, 속죄, 삼위일체 교리와 조화를 이루기가 어렵다. 그리스도의 죽음을 통해 무엇인가 독특한 것이 가능해졌고, 유효하게 되었다는 신념은 기독교 이외의 종교들을 하찮게 만드는 결과를 낳는다. 이런 점을 고려한 기독론과 신학의 발전이 이루어졌다. 예수 그리스도와 하나님을 동격으로 간주하는 성육신과 같은 교리들이 폐기되고, 다양한 형태의 자유주의의 환원적 입장에 좀 더 잘 들어맞는 '정도의 기독론'이 제시되었다.

이처럼, 예수 그리스도의 역사적 인격과 그분이 가르쳤다고 주장되는 원리들이 날카롭게 구분되었다. 폴 니터는 '예수-사건'(기독교의 독특한 신념)과 '그리스도-원리'(모든 종교적 전통과 조화될 수 있는 원리, 즉 각 종교가 그 나름의 독특한 방식으로 표현할 수 있고, 그것들이 모두 동일한 타당성을 지닌다는 원리)를 구별하는 데 관심을 기울였던 많은 다원주의 저술가 가운데 하나였다. 다원주의는 그리스도의 십자가를 다른 방식으로도 얼마든지 접근 가능한 것, 곧 보편적인 종교적 가능성에 해당하는 것을 나타낸 것으로 이해했다. 힉은 "그리스도-사건'은 하나님이 지금까지 인간의 삶 속에서 일해 오셨고, 지금도 창의적으로 일하고 계신다는 것을 보여주는 현상들 가운데 하나일 뿐이다."라고 주장했다. 하나님의 특수성은 '부가적인 진리'가 아니라 겉으로 드러난 '가시적인 이야기'와만 관련이 있을 뿐이다.

십자가: 구성적인 것인가 예시적인 것인가?

마르틴 캘러는 『화목의 교리』(1898)에서 속죄론에 관해 "그리스도께서 변하지 않는 상황에 관한 통찰력을 제공하셨는가, 아니면 새로운 상황을 만드셨는가?"라는 질문을 제기했다. 이 질문은 구원론의 핵심적인 측면과 밀접하게 관련된다. 그리스도의 십자가는 하나님의 구원 의지를 예시하는 것인가, 아니면 그 자체로 구원을 가능하게 하는 것인가? 다시 말해, 십자가는 구성적인 것인가, 예시적인 것인가?

십자가가 예시적이라는 견해는 계몽주의의 영향을 받은 많은 저서에서 발견되는 두드러진 특징이다. 이 견해는 십자가를 초월적 진리를 나타내는 역사적 상징으로 간주한다. 스코틀랜드 신학자 존 매커리(1919-2007)는 『기독교 신학의 원리』(1977)에서 이 원리를 강력하게 옹호했다.

> 하나님이 어떤 시점에서 이전의 활동에 화목의 행위를 더하신 것도 아니고, 그분이 행하신 화목의 행위가 시작된 시점을 정할 수 있는 것도 아니다. 오히려 어떤 시점에서 항상 진행되어 온 행위, 곧 천지 창조와 똑같이 태고로부터 존재해 온 행위에 대한 새롭고, 결정적인 해석이 주어졌을 뿐이다.

모리스 윌리스(1929-2005)도 이와 비슷한 접근 방식을 채택했다. 그는 『새로 쓰는 기독교 교리』(1974)에서 '그리스도-사건'은 '어떤 점에서는 하나님의 영원한 본성에 해당하는 것을 드러내 보인 것'으로 이해할 수 있다고 주장했다. 브라이언 허블스웨이트도 "하나님이 베푸시는 용서의 사랑은 그리스도의 죽음에 근거하지 않는다. 그 사랑은 그것을 통해 나타났고, 표현되었다."라고 같은 견해를 피력했다.

그러나 논쟁은 끝나지 않았다. 콜린 건턴(1941-2003)은 『속죄의 현실』(1988)에서 속죄에 관한 비구성적인 접근 방식은 주관적이고, 도덕적인 구원론으로 다시 치우치게 될 위험이 있다고 지적했다. 그리스도께서는 단지 우리에게 중요한 무엇인가를 보여주는 것으로 그치지 않으셨다. 그분은 우리를 위해 무엇인가를 이루셨다. 그것이 없으면 구원은 불가능하다. 건턴은 "세상의 악이 예수님의 삶과 죽음과 부활을 통해 존재론적으로 극복되는가?"라는 질문을 제기하면서 그리스도께서 우리의 '대리자'가 되어 우리가 할 수 없는 일을 우리를 위해 이루셨다고 주장했다. 이를 부인하면 펠라기우스주의나 구원을 순전히 주관적인 의미로 이해했던 견해로 되돌아갈 수밖에 없다.

구원의 본질

그리스도의 죽음을 통해 나타났고, 또 가능하게 된 구원의 본질은 무엇인가? '구원'은 상호 작용하는 다양한 관련 개념들을 포괄하는 매우 복잡한 개념이 아닐 수 없다. 이 주제에 관한 현대적 논의에는 아래의 요소들이 모두 포함된다. 이런 사실은 이 주제의 복잡성을 보여주는 증거다. 그러나 이 요소들을 살펴보면 현대신학이 특별히 강조하는 것이 무엇인지를 어느 정도 이해할 수 있을 것이다.

구원을 해석하는 다양한 방식의 배후에는 하나의 주된 원리가 숨어 있다. 최근 몇 세기 동안 주로 선교 사역을 통해 기독교의 성장이 이루어지면서 상황화라는 문제가 대두되었다. 기독교적 전통을 묘사하는 표현이나 개념들을 기독교 신앙의 확장이 이루어진 상황에 맞게 고쳐 말하거나 새롭게 가다듬으려면 어떻게 해야 할까? 하비 콘은 이 문제의 중요성을 강조한 저술가 가운데 하나다. 그는 구원은 복음이 전파된 시점과 상황을 토대로 구체화되어야 할 필요가 있다고 주장했다. 이런 주장에는 구원의 개념이 역사적으로 문화적 상황에 따라 달라졌다는 의미가 담겨 있다. 이런 사실은 기독론을 구원론적 토대 위에 건설하는 것으로 그쳐서는 안 되고, 나사렛 예수의 역사와 연계시켜 그것을 근거로 삼아야 한다는 볼프하르트 판넨베르크의 견해에 무게를 실어준다. 1700년 이후로 영향력을 행사해 온 다양한 구원의 개념들을 간단히 살펴보면 다음과 같다.

- **신성화.** 아타나시우스와 갑바도기아 교부들의 저서에서 알 수 있는 대로 초기 교회의 구원론은 주로 신성화라는 주제를 중심으로 이루어졌다. 이것은 현대에도 동방 정교회 신학의 필수 요소로 남아 있을 뿐 아니라 블라디미르 로스키와 같이 동방 정교회의 전통을 잇는 현대 신학자들의 신학에서 중요한 비중을 차지한다.

- **하나님 앞에서의 의.** 하나님 앞에서의(coram Deo) 의는 루터가 발전시킨 칭의 교리의 주된 요소였다. 특히 18세기의 정통주의 루터교는 칭의의 개념을 크게 강조했다. 경건주의와 계몽주의의 저술가들은 '전가된 의'라는 개념을 의문시하며 그것을 법률적인 허구, 또는 도덕적인 속임수에 지나지 않는 것으로 생각했다. 그 결과, 경건주의의 전통 안에서는 거룩함을, 계몽주의 안에서는 도덕성을 더욱 강조하는 경향이 나타났다. 그런 이유로 주류 개신교 신학자들은 칭의의 개념을 사용하는 것을 주저했다. 칼빈주의 신학 안에서 그리스도와의 연합이라는 개념이 차츰 더 비중 있게 다루어진 것도 그런 결과를 가져온 또 하나의 이유였다.
- **그리스도와의 연합.** 그리스도와 신자의 인격적인 연합이라는 개념은 교부 시대 구원론의 중요한 요소였다. 종교개혁 시대에 루터와 칼빈 모두가 이 개념을 발전시켰지만, 이것이 구원론의 주된 요소로 다루어진 것은 후자의 저서 안에서였다. 후기 칼빈주의에서 이 개념은 핵심적인 역할을 하기에 이르렀다. 유럽과 미국의 18세기 칼빈주의 저술가들은 그리스도와의 연합을 강조하면 루터교의 칭의 개념이 야기한 도덕적 난제를 해결할 수 있다고 생각했다. 신자들은 그리스도와 진정으로 연합된 상태이기 때문에 그분의 의를 공유할 수 있는 특권을 누린다.
- **도덕적인 완전함.** 인간의 도덕적 향상에 관심을 기울이는 종교만이 그 가치를 인정받을 수 있다는 것이 계몽주의의 특징적인 견해였다. 이 견해는 예수님을 하나님의 뜻에 따르는 도덕적 삶을 가르친 교사로 간주해야 한다고 주장한다. 하나님의 뜻은 그리스도의 가르침은 물론, 이성을 통해서도 똑같이 알 수 있다. 신약성경의 저자들은 예수님의 단순한 도덕 종교에 독단적이거나 자의적인 교리들을 첨가함으로써 하나님의 뜻을 왜곡시켰다.

이런 접근 방식은 나중에 임마누엘 칸트의 『이성의 한계 내에서의 종교』

에 나타난 사상을 근거로 좀 더 발전된 형태를 띠게 되었다. 칸트는 '도덕적 완전함의 이상'과 관련지어 예수님의 역할을 논의했고, 그것을 윤리적 가치의 영역으로 이해한 '하나님의 나라'와 결부시켰다. 이런 접근 방식은 개신교 자유주의, 특히 예수님을 '보편적인 도덕적 공동체의 설립자'로 간주했던 리출 학파에 큰 영향을 미쳤다.

- **신 의식.** 슐라이어마허는 기독교를 순전히 합리적이거나 도덕적으로 이해하려는 시도에 반발하며 신 의식의 지배라는 관점에서 인간의 구원을 논의해야 한다는 주장을 제기했다. 이 의식의 원형적 표현은 나사렛 예수 안에서 발견되며, 그로써 신앙 공동체 안에서도 그런 의식을 갖는 것이 가능해졌다.

- **진정한 인간성.** 20세기에 실존주의(개인적 존재의 주체성을 강조하는 사상운동)가 발흥한 이유는 현대 서구 문화가 초래한 비인간화와 밀접한 관련을 맺고 있다는 것이 일반적인 견해다. 많은 저술가들이 본래적인 참된 인간성의 재발견과 회복의 관점에서 구원을 이해해야 한다고 주장했다. 에버하르트 그리제바흐와 프리드리히 고가르텐이 마르틴 부버의 인격주의에 근거해 이 논의에 특별히 기여했다. 그리제바흐는 인간의 본래적 정체성에 관한 탐구를 통해 현대인이 직면한 딜레마를 분석했고, 고가르텐은 인간의 존재를 비인격화시켜 '그것'으로 축소하려고 위협하는 세상에서 인간이 어떻게 하나의 인격체, 곧 참된 '너'가 될 수 있는지를 탐구하는 데 구원론의 초점이 있다고 주장했다.

- **정치적 해방.** 라틴 아메리카의 해방 신학은 구원의 정치적 측면을 강조하며, 구원에 관한 성경의 가르침(특히 구약성경)의 사회적, 정치적, 경제적 측면을 회복하는 데 중점을 둔다. 구원을 순전히 개인주의적인 관점에서 이해하려는 시도에 대한 반발로 간주될 수 있는 이런 접근 방식은 구원을 이 세상의 일과는 무관한 사적인 문제로 간주하는 사람들로부터 많은

공격을 받았다. 구스타보 구티에레스의 『해방 신학』과 호세 미구엘 보니노의 『해방의 정치 윤리』(1983)는 각각 로마 가톨릭과 복음주의 전통을 근거로 정치화한 구원의 개념을 제시한 전형적인 사례에 해당한다.

지금까지 현대 기독교 사상 안에서 구원이 어떻게 이해되고 있는지를 간단히 개괄하며 몇 가지 주된 논점을 살펴보았다. 모두 좀 더 상세하게 다룰 가치가 있지만 대부분은 어쩔 수 없이 극히 일부만을 다루는 데 그쳤다. 구원의 상황화를 비롯한 이런 문제들은 앞으로도 계속해서 책임 있는 기독교 신학의 과제로 남게 될 것이 분명하다.

사례 연구 4.3 부활에 관한 논쟁

부활은 현대 기독교 신학 안에서 가장 광범위하게 논의되는 주제 가운데 하나다. 이런 사실은 신앙과 역사의 관계라는 중요한 문제가 종종 그리스도의 부활이라는 문제와 밀접하게 연관되어 있다는 것을 보여준다. 그리스도의 부활이라는 문제, 곧 그리스도께서 죽은 자 가운데서 살아나신 것이 사실인지, 만일 그렇다면 그 의미는 무엇인지를 탐구하는 것이 전통적인 기독교에 대한 계몽주의 비판의 핵심 요소를 구성한다.

그러면 지금부터 현대에 들어 발전된 주된 입장들을 대략 살펴보면서 그 의미를 하나씩 평가해 보기로 하자.

계몽주의: 실제 사건이 아닌 부활

이성의 절대성 및 과거의 사건과 현재적 사건들의 유사성을 강조하는 계몽주의는 18세기에 부활에 관해 강력한 의구심을 제기하기에 이르렀다. 레싱은 그런 회의적인 입장을 채택한 가장 대표적인 저술가 가운데 하나였다.

그는 예수 그리스도의 부활을 직접 목격하지 않았는데 왜 목격하지도 않은 것을 믿으라는 요구를 받아야 하는지를 궁금해했다. 그는 시간적 괴리로 인해 목격자들이 전한 증언의 신빙성에 관한 의심이 더욱 증폭될 수밖에 없다고 생각했다(그는 다른 사람들도 이런 의심을 공유할 수밖에 없을 것이라고 확신했다). 결국, "그런 기적들의 진실성은 오늘날에 일어나는 기적들에 의해 더 이상 사실로 입증될 수 없기 때문에, 곧 그것들은 기적에 관한 단순한 증언에 불과하기 때문에" 우리의 믿음은 우리 자신의 경험이나 합리적 성찰이 아닌 다른 사람들의 권위에 의존할 수밖에 없다. 바꾸어 말하면, 오늘날에 죽은 자 가운데서 살아난 사람이 아무도 없는데 과거에 그런 일이 일어났다고 믿어야 할 이유가 무엇인가?

앞서 살펴본 대로, 라이마루스와 레싱과 같은 합리주의 저술가들은 본래의 사건을 아무리 기록으로 상세히 보도했더라도 그것이 현재의 직접적인 경험과 모순을 일으키는 것처럼 보인다면 (부활과 같은) 과거의 사건에 대한 인간의 증언을 액면 그대로 받아들이기가 어렵다고 주장했다. 그와 비슷하게 프랑스의 유력한 합리주의자 드니 디드로도 파리의 시민 모두가 죽은 사람이 죽은 자 가운데서 살아났다고 아무리 주장하더라도 자신은 그 말을 단 한 마디도 믿지 않겠다고 선언했다.

신약성경의 '기적적인 증언들'에 관한 의심이 증폭되자 전통적인 기독교는 기적 외에 다른 것을 근거로 그리스도의 신성에 관한 교리를 옹호할 수밖에 없었다. 그런 시도는 당시에는 몹시 어려운 일이 아닐 수 없었다. 물론, 기적적인 증언을 주장하는 다른 종교들도 똑같이 계몽주의의 회의적인 비판에 직면했다. 기독교만 유독 많은 비판을 받았던 이유는 계몽주의가 발전한 문화적 분위기 속에서 기독교가 가장 큰 비중을 차지하고 있었기 때문이다.

문제의 관건은 계몽주의의 핵심 주제인 인간의 자율성에 있었다. 현실은 합리적이고, 인간은 이 합리적인 세계 질서를 발견하는 데 필요한 인식 능력을 지니고 있다. 진리는 외적인 권위에 근거해 받아들이라고 강요해서는 안 된다. 진리는 인간의 자율적 사고를 통해 인식되고, 수용되어야 한다. 다시 말해, 진리는 개인이 사실로 알고 있는 것과 '진리'로 주장된 것이 검증을 통해 서로 일치하는 것으로 드러날 때만 진리로 인정될 수 있다. 진리는 강요되는 것이 아니라 이해되는 것이다.

레싱은 다른 사람들의 증언을 무작정 받아들이는 것은 인간의 지성적 자율성을 포기하는 것과 다름없다고 생각했다. 부활과 일치하는 현재적 사건은 존재하지 않는다. 부활은 현재적 경험의 측면이 아니다. 그런데 왜 신약성경의 증언을 신뢰해야 하는가? 레싱은 부활을 예수님의 도덕적 의미에 근본적인 영향을 미치지 않는 비실제적 사건으로 간주했다.

다비드 프리드리히 슈트라우스: 신화로서의 부활

슈트라우스는 『예수의 생애』(1835)에서 그리스도의 부활에 관해 급진적인 새로운 접근 방식을 시도했다. 그는 그리스도의 부활이 기독교 신앙의 핵심 요소라고 믿었다.

예수님을 믿는 믿음은 그분의 부활에 관한 확신에서 비롯했다. 사는 동안 아무리 위대했더라도 결국 죽고 만 그분이 메시아이실 수는 없었다. 그러나 그분이 기적적으로 다시 살아나시자 그분이 메시아라는 사실이 한층 더 강하게 입증되었다. 부활을 통해 어둠의 왕국에서 자유롭게 됨과 동시에 인간의 영역을 넘어서 높이 격상되신 예수님은 지금 하늘의 영역으로 옮겨가서 하나님의 오른편에 앉아 계신다.

슈트라우스는 자신이 '정통주의 기독론'으로 일컬은 이런 이해가 계몽주의 시대 이후로 (부활과 같은) 기적이 불가능하다는 전제 아래 많은 공격을 당해왔다는 사실을 의식했다.

슈트라우스는 계몽주의 세계관과 정확히 일치하는 이런 단정적인 전제를 근거로 삼아 '상응하는 기적적인 사실이 전혀 존재하지 않더라도 얼마든지 예수님의 부활을 믿는 믿음의 기원'을 설명할 수 있다고 자신했다. 다시 말해, 그는 부활 신앙의 객관적 근거가 존재하지 않아도 그리스도인들이 그런 믿음을 얼마든지 가질 수 있다는 것을 보여주려고 시도했다. 그는 부활을 '객관적인 기적의 사건'으로 간주하지 않고, 순전히 주관적인 차원에서 믿음의 기원을 찾으려고 했다. 즉 부활 신앙은 '객관적으로 되살아난 생명'이 아닌 '생각 속에서 이루어진 주관적 개념'으로 설명해야 한다. 예수님의 부활을 믿는 믿음은 '예수님의 인격성에 관한 기억'이 과장되어 나타난 결과, 곧 과거의 기억이 살아 있는 존재라는 개념으로 투영된 결과다. 이처럼 죽은 예수님이 상상 속에서 부활한 그리스도로 변형되었다. 이를 적절한 용어로 표현하면 '신화적으로 부활한 그리스도'라고 칭할 수 있다.

슈트라우스가 이 논의에 특별히 기여한 것은 '신화'(복음서 저자들의 사회적 상황과 문화적 사고방식이 반영되어 나타난 것)의 개념을 도입한 것이다. 복음서 저자들의 기록이 부분적으로 '신화적' 내용을 담고 있다고 해서 그들의 정직성이 문제가 되는 것은 아니다. 그것은 단지 그들이 복음서를 기록했던 당시의 전근대적인 사고방식을 인정하는 의미를 지닐 뿐이다. 복음서 저자들은 그들의 문화적 상황 속에서 발견되는 신화적 세계관을 공유했던 것이 틀림없다. 슈트라우스는 복음서 저자들이 무의식적으로든 의도적으로든 나사렛 예수에 관한 이야기를 왜곡시켰다는 라이마루스의 견해에 동조하지 않았다. 그는 신화적 언어는 추상적 개념화의 수준에 미치지 못했던 원시적인 집단 문화의 자연스러운 표현 양식에 해당한다고 주장했다.

라이마루스는 복음서 저자들이 혼동했거나 거짓말을 했을 것이라고 생각했다. 그는 후자일 가능성이 더 크다고 믿었다. 슈트라우스는 '신화'의 개념을 도입함으로써 논의의 초점을 다른 곳으로 돌렸다. 부활은 신화, 곧 의도적으로 날조한 이야기가 아니라 신화적 세계관이 지배하던 1세기 팔레스타인의 문화 속에서 의미를 지녔던 '사건들에 관한 해석'(특히 예수님에 관한 기억과 '주관적 환상')으로 간주해야 한다. 부활을 객관적 사건으로 믿는 신앙은 그런 세계관이 사라진 이상 더는 유지될 수 없는 것으로 간주해야 마땅하다.

슈트라우스의 『예수의 생애』는 책 제목이 같은 에르네스트 르낭의 저서(1863)를 비롯한 동시대의 다른 합리주의적 저서들과 함께 엄청난 관심을 불러일으켰다. 부활은 전통적으로 기독교 신앙의 근간으로 간주되어 왔지만, 이제는 그 결과물로 여겨지게 되었다. 기독교가 부활하신 그리스도를 찬양하는 것보다 죽은 예수를 기억하는 것과 더 많은 연관성을 지니게 된 셈이었다. 그러나 논쟁은 이것으로 끝나지 않았다. 현대신학을 다루는 이 흥미로운 장에는 그 이후에 발전된 신학 사상들이 포함되어 있다. 우리는 곧 이어질 내용을 통해 그런 사상들을 살펴볼 생각이다. 슈트라우스를 가장 예리하게 재해석한 20세기의 신학자가 있다면 바로 루돌프 불트만일 것이다. 부활에 관한 그의 독특한 견해를 잠시 살펴보면 다음과 같다.

루돌프 불트만: 제자들의 경험 속에서 일어난 사건으로서의 부활

불트만은 과학 시대에 기적을 믿는 것이 불가능하다는 슈트라우스의 기본 신념을 공유했다. 따라서 예수님의 객관적인 부활을 믿는 신앙은 더 이상 가능하지 않다. 그러나 다른 방식으로 부활을 이해하는 것이 가능하다는 점을 입증할 수 있을지도 모른다. 불트만은 역사란 "결과들의 폐쇄적 연속체이며, 개개의 사건들은 그 안에서 인과관계의 사슬로 연결되어 있다."라고 말했다. 이런 점에서 부활은 다른 기적들과 마찬가지로 폐쇄된 자연의 체계를 깨뜨린다. 계몽주의에 동조하는 다른 사상가들도 이와 유사한 주장을 펼쳤다.

불트만은 예수님의 객관적인 부활을 믿는 신앙은 1세기에는 충분히 이해할 수 있는 정당한 것이었을지라도 오늘날에는 진지하게 받아들일 수 없다는 주장을 제기한 것으로 유명하다. "전깃불과 라디오를 사용하고, 아플 때는 현대적인 의료와 치료 수단을 활용하면서 그와 동시에 신약성경이 가르치는 영과 기적의 세계를 믿을 수는 없다." 세상과 인간 존재에 관한 인간의 이해는 1세기 이후로 획기적으로 달라졌고, 그 결과 현대인은 신약성경의 신화적 세계관을 이해할 수도, 수용할 수도 없게 되었다. 하나의 세계관은 사람들이 살고 있는 시대와 더불어 주어진 것이기에 그 당사자들은 그것을 변경할 위치에 서 있지 않다. 그러나 현대의 과학적, 실존적 세계관은 신약성경의 세계관을 이해할 수 없는 것으로 여겨 내버리도록 요구한다.

따라서 부활은 '순수하고, 단순한 신화적 사건'으로 간주해야 한다. 부활은 역사라는 공적 영역이 아닌 제자들의 주관적 경험 속에서 일어난 것이다. 불트만은 예수님이 진정으로 다시 살아났다고, 곧 케리그마 속으로 부활하셨다고 생각했다. 예수님의 가르침이 그리스도에 대한 기독교적 선포로 바뀌었다. 예수님은 기독교적 선포의 요소가 되셨다. 그분은 부활해 복음 선포 안으로 흡수되었다. '빈 무덤의 이야기'와 같은 역사적 논제는 '전혀 중요하지 않다.' 불트만에게 부활 신앙의 근본 의미는 '케리그마에 나타난 그리스도를 믿는 것'이었다.

불트만은 그런 반역사적인 접근 방식을 일관되게 추구하면서 역사적 예수로부터 선포된 그리스도로 관심의 초점을 옮겼다. "케리그마의 전달자인 교회의 믿음은 예수 그리스도께서 케리그마 안에 존재하신다는 믿음으로 이루어진 부활 신앙을 의미한다."

칼 바르트: 비평적 탐구를 넘어서는 역사적 사건으로서의 부활

바르트는 1924년에 『죽은 자의 부활』이라는 소책자를 펴냈다. 그러나 그리스도의 부활과 역사의 관계에 관한 그의 성숙한 견해는 세월이 상당히 지난 후에 나타났고, 불트만에게 영향을 받은 흔적을 역력히 드러냈다. 바르트는 '루돌프 불트만-그를 이해하려는 시도(1952)'라는 논문에서 불트만의 접근 방식에 관한 우려를 표명했다.

그는 나중에 『교회 교의학(IV/1)』에서도 이 문제를 계속해서 다루었다. 이런 바르트의 입장을 잠시 살펴보면서 그것을 불트만의 입장과 비교하면 다음과 같다.

바르트는 초기 저서들에서는 빈 무덤은 부활과 관련해 별로 중요하지 않다고 주장했다. 그러나 그는 부활에 관한 불트만의 실존적 접근 방식에 차츰 경각심을 느끼게 되었다. 왜냐하면 거기에는 부활이 객관적인 역사적 근거를 전혀 지니고 있지 않다는 의미가 함축되어 있었기 때문이다.

이런 이유로 바르트는 빈 무덤에 관한 복음서의 기록을 크게 강조하기 시작했다. 빈 무덤은 '가능한 모든 오해를 제거하는 긴요한 표적'이다. 이는 그리스도의 부활이 순수한 내적, 주관적 사건이 아닌 역사에 흔적을 남긴 사건이라는 의미다.

칼 바르트(1866-1968). 20세기의 가장 중요한 개신교 신학자로 널리 인정된다. 본래는 개신교 자유주의를 지지하는 성향을 보였지만 나중에는 1차 세계대전에 대한 깊은 성찰을 통해 좀 더 하나님 중심적인 입장으로 전환했다. 그는 초창기에 『로마서 강해』(1919)에서 하나님의 '타자성'을 강조했고, 그런 입장은 그의 기념비적인 저서인 『교회 교의학』에서 다소 수정된 형태로 계속 유지되었다. 바르트는 현대 기독교 신학에 지대한 공헌을 했다.

이런 점들을 고려하면 바르트가 부활을 역사적 탐구를 통해 그 본질을 규명하고, 초기 신자들의 개인적인 내면의 경험이 아닌 공적인 세계의 역사 속에서 그 위치를 분명하게 결정해야 할 사안으로 인식한 것처럼 보인다. 그러나 사실은 그렇지가 않았다. 그는 복음서의 증언에 비평적인 역사적 탐구 방식을 적용하는 것을 일관되게 거부했다. 그 이유를 정확히 알기는 어렵다. 아마도 아래의 요인이 그의 생각을 무겁게 짓눌렀을지도 모른다.

바르트는 바울과 다른 사도들이 '잘 입증된 역사적 증언을 받아들이라고' 요청한 것이 아니라 '신앙의 결단'을 요구했다고 강조했다. 역사적 탐구는 그런 신앙의 안전을 보장하거나 그 정당성을 부여하지 않는다. 신앙은 역사적 탐구의 일시적인 결과에 의존하지 않는다. 신앙은 빈 무덤이 아닌 부활하신 그리스도에 대한 응답이다. 바르트는 빈 무덤 그 자체만으로는 부활하신 그리스도를 믿는 믿음의 근거로서 아무런 가치가 없다고 생각했다. 그리스도께서 무덤에 계시지 않았다는 사실이 반드시 그분의 부활을 입증하는 것은 아니다. "사실, 그리스도의 시신이 도난당했거나 단지 죽은 것처럼 보였을 수도 있다."

결과적으로 바르트는 비판받기 쉬운 입장에 놓이게 되었다. 그는 불트만의 주관적인 접근 방식에 반대해 부활을 공적 역사 속에서 일어난 사건으로 옹호하려고 노력했지만, 그 역사를 비평적으로 탐구하도록 허용할 준비가 되어 있지 않았던 셈이다. 이런 결과가 나타난 이유는 학문적인 역사 연구가 신앙의 초석을 놓을 수 없다는 그의 강한 신념과 그리스도의 부활이 그보다 훨씬 더 방대한 개념들과 사건들, 곧 역사적 탐구를 통해 검증하거나 밝힐 수 없는 체계의 일부라는 그의 전제 때문이다. 바르트의 신학적 입장에 아무리 많은 공감을 느끼더라도 그가 이 점에서 신빙성을 잃고 말았다는 결론을 피하기는 어렵다. 볼프하르트 판넨베르크의 접근 방식이 상당한 주목을 받게 된 것은 아마도 이런 이유 때문일 것이다.

볼프하르트 판넨베르크: 비평적 탐구를 적용해야 할 역사적 사건으로서의 부활

1960년대에 등장한 판넨베르크의 신학적 입장의 가장 뚜렷한 특징은 보편적인 역사를 중시한 것이다. 그런 견해가 판넨베르크가 편집한 『역사로서의 계시』(1961)를 통해 발전되었고, 정당화되었다. 판넨베르크의 '계시의 교리에 관한 교리적 논제'는 보편적인 역사를 크게 중시하는 내용으로 시작한다.

> 역사는 기독교 신학의 가장 포괄적인 영역이다. 모든 신학적인 질문과 대답은 역사라는 틀 안에서만 의미를 지닌다. 하나님은 역사를 인류와 함께 공유하시고, 인류를 통해 모든 피조물과 관계를 맺으신다. 이 역사는 세상에는 감추어져 있지만 예수 그리스도 안에서 이미 드러난 미래를 향해 나아간다.

서두를 장식한 이 중요한 내용에는 이 글을 쓸 당시의 판넨베르크가 지향했던 신학적 방향의 특징이 간결하게 요약되어 있다. 판넨베르크는 이런 말로 한편으로는 불트만을 비롯한 그의 학파가 취한 탈역사적인 신학과, 다른 한편으로는 마르틴 캘러의 초역사적인 신학과 분명하게 궤를 달리했다. 기독교 신학은 공적으로 접근 가능한 보편적인 역사에 관한 분석에 근거한다. 판넨베르크에게 계시는 '하나님의 행위'로 인식되어 해석되는 공적 차원의 보편적인 역사적 사건에 해당했다. 이런 입장은 그의 비판자들이 보기에는 신앙을 통찰력으로 축소하고, 계시 사건과 관련된 성령의 역할을 전혀 인정하지 않는 것처럼 보였다.

볼프하르트 판넨베르크(1928년 출생). 가장 영향력 있는 개신교 신학자 가운데 한 사람. 신앙과 역사의 관계 및 기독론의 근거를 다룬 그의 저서들은 상당한 영향을 미쳤다.

판넨베르크의 논증은 다음과 같은 형태를 취한다. 역사, 곧 전체적인 역사는 역사의 마지막 시점에서 바라볼 때만 비로소 이해할 수 있다. 오직 이 시점만이 역사적 과정을 전체적으로 조망해 올바로 이해할 수 있는 관점을 제공한다. 마르크스는 (역사의 목표를 사회주의의 승리로 예언한) 사회학이 역사 해석의 열쇠를 제공한다고 주장했지만, 판넨베르크는 그 열쇠는 오직 예수 그리스도 안에서만 제공된다고 선언했다. 다시 말해, 아직 찾아오지 않은 역사의 종말이 그리스도의 인격과 사역을 통해 미리 드러났다.

'역사적 종말의 예기적 폭로'라는 이 개념은 묵시적인 세계관에 근거한다. 판넨베르크는 그 세계관이 예수님의 의미와 기능에 관한 신약성경의 해석을 이해하는 열쇠를 제공한다고 주장했다. 불트만은 신약성경의 묵시적 요소들을 비신화화하기로 결정했지만, 판넨베르크는 그것들을 그리스도의 삶과 죽음과 부활을 이해하는 해석학적인 틀로 다루었다.

예수님의 부활을 증거를 확인했던 모든 사람의 증언을 토대로 한 객관적인 역사적 사건으로 간주했던 판넨베르크의 주장이야말로 이런 입장을 가장 독특하면서도 가장 확실하게 대변한 것이라고 말할 수 있다. 불트만은 부활을 제자들의 경험적인 세계 안에서 일어난 사건으로 다루었지만, 판넨베르크는 그것이 보편적인 공적 역사의 세계에 속한다고 선언했다.

에른스트 트뢸치(1865-1923). 종교의 영속성을 강조한 '종교사학파'의 설립과 밀접하게 관련된 신학자이자 사회학자. 기독론의 영역, 특히 신앙과 역사의 관계에 관한 논의에서 가장 중요한 신학적 공헌을 한 것으로 평가된다.

이런 주장은 즉시 부활의 역사성에 관한 문제를 제기했다. 앞서 살펴본 대로, 계몽주의 저술가들은 예수님의 부활에 관해 알려진 지식은 신약성경에서만 발견된다고 주장했다. 그런 부활과 비슷한 사건이 더 이상 일어나지 않는다는 점에서 그런 증언의 신빙성은 심각한 의심을 불러일으킬 수밖에 없다. 에른스트 트뢸치는 이와 비슷한 맥락에서 역사의 동질성을 주장했다. 예수님의 부활은 역사의 동질성에 어긋나는 것이기 때문에 그 역사성이 의심스러울 수밖에 없다. 판넨베르크는 처음에는 '구속적 사건과 역사'라는 논문으로, 나중에는 『하나님이요 인간이신 예수』라는 책을 통해 이 어려운 문제를 다루었다. 그는 다음과 같은 논증을 펼쳐 그런 주장을 논박했다.

판넨베르크는 트뢸치가 절대적 법칙으로 인정되기에는 온당치 않은 일련의 잠정적인 판단에 근거해 특정한 사건을 미리 배제해버리는 편협하고, 현학적인 역사관을 지녔다고 생각했다. 트뢸치의 근거 없는 '역사적, 비평적 탐구라는 비좁은 관점'은 '편향적이고, 인간 중심적이다.' 그것은 인간의 시각만을 역사 속에서 수용될 수 있는 유일한 규범적 관점으로 전제한다. 판넨베르크는 유사성은 항상 인간의 관점에서 바라본 유사성이라고 강조했다. 그런 시각은 그 범위가 극도로 제한되어 있기 때문에 절대적으로 확실한 비평적 탐구의 근거로서 기능할 수 없다. 물론, 판넨베르크는 훌륭한 역사가였기 때문에 유사성의 원리를 포기해야 한다고 주장하지는 않았다. 그것은 실효성이 입증된 역사적 탐구의 유익한 도구다. 그러나 판넨베르크는 그 원리는 말 그대로 단순한 도구일 뿐이며, 현실에 관한 절대적 견해를 결정짓는 잣대가 될 수 없다고 잘라 말했다.

만일 역사가가 "죽은 사람은 다시 살아날 수 없다."라는 신념에 사로잡힌 상태로 신약성경을 탐구한다면 그런 결론이 신약성경의 내용을 읽을 때 영향을 미칠 것이 분명하다. "예수님이 죽은 자 가운데서 부활하지 않으셨다."라는 판단은 결론이 아닌 조사가 필요한 가설일 뿐이다. 이처럼 판넨베르크는 부활을 중립적인 시각으로 다루어야 한다는 열정적이고도 인상적인 논의를 펼쳤다. 예수님의 부활을 가리키는 역사적인 증거는 그런 부활이 일어날 수 없다는 교조적인 사전 전제 없이 탐구되어야 한다는 것이 그의 지론이었다.

판넨베르크는 부활의 역사성을 주장하고 나서 묵시적인 의미 체계 안에서 부활을 해석하려고 노력했다. 역사의 종말이 예수님의 부활 안에서 예기적으로 일어났다. 부활 사건에 관한 그의 해석은 그런 신념에 지배되었다. 예수님의 부활은 종말에 있을 모든 사람의 부활을 예시하는 것이었다. 즉 그분의 부활은 그런 일반적인 부활과 하나님의 온전하고, 최종적인 계시를 역사 속에 앞당겨 공표하는 의미를 지녔다. 이처럼 예수님의 부활은 그리스도 안에 나타난 하나님의 자기 계시와 유기적인 관계를 맺고 있으며, 그분이 하나님과 동일하신 분이라는 사실을 보여줄 뿐 아니라 그런 하나님과의 동질성을 토대로 부활 이전에 이루어진 예수님의 사역을 평가하도록 이끈다. 부활은 그리스도의 신성과 성육신을 비롯한 기독론의 핵심 요소들을 떠받치는 토대 역할을 한다.

지금까지 살펴본 대로, 지난 200년 동안 나사렛 예수의 부활에 관한 교리를 둘러싸고 많은 논의가 이루어졌다. 20세기에 접어들어 새로운 관심의 대상으로 떠오른 주제는 삼위일체 교리다. 이번에는 이 주제를 잠시 살펴볼 생각이다.

사례 연구 4.4 20세기에 논의된 삼위일체 교리

19세기의 신학에서는 삼위일체 교리가 관심 있게 다루어지지 않았다. 그 이유는 여러 가지다. 한 가지 중요한 이유는 삼위일체 교리를 불합리한 것으로 간주했던 합리주의의 영향 때문이다. 그런 입장은 미국 3대 대통령인 토머스 제퍼슨의 글에 분명하게 드러나 있다. 그는 삼위일체 교리를 온당한 기독교 신앙을 가로막는 불합리한 장애 요인으로 간주했다. 제퍼슨은 1821년 2월 27일에 티모시 피커링에게 보낸 편지에서 삼위일체 교리의 불합리성에 대해 다음과 같이 불만을 토로했다.

> 만일 한 분 하나님이 존재하고, 그 한 분이 셋이라는 이해할 수 없는 허튼소리에 불과한 삼위일체적 셈법을 없애버리고, 예수님이라는 단순한 구조물을 보지 못하게 가리는 인위적인 체계를 무너뜨린다면, 간단히 말해 예수님의 시대

이후로 전해져 온 가르침을 모두 잊고 그분이 가르치신 순수하고, 단순한 교리로 되돌아간다면 우리는 진정으로 가치 있는 그분의 제자가 될 수 있을 것이오. 그분의 입에서 순수하게 흘러나온 것에 아무것도 첨가되지 않았다면 오늘날 온 세상 사람이 그리스도인이 되고도 남았을 것이다.

독일의 자유주의 신학자 슐라이어마허는 삼위일체 교리에 관한 논의를 『기독교 신앙』의 마지막에 위치시킴으로써 그 교리를 기독교 신앙에 덧붙여진 일종의 부록처럼 생각한다는 인상을 남겼다. 그러나 그는 실제로는 삼위일체 교리에 예수님의 신분과 기독교 신앙의 본질에 관한 중요한 통찰력이 내포되어 있다고 생각했으며, 그것이 없으면 기독교의 정체성이 상실될 것이라고 주장했다. 삼위일체 교리는 복합적인 구조물에서 개개의 구성 요소들이 제자리를 이탈하지 않도록 마지막으로 덧씌우는 '두겁돌'의 역할을 한다.

삼위일체 교리는 그리스도 안에 신적 본성이 존재한다는 입장을 옹호하기 위해 확립되었다. 그 신적 본성은 또한 그것을 공유하는 성령을 통해 기독교 교회 안에 깃들어 있다. 따라서 우리는 이런 표현들을 순전히 인위적이거나 축약된 의미로 받아들이지 않으며, 특별히 더 높은 신적 본성이 존재하고, 그리스도와 성령 안에는 거기에 종속되는 신성이 존재한다고 생각하지 않는다. 삼위일체 교리는 이런 개념에서 기원했고, 그 최초의 목적은 인성과 연합된 것으로 간주된 신적 본성이 본래의 신적 본성과 동등하다는 것을 가능한 한 분명하게 진술하는 것이었다.…이런 연관성 때문에 우리는 삼위일체 교리에 이런 요소들이 함유되어있는 한, 그것을 기독교 교리의 두겁돌로 간주해야 마땅하다. 이처럼 이 두 가지 연합 안에 존재하는 각각의 신성은 서로 동등하고, 또 본래의 신적 본성과도 동등하다는 것이 삼위일체 교리의 본질이다.

이런 삼위일체 교리에 관한 관심이 20세기 기독교 신학 안에서 다시금 크게 고조되었다. 삼위일체 교리가 다시 관심을 끌게 된 주된 이유는 칼 바르트가 그 근본적인 토대를 마련한 데서 비롯했지만, 하나님에 관한 삼위일체적 이해의 필요성에 관한 인식의 징후는 이미 19세기 말부터 나타나기 시작했다. 그렇게 된 이유 가운데 하나는 대안으로 제시된 이론들이 신학적으로나 영적으로나 부적절하다는 의식이 생겨났기 때문이다.

그런 의식의 대표적인 사례가 영국의 가장 뛰어난 신학자이자 성경학자 가운데 하나였던 헨리 바클레이 스위트(1835-1917)의 저서에서 발견된다. 케임브리지대학교 신학부 흠정 교수(Regius professor)를 역임한 스위트는 1894년에 엑서터 성당에서 열린 '엑서터 교회 회의'에서 전달한 강연에서 그 교회가 선택할 수 있는 삼위일체 교리에 관한 신학적 대안들을 설명하면서 전통적인 교리를 강력하게 옹호했다.

그는 성령의 신분과 본질에 관한 문제에 초점을 맞춰 전통적인 삼위일체 교리가 여러 가지 난점에도 불구하고 복잡한 신학적 문제를 가장 잘 해결할 수 있는 해법을 제공한다는 점을 구체적으로 설명했다.

> 하나님은 영이시다. 그러나 모든 성경, 곧 신구약성경이 똑같이 증언하는 대로 하나님의 영이 존재하신다. 언뜻 생각하면 이 두 가지 진술은 서로 모순되는 것처럼 보인다. 인간의 영은 복합적인 본성을 지닌 구성물로서 육체 및 저급한 삶과 날카롭게 대조된다. 그러나 신적 본성은 단순하고, 순수한 영적 속성을 지닌다. 그렇다면 우리는 하나님 자신과 분명하게 구별되는 거룩한 영을 어떻게 생각해야 할까?

이 문제와 관련해 지금까지 세 가지 대답이 제시되었다.

(1) 아리우스주의는 성령의 신성을 부인함으로써 문제를 해결하려고 시도했

다. 성경은 하나님의 영을 하나님으로 일컫지 않는다. 성령은 하나님께 속해 있을 뿐 신적 본성을 지니지 않는다. 성령은 모든 지성적 피조물의 으뜸으로 말씀에 의해 창조되었다. 성령은 천사들과 천사장들보다 뛰어난 까닭에 전능하신 성부로부터 시작된 영광스러운 삼자 관계 속으로 받아들여졌지만, 창조되지 않은 생명의 위엄과는 무한한 거리를 유지하고 있다.…이런 주장은 기독교적 삶을 불가능하게 만든다. 어떻게 창조된 영이 인성을 살리고, 거룩하게 하고, 신성화할 수 있겠는가? 이것은 하나님의 영과 인간의 영의 유사성을 인정한 바울의 논리를 무너뜨린다. 인간의 영은 인간의 속성을 띠며 인간의 본성에 속한다. 그와 마찬가지로 하나님의 영은 신적 본성에 속한다. 그렇지 않으면 하나님의 영과 그분의 본성은 서로 상응하는 관계를 맺을 수 없다.

(2) 두 번째 대답은 일신론을 펼쳐 난제를 극복하려고 시도한다. 하나님의 영은 신성을 지닌다. 성령은 사실상 하나님 자신이다. 그러나 그분은 자연과 인간에 관한 하나님의 사역의 관점에서 바라본 하나님, 곧 살아서 존재하는 만물 가운데 가득 스며들어 있는 무한한 생명의 현실이시다. 성령은 이 임재적 현실을 통해 땅이 혼돈하고 공허할 때 수면 위에 운행하셨고, 인간이 육신의 멍에를 짊어지게 되었을 때는 어쩔 수 없이 그들의 삶에서 물러나셨으며, 현인들에게는 지혜의 원천으로, 기술자와 예술가들에게는 재능의 원천으로, 선견자들에게는 예언의 원천으로, 성인들에게는 거룩함의 원천으로 자신을 드러내셨다.

(3) 세 번째 대답은 두 번째 대답을 배제하지 않고, 그것을 보완한다. 가톨릭 신앙은 구약성경이 가르치는 모든 것을 가르친다. 하나님의 영은 하나님 자신이시고, 생명의 원리로서 세상에 내재하는 신비로운 임재의 현실이시며, 이성적인 피조물에게 거룩하게 하는 초자연적인 은혜를 베푸는 존재이시다. 그러나 가톨릭 신앙은 그리스도께서 하신 것처럼 이런 가르침

에 그치지 않고, 한 걸음 더 나아가 위와 같은 그릇된 결론을 올바르게 교정한다. 즉 가톨릭 신앙은 성령이 하나님에게서 나오신 하나님이라고 선언한다. 그분은 성부와 성자와 영원한 관계를 맺고 계시는 하나님이시다. 그분은 성부나 성자가 아니라 그 두 분의 영이시다. 우리는 성령을 하나님과 동일시하면서도 그분이 다른 위격들과 구별되는 또 하나의 위격이라고 고백한다. 이처럼 가톨릭 교리는 성령 하나님을 피조물 가운데 임재해 역사하시는 하나님으로 구별하는 데 만족하지 않고, 한 단계 더 깊이 파고들어 창조주의 생명 안에 존재하는 위격들의 차이를 발견한다. 성령은 하나님이시다. 그러나 하나님은 세 위격으로 존재하신다. 성령은 하나로 연합된 신적 본성 안에서 세 번째 위격에 해당하신다.

이처럼 삼위일체 교리에 관한 신학적 관심이 새롭게 일어날 수 있는 근거가 1차 세계대전(1914-18)이 발발하기 몇 십 년 전에 이미 확립되었다. 그러나 그 교리가 본격적으로 다시 탐구되기 시작한 것은 1920년대 이후부터였다. 지금부터는 삼위일체에 관한 현대적 논의에 크게 기여한 세 명의 신학자, 곧 개혁주의 신학자 칼 바르트, 로마 가톨릭 신학자 칼 라너, 루터교 신학자 로버트 젠슨의 사상을 차례로 살펴볼 생각이다.

칼 바르트

바르트는 삼위일체 교리를 『교의 교의학』 첫머리에 위치시켰다. 이런 사실이 중요한 이유는 그가 자신의 경쟁자인 슐라이어마허가 정한 위치를 완전히 뒤바꿨기 때문이다. 앞서 살펴본 대로 슐라이어마허는 삼위일체를 하나님에 관한 마지막 말로 간주했지만, 바르트는 그것을 가장 먼저 해야 할 말로 이해했다. 그 이유는 그것이 없으면 계시 자체가 불가능하기 때문이다. 다시 말해, 그가 삼위일체를 『교회 교의학』의 첫머리에서 다룬 이유는 그 주제가 교의학을 가능하게 만들기 때문이었다. 삼위일체 교리는 죄인인 인간에 대한 신적 계시의 현실성을 보장하고, 떠받치는 기능을 한다. 바르트가 말한 대로, 그것은 계시를 '설명하고 비준하는 근거', 곧 계시의 사실에 관한 해석의 토대를 놓는다.

"하나님은 자기를 계시하신다. 그분은 자기를 통해 자기를 계시하신다. 그분은 자기를 계시하신다." 바르트는 이 말로 삼위일체 교리를 형성하는 데 필요한 계시적 틀을 구축했다. 하나님은 계시로 말씀하신다(Deus dixit!). 계시가 전제하고, 함축하는 것을 탐구하는 것이 신학의 과제다. 바르트는 신학을 하나님의 자기 계시에 포함된 것을 나중에 성찰하는 '사후적 사색'(Nach-Denken)의 과정으로 이해했다. 우리는 "하나님에 관한 우리의 지식과 하나님 자신의 존재와 본질 사이의 관계를 주의 깊게 탐구해야 한다." 바르트는 그런 말로 삼위일체 교리에 관한 논의의 범위를 설정했다. 하나님의 자기 계시가 주어졌고, 그런 일이 일어날 수 있다면 과연 무엇이 그분에 관한 사실일까? 계시의 현실성이 하나님의 존재에 관해 우리에게 말하는 것은 무엇일까? 삼위일체에 관한 바르트의 논의는 개념이나 교리에서 출발하지 않는다. 그의 출발점은 하나님의 존재와 말씀의 현실성을 인정하고, 거기에 귀를 기울이는 것이다. 그렇다면 죄인인 인간은 하나님의 말씀을 들을 능력이 없는데 어떻게 그분의 말씀을 들을 수 있다는 것일까?

지금까지 말한 내용은 바르트의 『교회 교의학』 가운데 "하나님의 말씀에 관한 교리"라는 제목이 붙은 첫 권의 절반을 간략하게 요약한 것이다(이 부분은 이따금 인용되어 강조되곤 한다). 그 안에는 엄청난 양의 내용이 담겨 있기 때문에 설명이 필요하다. 두 가지 주제를 주의 깊게 관찰해야 할 필요가 있다.

1) 죄인인 인간은 근본적으로 하나님의 말씀을 들을 능력이 없다.
2) 그럼에도 불구하고 죄인인 인간은 하나님의 말씀을 들을 수 있다. 그 이

유는 말씀이 인간의 사악함을 인간에게 일깨워주기 때문이다.

계시가 발생한다는 바로 그 사실 자체가 설명을 요구한다. 바르트에 따르면, 인간은 계시 수용의 과정에서 수동적인 위치에 서 있다. 계시는 처음부터 끝까지 주님이신 하나님의 주권에 종속되어 있다. 계시가 계시가 되려면 하나님이 죄인인 인간의 사악함에도 불구하고 인간에게 자기를 계시하실 수 있어야 한다.

일단 이런 역설을 이해하면 바르트가 말하는 삼위일체 교리의 전반적인 구조를 파악할 수 있다. 그는 하나님이 계시를 통해 나타내 보이는 것이 곧 그분의 실제 모습이라고 주장했다. 계시자와 계시가 완벽하게 일치되어야 한다. 만일 "하나님이 자신을 주님으로 계시하신다면(이는 바르트의 전형적인 주장 가운데 하나다)" 그분은 "그 전에 이미 주님이셔야" 한다. 계시는 영원 전부터 존재하시는 하나님의 참모습이 시간 속에서 재현된 것이다. 따라서 조금 전에 말한 대로 '계시하시는 하나님'과 '하나님의 자기 계시'는 서로 완벽하게 일치한다.

이를 삼위일체 신학의 용어로 표현하면 성부께서 성자 안에서 계시되어 나타나셨다고 말할 수 있다.

그렇다면 성령은 어떻게 말해야 할까? 아마도 이것이 바르트가 말하는 삼위일체 교리의 가장 난해한 측면에 해당할 것이다. 그 핵심은 '계시 행위'(Offenbarsein)라는 개념이다. 이 점을 이해하려면 바르트가 사용하지 않은 한 가지 예화가 필요하다. 서기 30년 어느 봄날, 두 사람이 예루살렘 외곽을 걸어가고 있었다고 상상해 보자. 십자가에 못 박힌 세 사람의 모습이 그들의 눈에 띄었다. 그들은 그것을 보기 위해 잠시 발을 멈추었다. 첫 번째 사람이 중앙에 있는 사람을 가리키며 "범죄자가 처형된 모양입니다."라고 말했다. 그러자 두 번째 사람은 같은 사람을 가리키며 "하나님의 아들이 나를 위해 죽어

가고 계시네요."라고 대답했다.

　예수님을 하나님의 자기 계시라고 말하는 것 자체만으로는 충분하지 않다. 예수님을 하나님의 자기 계시로 인식하게끔 이끄는 방편이 존재해야 한다. 계시를 계시로 인식하게 만드는 것이 곧 '계시 행위'라는 개념을 구성한다.

　그런 깨달음을 어떻게 얻을 수 있을까? 바르트는 죄인인 인간은 도움이 없으면 스스로 그런 깨달음에 도달할 능력이 없다고 잘라 말했다. 그는 인간이 계시를 해석하는 데 긍정적인 역할을 담당할 수 있다고 생각하지 않았다. 만일 그렇다면 그것은 신적 계시를 인간의 지식 이론에 종속시키는 결과를 낳을 것이다.

　바르트는 이런 주장 때문에 심지어 에밀 브룬너와 같은 사람들에게까지 심한 비판을 받아야 했다(아마도 그런 주장이 없었더라면 브룬너는 바르트의 목적에 동조했을지도 모른다). 계시를 계시로 해석하는 것은 하나님의 몫, 좀 더 정확하게 말하면 성령께서 감당하시는 사역이다. 인간은 주님의 말씀에 무능력하게 되었기 때문에(capax verbi domini) 말씀을 들을 수 없다. 듣는 것과 들을 수 있는 능력은 성령의 능력을 통해 주어진다.

　이런 사실들은 바르트가 제각기 다른 계시의 순간들을 서로 다른 '존재의 양식'으로 다루는 일종의 '양태론'을 주장하고 있는 것처럼 보이게 만든다. 사실, 정확히 그런 이유를 들어 바르트를 비판하는 사람들이 있다. 그러나 좀 더 깊이 생각하면 다른 비판은 얼마든지 가능하지만 양태론이라는 비판은 다소 지나친 것처럼 보인다. 예를 들어, 바르트의 설명에서 성령은 그다지 큰 비중을 차지하지 않는다. 서방 신학의 전통에서 발견되는 일반적인 약점이 그에게서도 똑같이 나타나고 있다고 말할 수 있다. 그러나 그 약점이 무엇이든 삼위일체에 관한 바르트의 논의는 교의학에서 오랫동안 무시되었던 교리를 새롭게 복구한 것으로 평가할 수 있다. 그런 복구 과정은 예수회 신학자 칼 라너의 저서를 통해 더욱 공고하게 진행되었다.

이번에는 그의 사상을 잠시 살펴보기로 하자.

칼 라너

칼 라너가 삼위일체 신학의 발전에 특별히 공헌한 것은 '경륜적' 삼위일체와 '내재적' 삼위일체의 관계를 분석한 것이다. 이것은 하나님이 역사 속에 나타난 계시를 통해 알려진 방식('경륜적 삼위일체')과 하나님이 내적으로 존재하시는 방식('내재적 삼위일체')을 구별한 것이다. 전자는 우리가 역사 속에서 하나님의 자기 계시를 경험하는 방식을, 후자는 신성 안에 존재하는 하나님이 다양성과 일체성을 각각 가리킨다. 칼 라너는 "경륜적 삼위일체는 곧 내재적 삼위일체이고, 내재적 삼위일체는 곧 경륜적 삼위일체다."라는 원리를 통해 이 둘의 연관성을 나타냈다(그의 이 말은 현대신학 안에서 종종 인용된다). 이것은 하나님이 역사 속에서 경험되고, 나타나는 방식과 그분이 실제로 존재하시는 방식이 서로 일치한다는 뜻이다.

> **칼 라너(1904-84).** 가장 영향력이 큰 현대 로마 가톨릭 신학자 가운데 한 사람. 라너의 『신학적 탐구』는 짧은 에세이를 신학을 확립하고, 설명하는 도구로 활용하는 법을 개척한 책으로 유명하다.

삼위일체에 관한 라너의 접근 방식은 삼위일체에 관한 로마 가톨릭교회의 신학적 경향, 특히 하나님에 관한 인간의 경험과 구원에 관한 성경적 증언을 소홀히 하면서 '내재적 삼위일체'에만 초점을 맞추었던 경향을 강력하게 교정하는 역할을 했다.

라너는 '경륜적' 삼위일체가 '구원의 경륜 및 그 삼중 구조에 관한 성경적 진술'과 밀접하게 관련된다고 주장했다. 라너의 원리는 구원의 전 과정이 한 분이신 하나님의 사역이라고 확증한다. 복잡한 구원의 신비에도 불구하고 그것의 원천과 기원과 목적은 모두 한 분이신 하나님에게서 비롯한다. 구원 경륜의 일체성이라는 근본 원리는 멀리 이레나에우스에게까지 거슬러 올라간다. 그는 영지주의를 논박하면서 구원의 경륜 안에서 두 분의 신적 존재가 구별되어 나타난다고 주장했다.

이런 이유로 라너는 구원의 역사에 관한 우리의 경험과 그 성경적인 표현을 삼위일체에 관한 논의의 출발점으로 삼아야 한다고 주장했다. '구원의 신비'가 먼저 나타났고, 그 뒤를 이어 교리가 형성된다. '구원의 역사와 성경에서 비롯한 경륜적 삼위일체에 관한 사전 지식'이 체계적인 사색의 과정을 위한 출발점이 된다.

따라서 '내재적 삼위일체'는 '경륜적 삼위일체에 관한 체계적인 사색의 과정'으로 간주될 수 있다. 라너는 내재적 삼위일체 교리에 도달한 신학적 사색의 과정이 역사 속에서 이루어진 구원의 경험과 그에 대한 지식에서부터 시작되었다고 강조했다. 복잡한 구원의 역사는 궁극적으로 신적 본성에 근거한다. 다시 말해, 구원의 경륜 안에서 경험되는 다양성과 일체성이 하나님이 실제로 존재하는 방식과 정확하게 일치한다. "이러한 양태와 구별은 (비록 처음에는 우리의 관점에서 그것들을 경험한다고 해도) 하나님 자신 안에 존재하든지 아니면 우리 자신 안에만 존재하든지 둘 중 하나다."

라너는 이런 삼위일체적 구별이 인간의 생각 속에서 아무렇게나 만들어진 것이라는 개념을 단호하게 거부했다. 그는 그것들이 하나님의 존재 자체에 근거한다고 주장했다.

다시 말해, '성부', '성자', '성령'은 구원의 신비에 관한 우리의 다양한 경험을 이해하기 위해 인위적으로 만들어낸 개념도 아니고, 하나님이 우리의 역사 속으로 들어오기 위해 일시적으로 취하신 역할도 아니다. 오히려 그것들은 하나님이 실제로 존재하시는 방식과 정확히 일치한다. 세 위격으로 나타난 그 하나님이 곧 삼위일체 하나님이시다. 하나님이 자기 계시를 통해 자기를 나타내신 방식과 하나님이 실제로 존재하시는 방식이 서로 온전히 일치한다.

로버트 젠슨

미국의 현대 신학자 로버트 젠슨은 루터교의 관점에서 글을 쓰지만 개혁주의 전통에도 매우 능통하다. 그는 전통적인 삼위일체 교리를 창의적인 방식으로 새롭게 진술했다. 젠슨이 하나님의 자기 계시에 충실해야 할 필요성을 강조했던 바르트의 입장을 발전시켰다고 평가하는 것은 여러 가지 측면에서 볼 때 매우 적절한 듯하다. 『삼위일체의 정체: 복음이 증언하는 하나님』(1982)은 지금까지 무시되어 온 이 분야에 새로운 관심이 고조되기 시작했던 시기에 삼위일체 교리에 관한 논의의 기준점을 제시했다.

젠슨은 '성부, 성자, 성령'은 그리스도인들이 예수 그리스도를 통해 아는 하나님을 가리키는 고유명사라고 주장했다. 그는 하나님이 고유한 이름을 가지셔야 마땅하다고 강조했다. "삼위일체 논의는 우리를 주장하시는 하나님의 신분을 밝히려는 기독교의 노력이다. 삼위일체 교리는 '성부, 성자, 성령'이라는 고유명사와…그런 신분에 상응하는 설명을 정교하게 분석하고, 발전시키는 데 그 목적이 있다." 젠슨이 지적한 대로 고대의 이스라엘은 '신'이라는 용어가 상대적으로 거의 아무런 정보도 제공하지 않았던 다신교적 환경에 처해 있었다. 따라서 모든 민족이 제각기 자신이 숭배하는 신의 이름을 밝히는 것이 필요했다. 신약성경의 저자들도 그와 비슷한 상황에 직면했다. 그들은 자신들이 믿는 신의 정체를 밝히고, 자신들이 속한 지역, 특히 소아시아에서 숭배되고, 인정되는 다른 많은 신들과 자신들의 신을 구별해야 했다.

삼위일체 교리는 기독교가 숭배하는 하나님의 정체와 이름을 밝히려는 시도다. 이 교리는 성경의 증언과 일치하는 방식으로 하나님의 정체와 이름을 제시한다. 그것은 우리가 선택한 이름이 아니라 우리를 위해 선택된 이름이다. 그것을 사용할 권위가 외부로부터 부여되었다. 젠슨은 이런 식으로 신성에 관한 인간의 인위적인 개념화보다 하나님의 자기 계시가 더 우위에 있다고 옹호했다. "복음은 하나님의 정체를 이렇게 밝힌다. 즉 하나님은 이스라엘의 예수님을 죽은 자 가운데서 살리신 분이시다. 신학의 과제는 이 한 문장을 다양한 방식으로 풀어 설명하는 데 있다. 그 결과물 가운데 하나가 삼위일체에 관한 교회의 표현과 사상이다."

교부들의 사상을 연구하는 학자들은 초기 교회가 하나님에 관한 독특한 기독교적 개념들과 기독교가 전파되어 나갔던 헬라적 상황에서 파생한 개념들을 혼동하는 경향이 있었다고 지적한다. 젠슨은 삼위일체 교리가 그런 경향을 방지하는 데 필요한 방책이었다고 주장했다. 교회는 삼위일체 교리를 통해 신조의 독특성을 발견했고, 신성에 관한 다른 경쟁적인 개념들에 동화되는 오류를 피할 수 있었다.

그러나 교회는 자신이 처한 지성적 환경을 무시할 수 없었다. 교회의 과제는 한편으로는 신성에 관한 다른 경쟁적인 개념들로부터 기독교적 신 개념을 보호하는 것이었고, 또 다른 한편으로는 '복음이 증언하는 삼위일체 하나님의 정체를 형이상학적으로 분석한 내용을' 제공하는 것이었다. 바꾸어 말해, 교회는 하나님에 관해 기독교가 믿는 것을 정확하게 설명하고 그것이 다른 대안들과 어떻게 구별되는지를 밝히기 위해 당시의 철학적 범주들을 사용할 수밖에 없었다. 결국, 기독교를 헬라주의와 구별하려는 시도를 통해 헬라적 범주들이 삼위일체 논의에 도입하는 역설이 발생했다.

이처럼 삼위일체 교리는 하나님의 이름이 성경을 통해 밝혀졌다는 인식과 교회의 증언에 기초한다. 하나님은 히브리 전통 안에서 역사적 사건들을 통해 그 정체를 드러내셨다. 젠슨은 출애굽이라는 이스라엘의 해방 사건과 같이 역사 속에서 이루어진 하나님의 행위를 통해 그분의 정체를 드러낸 구약성경의 본문들이 무수히 많다는 것에 주목했다. 그와 똑같은 유형이 신약성경에서도 분명하게 확인된다. 하나님의 정체가 역사적 사건들, 특히 예수 그리스도의 부활을 통해 분명하게 드러난 것으로 인식되었다. 예수 그리스도와의 관계를 통해 하나님의 정체가 여실히 드러났다. 하나님은 누구인가? 어떤 하나님을 말하는 것인가? 그것은 다름 아닌 그리스도를 죽은 자 가운데서 살리신 하나님이다. 젠슨이 말한 대로, "'하나님'과 '예수 그리스도'를 서로를 규정짓는 용도로 사용하는 의미론적 형식이 출현하게 된 것"은 신약성경 안에서 근본적인 중요성을 지닌다.

이처럼 젠슨은 형이상학적인 사색으로부터 하나님에 관한 인격적인 개념을 다시 복구시켰다. '성부, 성자, 성령'은 하나님의 이름을 부르고, 그분에 관해 진술할 때 사용할 수 있는 고유명사다. "고유명사, 곧 신원을 묘사하거나 밝히는 언어적 수단은 종교의 필수 요소다. 간구와 찬양처럼 기도도 그렇게 제시되어야 한다." 이처럼 삼위일체는 신학적 정밀성을 기하기 위한 도구다. 우리는 하나님의 구체적인 신분을 논의할 때 그것을 사용해 좀 더 정확하게 말할 수 있다.

사례 연구 4.5 20세기의 교회론 논의

20세기에 접어들어 교회론에 관한 관심이 새롭게 고조되었다. 그 이유는 기독교의 일치를 추구하는 에큐메니컬 운동이 일어난 데다가 2차 바티칸 공의회(1962-5), 특히 『인류의 빛』(Lumen Geintium, 교황이나 공의회가 공표한 로마 가톨릭의 권위 있는 진술문의 첫머리는 대부분 라틴어로 명기된다)이라는 교회에 관한 교의 헌장을 통해 일어난 개혁과 갱신의 과정이 이 신학 분야에 엄청난 자극을 주었기 때문이다.

주제의 다양한 변용: "그리스도께서 계시는 곳에 또한 공교회가 있다."

1세기의 저술가 안디옥의 이그나티우스는 "그리스도께서 계시는 곳에 또한 공교회가 있다."라고 선언했다. 이 유명한 경구는 개신교나 가톨릭교회나 정교회를 막론하고 역사 대대로 교회론에 관한 신학적 사색에 큰 영향을 미쳤다. 이 경구에 관한 20세기의 접근 방식은 크게 세 가지로 나뉜다. 그것들을 하나씩 살펴보면 다음과 같다.

1) 그리스도께서는 성례를 통해 임하신다. 2차 바티칸 공의회가 교회론의 발전에 특별히 기여한 것 가운데 하나는 교회의 성례적 속성을 주장한 것이었다. 『인류의 빛』은 "교회는 그리스도 안에서 일종의 성례와 같다. 그것은 하나님과의 교제와 인류의 일치를 나타내는 도구이자 상징이다."라고 말했다. 공의회는 교회를 성례라고 선언하지 않았다. 가톨릭교회의 전통적인 일곱 성례는 그대로 유지되었다. 교회는 '성례와 같을'(veluti sacramentum) 뿐이다. 공의회가 그렇게 말한 이유는 하나님의 말씀으로 설립된 가시적인 실재라는 교회의 개념을 나타내기 위해서였던 것으로 보인다. 이 개념은 성례를 '보이는 말씀'으로 이해했던 아우구스티누스의 사상과 일맥상통한다.

교회가 성례라는 개념은 20세기에 이루어진 가톨릭교회의 교회론에 큰 영향을 미쳤다. 그런 개념은 심지어 2차 바티칸 공의회 이전에도 교회 내에서 상당한 영향력을 발휘하고 있었다. 이것은 교회사 초기, 특히 교부 시대에 나타났던 일련의 발전 가능성 있는 주제들을 새롭게 되살리려는 '복구 신학'의 성향을 띤다. 교회의 본질에 관한 교부 시대의 이해는 16세기 이후로 우위를 점해왔던 좀 더 제도적인 개념의 교회론과 날카롭게 대조된다.

이런 이해는 2차 바티칸 공의회 이전의 신학자인 앙리 드 뤼박의 저서에서 분명하게 확인된다. 교부 시대의 유산에 정통한 그는 자신의 주요 저서인『가톨릭교』에서 이렇게 말했다.

그리스도께서 하나님의 성례이시라면 교회는 우리를 위한 그리스도의 성례에 해당한다. 교회는 고래로부터 전해오는 그 용어의 온전한 의미를 고스란히 간직한 채로 그리스도를 나타낸다. 교회는 그리스도의 임재를 실현한다. 교회는 그분의 사역을 수행할 뿐 아니라 그분의 연속체로서 존재한다. 이것은 인간의 제도가 그 설립자의 연속체로서 존재하는 것보다 훨씬 더 강한 의미를 지닌다.

드 뤼박은 교회에 관한 제도적인 이해를 유지하면서도 교회에 관한 가톨릭 교회의 개념에 새로운 의미와 목적을 부여했다. 교회가 존재하는 이유는 세상 안에 그리스도의 임재를 실현하기 위해서다. 교회의 역할에 관한 성례전적 이해를 통해 이그나티우스의 경구에 새로운 의미가 부여된 것을 알 수 있다.

오토 세밀로스는 1953년에 『근원적 성례로서의 교회』라는 책을 펴내 큰 영향을 미쳤다. 그는 그 책에서 물질적인 것을 통해 영적인 것을 나타내는 하나님의 능력이 '근원적 성례'(Ursakrament)인 교회를 통해 드러났다고 주장했다. 도미니크회 신학자 에드워드 쉴레벡스(1914-2009)도 『그리스도: 하나님과의 만남의 성사』(1959)에서 비슷한 개념들을 제시했다. 이런 접근 방식은 기독론, 교회론, 성례론을 하나의 일관된 체계로 통합하는 결과를 낳았다. 한스 우르스 폰 발타살은 교회에 관한 자신의 이해에 강한 성육신적 접근 방식을 적용하면서 교회는 시공간에 존재하는 그리스도의 연속체(또는 연장체, elongetur Christi)라고 주장했다. 예수회 저술가 칼 라너 역시 교회에 관한 성례전적 이해를 좇으며 교회가 세상에서 역사적이고, 가시적이고, 구체화된 형태로 그리스도의 임재를 실현한다고 선언했다.

라너의 접근 방식은 상당한 관심을 불러일으켰다. 그는 "교회는 하나님의 구원 의지가 그리스도 안에서 흔들림 없는 확고한 종말론적인 승리를 거두게 된 현실을 드러내는 시대적 연장체로서 존재한다."라고 말했다. 이처럼 교회는 '인류에 대한 하나님의 구원을 구체적으로 나타내며', 세상 안에서 계속되는 하나님의 임재의 표상이다(이런 개념은 16세기 스페인 신비주의자 아빌라의 테레사의 저서에 이미 나타났다). 교회는 세상 안에 역사적 현실로 존재하기 때문에 조직적인 구성체를 요구한다. 이런 이유로 라너는 교회의 본질에 관한 가톨릭의 이해에 담겨 있는 제도적인 요소를 정당화함과 동시에 그런 구체적인 구성체가 반드시 결정적인 중요성을 지니는 것은 아니라고 주장했다. 더욱이 라너는 그런 구성체와 관련해 어느 정도의 유연성을 용인했다. 과거의 한정된 역사적 상황에는 적절할 수 있었던 것이 오늘날에는 더 이상 그렇지 않을 수 있다. 교회는 새로운 역사적 구조 속에서 자신의 성례전적 사명을 자유롭게 추구해야 한다.

쉴러벡스는 몇 가지 중요한 점에서 라너와 견해를 달리했다. 가장 주목할 만한 차이는 교회를 '근원적 성례'로 간주한 라너의 생각(이 개념은 위에서 이미 살펴본 대로 오토 세멜로스에게서 비롯한 것이다)을 거부한 것이었다. 쉴러벡스는 교회가 지닌 그 어떤 성례적 속성도 그리스도와의 관계를 통해 주어진 것으로 이해해야 하기 때문에 교회가 아닌 그리스도를 근원적 성례로 간주해야 옳다고 주장했다.

개신교 측의 비판자들은 이 접근 방식이 성경적 근거가 희박하고, 설교 신학과 관련해서도 적절하게 활용하기가 어렵다는 이유로 우려를 표명했다. 이런 지적은 상당한 중요성을 지니기 때문에 이번에는 이그나티우스의 경구에 관한 개신교의 이해를 살펴보는 것이 좋을 듯하다. 개신교의 입장은 하나님의 말씀을 전한 결과로 나타나는 그리스도의 임재에 초점을 맞춘다.

2) 그리스도께서는 말씀을 통해 임하신다. 교회의 본질에 관한 개신교의 이해는 설교와 성례를 통해 이루어지는 말씀 선포에서 비롯하는 그리스도의 임재에 초점을 맞춘다.

예를 들어, 칼빈은 교회의 본질에 관해 이렇게 말했다.

하나님의 말씀이 순수하게 선포되어 들려지고, 성례가 그리스도께서 제정하신 대로 집행되는 곳이면 어디에나 하나님의 교회가 존재한다고 확신할 수 있다. 왜냐하면 "두세 사람이 내 이름으로 모인 곳에는 나도 그들 중에 있느니라"(마 18:20)라는 약속은 결단코 헛되지 않을 것이기 때문이다.…하나님의 말씀을 소유하고, 존중할 뿐 아니라 성례를 집행하는 사역이 이루어진다면 그곳은 아무런 의심 없이 교회로 간주할 수 있다.

칼빈은 말씀 선포와 성례의 올바른 집행을 그리스도의 임재와 결부시켰다. 그리스도께서 계시는 곳이면 어디나 교회도 존재한다.

이런 케리그마적 주제(헬라어 '케리그마'는 '소식을 전하다'를 의미한다)는 20세기에도 계속해서 중요한 의미로 다루어졌다. 칼 바르트의 저서가 그 대표적인 경우다. 바르트는 교회를 말씀의 선포를 통해 이루어진 공동체로 간주했다. 교회는 하나님이 그리스도 안에서 인류를 위해 행하신 사역에 관한 좋은 소식을 선포하는 케리그마적 공동체로서 말씀이 충실하게 선포되고, 받아들여지는 곳이면 어디에나 존재한다.

바르트가 1948년에 '세계교회협의회'(WCC)에서 전한 강연에서 주장한 대로, 교회는 "살아 계시는 주 예수 그리스도께서 자신이 이미 이루신 승리를 전하는 증인이자 그 승리의 미래적 현시(顯示)를 알리는 선구자로 부르신 남자와 여자들로(fidelium) 이루어진 모임(congregatio)이다." 이 점에서 바르트의 교회론은 철저한 삼위일체적 특성을 띤다. 그는 성부와 성자와 성령을 모두 포함시켜 교회의 본질을 역동적으로 이해하려고 시도했다. 교회는 단지 그리스도의 연속체가 아니다. 교회는 그분과 하나로 연합되어 있고, 그분의 부르심과 명령에 따라 세상을 섬긴다. 그리스도께서는 성령을 통해 자신의 교회 안에 임하신다.

이 점에서 성령의 역할이 특히 중요하다. 바르트가 교회를 '카리스마적' 관점에서 이해했다는 말은 정확하지 않을 수도 있지만, 교회의 정체성에 관한 그의 기독론적인 접근 방식은 성령의 뚜렷하고, 특징적인 역할을 강조한다. 바르트는 이를 『교회 교의학』에서 아래와 같이 요약했다.

"나는 교회를 믿는다"(credo exxlesiam)라는 말은 여기, 이 자리, 이 모임 안에 성령의 역사가 일어나고 있다는 뜻이다. 이 말은 피조물을 신격화하는 것이 아니다. 교회는 믿음의 대상이 아니다. 우리는 교회를 믿지 않는다. 그러나 우리는 이 회중 안에서 성령의 역사가 일어나고 있다고 믿는다.

교회는 제도라기보다는 일종의 사건이다. 바르트는 성령을 교회와 동일시하지도 않았고, 성령의 사역을 교회라는 제도의 한계 내에 국한시키지도 않았다. 그는 성령께서 교회에 능력을 주고, 교회를 새롭게 하며, 그것을 그리스도께서 십자가에서 이루신 구원 사역과 결부시켜 부활하신 그리스도를 하나님의 백성에게 나타내는 수단으로 활용하신다고 주장했다. 성령께서는 그런 식으로 교회가 자신의 정체성과 사명을 순전히 세속적인 관점에서 이해하는 잘못을 저지르지 않도록 보호하신다.

루돌프 불트만도 교회의 본질에 관해 강한 케리그마적 접근 방식을 채택했다. 그는 '선포'라는 근본적인 역할을 강조한 바르트의 입장을 '사건으로서의 교회'라는 개념과 결부시켰다.

하나님의 말씀과 교회는 분리될 수 없다. 교회는 하나님의 말씀을 통해 선택받은 자들의 공동체로 형성되었다. 하나님의 말씀은 추상적인 진리에 관한 진술이 아닌 정당한 권위가 부여된 선언서이기 때문에 올바른 신임장을 부여받은 사자(使者)들이 필요하다(고후 5:18, 19). 하나님의 말씀이 사건을 통해서만 그분의 말씀이 되는 것처럼 교회도 사건이 되어야만 비로소 교회가 될 수 있다.

3) 그리스도께서는 성령을 통해 임하신다. 20세기 교회론의 세 번째 주요 주제는 교회를 구성하는 성령의 역할에 초점을 맞춘다. 이그나티우스의 경구가 그리스도의 임재를 실현하는 성령의 역할을 강조하는 방식으로 해석된다. 이미 바르트의 교회론과 관련해 이 점의 중요성을 살펴본 바 있지만, 해방 신학자 레오나르도 보프와 정교회 신학자 존 지지울라스와 같은 저술가들을 통해 좀 더 발전된 형태의 사상이 제시되었다. 이 두 저술가는 교회에 관한 '성령론적인'(pneumatological, '영'을 뜻하는 헬라어 '프뉴마'에서 유래한 용어) 이해를 다른 방식으로 해석했다. 보프는 성령을 강조하면서도 삼위일체에 관한 서구적인 이해를 따랐기 때문에 그리스도 중심적인 입장을 유지했고, 지지울라스는 신성 안에서 성령이 차지하는 역할에 관한 갑바도기아 교부들의 이해를 따른 까닭에 훨씬 더 강력한 정교회적 입장을 견지했다.

레오나르도 보프는 교회에 관한 이해와 관련된 성령의 구성적인 역할의 근거를 성령이 예수 그리스도의 영이시라는 사실에서 찾았다. 라너와 폰 발타살과 같은 저술가들은 교회가 세상에서 그리스도를 '재현하고' 물리적으로 구현한다는 견해를 옹호했지만, 보프는 교회가 그리스도의 영적 몸이기 때문에 특정한 기존의 제도에 국한되지 않는다는 견해를 지지했다. 그런 점에서 보프는 교회에 대한 제도적 이해, 특히 2차 바티칸 공의회 이전에 성행했던 교회론을 비판했다고 할 수 있다.

보프가 『교회의 기원: 기초 공동체들이 교회를 재창조한다』에서 제시한 교회에 관한 정의는 교회에 관한 케리그마적 이해와 매우 유사하다.

사람들이 예수 그리스도 안에서 구원으로 이끄는 부르심을 의식하고, 공동체로 함께 모이고, 하나인 믿음을 고백하고, 동일한 종말론적 해방을 축하하고, 예수 그리스도의 제자직을 수행하려고 노력할 때 교회가 형성된다. 이런 교회 의식(意識)을 탐구해야만 비로소 교회의 진정한 의미를 논의할 수 있다.

보프가 말하는 '교회 의식'은 성령의 사역에서 비롯된 결과다. 성령의 인격과 사역은 부활하신 그리스도와 떼려야 뗄 수 없는 관계를 맺는다. 보프는 성령께서 성부와 성자에게서 나오신다는 교리를 그 점을 뒷받침하는 증거로 이해했다.

그러나 지지울라스는 성령께서 매우 독특한 역할을 담당하신다고 생각했다. 그는 바울이 고린도전서 12장을 통해 성령께서 교회 안에서 담당하시는 구성적인 역할을 논한 사실을 지적했다. 그런 점에서 성령론은 "단지 교회의 행복을 위한 것이 아니라…교회의 본질 자체에 해당한다." 지지울라스의 독특한 접근 방식은 "교회는 예수 그리스도에 의해 설립되었고, 성령을 통해 구성된다."라는 말로 간단히 요약할 수 있다.

교회에 관한 2차 바티칸 공의회의 입장

2차 바티칸 공의회는 교회와 관련된 전통적인 성경적 표상을 복구함으로써 교회론에 관한 논의에 새로운 활력을 불어넣었다. 공의회 이전의 로마 가톨릭 저술가들은 교회를 '완전한 사회'의 관점에서 바라보려는 경향이 있었다. 교회에 그런 형태의 표상을 적용한 것은 16세기 후반에 시작되었다. 그 이유는 유럽의 민족 국가들의 힘이 갈수록 강해지는 상황에서 교회의 제도적인 권한을 강조할 필요성이 있었기 때문이다. 점점 커지는 국가 권력으로부터 독립을 유지하기 위한 교회의 전략 가운데 하나는 교회를 하나의 사회로 내세워 독자적인 정체성을 확립하는 것이었다. 가톨릭 종교개혁의 가장 중요한 저술가 가운데 하나인 로베르토 벨라르미노는 교회도 '프랑스나 베네치아 공화국'과 똑같은 가시적이고, 구체적인 사회적 현실체에 해당한다고 주장했다. 아돌프 탕케레(1854-1932)는 공의회 이전에 사용되던 수련 교본에서 교회를 a) 무류한 사회 b) 완전한 사회 c) 위계적 사회 d) 군주제 사회로 지칭하고, 그것을 설명하는 데 64쪽의 분량을 할애했다.

이런 식의 교회론은 가시적 측면의 관점에서, 특히 겉으로 드러난 정치 제도 및 믿음과 행위의 규칙들을 통해 교회를 정의하는 것으로 귀결될 수밖에 없었다. 그 결과, 16세기 말의 사회 제도를 본떠 만든 교회가 나타나게 되었다. 개신교든 가톨릭이든 항상 교회에 관한 교리에는 제도적인 측면이 포함되었다. 루터와 칼빈도 올바른 교회 정치 제도의 중요성을 강조했다. 그러나 그들은 제도적인 요소를 교회의 본질을 규정짓는 것으로 간주하지 않았다. 중요한 것은 제도가 아닌 복음이었다. 교부 시대와 중세 시대의 저술가들도 14세기 전까지는 대체로 그런 생각을 유지했었다. 그러나 그 후부터는 교황의 정치적 권력이 차츰 커지고, 교회의 제도(특히 교황권과 위계적 성직 제도)에 대한 공격을 막아내려는 의지가 강화되면서 교회의 본래적 의미에 제도를 포함시킴으로써 그것을 옹호하려는 경향이 나타나기 시작했다.

그런 경향은 19세기를 지나면서 절정에 달했다. 세속주의와 반가톨릭주의가 고조되기 시작했던 유럽의 정치 상황이 갈수록 위험하게 전개되자 1차 바티칸 공의회는 강력한 제도적 관점에서 교회를 정의하면서 교회가 참된 사회의 모든 특징을 갖추었다고 주장하기에 이르렀다. 그리스도께서는 그런 사회를 아무런 형태 없이 불분명한 상태로 놔두지 않으신다. 오히려 그분은 교회를 설립했고, 그 형태를 부여했으며, 그 자체의 규범을 허락하셨다. 교회에 관한 이런 강력한 위계적 개념은 '목자들과 양들'을 엄격하게 구분한 것을 통해 가장 분명하게 드러난다. 이 개념은 그리스도의 교회는 신자들이 모두 똑같은 권리를 지닌 평등한 공동체가 아니라 신자들이 성직자와 평신자로 나뉘는 불평등한 사회이며, 하나님으로부터 비롯한 권한, 곧 거룩하게 하고, 가르치고, 통치하는 권한이 일부 사람들에게만 주어진다는 신념에 근거한다. 이런 신념은 '가르치는 교회'(ecclesia docens, 성직자들을 가리키는 용어)와 '배우는 교회'(ecclesia discens, 성직자들에게 복종해야 할 책임이 있는 평신도를 가리키는 용어)를 구분함으로써 종종 표출되었다.

그러나 20세기 중반에 접어들면서 가톨릭 학자들과 신학자들은 차츰 그런 교회관에 우려를 표명하기 시작했다. 그 이유는 초기 교회가 일관된 획일적 구조를 갖춘 것이 아니라 제도와 질서에 관해 상당한 유연성을 드러냈다는 증거가 차츰 분명해지는 것을 의식했기 때문이다. 강력한 조직력을 갖춘 제도 교회가 출현한 것은 사도 시대 이후였다. 그것은 콘스탄티누스의 치세 아래 기독교가 국가 종교로 인정되면서 나타난 결과와 같은 정치적 상황의 변화에 대한 반응이었다. 루시앙 세르포를 비롯한 저술가들은 교회의 제도화를 추구하는 경향으로 인해 오랫동안 무시되어 온 성경적이고, 교부적인 통찰력을 복원하는 길을 마련했다. 이브 콩가르와 같은 저술가들은 평신도 신학을 복구하기 위해 노력했고, 제도화된 교회 안에서 주변으로 밀려난 평신도에게 깊은 관심을 기울였다. 그 결과, 2차 바티칸 공의회는 이 중요한 신학의 분야에 관한 로마 가톨릭교회의 입장을 새롭게 갱신해 에큐메니즘과 복음주의를 지향하려고 노력했다. 그런 노력의 결과가 『인류의 빛』에 잘 드러나 있다.

'성례로서의 교회'에 관한 공의회의 가르침을 비롯해 칼 라너와 같은 신학자들이 그런 입장을 개진했던 방식에 대해서는 이미 앞에서 살펴본 바 있기 때문에 여기에서는 교회의 본질에 관한 공의회의 가르침을 세 가지 측면으로 나눠 간단히 살펴보는 것만으로 충분할 듯하다.

1) **교제로서의 교회.** 1943년, 독일의 가톨릭 저술가 루드비히 폰 허틀링은 『교제: 교회와 초기 기독교의 교황권』이라는 연구서를 출판했다. 교회의 본질을 올바로 이해하는 데 '교제'(헬라어 '코이노니아'로 종종 일컬어진다)라는 주제가 차지하는 중요성을 논한 이 책은 공의회의 신학적 성찰에 깊은 영향을 미쳤다. 공의회의 독특한 주제들은 교회에 관한 최종적인 진술문 안에 잘 드러나 있다. '교제'로 번역된 본래의 용어(communion)는 요즘에는 다른 의미로 사용되는 경우가 많기 때문에 그와 똑같이 '교제'로 번

역되는 또 다른 용어(fellowship)를 사용하는 편이 좀 더 유용할 듯하다. 이 용어를 통해 표현되는 성경적인 기본 개념은 공동생활을 공유하는 것이다. 이 개념에는 삼위일체 하나님의 삶과 교회 안에서 이루어지는 신자들의 공동생활이 모두 포함된다. 이 용어는 수직적 의미와 수평적 의미를 동시에 지니고 있다. 전자는 신자와 하나님의 관계를 나타내고, 후자는 신자들 상호 간의 관계를 나타낸다.

이런 성경적 개념이 복구됨으로써 19세기에 우위를 점해왔던 교회에 관한 제도적 개념이 올바로 수정되었다. 그 결과, 지금은 교제의 규범적 실행이 '그리스도의 죽음과 부활을 통해 확립되고, 교회의 삶을 통해 실현되는 신자와 하나님과의 관계'라는 좀 더 근본적인 개념의 한 측면으로 간주되기에 이르렀다.

2) **하나님의 백성으로서의 교회.** 2차 바티칸 공의회가 제시한 다양한 교회의 속성 가운데서 가장 중요한 것은 '하나님의 백성'으로서의 교회다. 이는 신구약 성경에 깊이 뿌리를 내리고 있는 강력한 성경적 개념이다. 2차 바티칸 공의회는 '하나님의 백성'과 '로마 가톨릭교회'를 동일시하거나 교회가 하나님의 백성이었던 과거의 이스라엘을 대체했다는 식의 오해를 불러일으키지 않으려고 조심했다. 교회의 내적 삶에 관한 공의회 교령의 두 번째 장은 교회를 이스라엘의 맥을 잇는 '새로운 하나님의 백성'으로 묘사한다. 교회가 하나님의 백성으로 선택되었다고 해서 이스라엘이 거부되는 것은 아니다. 오히려 교회는 하나님 나라의 연장체이다. 이런 개념이 '비기독교적 종교에 관한 공의회의 선언'에 분명하게 드러나 있다. 이 선언문은 유대인들이 하나님의 구원 목적 안에서 계속해서 특별한 위치를 차지하고 있다고 인정한다.

그리스도의 교회는 자신의 믿음과 선택이 하나님의 구원 계획에 따라 족장들과 모세와 선지자들 안에서 시작되었다고 인정한다. 교회는 그리스도를 믿는 모든 신자, 곧 믿음의 사람으로서 아브라함의 자손이 된 자들이 모두 동일한 족장의 부르심 안에 포함되어 있고, 선택된 하나님의 백성이 출애굽을 통해 속박의 땅에서 해방된 사건을 통해 교회의 구원이 신비롭게 예시되었다고 고백한다. 따라서 교회는 하나님이 이루 형용할 수 없는 긍휼로 옛 언약을 맺으신 백성을 통해 구약성경의 계시를 받게 되었다는 사실이나 이방인이라는 돌감람나무가 접붙임을 받은 참감람나무로부터 영양분을 공급받고 있다는 사실을 결코 망각하지 않는다(롬 11:17-24 참조). 교회는 우리의 평화이신 그리스도께서 십자가로 유대인과 이방인을 화목하게 하고, 자기 안에서 그들을 하나로 만드셨다고 믿는다(엡 2:14-16 참조).

3) **은사적 공동체로서의 교회.** 2차 바티칸 공의회는 은사 운동에 관한 관심이 크게 고조되었던 시기에 소집되었다. 그런 발전은 가톨릭교회의 일각에서 강한 영향력을 발휘했다. 그 결과로 벨기에의 레오-요제프 수에넨스 추기경은 공의회 석상에서 교회의 본질에 관한 신학적 사색에 은사 운동에 관한 것을 포함시켜야 한다고 강력하게 호소했다. 『인류의 빛』은 교회의 삶 속에 성령의 은사가 차지하는 중요성을 분명하게 인정함으로써 그런 호소에 화답했다. 공의회는 특별한 사역을 수행하게 할 목적으로 신자들에게 주어지는 그런 재능과 능력을 '은사(charism, 헬라어로 '카리스마')'로 지칭했다. 이 용어의 사용은 오랜 역사를 지니고 있으며, 반드시 은사 운동과 관련된 방언이나 신유와 같은 '영적 은사'만을 가리키는 것은 아니다. 그럼에도 불구하고 바울이 사용한 헬라어 '카리스마'에는 그런 은사들이 분명하게 포함되어 있다. 이런 점에서 보면 2차 바티칸 공의회는 20세기의 기독교적 경험의 중요한 측면으로 부상된 은사 운동에 관해 상당히 개방적인 자세를 취했던 것으로 보인다.

사례 연구 4.6 자연 신학과 믿음의 합리성

"하늘이 하나님의 영광을 선포하고 궁창이 그의 손으로 하신 일을 나타내는도다"(시 19:1). 이 유명한 성경 구절은 성경에서 발견되는 일반적인 주제(세상을 창조하신 하나님의 지혜 가운데 일부가 피조 세계를 통해 드러난다는 것)를 언급하고 있다. 이 주제를 탐구하는 것이 가장 유익한 신학 분야 가운데 하나인 것으로 입증되었다. 이것은 계몽주의의 발흥으로 인해 그 중요성이 갈수록 더 크게 증폭되었다.

계몽주의는 기독교 신학에 새로운 도전을 제기했다. 가장 중요한 도전은 기독교의 근본 신념들을 합리적으로 옹호할 수 있는지를 묻는 물음을 제기한 것이었다. 그런 지성적인 분위기 속에서 전통이나 성경을 근거로 하나님의 존재를 공식적으로 옹호하려는 교회의 태도는 갈수록 많은 의심을 불러일으켰다. 새롭게 출현한 '성경 비평'은 성경 본문의 신뢰성에 대한 확신을 약화시켰고, '교리 비평'의 영향력이 차츰 증대되면서 성경에 관한 전통적인 해석이 의문시되었으며, 합리주의의 발흥으로 인해 신적 계시에 관한 불신이 초래되었다. 이런 상황에 대처할 수 있는 변증적 전략은 기독교 신앙을 순전히 이성에 근거해 논증하거나 자연 세계를 신앙의 근거로 삼는 것뿐이었다.

'자연 신학'이 변증적 도구로 발전한 것은 17세기 말과 18세기에 주로 영국에서 이루어졌다. 17세기에 나타난 이신론은 하나님의 개념에 대해 회의적인 경향을 보이는 지성적인 문화에 적합한 방식으로 그분의 존재를 옹호해야 할 필요성이 있다는 점을 영국 교회에 상기시켜주었다(이신론은 계몽주의의 전조로 간주될 수 있다). 교회는 성경을 근거로 영국의 학문적 사상을 다루기가 갈수록 어려워지는 것을 의식하고, 변증적 대화를 위한 대안적 공통 기반을 마련하려고 노력했고, 결국 그 실마리를 자연의 영역에서 발견했다. 그 결과, 자연 신학은 중요한 변증적 도구로 신속하게 자리 잡았다.

18세기 초에 이르자 '자연 신학'의 개념은 그 어떤 종교적 신념이나 전제에 의존하지 않고서 하나님의 존재를 입증하는 수단으로 영국의 종교적 문화 속에 굳게 확립되기에 이르렀다. 이는 곧 그 개념을 특히 계몽주의의 목표에 대응해 영국의 종교적 상황이 처한 현실에 맞게끔 조절했다는 의미였다. 성경과 자연이라는 '두 권의 하나님의 책'을 활용해 방어력 있는 자연 신학을 구축하려는 노력이 광범위하게 이루어졌다. 이런 접근 방식을 보여주는 가장 분명한 진술 가운데 하나가 토머스 브라운 경(1605-92)의 저서들, 그 가운데서도 특히 그의 『의사의 종교』(Religio Medici)에서 발견된다. 브라운은 고대인들의 지혜를 강조하며 자연 신학에 관한 자신의 견해를 아래와 같이 밝혔다.

> 이처럼 나의 하나님을 발견할 수 있는 책이 두 권 있다. 기록된 하나님의 책 외에 그분의 종인 자연이라는 또 한 권의 책이 있다. 그것은 모든 사람의 눈앞에 펼쳐진 보편적이고, 공적인 책이다. 전자를 통해 하나님을 보지 못하는 사람들은 후자를 통해 그분을 발견할 수 있다.

윌리엄 팔리의 『자연 신학』(1802)은 자연 신학을 다룬 영국의 저서들 가운데 가장 중요한 저서로 널리 인정된다. 그는 하나님을 '시계 제조자'에 빗대었다. 자연 세계는 정밀하게 설계된 흔적을 드러낸다. 이것은 신적 설계자가 존재한다는 증거다. 팔리는 시계의 복잡한 기계 구조를 보고서 누군가가 그런 복잡한 기계를 설계해 제작했을 것이라고 생각하지 않을 사람이 누가 있겠느냐고 물었다.

18세기 말과 19세기 초에 일어난 산업 혁명으로 인해 영국의 지배 계층 사이에서 시계, 망원경, 농업용 기계, 증기 기관과 같은 기계류에 관한 관심이 고조되었다. 팔리는 그런 상황을 활용해 자신의 논증을 펼쳤다. 그는 "그런 복잡한 기계들이 아무런 목적 없이 우연히 만들어질 수 있겠는가?"라고 물었다. 그는 시계의 비유를 이용해 자신의 논지를 전개했다. 그는 잡풀이 무성한 황무지를 지나면서 우연히 발견한 시계와 돌 사이에는 근본적인 차이가 존재한다고 강조했다.

황무지를 지나는데 우연히 발에 돌이 부딪혔다고 가정해 보자. 그 돌이 어떻게 그곳에 놓여 있었느냐고 묻는다면 나는 잘은 모르지만 아마도 항상 그곳에 놓여 있었을 것이라고 대답할 것이다. 그런 대답이 터무니없다고 주장하기는 그리 쉽지 않을 것이다. 그러나 이번에는 땅에서 시계를 발견했다고 가정해 보자. 이 경우 시계가 어떻게 그곳에 놓여 있었느냐는 물음에 처음에 했던 대로 잘은 모르지만 아마도 항상 그곳에 놓여 있었을 것이라고 대답하기는 매우 어려울 것이다.

시계와 돌은 무엇으로 구별되는가? 팔리가 제시한 대답의 요지는 '고안품(분명한 목적을 수행하기 위해 배열된 부품들의 체계, 즉 설계와 유용성을 보여주는 장치)'이라는 한 마디로 간단히 요약된다. 팔리는 '고안품'이라는 용어를 사용해 설계와 제작이라는 이중 개념을 제시하며 당시에 영국에서 일어난 산업화의 새로운 시대를 특징짓는 기계류에 관한 대중의 관심에 호소했다. 그는 시계의 겉모양, 원통 코일 스프링, 서로 맞물려 있는 여러 개의 톱니바퀴, 유리로 된 전면부 등, 시계의 부품들을 상세하게 설명하면서 그런 사실들이 시계가 설계되어 제조되었다는 명백한 증거라고 주장했다.

팔리는 이 비유의 설득력을 토대로 생물학적 세계를 논하면서 다양한 특징들이 구체적으로 기능하는 방식과 그 복잡성을 강조했다. 예를 들어 인간의 눈은 엄청나게 복잡하며 사람이 볼 수 있도록 설계되었다. 팔리는 생물학적 세계에서 발견되는 이런 의도적인 설계의 증거들이 그것들을 설계하고, 실행한 존재, 곧 창조주 하나님을 가리키고 있다고 결론지었다.

이런 개념은 빅토리아 시대 초기인 1833-6년에 발표된 여덟 권의 저서들을 통해 더욱 발전되었다. 이 저서들은 『브리지워터 논문집』으로 알려져 있다. 그 이유는 브리지워터의 여덟 번째 백작인 프랜시스 헨리 이거튼(1756-1829)이 유산을 남겨 이 일에 기여했기 때문이다. 그는 '왕립협회'에 8,000파운드의 유산을 남겨 협회 대표가 선정한 사람이나 사람들, 곧 '자연 신학에 관한 책을 저술해서 1,000권의 사본을 인쇄해 출판하도록 초청된' 사람들의 비용을 충당하는 데 사용하게 했다. 그 결과, 왕립협회는 여덟 명의 뛰어난 '과학자들'을 선정해 자연의 복잡성이 어떻게 신적 설계자의 존재를 입증하는지를 보여준 논문들을 저술하게 했다.

이런 접근 방식을 구체적으로 보여주는 사례를 원한다면 윌리엄 프라우트가 『화학, 기상학, 소화 기능에 관한 자연 신학적 고찰』(1834)이라는 책에서 펼친 논증을 살펴보는 것이 좋을 것이다. 프라우트는 동물들의 특정한 물리적 특성들이 신적 설계를 입증한다고 주장했다.

> 추운 지방에 사는 동물들에게는 모피가 주어졌다. 그런 지방에 사는 사람들은 그 모피로 자기의 몸을 감싼다.…동물은 스스로 옷을 입지 않았기 때문에 다른 누군가가 옷을 입혀주었을 것이 분명하다. 누가 동물들에게 옷을 입혀주었든지 그는 인간이 알고 있는 것을 알고 있었을 것이고, 인간처럼 이성적인 사고를 했을 것이 틀림없다.…인간이 추위를 막기 위해 모피로 옷을 만들어 입은 것은 분명한 목적을 지닌 행위에 해당한다. 간단히 말해 그것은 '설계'의 행위다. 이처럼 직접적으로든 간접적으로든 동물들에게 모피를 입혀 추위를 막게 한 장본인도 설계의 행위를 했던 것이 틀림없다.

생물학적 세계의 복잡성과 적응성에 근거해 자연 신학을 펼치는 이런 식의 접근 방식은 찰스 다윈의 『종의 기원』(1859)이 출판되면서부터 의문시되기 시작했다. 다윈의 논증은 설계가 장시간에 걸친 자연선택의 과정을 통해 이루어질 수 있다는 것이었다. 장기간에 걸친 자연적 과정을 통해 자연의 질서가 이루어졌다면 신적 '설계'를 말하는 것이 무슨 의미가 있겠는가? 자연 신학에 관한 팔리의 접근 방식은 1850년경에 접어들면서부터 불신을 받기 시작했다. 결국, 자연 신학은 대중적인 호소력을 어느 정도 유지했지만 영국의 지성인들 사이에서 차츰 신뢰를 잃어갔다.

팔리의 자연 신학을 비판한 가장 중요한 비판 가운데 하나가 존 헨리 뉴먼(1801-90)의 글을 통해 제기되었다. 뉴먼은 1830년대에 팔리의 '물리-신학'을 탐탁하지 않게 생각하며 두 가지 기본적인 논증을 펼쳐 그것을 논박했다. 첫 번째 논증은 자연 신학이 자연 세계와 하나님을 믿는 신앙의 일관된 관계를 확립하지 못했다는 것이고, 두 번째 논증은 기독교 신앙 특유의 특징들과 적절한 관계를 맺지 못했다는 것이었다. 자연에 근거한 논증은 귀납적일 수밖에 없기 때문에 신앙의 핵심 개념들을 확립할 수 없다. 다시 말해, 자연 신학은 이미 하나님을 믿고 있는 사람들을 유익하게 하고, 그들의 믿음을 강화하는 데 도움이 될지는 몰라도 증거를 토대로 엄격한 논증을 펼쳐 그런 믿음을 확립하지는 못한다. 뉴먼은 "내가 설계를 믿는 이유는 내가 하나님을 믿기 때문이다. 설계를 의식하더라도 하나님을 믿지 않을 수 있다."라는 말로 전통적인 목적론적 논증을 논박한 것으로 유명하다. 뉴먼은 팔리의 자연 신학이 하나님을 믿는 믿음만이 아니라 무신론을 부추길 가능성이 크다고 생각했다.

뉴먼은 또한 자연 신학이 말하는 '하나님'에 관해 우려를 표명했다. 만일 '하나님'이 망원경이나 현미경을 통해 드러난 것에 불과하다면 "하나님의 진리가 자연과 분리되어 존재하는 것이 아니라 신적 광휘를 발하는 자연이 진리가 될 것이다." 하나님을 그런 식으로 이해하면 결국 초월성이나 거룩함이나 엄위로움과 같은 것들은 모두 배제되고 합리적인 해석의 원리만을 따르게 될 뿐이다.

뉴먼은 자연 신학은 단지 권능, 지혜, 선이라는 세 가지 신적 속성에만 초점을 맞춘다고 주장했다. 자연 신학은 기독교가 이해하는 하나님의 참된 본질(신적 거룩함, 정의, 긍휼, 섭리)에 대해서는 아무런 말이 없다. 팔리의 자연 신학은 자연의 질서를 이해하는 기독교 신앙의 능력을 변증적으로 옹호하는 데는 유익하지만 그 자체로는 "기독교에 관해 아무것도 가르쳐주지 않는다."

그러나 자연 신학은 19세기의 논쟁 이후로도 계속 유지되었고, 오늘날에는 새로운 활기를 띠기 시작했다. 그 이유 가운데 하나는 자연 과학이 과학적 방법으로는 대답을 찾을 수 없는 우주의 기원과 목적에 관한 근본적인 문제를 제기하고 있기 때문이다. 리처드 스윈번과 같은 많은 종교 철학자들이 자연 안에 설명을 요구하는 질서가 존재한다는 인식을 토대로 하나님의 본질에 관한 논증을 펼쳤다.

인간의 생각이 자연의 질서를 식별하고, 탐구할 수 있다는 사실은 매우 중요하다. 인간의 본성 안에 세상에 관한 문제들을 묻도록 자극하는 무엇인가가 존재하고, 또 그런 문제들에 대한 대답을 찾을 수 있는 길이 세상 안에 존재하는 것처럼 보인다. 저명한 이론 물리학자이자 기독교 변증학자인 존 폴킹혼은 이 점에 대해 다음과 같이 말했다.

> 우리가 익히 알고 있는 대로, 우리는 우리가 대개 기정사실로 여기고 있는 세상을 이해할 능력이 있다. 그것이 과학이 가능한 이유다. 그러나 그렇지 않았을 수도 있었다. 우주는 질서 있는 코스모스가 아닌 무질서한 혼돈이거나 우리가 이해할 수 없는 합리성을 지닌 체계일 수도 있었다.…우리의 생각과 우주, 곧 우리의 내면에서 경험되는 합리성과 외부에서 관찰된 합리성이 서로 일치한다.

폴킹혼이 주장한 대로 인간의 생각 속에 존재하는 합리성과 세상에 존재하는 합리성, 곧 우리가 관찰하는 질서는 서로 긴밀하게 일치한다. 인간의 생각이 자유롭게 만들어낸 순수 수학의 추상적 구조가 세상을 이해하는 중요한 실마리를 제공한다. 폴킹혼은 이 모든 것이 기독교의 계시에 관한 온전한 지식으로 인도하는 일종의 자연 신학에 해당한다고 주장했다.

그러나 다른 사람들은 자연 신학에 관해 우려를 나타냈다. 그들은 특히 자연 신학을 기독교 신앙의 특성과 상관없이 자연의 질서에 관한 사색이나 순수 이성을 통해 하나님의 존재를 입증하는 방법으로 받아들이면 심각한 오류를 저지를 수 있다고 생각한다. 20세기에 제기된 자연 신학에 관한 가장 중요한 비판이 칼 바르트를 통해 주어졌다. 그가 1934년에 이 문제로 에밀 브룬너와 벌였던 논쟁은 세간의 이목을 끈 사건이 되었다. 그 내용을 잠시 소개하면 다음과 같다.

브룬너는 1934년에 『자연과 은혜』라는 책을 출판했다. 그는 그 책에서 "우리 세대의 신학적 과제는 합법적인 자연 신학으로 되돌아갈 수 있는 길을 찾는 것이다."라고 말했다. 브룬너는 인간이 하나님의 형상(imago Dei)으로 창조되었다는 개념에 초점을 맞춰 그런 접근 방식을 창조 교리에 적용했다. 인간의 본성은 하나님과 유사한 방식으로 구성되었다. 인간의 본성은 부패했지만 자연 속에서 하나님을 분별하는 능력은 그대로 남아 있다. 죄인인 인간은 자연과 역사적 사건들 안에서 하나님을 인지하는 능력이 있고, 스스로가 그분 앞에서 죄책을 짊어지고 있다는 것을 알고 있다. 이처럼 인간의 본성 안에 신적 계시를 인지하는 '접촉점'(Anknupfungspunkt)이 존재한다.

이처럼 브룬너는 인간의 본성 안에 신적 계시를 인지하는 '접촉점'이 마련되어 있다고 주장했다. 계시가 인간에게 주어진 이유는 인간의 본성이 계시가 무엇에 관한 것인지를 이미 알고 있기 때문이다. '죄를 회개하라'는 복음의 요구를 예로 들어보자. 브룬너는 인간이 이미 '죄'가 무엇인지를 알지 못하면 이 요구가 아무런 의미가 없을 것이라고 말했다. 회개하라는 복음의 요구는

'죄'와 '회개'가 무엇인지를 이미 알고 있는 청중에게 주어졌다. 계시는 죄가 무엇인지에 대해 좀 더 온전한 지식을 제공한다. 계시는 인간 안에 이미 존재하는 죄에 대한 의식을 토대로 주어지는 것이다.

바르트는 그런 주장에 분노를 표출했다. 그는 책을 써 브룬너에게 대답했다. 그것으로 오래 유지되었던 그들의 우정이 갑작스레 깨어졌다. 바르트의 책은 종교 서적의 역사상 제목이 가장 짧은 책 가운데 하나다. 그 책의 제목은 『아니다!』(Nein)였다. 바르트는 자연 신학을 긍정적으로 평가한 브룬너에게 '아니야!'라고 단호하게 말했다. 브룬너의 주장은 하나님이 자기를 나타내실 때 다른 도움이 필요하다는 것처럼 들렸고, 또 인간이 계시의 행위와 관련해 하나님과 협력하는 것처럼 보이게 했다. 바르트는 "성령께서는 자신이 확립하신 것 외에 다른 접촉점을 필요로 하지 않으신다."라고 강하게 쏘아붙였다. 바르트는 인간의 본성 안에 고유한 '접촉점'이 존재하지 않는다고 주장했다. 그런 '접촉점'은 그 자체로 신적 계시의 결과다. 그것은 인간의 본성에 존재하는 영구적인 속성이 아니라 하나님의 말씀을 통해 촉발된 것이다.

이런 논쟁의 이면에는 쉽게 간과되는 또 다른 문제가 있었다. 바르트와 브룬너의 논쟁은 1934년, 그러니까 아돌프 히틀러가 독일에서 권력을 잡았던 해에 일어났다. 자연에 대한 브룬너의 견해는 일찍이 루터가 말한 '자연의 질서'라는 개념에까지 거슬러 올라간다. 루터에 따르면, 하나님은 섭리를 통해 피조 세계가 혼돈에 빠지지 않게 하기 위해 일정한 '질서'를 확립하셨다. 그런 질서에는 가정, 교회, 국가가 포함된다(교회와 국가의 밀접한 협력 관계를 강조하는 독일의 루터교 사상은 이런 개념을 반영하고 있는 것으로 보인다). 19세기 독일의 개신교 자유주의는 이 개념을 받아들여 국가에 대한 긍정적인 평가를 비롯한 독일의 문화적 특성을 중요한 신학적 과제로 삼았다. 바르트는 브룬너가 부지중에 국가를 하나님이 원하시는 이상적인 실체로 만드는 신학적 근거를 제공하는 잘못을 저질렀다고 우려했다. 그는 아돌프 히틀러의 독일이 추앙하는 하나님을 과연 누가 따르려고 할 것인지 의아해했다.

그러나 일각에서는 그런 입장이 과연 상황을 정확하게 파악한 것인지에 대해 의문을 제기한다. 기독교 신앙 자체가 비록 부분적일지라도 자연의 질서를 통해 하나님을 어느 정도 알 수 있다는 기대를 불러일으킨다. 아무리 희미하더라도 피조 세계를 통해 하나님을 알 수 있는 것이 확실하지 않은가? 토머스 토랜스(1919-2009)와 나(1953년 출생)와 같은 저술가들은 피조 세계를 기독교의 신학적 틀로 사용할 때 '자연스레' 자연 신학이 성립될 수 있다고 제안했다. 아무튼, 지금도 논쟁은 계속되고 있다.

사례 연구 4.7 전통적인 기독교 신학에 대한 페미니즘의 비판

신구약 성경은 모두 남성적 언어로 하나님을 묘사한다. 헬라어 '데오스'는 남성 명사이고, 아버지, 왕, 목자와 같이 하나님을 빗댄 성경의 표현들도 모두 남성을 가리킨다. 그렇다면 이것은 하나님이 남성이시라는 의미일까? 이것은 페미니스트 저술가들이 기독교의 전통적인 언어와 표상에 관해 던지는 질문 가운데 하나다. 이번 사례 연구에서는 전통적인 기독교 신학에 대한 페미니즘의 비판을 몇 가지 살펴보면서 그것이 함축하는 의미와 앞으로의 논의가 어떤 방향으로 나아갈 것인지를 가늠해 볼 생각이다.

먼저 하나님의 '남성성'을 주장하는 문제부터 잠시 생각해 보자. 성경 저자들은 주로 고대 근동지역의 농경사회와 관련된 사회적 역할이나 사람들의 신분을 신적 활동이나 속성을 나타내는 적절한 비유적 수단으로 간주했던 듯하다. 아버지는 그런 비유적 수단 가운데 하나다. 그러나 '고대 이스라엘 사회에서 아버지가 하나님을 나타내는 적절한 표상으로 사용되었다고 해서' 그것이 곧 '하나님이 남성이라거나' '그분이 고대 이스라엘의 문화적 한계 안에 갇혀 계신다'는 의미는 아니다. 메리 헤이터는 『그리스도 안에서의 새로운 하와』(1987)라는 책에서 이런 문제들을 다루었다.

고대 히브리 사회에서 아이들을 기르고, 돌보는 일과 같은 '어머니의 특권'이 자녀인 이스라엘에 대한 여호와 하나님의 활동을 나타내는 비유로 사용되었다. 그와 마찬가지로 아들을 훈육하는 일과 같은 다양한 '아버지의 특권'도 신적 표상을 나타내는 수단으로 활용되었다. 문화와 시대가 달라질 때마다 어머니와 아버지의 고유한 역할에 관한 생각도 달라지기 마련이다.

하나님을 아버지로 일컫는 것은 고대 이스라엘 사회에서 아버지가 차지했던 역할이 하나님의 본성에 대한 통찰력을 제공했다는 의미일 뿐이다. 그것은 하나님이 남성이시라는 의미가 아니다. 하나님은 남성이나 여성의 성별을 지니지 않으신다. 성별은 창조된 질서에 속하는 특성이기 때문에 창조주 하나님 안에 그 어떤 양극적 속성이 존재하더라도 거기에 직접 적용될 수 없다. 구약성경은 하나님께 성적 기능이 있다고 가르치지 않는다. 그런 가르침은 이교 사상에서나 발견되는 것이다. 가나안의 풍요신 숭배는 남신과 여신의 성적 기능을 강조했다. 구약성경은 하나님의 성별이 중요하다는 개념을 지지하지 않는다. 메리 헤이터는 이렇게 말했다.

오늘날 하나님이 남성과 여성의 속성을 모두 지니고 계신다고 가르치는 페미니스트들이 갈수록 늘고 있다. 그런 사람들도 하나님을 오로지 남성으로만 생각하는 사람들과 마찬가지로 그분에게 그 어떤 성의 속성이라도 부여한다면 곧바로 이교주의로 기울 수밖에 없다는 것을 기억해야 한다.

헤이터가 옳다면 굳이 남신과 여신이라는 이교 사상을 거론하지 않더라도 하나님이 남성도 아니고 여성도 아니라는 개념을 복구할 수 있는 길을 어렵지 않게 찾을 수 있다. 간과하지만 않는다면 그런 개념들이 이미 기독교 신학 안에 내재해 있다는 사실을 쉽게 알 수 있다. 볼프하르트 판넨베르크는 자신의 『조직신학』에서 이 문제를 좀 더 심도 있게 다루었다.

> 특별한 부성애의 측면이 하나님이 이스라엘을 아버지처럼 보살피신다는 구약성경의 내용 안에 적용되었을 뿐이다. 아버지의 역할을 성적인 관점에서 정의하는 것은 아무런 실효성이 없다.…하나님을 이해하고자 할 때 성적 구별을 따진다면 다신교로 치우칠 수밖에 없다. 그런 것은 이스라엘의 하나님께는 합당하지 않았다.…모성애의 관점에서 이스라엘을 향한 하나님의 보살핌을 묘사할 수 있다는 사실은 아버지로서의 하나님을 이해하는 데에 성적 구별이 아무런 의미도 지니지 않는다는 것을 분명하게 보여준다.

최근에 많은 저술가들이 하나님이 남성이 아니시라는 사실을 밝히기 위해 그분에게 '어머니'(하나님의 여성적 측면을 드러내는 개념)나 '친구'(하나님을 좀 더 성 중립적인 관점에서 묘사하려는 개념)라는 개념을 적용하고 있다. 그 가운데 대표적인 사례를 샐리 맥페이그의 『하나님의 모형들』(1987)이라는 책에서 발견할 수 있다. 그녀는 하나님을 아버지로 말하는 것이 곧 그분이 남성이라는 의미는 아니라며 이렇게 덧붙였다.

> 어머니로서의 하나님이 곧 그분이 어머니라는 의미는 아니다. 하나님이 어머니이자 아버지이시라고 상상할 수는 있지만 이런 표현들은 물론 그 외의 그 어떤 비유적 표현도 하나님의 창조적인 사랑을 표현하기에는 매우 부적절하다는 사실을 기억해야 한다.…그럼에도 불구하고 우리는 우리에게 익숙하고, 친숙한 언어, 곧 우리에게 생명을 준 존재들, 곧 우리를 낳아주고, 보살펴주는 어머니와 아버지의 언어로 이 사랑을 나타낼 수 있다.

뉴욕의 포담대학교에서 조직신학 교수로 활동하는 가톨릭 신학자 엘리자베스 존슨도 자신의 역작 『존재하는 그녀: 하나님의 신비에 관한 페미니즘의 신학적 논의』(1992)에서 비슷한 사상을 개진했다.

남성적 표현을 빌려 하나님에 관해 말하는 것이 지배적이지만, 성경을 비롯해 초기의 신학이나 중세 신비주의의 전통은 설명을 덧붙이거나 거북해하는 기색 없이 여성적 표현을 빌려 하나님을 적절히 묘사했다. 그런 비유나 의인법적 표현은 신성한 존재의 여성적 측면이나 특성으로 간주되지 않았다(즉 남성적 차원이나 특성과 이원적인 긴장 관계에 놓여 있는 의미로 해석되지 않았다). 오히려 그것들은 세상을 창조하고, 구원하고, 종말론적인 평화로 이끄시는 하나님의 온전하심을 나타내는 역할을 했다.

페미니즘의 비판은 하나님의 '남성성'의 문제를 넘어서서 신학의 다른 영역에까지 확대되었다. 그런 경우를 세 가지만 소개하면 다음과 같다.

1) 삼위일체 교리는 전통적으로 '성부와 성자와 성령'이라는 용어를 사용한다. 남성을 가리키는 처음 두 용어는 페미니스트 저술가들에게 문제를 야기한다. 어떤 페미니스트 저술가들은 '창조주, 구원자, 유지자'라는 성 중립적인 용어를 사용해 이 난점을 해결할 수 있다고 주장한다. 비평가들은 그런 식의 주장은 삼위일체의 위격들을 순전히 기능적인 측면에서 정의함으로써 '양태론'(삼위일체의 세 위격이 신성의 서로 다른 '양태'에 불과하다는 이단 사상)으로 치우칠 수 있다고 지적했다. 폴 제위트는 『하나님, 창조, 계시』(1991)라는 책에서 삼위일체 교리가 남녀 포괄적인 언어를 사용하지 않은 문제를 탐구하면서 최소한 가설적인 차원에서는 하나님을 얼마든지 여성적 용어로 표현할 수 있다고 주장했다.

하나님을 딸인 우리에게 자신을 드러내는 어머니로 묘사하는 것은 비록 가설적인 표현 방식이기는 하지만 그렇다고 이단적인 표현 방식에는 해당하지 않는다. 구원 역사의 현실을 돌아보면 그것이 단지 가설적인 방식으로 말하는 것 외에 다른 어떤 의미도 지니고 있지 않다는 것을 알 수 있다. 익히 아는 대로 창조주 하나님은 우리에게 성적 양극성을 허락하셨고, 구원자 하나님은 여성이 아닌 남성의 모습으로 인성을 취하셨다. 그러나 이런 식의 가설적인 표현 방식이 필요한 이유는 하나님에 관한 전통적인 표현 방식에 관한 전통적인 이해가 여성을 정당한 인류의 일원이자 하나님의 가족의 구성원이 아닌 열등한 존재로 전락시킨다는 여성들의 불만이 정당성을 지니기 때문이다.

2) 나사렛 예수는 남성이었기 때문에 여성적인 경험이 없고, 여성들에게 그 어떤 적절성도 지니고 있지 않다는 주장이 제기될 수 있다. 기독교 시대 이후의 페미니스트 저술가 다프네 햄프슨은 이 점을 강력하게 주장했다.

페미니즘과 기독교의 양립 가능성에 관한 문제는 페미니즘과 모순되지 않은 표현 방식을 사용해 그리스도의 독특성을 묘사할 수 있느냐 하는 문제다.…기독론이 페미니스트들에게 당연히 문제가 될 수밖에 없는 이유는 예수님이 남성이었고, 또한 삼위일체의 두 번째 위격이자 그리스도요 하나의 상징으로서 마치 '하나님'이 어떤 식으로든 '남성'이 되어야 하는 것처럼 보이게 하기 때문이다.

3) 죄에 대한 전통적인 개념은 종종 권력과 지배의 관점에서 묘사된다. 일부 페미니스트들이 보기에 이것은 특별히 남성과 관련이 있는 사안이다. 여성들은 그 외에도 자긍심의 결여와 같은 다른 결함들을 통해서도

고통을 받고 있지만, 전통적인 기독교 신학은 이 점을 올바로 다루지 못했다. 페미니스트 발레리 세이빙(1921-92)은 1960년에 성별의 신학적 의미를 다룬 중요한 논의에서 라인홀드 니버의 저서에서 발견되는 것과 같은 죄의 개념에 관한 고전적 설명은 남성적이고, 가부장적인 세계에서 경험되는 죄의 개념을 반영한다고 주장했다. 세이빙은 지나친 자긍심(교만)에 초점을 맞춘 죄에 관한 전통적인 기독교적 해석의 특징은 전부는 아니지만 대다수 여성의 경험에 적절하지 않은 남성적 경험을 반영한 것이라고 강조했다. 여성들은 그보다는 '경박함, 산만함, 수다스러움'과 같은 잘못을 저지를 가능성이 훨씬 더 크다. 세이빙은 오늘날의 신학자들이 "사유하는 남성의 신학이 사유하는 여성에게도 똑같이 유익하다."라고 전제하는 잘못을 저지르고 있다고 역설했다.

여성이 여성으로서 겪는 유혹과 남성이 남성으로서 겪는 유혹은 서로 다르다. 특별히 여성적인 형태의 죄는 '교만'이나 '권력에의 의지'와 같은 용어로는 포괄할 수 없는 특성을 지닌다(그런 죄가 '여성적인' 이유는 그것이 여성에게만 국한된다거나 여성이 그와는 다른 식으로 죄를 지을 수 없기 때문이 아니라 기본적인 여성의 기질적 구조에서 비롯한 것이기 때문이다). 여성의 죄는 경박함, 산만함, 수다스러움, 조직적인 중심점이나 집중점의 결여, 다른 사람들에게 의존해 자신을 규정하려는 성향, 탁월함의 기준을 포기하는 무분별한 아량, 사생활의 한계를 존중하지 못하는 태도, 감상적인 태도, 험담을 일삼기 좋아하는 사교 활동, 이성에 대한 불신과 같은 것이다. 간단히 말하면 자아가 미성숙했거나 자기주관이 없는 것이다.

페미니즘의 주장은 최소한 서구의 전통적인 기독교 신학과 관련해서는 상당한 의미를 지닌다. 전통적인 사고 양식에 대한 이런 비평 가운데 일부가 어떤 장점이 있는지는 페미니즘 진영 안팎에서 논의되어야 할 문제이지만 한 가지 중요한 논쟁은 이미 진행 중이다.

이 점은 다음에 살펴볼 기독교 이외의 다른 종교들과 관련된 문제들도 마찬가지다.

사례 연구 4.8 다른 종교에 관한 기독교의 입장

기독교는 다양한 세계 종교 가운데 하나다. 그렇다면 기독교는 다른 세계 종교들과 어떤 관계를 맺고 있을까? 이 물음은 현대에 들어 제기된 것이 아니다. 이것은 기독교 역사 대대로 제기되어 온 문제다. 이 문제는 처음 30-60년경에는 기독교의 모체였던 유대교와의 관계와 관련이 있었다. 그 후 기독교는 차츰 확장되면서 고전적 이교주의와 같은 다른 종교적 신념과 관습을 마주해야 했고, 5세기에 인도에 전파되었을 때는 서구의 종교학자들이 '힌두교'로 잘못 일컬어 온 그곳의 다양한 토착문화와 부딪쳤다. 이밖에도 아랍 세계에 진입한 기독교는 오랫동안 지중해 동부 지역에서 이슬람교와 공존하는 법을 배워야 했다.

현대에 들어 기독교와 다른 종교들과의 관계에 관한 문제는 서구 사회에서 다문화주의가 발흥하면서 학문적인 서구 신학 안에서 새로운 중요성을 지니게 되었다. 곧 알게 될 테지만 현재로서는 세 가지 주된 접근 방식이 통용되고 있다. 그러나 먼저 '종교'라는 개념 자체를 살펴보는 것이 유익할 듯하다.

신을 믿거나 경배하는 것이 종교라는 견해는 너무 단순한 측면이 있다. 이신론이나 계몽주의의 특징이라고 할 수 있는 그런 견해가 부적절하다는 것은 금방 알 수 있다. 불교를 종교로 생각하는 사람들이 대다수이지만 엄밀히 말해 불교에는 신을 믿는 신념이 없다. '종교'를 어떤 식으로 정의하든 똑같은 문제가 반복된다. 신앙이나 실천 행위와 관련해 종교들이 공유하는 뚜렷한 공통분모는 존재하지 않는다.

이런 점에서 불교학자인 에드워드 콘즈는 "전에 로마 가톨릭 성인들의 생애를 소개한 전집을 읽은 적이 있는데 그들 가운데 불교 신자가 온전히 인정할 만한 사람은 아무도 없었다.…그들은 훌륭한 그리스도인이었는지는 몰라도 불교 신자로서는 형편없었다."라고 말했다.

다양한 세계 종교를 한 가지 주제의 다채로운 변형으로 간주하는 것은 잘못이라는 견해가 차츰 힘을 얻고 있다. "그 모든 복수성 안에서 발견되는 하나의 본질이나, 각성이나 계시의 한 가지 내용이나 해방이나 유일한 자유의 길은 존재하지 않는다."(데이비드 트레이시). 존 콥 주니어는 '종교의 한 가지 본질'이 존재한다고 주장하는 사람들은 엄청난 어려움에 직면하게 될 것이라고 지적했다.

> 종교의 참된 본질에 관한 논쟁은 무의미하다. 사실, 그런 식의 종교는 존재하지 않는다. 단지 많은 사람이 스스로 종교로 생각하는 것과 연관시킨 특징들을 갖춘 전통, 문화 운동, 공동체, 사람들, 신념들, 관습들만이 존재할 뿐이다.

콥은 종교의 본질이 하나라는 생각이 세계 종교들의 관계에 관한 최근의 논의를 혼란에 빠뜨리고, 심각하게 왜곡시키고 있다고 강조했다. 예를 들어, 그는 불교와 유교가 '종교적' 요소를 갖추고 있다고 해서 그것들이 반드시 '종교'의 범주 안에 포함된다는 것은 아니라고 지적했다. 사실, 종교적 요소를 갖춘 문화 운동으로 이해하는 것이 더 나은 '종교들'이 많다.

개개의 종교들을 부분집합으로 삼는 보편적인 종교의 개념이 존재한다는 생각은 계몽주의 시대에 생겨난 것으로 보인다. 계몽주의가 '종교'를 보편적인 범주로 간주한 것은 일면 당연하면서도 명백히 잘못된 것이었다. 식민지가 확장되면서 많은 유럽인이 자기들과 다른 세계관들을 접하고, 그것들을 '종교'로 일컬었다. 사실, 그 가운데는 유교처럼 삶의 철학으로 간주될 만한 것이 적지 않았다. 어떤 것들은 명백한 비유신론적 특성을 지녔다. 그러나 '종교'라는 보편적 신념을 믿었던 계몽주의는 그런 것들조차 동일한 범주 안에 몰아넣었다.

종교에 관한 정의는 그것을 제기한 사람들의 목적과 편견을 반영하는 경향이 있다. 학문적 동의를 강요할 수 있는 '종교'에 관한 정의는 지금도 여전히 존재하지 않는다. 종교는 철학자 도널드 브라운이 '내용의 보편성'이 아닌 '분류의 보편성'으로 일컫는 것에 해당한다. '분류의 보편성'은 공통된 유형을 공유할 뿐, 반드시 독특한 신념들을 공유하지는 않는다. 그것들의 경계는 희미하며, 쉽게 구별할 수 있는 핵심적인 신념들은 발견되지 않는다.

그렇다면 기독교적 관점에서 기독교와 다른 종교들과의 관계를 이해하려면 어떻게 해야 할까? 예수 그리스도를 통해 알려진 하나님의 보편적인 구원 의지를 믿는 기독교적 신념의 틀 안에서 세계 종교들을 어떤 식으로 이해해야 옳을까? 기독교 신학은 다른 종교들을 기독교의 관점에서 평가할 수밖에 없다. 그런 신학적 사색은 다른 종교를 믿는 사람들이나 일반적인 관찰자들의 인정을 얻기 위해 진술되거나 의도된 것이 아니다.

여기에서 최근에 이루어진 발전을 잠시 생각해봐야 할 필요가 있다. 20세기를 지나면서 기독교 신학 내에서 삼위일체 교리에 관한 관심이 고조되었고, 그로 인해 다른 종교에 관한 신학까지 포함하는 유익한 결과들이 나타났다. 다른 종교에 관한 삼위일체적 접근 방식이 특별히 중요한 이유는 '종교'에 관한 바르트주의적 비판을 채택하지 않고, 삼위일체 교리의 틀 안에서 다른 종교들과 그들의 사상에 관한 이해를 추구했기 때문이다.

일반적으로 라이문도 파니카의 『삼위일체와 인간의 종교적 경험』(1973)이 이 분야의 선구적인 저서로 간주된다. 파니카는 삼위일체적 틀이 종교적 경험과 표현을 포함한 인간의 영성이 지니는 복잡한 특성을 이해하는 수단을 제공한다고 주장했다.

이런 개념은 1991년에 니니안 스마트와 스티브 콘스탄틴을 통해 더욱 발전되었다. 스마트(능숙한 세계 종교 해설자)와 콘스탄틴은 자신들의 『세계적 상황에서 바라본 기독교 조직신학』에서 '사회적 삼위일체'의 개념이 모든 인간의 종교적 경험의 근거를 구성하는 궁극적인 신적 실체라고 주장했다. 다양한 형태를 띤 인간의 영성은 삼위일체 하나님이 지닌 '신적 생명의 세 가지 측면' 가운데 하나를 경험하는 데서 비롯한 것으로 이해해야 한다.

자크 뒤피(1923-2005)는 1996년에 『종교적 다원주의에 관한 기독교 신학』에서 다른 접근 방식을 채택했다. 인도의 상황과 관련해 중요한 경험을 한 적이 있는 예수회 신학자 뒤피는 삼위일체 교리가 '다른 종교들이 증언하는 절대자에 관한 경험을 해석하는 해석학적 열쇠의 역할'을 한다고 주장했다. 뒤피는 동료 예수회 신학자인 칼 라너가 이미 개진한 사상을 좀 더 발전시켰다. "사람들이 '신성한 현실'이 자기들에게 영향을 미쳐 자신의 삶 속에 들어오도록 허용할 때마다 '감추어진 익명의 형태로' 거룩한 삼위일체를 경험한다고 말할 수 있다. 모든 참된 종교적 경험 속에는 기독교의 계시에 등장하는 삼위일체 하나님이 존재하고, 역사하신다."

라너가 제시한 '익명의 그리스도인'이라는 개념에 관해서는 잠시 뒤에 살펴볼 예정이다.

가빈 드코스타는 『종교와 삼위일체의 만남』(2000)에서 다른 종교에 대한 삼위일체적 접근 방식의 유용성을 재차 확증했다. 드코스타는 기독교가 신적 계시의 독특한 통로라는 것을 조심스레 강조하면서 성령의 편재가 다른 종교들과 관련해 많은 의미를 함축하고 있다고 주장했다. 예를 들어, 그는 기독교 교회가 다른 종교들을 믿는 신자들과 관계를 맺음으로써 하나님의 생명에 좀 더 깊이 참여할 수 있고, 그리스도인들도 성령의 편재와 사역을 통해 그런 신자들 안에서 '그리스도의 형상'을 발견할 수 있다고 주장했다. 이와 비슷한 견해가 오순절주의 신학자 아모스 용의 『영(들)을 분별하라: 기독교 종교 신학에 관한 오순절 은사주의의 기여』(2000)에서도 확인된다.

지난 세기를 거치면서 다른 종교에 관한 기독교의 이해는 크게 세 가지로 나타났다.

1) 때로 '배타주의'로 불리는 '특수주의'는 기독교의 복음을 듣고, 반응하는 사람들만 구원받는다고 주장한다.
2) '포괄주의'는 기독교가 규범적인 하나님의 계시를 보여주지만 다른 종교를 믿는 사람들도 구원을 받을 수 있다고 주장한다.
3) '다원주의'는 인간이 믿는 모든 종교가 종교적 현실의 동일한 핵심에 도달할 수 있는 타당한 길이라고 주장한다.

이 세 가지 접근 방식을 하나씩 좀 더 자세히 살펴보면 다음과 같다.

특수주의

'배타주의'로 알려진 이 입장을 가장 영향력 있게 진술한 내용이 헨드릭 크래머의 저서들, 특히 그의 『비기독교 세상에서의 기독교적 메시지』(1938)에서 발견된다. 크래머는 "하나님은 예수 그리스도 안에서 길과 진리와 생명을 계시하셨고, 이것이 온 세상에 알려지기를 원하신다."라고 강조했다. 이 계시는 독특하다. 이것은 다른 종교들 가운데서 발견되는 계시의 개념과 나란히 제시할 수 있는 것이 아니라 그 자체의 고유한 범주에만 속해 있다.

물론, 이런 접근 방식 안에서도 여러 가지 견해의 차이가 존재한다. '온전하지 않은 혼란스러운 방식으로 이성과 자연과 역사를 통해' 하나님의 빛이 비추고 있다는 크래머의 말은 그리스도 밖에서도 어느 정도는 하나님에 관한 참된 지식을 알 수 있다고 말하는 것처럼 들린다. 문제는 그런 지식을 오직 그리스도만을 통해 알 수 있느냐, 아니면 그리스도께서 다른 곳에서도 그런 지식을 식별할 수 있고, 해석할 수 있는 틀을 제공하셨느냐 하는 것이다.

칼 바르트와 같은 특수주의자들은 그리스도를 통하지 않고서는 하나님을 알 수 없다는 입장을 채택했고, 크래머와 같은 사람들은 하나님이 다양한 장소에 여러 가지 방식으로 자기를 계시하시지만 그 계시는 그리스도 안에 나타난 결정적인 하나님의 계시의 빛을 통해서만 옳게 해석할 수 있고, 그 참된 본질을 정확하게 드러낼 수 있다는 입장을 채택했다.

그렇다면 기독교의 복음을 듣지 못한 사람들은 어떻게 될까? 그들에게는 어떤 일이 벌어질까? 특수주의자들은 그리스도에 관해 듣지 못했거나 그분에 관해 들었더라도 믿기를 거부한 사람들이 구원받지 못한다고 말하는 것인가? 이런 비평적인 질문들이 특수주의자들을 향해 종종 제기된다. 다원주의를 표방하는 존 힉은 오직그리스도를 통해서만 구원받을 수 있다는 교리는 하나님의 보편적인 구원 의지를 믿는 믿음과 모순을 일으킨다고 주장했다. 그러나 이 입장을 옹호하는 20세기 신학자들 가운데 가장 정교한 사상을 개진한 칼 바르트의 견해를 살펴보면 그런 주장이 사실과 다르다는 것을 금방 알 수 있다.

바르트는 오직 그리스도를 통해서만 구원받을 수 있다고 선언했다. 그러나 그는 역사의 마지막 때에 있을 불신앙에 대한 은혜의 궁극적인 종말론적 승리를 주장했다. 이는 하나님의 은혜가 온전히 승리를 거둬 모든 사람이 그리스도를 믿게 될 것이라는 의미였다. 그리스도께서 유일한 구원의 길이시지만 하나님의 은혜로 그 길이 모두에게 주어질 것이다. 이처럼 바르트에게 그리스도를 통해 주어진 계시의 특수성과 구원의 보편성은 서로 아무런 모순이 없었다.

좀 더 최근에 특수주의의 입장을 개진한 사람으로는 스티븐 닐(1900-84)과 레슬리 뉴비긴(1909-98)이 있다. 두 사람 모두 인도에서 오랜 세월 동안 선교 사역에 종사했던 기독교 주교였다. 닐은 기독교의 독특한 지위를 확증하는 것과 다른 종교를 존중하고, 거기에 관심을 기울이는 것이 아무런 충돌을 일으키지 않는다고 생각했다. 그러나 그는 기독교가 본질상 다른 신앙 체계를 의문시할 수 있다는 견해를 피력했다.

> 기독교 신앙은 스스로가 인간을 위한 유일한 형태의 신앙이라고 주장한다. 기독교 신앙은 자체의 진리 주장을 통해 다른 모든 신앙 체계가 거짓이거나 최소한 불완전한 진리라는 의문을 제기한다.…만일 보편적인 타당성에 관한 이런 주장을 복음에서 제거한다면 복음의 본질이 전혀 다르게 바뀌고 말 것이다.

닐은 불신자들에게는 이런 말이 '광적인 과대망상이자 최악의 종교 제국주의적 주장'처럼 들릴 것이라고 인정했다. 그러나 그는 기독교 신앙의 이런 측면을 진술하고, 적용하는 것이 매우 민감한 일일지라도 결코 부인하거나 타협할 수 없는 것이라고 확신했다.

레슬리 뉴비긴도 기독교 신앙의 독특성을 주장하면서 현실에 관한 기독교의 독특한 견해는 포교적 반응을 요구한다고 강조했다. 뉴비긴이 배타주의의 입장에 가장 크게 기여한 것은 기독교 신앙의 특수성을 옹호한 것이다. 그는 기독교를 단지 신을 바라보는 한 가지 관점이나 더 큰 현실을 바라보는 한 가지 방식으로 간주하려는 시도를 강력히 거부했다. 그는 전통적인 사고방식을 대체하려는 다원주의의 입장은 심각한 오류를 지니고 있다고 주장했다.

포괄주의

포괄주의는 기독교가 다른 종교들을 위한 신학적 여지를 열어주었다고 주장한다. 포괄주의는 다른 종교들이 진리를 부인하거나 변질시켰다고 주장하지 않고, 오히려 그것들을 기독교 신앙으로 향하는 중요한 이정표로 간주해야 한다고 강조한다. 이 개념은 19세기 후반에 힌두교를 접하게 된 영국 신학자들이 차츰 늘어나면서 당시에 영국의 통치를 받던 인도에서 발전하기 시작했다. 파커(1861-1929)와 특별히 관련된 '완성 가설'은 다른 종교들이 기독교 안에서 완성에 도달한다는 의미를 담고 있다.

기독교와 다른 종교들의 관계를 다룬 '완성 가설'의 기초 작업은 영국 신학자 모리스가 담당했다. 그의 『세계 종교들, 그리고 그것들과 기독교의 관계』(1846)가 출판되면서 선교적 목적에서 다른 종교들을 '폄훼하는' 행위를 지양하려는 노력이 시작되었다. 웨스트 코트도 비슷한 견해를 피력했다. 그는 세계 종교들 안에서 이루어지는 '말씀의 진보적인 사역'과 '세상의 교육을 위한 하나님의 계획'을 논했다.

이런 개념들은 인도의 상황 속에서 발전되기 시작했다. 선교학자이자 사상가인 슬레이터는 1876년에 마드라스에서 전한 강연에서 '완성 가설'의 지침이 되는 원리를 아래와 같이 제시했다.

> 기독교를 다른 세계 종교들 사이에 존재하는 하나의 적대적인 종교로나 비기독교 국가들을 향해 심판을 선언하는 목소리로 제시하지 말고, 모든 사람이 본질상 그리스도인이라는 강력한 호소력을 바탕으로 힌두교 신자들이 그 안에서 자신들의 현인들이 초창기에 가르쳤던 가장 고귀한 가르침과 그들의 마음에서 우러나오는 가장 진실한 갈망과 감정이 실현되고, 충족된다는 것을 발견하도록 이끌어야 한다.

이런 입장은 1890년대에 문화적 상황과 신학적 분위기의 변화와 조화를 이루면서 차츰 대중의 호응을 얻었다. 『마드라스 크리스천 칼리지 매거진』은 1908년에 게재한 사설에서 예수님이 산상설교에 가르치신 "폐하러 온 것이 아니라 완전하게 하려 함이라"(마 5:17)라는 말씀을 인용하면서 "이것은 유대교에만 적용되는 말씀이 아니다. 다른 종교들 안에서 발견되는 진리와 영감도 모두 예수 그리스도 안에서 완성되어야 한다."라고 선언했다.

1차 세계대전의 발발로 그런 신학적 사변은 종말을 고했다. 그 후 몇십 년 동안 그런 개념들이 산발적으로 탐구되었지만 체계적인 이론으로 발전하지는 못했다. 다른 종교들을 '완성'의 관점에서 보는 방식은 2차 세계대전 이후에 특별히 가톨릭 신학을 통해 되살아났다. 장 다니엘루(1905-74)는 구원과 인정을 원하는 인간의 갈망이 기독교 안에서 충족된다고 주장했다. 저명한 교부 학자인 다니엘루는 순교자 유스티누스와 같은 저술가에게서 발견되는 논증을 발전시켜 이방 종교를 '하나님의 교육 수단'으로 간주해야 한다고 역설했다.

다니엘루에 따르면 교회는 "이방 종교의 가르침을 멸시하지 않고, 그것을 해방시켜 성취하고, 완성하는 역할을 한다." 이런 개념은 중요한 교회론적 의미를 지닌다. 그것은 보이는 교회에 속하지 않았는데도 불구하고 장차 그리스도를 통해 구원받을 사람들이 존재한다는 것이다.

> 그리스도와 교회에 관한 교리는 그리스도의 명시적인 계시와 교회의 가시적 확장의 한계를 뛰어넘는다. 시대와 장소를 막론하고 그리스도를 알지 못하면서도 그분을 믿는 사람들, 곧 보이지 않은 형태로 보이는 교회에 속한 사람들이 항상 존재해 왔다.

20세기에 이런 입장을 옹호한 가장 중요한 인물은 저명한 예수회 신학자 칼 라너다. 그는 『신학적 탐구』 5권에서 네 가지 주제를 개진하면서 기독교를 믿지 않은 개인도 구원받을 수 있고, 더 나아가서는 다른 종교들도 그리스도 안에 나타난 하나님의 구원 은혜에 접근할 수 있다는 견해를 피력했다.

1) 기독교는 그리스도 안에 나타난 하나님의 자기 계시라는 독특한 사건에 근거를 둔 절대 종교다. 그러나 이 계시는 역사의 특별한 시점에서 일어났다. 따라서 그 시점 이전에 살았거나 그 사건에 관해 아직 듣지 못한 사람들은 구원받지 못한 것처럼 보일 수 있다. 그러나 이것은 하나님의 구원 의지에 어긋난다.

2) 이런 이유로 다른 종교들은 그 나름의 오류와 결함에도 불구하고 신도들이 복음을 알게 될 때까지 하나님의 구원 은혜를 전달할 능력과 타당성을 유지한다. 기독교 신학의 관점에서 말하면, 다른 종교들은 신도들에게 복음이 선포된 후부터는 더 이상 타당성을 유지하지 못한다.

3) 다른 종교를 충실하게 믿는 신도들은 '익명의 그리스도인'으로 간주될 수 있다.

4) 기독교가 다른 종교들을 대체하지는 않을 것이다. 종교적 다원주의는 계속해서 인류의 특징으로 남을 것이다.

이 주제들 가운데 처음 세 가지는 좀 더 자세히 살펴봐야 할 필요가 있다. 라너를 기독교 전통에 따라 이해하면 그가 오직 그리스도를 통해서만 구원받는다는 원리를 강하게 주장하고 있다는 것이 분명하게 드러난다. "기독교는 스스로를 모든 사람을 위해 의도된 절대 종교로 인식한다. 기독교는 다른 어떤 종교도 자신과 동등한 권리를 지니고 있다고 인정하지 않는다." 그러나 라너는 하나님의 보편적인 구원 의지를 강조함으로써 그런 주장을 보완했다. 비록 모든 사람이 그리스도를 알지는 못하더라도 하나님은 그들이 모두 구원받기를 원하신다. "어떤 식으로든 모든 사람이 교회의 일원이 될 수 있어야 한다."

이런 이유로 라너는 교회 밖, 즉 다른 종교들 안에서도 구원의 은혜가 가능해야 한다고 주장했다. 그는 지나치게 단정적인 태도로 하나님에게서 비롯한 참 종교이거나 아니면 순전히 인간이 만들어낸 거짓 종교이거나 둘 중 하나뿐이라고 주장하는 사람들을 강력하게 논박했다. 크래머는 다른 종교를 자기를 정당화하기 위한 인간의 고안품이라고 주장했지만 라너는 그런 종교들도 진리의 요소를 포함하고 있다고 강조했다.

라너는 신구약 성경의 관계를 토대로 자신의 입장을 뒷받침했다. 엄밀히 말해 구약성경은 비기독교적인 종교(유대교)의 견해를 제시하지만 그리스도인들은 그것을 읽을 수 있고, 그 안에서 지속적인 타당성을 지닌 요소들을 발견할 수 있다. 구약성경은 신약성경에 비추어 평가된다. 그 결과, 음식법과 같은 관습들은 수용할 수 없는 것으로 폐지되지만 도덕법과 같은 것들은 계속 유지된다. 라너는 다른 종교을 다룰 때도 이와 비슷한 접근 방식을 채택해야 한다고 주장했다.

이처럼 다른 종교들의 결함에도 불구하고 그 안에서 하나님의 구원 은혜를 발견할 수 있다. 라너는 다른 종교들의 신봉자들 가운데는 은혜의 참된 본질을 온전히 이해하지 못한 상태에서 그것을 받아들인 사람들이 많다고 주장했다. 이것이 그가 하나님의 은혜를 모르면서도 그것을 실제로 경험한 사람들을 가리키기 위해 '익명의 그리스도인'이라는 표현을 사용하게 된 이유다.

이 표현은 많은 비판을 받았다. 예를 들어, 존 힉은 '영예로운 지위를 조금도 바라지 않는 사람들에게 일방적으로 그것을 허락하는' 온정주의에 지나지 않는다고 질타했다. 그러나 라너의 의도는 비기독교적인 종교 전통에 속하는 사람들의 삶 속에서도 하나님의 은혜가 진정으로 역사하고 있다는 것을 보여 주는 데 있었다. 기독교 전통 안에서 이루어진 이해에 따라 하나님에 관한 진리에 온전히 접근하는 것만이 그분의 구원 은혜를 경험할 수 있는 필수 요건인 것은 아니다.

라너는 기독교와 다른 종교들을 동등하게 다루어야 한다거나 그것들을 공통적인 신 체험의 특수한 개별적 사례로 간주해야 한다고 생각하지 않았다.

그는 기독교와 그리스도가 다른 종교들에게는 허락되지 않은 독특한 지위를 지니고 있다고 생각했다. 문제는 "다른 종교들도 기독교가 제시한 것과 똑같은 구원 은혜에 접근할 수 있느냐?"라는 것이었다. 라너는 다른 종교들의 신념들이 반드시 진리인 것은 아닐지라도 그들이 독려하는 삶의 태도(예를 들면 사심 없는 이웃 사랑)를 통해 하나님의 은혜를 전달할 수 있다고 생각했다.

최근에 다원주의적 접근 방식이 지닌 결함에 대한 불만이 고조되면서 때로 '병행주의'로 일컫는 변형된 형태의 포괄주의적 접근 방식이 새롭게 나타났다. 조지프 디노이아와 마크 하임과 같은 저술가들은 모든 종교를 하나의 기본 유형에 똑같이 짜 맞춰 넣으려고 시도하는 다원주의의 입장에 불만을 토로하며 각 종교의 독특한 특징을 존중해야 한다고 주장했다. 디노이아는 『종교들의 다양성』(1992)에서 종교적 다양성을 진지하게 받아들일 것을 요구하면서 환원주의의 입장이 지닌 결함들에 대해 비판을 제기했고, 하임은 『구원들: 종교의 진리와 차이』(1995)에서 존 힉, 윌프레드 캔트웰 스미스, 폴 니터라는 세 명의 중요한 다원주의 사상가들을 비판했다. 그는 세 사람 모두 서구 자유주의 신학에서 비롯했고, 그것을 통해 형성된 전형을 확립해 모든 종교를 미리 생각해 둔 틀에 억지로 끼워 맞췄다고 주장했다.

하임은 종교를 있는 그대로 존중하는 것이 온당하다고 생각했다. 그는 모든 종교가 궁극적으로 기독교의 진리로 귀결된다는 입장(포괄주의)이나 모든 종교적 전통을 초월하는 궁극적인 현실에 도달한다는 입장(다원주의)을 배격하고, 개개의 종교가 지향하는 신념들과 목적을 진지하게 받아들여야 한다고 주장했다. 기독교의 신앙과 관습은 기독교적 목표, 곧 새 예루살렘을, 이슬람교는 그들의 신앙과 관습을 토대로 무슬림이 바라는 낙원을, 불교의 신앙과 관습은 불교의 목적을 각각 지향한다. 하임은 모든 종교의 목적을 똑같이 정하지 말고, 그들이 이루고자 하는 것에 대한 그들 나름의 비전을 존중해야 한다고 강조했다.

하임의 입장은 그 자체로는 종교적 특수주의에 해당한다. 그는 기독교적 관점에서 쓴 글들을 통해 하나의 거대한 종교적 중립 이론을 내세워 거기에 모든 종교를 집어넣으려고 하지 말고, 개개의 종교적 특수주의의 현실성과 가치를 인정해야 한다고 역설했다. 그는 다원주의는 겉으로는 많은 목적이 존재한다고 믿지만 실제로는 오직 한 가지 목적만이 존재한다고 주장한다는 점에서(존 힉의 경우는 '현실 중심', 폴 니터의 경우는 '사회적 압제로부터의 해방', 윌프레드 캔트웰 스미스의 경우는 '보편적인 믿음과 합리성') 사실상 '정체를 감춘 포괄주의'에 지나지 않는다고 지적했다.

병행주의적 사고 양식은 종교들이 참되고, 깊은 차원에서 제각기 다르고, 각자 자신의 신도들에게 서로 양립할 수 없는 경쟁적인 목적을 제시할 수 있다는 가능성을 인정한다.

이런 점에서 『구원들』이라는 복수형을 채택한 하임의 책 제목은 매우 의미심장하다. 하임은 모든 종교가 궁극적으로 동일한 구원을 지향한다는 다원주의의 주장을 논박하면서 구원에 관한 각 종교의 독특한 이해를 인정하고, 존중해야 한다고 주장했다. "그리스도인들은 다른 종교들이 그리스도인이 추구하는 것과는 사뭇 다른 인간 변화의 실제적 상태라는 종교적 목적을 지향한다는 점을 아무런 모순 없이 인정할 수 있다." 따라서 기독교 신학도 다양한 종교적 목적과 구원이 존재한다는 것을 인정해야 한다.

이런 접근 방식은 많은 비판을 불러일으켰다. 이것은 '절대의 다원성'으로 일컬을 수 있다. 즉 모든 종교가 제각기 온전히 옳다고 인정해야 한다는 것이다. 그러나 그것이 어떻게 가능할 수 있을까? 어떻게 모두가 다 옳을 수 있을까? 인식론적으로 말하면 하임의 견해는 사실상 종교적 주장들이 설혹 잘못되었더라도 정당화되어야 한다는 말밖에 되지 않는다.

이런 결론은 신념들을 정당화하는 기준은 단 하나뿐이라는 현대주의의 주장에 대한 포스트모더니즘의 반발을 반영한다. 종교들은 제각기 자신의 신념을 정당화하는 자체의 기준을 가지고 있고, 그들의 신념은 그런 기준에 따라 정당화된다.

이런 주장은 나름대로 문제점을 지니고 있지만, 다원주의의 저변에 놓여 있는 현대주의의 가설들에서 벗어날 수 있게 해준다. 이런 새로운 접근 방식이 앞으로 어떻게 평가될 것인지는 시간을 두고 지켜봐야 할 듯하다.

캐나다 신학자 클라크 핀콕(1937-2010)을 비롯한 포괄주의자들은 기독교와 다른 종교들과의 관계를 '특수주의(배타주의)'의 관점에서 이해하려는 시도에서 비롯한 난제들을 '포괄주의'의 접근 방식을 통해 해결할 수 있다고 믿는다. 그러나 어떤 사람들은 그런 생각에 동의하지 않는다. 그들은 '특수주의'와 관련된 난제들은 해결하기가 매우 어렵기 때문에 '다원주의'의 접근 방식을 통해서만 그런 문제들을 좀 더 효과적으로 해결할 수 있다고 믿는다. 이번에는 그런 입장을 잠시 생각해 보기로 하자.

다원주의

종교에 관한 다원주의적 접근 방식을 주창한 가장 중요한 학자는 존 힉 (1922-2012)이다. 힉은 『하나님과 신앙들의 세계』(1973)에서 그리스도 중심적인 접근 방식에서 하나님 중심적인 접근 방식으로 전환해야 할 필요가 있다고 주장했다. 그는 이런 변화를 '코페르니쿠스적 전환'으로 일컬으며 "기독교가 중심이라는 교조적 입장을 버리고, 하나님이 중심이며, 기독교를 비롯한 모든 종교가 그분을 섬기며, 그분을 중심으로 돌아간다는 것을 깨달아야 한다."라고 선언했다.

힉은 이런 접근 방식을 개진하면서 다른 종교들의 문제에 가장 큰 영향을 미치는 하나님의 본성적 특성이 있다면 바로 그분의 보편적인 구원 의지라고 말했다. 하나님이 모든 사람이 구원받는 것을 원하신다면 단지 인류의 작은 일부분만 구원받을 수 있는 방식으로 자신을 계시하실 리가 만무할 것이다.

앞서 살펴본 대로, 이것은 특수주의나 포괄주의의 특징에 해당하지 않는다. 힉은 모든 종교가 동일한 하나님을 추구한다는 것을 인정해야 할 필요가 있다고 결론지었다. 그리스도인들만 하나님께 다가갈 수 있는 특권을 누리는 것은 아니다. 다른 모든 종교를 통해서도 보편적으로 하나님께 다가갈 수 있다.

이런 견해는 그 나름의 문제점을 안고 있다. 예를 들어, 세계의 종교들이 신앙과 관습이 제각기 크게 다른 것은 분명한 사실이다. 힉은 그런 차이를 '이것 아니면 저것'이 아닌 '둘 다 모두'의 관점으로 해석해야 한다고 제안함으로써 이 문제를 다루었다. 종교들의 차이는 상호 모순적이 아닌 상호 보완적인 차원에서 하나의 신적 현실에 관한 통찰력을 제시하는 것으로 이해해야 한다. 이 현실이 모든 종교의 핵심에 놓여 있다. 그러나 "그런 현실에 대한 경험은 제각기 다르며, 오랜 세월 동안 다양한 문화들의 상이한 사고 형태와 상호 작용을 거치면서 특수화가 증대되고, 서로 대조되는 정교한 형태를 갖추기에 이르렀다."(이 개념은 '보편적이고, 합리적인 자연 종교'가 세월을 거치면서 오염되었다고 주장했던 이신론 주창자들의 견해와 매우 흡사하다.) 한편, 힉은 '아드바이타 힌두교'(불이일원론파)와 '소승 불교'처럼 신의 존재를 고려하지 않는 비유신론적 종교들을 다루는 데는 어려움을 겪었다.

세계 종교들의 특징을 관찰한 결과를 고려하면 그들이 모두 동일한 신을 말한다고 인정하기는 어렵다. 그러나 가장 근본적인 신학적 문제는 "힉이 기독교의 하나님을 말하고 있는 것인가?"라는 것이다. 힉의 논리가 잘 전개되려면 하나님이 예수 그리스도 안에서 자신을 결정적으로 계시하셨다는 기독교의 핵심 원리를 한쪽으로 밀쳐놓아야 한다. 힉은 자신이 단지 그리스도 중심적인 접근 방식이 아닌 하나님 중심적인 접근 방식을 채택했을 뿐이라고 주장했다. 그러나 그리스도를 통해서만 하나님을 올바로 알 수 있다는 기독교의 주장에는 하나님에 관한 참된 기독교적 지식이 그리스도에게서만 비롯한다는 의미가 담겨 있다.

다수의 비평가들에 따르면, 그리스도를 중심점에서 배제한 힉의 입장은 결국 기독교적 관점에서 말하는 것을 포기한 것이나 다름없다. 예를 들어, 가톨릭 신학자 가빈 드코스타는 종교에 관한 힉의 '다원주의적 접근 방식'을 가장 엄격하고, 통찰력 있게 비판한 비평가들 가운데 하나다. 그는 종교에 대한 전통적인 세 가지 유형의 접근 방식(배타주의, 포괄주의, 다원주의)이 과연 옹호할 만한 것인지를 묻는 근본적인 의문을 제기했다. 드코스타는 힉의 접근 방식을 비판한 중요한 내용에서 다원주의는 단지 또 다른 형태의 배타주의에 지나지 않는다고 주장했다. 철학적 다원주의가 "사실상 진리에 관한 배타적인 특정한 판단 기준을 배타적인 특정한 진리 주장에 적용하는 것처럼, 종교적 다원주의도 항상 '논리적으로 배타주의의 형태'를 띨 수밖에 없다.

기독교와 다른 종교들의 관계에 관한 기독교적 이해를 둘러싼 논쟁은 한편으로는 서구 사회에서 다문화주의가 발흥하고, 또 한편으로는 선교 사역을 강조하는 경향이 강해지면서 한동안 계속해서 진행될 가능성이 크다. 지금까지 살펴본 세 가지 접근 방식이 앞으로도 이 주제를 다룬 기독교 서적들을 통해 계속 다루어질 것으로 전망된다.

앞으로 나아가야 할 방향

지금까지 기독교 사상의 역사를 개괄적으로 살펴보았다. 아마도 이제는 앞으로 어떤 방향으로 나아가야 할지가 궁금할 것이다. 이에 아래의 간단한 결론을 통해 이 매혹적인 학문에 관한 관심을 더욱 발전시켜 나갈 수 있도록 몇 가지 제안을 제시하고 싶다.

1) 어떤 사람들은 특정한 신학자에게 마음이 끌렸을 수 있다. 이 책을 읽는 동안, 특별히 관심을 사로잡은 한 사람의 저술가가 있었는지도 모른다. 만일 그렇다면, 그 저술가에 관한 특별한 관심을 더욱 발전시켜 나가기 위해 노력해야 할 가치가 충분하다고 할 수 있다. 주의 깊게 연구하면 반드시 유익한 결과를 가져다주는 것으로 알려진 저술가들 가운데는 다음과 같은 사람들, 곧 리용의 이레나에우스, 아타나시우스, 히포의 아우구스티누스, 캔터베리의 안셀무스, 토마스 아퀴나스, 마르틴 루터, 존 칼빈, 조나단 에드워즈, 칼 바르트, 칼 라너, 한스 우르스 폰 발타살 등이 포함된다. 특정한 저술가를 연구할 때는 그 사람의 개인적인 생애와 관련된 자세한 내용과 그들의 저서의 배경을 형성했던 문화적 상황과 그들의 독특한 사상을 모두 탐구해야 한다.

2) 위의 경우와 비슷하게 어떤 사람들은 기독교 사상의 역사 가운데서 어느 특정한 한 시대에 마음이 끌렸을 수도 있다. 교부 시대에 특별히 흥미를 느낀 사람들이 많다(어떤 사람들은 헬라어를 사용한 동방의 교부들을 선택하고, 어떤 사람들은 라틴어를 사용한 서방 교부들을 선택한다). 그와는 달리 19세기 영국의 종교 사상과 같이 좀 더 확실하게 구분된 시기를 흥미롭게 생각하는 사람들도 있다. 주의 깊게 연구하면 반드시 유익한 결과를 가져다주는 것으로 알려진 시기들 가운데는 (방금 언급한 시기 외에도) 다음과 같은 시기들, 곧 중세 초기 신학(1000-3000), 종교개혁, 16세기 스페인 종교 사상, 18세기 미국 신학, 14세기 영국의 신비주의 저술가들이 포함된다. 그런 연구에 힘을 기울이면 역사의 특정한 시기는 물론, 그 시기의 신학에 공헌한 많은 저술가들을 이해할 수 있다.

3) 마찬가지로 어떤 사람들은 예수 그리스도의 인격에 관한 교리나 삼위일체 교리와 같은 기독교 사상의 특별한 분야에 마음이 끌렸을 수도 있다. 기독교의 역사를 통해 하나의 교리가 발전해온 과정을 탐구하는 일은 매우 흥미로울 뿐 아니라 신학에 영향을 미친 철학적, 문화적 요인들과 신학의 이정표를 세운 신학자들을 살펴볼 수 있는 기회를 제공한다. 내

경우에는 칭의 교리를 상세하게 탐구함으로써 역사신학을 처음 연구하기 시작했다. 그런 시도는 역사신학 전체를 조망할 수 있는 '창'을 제공했을 뿐 아니라 신학과 법적 이론이 상호 작용을 일으킨 방식에 관한 특별한 통찰력을 일깨워주었다. (방금 언급한 두 가지 외에도) 특별히 흥미로운 것으로 알려진 교리들에는 그리스도의 사역, 은혜의 교리, 신앙과 이성의 관계, 교회론 등이 포함된다.

4) 어떤 사람들은 하나의 교파(성공회, 루터교, 그리스 정교회, 로마 가톨릭교회 등)나 교파들 내에 존재하는 신학적 경향(현대주의, 자유주의, 복음주의 등)과 같은 특정한 신학적 전통이나 교회적 전통을 탐구하고 싶은 생각이 들었을 수도 있다. 위에서 언급한 모든 것은 주의 깊게 연구하면 유익한 결과를 가져다줄 뿐 아니라 더욱 발전된 사색과 연구를 위한 기회의 문을 열어 줄 것이 틀림없다.

지금까지 간단하게나마 앞으로의 연구 방향을 제시했다. 몇 가지 기본적인 자료들은 '추가 참고도서 목록'에서 찾을 수 있을 것이고, 부족한 자료는 훨씬 더 광범위한 온라인 참고도서 목록을 통해 보완할 수 있을 것이다.

주요 신학자 소개

피에르 아벨라르(1079-1142). 파리대학에서 교수로서 상당한 명성을 얻었던 프랑스 신학자이다. 중세 신학의 발전을 이끈 그의 공헌 가운데 가장 주목할 만한 것은 속죄의 주관적 측면을 강조한 것이다.

캔터베리의 안셀무스(1033-1109). 이탈리아에서 태어나 1059년에 노르망디로 이주했고, 유명한 벡 수도원에 들어가서 1063년에 그곳의 부원장이 되었고, 1078년에는 원장의 직위에 올랐다. 그는 1093년에 캔터베리 대주교에 임명되었다. 기독교의 지성적 근거를 강력하게 옹호했고, 특히 '존재론적 논증'을 펼쳐 하나님의 존재를 증명한 것으로 유명하다.

라오디게아의 아폴리나리우스(310-390). 아리우스 이단에 맞서 정통주의를 적극적으로 옹호했다. 360년경에 라오디게아의 주교로 임명되었다. 기독론에 관한 견해로 유명하지만, 아리우스주의에 대한 지나친 반응을 보였기 때문에 콘스탄티노플 공의회(381)에서 비판을 받았다.

토마스 아퀴나스(1225-74). 중세 시대의 가장 유명하고, 영향력 있는 신학자. 이탈리아에서 태어난 그는 파리대학을 비롯해 북부의 대학들에서 강의와 저술 활동으로 명성을 얻었다. 특히 『신학 대전』을 저술한 것으로 유명한데 그는 이 책을 생애 말년에까지 계속 저술하다가 결국 완성하지 못한 채 세상을 떠났다. 그는 다른 중요한 저서들도 많이 저술했다. 그 가운데는 기독교 신앙의 합리성을 논의한 『대이교도대전』이 있다.

아리우스(250-336). 그리스도의 온전한 신성을 부인했던 기독론을 주창한 아리우스주의의 창시자. 그의 생애에 대해서는 알려진 것이 거의 없고, 그의 저서들도 남아 있는 것이 거의 없다. 니코메디아의 유세비우스에게 보낸 편지를 제외하면, 그의 견해는 주로 그의 비판자들의 저서들을 통해서만 알 수 있다.

아타나시우스(296-373). 아리우스 논쟁이 불거졌을 당시에 정통 기독론을 옹호했던 가장 중요한 인물 가운데 한 사람. 328년에 알렉산드리아의 주교로 선출되었지만 아리우스주의를 반대했다는 이유로 면직되었다. 그는 서방 교회 내에서는 광범위한 지지를 받았지만, 그의 견해는 그의 사후에 열린 콘스탄티노플 공의회(381)에서 최종적으로 인정을 받았다.

히포의 아우구스티누스(354-430). 교부 시대의 라틴 저술가 가운데 가장 영향력 있는 인물로 널리 인정된다. 386년 여름에 북이탈리아의 밀라노에서 기독교로 개종했다. 그는 북아프리카로 돌아가서 395년에 히포의 주교가 되었다. 두 개의 중요한 논쟁에 참여했는데 하나는 교회와 성례의 문제와 관련된 도나투스 논쟁이고, 다른 하나는 은혜와 죄의 문제와 관련된 펠라기우스 논쟁이다.

그는 또한 삼위일체 교리와 기독교적인 역사의식의 발전에도 상당한 공헌을 했다.

칼 바르트(1866-1968). 20세기의 가장 중요한 개신교 신학자로 널리 인정된다. 본래는 개신교 자유주의를 지지하는 성향을 보였지만 나중에는 1차 세계대전에 대한 깊은 성찰을 통해 좀 더 하나님 중심적인 입장으로 전환했다. 그는 초창기에 『로마서 강해』(1919)에서 하나님의 '타자성'을 강조했고, 그런 입장은 그의 기념비적인 저서인 『교회 교의학』에서 다소 수정된 형태로 계속 유지되었다. 바르트는 현대 기독교 신학에 지대한 공헌을 했다.

가이샤라의 바실리우스(330-379). '위대한 성인 바실리우스'로 알려져 있다. 갑바도기아(현대의 터키) 지역에서 활동했던 4세기 저술가. 삼위일체와 성령의 독특한 역할을 다룬 저서들을 펴낸 것으로 유명하다. 370년에 가이사랴의 주교로 선출되었다.

루돌프 불트만(1884-1976). 독일의 루터교 신학자. 1921년에 마르부르크대학교의 신학과 학과장으로 임명되었다. 신약성경의 '비신화화'를 시도한 것과 실존주의 사상을 이용해 복음의 현대적 의미를 해설한 것으로 유명하다.

존 칼빈(1509-64). 스위스 제네바를 기반으로한 주도적인 개혁주의 신학자. 특히 그의 최고의 작품인 『기독교강요』로도 유명하다.

알렉산드리아의 클레멘트(150-215). 기독교 사상과 헬라 철학의 관계를 탐구하는 데 특별한 관심을 기울였던 알렉산드리아의 유력한 저술가.

트리엔트 공의회. 개신교의 비판에 맞서 교회를 개혁하고, 가톨릭 교리를 명확하게 밝혀 옹호할 목적으로 개최되었던 가톨릭 주교들과 신학자들의 모임. 칭의 교리에 초점을 맞춘 6차 회기는 1547년에 끝났고, 성체 임재설을 다룬 13

차 회기는 1551년에 끝났다.

카르타고의 키프리아누스(258년 사망). 재능이 뛰어났던 로마의 수사학자로 246년에 기독교로 개종했고, 248년에 북아프리카 카르타고의 주교로 선출되었다. 258년에 순교했다. 그의 저서들은 특히 교회의 일치 및 정통주의와 질서 유지를 위한 주교의 역할을 다루는 데 집중했다.

알렉산드리아의 키릴루스(444년 사망). 412년에 알렉산드리아의 대주교로 임명된 중요한 저술가. 네스토리우스의 기독론적 견해를 둘러싼 논쟁에 참여했고, 그리스도의 두 본성에 관한 정통주의 입장을 옹호하는 중요한 진술을 남겼다.

나지안주의의 그레고리우스(329-389). 380년에 다섯 편의 『신학 강연』을 저술하고, 『필로칼리아』(Philokalia)라는 제목으로 오리게누스의 글에서 발췌한 글들을 펴낸 것으로 유명하다.

닛사의 그레고리우스(330-395). 갑바도기아 교부 가운데 하나로 4세기에 삼위일체 교리와 성육신을 적극적으로 옹호한 것으로 유명하다.

성 빅토르의 휴(1142년 사망). 플랑드르 출신의 신학자. 1115년에 파리에 있는 성 빅토르 아우구스티누스파 수도원에 들어갔다. 그의 가장 중요한 저서는 당시에 발전하기 시작한 새로운 신학적 논쟁을 다루고 있는 『기독교의 성례에 관해』(De sacramentis Christianae fide)이다.

리용의 이레나에우스(130-200). 소아시아에서 태어난 것으로 추정된다. 178년경에 리용이라는 프랑스 남부의 도시에서 주교로 선출되었다. 영지주의의 그릇된 성경 해석과 비판에 맞서 기독교 신앙을 옹호하기 위해 『이단 논박』이라는 책을 저술한 것으로 유명하다.

마르틴 캘러(1835-1912). 신약성경에 대한 비평과 해석의 신학적 측면에 특별한 관심을 기울였던 독일의 루터파 신학자. 1867년에 할레대학교의 조직신학 학과장으로 임명되었다. 그의 가장 유명한 저서는 1892년에 발표한 논문이다. 그는 그 논문에서 '예수의 생애 운동'이 내세우는 신학적인 가설들을 통렬하게 비판했다.

고트홀트 에프라임 레싱(1729-81). 독일 계몽주의를 대표하는 인물로 기독교 신학에 강한 합리주의적 접근 방식을 적용한 것으로 유명하다.

마르틴 루터(1483-1546). 아마도 종교개혁의 역사상 가장 위대한 인물일 것이다. 이신칭의의 교리와 계시를 그리스도 중심적으로 이해한 것으로 특히 유명하다. 그의 '십자가 신학'은 20세기에 큰 관심을 불러일으켰다. 일반적으로 루터가 1517년 10월에 『95개조 격문』을 게재한 것을 종교개혁의 시발점으로 간주한다.

순교자 유스티누스(100-165). 2세기의 가장 유명한 변증가 가운데 한 사람. 이방 세계 안에서 기독교의 도덕적, 지성적 신뢰성을 입증하는 데 관심을 기울였다. 그의 『첫 번째 변증서』는 기독교가 고전 철학의 깨달음을 어떻게 온전하게 만들었는지를 보여준다.

필립 멜란히톤(1497-1560). 유명한 초기 루터교 신학자이자 루터의 친밀한 동료. 『신학 개론』(1521)과 『아우크스부르크 신앙고백을 위한 변론』을 통해 루터교 신학을 체계화했다.

네스토리우스(451년 사망). 안디옥 학파를 대표하는 인물. 428년에 콘스탄티노플 대주교가 되었다. 그리스도의 인성을 강력하게 주장한 까닭에 그의 비판자들에게는 그가 그리스도의 신성을 부인한 것처럼 보였다. "데오토코스"라는 용어를 인정하지 않았기 때문에 이단이라는 비난에 직면했다. 그의 적대자들이 말하는 것보다는 훨씬 더 정통적인 견해를 지녔지만 그가 얼마나 정통적이었는지는 불확실하며, 논란의 여지가 많다.

오리게누스(185-254). 알렉산드리아 학파를 대표하는 인물. 성경을 풍유적으로 해석한 것과 플라톤의 사상을 신학, 특히 기독론에 적용한 것으로 유명하다. 그가 헬라어로 저술한 저서의 원본들은 대부분 없어졌기 때문에 그의 사상 가운데 일부는 신빙성이 의심스러운 라틴어 번역을 통해서만 알려져 있다.

볼프하르트 판넨베르크(1928년 출생). 가장 영향력 있는 개신교 신학자 가운데 한 사람. 신앙과 역사의 관계 및 기독론의 근거를 다룬 그의 저서들은 상당한 영향을 미쳤다.

펠라기우스. 4세기 말과 5세기 초에 로마에서 활동했던 영국의 신학자. 그의 출생이나 사망 일자에 관한 신빙성 있는 정보는 존재하지 않는다. 펠라기우스는 도덕적인 개혁자였다. 은혜와 죄에 관한 그의 신학은 아우구스티누스와 날카롭게 대립했고, 결국에는 펠라기우스 논쟁으로 비화되었다. 펠라기우스의 사상은 주로 그의 비판자들, 특히 아우구스티누스의 글을 통해 알려져 있다.

칼 라너(1904-84). 가장 영향력이 큰 현대 로마 가톨릭 신학자 가운데 한 사람. 라너의 『신학적 탐구』는 짧은 에세이를 신학을 확립하고, 설명하는 도구로 활용하는 법을 개척한 책으로 유명하다.

알베르트 슈바이처(1875-1965). 유력한 독일의 개신교 신학자로 역사적 예수를 다룬 저서로 특별히 유명하다. 그의 저서는 '역사적 예수에 관한 탐구'라는 주제의 타당성과 전제를 의문시하는 영향력 있는 일련의 책들이 출판되는 결과를 낳았다. 그는 1913년에 신학자로서의 삶을 버리고, 아프리카에서 의료 사역에 헌신했다.

테르툴리아누스(160-224). 일련의 중요한 논쟁과 변증을 다룬 책들을 저술한 초기 라틴 신학의 대표 인물. 헬라어를 사용하는 동방 교회 안에서 등장하기 시작한 신학 용어들을 번역하는 데 필요한 새로운 라틴 용어들을 만들어낸 것으로 특히 유명하다.

에른스트 트뢸치(1865-1923). 종교의 영속성을 강조한 '종교사학파'의 설립과 밀접하게 관련된 신학자이자 사회학자. 기독론의 영역, 특히 신앙과 역사의 관계에 관한 논의에서 가장 중요한 신학적 공헌을 한 것으로 평가된다.

레랑의 빈센티우스(450년 이전에 사망). 레랑 섬에 거주했던 프랑스 신학자. 교회의 교리적 혁신에 맞서 전통의 역할을 강조한 것으로 특히 유명하다. '빈센티우스 규범'으로 알려진 것을 창안했다.

간단한 용어 사전

아래의 내용은 이 책과 같은 역사신학을 다룬 책을 읽을 때 종종 마주치게 될 용어들의 의미를 간단하게 설명한 것이다.

아디아포라(adiapora). 문자적으로 '대수롭지 않은 문제'라는 의미. 16세기 종교개혁자들이 성경에서 분명하게 부인되거나 명기되지 않았다는 이유로 용납 가능하다고 판단한 신념이나 관습을 가리킨다.

알렉산드리아 학파(Alexandrian school). 애굽의 도시 알렉산드리아와 관련된 교부 시대 학파. 그리스도의 신성을 강조한 기독론과 풍유적 해석을 적용한 성경 해석법을 제시한 것으로 유명하다. 이 두 분야에서 안디옥 학파와 경쟁 관계에 있었다.

재세례파(Anabaptism). '재세례자'를 뜻하는 헬라어에서 유래한 용어로 메노 시몬스와 발타자르 후브마이어와 같은 사상가들을 중심으로 한 16세기 종교개혁의 급진적 우파를 가리키는 의미로 사용된다.

존재의 유비(analolgia entis). 토마스 아퀴나스와 관련된 이론으로 하나님이 세상을 창조하신 결과로 피조 세계과 그분 사이에 유사성이나 상사점이 존재한다는 내용이다. 이 개념은 이미 알려진 대상이나 자연 질서의 관계를 통해 하나님에 관한 결론을 도출하는 관행에 이론적 정당성을 부여했다.

신앙의 유비(analogia fidei). 칼 바르트와 관련된 이론으로 피조 세계와 하나님 사이의 유사성은 하나님의 자기 계시에 근거해서만 확립될 수 있다는 내용이다.

비인격론(anhypostasis). 교부 시대로부터 기원했지만 후대의 개신교 저술가들과 특별히 관련이 있는 교리로 그리스도의 인성이 독립된 인격을 갖추었다는 것을 부인한다. 이 견해에 따르면, 예수 그리스도의 인성은 삼위일체 하나님 가운데 2위이신 성자께서 인성을 취해 그것과 하나가 되기로 결심하신 결과일 뿐이다. 이 교리는 그리스도의 인성이 독립된 인격을 갖추었다고 주장하는 '내재인격론(enhypostasis)'과 대조된다.

신인동형론(anthropomorphism). 하나님을 인간의 특징(손이나 발 등)이나 속성에 빗대어 묘사하려는 시도.

율법폐기론(antinomianism). 구약성경의 율법이 그리스도인의 삶에서 아무런 역할도 하지 않는다고 주장하는 이론. 이런 식의 주장은 특히 종교개혁 시대에 크게 성행했으며, 기독교 역사 대대로 계속 존속해왔다.

안디옥 학파(Antiochene-school). 안디옥(현대의 터키)이라는 도시와 관련된 교부 시대 학파. 그리스도의 인성을 강조한 기독론과 문자적 해석을 적용한 성경 해석법을 제시한 것으로 유명하다. 이 두 분야에서 알렉산드리아 학파와 경쟁 관계에 있었다.

반펠리기우스 저서들(anti-Pelagian writings). 펠라기우스 논쟁과 관련된 아우구스티누스의 저서들을 가리킨다. 아우구스티누스는 그런 저서들을 통해 은혜와 칭의에 관한 자신의 견해를 옹호했다. '펠라기우스주의'를 참조하라.

묵시 사상(apocalyptic). 세상의 종말과 마지막 때의 일을 다룬 글이나 종교 사상으로 종종 복잡한 상징들로 이루어진 환상의 형태를 취한다. 구약성경의 다니엘서와 신약성경의 요한계시록이 이런 유형에 속하는 대표적인 문헌이다.

변증학(apologetics). 기독교의 신념과 교리에 합리적인 정당성을 부여함으로써 기독교 신앙을 옹호하려고 시도하는 신학의 한 분야.

부정 신학(apophatic theology). 인간의 지성으로는 하나님을 알 수 없다고 강조하는 특별한 유형의 신학을 가리키는 용어. '부정, 부인'을 뜻하는 헬라어 '아포파시스'에서 유래한 이 용어가 가리키는 신학은 동방 정교회의 수도원적 전통과 특별히 관련이 있다.

사도 시대(apostolic era). 예수 그리스도의 부활(35년)에서부터 마지막 사도의 죽음(90년)에 이르는 기간을 가리키는 용어. 많은 교회가 이 시기의 사상과 관습을 규범적인 것으로 받아들인다.

전유(appropriation). 삼위일체 교리와 관련된 용어로 성삼위 하나님의 외적 행위에 삼위일체의 모든 위격이 다 참여할지라도 그런 행위를 그 가운데 한 위격에 속한 특별한 사역으로 간주하는 것이 온당하다는 의미를 담고 있다. 예를 들어, 창조와 구원의 사역에 성삼위 하나님이 모두 참여하셨지만 전자는 성부의 사역으로, 후자는 성자의 사역으로 간주하는 것이 적절하다.

아리우스주의(Arianism). 그릇된 기독론을 주장한 초기의 이단 사상. 예수 그리스도의 신성을 부인하고, 그분을 단지 하나님의 피조물 가운데 가장 뛰어난 존재로 간주했다. 아리우스 논쟁은 4세기에 이루어진 기독론의 발전에 큰 영향을 미쳤다.

속죄(atonement). 윌리엄 틴데일이 라틴어 '레콘실리아티오(reconciliatio)'를 번역한 영어 단어. 이 용어는 그 후로 '그리스도의 사역' 또는 '그리스도의 죽음과 부활을 통해 신자들에게 주어진 유익'을 가리키는 의미로 발전되었다. '속죄론'이라는 문구는 '그리스도의 구원 사역을 이해하는 방식'을 의미한다.

바르트주의(Barthian). 스위스 신학자 칼 바르트(1886-1968)의 신학 사상을 가리키는 용어. 그의 사상은 계시의 우선권을 강조하고, 예수 그리스도에게 초점을 맞춘 것으로 유명하다. 바르트의 사상은 '신정통주의'와 '변증 신학'으로도 일컬어진다.

지복 직관(Beatific Vision). 특별히 로마 가톨릭 신학에서 하나님을 온전히 보는 것을 가리키는 의미로 사용되는 용어. 세상을 떠난 선택받은 신자들에게만 허락되는 축복이다. 그러나 토마스 아퀴나스와 같은 일부 저술가들은 모세와 바울처럼 하나님의 특별한 총애를 받은 사람들은 살아 있는 동안에 이 축복을 허락받았다고 가르쳤다.

칼빈주의(Calvinism). 서로 다른 두 가지 의미를 지닌 불분명한 용어. 구체적으로 말해, 이 용어는 존 칼빈이나 그가 쓴 글을 통해 지대한 영향을 받은 개혁주의 교회와 같은 종교 단체와 데오도르 베자와 같은 개인들의 신학 사상을 가리키기도 하고, 칼빈 자신의 신학 사상을 가리키기도 한다. 첫 번째 의미로 사용되는 경우가 훨씬 더 많지만 이 용어가 오해를 초래할 소지가 있다는 인식이 차츰 강해지고 있다.

갑바도기아 교부들(Cappadocian Fathers). 교부 시대에 헬라어를 사용했던 세 사람의 교부(가이사랴의 바실리우스, 나지안주스의 그레고리우스, 닛사의 그레고리우스)를 가리키는 용어. 세 사람 모두 4세기에 활동했다. '갑바도기아'는 이 저술가들의 근거지였던 소아시아(현대의 터키)의 한 지역을 가리킨다.

데카르트주의(Cartesianism). 르네 데카르트(1596-1650)와 관련된 철학 사상, 특히 인식의 주체와 인식의 대상을 따로 분리하고, 개인의 사유하는 자아가 철학적 성찰의 올바른 출발점이라고 강조한 사상을 가리킨다.

교리문답(catechism). 종교 교육을 위한 목적으로 만들어진 기독교 교리의 교범으로 대부분 문답 형식으로 이루어져 있다.

가톨릭(Catholic). 교회의 시공간적인 보편성과 그런 보편성을 강조하는 로마 가톨릭교회로 알려진 특정 교회를 가리키는 용어.

칼케돈 정의(Chalcedonian definition). 예수 그리스도께서 두 본성, 즉 인성과 신성을 지니셨다는 칼케돈 공의회의 공식적인 선언.

은사(charisma). 성령의 은사를 지칭하는 용어. 중세 신학에서 '카리스마'는 하나님의 은혜로 개인에게 주어진 영적 은사를 뜻하는 의미로 사용되었고, 20세기 초부터는 성령의 직접적인 임재와 체험을 특별히 강조하는 신학이나 예배의 형태를 가리키게 되었다.

기독론(Christology). 예수 그리스도의 신분, 특히 그분의 인성과 신성의 관계를 다루는 기독교 신학의 한 분야.

상호 내재성(circummincession). '상호 침투(perichoresis)'를 참조하라.

공의회 우위설(conciliarism). 범교회적 공의회의 역할을 강조하는 관점에서 교회적 권위나 신학적 권위를 이해하려는 시도. 이 용어는 본래 죄를 인정한다는 의미를 지녔지만, 16세기를 지나면서부터는 의미가 약간 달라진 전문용어, 곧 초기 루터교의 사상을 집약한 『아우크스부르크 신앙고백』(1530)과 『1차 스위스 신앙고백』(1536)과 같은 개신교 신앙의 원리를 진술한 문서를 가리키는 용어로 사용되었다.

동일 본질(consubstantial). '동일 본질'을 의미하는 헬라어 '호모우시오스'에서 유래한 라틴어. 이 용어는 특히 그리스도의 온전한 신성을 강조함으로써 아리우스주의를 논박하는 데 사용된다.

공재설(consubstantiation). 마르틴 루터와 관련된 그리스도의 실제 임재론을 가리키는 용어로 그리스도의 살과 피의 실재가 성찬의 떡과 포도주의 실재와 함께 주어진다는 내용을 담고 있다.

상관관계의 방법(method of correlation). 폴 틸리히와 관련된 신학적 접근 방식을 가리키는 용어로 현대 서구 문화의 문제들과 기독교의 답변을 서로 연계시키려는 시도를 의미한다.

신조(creed). 모든 그리스도인이 공유하는 기독교 신앙을 공식적으로 간단하게 정의하거나 요약한 문서. 일반적으로 '사도신경'과 '니케아 신조'가 가장 중요한 신조로 알려져 있다.

이신론(Deism). 17세기에 활동했던 영국의 일부 저술가들의 견해를 가리키는 용어. 그들이 주장한 합리주의는 계몽주의 사상에 많은 영향을 미쳤다. 이 용어는 하나님의 창조 사역은 인정하지만, 세상에 대한 그분의 계속적인 개입은 부인하는 견해를 가리키는 의미로 종종 사용된다.

비신화화(Demythologization). 독일 신학자 루돌프 불트만(1884-1976)과 그의 추종자들과 관련된 신학적 입장을 나타내는 용어. 이들은 신약성경의 세계관이 '신화적'이라는 신념을 토대로 그것을 현대적 상황 안에서 이해하거나 적용하려면 신화적 요소들을 제거하는 것이 필요하다고 주장했다.

변증 신학(dialectical theology). '하나님과 인류의 변증 관계'를 강조한 스위스 신학자 칼 바르트(1886-1968)의 초기 견해를 가리키는 용어.

가현설(Docetism). 그릇된 기독론을 가르친 초기 이단 사상. 예수 그리스도께서 '인간의 외관'만 지닌 순수한 신적 존재이시라고 주장했다.

도나투스주의(Donatism). 4세기에 북아프리카를 중심으로 전개된 사상운동. 교회와 성례에 관해 매우 엄격한 견해를 피력했다.

송영(doxology). 공식적인 기독교 예배와 관련된 찬양의 한 형태. 송영의 관점에서 신학에 접근한다는 것은 기독교적 사색에서 찬양과 예배가 차지하는 중요성을 강조하는 의미를 지닌다.

에비온파(Ebionitism). 그릇된 기독론을 가르친 초기 이단 사상. 예수 그리스도께서 다른 피조물들과 구별되는 특별한 은사를 부여받으셨다고 인정했지만, 그분을 순수한 인간으로 간주하는 데 그쳤다.

교회론(ecclesiology). 교회(에클레시아)에 관한 이론을 다루는 기독교 신학의 한 분야.

내재인격론(enhypostasis). 비인격론(anhypotasis)를 참조하라.

계몽주의(Enlightenment). 18세기 서유럽과 북아메리카의 특징은 인간의 이성과 자율성을 강조하는 것이었다. 이 용어는 19세기 이후로 그런 특징을 가리키는 의미로 사용되었다.

종말론(eschatology). 특별히 부활과 지옥과 영생의 개념과 관련해 '마지막 때의 일'을 다루는 기독교 신학의 한 분야.

성찬(eucharist). '미사', '성만찬', '거룩한 교제'와 같이 다양한 명칭으로 불리는 성례를 가리키는 용어.

복음적(evangelical). 1510-20년대에는 독일과 스위스에서 시작된 개혁 운동을 가리키는 의미로 사용되었지만, 현재는 성경의 권위와 그리스도의 속죄 사역을 특별히 강조하는 영어권의 신학을 가리키는 의미로 사용된다.

인효적, 사효적(ex opere operantis; ex opere operato). 성례가 효과를 나타내는 방식을 이해하는 서로 다른 두 가지 방식. 이 둘의 차이를 요약하면 다음과 같다. 성례가 '인효적으로' 효과를 발휘한다는 것은 '성례를 집행하는 사람 때문에', "곧 성직자의 개인적인 도덕적 자질 때문에 성례가 효과를 발휘한다는 개념을 의미하고, 성례가 '사효적으로' 효과를 발휘한다는 것은 '성례 자체의 효력 때문에', 곧 그리스도의 은혜 때문에 성례가 효력을 발휘한다는 개념을 의미한다. 후자의 경우에는 성례가 그 자체로 그리스도의 은혜를 나타내고, 전달하기 때문에 성례를 집행하는 사람의 개인적인 자질은 성례의 효력에 결정적인 영향을 미치지 않는다. 이런 구별은 도나투스 논쟁에서 특별히 중요한 역할을 했다.

배타주의(exclusivism). 다른 종교들과 기독교의 관계에서 기독교의 계시가 지니는 독특성을 강조하는 접근 방식을 가리키는 데 사용되는 용어. 현재는 '특수주의'라는 용어가 더 널리 사용된다.

주석학(exegesis). 문서, 특히 성경을 해석하는 학문. '성경 주석'은 '성경을 해석하는 과정'을 의미한다. 성경 해석에 적용된 구체적인 해석 기술은 대개 '해석학'으로 일컬어진다.

도덕 감화설(exemplarism). 그리스도의 죽음이 지니는 의미를 규명하려는 이론으로 예수 그리스도를 통해 신자들에게 도덕적, 종교적 감화가 이루어진다고 강조한다.

실존주의(existentialism). 개인의 주체성을 강조하고, 개인이 처한 환경이 그것에 영향을 미치는 방식을 탐구하는 사상운동. 이런 접근 방식을 신학에 적용한 대표적인 인물로는 루돌프 불트만과 폴 틸리히가 있다.

교부(Fathers). 교부 시대의 저술가들을 가리키는 용어.

페미니즘(feminsim). 1960년대 이후로 서구 신학 안에서 이루어진 중요한 사상운동으로 여성의 경험이 지니는 중요성을 특별히 강조하고, 기독교의 가부장적 특성을 비판한다.

주관적 신앙(fides qua creditur), **객관적 신앙**(fides quae creditur). 기독교 신학은 믿음의 행위와 내용을 구별한다. 이 두 라틴어 표현은 이런 구별을 나타내는 데 사용된다. '믿는 신앙'을 뜻하는 전자는 기독교 신앙의 핵심에 해당하는 신뢰와 동의의 행위를 가리킨다. 아울러 기독교 신앙은 무엇을 믿어야 할지를 알고 있고, 또 알고 있는 것을 믿는다는 점에서 내용을 가지고 있다. '믿어지는 신앙'을 뜻하는 후자는 다양한 신조와 신앙고백과 교리를 비롯해 여러 가지 신앙의 진술을 통해 표현되는 기독교 신앙의 구체적인 내용을 가리킨다.

다섯 가지 신 존재 방법(the Five Ways). 토마스 아퀴나스가 시도했던 다섯 가지 신 존재 논증을 가리키는 표현.

네 번째 복음서(Fourth Gospel). 요한복음을 가리키는 표현. 이 표현은 '공관복음서'로 알려진 처음 세 권의 복음서의 공통된 구조와는 다른 요한복음만의 독특한 문학적, 신학적 특성을 강조한다.

근본주의(fundamentalism). 성경의 무오성과 권위를 특별히 강조하는 미국 개신교의 한 형태로 성경 비평학을 거부하고, 사회를 멀리하려는 경향이 있다.

해석학(hermeneutics). 현재적 적용을 염두에 두고 성경 본문을 해석하거나 주해하는 원리들을 다루는 학문.

정적주의(hesychasm). 동방 교회와 관련된 전통으로 정적주의는 하나님을 내적으로 직접 볼 수 있는 수단으로서의 (헬라어 '헤시카'로 불리는) '내적 정적'의 개념을 크게 강조한다. 이것은 특히 신신학자 시메온과 그레고리 팔라마스와 특별히 관련된다.

역사적 예수(historical Jesus). 신약성경과 신조에 제시된 예수님에 관한 기독교적 해석과 반대되는 역사적 실제 인물로서의 나사렛 예수를 가리키는 용어.

역사-비평적 방법(historico-critical method). 성경을 비롯한 역사적 본문들을 다루는 방법으로 본문이 쓰인 구체적인 역사적 상황을 고려해야만 그것의 적절한 의미를 결정할 수 있다는 입장을 취한다.

종교사 학파(History of Religions School). 종교의 역사, 특히 기독교의 기원을 다루는 학문으로 신구약성경이 영지주의와 같은 다른 종교와 접촉하고, 반응하면서 발전했다고 주장한다.

호모우시오스(homoousios). '동일 본질'을 뜻하는 헬라어로 예수 그리스도께서 '하나님과 동일한 본질을 소유하신다'라는 기독론적인 개념을 나타내기 위해 4세기에 광범위하게 사용되었다. 이 용어는 그리스도께서 "하나님과 비슷한 본질을 소유하신다(호모이우시오스)'라고 주장했던 아리우스 이단을 논박한다.

인문주의(humanism). 유럽의 르네상스와 관련된 지성 운동을 가리키는 용어다. 이 용어에는 오늘날의 '인본주의'와는 달리 세속적이거나 세속화적인 개념들이 내포되어있지 않고, 단지 고대의 문화적 성취에 대한 새로운 관심을 표방하는 의미가 담겨 있다. 고대의 문화적 성취는 르네상스 기간에 유럽의 문화와 기독교의 갱신을 위한 중요한 자산으로 간주되었다.

위격적 결합(hypostatic union). 예수 그리스도의 신성과 인성이 서로 혼동됨이 없이 하나로 결합해 있다는 교리.

이데올로기(ideology). 한 사회나 한 집단의 견해와 행위를 지배하는 세속적인 가치와 신념들을 지칭하는 용어.

성육신(Incarnation). 하나님이 예수 그리스도의 인격을 통해 인성을 취하셨다는 교리. '성육신주의(incarnationalism)'는 하나님이 인간이 되셨다는 것을 특별히 강조하는 신학적 입장을 가리키는 용어로 종종 사용된다.

포괄주의(Inclusivism). 기독교와 다른 종교들과의 관계를 이해하는 방식 가운데 하나로 다른 종교들을 통해서도 기독교의 진리나 구원에[어느 정도 접근이 가능하다고 강조한다.

이신칭의 교리(doctrine of justification by faith). 죄인이 어떻게 하나님과 교제를 나눌 수 있는지를 다루는 기독교 신학의 한 분야. 이 교리는 특히 종교개혁 시대에 중대한 영향을 미쳤다.

케노시스설(kenoticism). 그리스도께서 성육신할 때 전지와 전능과 같은 특정한 신성을 '비우셨다(또는 포기하셨다)'고 주장하는 기독론의 한 형태.

케리그마(kerygma). 예수 그리스도의 의미에 관한 신약성경의 본질적인 메시지(또는 선포)를 가리키는 용어로 특히 불트만(1884-1976)과 그의 추종자들이 주로 사용했다.

개신교 자유주의(liberal Protestantism). 19세기 독일을 중심으로 일어난 사상운동으로 종교와 문화의 영속성을 강조한다. 슐라이어마허에서부터 폴 틸리히에 이르는 시기에 크게 유행했다.

해방 신학(liberation theology). 복음의 해방적 속성을 강조하는 신학 사상이라면 무엇이든 이 용어를 적용할 수 있다. 그러나 이 용어는 특별히 1960년대에 라틴 아메리카에서 발전했던 신학 사상을 가리킨다. 해방 신학은 정치적 행위의 역할을 강조했고, 가난과 압제로부터의 해방을 목표로 삼았다.

예전(liturgy). 공중 예배, 특히 성찬식을 거행할 때 사용하는 예식서.

로고스(Logos). '말씀'을 뜻하는 헬라어로 교부 시대의 기독론이 발전하는 과정에서 중요한 역할을 했다. 예수 그리스도께서는 '하나님의 말씀'으로 인식되었다. 당시의 기독론은 이런 인식에 내포된 의미에 관한 질문들을 비롯해 특히 예수 그리스도 안에 존재하는 '로고스'가 그분의 인성과 어떤 식으로 관련을 맺는지를 탐구했다.

루터주의(Lutheranism). 마르틴 루터의 『소교리문답』과 『아우크스부르크 신앙고백』(1530)에 표현된 종교적 개념들을 가리키는 용어.

마니교(Manicheism). 마니교 신자들은 강한 운명론적 입장을 취했다. 히포의 아우구스티누스도 초창기에는 마니교에 심취해 있었다. 마니교는 악한 신과 선한 신으로 구분되는 두 신을 믿었다. 악은 악한 신의 영향으로 인해 발생한 결과로 간주되었다.

양태론(modalism). 그릇된 삼위일체론을 주장한 이단 사상으로 성삼위 하나님을 하나의 신성이 제각기 다르게 나타난 '양태'로 간주했다. 하나님이 창조 사역에서는 성부로, 구원 사역에서는 성자로, 성화 사역에서는 성령으로 나타나 활동하셨다는 것이 전형적인 양태론의 주장이다.

단성론(monophysitism). 그리스도 안에 오직 신성이라는 하나의 본성만이 존재한다는 교리(헬라어 '모노스'는 '오직 하나'를, '피시스'는 '본성'을 각각 의미한다). 이 견해는 그리스도 안에 인성과 신성의 두 가지 본성이 존재한다고 주장한 칼케돈 공의회(451)의 정통 교리와 다르다.

신정통주의(neo-orthodoxy). 칼 바르트(1886-1968)의 입장을 총칭하는 용어. 특히 그가 개혁 정통주의 시기의 신학적 관심사를 다루었던 방식을 가리키는 데 사용된다.

존재론적 증명(ontological argument). 하나님의 존재를 증명하기 위한 논증의 한 형태를 가리키는 용어로 스콜라 신학자 캔터베리의 안셀무스와 특별히 관련된다.

정통주의(orthodoxy). 여러 가지 의미를 지닌 용어로 그 가운데 가장 중요한 것을 몇 가지 간추려 말하면, 이단에 반대되는 '올바른 믿음'이나 러시아와 그리스에서 우위를 차지하고 있는 기독교 교파인 정교회를 비롯해 16세기 말과 17세기 초에 교리적 정의의 필요성을 강조한 정통주의를 가리킬 때 사용된다.

파루시아(parousia). '도래, 도착'을 뜻하는 헬라어로 그리스도의 재림을 가리키는 데 사용된다. '파루시아'의 개념은 '마지막 때의 일'에 관한 기독교적 이해의 중요한 측면 가운데 하나다.

특수주의(particularism). 기독교와 다른 종교들과의 관계에서 기독교의 진리와 구원의 독특성을 강조하는 신학적 입장을 가리키는 데 사용되는 용어.

성부 고난설(partipassianism). 노에티우스, 프락세아스, 사벨리우스와 같은 저술가들과 관련된 3세기의 이단 사상으로 성부께서 성자로서 고난을 받으셨다고 주장했다. 다시 말해, 이들은 그리스도께서 십자가에서 겪으신 고난을 성부의 고난으로 간주했다. 이 저술가들에 따르면, 신성은 일련의 양태, 또는 활동을 통해서만 구별된다. 즉 성부와 성자와 성령은 동일한 신성의 서로 다른 표현,

또는 존재의 서로 다른 양태에 지나지 않는다.

교부적(patristic). 교회사 초기를 가리키는 형용사로 신약성경의 기록이 끝난 이후 시대는 '교부 시대'로, 당시의 사상가들은 '교부 저술가들'로 각각 지칭된다. 이 시기는 대략 100년에서부터 451년에 이르는 기간, 곧 신약성경의 마지막 책이 완성된 때부터 교회사의 이정표를 세운 칼케돈 공의회가 열리기까지의 기간을 가리킨다.

펠라기우스주의(Pelagianism). 인간이 공로를 세워 구원받는다는 주장으로 히포의 아우구스티누스가 제시한 사상과 정면으로 충돌한다. 이 주장은 하나님의 은혜를 무시하고, 인간의 행위가 차지하는 역할을 강조한다.

상호 침투(perichoresis). 삼위일체론과 관련된 용어로 라틴어로는 '상호 내재성(circumincessio)'으로 표현된다. 성삼위 하나님이 서로 다른 위격의 삶을 공유하기 때문에 다른 위격의 행위로부터 소외되거나 격리되는 일이 전혀 발생하지 않는다는 것이 이 용어의 기본 개념이다.

경건주의(Pietism). 17세기 독일의 저술가들과 관련된 신학 운동으로 믿음을 개인적으로 전유하는 것과 기독교적 삶을 통한 경건의 증진을 강조했다. 이 운동은 영어권에서는 '감리교 운동'을 통해 가장 잘 알려지게 되었다.

다원주의(pluralism). 기독교와 다른 종교들의 관계를 이해하는 방식 가운데 하나로 세계 종교들이 동일한 영적 현실을 나타내거나 기술하고 있고, 그런 점에서 모두 똑같이 타당성을 지닌다고 주장한다.

후기 자유주의(postliberalism). 1980년대에 듀크대학교와 예일대학교 신학부를 중심으로 전개된 신학 운동으로 인간의 경험에 의존하는 자유주의를 비판하고, 공동체의 전통이 신학에 지배적인 영향을 미친다는 개념을 복구하려고 노력했다.

포스트모더니즘(postmodernism). 특히 북아메리카를 중심으로 발전된 문화 운동으로 계몽주의의 보편적인 합리적 원리에 대한 자신감이 붕괴되면서 나타난 현상이다.

프락시스(praxis). '실천'을 의미하는 헬라어. 마르크스가 사고와 관련된 행위의 중요성을 강조하기 위해 채택해 사용했다. '실천'의 강조는 라틴 아메리카의 해방 신학에 상당한 영향을 미쳤다.

개신교(Protestantism). '슈파이어 회의(1529)' 이후에 로마 가톨릭교회의 신념과 관습에 '항의한' 사람들을 지칭하는 데 사용된 용어. 1529년 이전에 그런 태도를 취한 개인들이나 집단들은 스스로를 '복음주의자'로 일컬었다.

콰드리가(Quadriga). 성경의 '사중적' 의미, 곧 문자적, 풍유적, 교훈적(또는 도덕적), 신비적 의미를 가리키는 라틴어.

급진적 종교개혁(radical Reformation). 특히 교회론과 관련해 루터와 츠빙글리가 생각했던 한계를 넘어서까지 개혁을 추진했던 종교개혁의 한 분파였던 재세례파를 가리키는 용어로 종종 사용된다.

개혁주의(Reformed). 존 칼빈(1510-64)과 그의 계승자들의 사상에서 영감을 얻은 신학적 전통을 가리키는 용어. 오늘날에는 일반적으로 '칼빈주의'보다 이 용어가 더 선호된다.

사벨리우스주의(Sabellianism). 그릇된 삼위일체론을 주장했던 이단으로 삼위일체의 각 위격을 한 분 하나님이 역사적으로 서로 다르게 나타나신 것으로 가르쳤다. 일반적으로 양태론의 한 형태로 간주된다.

성례(sacrament). 역사적 관점에서 예수 그리스도께서 친히 제정하신 것으로 간주되는 교회의 의식이나 예배를 가리키는 용어. 로마 가톨릭교회는 일곱 성례(세례, 견진, 성찬, 고해, 종부, 신품, 혼인)를 인정하고 있고, 개신교 신학자들은 일반적으로 신약성경에서 발견되는 성례는 단 두 가지(세례와 성찬)뿐이라고 주장한다.

분열(schism). 교회의 일치를 의도적으로 파괴하는 행위. 키프리아누스와 아우구스티누스와 같은 영향력 있는 초기 저술가들은 이 행위를 강력하게 단죄했다.

스콜라주의(scholasticism). 중세 시대의 신학적 접근 방식으로 기독교 신학의 합리적인 타당성을 찾고, 그것을 체계적으로 진술하는 것에 중점을 두었다.

성경 원리(Scripture Principle). 개혁주의 신학자들이 견지하는 이론으로 교회의 믿음과 실천이 성경에 근거해 이루어져야 한다는 내용을 담고 있다. 성경적 근거를 지니지 않은 것은 그 무엇도 신자들에게 아무런 구속력을 지니지 않는다. 이 원리는 '오직 성경으로!'라는 표어로 간단히 요약된다.

구원론(soteriology). 구원(헬라어 '소테리아')의 교리를 다루는 기독교 신학의 한 분야.

공관복음서(synoptic gospels). 신약성경의 처음 세 권의 복음서(마태복음, 마가복음, 누가복음)를 가리키는 용어. '요약'을 뜻하는 헬라어 '시놉시스'에서 유래한 용어로 세 권의 복음서가 비슷한 방식으로 예수 그리스도의 삶과 죽음과 부활을 요약적으로 기술하고 있다는 의미를 지닌다.

공관복음서 문제(synoptic problem). 세 권의 복음서가 서로 어떤 식으로 관계를 맺고 있는지를 학문적으로 탐구하려는 시도. 공관복음서의 상호관계를 다루는 가장 일반적인 방식은 '두 가지 자료설'이다. 이 이론은 마태와 누가가 마가복음과 '큐(Q) 자료'로 알려진 또 다른 문서를 자료로 사용했다고 주장한다. 다른 가능성도 존재한다. 예를 들면, 마태복음이 가장 먼저 기록되었고, 그 뒤를 이어 누가복음과 마가복음이 차례로 기록되었다는 '그리스바흐 가설'이다.

신정론(theodicy). 라이프니츠가 만든 용어로 세상에 존재하는 악의 현실 속에서 하나님의 선하심을 이론적으로 정당화하는 것을 가리킨다.

성부 애통설(theopaschitism). 6세기에 나타난 논란의 여지가 많은 교설로 일부 사람들은 이를 이단 사상으로 간주한다. 요안네스 막센티우스와 같은 저술가들과 관련이 있으며, "삼위일체 하나님 가운데 한 분이 십자가에 못 박히셨다."라는 표어로 집약된다. 이 표어는 완전히 정통적인 의미를 지닌 것으로 해석될 수 있기 때문에 비잔티움의 레온티우스와 같은 사람은 이를 정통 교리로 옹호했다. 그러나 호르미스다스 교황(523년)을 비롯한 신중한 저술가들은 이것이 혼란과 오류를 초래할 가능성이 있다고 생각했다. 이 용어는 차츰 폐지되었다.

데오토코스(theotokos). '하나님을 낳은 자'를 뜻하는 헬라어. 성육신 교리의 핵심 사상(곧 예수 그리스도께서 하나님이시라는 것)을 강화할 의도로 예수 그리스도의 어머니인 마리아를 가리키는 데 사용되었다. 특히 네스토리우스 논쟁이 불거졌을 때 동방 교회의 저술가들이 그리스도의 신성과 성육신의 실재를 명확히 하기 위해 이 용어를 광범위하게 사용했다.

제3의 탐구(third quest). 1970년대에 시작된 예수님의 생애에 관한 역사적 탐구를 가리키는 용어.

화체설(transubstantiation). 성찬의 떡과 포도주가 외견은 그대로 유지한 채 그리스도의 살과 피로 변한다는 로마 가톨릭교회의 교리.

삼위일체(Trinity). 하나님에 관한 기독교의 독특한 교리. 하나님에 관한 기독교적 경험의 다양성을 반영하는 이 교리는 흔히 '한 분 하나님과 세 위격'이라는 말로 간단히 요약된다.

두 본성의 교리(doctrine of two natures). 예수 그리스도의 두 본성(인성과 신성)에 관한 교리를 가리킨다. 이와 관련된 다른 용어들로는 '칼케돈 정의'와 '위격적 결합'이 있다.

불가타 성경(Vulgate). 중세 신학의 근거였던 라틴어역 성경. 제롬(Jerome)이 편찬했다.

츠빙글리주의(Zwinglianism). 훌드리히 츠빙글리의 사상을 가리키는 용어이지만 특히 그의 성찬론, 곧 '실재설'에 관한 그의 견해를 가리키는 의미로 종종 사용된다(츠빙글리는 그리스도의 실제 임재를 인정하지 않았다).

더 읽을만한 책들

전체

Geoffrey W. Bromiley, *Historical Theology: An Introduction* (Grand Rapids, MI: Eerdmans, 1978).

Justo L. Gonzalez, *A History of Christian Thought*, 3 vols (Nashville, TN: Abingdon Press, 987).

Trevor Hart (ed.), *The Dictionary of Historical Theology* (Grand Rapids, MI: Eerdmans, 2000). Jonathan Hill, *The History of Christian Thought* (Downers Grove, IL: InterVarsity Press, 2007).

A. N. S. Lane, *A Concise History of Christian Thought* (Grand Rapids, MI: Baker Academic, 2006).

Chad V. Meister and J. B. Stump, *Christian Thought: A Historical Introduction* (New York: Routledge, 2010).

Roger Olson, *The Story of Christian Theology* (Downers Grove, IL: InterVarsity Press, 1999).

Jaroslav Pelikan, *The Christian Tradition: A History of the Development of Doctrine*, 5 vols (Chicago: University of Chicago Press, 1989).

1. 교부 시대(100-451)

Henry Bettenson, *Documents of the Christian Church*, 2nd edn (Oxford : Oxford University Press, 1963).

Henry Chadwick, *The Early Church* (London/New York:Pelican, 1964).

Jean Comby, *How to Read Church History*, vol. 1 (London : SCM Press, 1985).

Jean Danielou and Henri Marrou, *The Christian Centuries*, vol. 1 (London : Darton, Longman and Todd, 1964).

W. H. C. Frend, *The Rise of Christianity* (Philadelphia :Fortress Press, 1984).

Ian Hazlett (ed.), *Early Christianity: Origins and Evolution to* ad 600 (London : SPCK, 1991).

Niels Hydahl, *The History of Early Christianity* (Frankfurt/New York: Peter Lang, 1997).

Herbert Jedin and John Dolan (eds.), *A Handbook of Church History*, vol. 1 (London : Burns & Oates, 1965).

J. N. D. Kelly, *Early Christian Doctrines*, 4th edn (London : A. & C. Black , 1968).

F. van der Meer and Christine Mohrmann, *Atlas of the Early Christian World* (London : Nelson, 1959).

J. Stevenson, *A New Eusebius: Documents Illustrating the History of the Church to* ad 337, rev. edn (London : SPCK , 1987).

J. Stevenson, Creeds, *Councils and Controversies: Documents Illustrating the History of the Church*, 337-461, rev. edn (London : SPCK, 1987).

Frances M. Young, *From Nicea to Chalcedon* (London : SCM Press, 2002).

각각의 신학자들

L. W. Barnard, *Justin Martyr: His Life and Thought* (Cambridge: Cambridge University Press, 1967).

Timothy D. Barnes, *Athanasius and Constantius: Theology and Politics in the Constantinian Empire* (Cambridge, MA: Harvard University Press, 1993).

Gerald Bonner, *Augustine: Life and Controversies*, rev. edn (Norwich: Canterbury Press, 1986).

Peter Brown, *Augustine of Hippo* (London : Faber & Faber, 1967).

Hans von Campenhausen, *The Fathers of the Greek Church* (London : A. & C. Black, 1963).

Hans von Campenhausen, *The Fathers of the Latin Church* (London : A. & C. Black, 1964).

Henry Chadwick, *Augustine* (Oxford : Oxford University Press, 1986).

Mary T. Clark, *Augustine* (London : Geoffrey Chapman, 1994).

Henri Crouzel, *Origen* (Edinburgh : T & T Clark, 1989).

Robert M. Grant, *Greek Apologists of the Second Century* (Philadelphia: Westminster Press, 1988).

Robert M. Grant, *Irenaeus of Lyons* (London : Routledge, 1997).

J. N. D. Kelly, *Jerome* (London : Duckworth, 1975).

Denis Minns, *Irenaeus* (London : Geoffrey Chapman, 1994).

Eric F. Osborn, *Irenaeus of Lyons* (Cambridge : Cambridge University Press, 2001).

Johannes Quasten, *Patrology*, 4 vols (Westminster, MD: Christian Classics, 1986). A definitive study of the life and writings of the theologians of the patristic period to 451.

John M. Rist, *Augustine: Ancient Thought Baptized* (Cambridge: Cambridge University Press, 1994).

William G. Rusch, *The Later Latin Fathers* (London : Duckworth, 1977).

Simon Tugwell, *The Apostolic Fathers* (London : Geoffrey Chapman, 1989).

Joseph Wilson Trigg, *Origen: The Bible and Philosophy in the Third-Century Church* (Atlanta, GA : John Knox Press, 1983).

2. 중세 시대와 르네상스(500-1500)

Peter Burke, *The Italian Renaissance: Culture and Society in Italy*, rev. edn (Cambridge : Polity Press, 1986).

Frederick Copleston, *A History of Christian Philosophy in the Middle Ages* (London : Sheed & Ward, 1978).

Manfred P. Fleischer (ed.), *The Harvest of Humanism in Central Europe* (St. Louis, MO : Concordia Publishing House, 1992).

Etienne Gilson, *The Spirit of Medieval Philosophy* (London : Sheed & Ward, 1936).

Ernesto Grassi, *Rhetoric as Philosophy: The Humanist Tradition* (University Park, PA : University of Pennsylvania Press, 1980).

Maria Grossmann, *Humanism at Wittenberg 1485-1517* (Nieuwkoop: Nijhoff, 1975).

Judith Herrin, *The Formation of Christendom* (Princeton : Princeton University Press, 1987).

David Knowles, *The Evolution of Medieval Thought*, 2nd edn (London/New York, 1988).

Alister E. McGrath, *The Intellectual Foundations of the European Reformation*, 2nd edn (Oxford : Blackwell, 2001).

John Meyendorff, *Byzantine Theology: Historical Trends and Doctrinal Themes* (New York: Fordham University Press, 1979).

Charles G. Nauert, "The Clash of Humanists and Scho lastics: An Approach to Pre-Reformation Controversies," *Sixteenth Century Journal*, 4 (1973), pp. 1-18.

Heiko A. Oberman, *The Harvest of Medieval Theology* (Cambridge, MA: Harvard University Press, 1963).

Heiko A. Oberman, *Masters of the Reformation* (Cambridge : Cambridge University Press, 1981).

Heiko A. Oberman, *The Dawn of the Reformation: Essays in Late Medieval and Early Reformation Thought* (Edinburgh : T & T Clark, 1986).

John W. O'Malley, Thomas M. Izbicki , and Gerald Christianson (eds.), *Humanity *and Divinity in Renaissance and Reformation* (Leiden : Brill, 1993).

J. H. Overfeld, *Humanism and Scholasticism in Late Medi eval Germany* (Princeton, NJ: Princeton University Press, 1984).

Steven E. Ozment, *The Age of Reform 1250-1550: An Intellectual and Religious History of Late Medieval and Reformation Europe* (New Haven, CT : Yale University Press, 1973).

Josef Pieper, *Scholasticism: Personalities and Problems of Medieval Philosophy* (London : Faber & Faber, 1961).

Roy Porter and Mikuláš Teich (eds.), *The Renaissance in National Context* (Cambridge : Cambridge University Press, 1992).

B. B. Price, *Medieval Thought: An Introduction* (Oxford/ Cambridge, MA: Blackwell, 1992).

Lewis W. Spitz, *The Religious Renaissance of the German Humanists* (Cambridge, MA : Harvard University Press, 1963).

Frederick Copleston, *Aquinas* (London : Pelican, 1975). Brian Davies, *The Thought of Thomas Aquinas* (Oxford : Clarendon Press, 1992).

Leo Elders, *The Philosophical Theology of St Thomas Aquinas* (Leiden : Brill, 1990).

Gillian R. Evans, *Anselm* (London : Geoffrey Chapman, 1989).

Gordon Leff, *William of Ockham* (Manchester : Manchester University Press, 1975).

Anthony Levi, *Erasmus: An Intellectual Life* (New Haven, CT : Yale University Press, 2012).

Andrew Louth, *Denys the Areopagite* (London : Geoffrey Chapman, 1989).

James McConica, *Erasmus* (Oxford : Oxford University Press, 1991).

John Meyendorff, *A Study of Gregory Palamas*, 2nd edn (Crestwood, NY : St. Vladimir Seminary Press, 1974).

R. J. Schoeck, *Erasmus of Europe: The Making of a Humanist 1467-1500* (Edinburgh : Edinburgh University Press, 1990).

James A. Weisheipl, *Friar Thomas d'Aquino: His Life, Thought and Work* (Garden City, NY : Doubleday, 1972).

Thomas Williams (ed.), *The Cambridge Companion to Duns Scotus* (Cambridge: Cambridge University Press, 2002).

Allan B. Wolter and Marilyn McCord Adams (eds.), *The Philosophical Theology of John Duns Scotus* (Ithaca, NY: Cornell University Press, 1990).

3. 종교개혁과 종교개혁 이후 시대(1500-1750)

John Bossy, *Christianity in the West* (Oxford: Oxford University Press, 1985).

Euan Cameron, *The European Reformation* (Oxford: Oxford University Press, 1991).

Owen Chadwick, *The Reformation* (London/New York: Pelican, 1976).

G. R. Elton (ed.), *The Reformation 1520-1559*, 2nd edn (Cambridge: Cambridge University Press, 1990).

Timothy George, *The Theology of the Reformers* (Nashville, TN: Abingdon, 1988).

Alister E. McGrath, *Reformation Thought: An Introduction*, 4th edn (Oxford/Cambridge, MA: Blackwell Publishers, 2012).

Richard A. Muller, *Post-Reformation Reformed Dogmatics* (Grand Rapids, MI: Baker, 1987).

Mark A. Noll, *Confessions and Catechisms of the Reformation* (Grand Rapids, MI: Eerdmans, 1991).

John W. O'Malley, Thomas M. Izbicki, and Gerald Christianson (eds.), *Humanity and Divinity in Renaissance and Reformation* (Leiden: Brill, 1993).

B. M. G. Reardon, *Religious Thought in the Reformation* (London: Longmans, 1981).

Robert P. Scharlemann, *Thomas Aquinas and John Gerhard* (New Haven, CT: Yale University Press, 1964).

Lewis W. Spitz, *The Protestant Reformation 1517-1559* (New York: Scribner's, 1986).

Randall C. Zachmann, *Reconsidering John Calvin* (Cambridge: Cambridge

University Press, 2011).

각각의 신학자들

Roland H. Bainton, *Here I Stand: A Life of Martin Luther* (New York: Mentor Books, 1955).

W. J. Bouwsma, *John Calvin: A Sixteenth-Century Portrait* (New York: Oxford University Press, 1988).

E. J. Furcha and H. W. Pipkin (eds.), *Prophet, Pastor, Protestant: The Work of Huldrych Zwingli* (Allison Park, PA : Pickwick Publications, 1984).

Alexandre Ganoczy, *The Young Calvin* (Edinburgh : T & T Clark, 1988).

James M. Kittelson, *Luther the Reformer: The Story of the Man and His Career* (Leicester : InterVarsity Press, 1989).

Walter von Loewenich, *Martin Luther: The Man and His Work* (Minneapolis : Augsburg, 1986).

Bernhard Lohse, *Martin Luther: An Introduction to His Life and Work* (Philadelphia: Fortress Press, 1986).

Alister E. McGrath, *Luther's Theology of the Cross: Martin Luther's Theological Breakthrough* (Oxford : Blackwell, 1985).

Alister E. McGrath, *A Life of John Calvin* (Oxford/ Cambridge, MA: Blackwell, 1990).

Perry Miller, *Jonathan Edwards* (New York : Sloane Associates, 1949).

T. H. L. Parker, *John Calvin* (London : Dent, 1975).

Harold P. Simonson, *Jonathan Edwards: Theology of the Heart* (Grand Rapids, MI: Eerdmans, 1974).

John E. Smith, *Jonathan Edwards: Puritan, Preacher, Philosopher* (London : Chapman, 1993).

W. P. Stephens, *The Theology of Huldrych Zwingli* (Oxford : Oxford University Press, 1986).

Francois Wendel, *Calvin* (New York : Harper & Row, 1963).

D. F. Wright (ed.), *Martin Bucer: Reforming Church and Community* (Cambridge:

Cambridge University Press, 1994).

4. 현대(1750년부터 현재까지)

David Fergusson (ed.), *The Blackwell Companion to Nineteenth-Century Theology* (Malden, MA : Wiley-Blackwell, 2010).

David F. Ford (ed.), *The Modern Theologians*, 3rd edn (Oxford/Cambridge, MA: Blackwell Publishers, 2005).

Stanley J. Grenz and Roger E. Olson, *Twentieth-Century Theology: God and the World in a Transitional Age* (Downers Grove, IL: InterVarsity Press, 1992).

Gareth Jones (ed.), *The Blackwell Companion to Modern Theology* (Oxford/Cambridge, MA: Blackwell Publishers, 2004).

Kelly M. Kapic and Bruce L. McCormack, *Mapping Modern Theology: A Thematic and Historical Introduction* (Grand Rapids, MI: Baker Academic, 2012).

Philip Kennedy, *Twentieth-Century Theologians: A New Introduction to Modern Christian Thought* (London : I. B. Tauris, 2010).

Timothy Larsen, *Contested Christianity: The Political and Social Contexts of Victorian Theology* (Waco, TX : Baylor University Press, 2008).

James C. Livingston and Francis Schussler Fiorenza, *Modern Christian Thought* (Minneapolis: Fortress Press, 2006).

Alister E. McGrath (ed.), *Blackwell Encyclopaedia of Modern Christian Though*t (Oxford/Cambridge, MA : Blackwell Publishers, 1993).

Jaroslav Pelikan, *Twentieth Century Theology in the Making*, 3 vols (New York : Harper & Row , 1971).

Ninian Smart, John Clayton, Patrick Sherry, and Steven T. Katz (eds.), *Nineteenth-Century Religious Thought in the West*, 3 vols (Cambridge : Cambridge University Press, 1985).

Claude Welch, *Protestant Thought in the Nineteenth Century*, 2 vols (New Haven, CT : Yale University Press, 1972-85).

각각의 신학자들

Richard Bauckham, *The Theology of Jurgen Moltmann* (Edinburgh : T & T Clark, 1995).

Avery Dulles, *John Henry Newman* (London : Continuum, 2009).

Mary McClintock Fulkerson and Sheila Briggs (eds.), *The Oxford Handbook of Feminist Theology* (Oxford : Oxford University Press, 2011).

Stanley J. Grenz, *Reason for Hope: The Systematic Theology of Wolfhart Pannenberg*. 2nd edn (Grand Rapids, MI : Eerdmans, 2005).

Karen Kilby, *Karl Rahner: A Brief Introduction* (New York: Crossroad, 2007).

Russell Re Manning, *The Cambridge Companion to Paul Tillich* (Cambridge: Cambridge University Press, 2009).

Jacqueline Marina, *The Cambridge Companion to Friedrich Schleiermacher* (Cambridge : Cambridge University Press, 2005).

Declan Marmion and Mary E. Hines, *The Cambridge Companion to Karl Rahner* (Cambridge : Cambridge University Press, 2005).

Gerald R. McDermott (ed.), *The Oxford Handbook of Evangelical Theology* (Oxford : Oxford University Press, 2011).

Edward T. Oakes and David Moss, *The Cambridge Companion to Hans Urs Von Balthasar* (Cambridge : Cambridge University Press, 2004).

Christopher Rowland, *The Cambridge Companion to Friedrich Schleiermacher* (Cambridge : Cambridge University Press, 2007).

Terrence N. Tice, *Schleiermacher* (Nashville, TN : Abingdon Press, 2006).

John B. Webster, *Eberhard Jungel: An Introduction to His Theology* (Cambridge: Cambridge University Press, 1986).

John B. Webster, *The Cambridge Companion to Karl Barth* (Cambridge: Cambridge University Press, 2000).

이 책의 인용문

본문과 사례 연구에 사용된 인용문등에 원래의 맥락에서 읽을 수 있도록 출처를 표시했다. 다만 텍스트에 포함된 짧은 인용문에는 출처를 표기하지 않았다.

서론

p. 37 Karl Barth, *Die protestantische Theologie im 19. Jahrhundert* (Zurich: Evangelischer Verlag, 1952), p. 3.

p. 44 C. S. Lewis, *An Experiment in Criticism* (Cambridge: Cambridge University Press, 1961), pp. 140-1.

1. 교부 시대(100-451)

p. 86 Irenaeus, *Adversus haereses*, II.ii.1-iv.1.

p. 88 Tertullian, *De praescriptione haereticorum*, xx, 4-xxi, 4; xxxii.1.

p. 89 Vincent of Lerins, *Commonitorium*, II. 1-3.

p. 94 Athanasius, *Contra Arianos*, I, 5.

p. 101 Cyril of Alexandria, Letter IV, 3-5.

p. 102 Apollinarius of Laodicea, Letter 2.

p. 104 Gregory of Nazianzen, Letter 101.

p. 108 Socrates, *Historia Ecclesiastica*, VII, 32.

p. 111 Cyril of Alexandria, Letter XVII, 12.

p. 114 Irenaeus, *Demonstration of the Apostolic Preaching*, 6.

p. 120 Gregory of Nyssa, *Ad ablabium*.

p. 130 Cyprian of Carthage, *De catholicae ecclesiae unitate*, 5–7.

p. 136 Augustine, *De baptismo*, IV, 16, 18.

p. 137 Petilian of Cirta, Letter to Augustine, in Augustine, *Contra litteras Petiliani*, III. Iii.64.

p. 141 Pelagius, *Letter to Demetrias*, 16.

p. 146 Augustine, *De natura et gratia* iii, 3–iv, 4.

p. 149 Justin Martyr, *Apologia*, I.xl.vi.2–3; II.x.2–3; II.xiii.4–6.

p. 150 Clement of Alexandria, *Stromata*, I.v.28.

p. 151 Tertullian, *De praescriptione haereticorum*, 7.

p. 152 Augustine, *De doctrina Christiana*, II.xl.60–1.

2. 중세 시대와 르네상스(500-1500)

p. 175 John of Damascus, *Contra imaginum calumniatores*, I, 16.

p. 198 Anselm of Canterbury, *Proslogion*, 3.

p. 200 Gaunilo, *Responsio Anselmi*, 6.

p. 203 Thomas Aquinas, *Summa Theologiae*, Ia q. 2, aa. 2-3.

p. 209 *York Mystery Plays: A Selection in Modern Spelling*, edited by Richard Beadle and Pamela M. King (Oxford: Oxford University Press, 1984), pp. 212-21.

p. 211 Thomas Aquinas, *Summa Theologiae*, IIIa q.48 a.2.

p. 214 Peter Abelard, *Expositio in Epistolam ad Romanos*, 2.

p. 216 Hugh of St. Victor, *De sacramentis*, IX, 2.

p. 218 Thomas Aquinas, *Summa Theologiae*, IIIa q.60 a.2.

p. 218 Bonaventure, Preface to *In IV Sententiarum*.

p. 219 Peter Lombard, *Sententiarum libri quatuor*, IV.i.4; ii.1.

p. 224 Bernard of Clairvaux, *Sermones super Cantico Canticorum*, XLVI, 2.

3. 종교개혁과 종교개혁 이후 시대(1500-1750)

p. 286 Roberto Bellarmine, *Prima Controversiae generalis de interpretatione et vera sensus scripturae*.

p. 293 Council of Trent, Session IV, second decree (1546).

p. 295 Council of Trent, Session IV, second decree (1546).

p. 296 Martin Luther, Preface to the Latin Works (1545).

p. 302 Martin Luther, Lectures on Romans (1515-16).

p. 305 John Calvin, *Institutes*, III.xi.2, 23.

p. 307 Council of Trent, Session VI, chapter 4.

p. 308 Council of Trent, Session VI, chapter 14.

p. 309 Council of Trent, Session VI, chapter 7.

p. 311 John Calvin, *Institutes*, III.ii.7;17.

p. 314 Council of Trent, Session XIII, chapter 4

p. 315 Martin Luther, *The Babylonian Captivity of the Church* (1520)

p. 315 Martin Luther, *The Babylonian Captivity of the Church* (1520)

p. 318 Huldrych Zwingli, *On the Lord's Supper* (1526)

p. 320 Martin Luther, *Greater Catechism*, On Infant Baptism, 53.

p. 321 Martin Luther, *Greater Catechism*, On Infant Baptism, 83.

p. 325 The Schleitheim Confession of Faith (1527), Article 1

p. 329 Martin Luther, *On the Councils and the Church* (1539).

p. 330 Sebastian Franck, Letter to John Campanus, 1531.

p. 331 Martin Luther, *On the Councils and the Church* (1539).

p. 335 John Calvin, *Institutes*, IV.i.9-10.

p. 341 Antonio Foscarini, Letter on the Opinion of the Pythagoreans and Copernicus; cited in Richard J. Blackwell, *Galileo, Bellarmine and the Bible* (Notre Dame, IN: University of Notre Dame Press, 1991), p. 94.

p. 342 Antonio Foscarini, Letter on the Opinion of the Pythagoreans and Copernicus; cited in Blackwell, *Galileo, Bellarmine and the Bible*, p. 95.

p. 343 Jacques-Benigne Bossuet, *Instructions pastorales pour les Protestants*; cited in Owen Chadwick, *From Bossuet to Newman: The Idea of Doctrinal Development* (Cambridge: Cambridge University Press, 1957), p. 20.

4. 현대(1750년부터 현재까지)

p. 391 Anne H. Pinn and Anthony B. Pinn, *Fortress Introduction to Black Church History* (Minneapolis, MN: Fortress Press, 2002), p. 159.

p. 406 Martin Kahler, *The So-Called Historical Jesus and the Historic, Biblical Christ* (Philadelphia: Fortress Press, 1964), p. 21.

p. 408 Friedrich Loofs, *What Is the Truth About Jesus Christ?* (New York: Charles Scribner's Sons, 1913), pp. 201–18.

p. 409 Rudolf Bultmann, *Faith and Understanding* (New York: Harper & Row, 1969), p. 241.

p. 415 John Dominic Crossan, *The Historical Jesus: The Life of a Mediterranean Jewish Peasant* (San Francisco: HarperCollins, 1991), p. 421.

p. 416 N. T. Wright, *Jesus and the Victory of God* (London: SPCK, 1996), pp. 7–8.

p. 420 John Pearson, *Exposition of the Creed* (London, 1659), p. 348.

p. 421 Joseph Butler, *The Analogy of Religion; in Works*, vol. 1 (Oxford: Oxford University Press, 1897), p. 221.

p. 422 Horace Bushnell, *The Vicarious Sacrifice* (New York: Scriber, 1866), p. 73.

p. 426 Paul Fiddes, *Past Event and Present Salvation* (London: Darton, Longman and Todd, 1989), p. 136.

p. 429 P. T. Forsyth, *The Justification of God* (London: Duckworth, 1916), p. 136.

p. 430 Karl Barth, *Church Dogmatics*, 14 vols (Edinburgh: T & T Clark, 1936–75), IV/1, pp. 222–3; p. 296.

p. 433 Hastings Rashdall, *The Idea of Atonement in Christian Theology* (London: Macmillan, 1920), p. 463.

p. 435 John Macquarrie, *Principles of Christian Theology*, 2nd edn (London: SCM Press, 1977), p. 269.

p. 441 David Friedrich Strauss, *#he Life of Jesus* (Philadelphia: Fortress Press, 1972), p. 758.

p. 447 Wolfhart Pannenberg, "Redemptive Event and History," in *Basic Questions in Theology*, vol. 1 (London: SCM Press, 1970), p. 15.

p. 450 Thomas Jefferson, *Works*, 20 vols (New York: Putnam's Sons, 1903–), vol. 15, p. 324.

p. 451 F. D. E. Schleiermacher, *The Christian Faith* (Edinburgh: T & T Clark, 1928), pp. 738–9.

p. 452 Henry Barclay Swete, "The Person of the Holy Spirit," in C. Dunkley (ed.),

The Official Report of the Church Congress held at Exeter (London: Bemrose & Sons, Ltd., 1894), pp. 692-8.

p. 463 Henri de Lubac, *Catholicism* (London: Burns & Oates, 1950), p. 29.

p. 465 John Calvin, *Institutes*, IV.i.9-10.

p. 467 Karl Barth, *Dogmatics in Outline* (London: SCM Press, 1949), p. 143.

p. 467 Rudolf Bultmann, *Jesus Christ and Mythology* (London: SCM Press, 1959), pp. 82-3.

p. 468 Leonardo Boff, *Ecclesiogenesis: The Base Communities Reinvent the Church* (Maryknoll, NY: Orbis Books, 1986), p. 11.

p. 472 Vatican II, *Nostra Aetate*, October 28, 1965.

p. 475 Sir Thomas Browne, *Religio Medici I*, 16.

p. 476 *The Works of William Paley* (London: William Orr, 1844), p. 25.

p. 477 William Prout, *Chemistry, Meteorology, and the Function of Digestion considered with Reference to Natural Theology* (London: Pickering, 1834), p. 23.

p. 479 John Polkinghorne, *Science and Creation: The Search for Understanding* (London: SPCK, 1988), pp. 20-1.

p. 483 Mary Hayter, *The New Eve in Christ* (Grand Rapids, MI: Eerdmans, 1987), p. 75.

p. 484 Wolfhart Pannenberg, *Systematic Theology*, vol. 1 (Grand Rapids, MI: Eerdmans, 1991), pp. 260-1.

p. 484 Sallie McFague, *Models of God* (Philadelphia: Fortress Press, 1987), pp. 122-3.

p. 485 Elizabeth A. Johnson, *She Who Is: The Mystery of God in Feminist Theological Discourse* (New York: Crossroad, 1997), p. 50.

p. 486 Paul Jewett, *God, Creation and Revelation* (Grand Rapids, MI: Eerdmans, 1991), pp. 323-5.

p. 486 Daphne Hampson, *Theology and Feminism* (Oxford: Blackwell, 1990), pp. 50-2.

p. 487 Valerie C. Saiving, "The Human Situation: A Feminine View," *Journal of Religion* 40 (1960), 100-12.

p. 489 John B. Cobb, Jr., "Beyond Pluralism," in G. D'Costa (ed.), *Christian Uniqueness Reconsidered: The Myth of a Pluralistic Theology of Religions* (Maryknoll, NY: Orbis, 1990), pp. 81–4.

p. 494 Stephen Neill, *Christian Faith and Other Faiths: The Christian Dialogue with Other Religions* (London: Oxford University Press, 1961), p. 16.

p. 495 T. E. Slater, *God Revealed: An Outline of Christian Truth* (Madras, 1876), p. iii.

p. 496 Jean Danielou, *Holy Pagans of the Old Testament* (London: Longmans, Green & Co., 1957), p. 9.

사명선언문

너희가 흠이 없고 순전하여……세상에서 그들 가운데 빛들로
나타내며 생명의 말씀을 밝혀 _ 빌 2:15-16

1. 생명을 담겠습니다
만드는 책에 주님 주신 생명을 담겠습니다.
그 책으로 복음을 선포하겠습니다.

2. 말씀을 밝히겠습니다
생명의 근본은 말씀입니다.
말씀을 밝혀 성도와 교회의 성장을 돕겠습니다.

3. 빛이 되겠습니다
시대와 영혼의 어두움을 밝혀 주님 앞으로 이끄는
빛이 되는 책을 만들겠습니다.

4. 순전히 행하겠습니다
책을 만들고 전하는 일과 경영하는 일에 부끄러움이 없는
정직함으로 행하겠습니다.

5. 끝까지 전파하겠습니다
모든 사람에게, 땅 끝까지, 주님 오시는 그날까지
복음을 전하는 사명을 다하겠습니다.

서점 안내

광화문점 서울시 종로구 새문안로 69 구세군회관 1층
02)737-2288 / 02)737-4623(F)

강남점 서울시 서초구 신반포로 177 반포쇼핑타운 3동 2층
02)595-1211 / 02)595-3549(F)

구로점 서울시 동작구 시흥대로 602, 3층 302호
02)858-8744 / 02)838-0653(F)

노원점 서울시 노원구 동일로 1366 삼봉빌딩 지하 1층
02)938-7979 / 02)3391-6169(F)

일산점 경기도 고양시 일산서구 중앙로 1391 레이크타운 지하 1층
031)916-8787 / 031)916-8788(F)

의정부점 경기도 의정부시 청사로47번길 12 성산타워 3층
031)845-0600 / 031)852-6930(F)

인터넷서점 www.lifebook.co.kr